Les réfugiés et le droit international

Refugees and International Law

Documents
recueillis par / collected by

Benjamin Mulamba Mbuyi

LL.B. (Université pontificale du Latran, Rome),
LL.M. (Université Laval, Québec)

CARSWELL
Thomson Professional Publishing
Publications spécialisées Thomson

©1993 Thomson Canada Limitée/Thomson Canada Limited

Tous droits réservés. Il est interdit de reproduire, enregistrer ou diffuser un extrait quelconque de cet ouvrage, sous quelque forme ou par quelque procédé que ce soit, électronique, mécanique, photographique, sonore, magnétique ou autre, sans avoir obtenu au préalable l'autorisation écrite de l'éditeur.

All rights reserved. No part of this publication may be reproduced, stored in a retrieval system, or transmitted, in any form or by any means, electronic, mechanical, photocopying, recording, or otherwise, without the prior written permission of the publisher.

Données de catalogage avant publication (Canada)

Mulamba Mbuyi, Benjamin
   Les réfugiés et le droit international
Refugees and international law

Texte en français et en anglais.
Comprend des références bibliographiques et un index.
ISBN 0-459-54101-3

   1. Réfugiés — Droit. I. Titre. II. Titre : Refugees and international law.
JX4292.R4M85 1993   341.4'86   C94-900039-6F

Canadian Cataloguing in Publication Data

Mulamba Mbuyi, Benjamin
   Les réfugiés et le droit international
Refugees and international law

Text in French and English.
Includes bibliographical references and index.
ISBN 0-459-54101-3

   1. Refugees — Legal status, laws, etc. I. Title. II. Title: Refugees and international law.
JX4292.R4M85 1993   341.4'86   C94-900039-6E

CARSWELL
Thomson Professional Publishing
Publications spécialisées Thomson

One Corporate Plaza	**Service à la clientèle / Customer Service:**
2075 Kennedy Road	Toronto 1-416-609-8000
Scarborough (Ontario)	Ailleurs au Canada/É.-U. / Elsewhere in Canada/U.S. 1-800-387-5164
M1T 3V4	Télécopieur/Fax 1-416-298-5094

Bua banyi baledi basuibue,
À mes chers parents,

Jérôme MBUYI wa KADIMA MAMBA, mon père
ne et
Marie-Louise MBUJIBUNGI wa NGOMBUA MUTAMBA, ma mère.

Ba kudikengesha bua se ndomgaku bianyi kantu.
Qui se sont tant sacrifiés pour que j'apprenne quelque chose.

> Mukanda se mbule bua lungenyi!
> Udi Kubala ne Kanemu.
> Ku ubadi ne kapeja to.
> Bi wamune ne mubi, ufumda Webe.
> Bua lungenyi luetu luya kumpala.
> Mishiku idisanga umue, nanga tunua maluvu.
> (Honorable Émile Mulumba Diulu),
> Wakadi wanyi Nyinka wa Buanga.
> Ndi nvuluka tatu muakunyi Dr. Martin TSHIBUABUA
> Kashale wa Luboya Ntumba.

PRÉFACE

L'esprit de justice et la solidarité humaine élémentaire, avec la compassion à l'égard des victimes, sont à l'origine du droit d'asile, de l'idée que l'étranger pourchassé arbitrairement devait pouvoir être accueilli et ne pas être livré à ses tortionnaires, malgré les prescriptions d'un droit international qui place les États bien au-dessus des hommes. Ce droit d'asile n'était d'abord guère réglementé et semblait relever d'obligations plus morales que juridiques. Cette situation a longtemps semblé suffire à secourir ceux qui en avaient besoin et réussissaient à fuir leur pays, mais l'État est devenu un monstre de plus en plus froid, particulièrement en ce siècle de violences inouïes.

La démonstration la plus claire de l'insuffisance d'une protection entièrement fondée sur la bonne volonté des autorités publiques a été fournie par le sort incroyable réservé aux Juifs allemands et aux autres victimes de l'État nazi. Des voix se sont élevées pour protester contre l'attitude des pays, y compris les pays démocratiques comme le Canada, qui avaient délibérément ignoré et rejeté les martyrs de la Shoah.

La communauté internationale devait trouver un moyen de défendre les individus contre leur propre État. Une protection que le droit international demande à l'État d'assurer. C'est ainsi qu'est né le droit des réfugiés; d'abord sur une base transitoire, comme une simple séquelle de la Seconde Guerre mondiale, puis en tant que remède permanent, puisque les persécutions

PREFACE

The spirit of justice, basic human solidarity, as well as compassion towards victims—the idea that the unfairly pursued foreigner was able to be welcomed and not be returned to the hands of his or her torturers—are at the origin of the right of asylum. These beliefs were established in spite of the tenets of an international law which places the State well above the individual. The right of asylum was, at first, seldom regulated and seemed to be based on moral, rather than legal obligations. For a long time, this seemed sufficient to help those who were fleeing and those who needed to flee their countries, but the State has now become a monster less and less responsive, particularly in this century of extraordinary violence.

The most evident display of the inadequacy of a policy of protection of refugees based entirely on the goodwill of public authorities was demonstrated by the incredible fate of the German Jews and other victims of the Nazi State. Voices were raised in protest against the attitude of countries, including democratic countries like Canada, which had deliberately ignored and rejected the martyrs of the Shoah.

The international community had to find a means of defending the individual against his or her own State; the very State to which international law normally charges the protection of the individual. Out of this need was born international refugee law, at first on a provisional basis, as a simple sequel to the Second World War and then, as a permanent cure, as ethnic, racial, poli-

ethniques, raciales, politiques, religieuses ou autres semblent être le triste lot de l'humanité en cette fin de millénaire.	tical, religious and other persecutions seem to be, in the end of this millennium, the sad lot of humanity.
Le droit des réfugiés est donc un droit récent, d'origine essentiellement internationale, même si les réglementations nationales se développent maintenant, le plus souvent, pour en restreindre la portée. Il faut bien dire que certains entrent dans un pays comme réfugiés pour contourner les règles normales d'immigration et que cela a entraîné une réaction des États. C'est pourquoi celui qui, de nos jours, invoque le droit d'asile doit subir un examen suspicieux de sa situation. Il est donc particulièrement important de pouvoir consulter facilement les textes internationaux pertinents.	The right to asylum is therefore a recent concept, essentially of international origins, even if national regulations are developing now, most often to limit the admission of refugees. It must be said that certain individuals have entered countries as refugees in an effort to bypass regular immigration channels, and this has brought with it a backlash within the States. This is why a person who presently wishes to claim refugee status must submit to an examination of his or her situation, reflecting the suspicions of the host State. It is therefore especially relevant to be able to easily consult pertinent international texts.
Or, la documentation nécessaire origine de sources diverses qui ne sont habituellement pas répertoriées dans les recueils juridiques nationaux habituels. Dans ces conditions, il devient nécessaire de disposer de nouveaux instruments de travail qui rassemblent l'essentiel des textes pertinents, autrement disséminés dans des volumes divers et souvent d'accès difficile.	The necessary documents come from diverse sources, which are not normally included in the conventional national legal collections. Because of this, it has become necessary to have at one's disposal a new set of tools, which brings together the basic pertinent texts, otherwise scattered among diverse volumes, to which there is often difficult access.
Le premier objectif de cet ouvrage est de répondre à ce besoin et de fournir aux personnes qui ont à utiliser ces documents, à un titre ou un autre, comme avocat, fonctionnaire, étudiant ou autre « intervenant », comme on dit aujourd'hui, de leur fournir, donc, un outil pratique. Le choix qui a été fait de ces documents devrait permettre d'obtenir les résultats recherchés dans la grande majorité des cas.	The first intention of this work is to respond to this need and to provide persons who have to use these documents, in one way or another—for example as a lawyer, as a government employee, as a student, or as another "intervener," as one says nowadays—with a practical tool. The choice of texts should help in obtaining the much sought-after results in a large majority of cases.

PRÉFACE / PREFACE

Un autre objectif à souligner est la présentation des textes complets, dans leur versions française et anglaise. Les juristes canadiens sont habitués à cette juxtaposition et ils en connaissent les avantages multiples. La pratique en est moins répandue dans l'univers internationaliste, mais il faut espérer qu'elle s'y développera, et ce volume ne peut que contribuer à la populariser.

Il faut aussi souligner l'effort de M. Mulamba Mbuyi qui a su ajouter aux textes tous les éléments nécessaires à leur utilisation, tels que, pour chaque convention, un état des ratifications, des commentaires introductifs et une bibliographie. Ce travail est important pour venir en aide à l'usager.

L'accès aux divers textes est aussi grandement facilité par une table des matières détaillée, un index et un lexique.

Voilà plusieurs raisons de souhaiter que cet ouvrage connaisse le succès qu'il mérite et qu'il contribue ainsi à une meilleure connaissance du cadre juridique au sein duquel les réfugiés doivent trop souvent se débattre. Se débattre en effet, car il semble que, de nos jours, l'on préfère trop souvent privilégier, en des circonstances qui ne s'y prêtent guère, la lettre de la loi aux dépens de son esprit et le respect strict des obligations internationales au détriment de la compassion envers les victimes. Espérons que ce livre contribuera à venir en aide à toutes celles et à tous ceux qui ont en besoin.

Alain PRUJINER
Professeur de droit, Université Laval
Conseiller en loi, Barreau du Québec
Québec, le 24 août 1993

Another intention to underscore is the presentation of the complete texts, in French and English versions. Canadian jurists are accustomed to this juxtaposition and they certainly recognize its multiple advantages. This practice, however, is less widespread in the internationalist world and we must hope that it will be developed and that this volume will only assist in promoting and popularizing it.

It is also necessary to acknowledge the effort of Mr. Mulamba Mbuyi for providing accompanying texts with all the necessary elements, such as, for each convention, a list of ratifications, introductory commentaries and a bibliography. This work is important in assisting those who use this volume.

Access to the diverse texts is made easier by a detailed table of contents, an index and a lexicon.

Here are many reasons to wish that this collection experiences the success that it deserves and that it also contributes to an increased understanding of the legal context within which refugees must so often do battle. Yes, do battle, because it seems nowadays that preference is most often given, in circumstances which least demand it, to the letter of the law over its spirit or intent and the strict adherence to international obligations over the compassion towards victims. We hope that this book will assist those who are in need of assistance.

Alain PRUJINER
Law Professor, Laval University
Law Advisor, Quebec Bar
Québec, 24 August, 1993

REMERCIEMENTS

Je tiens d'abord à remercier Giovanni FERRARI, Giovanna PENATI, Gertrude MATZE, Nikola MIHAJLOVIC, François RAMSEY, Louise DRUKE et Luc DE SMET, des délégations du HCR en Italie, à Bruxelles et au Canada, qui m'ont fourni une documentation sur les publications récentes concernant les réfugiés et plus particulièrement, Gilles GINGRAS, directeur du Service de documentation des Affaires des Nations Unies et du Commonwealth du Canada.

Également mes remerciements vont à l'endroit de Mgr Franco BIFFI, Me Claude MALETTE, Suzanne BIRKS, Hélène WAVROCK, Dr Martin KALULAMBI MPONGO, Me Gregoire M. BIJIMINE, Dr Jean-Marie YAMBA BANDEJA, Ambroise LUMBALA MBUYI et Me Stefan MARTIN pour leur soutien et leur encouragement.

Sans la précieuse collaboration de Marc LABELLE, directeur du Service des Traités de l'ONU à New York, je n'aurais jamais réalisé cet ouvrage. Je le prie d'accepter mes sincères remerciements.

Je ne dirai jamais à quel point je suis redevable à Natalie BOISVERT qui a préparé le manuscrit, a lu et relu tous les textes du début jusqu'à la fin. Aussi, je tiens à la remercier de tout coeur et la prie d'accepter ma reconnaissance infinie.

Je remercie Agnès NGOMBE T. MBUYI qui a accepté le travail ingrat de la lecture des brouillons de cet ouvrage et m'a aidé à réaliser le lexique.

ACKNOWLEDGEMENTS

First, I wish to thank Giovanni FERRARI, Giovanna PENATI, Gertrude MATZE, Nikola MIHAJLOVIC, François RAMSEY, Louise DRUKE and Luc DE SMET of the UNHCR delegations in Italy, in Brussels and in Canada, for they provided me with documentation on recent publications relating to refugees, and a special thanks to Gilles GINGRAS, director, Documentation Service of United Nations Affairs and of the Commonwealth of Canada.

My thanks also go to His Eminence Franco BIFFO, to Claude MALETTE, Suzanne BURKS, Hélène WAVROCK, Dr. Martin KALULAMBI MPONGO, Gregoire M. BIJIMINE, Dr. Jean-Marie YAMBA BANDEJA, Ambroise LUMBALA MBUYI and to Stefan MARTIN, for their support and encouragement.

Without the valued collaboration of Marc LABELLE, director of the Treaties Service of the U.N. in New York, I wouldn't have been able to realize this book. I want him to accept my sincere thanks.

There are no words to express how grateful I am to Natalie BOISVERT who prepared the manuscript, read, again and again, each and every texts from first word to last. To her, I express my heartfelt thanks and ask her to accept my boundless gratitude.

I thank Agnès NGOMBE T. MBUYI who took on the bleak task of reading the early drafts of this book and who helped me to write the lexicon.

Les professeurs Chantal RONDEAU, Gisèle CÔTÉ-HARPER, Juanita Westmoreland TRAORE, Maurice TANCELIN, Bogumil JEWSIEWICKI, Alain PRUJINER, Vincenzo BUONOMO et Guy TREMBLAY m'ont fait bénéficier de leurs critiques exigeantes, de leurs conseils précieux ainsi que de leur expérience. Aussi, suis-je heureux de les prier d'accepter l'expression de ma profonde reconnaissance.

Le juriste Jean-Pierre MPUTU KABEYA m'a aidé à réaliser l'index et Roger KABUYA MASANKA m'a assisté dans les recherches documentaires. Leur collaboration aura été essentielle.

Dr Stenafo ROLANDO, Capo del Dipartimento per l'informazione e l'Editoria di Presidenza del Consiglio dei Ministri m'a autorisé à reproduire les principaux événements de l'histoire du HCR, je le remercie. Sandra BOISVERT m'a aidé à traduire fidèlement certains commentaires de mon ouvrage, je tiens aussi à la remercier.

Benjamin MULAMBA MBUYI

Professors Chantal RONDEAU, Gisèle CÔTÉ-HARPER, Juanita Westmoreland TRAORE, Maurice TANCELIN, Bogumil JEWSIEWICKI, Alain PRUJUNER, Vicenzo BUONOMO and Guy TREMBLAY helped me with their rigorous criticisms, their invaluable advice and their experience. I am pleased to express to them my deepest gratitude.

Jean-Pierre MPUTU KABEYA helped me to draw up the index, and Roger KABUYA MASANKA helped me with documentary research. Their help was essential.

Dr. Stefano ROLANDO, Capo del Dipartimento per l'informazione e l'Edotoria di Presidenza del Consiglio dei Ministri let me reproduce the main events of the history of the UNHCR, and I thank him. Sandra BOISVERT helped me to faithfully translate some of the book's commentaries and for that, I wish to thank her.

Benjamin MULAMBA MBUYI

TABLE DES MATIÈRES

Préface v
Remerciements ix
Abréviations xix
Avant-propos xxi

SECTION I
RÉFUGIÉS ET APATRIDES

I. Statut de l'Office du Haut Commissaire des Nations Unies pour les réfugiés
Commentaires 3
Qui est le Haut Commissaire? . . . 5
Les particularités du HCR 5
Les fonctions du HCR 6
Les HC précédents 7
Bibliographie sélective 8
Texte 9
Annexe 12

II. Convention de 1951 relative au Statut des réfugiés
Commentaires 21
Bibliographie sélective 22
Texte 24
Annexe CSR51 54
Appendice 64
États membres 74
Réserves 77

III. Protocole de 1967 relatif au Statut des réfugiés
Commentaires 79
Principales dispositions 80
Bibliographie sélective 81
Texte 82
États membres 90
Réserves 93
Divergences 93

TABLE OF CONTENTS

Preface v
Acknowledgements ix
Abbreviations xix
Foreword xxi

SECTION I
REFUGEES AND STATELESS PERSONS

I. Statute of the Office of the United Nations High Commissioner for Refugees
Commentaries 3
Who is the High Commissioner? . 5
UNHCR Peculiarities 5
UNHCR Functions 6
Previous High Commissioners . . 7
Selective Bibliography 8
Text 9
Annex 12

II. 1951 Convention Relating to the Status of Refugees
Commentaries 21
Selective Bibliography 22
Text 24
Annex CSR51 54
Appendix 64
Participants 74
Reservations 77

III. 1967 Protocol Relating to the Status of Refugees
Commentaries 79
Main Provisions 80
Selective Bibliography 81
Text 82
Participants 90
Reservations 93
Divergences 93

IV. Les définitions concernant réfugiés et assimilés en regard des arrangements, conventions et protocoles mentionnés dans l'article 1 A (1) de la Convention de Genève du 28 juillet 1951	**IV. Definitions of "Refugees" According to Agreements, Conventions and Protocols Mentioned in Article 1 A (1) of the Geneva Convention of 28 July 1951**
Commentaires 95	Commentaries 95
Bibliographie sélective 96	Selective Bibliography 96
Réfugiés d'avant-guerre 97	Pre-War Refugees 97
Réfugiés des périodes de guerre et d'après-guerre 100	Refugees in the War and Post-War Periods 100
V. Constitution de l'Organisation Internationale pour les Réfugiés (O.I.R.) du 15 décembre 1946	**V. Constitution of the International Refugee Organization (I.R.O.) of 15 december 1946**
Commentaires 103	Commentaries 103
Bibliographie sélective 104	Selective Bibliography 104
Réfugiés de guerre et d'après-guerre 105	Refugees in the War and Post-War Periods 105
Texte 105	Text 105
Annexe I 126	Annex I 126
Annexe II 136	Annex II 136
Annexe III 137	Annex III 137
États membres 140	Participants 140
Réserves 141	Reservations 141
VI. Arrangement relatif aux marins réfugiés du 23 novembre 1957	**VI. Agreement Relating to Refugee Seamen of 23 November 1957**
Commentaires 143	Commentaries 143
Bibliographie sélective 144	Selective Bibliography 144
Texte 145	Text 145
États membres 155	Participants 155
Réserves 156	Reservations 156
VII. Protocole à l'Arrangement relatif aux marins réfugiés du 12 juin 1973	**VII. Protocol to the Agreement Relating to Refugee Seamen of 12 June 1973**
Commentaires 157	Commentaries 157
Bibliographie sélective 158	Selective Bibliography 158
Texte 159	Text 159
États membres 164	Participants 164
Réserves 165	Reservations 165

TABLE DES MATIÈRES / TABLE OF CONTENTS

VIII. Déclaration des Nations Unies sur l'asile territorial du 14 décembre 1967
Commentaires 167
Bibliographie sélective 168
Texte 170
Adoption 174

IX. Convention relative au Statut des apatrides du 28 septembre 1954
Commentaires 175
Bibliographie sélective 176
Texte 177
Annexe CSSP54 200
Appendice 204
États membres 210
Réserves 211

X. Convention sur la réduction des cas d'apatridie du 30 août 1961
Commentaires 213
Bibliographie sélective 214
Texte 215
Appendice 229
Résolutions 235
États membres 237
Réserves 238

XI. Convention de Genève relative à la protection des personnes civiles en temps de guerre du 12 août 1949 (extraits)
Commentaires 239
Bibliographie sélective 240
Texte 242
États membres 245

XII. Protocole additionnel aux Conventions de Genève du 12 août 1949 relatif à la protection des victimes des conflits armés internationaux (protocole I) (extraits)
Texte 251
États membres 266

VIII. United Nations Declaration on Territorial Asylum of 14 December 1967
Commentaries 167
Selective Bibliography 168
Text 170
Adoption 174

IX. Convention Relating to the Status of Stateless Persons of 28 September 1954
Commentaries 175
Selective Bibliography 176
Text 177
Annex CSSP54 200
Appendix 204
Participants 210
Reservations 211

X. Convention on the Reduction of Statelessness of 30 August 1961
Commentaries 213
Selective Bibliography 214
Text 215
Appendix 229
Resolutions 235
Participants 237
Reservations 238

XI. Geneva Convention Relative to the Protection of Civilian Persons in Time of War of 12 August 1949 (Excerpts)
Commentaries 239
Selective Bibliography 240
Text 242
Participants 245

XII. Protocol Additional to the Geneva Convention of 12 August 1949 and Relating to the Protection of Victims of International Armed Conflicts (Protocole I) (Excerpts)
Text 251
Participants 266

XIII. Extrait du Statut du Tribunal militaire international Texte 269	**XIII. Excerpt from the Charter of the International Military Tribunal** Text 269

SECTION II DROITS DE L'HOMME	SECTION II HUMAN RIGHTS
XIV. Déclaration universelle des Droits de l'homme du 10 décembre 1948 Commentaires . . . . 275 Bibliographie sélective . . . . . 277 Texte . . . . 278 Adoption 288	**XIV. Universal Declaration of Human Rights of 10 December 1948** Commentaries . . . . 275 Selective Bibliography . . . . . 277 Text . . . . 278 Adoption 288
XV. Pacte international relatif aux droits civils et politiques du 16 décembre 1966 et protocole y relatif Commentaires . . . . 291 Bibliographie sélective . . . . . 293 Texte . . . . 294 États membres . . . . 327 Réserves 330	**XV. International Covenant on Civil and Political Rights of 16 December 1966 and Protocol thereto** Commentaries . . . . 291 Selective Bibliography . . . . . 293 Text . . . . 294 Participants . . . . 327 Reservations 330
XVI. Protocole facultatif se rapportant au Pacte international relatif aux droits civils et politiques du 16 décembre 1966 Commentaires . . . . 333 Bibliographie sélective . . . . . 334 Texte . . . . 335 États membres . . . . 342 Réserves 344	**XVI. Optional Protocol to the International Covenant on Civil and Political Rights of 16 December 1966** Commentaries . . . . 333 Selective Bibliography . . . . . 334 Text . . . . 335 Participants . . . . 342 Reservations 344
XVII. Pacte international relatif aux droits économiques, sociaux et culturels du 16 décembre 1966 Commentaires . . . . 345 Bibliographie sélective . . . . . 346 Texte . . . . 347 États membres . . . . 366 Réserves 369	**XVII. International Covenant on Economic, Social and Cultural Rights of 16 December 1966** Commentaries . . . . 345 Selective Bibliography . . . . . 346 Text . . . . 347 Participants . . . . 366 Reservations 369

TABLE DES MATIÈRES / TABLE OF CONTENTS

XVIII. Acte final de la Conférence internationale des Droits de l'homme - Téhéran
Commentaires 371
Bibliographie sélective 372
Texte 374
Adoption 383

XIX. Convention sur les droits politiques de la femme du 31 mars 1953
Commentaires 385
Bibliographie sélective 386
Texte 387
États membres 392
Réserves 395

XX. Convention relative aux droits de l'enfant du 20 novembre 1989
Commentaires 397
Bibliographie sélective 400
Texte 401
États membres 438
Réserves 441

XXI. Déclaration des droits de l'enfant du 20 novembre 1959
Texte 443

XXII. Convention internationale sur l'élimination de toutes les formes de discrimination raciale du 21 décembre 1965
Commentaires 449
Bibliographie sélective 452
Texte 453
États membres 476
Réserves 479

XXIII. Convention internationale sur l'élimination et la répression du crime d'« apartheid » du 30 novembre 1973
Commentaires 481
Bibliographie sélective 482
Texte 483
États membres 495
Réserves 498

XVIII. Final Act of the International Conference on Human Rights - Teheran
Commentaries 371
Selective Bibliography 372
Text 374
Adoption 383

XIX. Convention on the Political Rights of Women of 31 March 1953
Commentaries 385
Selective Bibliography 386
Text 387
Participants 392
Reservations 395

XX. Convention on the Rights of the Child of 20 November 1989
Commentaries 397
Selective Bibliography 400
Text 401
Participants 438
Reservations 441

XXI. Declaration of the Rights of the Child of 20 November 1959
Text 443

XXII. International Convention on the Elimination of All Forms of Racial Discrimination of 21 December 1965
Commentaries 449
Selective Bibliography 452
Text 453
Participants 476
Reservations 479

XXIII. International Convention on the Suppression and Punishment of the Crime of "Apartheid" of 30 November 1973
Commentaries 481
Selective Bibliography 482
Text 483
Participants 495
Reservations 498

XXIV. Convention pour la prévention et la répression du crime de Génocide, du 9 décembre 1948

Commentaires 499
Bibliographie sélective 500
Texte 501
États membres 508
Réserves 511

XXV. Convention sur l'imprescriptibilité des crimes de guerre et des crimes contre l'humanité du 26 novembre 1968

Commentaires 513
Bibliographie sélective 514
Texte 515
États membres 522
Dénonciations 523

SECTION III
TRAITÉS DIVERS

XXVI. Protocole Annexe I à la Convention universelle sur le droit d'auteur révisée à Paris le 24 juillet 1971

Commentaires 527
Bibliographie sélective 528
Texte 529
États membres 531

XXVII. Convention sur le recouvrement des aliments à l'étranger du 20 juin 1956

Commentaires 533
Bibliographie sélective 534
Texte 535
Appendice 549
États membres 550
Réserves 552

XXIV. Convention on the Prevention and Punishment of the Crime of Genocide of 9 December 1948

Commentaries 499
Selective Bibliography 500
Text 501
Participants 508
Reservations 511

XXV. Convention on the Non-Applicability of Statutory Limitations to War Crimes and Crimes Against Humanity of 26 November 1968

Commentaries 513
Selective Bibliography 514
Text 515
Participants 522
Denonciations 523

SECTION III
OTHER INSTRUMENTS

XXVI. Protocol No. 1 Annexed to the Universal Copyright Convention as Revised at Paris on 24 July 1971

Commentaries 527
Selective Bibliography 528
Text 529
Participants 531

XXVII. Convention on the Recovery Abroad of Maintenance of 20 June 1976

Commentaries 533
Selective Bibliography 534
Text 535
Appendix 549
Participants 550
Reservations 552

TABLE DES MATIÈRES / TABLE OF CONTENTS

XXVIII. Convention internationale contre la prise d'otages du 17 décembre 1979
Commentaires 553
Bibliographie sélective 554
Texte 555
États membres 568
Réserves 570

XXIX. Convention sur la prévention et la répression des infractions contre les personnes jouissant d'une protection internationale y compris les agents diplomatiques du 14 décembre 1973
Commentaires 571
Bibliographie sélective 572
Texte 573
États membres 584
Réserves 586

XXX. Convention nº 118 concernant l'égalité de traitement des nationaux et des non-nationaux en matière de sécurité sociale du 28 juin 1962 (extraits)
Commentaires 589
Bibliographie sélective 590
Texte 591
États membres 594

Les événements marquants de l'histoire du HCR 597

Bibliographie Générale
Section I / Réfugiés et apatrides 611
Section II / Droits de l'homme . 625
Section III / Traités divers 633

Index 637
Index des États parties 649
Lexique 663

XXVIII. International Convention Against the Taking of Hostages of 17 December 1979
Commentaries 553
Selective Bibliography 554
Text 555
Participants 568
Reservations 570

XXIX. Convention on the Prevention and Punishment of Crimes Against Internationally Protected Persons, Including Diplomatic Agents of 14 December 1973
Commentaries 571
Selective Bibliography 572
Text 573
Participants 584
Reservations 586

XXX. Convention No. 118 Concerning Equality of Treatment of Nationals and Non-Nationals in Social Security of 28 June 1962 (Excerpts)
Commentaries 589
Selective Bibliography 590
Text 591
Participants 594

Main Events in the History of UNHCR 597

General Bibliography
Section I / Refugees and Stateless Persons 611
Section II / Human Rights 625
Section III / Other Instruments . . 633

Index 637
Index of the States Parties . . . 649
Lexicon 663

ABRÉVIATIONS

ARS57	Arrangement relatif aux marins réfugiés du 23 novembre 1957
ARSP73	Protocole à l'Arrangement relatif aux marins réfugiés du 12 juin 1973
CERD65	Convention internationale sur l'élimination de toutes les formes de discrimination raciale du 21 décembre 1965
CICR	Comité international de la Croix-Rouge
CRC89	Convention relative aux droits de l'enfant du 20 novembre 1989
CRS61	Convention sur la réduction des cas d'apatridie du 30 août 1961
CSR51	Convention relative au Statut des réfugiés du 28 juillet 1951
CSRP67	Protocole relatif au Statut des réfugiés du 31 janvier 1967
CSSP54	Convention relative au Statut des apatrides du 28 septembre 1954
ECOSOC	Conseil économique et social des Nations Unies
F.A.O.	Organisation des Nations Unies pour l'alimentation et l'agriculture
HCNUR ou HCR	Haut Commissariat des Nations Unies pour les réfugiés ou Haut Commissariat pour les réfugiés

ABBREVIATIONS

ARS57	Agreement relating to Refugee Seamen of 23 November 1957
ARSP73	Protocol to the Agreement relating to the Refugee Seamen of 12 June 1973
CERD65	International Convention on the Elimination of all Forms of Racial Discrimination of 21 December 1965
CRC89	Convention relating to the Rights of Child of 20 November 1989
CRS61	Convention on the Reduction of Statelessness of 30 August 1961
CSR51	Convention relating to the Status of Refugees of 28 July 1951
CSRP67	Protocol relating to the Status of Refugees of 31 January 1967
CSSP54	Convention relating to the Status of Stateless Persons of 28 September 1954
ECOSOC	Economic and Social Concil of the United Nations
F.A.O.	Food and Agriculture Organization of United Nations
HCR	High Commission for Refugees
ICCPR66	International Covenant on Civil and Political Rights of 16 December 1966 and Protocol thereto

ICCPR66	Pacte international relatif aux droits civils et politiques du 16 décembre 1966 et Protocole y relatif	**ICRC**	International Commitee of the Red Cross
ICESR66	Pacte international relatif aux droits économiques, sociaux et culturels du 16 décembre 1966	**ICESR66**	International Covenant on Economic, Social and Cultural Rights of 16 December 1966
		I.L.O.	International Labour Organization
O.I.R.	Organisation internationale pour les réfugiés	**I.R.O.**	International Refugees Organization
O.I.T.	Organisation internationale du travail	**PPCG48**	Convention on the Prevention and Punishment of the Crime of Genocide of 9 December 1948
O.M.S.	Organisation mondiale de la santé		
O.N.U.	Organisation des Nations Unies	**PRW53**	Convention on the Political Rights of Women of 31 March 1953
P.A.M.	Programme alimentaire mondial	**SPCA73**	International Convention on the Suppression and Punishment of the Crime of Apartheid of 30 November 1973
PPCG48	Convention pour la prévention et la répression du crime de génocide du 9 Décembre 1948		
PRW53	Convention sur les droits politiques de la femme du 31 mars 1953	**UDHR48**	Universal Declaration of Human Rights of 10 December 1948
SPCA73	Convention internationale sur l'élimination et la répression du crime d'« apartheid » du 30 novembre 1973	**U.N.O.**	United Nations Organization
		UNHCR	United Nations High Commissioner for Refugees
		UNDTA67	United Nations Declaration on Territorial Asylum of 14 December 1967
UDHR48	Déclaration Universelle des droits de l'homme du 10 décembre 1948	**UNESCO**	United Nations Educational, Scientific and Cultural Organization
UNDTA67	Déclaration des Nations Unies sur l'asile territorial du 14 décembre 1967	**Y.U.N.**	Yearbook of United Nations
UNESCO	Organisation des Nations Unies pour l'éducation, la science et la culture	**W.F.P.**	World Food Program
		W.H.O.	World Health Organization

AVANT-PROPOS

Les sources principales

Plusieurs institutions se sont succédées et ont joué — et jouent toujours — un rôle fondamental pour assurer la protection des réfugiés et défendre leurs droits. Le Haut Commissariat des réfugiés (HCR), créé en 1951, a pu remplacer l'Organisation Internationale des réfugiés (OIR) dont le mandat venait à terme. Actuellement, c'est le HCR qui assure la protection internationale des réfugiés, des personnes déplacées et quasi-réfugiées.

Pour ce faire, le HCR se base sur des textes légaux et des instruments internationaux, tels la *Convention de Genève de 1951 relative au statut des réfugiés*, le *Protocole de 1967* ainsi que d'autres conventions régionales.

Le HCR coopère avec d'autres institutions des Nations Unies (telles l'UNESCO, l'O.A.A., l'OIT, le PAM, etc.) pour subvenir aux besoins des réfugiés. La source principale de nos textes demeure les Recueils des traités et accords internationaux enregistrés ou classés et inscrits au répertoire du Secrétariat de l'Organisation des Nations Unies. Nos commentaires sont tirés d'ouvrages reconnus afin d'aider à mieux comprendre une convention ou une autre.

Choix des textes

Plusieurs textes relatifs au droit international des réfugiés ont déjà été réunis, soit par l'initiative du HCR, soit par celle des spécialistes privés. Nous retrouvons d'ailleurs des collections de grande envergure mises à jour réguliè-

FOREWORD

Main Sources

Several successive institutions played—and are still playing—a key role to insure and protect the rights of the refugees. The High Commissioner for Refugees (HCR), created in 1951, came to replace the International Refugees Organization (IRO) whose mandate had expired. The HCR is presently responsible for the international protection of the refugees, displaced people and quasi-refugees.

In order to proceed, the HCR takes as a basis legal texts and international instruments such as the *1951 Geneva convention with regard to the status of refugees* and the *1967 Protocol* as well as other regional conventions.

The HCR cooperates with other United Nations institutions (i.e. UNESCO, FAO, ILO, MAP, etc.) in order to meet the needs of the refugees. The main source of our texts remains the International Accords and Treaties Collection classified and registered at the United Nations Secretary's Office. Our comments were taken from recognized publications in order to help understand specific conventions.

Text Selection

Several texts respecting international rights of refugees were already collected either through the initiative of the HCR or private specialists. Thus we find regularly updated longscale collections. They become useful tools for a

rement. Les textes ainsi réunis deviennent des outils non négligeables pour un juriste, un étudiant ou un chercheur dont l'activité principale est centrée sur les droits des réfugiés. Mais la plupart des recueils publiés jusqu'à ce jour n'ont pas d'index facilitant la consultation ni de commentaires aidant les chercheurs à mieux saisir le texte.

Le présent ouvrage essaie de combler cette lacune, car non seulement il réunit tous les textes internationaux en vigueur ou non, mais ajoute au début de chaque convention ou traité, un commentaire et une bibliographie sélective.

Nous avons pris soin de reproduire intégralement, en français et en anglais, la dernière édition disponible en 1993. Tel que mentionné antérieurement, nous tirons ces documents des Recueils des traités tels quels, sans qu'ils soient analysés ou commentés.

Le choix des textes a été délicat compte tenu du fait qu'il nous a fallu les commenter et, surtout, comparer les commentaires déjà exprimés dans les ouvrages de doctrine. Le résultat du choix des textes représente le contenu de ce volume. Les conseils et les encouragements de certains amis juristes internationaux renommés, tels Roberto AGO, Luc DE SMET et John P. HUMPHREY, m'ont été d'un grand secours. Comme toute oeuvre scientifique n'est jamais complètement achevée, j'encourage les personnes qui utiliseront cet ouvrage à me faire part de leurs suggestions dans le but d'en améliorer les prochaines éditions.

jurist, a scholar or a researcher whose main activity is centered around the rights of the refugees. But most of these collections published up until now lack an index to facilitate their consultation and comments to help researchers understand the text.

This book aims at filling this gap since not only it comprises all the international texts, in force or not, but offers at the beginning of each convention or treaty a comment and a selective bibliography.

We were careful to reproduce in whole the latest issue available in 1993, in English and in French. As mentioned previously, we drew these documents from the Collections of treaties without them being analyzed or commented.

The selection of the texts was a delicate task as we had to comment and compare the opinions already expressed in the doctrine's works. This book is the result of this selection. Advice and support from renowned international jurist friends like Roberto AGO, Luc DE SMET and John P. HUPHREY were very helpful. As all scientific work is never truly completed, I welcome the suggestions of readers for use in future editions.

SECTION I

**RÉFUGIÉS
ET APATRIDES**

**REFUGEES AND
STATELESS PERSONS**

I

STATUT DE L'OFFICE DU HAUT COMMISSAIRE DES NATIONS UNIES POUR LES RÉFUGIÉS

STATUTE OF THE OFFICE OF THE UNITED NATIONS HIGH COMMISSIONER FOR REFUGEES

Commentaires

Commentaries

Extrait des pages 5 et 6 du *Guide des procédures et critères à appliquer pour déterminer le statut de réfugié*, publié en 1979 à Genève, par le HCR des Nations Unies :

Extracted from pages 5 and 6 of the *Handbook on Procedures and Criteria for Determining Refugee Status*, published in 1988, by the UNHCR in Geneva:

« Les instruments suivants : Premiers instruments (1921-1946), Convention de 1951 relative au statut des réfugiés et le Protocole de 1967 relatif au statut des réfugiés définissent les personnes qui doivent être considérées comme des réfugiés et obligent les États parties à leur accorder un certain statut sur leurs territoires respectifs.

Sur décision de l'Assemblée générale, le Haut Commissariat des Nations Unies pour les réfugiés (HCNUR) a été créé à compter du 1er janvier 1951. Le texte du Statut du Haut Commissariat figure en annexe à la résolution 428 (V) adoptée par l'Assemblée générale le 14 décembre 1950. Aux termes de ce statut, le Haut Commissaire assume — entre autres fonctions — celle qui consiste à assurer, sous les auspices de l'Organisation des Nations Unies, la protection internationale des réfugiés relevant du Haut Commissariat.

Le Satut contient des définitions des personnes sur lesquelles s'exerce le mandat du Haut Commissaire. Ces définitions sont très semblables — mais non tout à fait identiques — à la définition contenue dans la Convention de 1951. Selon les définitions du Statut, le

"The instruments: Early Instruments (1921-1946), 1951 Convention relating to the Status of Refugees and the Protocol relating to the Status of Refugees define the persons who are to be considered refugees and require the parties to accord a certain status to refugees in their respective territories.

Pursuant to a decision of the General assembly, the Office of the United Nations High Commissioner for Refugees (UNHCR) was established as of 1 January 1951. The Statute of the office is annexed to Resolution 428 (V), adopted by the General Assembly on 14 December 1950. According to the Statute, the High Commissioner is called upon — inter alia — to provide international protection, under the auspices of the United Nations, to refugees falling within the competence of his Office.

The Statute contains definitions of those persons to whom the High Commissioner's competence extends, which are very close to, though not identical with, the definition contained in the 1951 Convention. By virtue of these definitions the High Commissioner is

mandat du Haut Commissaire s'exerce sans application de date limite ni de limitation géographique.

Ainsi, une personne qui répond aux critères du Statut du Haut Commissariat des Nations Unies pour les réfugiés peut se réclamer de la protection de l'Organisation des Nations Unies, assurée par le Haut Commissaire, qu'elle se trouve ou non dans un pays qui est partie à la convention de 1951 ou au protocole de 1967 ou qu'elle ait été ou non reconnue par le pays d'accueil comme réfugié en vertu de l'un ou l'autre de ces instruments. Étant donné qu'ils ressortissent au mandat du Haut Commissaire, ces réfugiés sont généralement dénommés "réfugiés relevant du mandat".

De ce qui précède, il ressort qu'une personne peut être en même temps un réfugié relevant du mandat et un réfugié relevant de la Convention de 1951 ou du Protocole de 1967. Elle peut, cependant, se trouver dans un pays qui n'est tenu par aucun de ces deux instruments, ou encore, elle peut ne pas être considérée comme un "réfugié relevant de la Convention" du fait de l'application de la date limite ou de la limitation géographique. En pareil cas, l'intéressé continue de pouvoir se réclamer de la protection du Haut Commissaire, en vertu du Statut du Haut Commissariat.

La résolution 428 (V) de l'Assemblée générale et le Statut du Haut Commissariat demandent l'établissement d'une coopération entre les gouvernements et le Haut Commissariat pour traiter les problèmes de réfugiés. Le Haut Commissaire est l'autorité à laquelle il appartient d'assurer la protection internationale des réfugiés; il est

competent for refugees irrespective of any dateline or geographic limitation.

Thus, a person who meets the criteria of the UNHCR Statute qualifies for the protection of the United Nations provided by the High Commissioner, regardless of whether or not he is in a country that is a party to the 1951 Convention or the 1967 Protocol or whether or not he has been recognized by his host country as a refugee under either of these instruments. Such refugees, being within the High Commissioner's mandate, are usually referred to as 'mandate refugees'.

From the foregoing, it will be seen that a person can simultaneously be both a mandate refugee and a refugee under the 1951 Convention or the 1967 Protocol. He may, however, be in a country that is not bound by either of these instruments, or he may be excluded from recognition as a 'Convention refugee' by the application of the dateline or the geographic limitation. In such cases he would still qualify for protection by the High Commissioner under the terms of the Statute.

The above mentioned Resolution 428 (V) and the Statute of the High Commissioner's Office call for cooperation between Governements and the High Commissioner is designated as the authority charged with providing international protection to refugees, and is required inter alia to promote the conclusion and ratification of international

tenu, en particulier, de promouvoir la conclusion et la ratification de conventions internationales pour la protection des réfugiés et d'en surveiller l'application.

Cette coopération, alliée aux fonctions de surveillance du Haut Commissaire, est le fondement de l'intérêt que celui-ci porte au processus de détermination du statut de réfugié au regard de la Convention de 1951 et du Protocole de 1967. Les procédures établies par un certain nombre de gouvernements pour la reconnaissance du statut de réfugié tiennent compte, à des degrés divers, du rôle joué par le Haut Commissaire ».

<small>Extrait des pages 210 et 214 du livre *Un instrument de paix*, publié par la Délégation du HCR en Italie, en 1991 :</small>

A) « Qui est le Haut Commissaire?

Le Haut Commissaire est élu par l'Assemblée générale des Nations Unies, sur proposition du Secrétaire général. Cette tâche importante et délicate est actuellement confiée à Madame Sadako Ogata, de nationalité japonaise, qui a été élue par acclamation en décembre 1990, pour une période de trois ans ».

B) « Les particularités du HCR : un mandat à terme

Le HCR, dont le mandat expire en 1993, fut initialement créé pour une durée de trois ans seulement, à partir de 1951, dans l'espoir d'arriver à résoudre les problèmes des réfugiés dans ce court laps de temps. Cependant, dès l'expiration du premier mandat, une première prolongation de cinq ans s'a-

conventions for the protection of refugees, and to supervise their application.

Such co-operation, combined with his supervisory function, forms the basis for the High Commissioner's fundamental interest in the process of determining refugee status under the 1951 Convention and the 1967 Protocol. The part played by the High Commissioner is reflected, to varying degrees, in the procedures for the determination of refugee status established by a number of Governments."

<small>Extract from pages 210 and 214 of *An instrument for peace*, published by the UNHCR Branch Office in Italy in 1991:</small>

A) "Who is the High Commissioner?

The High Commissioner is elected by the United Nations General Assembly, upon proposal by the Secretary-General. At present, this important function is entrusted to Mrs. Sadako Ogata of Japan, who was elected unanimously in December 1990, for a three-year period."

B) "UNHCR peculiarities: a temporary mandate

UNHCR, whose current mandate expires in 1993, was created in 1951 with a mandate of only three years in the hope that solutions to the problems of refugees could be found in that short time. However, on the expiry of the first mandate it was necessary to extend it for five more years. Since then, the UN

véra nécessaire. Depuis, lors, l'Assemblée générale des Nations Unies a toujours prorogé le mandat du HCR, chaque fois pour une période de cinq ans ».

C) « Les fonctions du HCR

Le Haut Commissariat est un organisme humanitaire et strictement apolitique, qui se préoccupe d'abord et de résoudre les problèmes de plus de 15 millions de réfugiés qui sont aujourd'hui dispersés dans le monde. L'Assemblée générale des Nations Unies, par sa Résolution 428 (V) du 14 décembre 1950, a adopté le Statut du Haut Commissariat, qui attribue à cet organisme deux fonctions principales : assurer une "protection internationale" aux réfugiés et rechercher des "solutions permanentes" à leurs problèmes.

La protection des réfugiés

Elle implique la protection de leur vie, de leur sécurité et de leur liberté, ainsi que la promotion et la sauvegarde de leurs droits dans des domaines tels que l'emploi, l'éducation, la résidence, la liberté de mouvement et la garantie de non refoulement vers un pays où ils peuvent être en danger de persécution.

La principale définition de la notion de réfugié est contenue dans le statut du HCR ainsi que dans deux instruments internationaux, la Convention de 1951 et le Protocole de 1967 relatifs au statut des réfugiés. Le HCR encourage le plus grand nombre de gouvernements à adhérer à ces instruments, ce qu'ont déjà fait 106 États.

La recherche de solutions durables

Il existe trois types de solutions.

General Assembly has always extended the UNHCR Mandate for periods of five years."

C) "UNHCR functions

The Office of the High Commissioner for Refugees is a humanitarian and strictly non-political organization which deals with and endeavours to find solutions for the problems of over 15 million refugees throughout the world. The UN General Assembly approved the UNHCR Statute with Resolution 428 (V) of 14 December 1950, entrusting the High Commissioner with two principal function: providing 'international protection' for refugees and seeking 'permanent solutions' for their problems.

The protection of refugees

In order to project refugees, UNHCR must safeguard their life, security and freedom. It means preventing refugees from being returned to a country where they may be in danger of persecution, and promoting their rights in such vital fields as accomodation, education, employment, and freedom of movement.

The definition of a refugee is included in the 1951 United Nations Convention relating to the Status of Refugees and its 1967 Protocol, which have been ratified by 106 States. UNHCR encourages all States to become signatories to these legal instruments.

Durable solutions

Refugees can benefit from three different durable solutions.

Le rapatriement volontaire intervient généralement lorsque les causes de la fuite ont été à ce point modifiées dans le pays d'origine que le réfugié ne se sent plus menacé par un retour.

L'intégration sur place consiste, lorsque le rapatriement se fait attendre, à assister les gouvernements hôtes dans la mise en place de programmes permettant aux réfugiés d'atteindre rapidement l'autosuffisance.

La réinstallation en pays tiers est une autre solution possible, lorsque le réfugié ne peut pas rester dans le permier pays d'asile.

Jusqu'à ce que des solutions durables aient été trouvées, le HCR est souvent invité par les gouvernements à fournir une aide d'urgence et une assistance à long terme aux réfugiés. Pour cela, le HCR gère au mieux les fonds publics et privés qu'il reçoit.

Pour la mise en œuvre de ses programmes d'assistance, le HCR coopère étroitement avec les gouvernements, les organismes spécialisés des Nations Unies et de nombreuses organisations non gouvernementales (ONG) ».

D) « Les Hauts Commissaires précédents

1. Gerrit Jan Van Heuven Goedhart (Hollande) 1950-1956;
2. August R. Lindt (Suisse) 1956-1960;
3. Felix Schnyder (Suisse) 1960-1965;
4. Sadrundding Aga Khan (Iran) 1965-1977;
5. Paul Hartling (Danemark) 1978-1985;
6. Jean-Pierre Hocké (Suisse) 1986-1989;

Refugees can choose the solution of voluntary repatriation when there have been fundamental changes in their country of origin, and they feel that it is safe for them to go back there.

When voluntary repatriation is not possible, local integration programmes can help refugees to become self-supporting in their country of asylum.

Resettlement in a third country represents a possible solution when refugees cannot stay in their country of first asylum.

Until durable solutions are found, UNHCR is often invited by governments to provide emergency aid and longer-term assistance to refugees. In order to proceed, the HCR manages at best the public and private funds it receives.

To to this, UNHCR uses the funds which it receives from public and private sources, and co-operates closely with governments, specialized United Nations agencies, and numerous voluntary agencies."

D) "Previous High Commissioners

1. Gerrit Jan Van Heuven Goedhart (Netherlands) 1950-1956;
2. August R. Lindt (Switzerland) 1956-1960;
3. Felix Schnyder (Switzerland) 1960-1965;
4. Sadruddin Aga Khan (Iran) 1965-1977;
5. Paul Hartling (Denmark) 1978-1985;
6. Jean-Pierre Hocké (Switzerland) 1986-1989;

7. Thorvald Stoltenberg (Norvège) 1990-1990;
8. Sadako Ogata (Japon) 1990-... »

7. Thorvald Stoltenberg (Norway) 1990-1990;
8. Sadako Ogata (Japan) 1990-..."

BIBLIOGRAPHIE SÉLECTIVE

BAHRAMY, A., *Le droit d'asile*, Paris, 1938.

BOLESTA-KOZIEBROTZKI, L., *Le droit d'asile*, Leiden, A.W. Sjithoff, 1962.

FU-YUNG, H., *La protection des réfugiés par la Société des Nations*, Lyon, 1935.

TREMEAUD, H., « Les réfugiés sous le mandat du Haut Commissaire des Nations Unies », (1959) 478 (63), *Revue générale de droit international public*.

VERNANT, J., *Les réfugiés d'après-guerre*, Monaco, 1953.

SELECTED BIBLIOGRAPHY

BENTWICH, N., *The International problem of Refugees*. New York: 1936.

CHILDS, S. L., *Refugees: a Permanent Problem in International Organization*. London: Geneva Institute of International Relations, Problems of Peace, 13th Series, 1938.

HANSSON, M., *The Refugee Problem and the League of Nations*. Oslo: 1938.

HOLBORN, L.-W., *Refugees: a problem of our time, the work of the United Nations High Commissioner for Refugees*, 1951-1972, Vol. I. Metuchen, N.J.: 1975.

SECTION I — TRAITÉ / TREATY I

STATUT DE L'OFFICE DU HAUT COMMISSAIRE DES NATIONS UNIES POUR LES RÉFUGIÉS

RÉSOLUTION 428 (V) DE L'ASSEMBLÉE GÉNÉRALE
du 14 décembre 1950

L'Assemblée générale,

Vu sa résolution 319 A (IV) en date du 3 décembre 1949,[1]

---

1. Dans sa résolution 319 (IV) du 3 décembre 1949, l'Assemblée générale des Nations Unies a décidé de créer, à partir du 1er janvier 1951, un Haut Commissariat pour les réfugiés.

   Le Statut du Haut Commissariat des Nations Unies pour les réfugiés a été adopté par l'Assemblée générale le 14 décembre 1950, comme annexe à sa résolution 428 (V). Dans cette résolution, l'Assemblée invitait les Gouvernements à coopérer avec le Haut Commissaire dans l'exercice de ses fonctions relatives aux réfugiés qui relèvent de sa compétence. Aux termes du Statut, l'activité du Haut Commissaire est humanitaire et sociale; elle ne comporte aucun caractère politique.

   Différentes résolutions adoptées ultérieurement par l'Assemblée générale ont apporté certains compléments à la définition des fonctions du Haut Commissaire, telles qu'elles résultent du Statut. L'ensemble des résolutions relatives au Haut Commissariat adoptées par l'Assemblée générale et par le Conseil économique et social ont été reproduites par le HCR dans un document d'information portant la cote HCR/INF/48/Rev.2.

   Le Haut Commissaire fait rapport chaque année à l'Assemblée générale par l'intermédiaire du Conseil économique et social. En application du paragraphe 4 du Statut, le Conseil économique et social (Résolution 393 (XIII) B du 10 septembre 1951) a créé un Comité consultatif pour les réfugiés qui, a été plus tard transformé en Comité exécutif du Fonds des Nations Unies pour les réfugiés (Résolution 565 (XIX), du Conseil économique et social, du 31 mars 1955, adoptée

STATUTE OF THE OFFICE OF THE UNITED NATIONS HIGH COMMISSIONER FOR REFUGEES

GENERAL ASSEMBLY RESOLUTION 428 (V)
of 14 December 1950

The General Assembly,

In view of its resolution 319 A (IV) of 3 December 1949,[1]

---

1. In Resolution 319 (IV) of 3 December 1949, the United Nations General Assembly decided to establish a High Commissioner's Office for Refugees as of 1 January 1951.

   The Statute of the Office of the United Nations High Commissioner for Refugees was adopted by the General Assembly on 14 December 1950 as Annex to Resolution 428 (V). In this Resolution, the Assembly also called upon Governments to co-operate with the High Commissioner in the performance of his functions concerning refugees falling under the competence of his Office. In accordance with the Statute, the work of the High Commissioner is humanitarian and social and of an entirely non-political character.

   The functions of the High Commissioner are defined in the Statute and in various Resolutions subsequently adopted by the General Assembly. Resolutions concerning the High Commissioner's Office adopted by the General Assembly and the Economic and Social Council are issued by UNHCR as in information document, HCR/INF/48/Rev.2.

   The High Commissioner reports annually to the General Assembly through the Economic and Social Council. Pursuant to paragraph 4 of the Statute, an Advisory Committee on Refugees was established by the Economic and Social Council (Resolution 393 (XIII) B of 10 September 1951), and was later reconstituted as the United Nations Refugee Fund (UNREF) Executive Committee (Economic and Social Council Resolution 565 (XIX) of 31 March 1955 adopted pursuant to General Assembly Resolution 832 (IX) of 21 October 1954). The latter was replaced in 1958 by the

1. Adopte l'annexe jointe à la présente résolution et portant statut du Haut Commissariat des Nations Unies pour les réfugiés;

2. Invite les gouvernements à coopérer avec le Haut Commissaire des Nations Unies pour les réfugiés dans l'exercice de ses fonctions relatives aux réfugiés qui relèvent de la compétence du Haut Commissariat, notamment :

a) en devenant parties à des conventions internationales relatives à la protection des réfugiés, et en prenant les mesures d'application nécessaires en vertu de ces conventions;

1. Adopts the annex to the present resolution, being of the Statute of Office of the United Nations High Commissioner for Refugees;

2. Calls upon Governments to cooperate with the United Nations High Commissioner for Refugees in the performance of his functions concerning refugees falling under the competence of his Office, especially by:

(a) Becoming parties to international conventions providing for the protection of refugees, and taking the necessary steps of implementation under such conventions;

---

comme suite à la résolution 832 (IX) de l'Assemblée générale du 21 octobre 1954). Ce dernier a été remplacé en 1958 par le Comité exécutif du programme du Haut Commissaire (Résolution 1166 (XII) de l'Assemblée générale du 26 novembre 1957 et résolution 672 (XXV) du Comité économique et social du 30 avril 1958). Le Comité exécutif est chargé notamment d'approuver et de superviser les programmes d'assistance matérielle du Haut Commissariat; il conseille en outre le Haut Commissaire, sur sa demande, dans l'accomplissement des fonctions dont il est investi aux termes du Statut du Haut Commissariat. Le Comité exécutif était initialement composé de 24 États. En 1963, ce nombre a été porté à 30 (Résolution 1958 (XVIII) de l'Assemblée générale, du 12 décembre 1963), en 1967 à 31 (Résolution 2294 (XXII) de l'Assemblée générale, du 11 décembre 1967) et en 1978 à 40 (Résolution 33/25 du 29 novembre 1978), de façon à assurer une représentation géographique aussi large que possible.

Le Haut Commissariat a été créé initialement pour une période de trois ans (paragraphe 5 du Statut). Son mandat a été prorogé pour des périodes successives de cinq ans par les résolutions de l'Assemblée générale 727 (VIII) du 23 octobre 1953, 1165 (XII) du 26 novembre 1957, 1783 (XVII) du 7 décembre 1962, 2294 (XXII) du 11 décembre 1967, 2597 (XXVII) du 12 décembre 1972 et 32/68 du 8 décembre 1977, son mandat actuel s'étendant jusqu'au 31 décembre 1993.

Executive Committee of the High Commissioner's Programme (General Assembly Resolution 1166 (XII) of 26 November 1957 and Economic and Social Council Resolution 672 (XXV) of 30 April 1958). Under its terms of reference, the Executive Committee, *inter alia*, approves and supervises the material assistance programme of the High Commissioner's office and advises the High Commissioner at his request on the exercise of his functions under the Statute. The Executive Committee was originally composed of 24 States. In 1963 (General Assembly Resolution 1958 (XVIII) of 12 December 1963), its membership was increased to 30 States and in 1967 (General Assembly Resolution 2294 (XXII) of 11 December 1967) to 31 States so as to achieve the widest possible geographical representation. The Office was originally established for a period of three years (Statute, paragraph 5). By General Assembly Resolutions 727 (VIII) of 23 October 1953, 1165 (XII) of 26 November 1957, 1783 (XVII) of 7 December 1962, 2294 (XXII) of 11 December 1967, 2957 (XXVII) of 12 December 1972 and 32/68 of 8 December 1977, the Office was extended for successive periods of five years, the present term being until 31 December 1993.

b) en concluant avec le Haut Commissaire des accords particuliers visant à mettre en œuvre des mesures destinées à améliorer le sort des réfugiés et à diminuer le nombre de ceux qui ont besoin de protection;
c) en admettant sur leur territoire des réfugiés, sans exclure ceux qui appartiennent aux catégories les plus déshéritées;
d) en secondant les efforts du Haut Commissaire en ce qui concerne le rapatriement librement consenti des réfugiés;
e) en favorisant l'assimilation des réfugiés, notamment en facilitant leur naturalisation;
f) en délivrant aux réfugiés des titres de voyage et tels autres documents qui seraient normalement fournis à d'autres étrangers par leurs autorités nationales, en particulier les documents qui faciliteront la réinstallation des réfugiés;
g) en autorisant les réfugiés à transporter leurs avoirs, notamment ceux dont ils ont besoin pour leur réinstallation;
h) en fournissant au Haut Commissaire des renseignements sur le nombre et l'état des réfugiés et sur les lois et règlements qui les concernent;

3. Prie le Secrétaire général de communiquer la présente résolution, ainsi que l'annexe qui lui est jointe, non seulement aux Membres, mais aussi aux États non membres de l'Organisation des Nations Unies, en leur demandant leur concours pour la mise en œuvre de cette résolution.

(b) Entering into special agreements with the High Commissioner for the execution of measures calculated to improve the situation of refugees and to reduce the number requiring protection;
(c) Admitting refugees to their territories, not excluding those in the most destitute categories;
(d) Assisting the High Commissioner in his efforts to promote the voluntary repatriation of refugees;
(e) Promoting the assimilation of refugees, especially by facilitating their naturalization;
(f) Providing refugees with travel and other documents such as would normally be provided to other aliens by their national authorities, especially documents which would facilitate their resettlement;
(g) Permitting refugees to transfer their assets and especially those necessary for their resettlement;
(h) Providing the High Commissioner with information concerning the number and condition of refugees, and laws and regulations concerning them.

3. Requests the Secretary-General to transmit the present resolution, together with the annex attached thereto, also to States non-members of the United Nations, with a view to obtaining their co-operation in its implementation.

ANNEXE

STATUT DU HAUT COMMISSARIAT DES NATIONS UNIES POUR LES RÉFUGIÉS

ANNEX

STATUTE OF THE OFFICE OF THE UNITED NATIONS HIGH COMMISSIONER FOR REFUGEES

CHAPITRE I

Dispositions d'ordre général

CHAPTER I

General Provisions

1. Le Haut Commissaire des Nations Unies pour les Réfugiés agissant sous l'autorité de l'Assemblée générale, assume les fonctions de protection internationale, sous les auspices de l'Organisation des Nations Unies, en ce qui concerne les réfugiés qui entrent dans le cadre du présent statut, et de recherche des solutions permanentes au problème des réfugiés, en aidant les gouvernements, et, sous réserve de l'approbation des gouvernements intéressés, les organisations privées, à faciliter le rapatriement librement consenti de ces réfugiés ou leur assimilation dans de nouvelles communautés nationales.

Dans l'exercice de ses fonctions, et en particulier en cas de difficulté, notamment s'il s'agit de contestations relatives au statut international de ces personnes, le Haut Commissaire prend l'avis du Comité consultatif pour les réfugiés, si celui-ci est créé.

2. L'activité du Haut Commissaire ne comporte aucun caractère politique; elle est humanitaire et sociale et concerne en principe des groupes et catégories de réfugiés.

1. The United Nations High Commissioner for Refugees, acting under the authority of the General Assembly, shall assume the function of providing international protection, under the auspices of the United Nations, to refugees who fall within the scope of the present Statute and of seeking permanent solutions for the problem of refugees by assisting Governments and, subject to the approval of the Governments concerned, private organizations to facilitate the voluntary repatriation of such refugees, or their assimilation within new national communities.

In the exercise of his functions, more particularly when difficulties arise, and for instance with regard to any controversy concerning the international status of these persons, the High Commissioner shall request the opinion of the advisory committee on refugees if it is created.

2. The work of the High Commissioner shall be of an entirely non-political character; it shall be humanitarian and social and shall relate, as a rule, to groups and categories of refugees.

3. The High Commissioner shall follow policy directives given him by the General Assembly or the Economic and Social Council.

4. The Economic and Social Council may decide, after hearing the views of the High Commissioner on the subject, to establish an advisory committee on refugees, which shall consist of representatives of States Members and States non-members of the United Nations, to be selected by the Council on the basis of their demonstrated interest in and devotion to the solution of the refugee problem.

5. The General Assembly shall review, not later than at its eighth regular session, the arrangements for the Office of the High Commissioner with a view to determining whether the Office should be continued beyond 31 December 1953.

CHAPTER II

Functions of the High Commissioner

6. The competence[1] of the High Commissioner shall extend to:

---

[1]. In addition to refugees as defined in the Statute, other categories of persons finding themselves in refugee-like situations, have in the course of the years come within the concern of the High Commissioner in accordance with the subsequent General Assembly and ECOSOC Resolutions.

General Assembly Resolutions: 1167 (XII) - 1388 (XIV) - 1501 (XV) - 1671 (XVI) - 1673 (XVI) - 1783 (XVII) - 1784 (XVII) - 1959 (XVIII) - 2958 (XXVII) - 3143 (XXVIII) - 3454 (XXX) - 3455 (XXX), and ECOSOC Resolutions: 1655 (LII) - 1705 (LIII) - 1741 (LIV) - 1799 (LV) - 1877 (LVII) - 2011 (LXI).

A. i) sur toute personne qui a été considérée comme réfugiée en application des Arrangements du 12 mai 1926 et du 30 juin 1928, ou en application des Conventions du 28 octobre 1933 et du 10 février 1938 et du Protocole du 14 septembre 1939, ou encore en application de la Constitution de l'Organisation Internationale pour les Réfugiés.	A. (i) Any person who has been considered a refugee under the Arrangements of 12 May 1926 and of 30 June 1928 or under the Conventions of 28 October 1933 and 10 February 1938, the Protocol of 14 September 1939 or the Constitution of the International Refugee Organization.
ii) sur toute personne qui, par suite d'évènements survenus avant le 1er janvier 1951 et craignant avec raison d'être persécutée du fait de sa race, de sa religion, de sa nationalité ou de ses opinions politiques, se trouve hors du pays dont elle a la nationalité, et qui ne peut ou, du fait de cette crainte ou pour des raisons autres que de convenance personnelle, ne veut se réclamer de la protection de ce pays; ou qui, si elle n'a pas de nationalité et se trouve hors du pays dans lequel elle avait sa résidence habituelle, ne peut ou, en raison de ladite crainte ou pour des raisons autres que de convenance personnelle, ne veut y retourner.	(ii) Any person who, as a result of events occurring before 1 January 1951 and owing to well-founded fear of being persecuted for reasons of race, religion, nationality or political opinion, is outside the country of his nationality and is unable or, owing to such fear or for reasons other than personal convenience, is unwilling to avail himself of the protection of that country; or who, not having a nationality and being outside the country of his former habitual residence, is unable or, owing to such fear or for reasons other than personal convenience, is unwilling to return to it.
Les décisions d'éligibilité prises par l'Organisation Internationale pour les Réfugiés pendant la durée de son mandat ne s'opposent pas à ce que la qualité de réfugié soit accordée à des personnes qui remplissent les conditions prévues au présent paragraphe.	Decisions as to eligibility taken by the International Refugee Organization during the period of its activities shall not prevent the status of refugee being accorded to persons who fulfil the conditions of the present paragraph.
La compétence du Haut Commissaire cesse de s'exercer sur toute personne visée par les dispositions de la section (A) dans les cas ci-après :	The competence of the High Commissioner shall cease to apply to any person defined in section A above if:
a) si elle s'est volontairement réclamée à nouveau de la protection du pays dont elle a la nationalité; ou	*(a)* He has voluntarily re-availed himself of the protection of the country of his nationality; or
b) si, ayant perdu sa nationalité, elle l'a volontairement recouvrée; ou	*(b)* Having lost his nationality, he has voluntarily re-acquired it; or

c) si elle a acquis une nouvelle nationalité et jouit de la protection du pays dont elle a acquis la nationalité; ou

d) si elle est retournée volontairement s'établir dans le pays qu'elle a quitté ou hors duquel elle est demeurée de crainte d'être persécutée; ou

e) si les circonstances à la suite desquelles elle a été reconnue comme réfugiée ayant cessé d'exister, elle ne peut plus invoquer d'autres motifs que de convenance personnelle pour continuer à refuser de se réclamer de la protection du pays dont elle a la nationalité — des raisons de caractère purement économique ne peuvent être invoquées; ou

f) s'agissant d'une personne qui n'a pas de nationalité, si les circonstances à la suite desquelles elle a été reconnue comme réfugiée ayant cessé d'exister, elle peut retourner dans le pays où elle avait sa résidence habituelle, et ne peut donc plus invoquer d'autres motifs que de convenance personnelle pour persister dans son refus d'y retourner.

B. Sur toute autre personne qui se trouve hors du pays dont elle a la nationalité ou, si elle n'a pas de nationalité, hors du pays où elle avait sa résidence habituelle, parce qu'elle craint, ou a craint, avec raison, d'être persécutée du fait de sa race, de sa religion, de sa nationalité ou de ses opinions politiques, et qui ne peut pas ou qui, du fait de cette crainte, ne veut pas se réclamer de la protection du gouvernement du pays dont elle a la nationalité ou, si elle n'a pas de nationalité, ne veut pas retourner dans le pays où elle avait sa résidence habituelle.

7. Il est entendu que le mandat du Haut Commissaire, tel qu'il est défini

(c) He has acquired a new nationality, and enjoys the protection of the country of his new nationality; or

(d) He has voluntarily re-established himself in the country which he left or outside which he remained owing to fear of persecution; or

(e) He can no longer, because the circumstances in connexion with which he has been recognized as a refugee have ceased to exist, claim grounds other than those of personal convenience for continuing to refuse to avail himself of the protection of the country of his nationality. Reasons of a purely economic character may not be invoked; or

(f) Being a person who has no nationality, he can no longer, because the circumstances in connexion with which he has been recognized as a refugee have ceased to exist and he is able to return to the country of his former habitual residence, claim grounds other than those of personal convenience for continuing to refuse to return to that country;

B. Any other person who is outside the country of his nationality, or if he has no nationality, the country of his former habitual residence, because he has or had well-founded fear of persecution by reason of his race, religion, nationality or political opinion and is unable or, because of such fear, is unwilling to avail himself of the protection of the government of the country of his nationality, or, if he has no nationality, to return to the country of his former habitual residence.

7. Provided that the competence of the High Commissioner as defined in

paragraph 6 above shall not extend to a person:

(a) Who is a national of more than one country unless he satisfies the provisions of the preceding paragraph in relation to each of the countries of which he is a national; or

(b) Who is recognized by the competent authorities of the country in which he has taken residence as having the rights and obligations which are attached to the possession of the nationality of that country; or

(c) Who continues to receive from other organs or agencies of the United Nations protection or assistance; or

(d) In respect of whom there are serious reasons for considering that he has committed a crime covered by the provisions of treaties of extradition or a crime mentioned in article VI of the London Charter of the International Military Tribunal or by the provisions of article 14, paragraph 2, of the Universal Declaration of Human Rights.[2]

8. The High Commissioner shall provide for the protection of refugees falling under the competence of his Office by:

(a) Promoting the conclusion and ratification of international conventions for the protection of refugees, supervising their application and proposing amendments thereto;

(b) Promoting through special agreements with Governments the execution of any measures calculated to improve the situation of refugees and to reduce the number requiring protection;

---

[2]. See UN General Assembly Resolution 217 A (III) of 10 December 1948.

c) en secondant les initiatives des pouvoirs publics et les initiatives privées en ce qui concerne le rapatriement librement consenti des réfugiés ou leur assimilation dans de nouvelles communautés nationales;
d) en encourageant l'admission des réfugiés sur le territoire des États, sans exclure les réfugiés qui appartiennent aux catégories les plus déshéritées;
e) en s'efforçant d'obtenir que les réfugiés soient autorisés à transférer leurs avoirs, notamment ceux dont ils ont besoin pour leur réinstallation;
f) en obtenant des gouvernements des renseignements sur le nombre et l'état des réfugiés dans leurs territoires et sur les lois et règlements qui les concernent;
g) en se tenant en contact suivi avec les gouvernements et les organisations intergouvernementales intéressés;
h) en entrant en rapport, de la manière qu'il juge la meilleure, avec les organisations privées qui s'occupent de questions concernant les réfugiés;
i) en facilitant la coordination des efforts des organisations privées qui s'occupent de l'assistance aux réfugiés.

9. Le Haut Commissaire s'acquitte de toute fonction supplémentaire que pourra prescrire l'Assemblée générale, notamment en matière de rapatriement et de réinstallation dans la limite des moyens dont il dispose.

10. Le Haut Commissaire gère les fonds qu'il reçoit de source publique ou privée en vue de l'assistance aux réfugiés et les répartit entre les organismes privés et, le cas échéant, les organismes publics qu'il juge les plus qualifiés pour assurer cette assistance.

(c) Assisting governmental and private efforts to promote voluntary repatriation or assimilation within new national communities;

(d) Promoting the admission of refugees, not excluding those in the most destitute categories, to the territories of States;

(e) Endeavouring to obtain permission for refugees to transfer their assets and especially those necessary for their resettlement;

(f) Obtaining from Governments information concerning the number and conditions of refugees in their territories and the laws and regulations concerning them;

(g) Keeping in close touch with the Governments and inter-governmental organizations concerned;

(h) Establishing contact in such manner as he may think best with private organizations dealing with refugee questions;

(i) Facilitating the co-ordination of the efforts of private organizations concerned with the welfare or refugees.

9. The High Commissioner shall engage in such additional activities, including repatriation and resettlement, as the General Assembly may determine, within the limits of the resources placed at his disposal.

10. The High Commissioner shall administer any funds, public or private, which he receives for assistance to refugees, and shall distribute them among the private and, as appropriate, public agencies which he deems best qualified to administer such assistance.

Le Haut Commissaire peut refuser toute offre qui ne lui paraît pas appropriée ou à laquelle il ne pourrait être donné suite.

Le Haut Commissaire ne peut faire appel aux gouvernements pour leur demander des fonds, ni adresser un appel général, sans l'approbation préalable de l'Assemblée générale.

Le Haut Commissaire, dans son rapport annuel, rendra compte de son activité dans ce domaine.

11. Le Haut Commissaire est admis à exposer ses vues devant l'Assemblée générale, le Conseil économique et social et leurs organes subsidiaires.

Le Haut Commissaire fait rapport, chaque année, à l'Assemblée générale, par l'entremise du Conseil économique et social. Son rapport est examiné comme point distinct de l'ordre du jour de l'Assemblée générale.

12. Le Haut Commissaire peut faire appel au concours de diverses institutions spécialisées.

CHAPITRE III

Organisation et financement

13. Le Haut Commissaire est élu par l'Assemblée générale sur proposition du Secrétaire général. Son contrat est établi par le Secrétaire général et approuvé par l'Assemblée générale. Le Haut Commissaire est élu pour une période de 3 ans à partir du 1er janvier 1951.

14. Le Haut Commissaire désigne, pour la même période, un Haut Commissaire adjoint d'une autre nationalité que la sienne.

The High Commissioner may reject any offers which he does not consider appropriate or which cannot be utilized.

The High Commissioner shall not appeal to Government for funds or make a general appeal, without the prior approval of the General Assembly.

The High Commissioner shall include in his annual report a statement of his activities in this field.

11. The High Commissioner shall be entitled to present his views before the General Assembly, the Economic and Social Council and their subsidiary bodies.

The High Commissioner shall report annually to the General Assembly through the Economic and Social Council; his report shall be considered as a separate item on the agenda of the General Assembly.

12. The High Commissioner may invite the co-operation of the various specialized agencies.

CHAPTER III

Organization and Finances

13. The High Commissioner shall be elected by the General Assembly on the nomination of the Secretary-General. The terms of appointment of the High Commissionner shall be proposed by the Secretary-General and approved by the General Assembly. The High Commissioner shall be elected for a term of three years, from 1 January 1951.

14. The High Commissioner shall appoint, for the same term, a Deputy High Commissioner of a nationality other than his own.

15. *a)* Dans la limite des crédits qui lui sont ouverts au budget, le Haut Commissaire nomme les fonctionnaires du Haut Commissariat, qui sont responsables devant lui de l'exercice de leurs fonctions.

b) Ces fonctionnaires devront être choisis parmi des personnes dévouées à la cause que sert le Haut Commissariat.

c) Leurs conditions d'emploi sont celles que prévoit le règlement du personnel adopté par l'Assemblée générale et les dispositions arrêtées par le Secrétaire général en application de ce règlement.

d) Des dispositions peuvent être également prises pour permettre d'employer du personnel bénévole.

16. Le Haut Commissaire consulte les gouvernements des pays où résident des réfugiés sur la nécessité d'y nommer des représentants. Dans tout pays qui reconnaît cette nécessité, il pourra être nommé un représentant agréé par le gouvernement de ce pays. Sous les réserves qui précèdent, une même personne peut représenter le Haut Commissaire auprès de plusieurs pays.

17. Le Haut Commissaire et le Secrétaire général pendront les dispositions appropriées en vue de coordonner leurs activités et de se consulter sur les questions d'intérêt commun.

18. Le Secrétaire général fournira au Haut Commissaire toutes les facilités nécessaires dans les limites prévues par le budget.

19. Le Haut Commissariat aura son siège à Genève (Suisse).

15. *(a)* Within the limits of the budgetary appropriations provided, the staff of the Office of the High Commissioner shall be appointed by the High Commissioner and shall be responsible to him in the exercise of their functions.

(b) Such staff shall be chosen from persons devoted to the purposes of the Office of the High Commissioner.

(c) Their conditions of employment shall be those provided under the staff regulations adopted by the General Assembly and the rules promulgated thereunder by the Secretary-General.

(d) Provision may also be made to permit the employment of personnel without compensation.

16. The High Commissioner shall consult the Government of the countries of residence of refugees as to the need for appointing representatives therein. In any country recognizing such need, there may be appointed a representative approved by the Government of that country. Subject to the foregoing, the same representative may serve in more than one country.

17. The High Commissioner and the Secretary-General shall make appropriate arrangements for liaison and consultation on matters of mutual interest.

18. The Secretary-General shall provide the High Commissioner with all necessary facilities within budgetary limitations.

19. The Office of the High Commissioner shall be located in Geneva, Switzerland.

20. Les dépenses du Haut Commissariat sont imputées sur le budget de l'Organisation des Nations Unies. A moins que l'Assemblée générale n'en décide autrement dans l'avenir, aucune dépense, en dehors des dépenses administratives motivées par le fonctionnement du Haut Commissariat, ne sera imputée sur le budget de l'Organisation des Nations Unies, et toutes les autres dépenses afférentes à l'activité du Haut Commissaire seront couvertes par les contributions volontaires.

21. La gestion du Haut Commissariat sera soumise aux dispositions du règlement financier de l'Organisation des Nations Unies et aux dispositions financières arrêtées par le Secrétaire général en application de ce règlement.

22. Les comptes afférents aux fonds mis à la disposition du Haut Commissaire seront vérifiés par les Commissaires aux comptes de l'Organisation des Nations Unies, étant entendu que les Commissaires pourront accepter les comptes vérifiés présentés par les organismes qui auront bénéficié d'une allocation de fonds. Le Haut Commissaire et le Secrétaire général conviendront des dispositions administratives relatives à la garde et à la répartition de ces fonds, conformément au règlement financier de l'Organisation des Nations Unies et aux dispositions arrêtées par le Secrétaire général en application de ce règlement.

20. The Office of the High Commissioner shall be financed under the budget of the United Nations. Unless the General Assembly subsequently decides otherwise, no expenditure other than administrative expenditures relating to the functioning of the Office of the High Commissioner shall be borne on the budget of the United Nations and all other expenditures relating to the activities of the High Commissioner shall be financed by voluntary contributions.

21. The administration of the Office of the High Commissioner shall be subject to the Financial Regulations of the United Nations and to the financial rules promulgated thereunder by the Secretary-General.

22. Transactions relating to the High Commissioner's funds shall be subject to audit by the United Nations Board of Auditors, provided that the Board may accept audited accounts from the agencies to which funds have been allocated. Administrative arrangements for the custody of such funds and their allocation shall be agreed between the High Commissioner and the Secretary-General in accordance with the Financial Regulations of the United Nations and rules promulgated thereunder by the Secretary-General.

II

CONVENTION DE 1951 RELATIVE AU STATUT DES RÉFUGIÉS

Commentaires

Extrait du *Guide des procédures et critères à appliquer pour déterminer le statut de réfugié*, publié par les Nations Unies, à Genève en Septembre 1979, page 5 :

« Très tôt après la Seconde Guerre mondiale, le problème des réfugiés n'ayant pas été réglé, il est apparu nécessaire de disposer d'un nouvel instrument international qui définisse le statut juridique des réfugiés. Au lieu d'une pluralité d'instruments se rapportant à des catégories de réfugiés particulières, on a alors opté pour un instrument unique contenant une définition générale des personnes devant être considérées comme réfugiés. La Convention relative au statut des réfugiés a été adoptée par une conférence de plénipotentiaires des Nations Unies le 28 juillet 1951 et elle est entrée en vigueur le 21 avril 1954. Cette convention est ci-après dénommée "Convention de 1951." »

Page 79 :

« Les principaux instruments internationaux concernant la section F, alinéa *a)*, de l'article premier de la Convention de 1951 sont les suivants :

1) Accord de Londres du 8 août 1945 et Statuts du Tribunal militaire international.

2) Loi n° 10 du Conseil de contrôle pour l'Allemagne, du 20 décembre 1945, sur le châtiment des personnes coupables de crimes de guerre, de crimes contre la paix et contre l'humanité.

1951 CONVENTION RELATING TO THE STATUS OF REFUGEES

Commentaries

Extracted from the *Handbook on Procedures and Criteria for Determining Refugees Status*, published by the United Nations, Geneva, in January 1988, page 3:

"Soon after the Second World War, as the refugee problem had not been solved, the need was felt for a new international instrument to define the legal status of refugees. Instead of *ad hoc* agreements adopted in relation to specific refugee situations, there was a call for an instrument containing a general definition of who was to be considered a refugee. The Convention relating to the Status of refugees was adopted by a Conference of Plenipotentiaries of the United Nations on 28 July 1951, and entered into force on 21 April 1954. In the following paragraphs it is referred to as 'the 1951 Convention'."

Page 89:

"The main international instruments which pertain to Article 1 F (*a*) of the 1951 Convention are as follows:

1) The London Agreement of 8 August 1945 and Charter of the International Military Tribunal.

2) Law No. 10 of the Control Council for Germany of 20 December 1945 for Punishment of Persons Guilty of War Crimes, Crimes against Peace and Crimes against Humanity.

3) Résolutions de l'Assemblée générale des Nations Unies 3(1), du 13 février 1946 et 95 (1), du 11 décembre 1946, qui confirment les crimes de guerre et les crimes contre l'humanité tels qu'ils sont définis dans les status du Tribunal militaire international, du 8 août 1945.

4) Convention de 1948 par la prévention et la répression du crime de génocide (article III) (entrée en vigueur le 12 janvier 1951).

5) Convention de 1968 sur l'imprescriptibilité des crimes de guerre et des crimes contre l'humanité (entrée en vigueur le 11 novembre 1970).

6) Conventions de Genève du 12 août 1949 relatives à la protection des victimes de la guerre (Convention pour l'amélioration du sort des blessés et des malades, article 50; Convention pour l'amélioration du sort des blessés, des malades et des naufragés, article 51; Convention relative au traitement des prisonniers de guerre, article 130; Convention relative à la protection des personnes civiles, article 147).

7) Protocole additionnel aux Conventions de Genève du 12 août 1949, relatif à la protection des victimes des conflits armés internationaux (article 85 sur la répression des violations de ce protocole) ».

3) United Nations General Assembly Resolution 3(1) of February 1946 and 95 (1) of 11 December 1946 which confirm war crimes and crimes against humanity as they are defined in the Charter of the International Military Tribunal of 8 August 1945.

4) Convention on the Prevention and Punishment of the Crime of Genocide of 1948 (Article III); (entered into force 12 january 1951).

5) Convention of the Non-Applicability of Statutory Limitations of War Crimes and Crimes Against Humanity of 1968 (entered into force 11 November 1970).

6) Geneva Conventions for the protection of victims of war of August 12, 1949 (Convention for the protection of the wounded, and sick, Article 50; Convention for the protection of wounded, sick and shipwrecked, Article 51; Convention relative to treatment of prisoners of war, Article 130; Convention relative to the treatment of civilian persons, Article 147).

7) Additional Protocol to the Geneva Conventions of 12 August 1949 Relating to the Protection of Victims of International Armed Conflicts (Article 85 on the repression of breaches of this Protocol)."

BIBLIOGRAPHIE SÉLECTIVE

BETTATI M., *L'asile politique en question*, Paris, P.U.F., 1985.

SELECTED BIBLIOGRAPHY

GOODWIN-GILL G. *The Refugee in International Law*. New York: Colombia University Press, 1987.

du BLED S., CARLIER J.-Y., NEVEN J.-F. et S. de RYCK, *Réfugiés demandeurs d'asile*, Bruxelles, Labor, 1986.

CARLIER, J.-Y., *Droits des réfugiés*, Bruxelles, E. Story-Scientia, 1989.

TIGERHIEN, F., *La protection des réfugiés en France*, Paris, Economica, 1984.

GRAHL-MADSEN A. *The Status of Refugee in International Law*. Vol. I, II, Leiden. A.W. Sijthoff, 1972.

HATHAWAY J. *The Law of Refugee Status*. Toronto: Butterworths, 1991.

CONVENTION RELATIVE AU STATUT DES RÉFUGIÉS

En date à Genève du 28 juillet 1951[1]

Entrée en vigueur : 22 avril 1954, conformément à l'article 43
Texte : Nations Unies, Recueil des Traités n° 2545, vol. 189, p. 137

PRÉAMBULE

Les Hautes Parties contractantes,

Considérant que la Charte des Nations Unies et la Déclaration universelle des droits de l'homme approuvée le 10 décembre 1948 par l'Assemblée générale ont affirmé ce principe que les êtres humains, sans distinction, doivent jouir des droits de l'homme et des libertés fondamentales,

Considérant que l'Organisation des Nations Unies a, à plusieurs reprises, manifesté la profonde sollicitude qu'elle éprouve pour les réfugiés et qu'elle s'est préoccupée d'assurer à ceux-ci l'exercice le plus large possible des droits de l'homme et des libertés fondamentales,

Considérant qu'il est désirable de réviser et de codifier les accords internationaux antérieurs relatifs au statut

---

1. La Convention a été adoptée par la Conférence de Plénipotentiaires des Nations Unies sur le statut des réfugiés et des apatrides, qui s'est tenue à Genève du 2 au 25 juillet 1951. La Conférence a été réunie conformément à la résolution 429 (V), adoptée par l'Assemblée générale des Nations Unies le 14 décembre 1950. Pour le texte de cette résolution, voir Documents officiels de l'Assemblée générale, cinquième session, supplément n° 20 (A/1775), p. 53. Le texte de l'Acte final de la Conférence figure en appendice.

CONVENTION RELATING TO THE STATUS OF REFUGEES

Done at Geneva on 28 July 1951[1]

Entry into force: 22 April 1954, in accordance with Article 43
Text: United Nations Treaty Series No. 2545, Vol. 189, p. 137

PREAMBLE

The High Contracting Parties,

Considering that the Charter of the United Nations and the Universal Declaration of Human Rights approved on 10 December 1948 by the General Assembly have affirmed the principle that human beings shall enjoy fundamental rights and freedoms without discrimination,

Considering that the United Nations has, on various occasions, manifested its profound concern for refugees and endeavoured to assure refugees the widest possible exercise of these fundamental rights and freedoms,

Considering that it is desirable to revise and consolidate previous international agreements relating to the status

---

1. The Convention was adopted by the United Nations Conference of Plenipotentiaries on the Status of Refugees and Stateless Persons, held at Geneva from 2 to 25 July 1951. The Conference was convened pursuant to resolution 429(V), adopted by the General Assembly of the United Nations on 14 December 1950. For the text of this resolution, see Official Records of the General Assembly, Fifth Session, Supplement No. 20 (A/1775), p. 48. The Text of the Final Act of the Conference is reproduced in Appendix.

des réfugiés et d'étendre l'application de ces instruments et la protection qu'ils constituent pour les réfugiés au moyen d'un nouvel accord,

Considérant qu'il peut résulter de l'octroi du droit d'asile des charges exceptionnellement lourdes pour certains pays et que la solution satisfaisante des problèmes dont l'Organisation des Nations Unies a reconnu la portée et le caractère internationaux, ne saurait, dans cette hypothèse, être obtenue sans une solidarité internationale,

Exprimant le voeu que tous les États, reconnaissant le caractère social et humanitaire du problème des réfugiés, fassent tout ce qui est en leur pouvoir pour éviter que ce problème ne devienne une cause de tension entre États,

Prenant acte de ce que le Haut Commissaire des Nations Unies pour les réfugiés a pour tâche de veiller à l'application des conventions internationales qui assurent la protection des réfugiés, et reconnaissant que la coordination effective des mesures prises pour résoudre ce problème dépendra de la coopération des États avec le Haut Commissaire,

Sont convenues des dispositions ci-après :

of refugees and to extend the scope of and the protection accorded by such instruments by means of a new agreement,

Considering that the grant of asylum may place unduly heavy burdens on certain countries, and that a satisfactory solution of a problem of which the United Nations has recognized the international scope and nature cannot therefore be achieved without international co-operation,

Expressing the wish that all States, recognizing the social and humanitarian nature of the problem of refugees, will do everything within their power to prevent this problem from becoming a cause of tension between States,

Noting that the United Nations High Commissioner for Refugees is charged with the task of supervising international conventions providing for the protection of refugees, and recognizing that the effective co-ordination of measures taken to deal with this problem will depend upon the co-operation of States with the High Commissioner,

Have agreed as follows:

CHAPITRE I

DISPOSITIONS GÉNÉRALES

Article premier

Définition du terme « réfugié »

A. Aux fins de la présente Convention, le terme « réfugié » s'appliquera à toute personne :

CHAPTER I

GENERAL PROVISIONS

Article 1

Definition of the term "refugee"

A. For the purposes of the present Convention, the term "refugee" shall apply to any person who:

(1) Qui a été considérée comme réfugiée en application des Arrangements du 12 mai 1926 et du 30 juin 1928, ou en application des Conventions du 28 octobre 1933 et du 10 février 1938 et du Protocole du 14 septembre 1939, ou encore en application de la Constitution de l'Organisation Internationale pour les Réfugiés;	(1) Has been considered a refugee under the Arrangements of 12 May 1926 and 30 June 1928 or under the Conventions of 28 October 1933 and 10 February 1938, the Protocol of 14 September 1939 or the Constitution of the International Refugee Organization;
Les décisions de non-éligibilité prises par l'Organisation Internationale pour les Réfugiés pendant la durée de son mandat ne font pas obstacle à ce que la qualité de réfugié soit accordée à des personnes qui remplissent les conditions prévues au paragraphe 2 de la présente section;	Decisions of non-eligibility taken by the International Refugee Organization during the period of its activities shall not prevent the status of refugee being accorded to persons who fulfil the conditions of paragraph 2 of this section;
(2) Qui, par suite d'événements survenus avant le 1er janvier 1951 et craignant avec raison d'être persécutée du fait de sa race, de sa religion, de sa nationalité, de son appartenance à un certain groupe social ou de ses opinions politiques, se trouve hors du pays dont elle a la nationalité et qui ne peut ou, du fait de cette crainte, ne veut se réclamer de la protection de ce pays; ou qui, si elle n'a pas de nationalité et se trouve hors du pays dans lequel elle avait sa résidence habituelle à la suite de tels événements, ne peut ou, en raison de ladite crainte, ne veut y retourner.	(2) As a result of events occuring before 1 January 1951 and owing to well-founded fear of being persecuted for reasons of race, religion, nationality, membership of a particular social group or political opinion, is outside the country of his nationality and is unable, or owing to such fear, is unwilling to avail himself of the protection of that country; or who, not having a nationality and being outside the country of his former habitual residence as a result of such events, is unable or, owing to such fear, is unwilling to return to it.
Dans le cas d'une personne qui a plus d'une nationalité, l'expression « du pays dont elle a la nationalité » vise chacun des pays dont cette personne a la nationalité. Ne sera pas considérée comme privée de la protection du pays dont elle a la nationalité, toute personne qui, sans raison valable fondée sur une crainte justifiée, ne s'est pas réclamée de la protection de l'un des pays dont elle a la nationalité.	In the case of a person who has more than one nationality, the term "the country of his nationality" shall mean each of the countries of which he is a national, and a person shall not be deemed to be lacking the protection of the country of his nationality if, whitout any valid reason based on well-founded frear, he has not availed himself of the protection of one of the countries of which he is a national.

B. (1) Aux fins de la présente Convention les mots « événements survenus avant le 1er janvier 1951 » figurant à l'article 1, section A, pourront être compris dans le sens de soit
   a) « événement survenus avant le 1er janvier 1951 en Europe »; soit
   b) « événements survenus avant le 1er janvier 1951 en Europe ou ailleurs »;

et chaque État contractant fera, au moment de la signature, de la ratification ou de l'adhésion, une déclaration précisant la portée qu'il entend donner à cette expression au point de vue des obligations assumées par lui en vertu de la présente Convention.

(2) Tout État contractant qui a adopté la formule a) pourra à tout moment étendre ses obligations en adoptant la formule b) par notification adressée au Secrétaire général des Nations Unies.

C. Cette Convention cessera, dans les cas ci-après, d'être applicable à toute personne visée par les dispositions de la section A ci-dessus :

(1) si elle s'est volontairement réclamée à nouveau de la protection du pays dont elle a la nationalité; ou

(2) si, ayant perdu sa nationalité, elle l'a volontairement recouvrée; ou

(3) si elle a acquis une nouvelle nationalité et jouit de la protection du pays dont elle a acquis la nationalité; ou

(4) si elle est retournée volontairement s'établir dans le pays qu'elle a quitté ou hors duquel elle est demeurée de crainte d'être persécutée; ou

(5) si, les circonstances à la suite desquelles elle a été reconnue comme

B. (1) For the purposes of this Convention, the words "events occurring before 1 January 1951" in Article 1, section A, shall be understood to mean either
   (a) "events occurring in Europe before 1 January 1951"; or
   (b) "events occurring in Europe or elsewhere before 1 January 1951";

and each Contracting State shall make a declaration at the time of signature, ratification or accession, specifying which of these meanings it applies for the purpose of its obligations under this Convention.

(2) Any Contracting State which has adopted alternative (a) may at any time extend its obligations by adopting alternative (b) by means of a notification addressed to the Secretary-General of the United Nations.

C. This Convention shall cease to apply to any person falling under the terms of section A if:

(1) He as voluntarily re-availed himself of the protection of the country of his nationality; or

(2) Having lost his nationality, he has voluntarily re-acquired it; or

(3) He has acquired a new nationality, and enjoys the protection of the country of his new nationality; or

(4) He has voluntarily re-established himself in the country which he left or outside which he remained owing to fear of persecution; or

(5) He can no longer, because the circumstances in connexion with which

réfugiée ayant cessé d'exister, elle ne peut plus continuer à refuser de se réclamer de la protection du pays dont elle a la nationalité;

Étant entendu, toutefois, que les dispositions du présent paragraphe ne s'appliqueront pas à tout réfugié visé au paragraphe 1 de la section A du présent article qui peut invoquer, pour refuser de se réclamer de la protection du pays dont il a la nationalité, des raisons impérieuses tenant à des persécutions antérieures;

(6) S'agissant d'une personne qui n'a pas de nationalité, si, les circonstances à la suite desquelles elle a été reconnue comme réfugiée ayant cessé d'exister, elle est en mesure de retourner dans le pays dans lequel elle avait sa résidence habituelle;

Étant entendu, toutefois, que les dispositions du présent paragraphe ne s'appliqueront pas à tout réfugié visé au paragraphe 1 de la section A du présent article qui peut invoquer, pour refuser de retourner dans le pays dans lequel il avait sa résidence habituelle, des raisons impérieuses tenant à des persécutions antérieures.

D. Cette Convention ne sera pas applicable aux personnes qui bénéficient actuellement d'une protection ou d'une assistance de la part d'un organisme ou d'une institution des Nations Unies autre que le Haut Commissaire des Nations Unies pour les réfugiés.

Lorsque cette protection ou cette assistance aura cessé pour une raison quelconque, sans que le sort de ces personnes ait été définitivement réglé, conformément aux résolutions y relatives adoptées par l'Assemblée géné-

he has been recognized as a refugee have ceased to exist, continue to refuse to avail himself of the protection of the country of his nationality;

Provided that this paragraph shall not apply to a refugee falling under section A (1) of this Article who is able to invoke compelling reasons arising out of previous persecution for refusing to avail himself of the protection of the country of nationality;

(6) Being a person who has no nationality he is, because the circumstances in connexion with which he has been recognized as a refugee have ceased to exist, able to return to the country of his former habitual residence;

Provided that this paragraph shall not apply to a refugee falling under section A (1) of this Article who is able to invoke compelling reasons arising out of previous persecution for refusing to return to the country of his former habitual residence.

D. This Convention shall not apply to persons who are at present receiving from organs or agencies of the United Nations other than the United Nations High Commissioner for Refugees protection or assistance.

When such protection or assistance has ceased for any reason, without the position of such persons being definitively settled in accordance with the relevant resolutions adopted by the General Assembly of the United Nations,

rale des Nations Unies, ces personnes bénéficieront de plein droit du régime de cette Convention.

E. Cette Convention ne sera pas applicable à une personne considérée par les autorités compétentes du pays dans lequel cette personne a établi sa résidence comme ayant les droits et les obligations attachés à la possession de la nationalité de ce pays.

F. Les dispositions de cette Convention ne seront pas applicables aux personnes dont on aura des raisons sérieuses de penser :

a) qu'elles ont commis un crime contre la paix, un crime de guerre ou un crime contre l'humanité, au sens des instruments internationaux élaborés pour prévoir des dispositions relatives à ces crimes;

b) qu'elles ont commis un crime grave de droit commun en dehors du pays d'accueil avant d'y être admises comme réfugiées;

c) qu'elles se sont rendues coupables d'agissements contraires aux buts et aux principes des Nations Unies.

Article 2

Obligations générales

Tout réfugié a, à l'égard du pays où il se trouve, des devoirs qui comportent notamment l'obligation de se conformer aux lois et règlements ainsi qu'aux mesures prises pour le maintien de l'ordre public.

Article 3

Non-discrimination

Les États contractants appliqueront les dispositions de cette Convention aux

these persons shall *ipso facto* be entitled to the benefits of this Convention.

E. This Convention shall not apply to a person who is recognized by the competent authorities of the country in which he has taken residence as having the rights and obligations which are attached to the possession of the nationality of that country.

F. The provisions of this Convention shall not apply to any person with respect to whom there are serious reasons for considering that:

(a) He has committed a crime against peace, a war crime, or a crime against humanity, as defined in the international instruments drawn up to make provision in respect of such crimes;

(b) He has committed a serious non-political crime outside the country of refuge prior to his admission to that country as a refugee;

(c) He has been guilty of acts contrary to the purposes and principles of the United Nations.

Article 2

General obligations

Every refugee has duties to the country in which he finds himself, which require in particular that he conform to its laws and regulations as well as to measures taken for the maintenance of public order.

Article 3

Non-discrimination

The Contracting States shall apply the provisions of this Convention to

réfugiés sans discrimination quant à la race, la religion ou le pays d'origine.

Article 4

Religion

Les États contractants accorderont aux réfugiés sur leur territoire un traitement au moins aussi favorable que celui accordé aux nationaux en ce qui concerne la liberté de pratiquer leur religion et en ce qui concerne la liberté d'instruction religieuse de leurs enfants.

Article 5

Droits accordés indépendamment de cette Convention

Aucune disposition de cette Convention ne porte atteinte aux autres droits et avantages accordés, indépendamment de cette Convention, aux réfugiés.

Article 6

L'expression « dans les mêmes circonstances »

Aux fins de cette Convention, les termes « dans les mêmes circonstances » impliquent que toutes les conditions (et notamment celles qui ont trait à la durée et aux conditions de séjour ou de résidence) que l'intéressé devrait remplir, pour pouvoir exercer le droit en question, s'il n'était pas un réfugié, doivent être remplies par lui à l'exception des conditions qui, en raison de leur nature, ne peuvent être remplies par un réfugié.

refugees without discrimination as to race, religion or country of origin.

Article 4

Religion

The Contracting States shall accord to refugees within their territories treatment at least as favourable as that accorded to their nationals with respect to freedom to practise their religion and freedom as regards the religious education of their children.

Article 5

Rights granted apart from this convention

Nothing in this Convention shall be deemed to impair any rights and benefits granted by a Contracting State to refugees apart from this Convention.

Article 6

The term "in the same circumstances"

For the purpose of this Convention, the term "in the same circumstances" implies that any requirements (including requirements as to length and conditions of sojourn or residence) which the particular individual would have to fulfil for the enjoyment of the right in question, if he were not a refugee, must be fulfilled by him, with the exception of the requirements which by their nature a refugee is incapable of fulfilling.

Article 7

Dispense de réciprocité

1. Sous réserve des dispositions plus favorables prévues par cette Convention, tout État contractant accordera aux réfugiés le régime qu'il accorde aux étrangers en général.

2. Après un délai de résidence de trois ans, tous les réfugiés bénéficieront, sur le territoire des États contractants, de la dispense de réciprocité législative.

3. Tout État contractant continuera à accorder aux réfugiés les droits et avantages auxquels ils pouvait déjà prétendre, en l'absence de réciprocité, à la date d'entrée en vigueur de cette Convention pour ledit État.

4. Les États contractants envisageront avec bienveillance la possibilité d'accorder aux réfugiés, en l'absence de réciprocité, des droits et des avantages outre ceux auxquels ils peuvent prétendre en vertu des paragraphes 2 et 3 ainsi que la possibilité de faire bénéficier de la dispense de réciprocité des réfugiés qui ne remplissent pas les conditions visées aux paragraphes 2 et 3.

5. Les dispositions des paragraphes 2 et 3 ci-dessus s'appliquent aussi bien aux droits et avantages visés aux articles 13, 18, 19, 21 et 22 de cette Convention qu'aux droits et avantages qui ne sont pas prévus par elle.

Article 8

Dispense de mesures exceptionnelles

En ce qui concerne les mesures exceptionnelles qui peuvent être prises

Article 7

Exemption from reciprocity

1. Except where this Convention contains more favourable provisions, a Contracting State shall accord to refugees the same treatment as is accorded to aliens generally.

2. After a period of three years' residence, all refugees shall enjoy exemption from legislative reciprocity in the territory of the Contracting States.

3. Each Contracting State shall continue to accord to refugees the rights and benefits to which they were already entitled, in the absence of reciprocity, at the date of entry into force of this Convention for that State.

4. The Contracting States shall consider favourably the possibility of according to refugees, in the absence of reciprocity, rights and benefits beyond those to which they are entitled according to paragraphs 2 and 3, and to extending exemption from reciprocity to refugees who do not fulfil the conditions provided for in paragraphs 2 and 3.

5. The provisions of paragraphs 2 and 3 apply both to the rights and benefits referred to in Articles 13, 18, 19, 21 and 22 of this Convention and to rights and benefits for which this Convention does not provide.

Article 8

Exemption from exceptional measures

With regard to exceptional measures which may be taken against the person,

contre la personne, les biens ou les intérêts des ressortissants d'un État déterminé, les États contractants n'appliqueront pas ces mesures à un réfugié ressortissant formellement dudit État uniquement en raison de sa nationalité. Les États contractants qui, de par leur législation, ne peuvent appliquer le principe général consacré dans cet article accorderont dans des cas appropriés des dispenses en faveur de tels réfugiés.

property or interests of nationals of a foreign State, the Contracting States shall not apply such measures to a refugee who is formally a national of the said State solely on account of such nationality. Contracting States which, under their legislation, are prevented from applying the general principle expressed in this Article, shall, in appropriate cases, grant exemptions in favour of such refugees.

Article 9

Mesures provisoires

Aucune des dispositions de la présente Convention n'a pour effet d'empêcher un État contractant, en temps de guerre ou dans d'autres circonstances graves et exceptionnelles, de prendre provisoirement, à l'égard d'une personne déterminée, les mesures que cet État estime indispensables à la sécurité nationale, en attendant qu'il soit établi par ledit État contractant que cette personne est effectivement un réfugié et que le maintien desdites mesures est nécessaire à son égard dans l'intérêt de sa sécurité nationale.

Article 9

Provisional measures

Nothing in this Convention shall prevent a Contracting State, in time of war, or other grave and exceptional circumstances, from taking provisionally measures which it considers to be essential to the national security in the case of a particular person, pending a determination by the Contracting State that that person is in fact a refugee and that the continuance of such measures is necessary in his case in the interests of national security.

Article 10

Continuité de résidence

1. Lorsqu'un réfugié a été déporté au cours de la deuxième guerre mondiale et transporté sur le territoire de l'un des États contractants et y réside, la durée de ce séjour forcé comptera comme résidence régulière sur ce territoire.

2. Lorsqu'un réfugié a été déporté du territoire d'un État contractant au

Article 10

Continuity of residence

1. Where a refugee has been forcibly displaced during the Second World War and removed to the territory of the Contracting State, and is resident there, the period of such enforced sojourn shall be considered to have been lawful residence within that territory.

2. Where a refugee has been forcibly displaced during the Second World War

cours de la Deuxième Guerre mondiale et y est retourné avant l'entrée en vigueur de cette Convention pour y établir sa résidence, la période qui précède et celle qui suit cette déportation seront considérées, à toutes les fins pour lesquelles une résidence ininterrompue est nécessaire, comme ne constituant qu'une seule période ininterrompue.

Article 11

Gens de mer réfugiés

Dans le cas de réfugiés régulièrement employés comme membres de l'équipage à bord d'un navire battant pavillon d'un État contractant, cet État examinera avec bienveillance la possibilité d'autoriser lesdits réfugiés à s'établir sur son territoire et de leur délivrer des titres de voyage ou de les admettre à titre temporaire sur son territoire, afin, notamment, de faciliter leur établissement dans un autre pays.

CHAPITRE II

CONDITION JURIDIQUE

Article 12

Statut personnel

1. Le statut personnel de tout réfugié sera régi par la loi du pays de son domicile ou, à défaut de domicile, par la loi du pays de sa résidence.

2. Les droits précédemment acquis par le réfugié et découlant du statut personnel, et notamment ceux qui résultent du mariage, seront respectés par tout État contractant, sous réserve, le cas

from the territory of a Contracting State and has, prior to the date of entry into force of this Convention, returned there for the purpose of taking up residence, the period of residence before and after such enforced displacement shall be regarded as one uninterrupted period for any purposes for which uninterrupted residence is required.

Article 11

Refugee seamen

In the case of refugees regularly serving as crew members on board a ship flying the flag of a Contracting State, that State shall give sympathetic consideration to their establishment on its territory and the issue of travel documents to them or their temporary admission to its territory particularly with a view to facilitating their establishment in another country.

CHAPTER II

JURIDICAL STATUS

Article 12

Personal Status

1. The personal status of a refugee shall be governed by the law of the country of his domicile or, if he has no domicile, by the law of the country of his residence.

2. Rights previously acquired by a refugee and dependent on personal status, more particularly rights attaching to marriage, shall be respected by a Contracting State, subject to compli-

échéant, de l'accomplissement des formalités prévues par la législation dudit État, étant entendu, toutefois, que le droit en cause doit être de ceux qui auraient été reconnus par la législation dudit État si l'intéressé n'était devenu un réfugié.

ance, if this be necessary, with the formalities required by the law of that State, provided that the right in question is one which would have been recognized by the law of that State had he not become a refugee.

Article 13

Propriété mobilière et immobilière

Les États contractants accorderont à tout réfugié un traitement aussi favorable que possible et de toute façon un traitement qui ne soit pas moins favorable que celui qui est accordé, dans les mêmes circonstances, aux étrangers en général en ce qui concerne l'acquisition de la propriété mobilière et immobilière et autres droits s'y rapportant, le louage et les autres contrats relatifs à la propriété mobilière et immobilière.

Article 13

Movable and immovable property

The Contracting States shall accord to a refugee treatment as favourable as possible and, in any event, not less favourable than that accorded to aliens generally in the same circumstances, as regards the acquisition of movable and immovable property and other rights pertaining thereto, and to leases and other contracts relating to movable and immovable property.

Article 14

Propriété intellectuelle et industrielle

En matière de protection de la propriété industrielle, notamment d'inventions, dessins, modèles, marques de fabrique, nom commercial, et en matière de protection de la propriété littéraire, artistique et scientifique, tout réfugié bénéficiera dans le pays où il a sa résidence habituelle de la protection qui est accordée aux nationaux dudit pays. Dans le territoire de l'un quelconque des autres États contractants, il bénéficiera de la protection qui est accordée dans ledit territoire aux nationaux du pays dans lequel il a sa résidence habituelle.

Article 14

Artistic rights and industrial property

In respect of the protection of industrial property, such as inventions, designs or models, trade marks, trade names, and of rights in literary, artistic and scientific works, a refugee shall be accorded in the country in which he has his habitual residence the same protection as is accorded to nationals of that country. In the territory of any other Contracting State, he shall be accorded the same protection as is accorded in that territory to nationals of the country in which he has his habitual residence.

Article 15

Droits d'association

Les États contractants accorderont aux réfugiés qui résident régulièrement sur leur territoire, en ce qui concerne les associations à but non politique et non lucratif et les syndicats professionnels, le traitement le plus favorable accordé aux ressortissants d'un pays étranger, dans les mêmes circonstances.

Article 16

Droit d'ester en justice

1. Tout réfugié aura, sur le territoire des États contractants, libre et facile accès devant les tribunaux.

2. Dans l'État contractant où il a sa résidence habituelle, tout réfugié jouira du même traitement qu'un ressortissant en ce qui concerne l'accès aux tribunaux, y compris l'assistance judiciaire et l'exemption de la caution *judicatum solvi*.

3. Dans les États contractants autres que celui où il a sa résidence habituelle, et en ce qui concerne les questions visées au paragraphe 2, tout réfugié jouira du même traitement qu'un national du pays dans lequel il a sa résidence habituelle.

CHAPITRE III

EMPLOIS LUCRATIFS

Article 17

Professions salariées

1. Les États contractants accorderont à tout réfugié résidant régulièrement sur

Article 15

Right of association

As regards non-political and non-profit-making associations and trade unions the Contracting States shall accord to refugees lawfully staying in their territory the most favourable treatment accorded to nationals of a foreign country, in the same circumstances.

Article 16

Access to courts

1. A refugee shall have free access to the courts of law of the territory of all Contracting States.

2. A refugee shall enjoy in the Contracting State in which he has his habitual residence the same treatment as a national in matters pertaining to access to the Courts, including legal assistance and exemption from *cautio judicatum solvi*.

3. A refugee shall be accorde in the matters referred to in paragraph 2 in countries other than that in which he has his habitual residence the treatment granted to a national of the country of his habitual residence.

CHAPTER III

GAINFUL EMPLOYMENT

Article 17

Wage-earning employment

1. The Contracting States shall accord to refugees lawfully staying in

leur territoire le traitement le plus favorable accordé, dans les mêmes circonstances, aux ressortissants d'un pays étranger en ce qui concerne l'exercice d'une activité professionnelle salariée.

2. En tout cas, les mesures restrictives imposées aux étrangers ou à l'emploi d'étrangers pour la protection du marché national du travail ne seront pas applicables aux réfugiés qui en étaient déjà dispensés à la date de l'entrée en vigueur de cette Convention par l'État contractant intéressé, ou qui remplissent l'une des conditions suivantes :

a) compter trois ans de résidence dans le pays,

b) avoir pour conjoint une personne possédant la nationalité du pays de résidence. Un réfugié ne pourrait invoquer le bénéfice de cette disposition au cas où il aurait abandonné son conjoint,

c) avoir un ou plusieurs enfants possédant la nationalité du pays de résidence.

3. Les États contractants envisageront avec bienveillance l'adoption de mesures tendant à assimiler les droits de tous les réfugiés en ce qui concerne l'exercice des professions salariées à ceux de leurs nationaux et ce, notamment pour les réfugiés qui sont entrés sur leur territoire en application d'un programme de recrutement de la main-d'oeuvre ou d'un plan d'immigration.

Article 18

Professions non salariées

Les États contractants accorderont aux réfugiés se trouvant régulièrement sur leur territoire le traitement aussi favorable que possible et en tout cas un

their territory the most favourable treatment accorded to nationals of a foreign country in the same circumstances, as regards the right to engage in wage-earning employment.

2. In any case, restrictive measures imposed on aliens or the employment of aliens for the protection of the national labour market shall not be applied to a refugee who was already exempt from them at the date of entry into force of this Convention for the Contracting State concerned, or who fulfils one of the following conditions:

(a) He has completed three years' residence in the country,

(b) He has a spouse possessing the nationality of the country of residence. A refugee may not invoke the benefits of this provision if he has abandoned his spouse,

(c) He has one or more children possessing the nationality of the country of residence.

3. The Contracting States shall give sympathetic consideration to assimilating the rights of all refugees with regard to wage-earning employment to those of nationals, and in particular of those refugees who have entered their territory pursuant to programmes of labour recruitment or under immigration schemes.

Article 18

Self-employment

The Contracting States shall accord to a refugee lawfully in their territory treatment as favourable as possible and, in any event, not less favourable than

traitement non moins favorable que celui accordé dans les mêmes circonstances aux étrangers en général, en ce qui concerne l'exercice d'une profession non salariée dans l'agriculture, l'industrie, l'artisanat et le commerce, ainsi que la création de sociétés commerciales et industrielles.

Article 19

Professions libérales

1. Tout État contractant accordera aux réfugiés résidant régulièrement sur leur territoire, qui sont titulaires de diplômes reconnus par les autorités compétentes dudit État et qui sont désireux d'exercer une profession libérale, un traitement aussi favorable que possible et en tout cas un traitement non moins favorable que celui accordé, dans les mêmes circonstances, aux étrangers en général.

2. Les États contractants feront tout ce qui est en leur pouvoir, conformément à leurs lois et constitutions, pour assurer l'installation de tels réfugiés dans les territoires, autres que le territoire métropolitain, dont ils assument la responsabilité des relations internationales.

CHAPITRE IV

BIEN-ÊTRE

Article 20

Rationnement

Dans le cas où il existe un système de rationnement auquel est soumise la population dans son ensemble et qui réglemente la répartition générale de

that accorded to aliens generally in the same circumstances, as regards the right to engage on his own account in agriculture, industry, handicrafts and commerce and to establish commercial and industrial companies.

Article 19

Liberal professions

1. Each Contracting State shall accord to refugees lawfully staying in their territory who hold diplomas recognized by the competent authorities of that State, and who are desirous of practising a liberal profession, treatment as favourable as possible and, in any event, not less favourable than that accorded to aliens generally in the same circumstances.

2. The Contracting States shall use their best endeavors consistently with their laws and constitutions to secure the settlement of such refugees in the territories, other than the metropolitan territory, for whose international relations they are responsible.

CHAPTER IV

WELFARE

Article 20

Rationing

Where a rationing system exists, which applies to the population at large and regulates the general distribution of products in short supply, refugees shall

produits dont il y a pénurie, les réfugiés seront traités comme les nationaux.

be accorded the same treatment as nationals.

Article 21

Logement

En ce qui concerne le logement, les États contractants accorderont, dans la mesure où cette question tombe sous le coup des lois et règlements ou est soumise au contrôle des autorités publiques, aux réfugiés résidant régulièrement sur leur territoire un traitement aussi favorable que possible; ce traitement ne saurait être, en tout cas, moins favorable que celui qui est accordé, dans les mêmes circonstances, aux étrangers en général.

Article 21

Housing

As regards housing, the Contracting States, in so far as the matter is regulated by laws or regulations or is subject to the control of public authorities, shall accord to refugees lawfully staying in their territory treatment as favourable as possible and, in any event, not less favourable than that accorded to aliens generally in the same circumstances.

Article 22

Éducation publique

1. Les États contractants accorderont aux réfugiés le même traitement qu'aux nationaux en ce qui concerne l'enseignement primaire.

2. Les États contractants accorderont aux réfugiés un traitement aussi favorable que possible, et en tout cas non moins favorable que celui qui est accordé aux étrangers en général dans les mêmes circonstances quant aux catégories d'enseignement autre que l'enseignement primaire et notamment en ce qui concerne l'accès aux études, la reconnaissance de certificats d'études, de diplômes et de titres universitaires délivrés à l'étranger, la remise des droits et taxes et l'attribution de bourses d'études.

Article 22

Public education

1. The Contracting States shall accord to refugees the same treatment as is accorded to nationals with respect to elementary education.

2. The Contracting States shall accord to refugees treatment as favourable as possible, and, in any event, not less favourable than that accorded to aliens generally in the same circumstances, with respect to education other than elementary education and, in particular, as regards access to studies, the recognition of foreign school certificates, diplomas and degrees, the remission of fees and charges and the award of scholarships.

Article 23

Assistance publique

Les États contractants accorderont aux réfugiés résidant régulièrement sur leur territoire le même traitement en matière d'assistance et de secours publics qu'à leurs nationaux.

Article 24

Législation du travail et sécurité sociale

1. Les États contractants accorderont aux réfugiés résidant régulièrement sur leur territoire le même traitement qu'aux nationaux en ce qui concerne les matières suivantes :

a) dans la mesure où ces questions sont réglementées par la législation ou dépendent des autorités administratives, la rémunération, y compris les allocations familiales lorsque ces allocations font partie de la rémunération, la durée du travail, les heures supplémentaires, les congés payés, les restrictions au travail à domicile, l'âge d'admission à l'emploi, l'apprentissage et la formation professionnelle, le travail des femmes et des adolescents et la jouissance des avantages offerts par les conventions collectives;

b) la sécurité sociale (les dispositions légales relatives aux accidents du travail, aux maladies professionnelles, à la maternité, à la maladie, à l'invalidité, à la vieillesse et au décès, au chômage, aux charges de famille, ainsi qu'à tout autre risque qui, conformément à la législation nationale, est couvert par un système de sécurité sociale), sous réserve :

Article 23

Public relief

The Contracting States shall accord to refugees lawfully staying in their territory the same treatment with respect to public relief and assistance as is accorded to their nationals.

Article 24

Labour legislation and social security

1. The Contracting States shall accord to refugees lawfully staying in their territory the same treatment as is accorded to nationals in respect of the following matters:

(a) In so far as such matters are governed by laws or regulations or are subject to the control of administrative authorities: remuneration, including family allowances where these form part of remuneration, hours of work, overtime arrangements, holidays with pay, restrictions on home work, minimum age of employment, apprenticeship and training, women's work and the work of young persons, and the enjoyment of the benefits of collective bargaining;

(b) Social security (legal provisions in respect of employment injury, occupational diseases, maternity, sickness, disability, old age, death, unemployment, family responsibilities and any other contingency which, according to national laws or regulations, is covered by a social security scheme), subject to the following limitations:

i) des arrangements appropriés visant le maintien des droits acquis et des droits en cours d'acquisition;

ii) des dispositions particulières prescrites par la législation nationale du pays de résidence et visant les prestations ou fractions de prestations payables exclusivement sur les fonds publics, ainsi que les allocations versées aux personnes qui ne réunissent pas les conditions de cotisation exigées pour l'attribution d'une pension normale.

2. Les droits à prestation ouverts par le décès d'un réfugié survenu du fait d'un accident du travail ou d'une maladie professionnelle ne seront pas affectés par le fait que l'ayant droit réside en dehors du territoire de l'État contractant.

3. Les États contractants étendront aux réfugiés le bénéfice des accords qu'ils ont conclus ou viendront à conclure entre eux, concernant le maintien des droits acquis ou en cours d'acquisition en matière de sécurité sociale, pour autant que les réfugiés réunissent les conditions prévues pour les nationaux des Pays signataires des accords en question.

4. Les États contractants examineront avec bienveillance la possibilité d'étendre, dans toute la mesure du possible, aux réfugiés, le bénéfice d'accords similaires qui sont ou seront en vigueur entre ces États contractants et des États non contractants.

i) There may be appropriate arrangements for the maintenance of acquired rights and rights in course of acquisition;

ii) National laws or regulations of the country of residence may prescribe special arrangements concerning benefits or portions of benefits which are payable wholly out of public funds, and concerning allowances paid to persons who do not fulfil the contribution conditions prescribed for the award of a normal pension.

2. The right to compensation for the death of a refugee resulting from employment injury or from occupational disease shall not be affected by the fact that the residence of the beneficiary is outside the territory of the Contracting State.

3. The Contracting States shall extend to refugees the benefits of agreements concluded between them, or which may be concluded between them in the future, concerning the maintenance of acquired rights and rights in the process of acquisition in regard to social security, subject only to the conditions which apply to nationals of the States signatory to the agreements in question.

4. The Contracting States will give sympathetic consideration to extending to refugees so far as possible the benefits of similar agreements which may at any time be in force between such Contracting States and non-contracting States.

CHAPITRE V

MESURES ADMINISTRATIVES

Article 25

Aide administrative

1. Lorsque l'exercice d'un droit par un réfugié nécessiterait normalement le concours d'autorités étrangères auxquelles il ne peut recourir, les États contractants sur le territoire desquels il réside veilleront à ce que ce concours lui soit fourni soit par leurs propres autorités, soit par une autorité internationale.

2. Là où les autorités visées au paragraphes 1 délivreront ou feront délivrer, sous leur contrôle, aux réfugiés, les documents ou certificats qui normalement seraient délivrés à un étranger par ses autorités nationales ou par leur intermédiaire.

3. Les documents ou certificats ainsi délivrés remplaceront les actes officiels délivrés à des étrangers par leurs autorités nationales ou par leur intermédiaire, et feront foi jusqu'à preuve du contraire.

4. Sous réserve des exceptions qui pourraient être admises en faveur des indigents, les services mentionnés dans le présent article pourront être rétribués; mais ces rétributions seront modérées et en rapport avec les perceptions opérées sur les nationaux à l'occasion de services analogues.

5. Les dispositions de cet article n'affectent en rien les articles 27 et 28.

CHAPTER V

ADMINISTRATIVE MEASURES

Article 25

Administrative assistance

1. When the exercise of a right by a refugee would normally require the assistance of authorities of a foreign country to whom he cannot have recourse, the Contracting States in whose territory he is residing shall arrange that such assistance be afforded to him by their own authorities or by an international authority.

2. The authority of authorities mentioned in paragraph 1 shall deliver or cause to be delivered under their supervision to refugees such documents or certifications as would normally be delivered to aliens by or through their national authorities.

3. Documents or certifications so delivered shall stand in the stead of the official instruments delivered to aliens by or through their national authorities, and shall be given credence in the absence of proof to the contrary.

4. Subject to such exceptional treatment as may be granted to indigent persons, fees may be charged for the services mentioned herein, but such fees shall be moderate and commensurate with those charged to nationals for similar services.

5. The provisions of this Article shall be without prejudice to Articles 27 and 28.

Article 26

Freedom of movement

Each Contracting State shall accord to refugees lawfully in its territory the right to choose their place of residence and to move freely within its territory, subject to any regulations applicable to aliens generally in the same circumstances.

Article 27

Identity papers

The Contracting States shall issue identity papers to any refugee in their territory who does not possess a valid travel document.

Article 28

Travel documents

1. The Contracting States shall issue to refugees lawfully staying in their territory travel documents for the purpose of travel outside their territory unless compelling reasons of national security or public order otherwise require, and the provisions of the Schedule to this Convention shall apply with respect to such documents. The Contracting States may issue such a travel document to any other refugee in their territory, they shall in particular give sympathetic consideration to the issue of such a travel document to refugees in their territory who are unable to obtain a travel document from the country of their lawful residence.

2. Travel documents issued to refugees under previous international agree-

naux antérieurs par les Parties à ces accords seront reconnus par les États contractants, et traités comme s'ils avaient été délivrés aux réfugiés en vertu du présent article.

ments by parties thereto shall be recognized and treated by the Contracting States in the same way as if they had been issued pursuant to this article.

Article 29

Charges fiscales

1. Les États contractants n'assujettiront pas les réfugiés à des droits, taxes, impôts, sous quelque dénomination que ce soit, autres ou plus élevés que ceux qui sont ou qui seront perçus sur leurs nationaux dans des situations analogues.

2. Les dispositions du paragraphe précédent ne s'opposent pas à l'application aux réfugiés des dispositions des lois et règlements concernant les taxes afférentes à la délivrance aux étrangers de documents administratifs, pièces d'identité y comprises.

Article 29

Fiscal charges

1. The Contracting States shall not impose upon refugees duties, charges or taxes, of any description whatsoever, other or higher than those which are or may be levied on their nationals in similar situations.

2. Nothing in the above paragraph shall prevent the application to refugees of the laws and regulations concerning charges in respect of the issue to aliens of administrative documents including identity papers.

Article 30

Transfert des avoirs

1. Tout État contractant permettra aux réfugiés, conformément aux lois et règlements de leur pays, de transférer les avoirs qu'ils ont fait entrer sur son territoire, dans le territoire d'un autre pays où ils ont été admis afin de s'y réinstaller.

2. Tout État contractant accordera sa bienveillante attention aux demandes présentées par des réfugiés qui désirent obtenir l'autorisation de transférer tous autres avoirs nécessaires à leur réinstallation dans un autre pays où ils ont été admis afin de s'y réinstaller.

Article 30

Transfer of assetts

1. A Contracting State shall, in conformity with its laws and regulations, permit refugees to transfert assets which they have brought into its territory, to another country where they have been admitted for the purposes of resettlement.

2. A Contracting State shall give sympathetic consideration to the application of refugees for permission to transfer assets wherever they may be and which are necessary for their resettlement in another country to which they have been admitted.

Article 31

Réfugiés en situation irrégulière dans le pays d'accueil

1. Les États contractants n'appliqueront pas de sanctions pénales, du fait de leur entrée ou de leur séjour irréguliers, aux réfugiés qui, arrivant directement du territoire où leur vie ou leur liberté était menacée au sens prévu par l'article premier, entrent ou se trouvent sur leur territoire sans autorisation, sous la réserve qu'ils se présentent sans délai aux autorités et leur exposent des raisons reconnues valables de leur entrée ou présence irrégulières.

2. Les États contractants n'appliqueront aux déplacements de ces réfugiés d'autres restrictions que celles qui sont nécessaires; ces restrictions seront appliquées seulement en attendant que le statut des réfugiés dans le pays d'accueil ait été régularisé ou qu'ils aient réussi à se faire admettre dans un autre pays. En vue de cette dernière admission les États contractants accorderont à ces réfugiés un délai raisonnable ainsi que toutes facilités nécessaires.

Article 32

Expulsion

1. Les États contractants n'expulseront un réfugié se trouvant régulièrement sur leur territoire que pour des raisons de sécurité nationale ou d'ordre public.

2. L'expulsion de ce réfugié n'aura lieu qu'en exécution d'une décision rendue conformément à la procédure prévue par la loi. Le réfugié devra, sauf si des raisons impérieuses de sécurité

Article 31

Refugees unlawfully in the country of refugee

1. The Contracting State shall not impose penalties, on account of their illegal entry or presence, on refugees who, coming directly from a territory where their life or freedom was threatened in the sense of Article 1, enter or are present in their territory without authorization, provided they present themselves without delay to the authorities and show good cause for their illegal entry or presence.

2. The Contracting States shall not apply to the movements of such refugees restrictions other than those which are necessary and such restrictions shall only be applied until their status in the country is regularized or they obtain admission into another country. The Contracting States shall allow such refugees a reasonable period and all the necessary facilities to obtain admission into another country.

Article 32

Expulsion

1. The Contracting State shall not expel a refugee lawfully in their territory save on grounds of national security or public order.

2. The expulsion of such a refugee shall be only in pursuance of a decision reached in accordance with due process of law. Except where compelling reasons of national security otherwise

nationale s'y opposent, être admis à fournir des preuves tendant à le disculper, à présenter un recours et à se faire représenter à cet effet devant une autorité compétente ou devant une ou plusieurs personnes spécialement désignées par l'autorité compétente.

3. Les États contractants accorderont à un tel réfugié un délai raisonnable pour lui permettre de chercher à se faire admettre régulièrement dans un autre pays. Les États contractants peuvent appliquer, pendant ce délai, telle mesure d'ordre interne qu'ils jugeront opportune.

Article 33

Défense d'expulsion et de refoulement

1. Aucun des États contractants n'expulsera ou ne refoulera, de quelque manière que ce soit, un réfugié sur les frontières des territoires où sa vie ou sa liberté serait menacée en raison de sa race, de sa religion, de sa nationalité, de son appartenance à un certain groupe social ou de ses opinions politiques.

2. Le bénéfice de la présente disposition ne pourra toutefois être invoqué par un réfugié qu'il y aura des raisons sérieuses de considérer comme un danger pour la sécurité du pays où il se trouve ou qui, ayant été l'objet d'une condamnation définitive pour un crime ou délit particulièrement grave, constitue une menace pour la communauté dudit pays.

Article 34

Naturalisation

Les États contractants faciliteront, dans toute la mesure du possible, l'assi-

require, the refugee shall be allowed to submit evidence to clear himself, and to appeal to and be represented for the purpose before competent authority or a person or persons specially designated by the competent authority.

3. The Contracting States shall allow such a refugee a reasonable period within which to seek legal admission into another country. The Contracting States reserve the right to apply during that period such internal measures as they may deem necessary.

Article 33

Prohibition of expulsion or return ("refoulement")

1. No Contracting State shall expel or return ("refouler") a refugee in any manner whatsoever to the frontiers of territories where his life or freedom would be threatened on account of his race, religion, nationality, membership of a particular social group or political opinion.

2. The benefit of the present provision may not, however, be claimed by a refugee whom there are reasonable grounds for regarding as a danger to the security of the country in which he is, or who, having been convicted by a final judgment of a particularly serious crime, constitutes a danger to the community of that country.

Article 34

Naturalization

The Contracting States shall as far as possible facilitate the assimilation and

milation et la naturalisation des réfugiés. Ils s'efforceront notamment d'accélérer la procédure de naturalisation et de réduire, dans toute la mesure du possible, les taxes et les frais de cette procédure.

CHAPITRE VI

DISPOSITIONS EXÉCUTOIRES ET TRANSITOIRES

Article 35

Coopération des autorités nationales avec les Nations Unies

1. Les États contractants s'engagent à coopérer avec le Haut Commissariat des Nations Unies pour les réfugiés, ou toute autre institution des Nations Unies qui lui succéderait, dans l'exercice de ses fonctions et en particulier à faciliter sa tâche de surveillance de l'application des dispositions de cette Convention.

2. Afin de permettre au Haut Commissariat ou à toute autre institution des Nations Unies qui lui succéderait de présenter des rapports aux organes compétents des Nations Unies, les États contractants s'engagent à leur fournir dans la forme appropriée les informations et les données statistiques demandées relatives :
a) au statut des réfugiés,
b) à la mise en oeuvre de cette Convention, et
c) aux lois, règlements et décrets, qui sont ou entreront en vigueur en ce qui concerne les réfugiés.

naturalization of refugees. They shall in particular make every effort to expedite naturalization proceedings and to reduce as far as possible the charges and costs of such proceedings.

CHAPTER VI

EXECUTORY AND TRANSITORY PROVISIONS

Article 35

Co-operation of the national authorities with the United Nations

1. The Contracting States undertake to co-operate, with the Office of the United Nations High Commissioner for Refugees, or any other agency of the United Nations which may succeed it, in the exercise of its functions, and shall in particular facilitate its duty of supervising the application of the provisions of this Convention.

2. In order to enable the Office of the High Commissioner or any other agency of the United Nations which may succeed it, to make reports to the competent organs of the United Nations, the Contracting States undertake to provide them in the appropriate form with information and statistical data requested concerning:
(a) The condition of refugees,
(b) The implementation of this Convention, and
(c) Laws, regulations and decrees which are, or may hereafter be, in force relating to refugees.

Article 36

Renseignements portant sur les lois et règlements nationaux

Les États contractants communiqueront au Secrétaire général des Nations Unies le texte des lois et des règlements qu'ils pourront promulguer pour assurer l'application de cette Convention.

Article 37

Relations avec les conventions antérieures

Sans préjudice des dispositions du paragraphe 2 de l'article 28, cette Convention remplace, entre les Parties à la Convention, les accords des 5 juillet 1922, 31 mai 1924, 12 mai 1926, 30 juin 1928 et 30 juillet 1935, ainsi que les Conventions des 28 octobre 1933, 10 février 1938, le Protocole du 14 septembre 1939 et l'Accord du 15 octobre 1946.

CHAPITRE VII

CLAUSES FINALES

Article 38

Règlement des différends

Tout différend entre les Parties à cette Convention relatif à son interprétation ou à son application, qui n'aura pu être réglé par d'autres moyens, sera soumis à la Cour Internationale de Justice à la demande de l'une des Parties au différend.

Article 36

Information on national legislation

The Contracting States shall communicate to the Secretary-General of the United Nations the laws and regulations which they may adopt to ensure the application of this Convention.

Article 37

Relation to previous conventions

Without prejudice to Article 28, paragraph 2, of this Convention, this Convention replaces, as between parties to it, the Arrangements of 5 July 1922, 31 May 1924, 12 May 1926, 30 June 1928 and 30 July 1935, the Conventions of 28 October 1933 and 10 February 1938, the Protocol of 14 September 1939 and the Agreement of 15 October 1946.

CHAPTER VII

FINAL CLAUSES

Article 38

Settlement of disputes

Any dispute between parties to this Convention relating to its interpretation or application, which cannot be settled by other means, shall be referred to the International Court of Justice at the request of any one of the parties to the dispute.

Article 39

Signature, ratification et adhésion

1. Cette Convention sera ouverte à la signature à Genève le 28 juillet 1951 et, après cette date, déposée auprès du Secrétaire général des Nations Unies. Elle sera ouverte à la signature à l'Office européen des Nations Unies du 28 juillet au 31 août 1951, puis ouverte à nouveau à la signature au Siège de l'Organisation des Nations Unies du 17 septembre 1951 au 31 décembre 1952.

2. Cette Convention sera ouverte à la signature de tous les États Membres de l'Organisation des Nations Unies ainsi que de tout autre État non membre invité à la Conférence de plénipotentiaires sur le statut des réfugiés et des apatrides ou de tout État auquel l'Assemblée générale aura adressé une invitation à signer. Elle devra être ratifiée et les instruments de ratification seront déposés auprès du Secrétaire général des Nations Unies.

3. Les États visés au paragraphe 2 du présent article pourront adhérer à cette Convention à dater du 28 juillet 1951. L'adhésion se fera par le dépôt d'un instrument d'adhésion auprès du Secrétaire général des Nations Unies.

Article 40

Clause d'application territoriale

1. Tout État pourra, au moment de la signature, ratification ou adhésion, déclarer que cette Convention s'étendra à

Article 39

Signature, ratification and accession

1. This Convention shall be opened for signature at Geneva on 28 July 1951 and shall thereafter be deposited with the Secretary-General of the United Nations. It shall be open for signature at the European Office of the United Nations from 28 July to 31 August 1951 and shall be re-opened for signature at the Headquarters of the United Nations from 17 September 1951 to 31 December 1952.

2. This Convention shall be open for signature on behalf of all States Members of the United Nations, and also on behalf of any other State invited to attend the Conference of Plenipotentiaries on the Status of Refugees and Stateless Persons or to which an invitation to sign will have been addressed by the General Assembly. It shall be ratified and the instruments of ratification shall be deposited with the Secretary-General of the United Nations.

3. This Convention shall be open from 28 July 1951 for accession by the States referred to in paragraph 2 of this Article. Accession shall be effected by the deposit of an instrument of accession with the Secretary-General of the United Nations.

Article 40

Territorial application clause

1. Any State may, at the time of signature, ratification or accession, declare that this Convention shall extend to all

l'ensemble des territoires qu'il représente sur le plan international, ou à l'un ou plusieurs d'entre eux. Une telle déclaration produira ses effets au moment de l'entrée en vigueur de la Convention pour ledit État.

2. À tout moment ultérieur cette extension se fera par notification adressée au Secrétaire général des Nations Unies et produira ses effets à partir du quatre-vingt-dixième jour qui suivra la date à laquelle le Secrétaire général des Nations Unies aura reçu la notification ou à la date d'entrée en vigueur de la Convention pour ledit État si cette dernière date est postérieure.

3. En ce qui concerne les territoires auxquels cette Convention ne s'appliquerait pas à la date de la signature, ratification ou adhésion, chaque État intéressé examinera la possibilité de prendre aussitôt que possible toutes mesures nécessaires afin d'aboutir à l'application de cette Convention auxdits territoires sous réserve, le cas échéant, de l'assentiment des gouvernements de ces territoires qui serait requis pour des raisons constitutionnelles.

or any of the territories for the international relations of which it is responsible. Such a declaration shall take effect when the Convention enters into force for the State concerned.

2. At any time thereafter any such extension shall be made by notification addressed to the Secretary-General of the United Nations and shall take effect as from the ninetieth day after the day of receipt by the Secretary-General of the United Nations of this notification, or as from the date of entry into force of the Convention for the State concerned, whichever is the later.

3. With respect to those territories to which this Convention is not extended at the time of signature, ratification or accession, each State concerned shall consider the possibility of taking the necessary steps in order to extend the application of this Convention to such territories, subject, where necessary for constitutional reasons, to the consent of the governments of such territories.

Article 41

Clause fédérale

Dans le cas d'un État fédératif ou non unitaire, les dispositions ci-après s'appliqueront :
a) en ce qui concerne les articles de cette Convention dont la mise en oeuvre relève de l'action législative du pouvoir législatif fédéral, les obligations du Gouvernement fédéral seront, dans cette mesure, les mêmes que celles des Parties qui ne sont pas des États fédératifs;

Article 41

Federal clause

In the case of a Federal or non-unitary State, the following provisions shall apply:
(a) With respect to those Articles of this Convention that come within the legislative jurisdiction of the federal legislative authority, the obligations of the Federal Government shall to this extent be the same as those of Parties which are not Federal States,

b) en ce qui concerne les articles de cette Convention dont l'application relève de l'action législative de chacun des états, provinces ou cantons constituants, qui ne sont pas, en vertu du système constitutionnel de la fédération, tenus de prendre des mesures législatives, le Gouvernement fédéral portera le plus tôt possible, et avec son avis favorable, lesdits articles à la connaissance des autorités compétentes des états, provinces ou cantons;

c) un État fédératif Partie à cette Convention communiquera, à la demande de tout autre État contractant qui lui aura été transmise par le Secrétaire général des Nations Unies, un exposé de la législation et des pratiques en vigueur dans la Fédération et ses unités constituantes en ce qui concerne telle ou telle disposition de la Convention, indiquant la mesure dans laquelle effet a été donné, par une action législative ou autre, à ladite disposition.

(b) With respect to those Articles of this Convention that come within the legislative jurisdiction of constituent States, provinces or cantons which are not, under the constitutional system of the federation, bound to take legislative action, the Federal Government shall bring such Articles with a favourable recommendation to the notice of the appropriate authorities of States, provinces or cantons at the earliest possible moment.

(c) A Federal State Party to this Convention shall, at the request of any other Contracting State transmitted through the Secretary-General of the United Nations, supply a statement of the law and practice of the Federation and its constituent units in regard to any particular provision of the Convention showing the extent to which effort has been given to that provision by legislative or other action.

Article 42

Réserves

1. Au moment de la signature, de la ratification ou de l'adhésion, tout État pourra formuler des réserves aux articles de la Convention autres que les articles 1, 3, 4, 16(1), 33, 36 à 46 inclus.

2. Tout État contractant ayant formulé une réserve conformément au paragraphe 1 de cet article pourra à tout moment la retirer par une communication à cet effet adressée au Secrétaire général des Nations Unies.

Article 42

Reservations

1. At the time of signature, ratification or accession, any State may make reservations to articles of the Convention other than to Articles 1, 3, 4, 16(1), 33, 36-46 inclusive.

2. Any State making a reservation in accordance with paragraph 1 of this article may at any time withdraw the reservation by a communication to that effect addressed to the Secretary-General of the United Nations.

Article 43

Entrée en vigueur

1. Cette Convention entrera en vigueur le quatre-vingt-dixième jour qui suivra la date du dépôt du sixième instrument de ratification ou d'adhésion.

2. Pour chacun des États qui ratifieront la Convention ou y adhéreront après le dépôt du sixième instrument de ratification ou d'adhésion, elle entrera en vigueur le quatre-vingt-dixième jour qui suivra la date du dépôt par cet État de son instrument de ratification ou d'adhésion.

Article 44

Dénonciation

1. Tout État contractant pourra dénoncer la Convention à tout moment par notification adressée au Secrétaire général des Nations Unies.

2. La dénonciation prendra effet pour l'État intéressé un an après la date à laquelle elle aura été reçue par le Secrétaire général des Nations Unies.

3. Tout État qui a fait une déclaration ou une notification conformément à l'article 40 pourra notifier ultérieurement au Secrétaire général des Nations Unies que la Convention cessera de s'appliquer à tout territoire désigné dans la notification. La Convention cessera alors de s'appliquer au territoire en question un an après la date à laquelle le Secrétaire général aura reçu cette notification.

Article 43

Entry into force

1. This Convention shall come into force on the ninetieth day following the date of deposit of the sixth instrument of ratification or accession.

2. For each State ratifying or acceding to the Convention after the deposit of the sixth instrument of ratification or accession, the Convention shall enter into force on the ninetieth day following the date of deposit by such State of its instrument of ratification or accession.

Article 44

Denunciation

1. Any Contracting State may denounce this Convention at any time by a notification addressed to the Secretary-General of the United Nations.

2. Such denunciation shall take effect for the Contracting State concerned one year from the date upon which it is received by the Secretary-General of the United Nations.

3. Any State which has made a declaration or notification under Article 40 may, at any time thereafter, by a notification to the Secretary-General of the United Nations, declare that the Convention shall cease to extend to such territory one year after the date of receipt of the notification by the Secretary-General.

Article 45

Révision

1. Tout État contractant pourra en tout temps, par voie de notification adressée au Secrétaire général des Nations Unies, demander la révision de cette Convention.

2. L'Assemblée générale des Nations Unies recommandera les mesures à prendre, le cas échéant, au sujet de cette demande.

Article 46

Notifications par le Secrétaire général des Nations Unies

Le Secrétaire général des Nations Unies notifiera à tous les États Membres des Nations Unies et aux États non membres visés à l'article 39 :

a) les déclarations et les notifications visées à la section B de l'article premier;

b) les signatures, ratifications et adhésions visées à l'article 39;

c) les déclarations et les notifications visées à l'article 40;

d) les réserves formulées ou retirées visées à l'article 42;

e) la date à laquelle cette Convention entrera en vigueur, en application de l'article 43;

f) les dénonciations et les notifications visées à l'article 44;

g) les demandes de révision visées à l'article 45.

EN FOI DE QUOI, les soussignés, dûment autorisés, ont signé, au nom de leurs Gouvernements respectifs, la présente Convention.

Article 45

Revision

1. Any Contracting State may request revision of this Convention at any time by a notification addressed to the Secretary-General of the United Nations.

2. The General Assembly of the United Nations shall recommend the steps, if any, to be taken in respect of such request.

Article 46

Notifications by the Secretary-General of the United Nations

The Secretary-General of the United Nations shall inform all Members of the United Nations and non-member States referred to in Article 39:

(a) Of declarations and notifications in accordance with section B of Article 1;

(b) Of signatures, ratifications and accessions in accordance with Article 39;

(c) Of declarations and notifications in accordance with Article 40;

(d) Of reservations and withdrawals in accordance with Article 42;

(e) Of the date on which this Convention will come into force in accordance with Article 43;

(f) Of denunciations and notifications in accordance with Article 44;

(g) Of requests for revision in accordance with Article 45.

IN FAITH WHEREOF the undersigned, duly authorized, have signed this Convention on behalf of their respective Governments,

FAIT à Genève, le 28 juillet mil neuf cent cinquante et un, en un seul exemplaire dont les textes anglais et français font également foi et qui sera déposé dans les archives de l'Organisation des Nations Unies et dont les copies certifiées conformes seront remises à tous les États Membres des Nations Unies et aux États non membres visés à l'article 39.

DONE at Geneva, this twenty-eighth day of July, one thousand nine hundred and fifty-one, in a single copy, of which the English and French texts are equally authentic and which shall remain deposited in the archives of the United Nations, and certified true copies of which shall be delivered to all Members of the United Nations and to the non-member States referred to in Article 39.

ANNEXE : RÉFUGIÉ

Paragraphe 1

1. Le titre de voyage visé par l'article 28 de cette Convention sera conforme au modèle joint en annexe[1].

2. Ce titre sera rédigé en deux langues au moins : l'une des deux sera la langue anglaise ou la langue française.

Paragraphe 2

Sous réserve des règlements du pays de délivrance, les enfants pourront être mentionnés dans le titre d'un parent, ou, dans des circonstances exceptionnelles, d'un autre réfugié adulte.

Paragraphe 3

Les droits à percevoir pour la délivrance du titre ne dépasseront pas le tarif le plus bas appliqué aux passeports nationaux.

Paragraphe 4

Sous réserve de cas spéciaux ou exceptionnels, le titre sera délivré pour le plus grand nombre possible de pays.

Paragraphe 5

La durée de validité du titre sera d'une année ou deux année, au choix de l'autorité qui le délivre.

Paragraphe 6

1. Le renouvellement ou la prolongation de validité du titre est du ressort de l'autorité qui l'a délivré, aussi longtemps que le titulaire ne s'est pas établi régulièrement dans un autre territoire et réside régulièrement sur le territoire de

---

1. Voir page 58.

SCHEDULE: REFUGEE

Paragraph 1

1. The travel document referred to in Article 28 of this Convention shall be similar to the specimen annexed hereto.[1]

2. The document shall be made out in at least two languages, one of which shall be English or French.

Paragraph 2

Subject to the regulations obtaining in the country of issue, children may be included in the travel document of a parent or, in exceptional circumstances, of another adult refugee.

Paragraph 3

The fees charged for issue of the document shall not exceed the lowest scale of charges for national passports.

Paragraph 4

Save in special or exceptional cases, the document shall be made valid for the largest possible number of countries.

Paragraph 5

The document shall have a validity of either one or two years, at the discretion of the issuing authority.

Paragraph 6

1. The renewal or extension of the validity of the document is a matter for the authority which issued it, so long as the holder has not established lawful residence in another territory and resides lawfully in the territory of the said

---

1. See page 61.

ladite autorité. L'établissement d'un nouveau titre est, dans les mêmes conditions, du ressort de l'autorité qui a délivré l'ancien titre.

2. Les représentants diplomatiques ou consulaires, spécialement habilités à cet effet, auront qualité pour prolonger, pour une période qui ne dépassera pas six mois, la validité des titres de voyage délivrés par leurs gouvernements respectifs.

3. Les États contractants examineront avec bienveillance la possibilité de renouveler ou de prolonger la validité des titres de voyage ou d'en délivrer de nouveaux à des réfugiés qui ne sont plus des résidents réguliers dans leur territoire dans les cas où ces réfugiés ne sont pas en mesure d'obtenir un titre de voyage du pays de leur résidence régulière.

Paragraphe 7

Les États contractants reconnaîtront la validité des titres délivrés conformément aux dispositions de l'article 28 de cette Convention.

Paragraphe 8

Les autorités compétentes du pays dans lequel le refugié désire se rendre apposeront, si elles sont disposées à l'admettre, un visa sur le titre dont il est détenteur, si un tel visa est nécessaire.

Paragraphe 9

1. Les États contractants s'engagent à délivrer des visas de transit aux réfugiés ayant obtenu le visa d'un territoire de destination finale.

2. La délivrance de ce visa pourra être refusée pour les motifs pouvant justifier le refus de visa à tout étranger.

authority. The issue of a new document is, under the same conditions, a matter for the authority which issued the former document.

2. Diplomatic or consular authorities, specially authorized for the purpose, shall be empowered to extend, for a period not exceeding six months, the validity of travel documents issued by their Governments.

3. The Contracting States shall give sympathetic consideration to renewing or extending the validity of travel documents or issuing new documents to refugees no longer lawfully resident in their territory who are unable to obtain a travel document from the country of their lawful residence.

Paragraph 7

The Contracting States shall recognize the validity of the documents issued in accordance with the provisions of Article 28 of this Convention.

Paragraph 8

The competent authorities of the country to which the refugee desires to proceed shall, if they are prepared to admit him and if a visa is required, affix a visa on the document of which he is the holder.

Paragraph 9

1. The Contracting States undertake to issue transit visa to refugees who have obtained visas for a territory of final destination.

2. The issue of such visas may be refused on grounds which would justify refusal of a visa to any alien.

Paragraphe 10

Les droits afférents à la délivrance de visas de sortie, d'admission ou de transit ne dépasseront pas le tarif le plus bas appliqué aux visas de passeports étrangers.

Paragraphe 11

Dans le cas d'un réfugié changeant de résidence et s'établissant régulièrement dans le territoire d'un État contractant, la responsabilité de délivrer un nouveau titre incombera désormais, aux termes et aux conditions de l'article 28, à l'autorité compétente dudit territoire, à laquelle le réfugié aura le droit de présenter sa demande.

Paragraphe 12

L'autorité qui délivre un nouveau titre est tenue de retirer l'ancien titre et d'en faire retour au pays qui l'a délivré si l'ancien document spécifie qu'il doit être retourné au pays qui l'a délivré; en cas contraire, l'autorité qui délivre le titre nouveau retirera et annulera l'ancien.

Paragraphe 13

1. Chacun des États contractants s'engage à permettre au titulaire d'un titre de voyage qui lui aura été délivré par ledit État en application de l'article 28 de cette Convention, de revenir sur son territoire à n'importe quel moment pendant la période de validité de ce titre.

2. Sous réserve des dispositions de l'alinéa précédent, un État contractant peut exiger que le titulaire de ce titre se soumette à toutes les formalités qui peuvent être imposées à ceux qui sortent du pays ou à ceux qui y rentrent.

Paragraph 10

The fees for the issue of exit, entry or transit visas shall not exceed the lowest scale of charges for visas on foreign passports.

Paragraph 11

When a refugee has lawfully taken up residence in the territory of another Contracting State, the responsibility for the issue of a new document, under the terms and conditions of Article 28, shall be that of the competent authority of that territory, to which the refugee shall be entitled to apply.

Paragraph 12

The authority issuing a new document shall withdraw the old document and shall return it to the country of issue, if it is stated in the document that it should be so returned; otherwise it shall withdraw and cancel the document.

Paragraph 13

1. Each Contracting State undertakes that the holder of a travel document issued by it in accordance with Article 28 of this Convention shall be re-admitted to its territory at any time during the period of its validity.

2. Subject to the provisions of the preceding sub-paragraph, a Contracting State may require the holder of the document to comply with such formalities as may be prescribed in regard to exit from or return to its territory.

3. Les États contractants se réservent la faculté, dans des cas exceptionnels, ou dans les cas où le permis de séjour du réfugié est valable pour une période déterminée, de limiter, au moment de la délivrance dudit titre, la période pendant laquelle le réfugié pourra rentrer, cette période ne pouvant être inférieure à trois mois.

Paragraphe 14

Sous la seule réserve des stipulations du paragraphe 13, les dispositions de la présente annexe n'affectent en rien les lois et règlements régissant, dans les territoires des États contractants, les conditions d'admission, de transit, de séjour, d'établissement et de sortie.

Paragraphe 15

La délivrance du titre, pas plus que les mentions y apposées, ne déterminent ni n'affectent le statut du détenteur, notamment en ce qui concerne la nationalité.

Paragraphe 16

La délivrance du titre ne donne au détenteur aucun droit à la protection des représentants diplomatiques et consulaires du pays de délivrance, et ne confère pas à ces représentants un droit de protection.

3. The Contracting States reserve the right, in exceptional cases, or in cases where the refugee's stay is authorized for a specific period, when issuing the document, to limit the period during which the refugee may return to a period of not less than three months.

Paragraph 14

Subject only to the terms of paragraph 13, the provisions of this Schedule in no way affect the laws and regulations governing the conditions of admission to, transit through, residence and establishment in, and departure from, the territories of the Contracting States.

Paragraph 15

Neither the issue of the document nor the entries made thereon determine or affect the status of the holder, particularly as regards nationality.

Paragraph 16

The issue of the document does not in any way entitle the holder to the protection of the diplomatic or consular authorities of the country of issue, and does not confer on these authorities a right of protection.

ANNEXE

Modèle du titre de voyage

Le titre aura la forme d'un carnet (15 cm × 10 cm environ).

Il est recommandé qu'il soit imprimé de telle façon que les ratures ou altérations par des moyens chimiques ou autres puissent se remarquer facilement, et que les mots « Convention du 28 juillet 1951 » dans le cas des réfugiés ou « Convention du 28 septembre 1954 » dans le cas des apatrides, soient imprimés en répétition continue sur chacune des pages, dans la langue du pays qui délivre le titre.

(*Couverture du carnet*)
TITRE DE VOYAGE
(Convention du 28 juillet 1951)
ou
(Convention du 28 septembre 1954)

---

(1)
TITRE DE VOYAGE   N° ....
(Convention du 28 juillet 1951)
ou
(Convention du 28 septembre 1954)

Ce document expire le ....
sauf prorogation de validité.
Nom ....
Prénom(s) ....
Accompagné de .... enfant(s).

1. Ce titre est délivré uniquement en vue de fournir au titulaire un document de voyage pouvant tenir lieu de passeport national. Il ne préjuge pas de la nationalité du titulaire et est sans effet sur celle-ci.

2. Le titulaire est autorisé à retourner en ....
.... [indication du pays dont les autorités délivrent le titre] jusqu'au .... sauf mention ci-après d'une date ultérieure. [La période pendant laquelle le titulaire est autorisé à retourner ne doit pas être inférieure à trois mois].

3. En cas d'établissement dans un autre pays que celui où le présent titre a été délivré, le titulaire doit, s'il veut se déplacer à nouveau, faire la demande d'un nouveau titre aux autorités compétentes du pays de sa résidence. [L'ancien titre de voyage sera remis à l'autorité qui délivre le nouveau titre pour être renvoyé à l'autorité qui l'a délivré] [1].

(Ce titre contient .... pages, non compris la couverture).

---

[1] La phrase entre crochets peut être insérée par les gouvernements qui le désirent.

---

(2)
Lieu et date de naissance ....
Profession ....
Résidence actuelle ....
*Nom (avant le mariage) et prénom(s) de l'épouse ....

*Nom et prénom(s) du mari ....

Signalement

Taille ....
Cheveux ....
Couleur des yeux ....
Nez ....
Forme du visage ....
Teint ....
Signes particuliers ....

Enfants accompagnant le titulaire

Nom	Prénom(s)	Lieu et date de naissance	Sexe

* Biffer la mention inutile.

(Ce titre contient .... pages, non compris la couverture).

---

(3)

**Photographie du titulaire
et cachet de l'autorité qui délivre le titre
Empreintes digitales du titulaire (facultatif)**

Signature du titulaire ....

(Ce titre contient .... pages, non compris la couverture).

---

(4)

1. Ce titre est délivré pour les pays suivants:

....
....
....

2. Document ou documents sur la base duquel ou desquels le présent titre est délivré:

....
....

Délivré à ....
Date ....

Signature et cachet de l'autorité
qui délivre le titre:

Taxe perçue:

(Ce titre contient .... pages, non compris la couverture).

(5)

Prorogation de validité

Taxe perçue : du ....
au ....
Fait à .... le ....

Signature et cachet de l'autorité
qui proroge la validité du titre :

Prorogation de validité

Taxe perçue : du ....
au ....
Fait à .... le ....

Signature et cachet de l'autorité
qui proroge la validité du titre :

(Ce titre contient ―― pages, non compris la couverture).

(6)

Prorogation de validité

Taxe perçue : du ....
au ....
Fait à .... le ....

Signature et cachet de l'autorité
qui proroge la validité du titre :

Prorogation de validité

Taxe perçue : du ....
au ....
Fait à .... le ....

Signature et cachet de l'autorité
qui proroge la validité du titre :

(Ce titre contient ―― pages, non compris la couverture).

(7-32)

Visas

Reproduire dans chaque visa le nom du titulaire.

(Ce titre contient ―― pages, non compris la couverture).

ANNEX

Specimen Travel Document

The document will be in booklet form (approximately 15 × 10 centimetres).

It is recommended that it be so printed that any erasure or alteration by chemical or other means can be readily detected, and that the words "Convention of 28 July 1951" for the refugees or " Convention of 28 September 1954" for the stateless persons, be printed in continuous repetition on each page, in the language of the issuing country.

(*Cover of booklet*)
TRAVEL DOCUMENT
(Convention of 28 July 1951)
or
(Convention of 28 September 1954)

---

(1)
TRAVEL DOCUMENT   No. _____
(Convention of 28 July 1951)
or
(Convention of 28 September 1954)

This document expires on _____
unless its validity is extended or renewed.
Name _____
Forename(s) _____
Accompanied by _____ child (children)

1. This document is issued solely with a view to providing the holder with a travel document which can serve in lieu of a national passport. It is without prejudice to and in no way affects the holder's nationality.

2. The holder is authorized to return to _____ [state here the country whose authorities are issuing the document] on or before _____ unless some later date is hereafter specified.
[The period during which the holder is allowed to return must not be less than three months]

3. Should the holder take up residence in a country other than that which issued the present document, he must, if he wishes to travel again, apply to the competent authorities of his country of residence for a new document. [The old travel document shall be withdrawn by the authority issuing the new document and returned to the authority which issued it.] [1]

(This document contains _____ pages, exclusive of cover.)

---

[1] The sentence in brackets to be inserted by Governments which so desire.

---

(2)

Place and date of birth _____
Occupation _____
Present residence _____
*Maiden name and forename(s) of wife _____

*Name and forename(s) of husband _____

Description

Height ....
Hair ....
Colour of eyes ....
Nose ....
Shape of face ....
Complexion ....
Special peculiarities ....

Children accompanying holder

Name	Forename(s)	Place and date of birth	Sex
......	......	......	......
......	......	......	......
......	......	......	......

* Strike out whichever does not apply.
(This document contains ...... pages, exclusive of cover.)

(3)

Photograph of holder and stamp of issuing authority
Finger-prints of holder (if required)

Signature of holder ....
(This document contains ...... pages, exclusive of cover.)

(4)

1. This document is valid for the following countries:
....
....
....

2. Document or documents on the basis of which the present document is issued:
....
....

Issued at ....
Date ....

Signature and stamp of authority issuing the document:

Fee paid:

(This document contains ...... pages, exclusive of cover.)

SECTION I — TRAITÉ / TREATY II

(5)

Extension or renewal of validity

Fee paid: From ....

To ....

Done at .... Date ....

Signature and stamp of authority
extending or renewing the validity
of the document:

Extension or renewal of validity

Fee paid: From ....

To ....

Done at .... Date ....

Signature and stamp of authority
extending or renewing the validity
of the document:

(This document contains .... pages, exclusive of cover.)

(6)

Extension or renewal of validity

Fee paid: From ....

To ....

Done at .... Date ....

Signature and stamp of authority
extending or renewing the validity
of the document:

Extension or renewal of validity

Fee paid: From ....

To ....

Done at .... Date ....

Signature and stamp of authority
extending or renewing the validity
of the document:

(This document contains .... pages, exclusive of cover.)

(7-32)

Visas

The name of the holder of the document must be repeated in each visa.

(This document contains .... pages, exclusive of cover.)

APPENDICE

ACTE FINAL DE LA CONFÉRENCE DE PLÉNIPOTENTIAIRES DES NATIONS UNIES SUR LE STATUT DES RÉFUGIÉS ET DES APATRIDES

APPENDIX

FINAL ACT OF THE 1951 UNITED NATIONS CONFERENCE OF PLENIPOTENTIARIES ON THE STATUS OF REFUGEES AND STATELESS PERSONS

I

Par sa résolution 429 (V) du 14 décembre 1950, l'Assemblée générale des Nations Unies a décidé de réunir à Genève une Conférence de plénipotentiaires pour achever de rédiger et pour signer une Convention relative au statut des réfugiés et aussi un Protocole relatif au statut des apatrides.

La Conférence s'est réunie à l'Office européen des Nations Unies à Genève où elle a siégé du 2 au 25 juillet 1951.

Les Gouvernements des vingt-six États suivants avaient envoyé des représentants qui ont tous présenté des lettres de créance ou autres pouvoirs reconnus valables les habilitant à participer aux travaux de la Conférence :
Australie
Autriche
Belgique
Brésil
Canada
Colombie
Danemark
Égypte
États-Unis d'Amérique
France
Grèce
Irak
Israël
Italie
Luxembourg
Monaco

I

The General Assembly of the United Nations, by Resolution 429 (V) of 14 December 1950, decided to convene in Geneva a Conference of Plenipotentiaries to complete the drafting of, and to sign, a Convention relating to the Status of Refugees and a Protocol relating to the Status of Stateless Persons.

The Conference met at the European Office of the United Nations in Geneva from 2 to 25 July 1951.

The Governments of the following twenty-six States were represented by delegates who all submitted satisfactory credentials or other communications of appointments authorizing them to participate in the Conference:
Australia
Austria
Belgium
Brazil
Canada
Colombia
Denmark
Egypt
France
Germany, Federal Republic of
Greece
Holy See
Iraq
Israel
Italy
Luxembourg

SECTION I — TRAITÉ / TREATY II

Norvège	Monaco
Pays-Bas	Netherlands
République fédérale d'Allemagne	Norway
Royaume-Uni de Grande-Bretagne et d'Irlande du Nord	Sweden
Saint-Siège	Switzerland (the Swiss delegation also represented Liechtenstein)
Suède	Turkey
Suisse (la délégation suisse représentait aussi le Liechtenstein)	United Kingdom of Great Britain and Northern Ireland
Turquie	United States of America
Venezuela	Venezuela
Yougoslavie	Yugoslavia

Les Gouvernements des deux États suivants étaient représentés par des observateurs :
Cuba
Iran

The Governments of the following two States were represented by observers:
Cuba
Iran

Conformément à la demande de l'Assemblée générale, le Haut Commissaire des Nations Unies pour les Réfugiés a participé, sans droit de vote, aux travaux de la Conférence.

Pursuant to the request of the General Asssembly, the United Nations High Commissioner for Refugees participated, without the right to vote, in the deliberations of the Conference.

L'Organisation Internationale du Travail et l'Organisation Internationale pour les Réfugiés étaient représentées à la Conférence, sans droit de vote.

The International Labour Organization and the International Refugee Organization were represented at the Conference without the right to vote.

La Conférence a invité le Conseil de l'Europe à se faire représenter, sans droit de vote.

The Conference invited a representative of the Council of Europe to be represented at the Conference without the right to vote.

Des représentants des organisations non gouvernementales suivantes, dotées du statut consultatif auprès du Conseil économique et social, étaient également présents en qualité d'observateurs :

Representatives of the following Non-Governmental Organizations in consultative relationship with the Economic and Social Council were also present as observers:

Catégorie A
Confédération internationale des syndicats libres
Fédération internationale des syndicats chrétiens
Union interparlementaire

Category A
International Confederation of Free Trade Unions
International Federation of Christian Trade Unions
Inter-Parliamentary Union

Catégorie B

Alliance universelle des Unions chrétiennes de jeunes filles
Association internationale du droit pénal
Bureau international pour l'organisation du droit pénal
Caritas Internationalis
Comité des Églises pour les affaires internationales
Comité consultatif mondial de la Société des amis
Comité de coordination d'organisations juives
Comité international de la Croix-Rouge
Congrès juif mondial
Conseil consultatif d'organisations juives
Conseil international des femmes
Fédération internationale des amis de la jeune fille
Ligue internationale des droits de l'homme
Ligue internationale des femmes pour la paix et la liberté
Organisation mondiale Agudas Israel
Pax Romanax
Service social international
Union catholique internationale de service social
Union internationale des ligues féminines catholiques
Union internationale de protection de l'enfance
World Union for Progressive Judaism

Registre

Association mondiale des guides et des éclaireuses
Comité international d'aide aux intellectuels
Comité permanent des organisations bénévoles
Ligue des sociétés de la Croix-Rouge
World University Service

Category B

Agudas Israel World Organization
Caritas Internationalis
Catholic International Union for Social Service
Commission of the Churches on International Affairs
Consultative Council of Jewish Organizations
Co-ordinating Board of Jewish Organizations
Friends' World Committee for Consultation
International Association of Penal Law
International Bureau for the Unification of Penal Law
International Committee of the Red Cross
International Council of Women
International Federation of Friends of Young Women
International League for the Rights of Man
International Social Service
International Union for Child Welfare
International Union of Catholic Women's Leagues
Pax Romana
Women's International League for Peace and Freedom
World Jewish Congress
World Union for Progressive Judaism
World Young Women's Christian Association

Register

International Relief Committee for Intellectual Workers
League of Red Cross Societies
Standing Conference of Voluntary Agencies
World Association of Girl Guides and Girl Scouts
World University Service

Les représentants des organisations non gouvernementales auxquelles le Conseil économique et social a accordé le statut consultatif et les représentants des organisations inscrites par le Secrétaire général sur le Registre et dont il est question au paragraphe 17 de la résolution 288 B(X) du Conseil économique et social, avaient, aux termes du Règlement intérieur adopté par la Conférence, le droit de présenter à celle-ci des déclarations écrites ou verbales.

La Conférence a élu Président M. Knud Larsen, représentant du Danemark, et Vice-Présidents M. A. Herment, représentant de la Belgique, et M. Talat Miras, représentant de la Turquie.

À sa seconde séance, la Conférence, sur la proposition du représentant de l'Égypte, a décidé à l'unanimité d'adresser une invitation au Saint-Siège, le priant de bien vouloir désigner un plénipotentiaire pour participer aux travaux de la Conférence. Le 10 juillet 1951 un représentant du Saint-Siège est venu prendre place parmi les membres de la Conférence.

La Conférence a adopté comme ordre du jour l'ordre du jour provisoire établi par le Secrétaire général (A/CONF.2/2/ Rev.1). Elle a également adopté le Règlement intérieur provisoire rédigé par le Secrétaire général en y ajoutant une disposition qui autorisait un représentant du Conseil de l'Europe à assister à la conférence sans droit de vote et, à présenter des propositions (A/CONF.2/3/ Rev.1).

Conformément au Règlement intérieur de la Conférence, le Président et les Vice-Présidents ont vérifié les pouvoirs des représentants et, le 17 juillet

Representatives of Non-Governmental Organizations which have been granted consultative status by the Economic and Social Council as well as those entered by the Secretary-General on the Register referred to in Resolution 288 B (X) of the Economic and Social Council, paragraph 17, had under the rules of procedure adopted by the Conference the right to submit written or oral statements to the Conference.

The Conference elected Mr. Knud Larsen, of Denmark, as President, and Mr. A. Herment, of Belgium, and Mr. Talat Miras, of Turkey, as Vice-Presidents.

At its second meeting, the Conference, acting on a proposal of the representative of Egypt, unanimously decided to address an invitation to the Holy See to designate a plenipotentiary representative to participate in its work. A representative of the Holy See took his place at the Conference on 10 July 1951.

The Conference adopted as its agenda the Provisional Agenda drawn up by the Secretary-General (A/CONF.2/2/Rev.1). It also adopted the Provisional Rules of Procedure drawn up by the Secretary-General, with the addition of a provision which authorized a representative of the Council of Europe to be present at the Conference without the right to vote and to submit proposals (A/CONF.2/3/ Rev.1).

In accordance with the Rules of Procedure of the Conference, the President and Vice-Presidents examined the credentials of representatives and on 17 July

1951, ils ont fait rapport à la Conférence sur les résultats de cette vérification. La Conférence a adopté ce rapport.

La Conférence a pris pour base de travail le projet de Convention relatif au statut des réfugiés et le projet de Protocole relatif au statut des apatrides préparés par le Comité spécial pour les réfugiés et les apatrides lors de sa deuxième session, tenue à Genève du 14 au 25 août 1950, à l'exception du préambule et de l'article 1 (Définition du terme « réfugié ») du projet de Convention. Le texte du préambule dont la Conférence était saisie était celui que le Conseil économique et social avait adopté le 11 août 1950 dans sa résolution 319 B II (XI). Le texte de l'article 1 soumis à la Conférence était celui que l'Assemblée générale avait recommandé le 14 décembre 1950, et qui figure à l'annexe de la résolution 429 (V). Ce texte reprenait, en le modifiant, celui qui avait été adopté par le Conseil économique et social dans sa résolution 319 B II (XI)[1].

La Conférence a adopté en première et en deuxième lecture la Convention relative au statut des réfugiés. Avant la seconde lecture, elle avait constitué un comité de style composé du Président et des représentants de la Belgique, des États-Unis d'Amérique, de la France, d'Israël, de l'Italie et du Royaume-Uni de Grande-Bretagne et d'Irlande du Nord, ainsi que du Haut Commissaire pour les Réfugiés; ce comité de style a élu Président M.G. Warren, représentant des États-Unis d'Amérique. Le comité de style a modifié le texte adopté

1951 reported to the Conference the results of such examination, the Conference adopting the report.

The Conference used as the basis of its discussions the draft Convention relating to the Status of Refugees and the draft Protocol relating to the Status of Stateless Persons prepared by the *ad hoc* Committee on Refugees and Stateless Persons at its second session held in Geneva from 14 to 25 August 1950, with the exception of the preamble and Article 1 (Definition of the term "refugee") of the draft Convention. The text of the preamble before the Conference was that which was adopted by the Economic and Social Council on 11 August 1950 in Resolution 319 B 11 (XI). The text of Article 1 before the Conference was that recommended by the General Assembly on 14 December 1950 and contained in the Annex to Resolution 419 (V). The latter was a modification of the text as it had been adopted by the Economic and Social Council in Resolution 319 B II (XI).[1]

The Conference adopted the Convention relating to the Status of Refugees in two readings. Prior to its second reading it established a Style Committee composed of the President and the representatives of Belgium, France, Israel, Italy, the United Kingdom of Great Britain and Northern Ireland and the United States of America, together with the High Commissioner for Refugees, which elected as its Chairman Mr. G. Warren, of the United States of America. The Style Committee re-drafted the text wich had been adopted by the

---

[1]. Les textes mentionnés dans le paragraphe ci-dessus sont reproduits dans le document A/CONF.2/1.

[1]. The texts referred to in the paragraph above are contained in document A/CONF.2/1.

par la Conférence en première lecture, ces modifications ont porté en particulier sur des questions de langue et sur la concordance à assurer entre les textes anglais et français.

La Convention a été adoptée le 25 juillet par 24 voix contre zéro sans abstention. Elle sera ouverte à la signature à l'Office européen des Nations Unies du 28 juillet au 31 août 1951. Elle sera de nouveau ouverte à la signature au Siège permanent des Nations Unies à New-York du 17 septembre 1951 au 31 décembre 1952.

On trouvera, joints au présent Acte final, les textes anglais et français de la Convention, qui font également foi.

II

La Conférence a décidé, par 17 votes contre 3 et 3 abstentions, que les titres des chapitres et des articles de la Convention sont inclus aux fins d'information et ne constituent pas des éléments d'interprétation.

III

En ce qui concerne le projet de Protocole relatif au statut des apatrides, la Conférence a adopté la résolution suivante :

« *La Conférence,*

« *Ayant pris en considération* le projet de Protocole relatif au statut des apatrides,

« *Considérant* que ce sujet exige encore une étude plus approfondie,

« *Décide* de ne pas prendre de décision à ce sujet à cette Conférence et renvoie le projet de Protocole pour plus ample étude aux organes appropriés des Nations Unies. »

Conference on first reading, particularly from the point of view of language and of concordance between the English and French texts.

The Convention was adopted on 25 July by 24 votes to none with no abstentions and opened for signature at the European Office of the United Nations from 28 July to 31 August 1951. It will be re-opened for signature at the permanent headquarters of the United Nations in New York from 17 September 1951 to 31 December 1952.

The English and French texts of the Convention, which are equally authentic, are appended to this Final Act.

II

The Conference decided, by 17 votes to 3 with 3 abstentions, that the titles of the chapters and of the articles of the Convention are included for practical purposes and do not constitute an element of interpretation.

III

With respect to the draft Protocol relating to the Status of Stateless Persons, the Conference adopted the following resolution:

The Conference,

Having considered the draft Protocol relating to the Status of Stateless Persons,

Considering that the subject still requires more detailed study,

Decides not to take a decision on the subject at the present Conference and refers the draft Protocol back to the appropriate organs of the United Nations for further study.

IV

La Conférence a adopté à l'unanimité les recommandations suivantes :

A

(Mesures transitoires concernant les titres de voyages)*

« *La Conférence,*

« *Considérant* que la délivrance et la reconnaissance des titres de voyage sont nécessaires pour faciliter le mouvement des réfugiés et, en particulier, leur réinstallation,

« *Demande instamment* aux Gouvernements parties à l'Accord concernant la délivrance d'un titre de voyage à des réfugiés relevant de la compétence du Comité intergouvernemental pour les réfugiés, signé à Londres le 15 octobre 1946, ou qui reconnaissent la validité des titres de voyage délivrés conformément aux dispositions de cet Accord, de continuer à délivrer ou à reconnaître lesdits titres de voyage et de délivrer ces titres de voyage à tous les réfugiés répondant à la définition donnée de ce terme à l'article premier de la Convention relative au statut des réfugiés ou de reconnaître les titres de voyage ainsi délivrés à ces personnes, jusqu'à ce qu'ils aient assumé les obligations qui découlent de l'article 28 de ladite Convention. »

---

* Titre ajouté par l'Office du Haut Commissaire des Nations Unies pour les réfugiés.

IV

The Conference adopted unanimously the following recommendations:

A

(Facilitation of refugee travels)*

The Conference,

Considering that the issue and recognition of travel documents is necessary to facilitate the movement of refugees, and in particular their resettlement,

Urges Governments which are parties to the Inter-Governmental Agreement on Refugee Travel Documents signed in London on 15 October 1946, or which recognize travel documents issued in accordance with the Agreement, to continue to issue or to recognize such travel documents, and to extend the issue of such documents to refugees as defined in Article 1 of the Convention relating to the Status of Refugees or to recognize the travel documents so issued to such persons, until they shall have undertaken obligations under Article 28 of the said Convention.

---

* Headline added by the Office of the United Nations High Commissioner for Refugees.

B

(Principle of unity of the family)*

The Conference,

Considering that the unity of the family, the natural and fundamental group unit of society, is an essential right of the refugee, and that such unity is constantly threatened, and

Noting with satisfaction that, according to the official commentary of the *ad hoc* Committee on Statelessness and Related Problems (E/1618, p.40) the rights granted to a refugee are extended to members of his family,

Recommends Governments to take the necessary measures for the protection of the refugee's family, especially with a view to:

(1) Ensuring that the unity of the refugee's family is maintained particularly in cases where the head of the family has fulfilled the necessary conditions for admission to a particular country,

(2) The protection of refugees who are minors, in particular unaccompanied children and girls, with special reference to guardianship and adoption.

C

(Welfare services)*

The Conference,

Considering that, in the moral, legal and material spheres, refugees need the help of suitable welfare services, espe-

---

* Headline added by the UNHCR.

services sociaux appropriés, notamment de celui des organisations non gouvernementales qualifiées,

« *Recommande* aux Gouvernements et aux organismes intergouvernementaux de faciliter, d'encourager et de soutenir les efforts des organisations dûment qualifiées pour leur tâche. »

D

(Solidarité internationale dans les domaines de l'asile et de la réinstallation)*

« *La Conférence,*

« *Considérant* que nombre de personnes quittent encore leur pays d'origine pour des raisons de persécution et qu'elles ont droit à une protection spéciale à cause de leur condition particulière,

« *Recommande* aux Gouvernements de continuer à recevoir les réfugiés sur leur territoire et d'agir de concert dans un véritable esprit de solidarité internationale, afin que les réfugiés puissent trouver asile et possibilité de rétablissement. »

E

(Élargissement de la portée de la Convention)*

« *La Conférence*

« *Exprime* l'espoir que la Convention relative au staut des réfugiés aura valeur d'exemple, en plus de sa portée contractuelle, et qu'elle incitera tous les

cially that of appropriate non-governmental organizations,

Recommends Governments and inter-governmental bodies to facilitate, encourage and sustain the efforts of properly qualified organizations.

D

(International co-operation in the field of asylum and resettlement)*

The Conference,

Considering that many persons still leave their country of origin for reasons of persecution and are entitled to special protection on account of their position,

Recommends that Governments continue to receive refugees in their territories and that they act in concert in a true spirit of international co-operation in order that these refugees may find asylum and the possibility of resettlement.

E

(Extension of treatment provided by the Convention)*

The Conference,

Expresses the hope that the Convention relating to the Status of Refugees will have value as an example exceeding its contractual scope and that all

---

* Titre ajouté par le HCR.

* Headline added by the UNHCR.

États à accorder dans toute la mesure du possible aux personnes se trouvant sur leur territoire en tant que réfugiés et qui ne seraient pas couvertes par les dispositions de la Convention, le traitement prévu par cette Convention. »

EN FOI DE QUOI, le Président, les Vice-Présidents et le Secrétaire exécutif de la Conférence ont signé le présent Acte final.

FAIT à Genève, ce 28 juillet mil neuf cent cinquante et un en un seul exemplaire rédigé en langue anglaise et française, chacun des deux textes faisant également foi. Des traductions du présent Acte final en chinois, en espagnol et en russe seront faites par les soins du Secrétaire général des Nations Unies, qui enverra, sur demande, des exemplaires de ces traductions à chacun des Gouvernements invités à assister à la Conférence.

Le Président de la Conférence :	KNUD LARSEN
Les Vice-Présidents de la Conférence :	A. HERMENT TALAT MIRAS
Le Secrétaire exécutif de la Conférence :	JOHN P. HUMPHREY

nations will be guided by it in granting so far as possible to persons in their territory as refugees and who would not be covered by the terms of the Convention, the treatment for which it provides.

IN WITNESS WHEREOF the President, Vice-Presidents and the Executive Secretary of the Conference have signed this Final Act.

DONE at Geneva this twenty-eight day of July one thousand nine hundred and fifty-one in a single copy in the English and French languages, each text being equally authentic. Translations of this Final Act into Chinese, Russian and Spanish will be prepared by the Secretary-General of the United Nations, who will, on request, send copies thereof to each of the Governments invited to attend the Conference.

The President of the Conference:	KNUD LARSEN
The Vice-Presidents of the Conference:	A. HERMENT TALAT MIRAS
The Executive Secretary of the Conference:	JOHN P. HUMPHREY

CONVENTION RELATIVE AUX RÉFUGIÉS DU 28 JUILLET 1951

113 ÉTATS MEMBRES AU 30 JUILLET 1993[1]	RATIFICATION, ADHÉSION[a], SUCCESSION[d]
Albanie	18 Août 1992[a]
Algérie	21 Février 1963[d]
Angola	23 Juin 1981[a]
Argentine	15 Novembre 1961[a]
Australie	22 Janvier 1954[a]
Autriche	1 Novembre 1954
Azerbaïdjan	12 Février 1993[a]
Belgique	22 Juillet 1953
Belize	27 Juin 1990[a]
Bénin	4 Avril 1962[d]
Bolivie	9 Février 1982[a]
Botswana	6 Janvier 1969[a]
Brésil	16 Novembre 1960
Burkina Faso	18 Juin 1980[a]
Burundi	19 Juillet 1963[a]
Cambodge	15 Octobre 1992[a]
Cameroun	23 Octobre 1961[d]
Canada	4 Juin 1969[a]
Chili	28 Janvier 1972[a]
Chine	24 Septembre 1982[a]
Chypre	16 Mai 1963[d]
Colombie	10 Octobre 1961
Congo	15 Octobre 1962[d]
Costa Rica	28 Mars 1978[a]
Côte D'Ivoire	8 Décembre 1961[d]
Croatie	12 Octobre 1992[d]
Danemark	4 Décembre 1952
Djibouti	9 Août 1977[d]
Égypte	22 Mai 1981[a]
El Salvador	28 Avril 1983[a]
Équateur	17 Août 1955[a]
Espagne	14 Août 1978[a]
Éthiopie	10 Novembre 1969[a]
Fédération de Russie	2 Février 1993[a]
Fidji	12 Juin 1972[d]
Finlande	10 Octobre 1968[a]
France	23 Juin 1954
Gabon	27 Avril 1964[a]
Gambie	7 Septembre 1966[d]
Ghana	18 Mars 1963[a]
Grèce	5 Avril 1960
Guatemala	22 Septembre 1983[a]
Guinée	28 Décembre 1965[d]

1. Sous réserve des instruments éventuellement en cours de dépôt.

CONVENTION RELATING TO THE STATUS OF REFUGEES OF 28 JULY 1951

113 PARTICIPANTS AT 30 JULY 1993[1]	RATIFICATION, ACCESSION[a], SUCCESSION[d]
Albania	18 August 1992[a]
Algeria	21 February 1963[d]
Angola	23 June 1981[a]
Argentina	15 November 1961[a]
Australia	22 January 1954[a]
Austria	1 November 1954
Azerbaijan	12 February 1993[a]
Belgium	22 July 1953
Belize	27 June 1990[a]
Benin	4 April 1962[d]
Bolivia	9 February 1982[a]
Botswana	6 January 1969[a]
Brazil	16 November 1960
Burkina Faso	18 June 1980[a]
Burundi	19 July 1963[a]
Cambodia	15 October 1992[a]
Cameroon	23 October 1961
Canada	4 June 1969[a]
Chad	19 August 1981[a]
Chile	28 January 1972[a]
China	24 September 1982[a]
Colombia	10 October 1961
Congo	15 October 1962[d]
Costa Rica	28 March 1978[a]
Côte d'Ivoire	8 December 1961[d]
Croatia	12 October 1992[d]
Cyprus	16 May 1963[d]
Czechoslovakia	26 November 1991[a]
Denmark	4 December 1952
Djibouti	9 August 1977[d]
Dominican Republic	4 January 1978[a]
Ecuador	17 August 1955[a]
Egypt	22 May 1981[a]
El Salvador	28 April 1983[a]
Equatorial Guinea	7 February 1986[a]
Ethiopia	10 November 1969[a]
Federal Republic of Germany	5 November 1969
Fiji	12 June 1972[d]
Finland	10 October 1968[a]
France	23 June 1954
Gabon	27 April 1964[a]
Gambia	7 September 1966[d]

1. Subject to the deposit of outstanding instruments.

SECTION I — TRAITÉ / TREATY II

Guinée-Bissau	11 Février 1976[a]	Ghana	18 March 1963[a]
Guinée Équatoriale	7 Février 1986[a]	Greece	5 April 1960
Haïti	25 Septembre 1984[a]	Guatemala	22 September 1983[a]
Honduras	23 Mars 1992[a]	Guinea	28 December 1965[d]
Hongrie*	14 Mars 1989[a]	Guinea-Bissau	11 February 1976[a]
Iran	28 Juillet 1976[a]	Haiti	25 September 1984[a]
Irlande	29 Novembre 1956[a]	Holy See	15 March 1956
Islande	30 Novembre 1955[a]	Honduras	23 March 1992[a]
Israël	1 Octobre 1954	Hungary*	14 March 1989[a]
Italie	15 Novembre 1954	Iceland	30 November 1955[a]
Jamaïque	30 Juillet 1964[d]	Iran	28 July 1976[a]
Japon	3 Octobre 1981[a]	Ireland	29 November 1956[a]
Kenya	16 Mai 1966[a]	Israel	1 October 1954
Lesotho	14 Mai 1981[a]	Italy	15 November 1954
Libéria	15 Octobre 1964[a]	Jamaica	30 July 1964[d]
Liechtenstein	8 Mars 1957	Japan	3 October 1981[a]
Luxembourg	23 Juillet 1953	Kenya	16 May 1966[a]
Madagascar[(C)]*	18 Décembre 1967[a]	Lesotho	14 May 1981[a]
Malawi	10 Décembre 1987[a]	Liberia	15 October 1964[a]
Mali	2 Février 1973[d]	Liechtenstein	8 March 1957
Malte*	17 Juin 1971[a]	Luxembourg	23 July 1953
Maroc	7 Novembre 1956[d]	Madagascar[(C)]*	18 December 1967[a]
Mauritanie	5 Mai 1987[a]	Malawi	10 December 1987[a]
Monaco[(C)]*	18 Mai 1954[a]	Mali	2 February 1973[dd]
Mozambique	16 Décembre 1983[a]	Malta*	17 June 1971[a]
Nicaragua	28 Mars 1980[a]	Mauritania	5 May 1987[a]
Niger	25 Août 1961[d]	Monaco[(C)]*	18 May 1954[a]
Nigéria	23 Octobre 1967[a]	Morocco	7 November 1956[d]
Norvège	23 Mars 1953	Mozambique	16 December 1983[a]
Nouvelle-Zélande	30 Juin 1960[a]	Netherlands	3 May 1956
Ouganda	27 Septembre 1976[a]	New Zealand	30 June 1960[a]
Panama	2 Août 1978[a]	Nicaragua	28 March 1980[a]
Papouasie Nouvelle-Guinée	17 Juillet 1986[a]	Niger	25 August 1961[a]
Paraguay	1 Avril 1970[a]	Nigeria	23 October 1967[a]
Pays-Bas	3 Mai 1956	Norway	23 March 1953
Pérou	21 Décembre 1964[a]	Panama	2 August 1978[a]
Philippines	22 Juillet 1981[a]	Papua New Guinea	17 July 1986[a]
Pologne	27 Septembre 1991[a]	Paraguay	1 April 1970[a]
Portugal	22 Décembre 1960[a]	Peru	21 December 1964[a]
République Centrafricaine	4 Septembre 1962[d]	Philippines	22 July 1981[a]
République de Corée	3 Décembre 1992[a]	Poland	27 September 1991[a]
		Portugal	22 December 1960[a]
		Republic	4 September 1962[d]
		Republic of Korea	3 December 1992[a]

* Les cinq États marqués d'un astérisque, Hongrie, Madagascar, Malte, Monaco et Turquie, ont fait une déclaration conformément à l'article 1B) de la Convention de 1951 selon laquelle les termes « événements survenus avant le 1er janvier 1951 » dans l'article 1, section A, doivent être interprétés dans le sens d'« événements survenus en Europe avant le 1er janvier 1951 ».

(C) Les trois États assortis d'un « C » sont parties à la Convention de 1951 seulement.

* The five States marked with an asterisk, Hungary, Madagascar, Malta, Monaco and Turkey, have made a declaration in conformity to Article 1B) of the 1951 Convention which states that the words "events occurring before 1 January 1951" (in Article 1, section A) shall be interpreted to mean "events occurring in Europe before 1 January 1951."

(C) The three States marked with a "C" are parties to the 1951 Convention only.

République Dominicaine	4 Janvier 1978[a]	Romania	7 August 1991[a]
République Fédérale d'Allemagne	5 Novembre 1969	Russian Federation	2 February 1993[a]
		Rwanda	3 January 1980
République Slovaque	4 Février 1993[d]	Samoa[(C)]	21 September 1988[a]
République Unie de Tanzanie	12 Mai 1964[a]	Sao Tome and Principe	1 February 1978[a]
		Senegal	2 May 1963[d]
Roumanie	7 Août 1991[a]	Seychelles	23 April 1980[a]
Royaume-Uni	11 Mars 1954	Sierra Leone	22 May 1981[a]
Rwanda	3 Janvier 1980	Slovak Republic	4 February 1993[d]
Samoa[(C)]	21 Septembre 1988[a]	Slovenia	16 December 1992
Saint-Siège	15 Mars 1956	Somalia	10 October 1978[a]
Sao Tome et Principe	1 Février 1978[a]	Spain	14 August 1978[a]
Sénégal	2 Mai 1963[d]	Sudan	22 February 1974[a]
Seychelles	23 Avril 1980[a]	Switzerland	21 January 1955
Sierra Leone	22 Mai 1981[a]	Suriname	29 November 1978[d]
Slovénie	16 Décembre 1992	Sweden	26 October 1954
Somalie	10 Octobre 1978[a]	Togo	26 February 1962[d]
Soudan	22 Février 1974[a]	Tunisia	24 October 1957[d]
Suisse	21 Janvier 1955	Turkey*	20 March 1962
Suède	26 Octobre 1954	Tuvalu	7 March 1986[d]
Suriname	29 Novembre 1978[d]	Uganda	27 September 1976[a]
Tchad	19 Août 1981[a]	United Republic of Tanzania	12 Mai 1964[a]
Tchécoslovaquie	26 Novembre 1991[a]	United Kingdom	11 March 1954
Togo	26 Février 1962[d]	Uruguay	22 September 1970[a]
Tunisie	24 Octobre 1957[d]	Yemen	18 January 1980[a]
Turquie*	20 Mars 1962	Yugoslavia	15 December 1959
Tuvalu	7 Mars 1986[d]	Zaire	19 July 1965[a]
Uruguay	22 Septembre 1970[a]	Zambia	24 September 1969[d]
Yémen	18 Janvier 1980[a]	Zimbabwe	25 August 1981[a]
Yougoslavie	15 Décembre 1959		
Zaïre	19 Juillet 1965[a]		
Zambie	24 Septembre 1969[d]		
Zimbabwe	25 Août 1981[a]		

RÉSERVES À LA CONVENTION DE 1951 RELATIVE AU STATUT DES RÉFUGIÉS[1]

RESERVATIONS TO 1951 CONVENTION RELATING TO THE STATUS OF REFUGEES[1]

PAYS — STATES	ARTICLES
Angola/Angola	17(1), 17(2), 26
Autriche/Austria	17(1), (2)a), 22(1)
Belgique/Belgium	15
Botswana/Botswana	7, 12(1), 17, 26, 31, 32, 34
Burundi/Burundi	17(1), 17(2), 22, 26
Canada/Canada	23, 24
Chili/Chile	17a)(2), 17c)(2), 34
Chine/China	14, 16(3)
Danemark/Denmark	17(1)
Égypte/Egypt	12(1), 20, 22(1), 23, 24
Équateur/Equador	15
Espagne/Spain	8, 12(1), (2)
États-Unis/United States[2]	24(1)b), 29
Éthiopie/Ethiopia	8, 9, 17(2), 22(1)
Fidji/Fiji	8, 9, 25(1), (2), (3)
Finlande/Finland	7(2), 8, 12(1), 24(1)b), 24(3), 25, 28(1)

---

1. Pour les textes de ces réserves, nous vous référons aux Traités Multilatéraux déposés auprès du Secrétaire Général, États au 31 décembre 1991, p. 213.
2. Ibid. p. 238; en vertu de l'article VII du Protocole : « Au moment de son adhésion, tout État pourra formuler des réserves, [...] de toutes dispositions de la Convention autre que celles des articles premier, 3, 4, 16(1) et 33 à condition que, dans le cas d'un État partie à la Convention, les réserves faites en vertu du présent article ne s'étendent pas aux réfugiés auxquels s'applique la Convention. »

1. See the Texts of Reservation in Multilateral Treaties deposited with the Secretary General, Status as at 31 December 1991, p. 209.
2. Ibid. p. 235; in respect of article VII of Protocol: "At the time of accession, any State may make reservations, [...] of any provisions of the Convention other than those contained in articles 1, 3, 4, 16(1) and 33 thereof, provided that in the case of a State Parties to the Convention reservations made under this article shall not extend to refugees in respect of whom the Convention applies."

Grèce/Greece	17
Honduras/Honduras	1A)
Iran/Iran	17, 23, 24, 26
Irlande/Ireland	17, 25, 29(1)
Israël/Israel	8, 12, 28, 30
Jamaïque/Jamaica	8, 9, 17(2)a), c), 24(1), (2), 25(1), (2), (3)
Malawi/Malawi	7, 13, 15, 17, 19, 22, 24, 26, 34
Malte/Malte	7(2), 7(3), 7(4), 7(5), 8, 9, 11, 14, 17, 18, 23, 27, 28(3), 31, 32, 34
Monaco/Monaco	7(2), 15, 22(1), 23, 24
Mozambique/Mozambique	13, 15, 17, 19, 22, 26, 34
Nouvelle-Zélande/New Zealand	24(2)
Ouganda/Uganda	7, 8, 9, 13, 15, 16, 17, 25, 32
Papouasie Nouvelle-Guinée/ Papua New Ginea	17(1), 21, 22(1), 26, 31, 32, 34
Pays-Bas/Netherlands	26
Pologne/Poland	24(2)
Sierra Leone/Sierra Leone	17(2), 29
Royaume-Uni/United Kingdom[3]	8, 9, 17(2), 24(1)b), 24(2), 25(1), (2), (3)
Rwanda/Rwanda	26
Saint-Siège/Holy See	42(1)
Soudan/Sudan	26
Swaziland/Swaziland	22, 34
Suède/Sweden	8, 12(1), 17(2), 24(1)b), 24(3), 25
Zambie/Zambia	17, 17(2), 22(1), 26, 28
Zimbabwe/Zimbabwe	17, 22(1), 23, 24, 26

3. Cf. Déclarations et réserves faites lors de la notification d'application territoriale pour les Iles Anglo-Normandes, Ile de Man et Chypre.

3. See Declarations and Reservations made upon notification of territorial application for Channel Island, Isle of Man and Cyprus.

III

PROTOCOLE DE 1967 RELATIF AU STATUT DES RÉFUGIÉS

Commentaires

Extrait des pages 4 et 5 du *Guide des procédures et critères à appliquer pour déterminer le statut des réfugiés en regard de la Convention de 1951 et du Protocole de 1967 relatif au statut des réfugiés,* publié par le HCNUR, à Genève en 1979 :

« Conformément à la définition générale contenue dans la Convention de 1951, un réfugié est une personne qui :

> "par suite d'événements survenus avant le 1er janvier 1951 et craignant avec raison d'être persécutée... se trouve hors du pays dont elle a la nationalité..."

La date limite du 1er janvier 1951 a été fixée pour répondre au désir des gouvernements, au moment où la Convention a été élaborée, de limiter leurs obligations aux personnes qui étaient des réfugiés à l'époque et à celles qui pourraient le devenir ultérieurement par suite d'événements déjà survenus à cette même époque.

Avec le passage du temps et l'apparition de nouveaux problèmes de réfugiés, le besoin s'est fait sentir d'étendre l'application des dispositions de la Convention de 1951 à ces nouveaux réfugiés. C'est ainsi qu'on a élaboré le Protocole relatif au statut des réfugiés. Après son examen par l'Assemblée générale des Nations Unies, il a été ouvert à l'adhésion le 31 janvier 1967 et est entré en vigueur le 4 octobre 1967.

Les États qui adhèrent au Protocole de 1967 s'engagent à appliquer les dispositions de fond de la Convention de 1951 aux réfugiés répondant à la définition donnée dans la Convention sans tenir compte de la date limite du 1er janvier

1967 PROTOCOL RELATING TO THE STATUS OF REFUGEES

Commentaries

Extracted from the *Handbook on procedures and criteria for determining refugee status under the 1951 Convention and the 1967 Protocol relating to the status of refugees,* published by the UNHCR, Geneva, 1988, pages 4 and 5:

"According to the general definition contained in the 1951 Convention, a refugee is a person who:

> 'As a result of events occurring before 1 January 1951 and owing to well-founded fear of being persecuted... is outside his country of nationality...'

The 1951 dateline originated in the wish of Governments, at the time the Convention was adopted, to limit their obligations to refugee situations that were known to exist at that time, or to those which might subsequently arise from events that had already occurred.

With the passage of time and the emergence of new refugee situations, the need was increasingly felt to make the provisions of the 1951 Convention applicable to such new refugees. As a result, a Protocol relating to the Status of Refugees was prepared. After consideration by the General Assembly of the United Nations, it was opened for accession on 31 January 1967 and entered into force on 4 October 1967.

By accession to the 1967 Protocol, States undertake to apply the substantive provisions of the 1951 Convention to refugees as defined in the Convention, but without the 1951 dateline. Although related to the Convention in this

1951. Ainsi rattaché à la Convention, le Protocole est cependant un instrument indépendant, auquel les États peuvent adhérer sans être parties à la Convention.

Dans la suite du texte, le Protocole de 1967 relatif au statut des réfugiés est dénommé "Protocole de 1967[1]". [...]

PRINCIPALES DISPOSITIONS DE LA CONVENTION DE 1951 ET DU PROTOCOLE DE 1967

La Convention de 1951 et le Protocole de 1967 contiennent trois types de dispositions :

I) Les dispositions qui donnent une *définition générale* des personnes qui sont (et de celles qui ne sont pas) réfugiés et des personnes qui, ayant été réfugiés, ont cessé de l'être.

II) Les dispositions qui définissent le *statut juridique* des réfugiés et leurs droits et obligations dans leur pays de refuge. Bien que ces dispositions soient sans incidence sur le processus de reconnaissance du statut de réfugié, l'autorité qui procède à cette reconnaissance doit néanmoins les connaître, car les décisions qu'elle prend peuvent avoir des conséquences fort importantes pour l'intéressé et sa famille.

III) D'autres dispositions concernent l'*application* des instruments du point de vue administratif et diplomatique. L'article 35 de la Convention de 1951 et l'article II du Protocole de 1967 contiennent un engagement de la part des États contractants de coopérer avec

way, the Protocol is an independent instrument, accession to which is not limited to States parties to the Convention.

In the following paragraphs, the 1967 Protocol relating to the Status of Refugees is referred to as 'the 1967 Procotol'.[1] [...]

MAIN PROVISIONS OF THE 1951 CONVENTION AND THE 1967 PROTOCOL

The 1951 Convention and the 1967 Protocol contain three types of provisions:

I) Provisions giving the *basic definition* of who is (and who is not) a refugee and who, having been a refugee, has ceased to be one.

II) Provisions that define the *legal status* of refugees and their rights and duties in their country of refuge. Although these provisions have no influence on the process of determination of refugee status, the authority entrusted with this process should be aware of them, for its decision may indeed have far-reaching effects for the individual or family concerned.

III) Other provisions dealing with the *implementation* of the instruments from the administrative and diplomatic standpoint. Article 35 of the 1951 Convention and Article II of the 1967 Protocol contain an undertaking by Contracting States to co-operate with

---

1. Au moment de la rédaction du présent ouvrage, 113 États étaient parties à la Convention de 1951 et 116 au Protocole de 1967.

1. At the time of the writing of this book, 113 States were parties to the 1951 Convention and 116 to the 1967 Protocol.

le Haut Commissariat des Nations Unies pour les réfugiés dans l'exercice de ses fonctions et, en particulier, de faciliter sa tâche de surveillance de l'application de ces instruments ».

the Office of the United Nations High Commissioner for Refugees in the exercise of its functions and, in particular, to facilitate its duty of supervising the application of the provisions of these instruments."

BIBLIOGRAPHIE SÉLECTIVE

ALEDO, L. A., *La perte du statut de réfugié en droit international public* (1991), R.G.D.I.P., n° 2, pp. 371-404.

BOSSUYT, M. et Ali, *La reconnaissance de la qualité de réfugié et l'octroi de l'asile*, Bruxelles, Université Libre de Bruxelles, Bruylant, 1990.

COLELLA, A., « Les réserves à la Convention de Genève (28 juillet 1951) et au Protocole de New York (31 janvier 1967) sur le statut des réfugiés » (1989) Annuaire français de droit international, vol. XXXV.

HATHAWAY, J. C., « La crainte raisonnable de persécution et le droit des droits de l'homme » (1992) 91 (1) Bulletin de droits de l'homme, p. 108.

SELECTIVE BIBLIOGRAPHY

EARL, P. *The Convention relating to the Status of Refugees and United Nations Office of the High Commissioner for Refugees.* Montréal: Canadian Human Rights Fondation, 1978.

LOESCHER, LAILA MONAHAN. *Refugees and International Relations.* Oxford: Clarendon Press, 1990.

MARTIN, A. D. *The New Asylum seekers: Refugee Law in 1980.* Dordrecht. Martinus Nijhoff Publishers, 1988.

WEIS, P., "The 1967 Protocol Relating to Status of Refugees and some Questions of the Law of Treaties" (1967) British Yearbook of International Law.

PROTOCOL RELATING TO THE STATUS OF REFUGEES OF 31 JANUARY 1967[1]

Entry into force: 4 October 1967, in accordance with Article VIII
Text: United Nations Treaty Series No. 8791, Vol. 606, p. 267

The States Parties to the present Protocol,

Considering that the Convention relating to the Status of Refugees done at Geneva on 28 July 1951 (hereinafter referred to as the Convention) covers only those persons who have become refugees as a result of events occurring before 1 January 1951,

Considering that new refugee situations have arisen since the Convention was adopted and that the refugees concerned may therefore not fall within the scope of the Convention.

Considering that it is desirable that equal status should be enjoyed by all refugees covered by the definition in the Convention irrespective of the dateline 1 January 1951,

Have agreed as follows:

---

1. The Protocol was signed by the President of the General Assembly and by the Secretary General on 31 January 1967. The text of the General Assembly Resolution 2198 (XXI) of 16 December 1966 concerning the accession to the 1967 Protocol relating to the Status of Refugees is reproduced in Appendix.

Article premier

Disposition générale

1. Les États parties au présent Protocole s'engagent à appliquer aux réfugiés, tels qu'ils sont définis ci-après, les articles 2 à 34 inclus de la Convention.

2. Aux fins du présent Protocole, le terme « réfugié », sauf en ce qui concerne l'application du paragraphe 3 du présent article, s'entend de toute personne répondant à la définition donnée à l'article premier de la Convention comme si les mots « par suite d'événements survenus avant le 1er janvier 1951 et... » et les mots « ... à la suite de tels événements » ne figuraient pas au paragraphe 2 de la section A de l'article premier.

3. Le présent Protocole sera appliqué par les États qui y sont parties sans aucune limitation géographique; toutefois, les déclarations déjà faites, en vertu de l'alinéa *a)* du paragraphe 1 de la section B de l'article premier de la Convention par des États déjà parties à celle-ci, s'appliqueront aussi sous le régime du présent Protocole, à moins que les obligations de l'État déclarant n'aient été étendues conformément au paragraphe 2 de la section B de l'article premier de la Convention.

Article II

Coopération des autorités nationales avec les Nations Unies

1. Les États parties au présent Protocole s'engagent à coopérer avec le Haut Commissariat des Nations Unies pour les réfugiés ou toute autre institution

Article I

General provision

1. The States Parties to the present Protocol undertake to apply Articles 2 to 34 inclusive of the Convention to refugees as hereinafter defined.

2. For the purpose of the present Protocol, the term "refugee" shall, except as regards the application of paragraph 3 of this Article, mean any person within the definition of Article 1 of the Convention as if the words "As a result of events occurring before 1 January 1951 and..." and the words "... as a result of such events", in Article 1 A (2) were omitted.

3. The present Protocol shall be applied by the States Parties hereto without any geographic limitation, save that existing declarations made by States already Parties to the Convention in accordance with Article 1 B (1) *(a)* of the Convention, shall, unless extended under Article 1 B (2) thereof, apply also under the present Protocol.

Article II

Co-operation of the national authorities with the United Nations

1. The States Parties to the present Protocol undertake to co-operate with the Office of the United Nations High Commissioner for Refugees, or any

des Nations Unies qui lui succéderait, dans l'exercice de ses fonctions et, en particulier, à faciliter sa tâche de surveillance de l'application des dispositions du présent Protocole.

2. Afin de permettre au Haut Commissariat ou à toute autre institution des Nations Unies qui lui succéderait de présenter des rapports aux organes compétents des Nations Unies, les États parties au présent Protocole s'engagent à leur fournir, dans la forme appropriée, les informations et les données statistiques demandées relatives :
  a) au statut des réfugiés;
  b) à la mise en oeuvre du présent Protocole;
  c) aux lois, règlements et décrets qui sont ou entreront en vigueur en ce qui concerne les réfugiés.

Article III

Renseignements portant sur les lois et règlements nationaux

Les États parties au présent Protocole communiqueront au Secrétaire général de l'Organisation des Nations Unies le texte des lois et des règlements qu'ils pourront promulguer pour assurer l'application du présent Protocole.

Article IV

Règlements des différends

Tout différend entre les parties au présent Protocole relatif à son interprétation et à son application, qui n'aurait pu être réglé par d'autres moyens, sera soumis à la Cour Internationale de Jus-

other agency of the United Nations which may succeed it, in the exercise of its functions, and shall in particular facilitate its duty of supervising the application of the provisions of the present Protocol.

2. In order to enable the Office of the High Commissioner, or any other agency of the United Nations which may succeed it, to make reports to the competent organs of the United Nations the States Parties to the present Protocol undertake to provide them with the information and statistical data requested, in the appropriate form, concerning:
  (a) The condition of refugees;
  (b) The implementation of the present Protocol;
  (c) Laws, regulations and decrees which are, or may hereafter be, in force relating to refugees.

Article III

Information on national legislation

The States Parties to the present Protocol shall communicate to the Secretary-General of the United Nations the laws and regulations which they may adopt to ensure the application of the present Protocol.

Article IV

Settlement of disputes

Any dispute between States Parties to the present Protocol which relates to its interpretation or application and which cannot be settled by other means shall be referred to the International

tice à la demande de l'une des parties au différend.

Article V

Adhésion

Le présent Protocole sera ouvert à l'adhésion de tous les États paties à la Convention et de tout autre État Membre de l'Organisation des Nations Unies ou membre de l'une des institutions spécialisées ou de tout État auquel l'Assemblée générale aura adressé une invitation à adhérer au Protocole. L'adhésion se fera par le dépôt d'un instrument d'adhésion auprès du Secrétaire général de l'Organisation des Nations Unies.

Article VI

Clause fédérale

Dans le cas d'un État fédératif ou non unitaire, les dispositions ci-après s'appliqueront :

a) En ce qui concerne les articles de la Convention à appliquer conformément au paragraphe 1 de l'article premier du présent Protocole et dont la mise en oeuvre relève de l'action législative du pouvoir législatif fédéral, les obligations du gouvernement fédéral seront, dans cette mesure, les mêmes que celles des États parties qui ne sont pas des États fédératifs;

b) En ce qui concerne les articles de la Convention à appliquer conformément au paragraphe 1 de l'article premier du présent Protocole et dont l'application relève de l'action législative de chacun des états, provinces ou cantons constituants, qui ne sont pas, en vertu du système constitu-

Court of Justice at the request of any one of the parties to the dispute.

Article V

Accession

The present Protocol shall be open for accession on behalf of all States Parties to the Convention and of any other State Member of the United Nations or member of any of the specialized agencies or to which an invitation to accede may have been addressed by the General Assembly of the United Nations. Accession shall be effected by the deposit of an instrument of accession with the Secretary-General of the United Nations.

Article VI

Federal clause

In the case of a Federal or non-unitary State, the following provisions shall apply:

(a) With respect to those articles of the Convention to be applied in accordance with Article I, paragraph 1, of the present Protocol that come within the legislative jurisdiction of the federal legislative authority, the obligations of the Federal Government shall to this extent be the same as those of States Parties which are not Federal States;

(b) With respect to those articles of the Convention to be applied in accordance with Article I, paragraph 1, of the present Protocol that come within the legislative jurisdiction of constituent States, provinces or cantons which are not, under the constitutional system of the federation,

tionnel de la fédération, tenus de prendre des mesures législatives, le gouvernement fédéral portera le plus tôt possible, et avec son avis favorable, lesdits articles à la connaissance des autorités compétentes des états, provinces ou cantons;

c) Un état fédératif partie au présent Protocole communiquera, à la demande de tout autre État partie au présent Protocole qui lui aura été transmise par le Secrétaire général de l'Organisation des Nations Unies, un exposé de la législation et des pratiques en vigueur dans la fédération et ses unités constituantes en ce qui concerne telle ou telle disposition de la Convention à appliquer conformément au paragraphe 1 de l'article premier du présent Protocole, indiquant la mesure dans laquelle effet a été donné, par son action législative ou autre, à ladite disposition.

Article VII

Réserves et déclarations

1. Au moment de son adhésion, tout État pourra formuler des réserves sur l'article IV du présent Protocole, et au sujet de l'application, en vertu de l'article premier du présent Protocole, de toutes dispositions de la Convention autres que celles des articles premier, 3, 4, 16(1) et 33, à condition que, dans le cas d'un État partie à la Convention, les réserves faites en vertu du présent article ne s'étendent pas aux réfugiés auxquels s'applique la Convention.

2. Les réserves faites par des États parties à la Convention conformément à l'article 42 de ladite Convention s'ap-

bound to take legislative action, the Federal Government shall bring such articles with a favourable recommendation to the notice of the appropriate authorities of States, provinces or cantons at the earliest possible moment;

(c) A Federal State Party to the present Protocol shall, at the request of any other State Party hereto transmitted through the Secretary-General of the United Nations, supply a statement of the law and practice of the Federation and its constituent units in regard to any particular provision of the Convention to be applied in accordance with Article I, paragraph 1, of the present Protocol, showing the extent to which effect has been given to that provision by legislative or other action.

Article VII

Reservations and declarations

1. At the time of accession, any State may make reservations in respect of Article IV of the present Protocol and in respect of the application in accordance with Article I of the present Protocol of any provisions of the Convention other than those contained in Articles 1, 3, 4, 16(1) and 33 thereof, provided that in the case of a State Party to the Convention reservations made under this Article shall not extend to refugees in respect of whom the Convention applies.

2. Reservations made by States Parties to the Convention in accordance with Article 42 thereof shall, unless

pliqueront, à moins qu'elles ne soient retirées, à leurs obligations découlant du présent Protocole.

3. Tout État formulant une réserve en vertu du paragraphe 1 du présent article peut la retirer à tout moment par une communication adressée à cet effet au Secrétaire général de l'Organisation des Nations Unies.

4. Les déclarations faites en vertu des paragraphes 1 et 2 de l'article 40 de la Convention, par un État partie à celle-ci, qui adhère au présent Protocole, seront censées s'appliquer sous le régime du présent Protocole, à moins que, au moment de l'adhésion, un avis contraire n'ait été notifié par la partie intéressée au Secrétaire général de l'Organisation des Nations Unies. Les dispositions des paragraphes 2 et 3 de l'article 40 et du paragraphe 3 de l'article 44 de la Convention seront censées s'appliquer, *mutatis mutandis*, au présent Protocole.

Article VIII

Entrée en vigueur

1. Le présent Protocole entrera en vigueur à la date du dépôt du sixième instrument d'adhésion.

2. Pour chacun des États adhérant au Protocole après le dépôt du sixième instrument d'adhésion, le Protocole entrera en vigueur à la date où cet État aura déposé son instrument d'adhésion.

withdrawn, be applicable in relation to their obligations under the present Protocol.

3. Any State making a reservation in accordance with paragraphe 1 of this Article may at any time withdraw such reservation by a communication to that effect addressed to the Secretary-General of the United Nations.

4. Declarations made under Article 40, paragraph 1 and 2, of the Convention by a State Party thereto which accedes to the present Protocol shall be deemed to apply in respect of the present Protocol, unless upon accession a notification to the contrary is addressed by the State Party concerned to the Secretary-General of the United Nations. The provisions of Article 40, paragraphs 2 and 3, and of Article 44, paragraph 3, of the Convention shall be deemed to apply *mutatis mutandis* to the present Protocol.

Article VIII

Entry into force

1. The present Protocol shall come into force on the day of deposit of the sixth instrument of accession.

2. For each State acceding to the Protocol after the deposit of the sixth instrument of accession, the Protocol shall come into force on the date of deposit by such State of its instrument of accession.

Article IX

Dénonciation

1. Tout État partie au présent Protocole pourra le dénoncer à tout moment par notification adressée au Secrétaire général de l'Organisation des Nations Unies.

2. La dénonciation prendra effet, pour l'État intéressé, un an après la date à laquelle elle aura été reçue par le Secrétaire général de l'Organisation des Nations Unies.

Article X

Notification par le Secrétaire Général de l'Organisation des Nations Unies

Le Secrétaire général de l'Organisation des Nations Unies notifiera à tous les États visés à l'article V, en ce qui concerne le présent Protocole, les dates d'entrée en vigueur, d'adhésion, de dépôt et de retrait de réserves, de dénonciation et de déclarations et notifications s'y rapportant.

Article XI

Dépôt du Protocole aux archives du Secrétariat de l'Organisation des Nations Unies

Un exemplaire du présent Protocole, dont les textes anglais, chinois, espagnol, français et russe font également foi, signé par le Président de l'Assemblée générale et par le Secrétaire général de l'Organisation des Nations Unies, sera déposé aux archives du Secrétariat de l'Organisation. Le Secrétaire général

Article IX

Denunciation

1. Any State Party hereto may denounce this Protocol at any time by a notification addressed to the Secretary-General of the United Nations.

2. Such denunciation shall take effect for the State Party concerned one year from the date on which it is received by the Secretary-General of the United Nations.

Article X

Notifications by the Secretary-General of the United Nations

The Secretary-General of the United Nations shall inform the States referred to in Article V above of the date of entry into force, accessions, reservations and withdrawals of reservations to and denunciations of the present Protocol, and of declarations and notifications relating hereto.

Article XI

Deposit in the archives of the Secretariat of the United Nations

A copy of the present Protocol, of which the Chinese, English, French, Russian and Spanish texts are equally authentic, signed by the President of the General Assembly and by the Secretary-General of the United Nations, shall be deposited in the archives of the Secretariat of the United Nations, The

en transmettra copie certifiée conforme à tous les États Membres de l'Organisation des Nations Unies et aux autres États visés à l'article V.	Secretary-General will transmit certified copies thereof to all States Members of the United Nations and to other States referred to in Article V above.

PROTOCOLE RELATIF AU STATUT DES RÉFUGIÉS DU 31 JANVIER 1967

116 ÉTATS MEMBRES AU 30 JUILLET 1993[1]	RATIFICATION, ADHÉSION[a], SUCCESSION[d]
Albanie	18 Août 1992[a]
Algérie	8 Novembre 1967
Allemagne	5 Novembre 1967
Angola	23 Juin 1981
Argentine	6 Décembre 1967
Australie	13 Décembre 1973
Autriche	5 Septembre 1973
Azerbaïdjan	12 Février 1993[a]
Belgique	8 Avril 1969
Bélize	6 Juin 1970
Bénin	6 Juillet 1970
Bolivie	9 Février 1982
Botswana	6 Janvier 1969
Brésil	7 Avril 1972
Burkina Faso	18 Juin 1980
Burundi	15 Mars 1971
Cambodge	15 Octobre 1992[a]
Cameroun	19 Septembre 1967
Canada	4 Juin 1969
Cap Vert[(P)]	9 Juillet 1987
Chili	27 Avril 1972
Chine	24 Septembre 1982
Chypre	9 Juillet 1968
Colombie	4 Mars 1980
Congo	10 Juillet 1970
Costa Rica	28 Mars 1978
Côte d'Ivoire	16 Février 1970
Croatie	12 Octobre 1992[d]
Danemark	29 Janvier 1968
Djibouti	9 Août 1977[d]
Équateur	6 Mars 1969
Égypte	22 Mai 1981
El Salvador	28 Avril 1983
Espagne	14 Août 1978
États-Unis d'Amérique[(P)]	1 Novembre 1968
Éthiopie	10 Novembre 1969
Fédération de Russie	2 Février 1993[a]
Fidji	12 Juin 1972[d]
Finlande	10 Octobre 1968
France	3 Février 1971
Gabon	28 Août 1973

PROTOCOL RELATING TO THE STATUS OF REFUGEES OF 31 JANUARY 1967

116 PARTICIPANTS AT 30 JULY 1993[1]	RATIFICATION, ACCESSION[a], SUCCESSION[d]
Albania	18 August 1992[a]
Algeria	8 November 1967
Angola	23 June 1981
Argentina	6 December 1967
Australia	13 December 1973
Austria	5 September 1973
Azerbaidjan	12 February 1993[a]
Belgium	8 April 1969
Belize	6 June 1970
Benin	6 July 1970
Bolivia	9 February 1982
Botswana	6 January 1969
Brazil	7 April 1972
Burkina Faso	18 June 1980
Burundi	15 March 1971
Cambodia	15 October 1992[a]
Cameroon	19 September 1967
Canada	4 June 1969
Cape Verde[(P)]	9 July 1987
Chad	19 August 1981
Chile	27 April 1972
China	24 September 1982
Colombia	4 March 1980
Congo	10 July 1970
Costa Rica	28 March 1978
Côte d'Ivoire	16 February 1970
Croatia	12 October 1992[d]
Cyprus	9 July 1968
Czechoslovakia	26 Nov. 1991[a]
Denmark	29 January 1968
Djibouti	9 August 1977[d]
Dominican Republic	4 January 1978
Ecuador	6 March 1969
Egypt	22 May 1981
El Salvador	28 April 1983
Equatorial Guinea	7 February 1986
Ethiopia	10 November 1969
Fiji	12 June 1972[d]
Finland	10 October 1968
France	3 February 1971
Gabon	28 August 1973
Gambia	29 September 1967

1. Sous réserve des instruments éventuellement en cours de dépôt.
(P) États parties au Protocole de 1967 seulement.

1. Subject to the deposit of outstanding instruments.
(P) States parties to the Protocol of 1967 only.

SECTION I — TRAITÉ / TREATY III

Gambie	29 Septembre 1967	Germany	5 November 1967
Ghana	30 Octobre 1968	Ghana	30 October 1968
Grèce	7 Août 1968	Greece	7 August 1968
Guatemala	22 Septembre 1983	Guatemala	22 September 1983
Guinée	16 Mai 1968	Guinea	16 May 1968
Guinée-Équatoriale	7 Février 1986	Guinea-Bissau	11 February 1976
Guinée-Bissau	11 Février 1976	Haiti	25 September 1984
Haïti	25 Septembre 1984	Holy See	8 June 1967
Honduras	23 Mars 1992[a]	Honduras	23 March 1992[a]
Hongrie	14 Mars 1989	Hungary	14 March 1989
Islande	26 Avril 1968	Iceland	26 April 1968
Iran	28 Juillet 1976	Iran	28 July 1976
Irlande	6 Novembre 1968	Ireland	6 November 1968
Israël	14 Juin 1968	Israel	14 June 1968
Italie	26 Janvier 1972	Italy	26 January 1972
Jamaïque	30 Octobre 1980	Jamaica	30 October 1980
Japon	1 Janvier 1982	Japan	1 January 1982
Kenya	13 Novembre 1981	Kenya	13 November 1981
Lesotho	14 Mai 1981	Lesotho	14 May 1981
Libéria	27 Février 1980	Liberia	27 February 1980
Liechtenstein	20 Mai 1968	Liechtenstein	20 May 1968
Luxembourg	22 Avril 1971	Luxembourg	22 April 1971
Malawi	10 Décembre 1987	Malawi	10 December 1987
Mali	2 Février 1973	Mali	2 February 1973
Malte	15 Septembre 1971	Malta	15 September 1971
Maroc	20 Avril 1971	Mauritania	5 May 1987
Mauritanie	5 Mai 1987	Morocco	20 April 1971
Mozambique	1 Mai 1989	Mozambique	1 May 1989
Nicaragua	28 Mars 1980	Netherlands	29 November 1968
Niger	2 Février 1970	New Zealand	6 August 1973
Nigéria	2 Mai 1968	Nicaragua	28 March 1980
Norvège	28 Novembre 1967	Niger	2 February 1970
Nouvelle-Zélande	6 Août 1973	Nigeria	2 May 1968
Ouganda	27 Septembre 1976	Norway	28 November 1967
Panama	2 Août 1978	Panama	2 August 1978
Papouasie		Papua New Guinea	17 July 1986
Nouvelle-Guinée	17 Juil. 1986	Paraguay	1 April 1970
Paraguay	1 Avril 1970	Peru	15 September 1983
Pays-Bas	29 Novembre 1968	Philippines	22 July 1981
Pérou	15 Septembre 1983	Poland	27 September 1991
Philippines	22 Juillet 1981	Portugal	13 July 1976
Pologne	27 Septembre 1991	Republic of Korea	3 December 1992[a]
Portugal	13 Juillet 1976	Republic of Centrafrica	30 August 1967
République		Russian Federation	2 February 1993[a]
Centrafricaine	30 Août 1967	Rwanda	3 January 1980
République		Sao Tome et Principe	1 February 1978
Dominicaine	4 Janvier 1978	Senegal	3 October 1967
République de Corée	3 Décembre 1992[a]	Seychelles	23 April 1980
République Slovaque	4 Février 1993[d]	Sierra Leone	22 May 1981
République Unie		Slovak Republic	4 February 1993[d]
de Tanzanie	4 Septembre 1968	Slovenia	6 July 1992[d]
Royaume-Uni	4 Septembre 1968	Somalia	10 October 1978
Rwanda	3 Janvier 1980	Spain	14 August 1978
Saint-Siège	8 Juin 1967	Sudan	23 May 1974
Sao Tome et Principe	1 Février 1978	Suriname	29 Nov. 1978[d]

Sénégal	3 Octobre 1967	Swaziland[P]	28 January 1969
Seychelles	23 Avril 1980	Sweden	4 October 1967
Sierra Leone	22 Mai 1981	Switzerland	20 May 1968
Slovénie	6 Juillet 1992[d]	Togo	1 December 1969
Somalie	10 Octobre 1978	Tunisia	16 October 1968
Soudan	23 Mai 1974	Turkey	31 July 1968
Suriname	29 Nov. 1978[d]	Tuvalu	7 March 1986[d]
Suède	4 Octobre 1967	Uganda	27 September 1976
Suisse	20 Mai 1968	United Kingdom	4 September 1968
Swaziland[P]	28 Janvier 1969	United States	
Tchad	19 Août 1981	of America[P]	1 November 1968
Tchécoslovaquie	26 Nov. 1991[a]	United Republic	
Togo	1 Décembre 1969	of Tanzania	4 September 1968
Tunisie	16 Octobre 1968	Uruguay	22 September 1970
Turquie	31 Juillet 1968	Venezuela[P]	19 September 1986
Tuvalu	7 Mars 1986[d]	Yemen	18 January 1980
Uruguay	22 Septembre 1970	Yugoslavia	15 January 1968
Venezuela[P]	19 Septembre 1986	Zaire	13 January 1975
Yémen	18 Janvier 1980	Zambia	24 September 1969
Yougoslavie	15 Janvier 1968	Zimbabwe	25 August 1981
Zaïre	13 Janvier 1975		
Zambie	24 Septembre 1969		
Zimbabwe	25 Août 1981		

RÉSERVES AU PROTOCOLE RELATIF AU STATUT DES RÉFUGIÉS DU 31 JANVIER 1967[1]	RESERVATIONS TO THE PROTOCOL RELATING TO THE STATUS OF REFUGEES OF 31 JANUARY 1967[1]

PAYS — STATES	ARTICLES
Angola/Angola	IV
Botswana/Botswana	IV
Chine/China	IV
Congo/Congo	IV
El Salvador/El Salvador	IV
Ghana/Ghana	IV
Jamaïque/Jamaica	IV
République Unie de Tanzanie/ United Republic of Tanzania	IV
Rwanda/Rwanda	IV
Venezuela/Venezuela	IV

Divergences entre les réserves à la Convention et au Protocole[2]

Il y a certaines différences entre la Convention et le Protocole s'agissant des dispositions qui ne peuvent être soumises à réserves. C'est le cas de l'article 35 de la Convention, ayant trait à la coopération des autorités nationales avec les Nations Unies, qui peut faire

Divergences between the reserves to the Convention and the Protocol[2]

Differences occur between Convention and Protocol concerning some dispositions which can not be submitted to reservations. A article 35 of the Convention, related to the co-operation between national officials and the United Nations, can be subject to the reserva-

---

1. Pour les textes de ces réserves, nous vous référons aux Traités Multilatéraux déposés auprès du Secrétaire Général, État au 31 décembre 1991, p. 238.
2. STUMPF C. WILL et G., «The Relationship between the 1951 Convention and the 1967 Protocol Relating to the Status of Refugees», (1987) 13 Tresaurus Acroasium, p. 947.

1. See the Texts of Reservations in Multilateral Treaties deposited with the Secretary General, Status as at 31 december 1991, p. 233.
2. STUMPF C. and G. WILL, "The Relationship between the 1951 Convention and the 1967 Protocol Relating to the Status of Refugees", (1987) 13 Tresaurus Acroasium, p. 947.

l'objet d'une réserve en application de l'article 42-1; mais qui, dans le Protocole, où il est reproduit dans l'article 11, y échappe par effet de l'article VII (la seule disposition du Protocole qui peut faire l'objet d'une réserve est l'article IV). Cela peut s'expliquer par le fait que, de 1951 à 1967, la coopération avec les organes des Nations Unies, notamment avec le Haut Commissaire des Nations Unies pour les Réfugiés, a été considérée de plus en plus nécessaire, et aussi par la tendance à encourager le rôle et le prestige de l'HCNUR. Le fait que l'article 35 de la Convention n'avait pas fait l'objet de réserves a certainement eu une influence sur la rédaction du texte du Protocole.

tion in accordance with article 42-1; but when reproduced under article II of the Protocol, is not applicable in respect to Article VII (the only disposition of the protocol subject to the reservation is Article IV). This is explained but the fact that, from 1951 to 1967, the co-operation between the Organizations of the United Nations, especially with the United Nations High Commissioner for Refugees was considered to be increasingly necessary and also because of the tendancy to encourage the role and prestige of the UNHCR. The fact that Article 35 of the Convention has not been the objective of reservations has certainly had an influence on the text of Protocol.

IV

| LES DÉFINITIONS CONCERNANT RÉFUGIÉS ET ASSIMILÉS EN REGARD DES ARRANGEMENTS, CONVENTIONS ET PROTOCOLES MENTIONNÉS DANS L'ARTICLE 1 A (1) DE LA CONVENTION DE GENÈVE DU 28 JUILLET 1951 | DEFINITIONS OF "REFUGEES" ACCORDING TO AGREEMENTS, CONVENTIONS AND PROTOCOLS MENTIONED IN ARTICLE 1 A (1) OF THE GENEVA CONVENTION OF 28 JULY 1951 |

Commentaires

Extrait de la page 3 du *Guide des procédures et critères à appliquer pour déterminer le statut des réfugiés en regard de la Convention de 1951 et du Protocole de 1867 relatif au statut des réfugiés*, publié à Genève par le HCNUR en 1979 :

« Instruments internationaux définissant le terme "réfugié"

Premiers instruments (1921-1946)

Dès le premier quart du XXe siècle, la communauté internationale s'est préoccupée du problème des réfugiés et, pour des raisons humanitaires, elle a commencé à assumer à leur égard des fonctions de protection et d'assistance.

Le modèle de l'action internationale en faveur des réfugiés a été établi par la Société des Nations et a été consacré par l'adoption d'un certain nombre d'instruments internationaux. Ces instruments sont mentionnés à l'article premier, section A, 1°, de la Convention de 1951 relative au statut des réfugiés.

Selon ces instruments, les réfugiés de chaque catégorie sont définis selon leur origine nationale ou le territoire qu'ils ont quitté et à raison de l'absence de protection diplomatique de la part du pays d'origine. Ce type de définition

Commentaries

Extracted from page 3 of the *Handbook on procedures and criteria for determining refugee status under the 1951 Convention and the 1967 Protocol relating to the Status of Refugees*, published in Geneva by the UNHCR, in 1988:

"International instruments defining the term 'refugee'

Early Instruments (1921-1946)

Early in the twentieth century, the refugee problem became the concern of the international community, which, for humanitarian reasons, began to assume responsibility for protecting and assisting refugees.

The pattern of international action on behalf of refugees was established by the League of Nations and led to the adoption of a number of international agreements for their benefit. These instruments are referred to in Article 1 A (1) of the 1951 Convention relating to the Status of Refugees.

The definitions in these instruments relate each category of refugees to their national origin, to the territory that they left and to the lack of diplomatic protection by their former home country. With this type of definition 'by categories'

"par catégorie" est d'une interprétation simple et permet de déterminer facilement la qualité de réfugié.

Bien qu'il soit peu probable que des personnes visées par les dispositions des premiers instruments demandent à l'heure actuelle la reconnaissance formelle de leur statut de réfugié, de tels cas pourraient cependant se présenter. Les personnes qui satisfont aux définitions des instruments internationaux antérieurs à la Convention de 1951 sont généralement désignées sous le nom de "réfugiés statutaires" ».

interpretation was simple and caused no great difficulty in ascertaining who was a refugee.

Although few persons covered by the terms of the early instruments are likely to request a formal determination of refugee status at the present time, such cases would occasionally arise. Persons who meet the definitions of international instruments prior to the 1951 Convention are usually referred to as 'statutory refugees'."

BIBLIOGRAPHIE SÉLECTIVE

CHANDELIER, P., *Le droit d'asile*. Essai sur l'évolution du droit international en matière d'asile à l'époque contemporaine, Paris, 1947.

FU-YUNG, H., *La protection des réfugiés par la Société des Nations*, Lyon, 1935.

GONIDEC, P. F., « L'affaire du droit d'asile », (1951) Revue général de droit international public, n° 4.

SELECTIVE BIBLIOGRAPHY

BUXTON, D. F. *The Economics of the Refugee Problem*. London: 1939.

CHAMBERLAIN, J. P. *The Fate of Refugees and Displaced Persons, An Address*. New York: 1947.

CHILD, S. *Refugees: A Permanent Problem in International Organization*. London: Geneva Institute of International Relations, Problems of Peace, 13th Series, 1938.

DEFINITIONS OF "REFUGEES" ACCORDING TO AGREEMENTS, CONVENTIONS AND PROTOCOLS MENTIONED IN ARTICLE 1 A (1) OF THE GENEVA CONVENTION OF 28 JULY 1951

Section 1. — Pre-war refugees

The following pre-war categories are included in the provisions of the definitions in the Statute and the Convention:

(i) The Arrangement of 12 May 1926[1]

Category 1. *Russian* pre-war or Nansen refugees, defined as: "Any person of Russian origin who does not enjoy or who no longer enjoys the protection of the Government of the USSR and who has not acquired another nationality."

Category 2. *Armenian* pre-war or Nansen refugees defined as: "Any person of Armenian origin formerly a subject of the Ottoman Empire who does not enjoy or who no longer enjoys the protection of the Government of the Turkish Republic and who has not acquired another nationality."

---

1. League of Nations Treaty Series No. 2004, Vol. LXXXIX (89), p. 47.

ii) **Arrangement du 30 juin 1928**[2]

Troisième catégorie. Les *réfugiés assyriens, assyro-chaldéens et assimilés* sont définis comme suit : « Toute personne d'origine assyrienne et assyro-chaldéenne, ainsi que par assimilation toute personne d'origine syrienne ou kurde, qui ne jouit pas ou ne jouit plus de la protection de l'État auquel elle appartenait et qui n'a pas acquis ou ne possède pas une autre nationalité. »

Quatrième catégorie. Les *réfugiés turcs* sont définis comme suit : « Toute personne d'origine turque, anciennement sujette de l'Empire ottoman qui, en vertu du Protocole de Lausanne du 24 juillet 1923 ne jouit pas ou ne jouit plus de la protection de la République turque et qui n'a pas acquis d'autre nationalité. »

iii) **Convention relative au Statut International des Réfugiés du 28 octobre 1933**[3]

Cinquième catégorie. Les *réfugiés espagnols* ont été définis comme suit : « Les personnes possédant ou ayant possédé la nationalité espagnole, ne possédant pas une autre nationalité et à l'égard desquelles il est établi qu'en droit ou en fait, elles ne jouissent pas de la protection du Gouvernement espagnol. »

(ii) **The Arrangement of 30 June 1928**[2]

Category 3. *Assyrian or Assyro-Chaldean and assimilated refugees* defined as: "Any person of Assyrian or Assyro-Chaldean origin, and also by assimilation any person of Syrian or Kurdish origin, who does not enjoy or who no longer enjoys the protection of the State to which he previously belonged and who has not acquired or does not possess another nationality."

Category 4. *Turkish refugees* defined as: "Any person of Turkish origin, previously a subject of the Ottoman Empire, who under the terms of the Protocol of Lausanne of 24 July 1923, does not enjoy or no longer enjoys the protection of the Turkish Republic and who has not acquired another nationality."

(iii) **The Convention of 28 October 1933**[3]

Category 5. *Spanish refugees.* These were defined as: "Persons possessing or having possessed Spanish nationality, not possessing any other nationality and with regard to whom it has been established that, in law or in fact, they do not enjoy the protection of the Spanish Government."

---

2. Recueil des Traités, Société des Nations, nº 2006, vol. LXXXIX (89), p. 63.
3. Recueil des Traités, Société des Nations, nº 3663, vol. CLIX (159), p. 199.

2. League of Nations Treaty Series No. 2006, Vol. LXXXIX (89), p. 63.
3. League of Nations Treaty Series No. 3663, Vol. CLIX (159), p. 199.

iv) Convention du 10 février 1938[4]

Sixième catégorie. Les *réfugiés provenant d'Allemagne* sont définis comme suit :

a) « Les personnes possédant ou ayant possédé la nationalité allemande et ne possédant pas une autre nationalité, et à l'égard desquelles il est établi qu'en droit ou en fait elles ne jouissent pas de la protection du Gouvernement allemand,

b) Les apatrides non visés par les conventions ou arrangements antérieurs, ayant quitté le territoire allemand où ils s'étaient fixés et à l'égard desquels il est établi qu'en droit ou en fait ils ne jouissent pas de la protection du Gouvernement allemand.

Ne sont pas comprises dans cette définition les personnes qui quitteront l'Allemagne pour des raisons de convenance purement personnelle. »

v) Protocole du 14 septembre 1939[5]

Septième catégorie. Les *réfugiés autrichiens* (victimes de la persécution nazie) sont définis comme suit :

a) « Les personnes ayant possédé la nationalité autrichienne et possédant la nationalité allemande, à l'exclusion de toute autre, et à l'égard desquelles il est établi qu'en droit ou en fait elles ne jouissent pas de la protection du Gouvernement allemand; et,

(iv) The Convention of 10 February 1938[4]

Category 6. *Refugees coming from Germany*, defined as:

(a) "Persons possessing or having possessed German nationality and not possessing any other nationality who are proved not to enjoy, in law or in fact, the protection of the German Government"

(b) "Stateless persons not covered by previous Conventions or Agreements who have left German territory after being established therein and who are proved not to enjoy, in law or in fact, the protection of the German Government."

"Persons who leave Germany for reasons of purely personal convenience are not included in this definition."

(v) The Protocol of 14 September 1939[5]

Category 7. *Austrian refugees* (victims of Nazi persecution), defined as:

(a) "Persons having possessed Austrian nationality not possessing any nationality other than German nationality, who are proved not to enjoy, in law or in fact, the protection of the German Government; and

---

4. Recueil des Traités, Société des Nations, n° 4461, vol. CXCII (192), p. 59.
5. Recueil des Traités, Société des Nations, n° 4634, vol. CXCVIII (198), p. 141.

4. League of Nations Treaty Series No. 4461, Vol. CXCII (192), p. 59.
5. League of Nations Treaty Series No. 4634, Vol. CXCVIII (198), p. 141.

b) les apatrides non visés par les conventions ou arrangements antérieurs qui ont quitté le territoire ayant autrefois formé l'Autriche, où ils s'étaient établis et à l'égard desquels il est prouvé qu'en droit ou en fait ils ne jouissent pas de la protection du Gouvernement allemand. »

« Ne sont pas comprises dans cette définition les personnes qui quitteront les territoires ayant autrefois formé l'Autriche pour des raisons de convenance personnelle ».

Section 2. — Réfugiés des périodes de guerre et d'après-guerre

vi) Constitution de l'Organisation Internationale pour les réfugiés (O.I.R.)[6]

Huitième catégorie. Les dispositions du Statut et de la Convention sont automatiquement applicables à quiconque a été considéré comme un réfugié au sens de la Constitution de l'OIR, à moins qu'il ne tombe sous le coup d'une clause de « déchéance » ou d'exclusion.

Neuvième catégorie. *Victimes des régimes nazi et fasciste*, ou de régimes ayant pris part, aux côtés de ceux-ci, à la deuxième guerre mondiale, ou encore du régime quisling ou analogues, qui ont aidé des régimes dans leur lutte contre les Nations Unies, que ces personnes jouissent ou non d'un statut international de réfugié.

Dixième catégorie. Les réfugiés de la Sarre sont définis comme suit : « Toute personne qui, possédant antérieurement le statut d'habitant de la

(b) Stateless persons, not covered by any previous Convention or Arrangement and having left the territory which formerly constituted Austria after being established therein, who are proved not to enjoy, in law or in fact, the protection of the German Government."

"Persons who leave the territories which formerly constituted Austria for reasons of purely personal convenience are not included in this definition."

Section 2. — Refugees in the war and post-war periods

(vi) The Constitution of the International Refugee Organization (I.R.O.)[6]

Category 8. Any person who has been considered a refugee under the Constitution of IRO is automatically within the terms of the Statute and the Convention, unless he falls under one of the "cessation" or "exclusion" clauses.

Category 9. *Victims of Nazi of Fascist regimes*, or of regimes which took part on their side in the second world war, or of the quisling or similar regimes which assisted them against the United Nations, whether enjoying international status as refugees or not.

Category 10. *Saar refugees*, defined as "all persons who, having previously had the status of inhabitants of the Saar, have left the territory on the occasion of

---

6. Recueil des Traités, Société des Nations n⁰ 283, vol. 18, p. 18

6. United Nations Treaty Series No. 283, Vol. 18, p. 3.

Sarre, a quitté le Territoire à l'occasion du plébiscite et ne dispose pas d'un passeport national. »

Onzième catégorie. Les réfugiés du territoire des Sudètes, sont définis comme suit dans la résolution en date du 17 janvier 1939 adoptée à sa 104e séance par le Conseil de la Société des Nations : « Il s'agit de réfugiés qui, ayant possédé la nationalité tchécoslovaque et ne possédant pas une autre nationalité que la nationalité allemande, se sont vus obligés de quitter le territoire ayant autrefois fait partie de l'État tchécoslovaque, territoire dénommé le Sudetenland, où ils étaient établis et qui se trouve maintenant incorporé à l'Allemagne. Ils sont composés de personnes qui ne jouissent pas de la protection du Gouvernement allemand ou du Gouvernement tchécoslovaque. »

Douzième catégorie. « Tous autres réfugiés, apatrides de jure ou de facto, qui avaient, avant la guerre, la qualité de réfugié bien que ne faisant pas partie d'une catégorie admise, et qui ont conservé cette qualité malgré l'évolution de la situation. »

Treizième catégorie. « Sous réserve des dispositions de la Section D et de celles de la deuxième partie de la présente Annexe, le terme "réfugié" s'applique aussi aux *personnes* qui, ayant résidé en *Allemagne ou en Autriche*, et étant d'*origine israélite*, ou *étrangères ou apatrides*, ont été victimes des persécutions nazies et ont été retenues de force dans l'un de ces pays ou, obligées de s'enfuir, et ont été ramenées ultérieurement du fait de l'ennemi ou de circonstances créées par la guerre et qui n'y sont pas encore réinstallées de façon stable ».

the plebiscite and are not in possession of national passports".

Category 11. *Refugees from Sudetenland* as defined in the Resolution of the 104th Session of the Council of the League of Nations dated 19 January 1939: "These are refugees who, having possessed Czecho-Slovak nationality and not now possessing any nationality other than German, have been obliged to leave the territory which was formerly part of the Czecho-Slovak State—that is, the territory known as the Sudetenland—where they were settled and which is now incorporated in Germany.

They consist of persons who do not enjoy the protection of either the German of the Czecho-Slovak Government."

Category 12. "*Any other refugees*—whether *de jure* or *de facto* stateless who where refugees before the War although they did not belong to a recognized category of refugees and who have continued to be refugees in spite of the changed circumstances."

Category 13. "Subject to the provisions of section D and of Part II of this Annex, the term "refugee" also applies to *persons who*, having resided in *Germany* or *Austria*, and being of *Jewish origin* of foreigners or stateless persons, were victims of Nazi persecution and were detained in, or were obliged to flee from and were subsequently returned to, one of those countries as a result of enemy action, or of war circumstances, and have not yet been firmly resettled therein."

Quatorzième catégorie. « Le terme "réfugié" s'applique aussi aux *enfants non accompagnés* qui sont orphelins de guerre ou dont les parents ont disparu et qui se trouvent en dehors de leur pays d'origine. Ces enfants, s'ils sont âgés de 16 ans ou de moins de 16 ans, recevront par priorité toute l'aide possible, y compris, en règle générale, l'aide au rapatriement qui sera accordée à ceux dont la nationalité peut être déterminée ».

Category 14. "The term 'refugee' also applies to *unaccompanied children* who are war orphans or whose parents have disappeared, and who are outside their countries of origin. Such children, 16 years of age or under, shall be given all possible priority assistance, including, normally, assistance in repatriation in the case of those whose nationality can be determined."

V

CONSTITUTION DE L'ORGANISATION INTERNATIONALE POUR LES RÉFUGIÉS (O.I.R.) DU 15 DÉCEMBRE 1946	CONSTITUTION OF THE INTERNATIONAL REFUGEE ORGANIZATION (I.R.O.) OF 15 DECEMBER 1946
Commentaires	*Commentaries*
Extrait des pages 96 à 98 du document *Un instrument de paix. Depuis quarante ans, le HCR aux côtés des réfugiés*, publié à Rome en 1991 par le HCNUR :	Extract from pages 95 to 97 of *An instrument of peace. For forty years, UNHCR alongside refugees*, published in Rome by the UNHCR in 1991:
« Dès 1945, la Conférence de San Francisco, la même qui rédigea la Charte des Nations Unies, avait examiné la possibilité de créer une nouvelle organisation internationale pour les réfugiés. En février 1946, l'Assemblée générale des Nations Unies demanda au Conseil Économique et Social d'étudier la question. Le Conseil recommanda que l'UNRRA et le Comité intergouvernemental soient remplacés par une institution spécialisée, non permanente, des Nations Unies, responsable de toutes les activités relatives aux réfugiés. C'est ainsi que fut créée, en décembre 1946, l'Organisation internationale pour les réfugiés (OIR), avec pour tâche de "parvenir à une solution rapide, positive et juste du problème des réfugiés et des personnes déplacées".	"Already in 1945 the San Francisco Conference, the same conference which drafted the Statute of the United Nations, examined the possibility of creating a new international organization for refugees. In February 1946, the General Assembly of the United Nations instructed the Economic and Social Council (ECOSOC) to study the question. The Council recommended that UNRRA and the Intergovernmental Committee be succeeded by a non-permanent specialized agency of the United Nations, responsible for all activities concerning refugees. Thus in December 1946, the International Refugee Organization (IRO) was created, with the task of 'arriving at a rapid, positive and equitable solution of the problem of Refugees and displaced persons'.
Entrée en fonction en juillet 1947, l'OIR disposait d'un effectif de 5 700 personnes et d'un organe de direction composé par les représentants des gouvernements. Au cours de son mandat, qui devait terminer le 30 juin 1950, mais qui en fait se prolongea jusqu'au mois de mars 1952, l'OIR assista plus de 1 600 000 personnes.	The IRO began its activity in July 1947 with a staff of 5,700 persons and a governing body composed of government representatives. In the course of its mandate, which should have terminated on 30 June 1950, but which in effect continued up to March 1952, the IRO assisted over 1,600,000 persons.

À la fin de ses opérations de réinstallation, en janvier 1951, il restait encore quelques milliers de réfugiés qui avaient des chances de réinstallation à l'étranger. Pour faciliter le mouvement des émigrants en Europe, fut constitué en 1951, à Bruxelles, le Comité Intergouvernemental pour les Migrations Européennes (CIME), devenu plus tard, en novembre 1989, l'actuelle Organisation Internationale pour les Migrations (OIM). »

When its resettlement operations were concluded in January 1951, there were still several thousand refugees eligible for resettlement abroad. To facilitate the movement of migrants in Europe, in 1951 an Intergovernmental Committee for European Migration (CIME) was constituted in Brussels. In November 1989 this became the present International Organization for Migration (IOM)."

BIBLIOGRAPHIE SÉLECTIVE

LANGROD, G., *Les problèmes des réfugiés et apatrides*, Cours polycopié, Paris, Institut des Hautes Études Internationales, 1953.

NATHAN-CHAPOTOT, R., *Les Nations Unies et les réfugiés*, Paris, Pedone, 1949.

RAESTAD, A., « Le droit d'asile », (1938) Revue de droit international et de législation comparée, pp. 115-131.

SELECTIVE BIBLIOGRAPHY

REES, F., "The refugee and the United Nations", (1935) 492 International Conciliation.

WEIS, P., "The Right of Asylum in the context of the protection of Human Rights ein Regional and Municipal Law", (1966) 6 International Review of the Red cross, 470.

WRIGHT, Q., "The Law of the Nuremberg Trial", (1947) 41 American Journal of International Law, 38.

CONSTITUTION[1] OF THE INTERNATIONAL REFUGEE ORGANIZATION (I.R.O.)

Entry into force: August 20, 1948, in accordance with Article 18
Text: United Nations Treaty Series No. 283, Vol. 18, p. 3

Section II
Refugees in the War and Post-War periods

PREAMBLE

The Governments accepting this Constitution:

RECOGNIZING:

That genuine refugees and displaced persons constitute an urgent problem which is international in scope and character;

That as regards displaced persons, the main task to be performed is to encourage and assist in every way possible their early return to their country of origin;

That genuine refugees and displaced persons should be assisted by international action, either to return to their countries of nationality or former habitual residence, or to find new homes elsewhere, under the conditions pro-

---

1. Came into force on 20 August 1948, in accordance with Article 18 paragraph 2. By that date fifteen States, whose required contributions to Part I of the operational budget of the Organization amount to 75.96 per cent of the total thereof, have become parties to the Constitution.

tuelle, ou trouver un nouveau foyer dans un autre lieu, dans les conditions prévues par la présente Constitution; ou, dans le cas des Républicains espagnols, de s'établir temporairement afin de pouvoir rentrer en Espagne lorsqu'un régime démocratique aura succédé au régime phalangiste actuel;

Que la réinstallation et le rétablissement des réfugiés et des personnes déplacées ne doivent être envisagés que dans des cas tels que ceux qui sont nettement définis par la Constitution;

Que les réfugiés et personnes déplacées authentiques, en attendant que leur rapatriement ou leur réinstallation et rétablissement soient effectivement terminés, doivent être protégés dans leurs droits et intérêts légitimes, recevoir aide et assistance et, dans toute la mesure du possible, être employés utilement, afin d'éviter les conséquences funestes et antisociales qu'entraîne l'oisiveté prolongée; et

Que doivent être imputés, dans la mesure du possible, à l'Allemagne et au Japon les frais de rapatriement des personnes qui, du fait de ces deux Puissances, ont dû quitter les pays victimes de l'occupation;

ONT CONVENU :

Pour atteindre aussi rapidement que possible les buts énoncés ci-dessus, d'établir, et établissent par les présentes, un organisme n'ayant pas de caractère permanent qui prendra le nom d'Organisation internationale pour les réfugiés et constituera une institution spécialisée qui devra être reliée à l'Organisation des Nations Unies; et en conséquence,

vided for in this Constitution; or in the case of Spanish Republicans, to establish themselves temporarily in order to enable them to return to Spain when the present Falangist regime is succeeded by a democratic regime;

That re-settlement and re-establishment of refugees and displaced persons be contemplated only in cases indicated clearly in the Constitution;

That genuine refugees and displaced persons, until such time as their repatriation or re-settlement and re-establishment is effectively completed, should be protected in their rights and legitimate interests, should receive care and assistance and, as far as possible, should be put to useful employment in order to avoid the eveil and anti-social consequences of continued idleness; and

That the expenses of repatriation to the extent praticable should be charged to Germany and Japan for persons displaced by those Powers from countries occupied by them;

HAVE AGREED:

For the accomplishment of the foregoing purposes in the shortest possible time, to establish and do hereby establish, a non-permanent organization to be called the International Refugee Organization, a specialized agency to be brought into relationship with the United Nations, and accordingly,

ONT ADOPTÉ LES ARTICLES SUIVANTS :   HAVE ACCEPTED THE FOLLOWING ARTICLES:

Article 1

Mandat

Le mandat de l'Organisation s'étendra aux réfugiés et personnes déplacées, conformément aux principes, définitions et conditions figurant à l'Annexe I, qui est jointe à la Constitution et en fait partie intégrante.

Article 2

Fonctions et pouvoirs

1. L'Organisation doit, conformément aux buts et principes énoncés dans la Charte des Nations Unies, se charger du rapatriement; de l'identification, de l'inscription et du classement des personnes relevant de sa compétence, conformément aux dispositions de l'Annexe I; des soins et de l'assistance à leur fournir; de la protection juridique et politique à laquelle elles ont droit; de leur transport ainsi que de leur réinstallation et de leur réétablissement dans les pays qui peuvent et qui désirent les accueillir. Ces fonctions seront exercées en vue :

a) d'encourager et de seconder par tous les moyens possibles le prompt retour, dans le pays dont elles ont la nationalité ou dans lequel elles avaient autrefois leur résidence habituelle, des personnes qui relèvent de l'Organisation, en tenant compte des principes établis par la résolution sur les réfugiés et les personnes déplacées, adoptées par l'Assemblée générale des Nations Unies le 12 février 1946 (Annexe III), ainsi que

Article 1

Mandate

The mandate of the Organization shall extend to refugees and displaced persons in accordance with the principles, definitions and conditions set forth in Annex I, which is attached to and made an integral part of this Constitution.

Article 2

Functions and powers

1. The functions of the Organization to be carried out in accordance with the purposes and the principles of the Charter of the United Nations, shall be: the repatriation; the identification, registration and classification; the care and assistance; the legal and political protection; the transport; and the resettlement and re-establishment, in countries able and willing to receive them, of persons who are the concern of the Organization under the provisions of Annex I. Such functions shall be exercised with a view:

(a) To encouraging and assisting in every way possible the early return to their country of nationality, or former habitual residence, of those persons who are the concern of the Organization, having regard to the principles laid down in the resolution on refugees and displaced persons adopted by the General Assembly of the United Nations on 12 February 1946 (Annex III) and to the principles set forth in the Pream-

des principes énoncés dans le Préambule, et d'aider à ces fins par tous les moyens, notamment en leur fournissant une aide matérielle, des vivres suffisants pour une période de trois mois à dater du moment où elles quittent leur résidence actuelle, à condition qu'elles retournent dans un pays souffrant encore des effets de l'occupation ennemie pendant la guerre, et que ces vivres soient distribués sous les auspices de l'Organisation, et en leur procurant également les vêtements et les moyens de transport nécessaires;

b) en ce qui concerne les personnes dont le rapatriement n'a pas lieu en vertu du paragraphe *a)* du présent article, de faciliter :

i) leur rétablissement dans les pays de résidence provisoire;

ii) l'émigration, la réinstallation et le rétablissement de personnes seules ou de familles dans d'autres pays; et

iii) dans la mesure où cela sera nécessaire et possible, selon les ressources disponibles et sous réserve des dispositions financières pertinentes, l'étude, l'établissement ou l'exécution de projets de rétablissement en groupe ou en grand.

c) dans le cas des Républicains espagnols, de les aider à s'établir temporairement jusqu'au moment où un régime démocratique sera établi en Espagne.

2. Pour s'acquitter de ces fonctions, l'Organisation peut se livrer à toutes les activités appropriées et, à cette fin, est habilitée :

a) à recevoir et à débourser des fonds privés et publics;

ble, and to promoting this by all possible means, in particular by providing them with material assistance, adequate food for a period of three months from the time of their departure from their present places of residence provided they are returning to a country suffering as a result of enemy occupation during the war, and provided such food shall be distributed under the auspices of the Organization; and the necessary clothing and means of transportation; and

(b) With respect to persons for whom repatriation does not take place under paragraph 1 *(a)* of this article to facilitating:

(i) their re-establishment in countries of temporary residence;

(ii) the emigration to, re-settlement and re-establishment in other countries of individuals or family units; and

(iii) as may be necessary and practicable, within available resources and subject to the relevant financial regulations, the investigation, promotion or execution of projects of group re-settlement or large-scale re-settlement.

(c) With respect to Spanish Republicans to assisting them to establish themselves temporarily until the time when a democratic regime in Spain is established.

2. For the purpose of carrying out its functions, the Organization may engage in all appropriate activities and to this end, shall have power:

(a) To receive and disburse private and public funds;

b) à se procurer, dans la mesure nécessaire, des terrains et des bâtiments, soit en les prenant à bail, soit en les acceptant comme dons, soit, dans des circonstances exceptionnelles seulement, en les achetant; et à détenir ces terrains et bâtiments ou à en disposer en les donnant à bail, en les vendant ou de toute autre façon;

c) à acquérir, à conserver et à céder tous autres biens qui lui seront nécessaires;

d) à assumer des responsabilités et à passer des contrats, notamment des contrats soit avec des Gouvernements, soit avec des autorités de contrôle ou d'occupation, aux termes desquels lesdites autorités continueraient, ou se chargeraient, d'assurer en tout ou en partie le soin et l'entretien des réfugiés et personnes déplacées se trouvant dans les territoires soumis à leur autorité, sous la surveillance de l'Organisation;

e) à mener des négociations et à conclure des accords avec des Gouvernements;

f) à entrer en consultation et à collaborer avec des organismes publics ou privés, chaque fois que cela paraît utile, dans la mesure où ces organismes poursuivent les mêmes buts que l'Organisation et se conforment aux principes de l'Organisation des Nations Unies;

g) à favoriser la conclusion d'accords bilatéraux d'assistance mutuelle dans l'oeuvre de rapatriement des personnes déplacées, en tenant compte des principes énoncés au paragraphe *c)* ii) de la résolution adoptée par l'Assemblée générale des Nations Unies, le 12 février 1946, ayant trait à la question des réfugiés (Annexe III);

(b) As necessary to acquire land and buildings by lease, gift, or in exceptional circumstances only, by purchase; and to hold such land and buildings or to dispose of them by lease, sale or otherwise;

(c) To acquire, hold and convey other necessary property;

(d) To enter into contracts, and undertake obligations; including contracts with Governments or with occupation or control authorities, whereby such authorities would continue to undertake, in part or in whole, the care and maintenance of refugees and displaced persons in territories under their authority, under the supervision of the Organization;

(e) To conduct negotiations and conclude agreements with Governments;

(f) To consult and co-operate with public and private organizations whenever it is deemed advisable, in so far as such organizations share the purpose of the Organization and observe the principles of the United Nations;

(g) To promote the conclusion of bilateral arrangements for mutual assistance in the repatriation of displaced persons, having regard to the principles laid down in paragraph *(c)* (ii) of the resolution adopted by the General Assembly of the United Nations on 12 February 1946 regarding the problem of refugees (Annex III);

h) à recruter du personnel, conformément aux dispositions de l'article 9 de la présente Constitution;

i) à prendre toute initiative de nature à faciliter l'accomplissement des tâches de l'Organisation;

j) à conclure des accords avec les pays qui peuvent et qui désirent accueillir des réfugiés ou des personnes déplacées, en vue d'assurer dans la mesure nécessaire la protection de leurs droits et intérêts légitimes; et,

k) d'une manière générale, à se livrer à toutes autres activités légales conformes à ses buts.

Article 3

Relations avec l'Organisation des Nations Unies

Les relations entre l'Organisation internationale pour les réfugiés et l'Organisation des Nations Unies sont établies par un accord conclu entre les deux Organisations comme il est prévu aux Articles 57 et 63 de la Charte des Nations Unies.

Article 4

Composition

1. Les Membres de l'Organisation des Nations Unies peuvent devenir membres de l'Organisation internationale pour les réfugiés. Les autres États pacifiques qui ne sont pas Membres des Nations Unies peuvent également devenir membres de l'Organisation sur la recommandation du Comité exécutif, par un vote à la majorité des deux tiers des membres présents et votant du

(h) To appoint staff, subject to the provisions of Article 9 of this Constitution;

(i) To undertake any project appropriate to the accomplishment of the purposes of this Organization;

(j) To conclude agreements with countries able and willing to receive refugees and displaced persons for the purpose of ensuring the protection of their legitimate rights and interests in so far as this may be necessary; and

(k) In general, to perform any other legal act appropriate to its purposes.

Article 3

Relationship to the United Nations

The relationship between the Organization and the United Nations shall be established in an agreement between the Organization and the United Nations as provided in Articles 57 and 63 of the Charter of the United Nations.

Article 4

Membership

1. Membership in the Organization is open to Members of the United Nations. Membership also open to any other peace-loving States, not members of the United Nations, upon recommendation of the Executive Committee, by a two-thirds majority vote of members of the General Council present and voting, subject to the conditions of the agreement between the Organization

Conseil général, sous réserve des stipulations de l'accord conclu entre l'Organisation et l'Organisation des Nations Unies, approuvées conformément à l'article 3 de la présente Constitution.

2. Sous réserve des dispositions du paragraphe 1 du présent article, seront membres de l'Organisation les États dont le représentant dûment autorisé aura signé la Constitution sans formuler de réserves quant à son acceptation ultérieure, et les États qui auront déposé leurs instruments d'acceptation auprès du Secrétaire général, après que leur représentant dûment autorisé aura signé cette Constitution en formulant une réserve sur ce point.

3. Sous réserve des dispositions du paragraphe 1 du présent article, les États dont les représentants n'auraient pas signé la Constitution mentionnée au paragraphe précédent ou qui, après l'avoir signée, n'auraient pas déposé dans les six mois leur instrument d'acceptation, pourront cependant être admis comme membres de l'Organisation dans les cas suivants :

a) s'ils s'engagent à verser leurs contributions arriérées conformément au barème prévu; ou

b) s'ils présentent à l'Organisation un plan pour l'accueil de réfugiés ou de personnes déplacées en qualité d'immigrants dans leurs territoires respectifs; dans ce cas, le nombre et les conditions d'établissement de ces immigrants devraient être tels qu'au jugement de l'Organisation ils imposent à l'État en question une dépense équivalente ou approximativement équivalente à la contribution au budget de l'Organisation qu'il devrait verser, conformément au barème des contributions prévu.

and the United Nations approved pursuant to article 3 of this Constitution.

2. Subject to the provisions of paragraph 1 of this article, the members of the Organization shall be those States whose duly authorized representatives sign this Constitution without reservation as to subsequent acceptance, and those States which deposit with the Secretary-General of the United Nations their instruments of acceptance after their duly authorized representatives have signed this Constitution with such reservation.

3. Subject to the provisions of paragraph 1 of this article, those States, whose representatives have not signed the Constitution referred to in the previous paragraph, or which, having signed it, have not deposited the relevant instrument of acceptance within the following six months, may, however, be admitted as members of the Organization in the following cases:

(a) If they undertake to liquidate any outstanding contributions in accordance with the relevant scale; or

(b) If they submit to the Organization a plan for the admission to their territory, as immigrants, refugees or displaced persons in such numbers, and on such settlement conditions as shall, in the opinion of the Organization, require from the applicant State an expenditure or investment equivalent, or approximately equivalent, to the contribution that they would be called upon, in accordance with the relevant scale, to make to the budget of the Organization.

4. Les États qui, au moment où ils signeront la Constitution, exprimeront le désir de se prévaloir de la disposition *b)* du paragraphe 3 du présent article, pourront présenter dans les trois mois le plan prévu dans ce même paragraphe, sans préjudice du dépôt de leur instrument d'acceptation dans les six mois.	4. Those States which, on signing the Constitution, express their intention to avail themselves of clause *(b)* of paragraph 3 of this article may submit the plan referred to in that paragraph within the following three months, without prejudice to the presentation within six months of the relevant instrument of acceptance.
5. Les membres de l'Organisation qui sont suspendus de l'exercice de leurs droits et privilèges de Membres de l'Organisation des Nations Unies sont, sur demande de l'Organisation des Nations Unies, suspendus de leurs droits et privilèges de membres de l'Organisation internationale pour les réfugiés.	5. Members of the Organization which are suspended from the exercise of the rights and privileges of Membership of the United Nations shall, upon request of the latter, be suspended from the rights and privileges of this Organization.
6. Les membres de l'Organisation qui sont exclus de l'Organisation des Nations Unies perdent automatiquement leur qualité de membre de l'Organisation.	6. Members of the Organization which are expelled from the United Nations shall automatically cease to be members of this Organization.
7. Les membres de l'Organisation qui ne sont pas membres de l'Organisation des Nations Unies et qui ont enfreint de façon persistante les principes de la Charte des Nations Unies, peuvent, sous réserve de l'approbation de l'Assemblée générale des Nations Unies, être suspendus des droits et privilèges de l'Organisation ou en être exclus par le Conseil général.	7. With the approval of the General Assembly of the United Nations, members of the Organization which are not members of the United Nations, and which have persistently violated the principles of the Charter of the United Nations may be suspended from the rights and privileges of the Organization, or expelled from its membership by the General Council.
8. Tout membre de l'Organisation qui enfreint de manière réitérée les principes énoncés dans la présente Constitution peut, par décision du Conseil général, encourir la suspension des droits et privilèges attachés à la qualité de membre de l'Organisation et, avec l'assentiment de l'Assemblée générale de l'Organisation des Nations Unies, la perte de cette qualité.	8. A member of the Organization which has persistently violated the principles contained in the present Constitution, may be suspended from the rights and privileges of the Organization by the General Council, and with the approval of the General Assembly of the United Nations, may be expelled from the Organization.

9. Tout membre de l'Organisation s'engage à donner son appui général à l'oeuvre de l'Organisation.

10. Tout membre peut à n'importe quel moment donner au Président du Comité exécutif un préavis de démission par écrit. Ce préavis prendra effet un an après la date à laquelle il aura été reçu par le Président du Comité exécutif.

Article 5

Organes

Les principaux organes de l'Organisation seront : le Conseil général, le Comité exécutif et le Secrétariat.

Article 6

Conseil général

1. La direction suprême de l'Organisation est assurée par le Conseil général, au sein duquel chaque membre aura un représentant et les suppléants et conseillers qu'il peut juger nécessaires. Chaque membre dispose d'une voix au Conseil général.

2. Le Conseil général est convoqué au moins une fois par an, en session ordinaire, par le Conseil exécutif. Il est entendu toutefois que, au cours des trois premières années qui suivront la création de l'Organisation, il sera convoqué en session ordinaire au moins deux fois par an. Il peut être convoqué en session extraordinaire chaque fois que le Comité exécutif le jugera nécessaire; il sera convoqué en session extraordinaire par le Directeur général dans un délai de trente jours à compter de la date à la-

9. A member of the Organization undertakes to afford its general support to the work of the Organization.

10. Any member may at any time give written notice of withdrawal to the Chairman of the Executive Committee. Such notice shall take effect one year after the date of its receipt by the Chairman of the Executive Committee.

Article 5

Organs

There are established as principal organs of the Organization: a General Council, an Executive Committee and a Secretariat.

Article 6

The General Council

1. The ultimate policy-making body of the Organization shall be the General Council in which each member shall have one representative and such alternates and advisers as may be necessary. Each member shall have one vote in the General Council.

2. The General Council shall be convened in regular session not less than once a year by the Executive Committee provided, however, that for three years after the Organization comes into being the General Council shall be convened in regular session not less than twice a year. It may be convened in special session whenever the Executive Committee shall deem necessary; and it shall be convened in special session by the Director-General within thirty days after a request for such a special session

quelle le Directeur général aura reçu une demande à cet effet, formulée par un tiers des membres du Conseil.

3. Lors de la séance d'ouverture de chaque session du Conseil général, le Président du Comité exécutif exerce la présidence jusqu'à ce que le Conseil général ait élu un de ses membres comme Président de la session.

4. Le Conseil général élit ensuite parmi ses membres un premier Vice-Président et un second Vice-Président, ainsi que tous autres membres de son Bureau qu'il juge nécessaires.

is received by the Director-General from one-third of the members of the Council.

3. At the opening meeting of each session of the General Council, the Chairman of the Executive Committee shall preside until the General Council has elected one of its members as Chairman for the session.

4. The General Council shall thereupon proceed to elect from among its members a first Vice-Chairman and a second Vice-Chairman, and such other officers as it may deem necessary.

Article 7

Comité exécutif

1. Le Comité exécutif exercera les fonctions qui pourront être nécessaires pour mettre à exécution les décisions du Conseil général sur la politique à suivre; il pourra, dans l'intervalle des sessions du Conseil général, prendre des décisions ayant un caractère d'urgence, qu'il communiquera au Directeur général. Ce dernier s'en inspirera et fera rapport au Comité exécutif au sujet des mesures qu'il aura prises pour appliquer lesdites décisions; ces décisions seront sujettes à un nouvel examen par le Conseil général.

2. Le Comité exécutif du Conseil général se compose des représentants de neuf membres de l'Organisation. Les membres du Comité exécutif sont élus pour deux ans par le Conseil général au cours d'une session ordinaire. Un membre peut continuer à exercer ses fonctions au sein du Comité exécutif pendant la période qui s'écoulera entre la date d'expiration de son mandat et la

Article 7

Executive Committee

1. The Executive Committee shall perform such functions as may be necessary to give effect to the policies of the General Council, and may make, between sessions of the General Council, policy decisions of an emergency nature which it shall pass on to the Director-General, who shall be guided thereby, and shall report to the Executive Committee on the action which he has taken thereon. These decisions shall be subject to reconsideration by the General Council.

2. The Executive Committee of the General Council shall consist of the representatives of nine members of the Organization. Each member of the Executive Committee shall be elected for a two-year term by the General Council at a regular session of the Council. A member may continue to hold office on the Executive Committee during any such period as may intervene between

réunion suivante du Conseil général au cours de laquelle on procédera à une élection. Un membre est à tout moment rééligible au Comité exécutif. S'il se produit une vacance au Comité exécutif dans l'intervalle qui sépare deux sessions du Conseil général, le Comité exécutif peut y pourvoir en nommant lui-même un autre membre, qui l'occupera jusqu'à la prochaine séance du Conseil.

3. Le Comité exécutif choisit parmi ses membres un Président et un Vice-Président, dont la durée de mandat sera fixée par le Conseil général.

4. Le Comité exécutif se réunit :

a) sur convocation du Président, d'ordinaire deux fois par mois;
b) chaque fois que l'un des représentants d'un membre du Comité exécutif demande la convocation d'une réunion par lettre adressée au Directeur général; dans ce cas, la réunion sera convoquée dans un délai de sept jours à compter de la date de la réception de ladite demande;
c) si la présidence se trouve vacante, le Directeur général convoque une réunion dont l'ordre du jour comporte comme premier point l'élection d'un Président.

5. En vue de se rendre compte sur place de la situation, le Comité exécutif peut, soit en corps constitué, soit par une délégation de ses membres, visiter les camps, centres ou points de rassemblement relevant du contrôle de l'Organisation et donner au Directeur général les instructions que lui suggèrent les rapports rédigés à la suite de ces visites.

the conclusion of its term of office and the first succeeding meeting of the General Council at which an election takes place. A member shall be at all times eligible for re-election to the Executive Committee. If a vacancy occurs in the membership of the Executive Committee between two sessions of the General Council, the Executive Committee may fill the vacancy by itself appointing another member to hold office until the next meeting of the Council.

3. The Executive Committee shall elect a Chairman and a Vice-Chairman from among its members, the terms of office to be determined by the General Council.

4. Meetings of the Executive Committee shall be convened:
(a) At the call of the Chairman, normally twice a month;
(b) Whenever any representative of a member of the Executive Committee shall request the convening of a meeting, by a letter addressed to the Director-General, in which case the meeting shall be convened within seven days of the date of the receipt of the request;
(c) In the case of a vacancy occurring in the Chairmanship, the Director-General shall convene a meeting at which the first item on the agenda shall be the election of a Chairman.

5. The Executive Committee may, in order to investigate the situation in the field, either as a body or through a delegation of its members, visit camps, hostels or assembly points within the control of the Organization, and may give instructions to the Director-General in consequence of the reports of such visits.

6. Le Comité exécutif reçoit les rapports du Directeur général, comme il est prévu au paragraphe 6 de l'article 8 de la présente Constitution; après en avoir pris connaissance, il invite le Directeur général à les transmettre au Conseil général, avec les commentaires que le Comité exécutif peut juger appropriés. Ces rapports et ces commentaires sont transmis à tous les membres du Conseil général avant la session ordinaire suivante de ce Conseil, et sont ensuite publiés. Le Comité exécutif peut demander au Directeur général de soumettre tous rapports supplémentaires qu'il peut juger nécessaires.

Article 8

Administration

1. Le plus haut fonctionnaire de l'Organisation est le Directeur général. Il est responsable devant le Conseil général et le Comité exécutif et il administre et dirige l'Organisation conformément aux décisions du Conseil général et du Comité exécutif; il fait un rapport sur les mesures prises pour appliquer ces décisions.

2. Le Directeur général est présenté par le Comité exécutif et nommé par le Conseil général. Si le Comité exécutif ne présente pas de candidat que le Conseil général puisse accepter, celui-ci peut nommer une personne qui n'a pas été présentée par le Comité. Si le poste de Directeur général devient vacant, le Comité exécutif peut nommer un Directeur général par intérim qui assumera toutes les charges et fonctions de ce poste jusqu'à ce que le Conseil général puisse nommer un Directeur général.

6. The Executive Committee shall receive the reports of the Director-General as provided in paragraph 6 of article 8 of this Constitution, and, after consideration thereof, shall request the Director-General to transmit these reports to the General Council with such comments as the Executive Committee may consider appropriate. These reports and such comments shall be transmitted to all members of the General Council before its next regular session and shall be published. The Executive Committee may request the Director-General to submit such further reports as may be deemed necessary.

Article 8

Administration

1. The chief administrative officer of the Organization shall be the Director-General. He shall be responsible to the General Council and the Executive Committee and shall carry out the administrative and executive functions of the Organization in accordance with the decisions of the General Council and the Executive Committee, and shall report on the action taken thereon.

2. The Director-General shall be nominated by the Executive Committee and appointed by the General Council. If no person acceptable to the General Council is nominated by the Executive Committee, the General Council may proceed to appoint a person who has not been nominated by the Committee. When a vacancy occurs in the office of the Director-General the Executive Committee may appoint an Acting Director-General to assume all the duties and functions of the office until a Director-General can be appointed by the General Council.

3. Le Directeur général remplit ses fonctions aux termes d'un contrat signé, au nom de l'Organisation, par le Président du Comité exécutif; ce contrat contiendra une clause de résiliation avec préavis de six mois valable pour les deux parties. Dans des circonstances exceptionnelles, et sous réserve de confirmation ultérieure de la part du Conseil général, le Comité exécutif a pouvoir de relever le Directeur général de ses fonctions, par un vote de la majorité des deux tiers des membres si, de l'avis du Comité, la conduite du Directeur général justifie une telle décision.

4. Le personnel de l'Organisation est nommé par le Directeur général, selon les règles à établir par le Conseil général.

5. Le Directeur général assiste, ou se fait représenter par l'un de ses subordonnés, à toutes les réunions du Conseil général, du Comité exécutif et de tous les autres comités et sous-comités. Lui-même, ou son représentant, peut prendre part, sans droit de vote, à ces réunions.

6. *a)* Le Directeur général prépare à l'expiration de chaque semestre un rapport sur les activités de l'Organisation. Chaque année, le second de ces rapports semestriels devra porter sur les travaux de l'Organisation pour l'ensemble de l'année écoulée et fournir un compte rendu complet de ses activités au cours de cette période. Ces rapports sont soumis pour examen au Comité exécutif et transmis ensuite au Conseil général, accompagné des commentaires du Comité exécutif, comme il est prévu au paragraphe 6 de l'article 7 de la présente Constitution.

3. The Director-General shall serve under a contract which shall be signed on behalf of the Organization by the Chairman of the Executive Committee and it shall be a clause of such contract that six months' notice of termination can be given on either side. In exceptional circumstances, the Executive Committee, subject to subsequent confirmation by the General Council, has the power to relieve the Director-General of his duties by a two-thirds majority vote of the members if, in the Committee's opinion, his conduct is such as to warrant such action.

4. The staff of the Organization shall be appointed by the Director-General under regulations to be established by the General Council.

5. The Director-General shall be present, or be represented by one of his subordinate officers, at all meetings of the General Council, or the Executive Committee and of all other committees and sub-committees. He or his representatives may participate in any such meeting but shall have no vote.

6. *(a)* The Director-General shall prepare at the end of each half-year period a report on the work of the Organization. The report prepared at the end of each alternate period of six months shall relate to the work of the Organization during the preceding year and shall give a full account of the activities of the Organization during that period. These reports shall be submitted to the Executive Committee for consideration, and thereafter shall be transmitted to the General Council together with any comments of the Executive Committee thereon, as provided by paragraph 6 of article 7 of this Constitution.

b) Au cours de chaque session extraordinaire du Conseil général, le Directeur général présente un exposé des activités de l'Organisation depuis la réunion précédente.

(b) At every special session of the General Council the Director-General shall present a statement of the work of the Organization since the last meeting.

Article 9

Article 9

Personnel

Staff

1. En recrutant le personnel et en fixant les conditions de travail, on tiendra compte, avant tout, de la nécessité de s'assurer les services de personnes possédant les plus hautes qualités d'expérience, de compétence et d'intégrité. On veillera en outre à ne pas s'écarter des principes énoncés dans la présente Constitution. On tiendra dûment compte de l'importance qu'il y a à recruter le personnel sur une base géographique équitable et à employer un nombre approprié de personnes appartenant aux pays d'origine des personnes déplacées.

1. The paramount consideration in the employment of the staff and in the determination of the conditions of service shall be the necessity of securing the highest standards of efficiency, competence and integrity. A further consideration in the employment of the staff shall be adherence to the principles laid down in the present Constitution. Due regard shall be paid to the importance of recruiting staff on an appropriate geographical basis, and of employing an adequate number of persons from the countries of origin of the displaced persons.

2. L'Organisation ne pourra employer de personnes qui sont exclues de sa compétence aux termes de la deuxième partie de l'Annexe I de la présente Constitution (exception faite des dispositions du paragraphe 5 de cette partie).

2. No person shall be employed by the Organization who is excluded under Part II, other than paragraph 5, of Annex I to this Constitution, from becoming the concern of the Organization.

3. Dans l'accomplissement de leurs devoirs, le Directeur général et le personnel ne solliciteront ou n'accepteront d'instructions d'aucun gouvernement ni d'aucune autorité extérieure à l'Organisation. Ils s'abstiendront de tout acte incompatible avec leur situation de fonctionnaires internationaux qui ne sont responsables qu'envers l'Organisation. Chaque membre de l'Organisation s'engage à respecter le caractère exclusivement international des devoirs

3. In the performance of their duties, the Director-General and the staff shall not seek or receive instructions from any Government or from any other authority external to the Organization. They shall refrain from any action which might reflect on their position as international officials responsible only to the Organization. Each member of the Organization undertakes to respect the exclusively international character of the responsibilities of the Director-

SECTION I — TRAITÉ / TREATY V

du Directeur général et du personnel et à ne pas chercher à les influencer dans l'exécution de leur tâche.

General and the staff and not to seek to influence them in the discharge of their responsibilities.

Article 10

Finances

1. Le Directeur général soumet au Conseil général, par l'entremise du Comité exécutif, un budget annuel pour couvrir les dépenses nécessaires d'administration et d'exécution de l'Organisation, ainsi que ses dépenses afférentes aux projets de rétablissement en grand, et, de temps à autre, les budgets supplémentaires nécessaires. Le Comité exécutif transmet le budget au Conseil général avec les observations qu'il estime appropriées. Après approbation définitive du budget par le Conseil général, le total des montants figurant sous les trois rubriques indiquées ci-dessus — à savoir, « administration », « exécution », « projets de rétablissement en grand » — est réparti entre les membres et par rubrique, dans des proportions qui sont fixées de temps à autre par un vote de la majorité des deux tiers des membres du Conseil général présents et votant.

2. Les contributions sont payées, à la suite de négociations engagées, sur la demande des membres, entre l'Organisation et lesdits membres, en nature ou dans la monnaie qui sera fixée par une décision du Conseil général, en tenant compte des monnaies dans lesquelles il est à prévoir que les dépenses de l'Organisation seront effectuées de temps à autre, quelle que soit la monnaie dans laquelle le budget est exprimé.

3. Chaque membre s'engage à contribuer aux dépenses administratives de

Article 10

Finance

1. The Director-General shall submit, through the Executive Committee, to the General Council an annual budget, covering the necessary administrative, operational and large-scale re-settlement expenditures of the Organization, and from time to time such supplementary budgets as may be required. The Executive Committee shall transmit the budget to the General council with any remarks it may deem appropriate. Upon final approval of a budget by the General Council, the total under each of these three headings — to wit, "administrative", "operational" and "large-scale re-settlement" — shall be allocated to the members in proportions for each heading to be determined from time to time by a two-thirds majority vote of the members of the General Council present and voting.

2. Contributions shall be payable, as a result of negotiations undertaken at the request of members between the Organization and such members, in kind or in such currency as may be provided for in a decision by the general Council, having regard to currencies in which the anticipated expenditure of the Organization will be effected from time to time, regardless of the currency in which the budget is expressed.

3. Each member undertakes to contribute to the Organization its share of

l'Organisation, dans la proportion qui lui aura été fixée et assignée conformément aux paragraphes 1 et 2 du présent article.

4. Chaque membre contribue aux dépenses d'exécution — les dépenses afférentes au projets de rétablissement en grand exceptées — dans la proportion qui lui est assignée conformément aux paragraphes 1 et 3 du présent article et sous réserve des exigences de la procédure constitutionnelle de ce membre. Les membres s'engagent à contribuer aux dépenses afférentes aux projets de rétablissement en grand sur une base volontaire et sous réserve des exigences de leur procédure constitutionnelle.

5. Tout membre de l'Organisation qui, après l'expiration d'un délai de trois mois à compter de la date de l'entrée en vigueur de la présente Constitution, n'aura pas versé sa contribution aux dépenses de l'Organisation pour la première année financière, ne pourra voter, ni au Conseil général, ni au Comité exécutif, avant d'avoir acquitté cette contribution.

6. Sous réserve des dispositions du paragraphe 5 du présent article, tout membre de l'Organisation qui est en retard dans le paiement de sa contribution aux dépenses de l'Organisation ne pourra voter, ni au Conseil général, ni au Comité exécutif, si le montant de ses arriérés est égal ou supérieur au montant des contributions dues par ce membre pour l'année entière qui précède.

7. Le Conseil général peut néanmoins permettre à ces membres de voter, s'il arrive à la conclusion que le défaut de paiement est dû à des conditions indépendantes de la volonté de ces membres.

the administrative expenses as determined and allocated under paragraphs 1 and 2 of this article.

4. Each members shall contribute to the operational expenditures — except for large-scale re-settlement expenditures — as determined and allocated under paragraphs 1 and 2 of this article, subject to the requirements of the constitutional procedure of such members. The members undertake to contribute to the large-scale re-settlement expenditures on a voluntary basis and subject to the requirements of their constitutional procedure.

5. A member of the Organization, after the expiration of a period of three months following the date of the coming into force of this Constitution, has not paid its financial contribution to the Organization for the first financial year, shall have no vote in the General Council or the Executive Committee until such contribution has been paid.

6. Subject to the provisions of paragraph 5 of this article, a member of the Organization which is in arrears in the payment of its financial contributions to the Organization shall have no vote in the General Council or the executive Committee if the amount of its arrears equals or exceeds the amount of the contributions due from it for the preceding one full year.

7. The General Council may, nevertheless, permit such members to vote if it is satisfied that the failure to pay is due to conditions beyond the control of such members.

8. Le budget administratif de l'Organisation est présenté chaque année à l'Assemblée générale des Nations Unies afin que celle-ci l'examine et formule à son sujet les recommandations qu'elle jugera appropriées. L'accord par lequel l'Organisation sera reliée à l'Organisation des Nations Unies, conformément à l'article 3 de la présente Constitution, peut prévoir, entre autres, l'approbation du budget administratif de l'Organisation par l'Assemblée générale des Nations Unies.

9. Les dispositions exceptionnelles suivantes s'appliqueront à l'exercice financier au cours duquel la présente Constitution entrera en vigueur, sans préjudice des dispositions relatives aux budgets supplémentaires figurant au paragraphe 1 du présent article :

a) le budget sera le budget provisoire prévu dans l'Annexe II de la présente Constitution; et

b) le montant des contributions des membres correspondra au barème prévu dans l'Annexe II de la présente Constitution.

Article 11

Siège et autres bureaux

1. L'Organisation a son siège à Paris ou à Genève, suivant la décision du Conseil général, et toutes les réunions du Conseil général et du Comité exécutif ont lieu à ce siège, à moins que la majorité des membres du Conseil général ou du Comité exécutif n'ait décidé, au cours d'une réunion précédente ou à la suite de correspondance échangée avec le Directeur général, de se réunir ailleurs.

8. The administrative budget of the Organization shall be submitted annually to the General Assembly of the United Nations for such review and recommendation as the General Assembly may deem appropriate. The agreement under which the Organization shall be brought into relationship with the United Nations under article 3 of this Constitution may provide, *inter alia*, for the approval of the administrative budget of the Organization by the General Assembly of the United Nations.

9. Without prejudice to the provisions concerning supplementary budgets in paragraph 1 of this article, the following exceptional arrangements shall apply in respect of the financial year in which this Constitution comes into force:

(a) The budget shall be the provisional budget set forth in Annex II to this Constitution; and

(b) The amounts to be contributed by the members shall be in the proportions set forth in Annex II to this Constitution.

Article 11

Headquarters and other offices

1. The Organization shall establish its headquarters at Paris or at Geneva, as the General Council shall decide, and all meetings of the General Council and the Executive Committee shall be held at this headquarters, unless a majority of the members of the General Council or the Executive Committee have agreed, at a previous meeting or by correspondance with the Director-General to meet elsewhere.

2. Le Comité exécutif peut établir tous les bureaux régionaux et autres, ainsi que toute forme de représentation, qu'il jugera nécessaire de créer.

3. Tous les bureaux et organes de représentation ne peuvent être établis qu'avec le consentement du Gouvernement qui exerce son autorité sur le territoire choisi pour son établissement.

Article 12

Procédure

1. Le Conseil général adopte son propre règlement intérieur en s'inspirant dans l'ensemble, toutes les fois que cela sera opportun, du règlement intérieur du Conseil économique et social des Nations Unies, et en y apportant les modifications qu'il estime utile. Le Comité exécutif fixe sa propre procédure, sous réserve des décisions que le Conseil général peut prendre à cet égard.

2. Sauf dispositions contraires contenues dans la Constitution ou décidées par le Conseil général, les motions sont adoptées à la simple majorité des membres présents et votant au Conseil général et au Comité exécutif.

Article 13

Statuts, immunités et privilèges

1. L'Organisation jouira, sur le territoire de chaque État membre, de la capacité juridique nécessaire pour exercer ses fonctions et atteindre ses objectifs.

2. *a)* L'Organisation jouira, sur le territoire de chaque État membre, des

2. The Executive Committee may establish such regional and other offices and representations as may be necessary.

3. All offices and representations shall be established only with the consent of the Government in authority in the place of establishment.

Article 12

Procedure

1. The General Council shall adopt its own rules of procedure, following in general, the rules of procedure of the Economic and Social Council of the United Nations, wherever appropriate, and with such modifications as the General Council shall deem desirable. The Executive Committee shall regulate its own procedure subject to any decisions of the General Council in respect thereto.

2. Unless otherwise provided in the Constitution or by action of the General Council, motions shall be carried by simple majority of the members present and voting in the General Council and the Executive Committee.

Article 13

Status, immunities and privileges

1. The Organization shall enjoy in the territory of each of its members such legal capacity as may be necessary for the exercise of its functions and the fulfilment of its objectives.

2. *(a)* The Organization shall enjoy in the territory of each of its members

privilèges et immunités nécessaires pour exercer ses fonctions et atteindre ses objectifs.

b) Les représentants des États membres, les fonctionnaires et les employés de l'Organisation jouiront également des privilèges et immunités nécessaires au libre exercice de leurs fonctions au service de l'Organisation.

3. Cette capacité juridique et ces privilèges et immunités seront déterminés par un accord qui devra être préparé par l'Organisation, en consultation avec le Secrétaire général des Nations Unies. Cet accord, auquel tous les membres pourront adhérer, aura force exécutoire à l'égard de l'Organisation et de chacun des membres qui y adhéreront.

Article 14

Rapports avec les autres organisations

1. Sans préjudice des dispositions de l'accord à négocier avec l'Organisation des Nations Unies par application de l'article 3 de la présente Constitution, l'Organisation internationale pour les réfugiés peut établir avec les autres organisations internationales les relations qui lui paraissent utiles.

2. L'Organisation peut assumer tout ou partie des fonctions et acquérir tout ou partie des ressources, de l'actif et du passif de toute organisation ou institution intergouvernementale, dont les buts et fonctions rentrent dans le cadre de son activité. Ce transfert peut s'effectuer, soit en vertu de dispositions

such privileges and immunities as may be necessary for the exercise of its functions and the fulfilment of its objectives.

(b) Representatives of members, officials and administrative personel of the Organization shall similarly enjoy such privileges and immunities as are necessary for the independent exercise of their functions in connection with the Organization.

3. Such legal status, privileges and immunities shall be defined in an agreement to be prepared by the Organization after consultation with the Secretary-General of the United Nations. The agreement shall be open to accession by all members and shall continue in force as between the Organization and every member which accedes to the agreement.

Article 14

Relations with other organizations

1. Subject to the provisions of the agreement to be negotiated with the United Nations, pursuant to article 3 of this Constitution, the Organization may establish such effective relationships as may be desirable with other international organizations.

2. The Organization may assume all or part of the functions, and acquire all or part of the resources, assets and liabilities of any inter-governmental organization or agency, the purposes and functions of which lie within the scope of the Organization. Such action may be taken either through mutually acceptable

prises d'un commun accord avec les autorités compétentes desdites organisations ou institutions internationales, ou en vertu de pouvoirs conférés à l'Organisation par une convention ou un accord international.

arrangements with the competent authorities of such organizations or agencies, or pursuant to authority conferred upon the Organization by international convention or agreement.

Article 15

Rapports avec les autorités des pays où se trouvent les réfugiés et personnes déplacées

Les rapports entre l'Organisation et les Gouvernements ou administrations des pays où se trouvent les réfugiés et personnes déplacées, ainsi que les conditions dans lesquelles l'Organisation exercera son activité dans lesdits pays, seront fixés par des accords à négocier entre l'Organisation et ces Gouvernements ou administrations, conformément aux termes de la présente Constitution.

Article 15

Relationship with authorities of countries of location of refugees and displaced persons

The relationship of the Organization with the Governments or administrations of countries in which displaced persons or refugees are located, and the conditions under which it will operate in such countries, shall be determined by agreements to be negotiated by it with such Governments or administrations in accordance with the terms of this Constitution.

Article 16

Amendements à la Constitution

Les textes des amendements proposés à cette Constitution seront communiqués par le Directeur général aux États membres, trois mois au moins avant qu'ils ne soient examinés par le Conseil général. Les amendements prendront effet lorsqu'ils auront été adoptés à la majorité des deux tiers des membres présents et votant du Conseil général, et acceptés par les deux tiers des États membres, conformément à leurs règles constitutionnelles respectives, à condition toutefois que les amendements entraînant de nouvelles obligations pour les membres ne prennent effet pour chacun de ces membres qu'une fois qu'il les aura acceptées.

Article 16

Amendment of Constitution

Texts of proposed amendments to this Constitution shall be communicated by the Director-General to members at least three months in advance of their consideration by the General Council. Amendments shall come into effect when adopted by a two-thirds majority of the members of the General Council present and voting and accepted by two-thirds of the members in accordance with their respective constitutional processes, provided, however, that amendments involving new obligations for members shall come into force in respect of each member only on acceptance by it.

Article 17

Interprétation

1. Les textes anglais, chinois, espagnol, français et russe de la présente Constitution sont considérés comme également authentiques.

2. Sous réserve des dispositions de l'Article 96 de la Charte des Nations Unies et du Chapitre II du Statut de la Cour internationale de Justice, toute question ou tout différend concernant l'interprétation ou l'application de la présente Constitution sera soumis à la Cour internationale de Justice, à moins que le Conseil général et les parties au différend ne se mettent d'accord sur un autre mode de règlement.

Article 18

Entrée en vigueur

1. *a)* Les États pourront devenir parties à cette Constitution par :
   i) la signature sans réserve d'approbation;
   ii) la signature sous réserve d'approbation, suivie de l'acceptation;
   iii) l'acceptation.

b) L'acceptation sera acquise par le dépôt d'un instrument officiel auprès du Secrétaire général des Nations Unies.

2. La présente Constitution entrera en vigueur lorsqu'elle aura reçu l'adhésion d'au moins quinze États dont les contributions à la Partie I du budget d'exécution, telles qu'elles sont définies à l'Annexe II de la présente Constitution, ne seront pas inférieures à soixante-quinze pour cent de la totalité des contributions à ladite Partie I.

Article 17

Interpretation

1. The Chinese, English, French, Russian and Spanish texts of this Constitution shall be regarded as equally authentic.

2. Subject to Article 96 of the Charter of the United Nations and of Chapter II of the Statute of the International Court of Justice, any question or dispute concerning the interpretation or application of this Constitution shall be referred to the International Court of Justice, unless the General Council or the parties to such dispute agree to another mode of settlement.

Article 18

Entry into force

1. *(a)* States may become parties to this Constitution by:
   (i) Signature without reservation as to approval;
   (ii) Signature subject to approval followed by acceptance;
   (iii) Acceptance.

(b) Acceptance shall be effected by the deposit of a formal instrument with the Secretary-General of the United Nations.

2. This Constitution shall come into force when at least fifteen States, whose required contributions to Part I of the operational budget as set forth in Annex II of this Constitution amount to not less than seventy-five per cent of the total thereof, have become parties to it.

3. Conformément à l'Article 102 de la Charte des Nations Unies, le Secrétaire général des Nations Unies enregistrera cette Constitution lorsqu'elle aura été signée sans réserve d'approbation par un État, ou au moment du dépôt du premier instrument d'acceptation.

4. Le Secrétaire général des Nations Unies informera les États parties à cette Constitution de la date de son entrée en vigueur. Il les informera également des dates auxquelles d'autres États deviendront parties à cette Constitution.

EN FOI DE QUOI, les représentants soussignés, dûment autorisés à cet effet, ont signé la présente Constitution.

FAIT à Flushing Meadow, New York, le quinze décembre mil neuf cent quarante-six, en un seul exemplaire, établi en langues anglaise, chinoise, espagnole, française et russe. Les textes originaux seront déposés aux archives des Nations Unies. Le Secrétaire général des Nations Unies en remettra une copie certifiée conforme à chacun des Gouvernements signataires et, au moment de l'entrée en vigueur de la Constitution et de l'élection d'un Directeur général, au Directeur général de l'Organisation.

3. In accordance with Article 102 of the Charter of the United Nations, the Secretary-General of the United Nations will register this Constitution, when it has been signed, without reservation as to approval, on behalf of one State or upon deposit of the first instrument of acceptance.

4. The Secretary-General of the United Nations will inform States parties to this Constitution, of the date when it has come into force; he will also inform them of the dates when other States have become parties to this Convention.

IN FAITH WHEREOF, the undersigned, duly authorized for that purpose, have signed this Constitution.

DONE at Flushing Meadow, New York, this fifteenth day of December, one thousand nine hundred and forty-six, in a single copy in the Chinese, English, French, Russian and Spanish languages. The original texts shall be deposited in the archives of the United Nations. The Secretary-General of the United Nations will send certified copies of the texts to each of the signatory Governments and, upon the coming into force of the Constitution and the election of a Director-General, to the Director-General of the Organization.

ANNEXE I

DÉFINITIONS — PRINCIPES GÉNÉRAUX

1. Les principes généraux énoncés ci-après font partie intégrante des définitions contenues aux première et deuxième parties de la présente Annexe.

ANNEX I

DEFINITIONS — GENERAL PRINCIPLES

1. The following general principles constitute an integral part of the definitions as laid down in Parts I and II of this Annex.

a) L'Organisation aura pour principal objet de trouver au problème des réfugiés et des personnes déplacées *bona fide*, une solution rapide et positive, qui soit juste et équitable pour tous les intéressés.

b) La tâche essentielle en ce qui concerne les personnes déplacées, consiste à les encourager à retourner promptement dans leur pays d'origine et à aider leur retour, par tous les moyens possibles, en tenant compte des principes exposés au paragraphe *c)* ii) de la résolution adoptée le 12 février 1946 par l'Assemblée générale de l'Organisation des Nations Unies, concernant le problème des réfugiés (Annexe III).

c) Ainsi qu'il est stipulé dans la résolution adoptée le 16 février 1946 par le Conseil économique et social, aucune assistance internationale ne devra être accordée aux traîtres, quislings et criminels de guerre, et rien ne devra empêcher qu'ils soient livrés et punis.

d) L'Organisation devra s'assurer que son aide n'est pas exploitée pour encourager des activités subversives ou hostiles dirigées contre le Gouvernement de l'une quelconque des Nations Unies.

e) L'Organisation devra s'assurer que son aide n'est pas exploitée par des individus qui refusent manifestement de retourner dans leur pays d'origine, parce qu'ils préfèrent l'oisiveté aux rigueurs qu'ils auraient à supporter en participant à la reconstruction de leurs pays, ou par des individus qui veulent se fixer dans d'autres pays pour des raisons purement économiques, et rentrent ainsi dans la catégorie des émigrants.

(a) The main object of the Organization will be to bring about a rapid and positive solution of the problem of *bona fide* refugees and displaced persons, which shall be just and equitable to all concerned.

(b) The main task concerning displaced persons is to encourage and assist in every way possible their early return to their countries or origin, having regard to the principles laid down in paragraph *(c)* (ii) of the resolution adopted by the General Assembly of the United Nations on 12 February 1946 regarding the problem of refugees (Annex III).

(c) As laid down in the resolution adopted by the Economic and Social Council on 16 February 1946, no international assistance should be given to traitors, quislings and war criminals, and nothing should be done to prevent in any way their surrender and punishment.

(d) It should be the concern of the Organization to ensure that its assistance is not exploited in order to encourage subversive or hostile activities directed against the Government of any of the United Nations.

(e) It should be the concern of the Organization to ensure that its assistance is not exploited by persons in the case of whom it is clear that they are unwilling to return to their countries of origin because they prefer idleness to facing the hardships of helping in the reconstruction of their countries, or by persons who intend to settle in other countries for purely economic reasons, thus qualifying as emigrants.

f) D'autre part, l'Organisation devra s'assurer qu'aucun réfugié ou personne déplacée *bona fide* et méritant ne soit privé de l'assistance qu'elle pourra être en mesure de lui offrir.

g) L'Organisation s'efforcera de remplir ses fonctions de manière à éviter de troubler les relations amicales entre nations. En cherchant à atteindre ce but, l'Organisation exercera une vigilance particulière dans les cas où l'on peut envisager le rétablissement ou la réinstallation de réfugiés ou de personnes déplacées soit dans des pays limitrophes de leurs pays d'origine, soit dans un territoire non autonome quelconque. L'Organisation tiendra dûment compte, entre autres éléments, de tout facteur qui pourrait révéler quelque crainte ou inquiétude légitime de la part soit du pays d'origine des personnes intéressées dans le premier cas, soit des populations autochtones dans le cas des territoires non autonomes.

2. Afin d'assurer l'application impartiale et équitable des principes ci-dessus, ainsi que des définitions ci-après, il conviendra d'instituer un organisme spécial de nature semi-judiciaire, qui recevra une constitution, une procédure et un mandat appropriés.

(f) On the other hand it should equally be the concern of the Organization to ensure that no *bona fide* and deserving refugee or displaced person is deprived of such assistance as it may be in a position to offer.

(g) The Organization should endeavour to carry out its functions in such a way as to avoid disturbing friendly relations between nations. In the pursuit of this objective, the Organization should exercise special care in cases in which the re-establishment or re-settlement of refugees or displaced persons might be contemplated, either in countries contiguous to their respective countries of origin or in non-self-governing countries. The Organization should give due weight, among other factors, to any evidence of genuine apprehension and concern felt in regard to such plans, in the former case, by the country of origin of the persons involved, or, in the latter case, by the indigenous population of the non-self-governing country in question.

2. To ensure the impartial and equitable application of the above principles and of the terms of the definition which follows, some special system of semi-judicial machinery should be created, with appropriate constitution, procedure and terms of reference.

PREMIÈRE PARTIE

Réfugiés et personnes déplacées au sens de la résolution adoptée le 16 février 1946 par le Conseil économique et social de l'Organisation des Nations Unies

Section A — Définition du terme « réfugiés »

1. Sous réserve des dispositions des sections C et D et de celles de la deuxième partie ci-après, le terme « réfugié » s'applique à toute personne qui a quitté le pays dont elle a la nationalité, ou dans lequel elle avait auparavant sa résidence habituelle, ou qui se trouve en dehors de ce pays et, qu'elle ait ou non conservé sa nationalité, qui appartient à l'une des catégories suivantes :

a) Victimes des régimes nazi et fasciste, ou de régimes ayant pris part, aux côtés de ceux-ci, à la deuxième guerre mondiale, ou encore de régimes quislings ou analogues, qui ont aidé ces régimes dans leur lutte contre les Nations Unies, que ces personnes jouissent ou non d'un statut international de réfugiés;

b) Républicains espagnols et autres victimes du régime phalangiste d'Espagne, jouissant ou non d'un statut international de réfugié;

c) Personnes considérées comme « réfugiés » avant le commencement de la Deuxième Guerre mondiale, pour des raisons de race, de religion, de nationalité ou d'opinion politique.

2. Sous réserve des dispositions des sections C et D et de celles de la deuxième partie de la présente Annexe concernant l'exclusion de la compétence de l'Organisation des criminels de guerre, des quislings et des traîtres,

PART I

Refugees and displaced persons within the meaning of the resolution adopted by the Economic and Social Council of the United Nations on 16 February 1946

Section A — Definition of "refugees"

1. Subject to the provisions of sections C and D and of Part II of this Annex, the term "refugee" applies to a person who has left, or who is outside of, his country of nationality or of former habitual residence, and who, whether or not he had retained his nationality, belongs to one of the following categories:

(a) Victims of the nazi or fascist regimes or of regimes which took part on their side in the second world war, or of the quisling or similar regimes which assisted them against the United Nations, whether enjoying international status as refugees or not;

(b) Spanish Republicans and other victims of the Falangist regime in Spain, whether enjoying international status as refugees or not;

(c) Persons who were considered "refugees" before the outbreak of the second world war, for reasons of race, religion, nationality or political opinion.

2. Subject to the provisions of sections C and D of Part II of this Annex regarding the exclusion of certain categories of persons, including war criminals, quislings and traitors, from the benefits of the Organization, the term

le terme « réfugié » s'applique aussi à toute personne, autre qu'une personne déplacée (telle qu'elle est définie à la section B de la présente Annexe), qui se trouve en dehors du pays dont elle a la nationalité ou dans lequel elle avait auparavant sa résidence habituelle, et qui, par suite d'événements survenus après le début de la deuxième guerre mondiale, ne peut ou ne veut pas se réclamer de la protection du Gouvernement du pays dont elle a ou avait auparavant la nationalité.

3. Sous réserve des dispositions de la Section D et de celles de la deuxième partie de la présente Annexe, le terme « réfugié » s'applique aussi aux personnes qui, ayant résidé en Allemagne ou en Autriche, et étant d'origine israélite, ou étrangères ou apatrides, ont été victimes des persécutions nazies et ont été retenues de force dans l'un de ces pays ou, obligées de s'enfuir, y ont été ramenées ultérieurement du fait de l'ennemi ou de circonstances créées par la guerre, et qui n'y sont pas encore réinstallées de façon stable.

4. Le terme « réfugié » s'applique aussi aux enfants non accompagnés qui sont orphelins de guerre ou dont les parents ont disparu, et qui se trouvent en dehors de leurs pays d'origine. Ces enfants, s'ils sont âgés de 16 ans ou de moins de 16 ans, recevront par priorité toute l'aide possible, y compris, en règle générale, l'aide au rapatriement qui sera accordée à ceux dont la nationalité peut être déterminée.

Section B — Définition du terme « personne déplacée »

Le terme « personne déplacée » s'applique à toute personne, qui, par

"refugee" also applies to a person, other than a displaced person as defined in section B of this Annex, who is outside of his country of nationality or former habitual residence, and who, as a result of events subsequent to the outbreak of the second world war, is unable or unwilling to avail himself of the protection of the Government of his country of nationality or former nationality.

3. Subject to the provisions of section D and of Part II of this Annex, the term "refugee" also applies to persons who, having resided in Germany or Austria, and being of Jewish origin or foreigners or stateless persons, were victims of nazi persecution and were detained in, or were obliged to flee from, and were subsequently returned to, one of those countries as a result of enemy action, or of war circumstances, and have not yet been firmly resettled therein.

4. The term "refugee" also applies to unaccompanied children who are war orphans or whose parents have disappeared, and who are outside their countries of origin. Such children, 16 years of age or under, shall be given all possible priority assistance, including, normally, assistance in repatriation in the case of those whose nationality can be determined.

Section B — Definition of "displaced persons"

The term "displaced person" applies to a person who, as a result of the ac-

suite de l'action des autorités des régimes mentionnés au paragraphe 1 *a)* de la section A de la première partie de la présente Annexe, a été déportée du pays dont elle a la nationalité, ou dans lequel elle avait auparavant sa résidence habituelle, ou qui a été obligée de quitter ce pays, telles que les personnes qui ont été contraintes au travail obligatoire et qui ont été déportées du fait de leur race, de leur religion ou de leurs opinions politiques. Les personnes déplacées ne tomberont sous la compétence de l'Organisation que sous réserve des dispositions des sections C et D de la première partie et de celles de la deuxième partie de la présente Annexe. Si les raisons qui ont motivé leur déplacement ont cessé d'exister, ces personnes devront être rapatriées aussitôt que possible, conformément à l'article 2, paragraphe 1 *a)* de la présente Constitution, et sous réserve des dispositions des alinéas ii) et iii) du paragraphe *c)* de la résolution de l'Assemblée générale, en date du 12 février 1946, concernant le problème des réfugiés (Annexe III).

Section C — Conditions dans lesquelles les « réfugiés » ou « personnes déplacées » tomberont sous la compétence de l'Organisation

1. Pour toutes les catégories énoncées ci-dessus, à l'exception de celles qui sont mentionnées aux alinéas 1 *b)* et 3 de la section A de la présente Annexe, les personnes dont il s'agit tomberont sous la compétence de l'Organisation, au sens de la résolution adoptée par le Conseil économique et social le 16 février 1946, si elles peuvent être rapatriées et si l'aide de l'Organisation est nécessaire pour assurer leur rapatrie-

tions of the authorities of the regimes mentioned in Part I, section A, paragraph 1 *(a)* of this Annex has been deported from, or has been obliged to leave his country of nationality or former habitual residence, such as persons who were compelled to undertake forced labour or who were deported for racial, religious or political reasons. Displaced persons will only fall within the mandate of the Organization subject to the provisions of sections C and D of Part I and to the provisions of Part II of this Annex. If the reasons for their displacement have ceased to exist, they should be repatriated as soon as possible in accordance with article 2, paragraph 1 *(a)* of this Constitution, and subject to the provision of paragraph *(c)*, sub-paragraphs (ii) and (iii) of the General Assembly resolution of 12 February 1946 regarding the problem of refugees (Annex III).

Section C — Conditions under which "refugees" and "displaced persons" will become the concern of the Organization

1. In the case of all the above categories except those mentioned in section A, paragraphs 1 *(b)* and 3 of this Annex, persons will become the concern of the Organization in the sense of the resolution adopted by the Economic and Social Council on 16 February 1946 if they can be repatriated, and the help of the Organization is required in order to provide for their repatriation, or if they have definitely, in complete freedom

ment ou si en toute liberté, et après avoir eu pleinement connaissance de la situation et des renseignements fournis par le Gouvernement du pays dont elles ont la nationalité ou dans lequel elles avaient antérieurement leur résidence habituelle, elles ont finalement et définitivement fait valoir des raisons satisfaisantes pour ne pas y retourner.

a) Seront considérées comme raisons satisfaisantes :

i) la persécution ou la crainte fondée de persécution du fait de la race, de la religion, de la nationalité ou des opinions politiques, à conditions que ces opinions ne soient pas en conflit avec les principes de l'Organisation des Nations Unies, énoncés au Préambule de la Charte des Nations Unies;

ii) les objections de nature politique jugées « satisfaisantes » par l'Organisation, ainsi qu'il est prévu au paragraphe 8 *a)*[2] du rapport de la Troisième Commission de l'Assemblée générale, adopté par l'Assemblée le 12 février 1946;

iii) dans le cas des personnes rentrant dans les catégories mentionnées aux alinéas 1 *a)* et 1 *c)* de la section A, des raisons de familles impérieuses tirant leur origine de persécutions antérieures, ou de raisons impérieuses de débilité ou de maladie.

b) Seront normalement considérés comme « renseignements suffisants » : les renseignements sur les

and after receiving full knowledge of the facts, including adequate information from the Governments of their countries of nationality or former habitual residence, expressed valid objections to returning to those countries.

(a) The following shall be considered as valid objections:

(i) persecution, or fear, based on reasonable grounds of persecution because of race, religion, nationality or political opinions, provided these opinions are not in conflict with the principles of the United Nations, as laid down in the Preamble of the Charter of the United Nations;

(ii) objections of a political nature judged by the Organization to be "valid", as contemplated in paragraph 8 *(a)*[2] of the report of the Third Committee of the General Assembly as adopted by the Assembly on 12 February 1946;

(iii) in the case of persons falling within the category mentioned in section A, paragraphs 1 *(a)* and 1 *(c)* compelling family reasons arising out of previous persecution, or, compelling reasons of infirmity or illness.

(b) The following shall normally be considered "adequate information": information regarding conditions in

---

2. Paragraphe 8 *a)* : « En répondant au représentant de la Belgique, le Président a déclaré qu'il était sous-entendu que l'organisation internationale déciderait si les objections étaient ou n'étaient pas "satisfaisantes" et qu'il était clair que de telles objections pourraient être de nature politique ».

2. Paragraph 8 *(a)*: "In answering the representative of Belgium, the Chairman stated that it was implied that the international body would judge what were, or what were not, 'valid objections'; and that such objections clearly might be of a political nature."

conditions régnant dans les pays auxquels appartiennent les réfugiés ou les personnes déplacées en question, fournis directement à ces réfugiés ou personnes déplacées par les représentants des Gouvernements de ces pays; on mettra à la disposition de ces derniers tous les moyens qui leur permettent de visiter les camps et centres de rassemblement des réfugiés et personnes déplacées afin de pouvoir leur communiquer les renseignements en question.

2. Dans le cas de tous les réfugiés visés par les dispositions de l'alinéa 1 *b)* de la section A de la présente Annexe, les personnes intéressées relèveront de la compétence de l'Organisation, au sens de la résolution adoptée le 16 février 1946 par le Conseil économique et social de l'Organisation des Nations Unies, tant que le régime phalangiste d'Espagne continuera d'exister. Au cas où ce régime serait remplacé par un régime démocratique, elles devront alors fournir, pour justifier leurs refus de retourner en Espagne, des raisons satisfaisantes correspondantes à celles qui sont mentionnées au paragraphe 1 *a)* de la présente section.

Section D — Conditions dans lesquelles les réfugiés et personnes déplacées cesseront de relever de la compétence de l'Organisation

Cesseront de relever de la compétence de l'Organisation, les réfugiés et personnes déplacées :
  a) qui seront retournés dans le pays dont ils ont la nationalité sur le territoire de l'une des Nations Unies, à

the countries of nationality of the refugees and displaced persons concerned, communicated to them directly by representatives of the Governments of these countries, who shall be given every facility for visiting camps and assembly centres of refugees and displaced persons in order to place such information before them.

2. In the case of all refugees falling within the terms of Section A paragraph 1 *(b)* of this Annex, persons will become the concern of the Organization in the sense of the resolution adopted by the Economic and Social Council of the United Nations on 16 February 1946, so long as the Falangist regime in Spain continues. Should that regime be replaced by a democratic regime they will have to produce valid objections against returning to Spain corresponding to those indicated in paragraph 1 *(a)* of this section.

Section D — Circumstances in which refugees and displaced persons will cease to be the concern of the Organization

Refugees or displaced persons will cease to be the concern of the Organization:
  (a) When they have returned to the countries of their nationality in United Nations territory, unless their for-

moins que le lieu de leur ancienne résidence où ils désirent retourner ne se trouve en dehors de ce pays; ou

b) qui auront acquis une nouvelle nationalité; ou

c) qui se seront, au jugement de l'Organisation, établis d'une autre façon de manière stable; ou

d) qui auront, sans raison valable, refusé d'accepter les propositions de l'Organisation pour leur réinstallation ou leur rapatriement; ou

e) qui ne feront aucun effort sérieux pour gagner leur vie, tout en ayant la possibilité de le faire, ou profiteront indûment de l'aide fournie par l'Organisation.

mer habitual residence to which they wish to return is outside their country of nationality; or

(b) When they have acquired a new nationality; or

(c) When they have, in the determination of the Organization become otherwise firmly established; or

(d) When they have unreasonably refused to accept the proposals of the Organization for their re-settlement or repatriation; or

(e) When they are making no substantial effort towards earning their living when it is possible for them to do so, or when they are exploiting the assitance of the Organization.

DEUXIÈME PARTIE

Personnes qui ne relèveront pas de la compétence de l'Organisation

1. Les criminels de guerre, quislings et traîtres.

2. Toutes autres personnes dont on peut prouver :

a) qu'elles ont aidé l'ennemi à persécuter les populations civiles de pays qui sont Membres de l'Organisation des Nations Unies; ou

b) qu'elles ont, depuis le début de la deuxième guerre mondiale, volontai-

PART II

Persons who will not be the concern of the Organization

1. War criminals, quislings and traitors.

2. Any other persons who can be shown:

(a) To have assisted the enemy in persecuting civil populations of countries, Members of the United Nations; or

(b) To have voluntarily assisted the enemy forces since the outbreak of

rement aidé les forces ennemies dans leurs opérations contre les Nations Unies[3].	the second world war in their operations against the United Nations.[3]
3. Les criminels de droit commun tombant sous le coup des dispositions des traités d'extradition.	3. Ordinary criminals who are extraditable by treaty.
4. Les personnes d'origine allemande du point de vue ethnique (qu'il s'agisse de ressortissants allemands ou de personnes appartenant aux minorités allemandes dans d'autres pays) qui :	4. Persons of German ethnic origin, whether German nationals or members of German minorities in other countries, who:
a) venant d'autres pays, ont été ou peuvent être transférées en Allemagne;	*(a)* Have been or may be transferred to Germany from other countries;
b) ont été évacuées d'Allemagne vers d'autres pays au cours de la deuxième guerre mondiale;	*(b)* Have been, during the second world war, evacuated from Germany to other countries;
c) se sont enfuis d'Allemagne ou y sont revenues en fugitifs, ou qui ont quitté les lieux où elles résidaient pour s'enfuir dans des pays autres que l'Allemagne, afin d'éviter de tomber aux mains des armées alliées.	*(c)* Have fled from, or into, Germany, or from their places of residence into countries other than Germany in order to avoid falling into the hands of Allied armies.
5. Les personnes qui bénéficient d'une aide financière et de la protection du pays dont elles ont la nationalité, à moins que ce pays ne demande l'assistance internationale à leur profit.	5. Persons who are in receipt of financial support and protection from their country of nationality, unless their country of nationality requests international assistance for them.

---

[3]. Le fait d'avoir simplement continué à remplir des fonctions normales et pacifiques, sans intention déterminée d'aider l'ennemi contre les Alliés ou contre les populations civiles des territoires occupés par l'ennemi, ne sera pas considéré comme constituant une « aide volontaire ». Cette disposition s'appliquera également aux actes de caractère humanitaire, tels que l'assistance aux blessés et mourants, sauf dans les cas où une assistance de cette nature donnée à des nationaux d'un pays ennemi, aura été refusée à des nationaux alliés auxquels elle aurait pu être donnée.

[3]. Mere continuance of normal and peaceful duties, not performed with the specific purpose of aiding the enemy against the Allies or against the civil population of territory in enemy occupation, shall not be considered to constitute "voluntary assistance." Nor shall acts of general humanity, such as care of wounded or dying, be so considered except in cases where help of this nature given to enemy nationals could equally well have been given to Allied nationals and was purposely withheld from them.

6. Persons who, since the end of hostilities in the second world war:

(a) Have participated in any organization having as one of its purposes to overthrow by armed force of the Government of their country of origin, being a Member of the United Nations; or the overthrow by armed force of the Government of any other Member of the United Nations, or have participated in any terrorist organization;

(b) Have become leaders of movements hostile to the Government of their country of origin being a Member of the United Nations or sponsors of movements encouraging refugees not to return to their country of origin;

(c) At the time of application for assistance, are in the military or civil service of a foreign State.

ANNEX II

BUDGET AND CONTRIBUTIONS FOR THE FIRST FINANCIAL YEAR

The provisional budget for the first financial year shall be the sum of 4.800.00 United States dollars for administrative expenses, and a sum of 151.060.500 United States dollars for operational expenses (except for large-scale re-settlement expenses), and a sum of 5.000.000 United States dollars for large-scale re-settlement expenses. Any unspent balance under these headings shall be carried over to the corresponding heading as a credit in the

reporté au crédit de la rubrique correspondante dans le budget de l'exercice financier suivant[5].

Les contributions destinées à couvrir les frais du réétablissement en grand seront régies par les dispositions du paragraphe 4 de l'article 10 de la présente Constitution.

ANNEXE III

RÉSOLUTION ADOPTÉE PAR L'ASSEMBLÉE GÉNÉRALE LE 12 FÉVRIER 1946

(Document A/45)

L'Assemblée générale,

Reconnaissant que le problème des réfugiés et des personnes déplacées de toutes catégories revêt un caractère d'extrême urgence et reconnaissant la nécessité de faire une distinction nette entre les réfugiés authentiques et les personnes déplacées d'une part, et les criminels de guerre, les quislings et les traîtres dont il est question au paragraphe d) ci-dessous, d'autre part :

a) *décide* de renvoyer ce problème au Conseil économique et social pour qu'il l'examine à fond, sous tous ses aspects, dans le cadre de la question 10 de l'ordre du jour de sa première session et fasse rapport à la deuxième partie de la première session de l'Assemblée générale;

budget of the next financial year.[5]

Contributions to large-scale re-settlement expenses shall be governed by the provisions of article 10, paragraph 4 of this Constitution.

ANNEX III

RESOLUTION ADOPTED BY THE GENERAL ASSEMBLY ON 12 FEBRUARY 1946

(Document A/45)

The General Assembly,

Recognizing that the problem of refugees and displaced persons of all categories is one of immediate urgency and recognizing the necessity of clearly distinguishing between genuine refugees and displaced persons on the one hand, and the war criminals, quislings and traitors referred to in paragraph *(d)* below, on the other:

(a) Decides to refer this problem to the Economic and Social Council for thorough examination in all its aspects under item 10 of the agenda for the first session of the Council and for report for the second part of the first session of the General Assembly;

---

5. On peut retrouver le barème des dépenses administratives dans le Recueil des Traités des Nations Unies de 1948, vol. 18, I. n°s 283-300, II. n°s 111-113, pp. 43-44.

5. You could find the proportions of administrative expenses in the United Nations Treaty Series of 1948, Vol. 18, I. Nos. 283-300, II. Nos. 111-113, pp. 43-44.

b) recommande au Conseil économique et social de créer un comité spécial chargé de l'examen et de l'élaboration rapide du rapport mentionné au paragraphe *a)*;

c) recommande au Conseil économique et social de tenir compte, en la matière, des principes suivants :

i) ce problème a une portée et un caractère internationaux;

ii) aucun réfugié ou personne déplacée qui, en toute liberté, aura finalement et définitivement, et après avoir eu pleinement connaissance de la situation et des renseignements fournis par le Gouvernement de son pays d'origine, fait valoir des raisons satisfaisantes pour ne pas retourner dans son pays, pourvu qu'il ne tombe pas sous le coup des dispositions énoncées au paragraphe *d)* ci-dessous, ne sera contraint de retourner dans son pays d'origine. L'avenir de ces réfugiés ou de ces personnes déplacées sera du ressort de l'organisme international qui pourrait être reconnu ou créé à la suite du rapport mentionné aux paragraphes *a)* et *b)* ci-dessus, sauf si le gouvernement du pays où ils sont établis a conclu avec cet organisme un accord aux termes duquel il accepte de subvenir à tous les frais de leur entretien et de prendre la responsabilité de leur protection;

iii) la principale tâche envers les personnes déplacées consiste à les encourager et à les aider de toutes les manières possibles à retourner rapidement dans leur pays d'origine. Cette assistance peut

(b) Recommends to the Economic and Social Council that it establishes a special committee for the purpose of carrying out promptly the examination and preparation of the report referred to in paragraph *(a)*; and

(c) Recommends to the Economic and Social Council that it takes into consideration in this matter the following principles:

(i) this problem is international in scope and nature;

(ii) no refugees or displaced persons who have finally and definitively, in complete freedom and after receiving full knowledge of the facts, including adequate information from the Governments of their countries of origin, expressed valid objections to returning to their countries of origin and who do not come within the provisions of paragraph *(d)* below, shall be compelled to return to their country of origin. The future of such national body may be recognized or established as a result of the report referred to in paragraph *(a)* and *(b)* above, except in cases where the Government of the country where they are established has made an arrangement with this body to assume the complete cost of their maintenance and the responsibility for their protection;

(iii) the main task concerning displaced persons is to encourage and assist in every way possible their early return to their countries of origin. Such assistance may take the form of promoting

revêtir la forme d'accords bilatéraux d'assistance mutuelle notamment en ce qui concerne le rapatriement de ces personnes, conformément aux principes énoncés dans le paragraphe *c)* ii) ci-dessus;

d) considère qu'aucune action entreprise en application de la présente résolution ne devra faire obstacle de façon quelconque à la livraison et au châtiment des criminels de guerre, quislings et des traîtres, conformément aux conventions et accords internationaux présents ou futurs;

e) considère que les Allemands qui ont été transférés en Allemagne d'autres pays ou qui se sont enfuis vers d'autres pays, devant les troupes alliées, ne tombent pas sous le coup de la présente décision dans la mesure où leur situation pourra être réglée par les forces alliées d'occupation en Allemagne, d'accord avec les Gouvernements des pays respectifs.

the conclusion of bilateral arrangements for mutual assistance in the repatriation of such persons, having regard to the principles laid down in paragraph *(c)* (ii) above;

(d) Considers that no action taken as a result of this resolution shall be of such a character as to interfere in any way with the surrender and punishment of war criminals, quislings and traitors, in conformity with present or future international arrangements or agreements;

(e) Considers that Germans being transferred to Germany from other States or who fled to other States from Allied troops, do not fall under the action of this declaration in so far as their situation may be decided by Allied forces of occupation in Germany, in agreement with the Governments of the respective countries.

CONSTITUTION DE L'ORGANISATION INTERNATIONALE DES RÉFUGIÉS (O.I.R.)[1]

26 ÉTATS MEMBRES AU 30 JUILLET 1993[1]	RATIFICATION, ADHÉSION[a], SUCCESSION[d]
Argentine	10 Juin 1947
Australie	13 Mai 1947[d]
Belgique	30 Mars 1948
Bolivie	5 Juin 1947
Brésil	1 Juin 1947
Canada	7 Août 1947
Chine	29 Avril 1947[d]
Danemark	20 Août 1948[d]
États-Unis d'Amérique	3 Juillet 1947
France	3 Mars 1948
Guatemala	28 Juillet 1947
Honduras	18 Décembre 1946
Islande	12 Mai 1947[d]
Italie	24 Mars 1949[d]
Libéria	31 Décembre 1946
Luxembourg	5 Août 1948
Norvège	18 Août 1947
Nouvelle-Zélande	17 Mars 1947[d]
Panama	23 Juin 1947
Pays-Bas	11 Août 1947
Pérou	25 Juillet 1947
Philippines	18 Décembre 1946
République Dominicaine	22 Octobre 1947
Royaume-Uni	5 Février 1947[d]
Suisse	28 Mars 1949
Venezuela	13 Septembre 1948

CONSTITUTION OF INTERNATIONAL REFUGEES ORGANIZATION (I.R.O.)[1]

26 PARTICIPANTS AT 30 JULY 1993[2]	RATIFICATION, ACCESSION[a], SUCCESSION[d]
Argentina	10 June 1947
Australia	13 May 1947[d]
Belgium	30 March 1948
Bolivia	5 June 1947
Brazil	1 June 1947
Canada	7 August 1947
China	29 April 1947[d]
Denmark	20 August 1948[d]
Dominican Republic	22 October 1947
France	3 March 1948
Guatemala	28 July 1947
Honduras	18 December 1946
Iceland	12 May 1947[d]
Italy	24 March 1949[d]
Liberia	31 December 1946
Luxembourg	5 August 1948
Netherlands	11 August 1947
New-Zealand	17 March 1947[d]
Norway	18 August 1947
Panama	23 June 1947
Peru	25 July 1947
Philippines	18 December 1946
Switzerland	28 March 1949
U.S.A.	3 July 1947
United Kingdom	5 February 1947[d]
Venezuela	13 September 1948

---

1. La Constitution a été approuvée par l'Assemblée générale de l'Organisation des Nations Unies dans sa résolution 62 (I) du 15 décembre 1946. La résolution 108, adoptée par le Conseil général de l'Organisation internationale pour les réfugiés à sa 101e séance, le 15 février 1952, prévoyait la liquidation de l'Organisation. Voir : Recueil des Traités, vol. 18, p. 3.

1. The Constitution was approved by the General assembly of the United Nations in resolution 62 (I) of 15 December 1946. Resolution No. 108, adopted by the General Council of the International Refugee Organization at its 101st meeting on 15 February 1952, provided for the liquidation of the Organization. See: Treaty Series, Vol. 18, p. 3.

RÉSERVES À LA CONSTITUTION DE L'ORGANISATION INTERNATIONALE POUR LES RÉFUGIÉS (O.I.R.)

RESERVATIONS TO THE CONSTITUTION OF INTERNATIONAL REFUGEE ORGANIZATION (I.R.O.)

PAYS — STATES	ARTICLES
États-Unis d'Amérique/ United States of America	Voir le texte de cette réserve dans Recueil des Traités, vol. 18, p. 3/ See the text of this reservation in Treaty Series, Vol. 18, p. 3
France/France	Voir le texte de cette réserve dans Recueil des Traités, vol. 18, p. 3/ See the text of this reservation in Treaty Series, Vol. 18, p. 3
Guatemala/Guatemala	10(2)

VI

ARRANGEMENT RELATIF AUX MARINS RÉFUGIÉS DU 23 NOVEMBRE 1957

AGREEMENT RELATING TO REFUGEE SEAMEN OF 23 NOVEMBER 1957

Commentaires

Cet arrangement fut élaboré dans le but de faire progresser la solution du problème des marins réfugiés dans l'esprit de l'article 11 de la Convention du 28 juillet 1951 relative au statut des réfugiés.

Dans le cas de réfugiés régulièrement employés comme membres de l'équipage à bord d'un navire battant pavillon d'un État contractant, cet État examinera avec bienveillance la possibilité d'autoriser lesdits réfugiés à s'établir sur son territoire et de leur délivrer des titres de voyage ou de les admettre à titre temporaire sur son territoire afin, notamment, de faciliter leur établissement dans un autre pays.

Les États parties à la Convention du 28 juillet 1951 relative au statut des réfugiés et à cet Arrangement s'engagent à coopérer avec le Haut Commissaire des Nations Unies pour les réfugiés dans l'exécution de ses fonctions, notamment, dans le cadre de l'article 35 de cette Convention susmentionnée.

Commentaries

This Agreement was developed for making further progress towards a solution to the problem of refugee seamen in the spirit of Article 11 of the Convention of 28 of July 1951 relating to the Status of Refugees.

In the case of refugees regularly serving as crew members on board a ship flying the flag of a Contracting State, that State shall give sympathetic consideration to their establishment on its territory and the issue of travel documents to them or their temporary admission to its territory particularly with a view to facilitating their establishment in another country.

The States parties to the Convention of 28 July 1951 relating to the Status of Refugees and to this Agreement pledge to cooperate with the Office of the United Nations High Commissioner for Refugees in the fulfilment of his functions, especially having regard to Article 35 of the abovementioned Convention.

BIBLIOGRAPHIE SÉLECTIVE

B.I.T., *Les réfugiés et les conditions de travail en Bulgarie*, Genève, B.I.T., 1926.

BODART, S., *Les autres réfugiés : le statut des réfugiés* de facto *en Europe*, Louvain-La-Neuve, Academia, 1990.

FRANCESCHI, P., *L'exode vietnamien : les réfugiés de Pulan Bidong*, Paris, Arthand, 1979.

SELECTIVE BIBLIOGRAPHY

HAINES, W. D. *Refugees in the United States: A reference handbook.* Westport: Greenwood Press, 1985.

JOLY, D. *Refugees in Europe*, London: Minority Rights Group, 1990.

SECTION I — TRAITÉ / TREATY VI

ARRANGEMENT RELATIF AUX MARINS RÉFUGIÉS

En date à La Haye du 23 novembre 1957

Entrée en vigueur : 27 décembre 1961, conformément à l'article 16
Texte : Nations Unies, Recueil des Traités n° 7384, vol. 506, p. 125

AGREEMENT RELATING TO REFUGEE SEAMEN

Adopted on 23 November 1957 at The Hague

Entry into force: 27 December 1961, in accordance with Article 16
Text: United Nations Treaty Series No. 7384, Vol. 506, p. 125

PRÉAMBULE

Les Gouvernements de la République Fédérale d'Allemagne, du Royaume de Belgique, du Royaume de Danemark, de la République française, du Royaume-Uni de Grande-Bretagne et d'Irlande du Nord, du Royaume de Norvège, du Royaume des Pays-Bas et du Royaume de Suède,

Gouvernements d'États Parties à la Convention du 28 juillet 1951 relative au statut des réfugiés,

Soucieux de faire progresser la solution du problème des marins réfugiés dans l'esprit de l'article 11 de la Convention susmentionnée et de poursuivre la coopération avec le Haut Commissaire des Nations Unies pour les réfugiés dans l'exécution de ses fonctions, notamment dans le cadre de l'article 35 de cette Convention,

Sont convenus des dispositions suivantes :

PREAMBLE

The Governments of the Kingdom of Belgium, the Kingdom of Denmark, the French Republic, the Federal Republic of Germany, the United Kingdom of Great Britain and Northern Ireland, the Kingdom of the Netherlands, the Kingdom of Norway and the Kingdom of Sweden,

Being Governments of States Parties to the Convention of the 28th of July 1951 relating to the Status of Refugees,

Desirous of making further progress towards a solution of the problem of refugee seamen in the spirit of Article 11 and of maintaining co-operation with the United Nations High Commissioner for Refugees in the fulfilment of his functions, especially having regard to Article 35 of the above-mentioned Convention,

Have agreed as follows:

CHAPITRE I

Article 1

Aux fins du présent Arrangement :

CHAPTER I

Article 1

For the purposes of this Agreement:

a) l'expression « la Convention » s'applique à la Convention du 28 juillet 1951 relative au statut des réfugiés;

b) l'expression « marin réfugié » s'applique à toute personne qui, étant réfugiée aux termes de la définition contenue à l'article 1 de la Convention et de la déclaration ou de la notification faite par l'État contractant intéressé, conformément à la section B dudit article, sert, à quelque titre que ce soit, comme marin à bord d'un navire de commerce ou dont la profession salariée habituelle est celle de marin à bord d'un tel navire.

CHAPITRE II

Article 2

Un marin réfugié qui n'a pas de résidence régulière et qui n'est pas autorisé à résider sur le territoire d'un État autre qu'un État où il craint avec raison d'être persécuté du fait de sa race, de sa religion, de sa nationalité, de son appartenance à un certain groupe social ou de ses opinions politiques, sera considéré, pour l'application de l'article 28 de la Convention, comme ayant sa résidence régulière sur le territoire,

a) de la Partie contractante et sous le pavillon de laquelle il aura servi, alors qu'il était réfugié, en qualité de marin pendant au moins 600 jours, consécutifs ou non, au cours de la période de trois années précédant le moment où l'application du présent Arrangement est requise, sur des navires ayant fait escale au moins deux fois par an dans des ports du territoire de ladite Partie; pour l'applica-

(a) The term "Convention" shall apply to the Convention relating to the Status of Refugees of 28 July 1951;

(b) The term "refugee seaman" shall apply to any person who, being a refugee according to the definition in Article 1 of the Convention and the declaration or notification made by the Contracting State concerned in accordance with Section B of that Article, is serving as a seafarer in any capacity on a mercantile ship, or habitually earns his living as a seafarer on such a ship.

CHAPTER II

Article 2

A refugee seaman who is not lawfully staying in the territory of any State and who is not entitled to admission for the purpose of so staying to the territory of any State, other than a State where he has well-founded fear of being persecuted for reasons of race, religion, nationality, membership of a particular social group or political opinion, shall become entitled to be regarded, for the purpose of Article 28 of the Convention, as lawfully staying in the territory:

(a) Of the Contracting Party under whose flag he, while a refugee, has served as a seafarer for a total of 600 days within the three years preceding the application of this Agreement to his case on ships calling at least twice a year at ports in that territory, provided that for the purposes of this paragraph no account shall be taken of any service performed while or before he had a res-

tion du présent paragraphe, il ne sera pas tenu compte des services effectués antérieurement à l'établissement par ce réfugié de sa résidence dans un autre État, ni des services effectués alors qu'il possédait une telle résidence
ou, à défaut,

b) de la Partie contractante où, alors qu'il était réfugié, il a eu sa dernière résidence régulière au cours de la période de trois années précédant le moment où l'application du présent Arrangement est requise, pour autant qu'il n'ait pas, entre-temps, établi sa résidence dans un autre État.

Article 3

Un marin réfugié qui, au moment de l'entrée en vigueur du présent Arrangement, d'une part, n'a pas de résidence régulière et n'est pas autorisé à résider sur le territoire d'un État autre qu'un État où il craint avec raison d'être persécuté du fait de sa race, de sa religion, de sa nationalité, de son appartenance à un certain groupe social ou de ses opinions politiques, et, d'autre part, n'est pas considéré en vertu de l'article 2 du présent Arrangement comme résidant régulièrement sur le territoire d'une Partie contractante, sera considéré, pour l'application de l'article 28 de la Convention, comme ayant sa résidence régulière sur le territoire,

a) de la Partie contractante qui, en dernier lieu, après le 31 décembre 1945 et avant l'entrée en vigueur du présent Arrangement, lui aura délivré, alors qu'il était réfugié, un titre de voyage conférant le droit de

idence established in the territory of another State;
or, if there is no such Contracting Party,

(b) Of the Contracting Party where he, while a refugee, has had his last lawful residence in the three years preceding the application of this Agreement to his case, provided that he has not, in the meantime, had a residence established in the territory of another State.

Article 3

A refugee seaman who on the date when this Agreement enters into force:

(i) is not lawfully staying in the territory of any State and is not entitled to admission for the purpose of so staying to the territory of any State, other than a State where he has well-founded fear of being persecuted for reasons of race, religion, nationality, membership of a particular social group or political opinion, and

(ii) is not in accordance with Article 2 of this Agreement regarded as lawfully staying in the territory of a Contracting Party

shall become entitled to be regarded, for the purpose of Article 28 of the Convention, as lawfully staying in the territory:

(a) Of the Contracting Party which after 31 December 1945 and before the entry into force of this Agreement last issued to, or extended or renewed for him, while a refugee, a travel document valid for return to

retour ou aura prolongé ou renouvelé un tel titre, que ledit document soit encore valable ou périmé
ou, à défaut,

b) de la Partie contractante où, alors qu'il était réfugié, il a eu sa dernière résidence régulière après le 31 décembre 1945 et avant l'entrée en vigueur du présent Arrangement
ou, à défaut,

c) de la Partie contractante sous le pavillon de laquelle il aura servi en dernier lieu, après le 31 décembre 1945 et avant l'entrée en vigueur du présent Arrangement, alors qu'il était réfugié, en qualité de marin pendant au moins 600 jours, consécutifs ou non, au cours d'une période de trois années sur des navires ayant fait escale au moins deux fois par an dans des ports du territoire de cette Partie.

Article 4

À moins que la Partie contractante intéressée n'en décide autrement, un marin réfugié cessera d'être considéré comme résidant régulièrement sur le territoire d'une Partie contractante si, après la date à laquelle cette résidence aurait pu lui être attribuée en dernier lieu conformément aux articles 2 et 3 du présent Arrangement,

a) il a établi sa résidence sur le territoire d'un autre État, ou

b) il a servi pendant au moins 1350 jours, consécutifs ou non, au cours d'une période de six années suivant ladite date sur des navires battant le pavillon d'un seul et même autre État, ou

c) au cours d'une période quelconque de trois années postérieures à

that territory whether or not that document is still in force;
or, if there is no such Contracting Party,

(b) Of the Contracting party where he, while a refugee, after 31 December 1945 and before the entry into force of this Agreement was last lawfully staying;
or if there is no such Contracting Party,

(c) Of the Contracting Party under whose flag he, while a refugee, after 31 December 1945 and before the entry into force of this Agreement last has served as a seafarer for a total of 600 days within any period of three years on ships calling at least twice a year at ports in that territory.

Article 4

Unless otherwise decided by the Contracting Party concerned, a refugee seaman will cease to be regarded as lawfully staying in the territory of a Contracting Party when he, after the date upon which he, in accordance with Article 2 or 3 of this Agreement, last became entitled to be so regarded:

(a) Has established his residence in the territory of another State, or

(b) Within any period of six years following that date, has been serving a total of 1350 days on ships flying the flag of one other State, or

(c) Within any period of three years following that date, neither has

ladite date, il n'a pas servi en qualité de marin, pendant au moins 30 jours, consécutifs ou non, à bord d'un navire battant le pavillon de ladite Partie Contractante et faisant escale au moins deux fois par an dans un de ses ports, ou n'a pas séjourné pendant au moins dix jours, consécutifs ou non, sur le territoire de ladite Partie.

Article 5

Dans le but d'améliorer la situation du plus grand nombre possible de marins réfugiés, toute Partie contractante examinera avec bienveillance la possibilité d'étendre le bénéfice du présent Arrangement à des marins réfugiés qui, aux termes de ses dispositions, ne réunissent pas les conditions pour y être admis.

CHAPITRE III

Article 6

Toute Partie contractante accordera à un marin réfugié qui possède un titre de voyage délivré par une autre Partie contractante et conférant le droit de retour dans le territoire de cette dernière, le même traitement, en ce qui concerne l'admission sur son territoire pour répondre à un contrat d'engagement ou pour y aller en permission, que celui accordé aux marins qui ont la nationalité de la Partie qui a délivré le titre de voyage ou, tout au moins, un traitement qui n'est pas moins favorable que celui accordé aux marins étrangers en général.

Article 7

Toute Partie contractante examinera avec bienveillance une demande d'ad-

served at least a total of 30 days as a seafarer on ships flying the flag of that Contracting Party and calling at least twice a year at ports in its territory nor has stayed at least a total of 10 days in the territory of that Party.

Article 5

For the purpose of improving the position of the greatest possible number of refugee seamen, a Contracting Party shall give sympathetic consideration to extending the benefits of this Agreement to refugee seamen who, according to its provisions, do not qualify for those benefits.

CHAPTER III

Article 6

A Contracting Party shall grant to a refugee seaman in possession of a travel document issued by another Contracting Party and valid for return to the territory of that Contracting Party the same treatment as regards admission to its territory in pursuance of a previous arrangement to serve on a ship, or for shore-leave, as is granted to seafarers who are nationals of the last mentioned Party, or at least treatment not less favourable than is granted to alien seafarers generally.

Article 7

A Contracting Party shall give sympathetic consideration to a request for

mission temporaire sur son territoire, formulée par un marin réfugié titulaire d'un titre de voyage conférant le droit de retour dans le territoire d'une autre Partie contractante, en vue de faciliter son établissement dans un autre État ou pour autre motif valable.

temporary admission to its territory by a refugee seaman who holds a travel document valid for return to the territory of another Contracting Party with a view to facilitating his establishment in another State or for other good reason.

Article 8

Toute Partie contractante s'efforcera de faire en sorte qu'un marin réfugié qui sert sous son pavillon et qui ne peut obtenir un titre de voyage valable soit muni de pièces d'identité.

Article 8

A Contracting Party shall endeavour to ensure that any refugee seaman who serves under its flag and cannot obtain a valid travel document is provided with identity papers.

Article 9

Aucun marin réfugié ne sera, dans la mesure où la question relève du pouvoir d'une Partie contractante, contraint de demeurer à bord d'un navire où sa santé physique ou mentale se trouverait gravement menacée.

Article 9

No refugee seaman shall be force, as far as it is in the power of the Contracting Party, to stay on board a ship if his physical or mental health would thereby be seriously endangered.

Article 10

Aucun marin réfugié ne sera, dans la mesure où la question relève du pouvoir d'une Partie contractante, contraint de demeurer à bord d'un navire se rendant dans un port ou devant naviguer dans des zones où il craint avec raison d'être persécuté du fait de sa race, de sa religion, de sa nationalité, de son appartenance à un certain groupe social ou de ses opinions politiques.

Article 10

No refugee seaman shall be forced, as far as it is in the power of the Contracting Parties, to stay on board a ship which is bound for a port, or is due to sail through waters, where he has well-founded fear of persecution for reasons of race, religion, nationality, membership of a particular social group or political opinion.

Article 11

La Partie contractante sur le territoire de laquelle un marin réfugié réside régulièrement ou, aux termes du présent Arrangement, est considéré comme résidant régulièrement pour l'application de l'article 28 de la Convention, admet-

Article 11

The Contracting Party in the territory of which a refugee seaman is lawfully staying or, in accordance with this Agreement, is for the purpose of Article 28 of the Convention regarded as lawfully staying, shall admit him to its ter-

tra l'intéressé sur son territoire si elle y est invitée par la Partie contractante sur le territoire de laquelle se trouve l'intéressé.

ritory if so requested by the Contracting Party in whose territory that seaman finds himself.

Article 12

Aucune disposition du présent Arrangement ne porte atteinte aux droits et avantages accordés par une Partie contractante aux marins réfugiés indépendamment de cet Arrangement.

Article 12

Nothing in this Agreement shall be deemed to impair any rights or benefits granted by a Contracting Party to refugee seamen apart from this Agreement.

Article 13

(1) Toute Partie contractante pourra, pour des raisons impérieuses de sécurité nationale ou d'ordre public, se considérer comme dégagée des obligations qui lui incombent en vertu du présent Arrangement en ce qui concerne un marin réfugié. Le marin réfugié en cause aura la faculté de fournir dans un délai raisonnable aux autorités compétentes les preuves tendant à le disculper, à l'exception des cas où des raisons sérieuses permettraient de considérer le marin réfugié en cause comme un danger pour la sécurité du pays où il se trouve.

(2) Toutefois, une décision prise en vertu du paragraphe 1 du présent article ne dégage pas la Partie contractante en question des obligations qui lui incombent en vertu de l'article 11 du présent Arrangement à l'égard d'un marin réfugié auquel elle a délivré un titre de voyage, sauf le cas où la demande d'admettre le marin réfugié en cause sur son territoire lui est adressée par une autre Partie contractante plus de 120 jours après l'expiration de ce titre de voyage.

Article 13

(1) A Contracting Party may, for compelling reasons of national security or public order, consider itself released from the obligations incumbent on it under this Agreement with regard to a refugee seaman. The refugee seaman in question shall be allowed such period as may be reasonable in the circumstances to submit to the competent authority evidence to clear himself, except where there are reasonable grounds for regarding the refugee seaman in question as a danger to the security of the country where he is.

(2) A decision made in accordance with paragraph 1 of this Article does not, however, release the Contracting Party in question from its obligations under Article 11 of this Agreement with respect to a refugee seaman to whom it has issued a travel document, unless the request for admission to its territory is presented to that Party by another Contracting Party more than 120 days after the expiration of that travel document.

CHAPITRE IV

Article 14

Tout différend entre les Parties contractantes relatif à l'interprétation ou à l'application du présent Arrangement, qui n'aura pu être réglé par d'autres moyens, sera soumis à la Cour Internationale de Justice à la demande de l'une des Parties au différend.

Article 15

Cet Arrangement sera soumis à ratification. Les instruments de ratification seront déposés auprès du Gouvernement du Royaume des Pays-Bas.

Article 16

Le présent Arrangement entrera en vigueur le 90e jour qui suivra la date du dépôt du huitième instrument de ratification.

Article 17

(1) Tout Gouvernement disposé à assumer à l'égard des marins réfugiés les obligations prévues à l'article 28 de la Convention ou des obligations correspondantes, pourra adhérer au présent Arrangement.

(2) Les instruments d'adhésion seront déposés auprès du Gouvernement du Royaume des Pays-Bas.

(3) Le présent Arrangement entrera en vigueur pour chaque Gouvernement adhérent le 90e jour qui suivra la date du dépôt de son instrument d'adhésion. Cette date d'entrée en vigueur ne pourra toutefois être antérieure à celle qui est fixée à l'article 16.

CHAPTER IV

Article 14

Any dispute between the Contracting Parties relating to the interpretation or application of this Agreement, which cannot be settled by other means, shall be referred to the International Court of Justice at the request of any one of the Parties to the dispute.

Article 15

This Agreement shall be subject to ratification. Instruments of ratification shall be deposited with the Government of the Kingdom of the Netherlands.

Article 16

This Agreement shall come into force on the 90th day following the day of deposit of the eighth instrument of ratification.

Article 17

(1) Any Government which undertakes obligations with respect to refugee seamen under Article 28 of the Convention or obligations corresponding thereto may accede to this Agreement.

(2) Instruments of accession shall be deposited with the Government of the Kingdom of the Netherlands.

(3) This Agreement shall come into force with respect to each acceding Government on the 90th day following the day upon which its instrument of accession was deposited but not before the date of entry into force as defined in Article 16.

Article 18

(1) Tout Gouvernement pourra, au moment de la ratification ou de l'adhésion ou à toute date ultérieure, déclarer que cet Arrangement s'étendra à un ou plusieurs des territoires dont il assure les relations internationales, pourvu qu'il soit disposé à s'acquitter des obligations mentionnées au paragraphe 1 de l'article 17.

(2) Cette extension se fera par notification adressée au Gouvernement du Royaume des Pays-Bas.

(3) L'extension deviendra effective le 90e jour qui suivra la date de réception de la notification par le Gouvernement du Royaume des Pays-Bas. Cette entrée en vigueur ne pourra toutefois être antérieure à celle qui est fixée à l'article 16.

Article 19

(1) Toute Partie contractante pourra dénoncer le présent Arrangement à tout moment par notification adressée au Gouvernement du Royaume des Pays-Bas.

(2) La dénonciation prendra effet un an après la date de réception de la notification par le Gouvernement du Royaume des Pays-Bas. En cas de dénonciation de l'Arrangement, toute autre Partie pourra, après consultation des autres Parties contractantes, dénoncer l'Arrangement; cette dénonciation produira ses effets à la même date, pour autant, toutefois, qu'un délai de six mois soit respecté.

Article 18

(1) Any Government may, at the time of ratification or accession or at any time thereafter, declare that this Agreement shall extend to any territory or territories for the international relations of which it is responsible, provided that it has undertaken in relation thereto such obligations as are mentioned in paragraph (1) of Article 17.

(2) Such extension shall be made by a notification addressed to the Government of the Kingdom of the Netherlands.

(3) The extension shall take effect on the 90th day following the day upon which the notification was received by the Government of the Kingdom of the Netherlands, but not before the date of entry into force as defined in Article 16.

Article 19

(1) A Contracting Party may denounce this Agreement at any time by a notification addressed to the Government of the Kingdom of the Netherlands.

(2) The denunciation shall take effect one year from the date upon which the notification was received by the Government of the Kingdom of the Netherlands, provided that where the Agreement has been denounced by a Contracting party, any other Contracting Party after consulting the remaining parties, may denounce the Agreement with effect from the same date, so however that not less than six months notice is given.

Article 20

(1) Toute Partie contractante qui a fait une notification conformément à l'article 18 pourra notifier ultérieurement au Gouvernement du Royaume des Pays-Bas que l'Arrangement cessera de s'appliquer à tout territoire désigné dans la notification.

(2) L'Arrangement cessera de s'appliquer au territoire en question un an après la date de réception de la notification par le Gouvernement du Royaume des Pays-Bas.

Article 21

Le Gouvernement du Royaume des Pays-Bas informera les Gouvernements mentionnés au Préambule et ceux qui auront adhéré au présent Arrangement des dépôts et notification faits conformément aux articles 15, 17, 18, 19 et 20.

EN FOI DE QUOI, les soussignés, dûment autorisés à cet effet, ont signé le présent Arrangement.

FAIT à La Haye, le vingt-trois novembre 1957, en langues française et anglaise, les deux textes faisant également foi, en un seul exemplaire qui sera déposé dans les archives du Gouvernement du Royaume des Pays-Bas qui en délivrera une copie certifiée conforme aux Gouvernements mentionnés au Préambule et aux Gouvernements adhérents.

Article 20

(1) A Contracting Party which has made a notification under Article 18 may, at any time thereafter, by a notification addressed to the Government of the Kingdom of the Netherlands, declare that the Agreement shall cease to apply to the territory or territories specified in the notifications.

(2) The Agreement shall cease to apply to the territory concerned one year from the date upon which the notification was received by the Government of the Kingdom of the Netherlands.

Article 21

The Government of the Kingdom of the Netherlands shall inform the Governments mentioned in the Preamble and all acceding Governments of deposits and notifications made in accordance with Article 15, 17, 18, 19 and 20.

IN WITNESS WHEREOF, the undersigned, duly authorized to that effect, have signed this Agreement.

DONE at The Hague, this twenty-third day of November 1957, in the English and French languages, both texts being equally authoritative, in a single copy which shall remain deposited in the archives of the Government of the Kingdom of the Netherlands, which shall transmit certified true copies thereof to the Governments mentioned in the Preamble and all acceding Governments.

ARRANGEMENT RELATIF AUX MARINS RÉFUGIÉS DU 23 NOVEMBRE 1957

19 ÉTATS MEMBRES AU 30 JUILLET 1993[1]	RATIFICATION, ADHÉSION[a], SUCCESSION[d]
Allemagne	28 Septembre 1961
Australie	18 Avril 1973[a]
Belgique	16 Mai 1960
Canada	30 Mai 1969[a]
Danemark	2 Septembre 1959
France	20 Juin 1958
Irlande	21 Avril 1964[a]
Italie	31 Octobre 1966
Maurice	24 Août 1970[d]
Monaco	11 Avril 1960[a]
Norvège	28 Mai 1959
Nouvelle-Zélande[2]	21 Octobre 1974[a]
Pays-Bas[3]	27 Août 1959
Portugal	3 Mars 1965[a]
République Fédérale d'Allemagne	28 Septembre 1961
Royaume-Uni de Grande-Bretagne et d'Irlande du Nord[4]	9 Août 1958
Suède	28 Mai 1959
Suisse	12 Décembre 1962[a]
Yougoslavie	4 Mars 1963[a]

AGREEMENT RELATING TO REFUGEE SEAMEN OF 23 NOVEMBER 1957

19 PARTICIPANTS AT 30 JULY 1993[1]	RATIFICATION, ACCESSION[a], SUCCESSION[d]
Australia	18 April 1973[a]
Belgium	16 May 1960
Canada	30 May 1969[a]
Denmark	2 September 1959
Federal Republic of Germany	28 September 1961
France	20 June 1958
Germany	28 September 1961
Ireland	21 April 1964[a]
Italy	31 October 1966
Mauritius	24 August 1970[d]
Monaco	11 April 1960[a]
Netherlands[2]	27 August 1959
New Zealand[3]	21 October 1974[a]
Norway	28 May 1959
Portugal	3 March 1965[a]
Sweden	28 May 1959
Switzerland	12 December 1962[a]
United Kingdom of Gread-Britain and Northern Ireland[4]	9 August 1958
Yugoslavia	4 March 1963[a]

---

1. Sous réserve des instruments éventuellement en cours de dépôt.
2. Avec une déclaration aux termes de laquelle l'arrangement ne sera pas applicable aux îles Cook, à l'île Nioué et aux îles Tokélaou avec effet au 19 janvier 1975.
3. Application territoriale à l'égard d'Aruba avec effet au premier avril 1986.
4. Application territoriale à l'égard de : Antigua avec effet le 16 avril 1964, îles Vierges britanniques avec effet le 6 octobre 1964, Jersey, Guernesey, Islamabad, Honduras Britannique, Gambie, République Dominicaine, îles Fakland, îles Fidji, Gilbert et Ellice (actuellement Kiribati), Grenade, Jamaïque, Liban, Mauritanie, Ste-Hélène, St-Vincent, Seychelles avec effet le 27 décembre 1961.

1. Subject to the deposit of outstanding instruments.
2. With a declaration that the Agreement shall not extend to the Cook Islands, Niue and the Tokelau Islands with effect from 19 January 1975.
3. In respect of Aruba with effect from 1 April 1986.
4. In respect of Antigua with effect from 16 April 1964, the British Virgin Islands, with effect from 6 October 1964, Jersey, Guernesey, Islamabad, British Hunduras, Gambia, Dominican Republic, Fakland Islands, Fiji Islands, Gilbert and Ellice (now Kiribati), Grenade, Jamaica, Lebanon, Mauritania, St. Helena, St. Vincent, Seychelles with effect from 27 December 1961.

RÉSERVES À L'ARRANGEMENT RELATIF AUX MARINS RÉFUGIÉS DU 23 NOVEMBRE 1957

RESERVATIONS TO THE AGREEMENT RELATING TO REFUGEE SEAMEN OF 23 NOVEMBER 1957

La réserve est une déclaration faite par un État partie à un traité indiquant que cet État entend exclure telle disposition de ce traité, en modifier la portée ou lui attribuer un sens déterminé. C'est, si l'on veut, une stipulation dérogatoire à une réglementation conventionnelle[1].

Cette Convention est parmi les rares traités ratifiés sans réserve par les États parties. Il est donc important de le signaler.

The reservation is a declaration made by a State party to an indicated treaty, that the State desires to exclude such disposition of said treaty and modify the meaning or attribute to it a specific meaning. It is, in a way, a dispensatory stipulation to the conventional regulation.[1]

This Convention is among the few treaties ratified without reservation by the States Parties. It is therefore important to be aware of it.

---

1. ROUSSEAU, Ch., *Droit international Public*, Paris, Dalloz, 1987, p. 49.

1. ROUSSEAU, Ch., *Droit international Public*, Paris, Dalloz, 1987, p. 49.

VII

PROTOCOLE À L'ARRANGEMENT RELATIF AUX MARINS RÉFUGIÉS DU 12 JUIN 1973

PROTOCOL TO THE AGREEMENT RELATING TO REFUGEE SEAMEN OF 12 JUNE 1973

Commentaires

Commentaries

L'application de l'Arrangement relatif aux marins réfugiés, signé à La Haye le 23 novembre 1957, est étroitement liée à l'application de la Convention relative au statut des réfugiés, signée à Genève le 28 juillet 1951, qui ne s'applique qu'aux individus devenus réfugiés par suite d'événements survenus avant le 1er janvier 1951.

De nouvelles catégories de réfugiés sont apparues depuis que la Convention a été adoptée et il est souhaitable que le même statut s'applique à tous les réfugiés visés par la définition donnée dans la Convention, sans qu'il soit tenu compte de la date limite du 1er janvier 1951 et qu'à cet effet, un Protocole relatif au statut des réfugiés a été ouvert à l'adhésion le 31 janvier 1967 à New York.

Les États contractants s'engagent à établir un régime similaire à l'égard des marins réfugiés comme convenu dans les dispositions de ce Protocole.

The application of the Agreement relating to Refugee Seamen done at The Hague on 23 November 1957 is closely connected with the application of the Convention relating to the Status of Refugees done at Geneva on 28 July 1951, which applies only to those persons who have become refugees as a result of events occurring before 1 January 1951.

The new refugee situations have arisen since the Convention was adopted and it is desirable that equal status should be enjoyed by all refugees covered by the definition of the Convention irrespective of the dateline of 1 January 1951, and that to this end a Protocol relating to the Status of refugees was opened for accession at New York on 31 January 1967.

The Contracting States undertake to establish a similar regime with regard to refugee seamen has agreed as the following of this Protocol.

BIBLIOGRAPHIE SÉLECTIVE

ROLIN, H., *Renforcement du droit d'asile en Belgique*, Mélanges Ch. Rousseau, 1975, pp. 219-228.

WIERER, R., «Le problème des limites et de l'étude du droit d'asile» (1957) 4 Intégration, 18-24.

SELECTIVE BIBLIOGRAPHY

SPITZER, T. R., "International Law and Refugees" (1961) 14 Revue Hellénique de droit international, at 92-120.

WEIS, P., "The Hague Agreement Relating to Refugee Seamen" (1958) 7 International and Comparative Law Quarterly, at 334-348.

PROTOCOLE À L'ARRANGEMENT RELATIF AUX MARINS RÉFUGIÉS

Signé à La Haye le 12 juin 1973

Entrée en vigueur : 30 mars 1975, conformément à l'article IV

Texte : Nations Unies, Recueil des Traités n° 13928

Les Parties au présent Protocole,

Considérant que l'application de l'Arrangement relatif aux marins réfugiés, signé le 23 novembre 1957 à La Haye (ci-après dénommé l'Arrangement) est étroitement liée à l'application de la Convention relative au statut des réfugiés, signée le 28 juillet 1951 à Genève (ci-après dénommée la Convention) qui ne s'applique qu'aux personnes devenues réfugiées par suite d'évènements survenus avant le 1er janvier 1951,

Considérant que de nouvelles catégories de réfugiés sont apparues depuis que la Convention a été adoptée et qu'il est souhaitable que le même statut s'applique à tous les réfugiés couverts par la définition donnée dans la Convention sans qu'il soit tenu compte de la date limite du 1er janvier 1951 et qu'à cet effet un Protocole relatif au statut des réfugiés a été ouvert à l'adhésion le 31 janvier 1967 à New York,

Désireux d'établir un régime similaire à l'égard des marins réfugiés,

Sont convenues de ce qui suit :

Article I

(1) Les Parties au présent Protocole s'engagent à appliquer aux marins réfu-

PROTOCOL TO THE AGREEMENT RELATING TO REFUGEE SEAMEN

Signed at The Hague on 12 June 1973

Entry into force: 30 March 1975, in accordance with Article IV

Text: United Nations Treaty Series No. 13928

The Contracting Parties to the present Protocol,

Considering that the application of the Agreement relating to Refugee Seamen done at The Hague on 23 November 1957 (hereinafter referred to as the Agreement) is closely connected with the application of the Convention relating to the Status of Refugees done at Geneva on 28 July 1951 (hereinafter referred to as the Convention), which applies only to those persons who have become refugees as a result of events occurring before 1 January 1951,

Considering that new refugee situations have arisen since the Convention was adopted and that it is derisable that equal status should be enjoyed by all refugees covered by the definition of the Convention irrespective of the dateline of 1 January 1951, and that to this end a Protocol relating to the Status of Refugees was opened for accession at New York on 31 January 1967,

Desiring to establish a similar regime with regard to refugee seamen,

Have agreed as follows:

Article I

(1) The Contracting Parties to the present Protocol undertake to apply Ar-

giés, tels qu'ils sont définis ci-après, les articles 2 et 4 à 13 inclus de l'Arrangement.

(2) Aux fins du présent Protocole, le terme « marin réfugié » s'applique à toute personne qui, étant réfugiée aux termes de la définition contenue à l'article I, paragraphe 2, du Protocole relatif au statut des réfugiés du 31 janvier 1967, sert, à quelque titre que ce soit, comme marin à bord d'un navire de commerce ou dont la profession salariée habituelle est celle de marin à bord d'un tel navire.

(3) Le présent Protocole sera appliqué sans aucune limitation géographique; toutefois les déclarations déjà faites, en vertu de l'alinéa *a)* du paragraphe 1 de la Section B de l'article premier de la Convention, par des États déjà Parties à celle-ci, s'appliqueront également sous le régime du présent Protocole, à moins qu'elles n'aient été étendues conformément au paragraphe 2 de la Section B de l'article premier de la Convention.

Article II

Tout différend entre les Parties au présent Protocole relatif à l'interprétation ou à l'application de toutes dispositions du Protocole, qui n'aura pu être réglé par d'autres moyens, sera soumis à la Cour Internationale de justice à la demande de l'une des parties au différend.

Article III

(1) Le présent Protocole sera ouvert à l'acceptation ou à l'approbation de tous les Gouvernements ayant signé l'Arrangement ou y ayant adhéré et de tout autre Gouvernement qui assume à

ticles 2 and 4 to 13 inclusive of the Agreement to refugee seamen as hereinafter defined.

(2) For the purpose of the present Protocol, the term "refugee seamen" shall apply to any person who, being a refugee according to the definition in paragraph 2 of Article I of the Protocol relating to the Status of Refugees of 31 January 1967, is serving as a seafarer in any capacity on a mercantile ship, or habitually earns his living as a seafarer on such a ship.

(3) The present Protocol shall be applied without any geographic limitation, save that existing declarations made by the States already Parties to the Convention in accordance with Article 1 B (1) *(a)* of the Convention, shall, unless extended under Article 1 B (2) thereof, apply also under the present Protocol.

Article II

Any dispute between the Contracting Parties to the present Protocol relating to the interpretation or application of any of its provisions which cannot be settled by other means shall be referred to the International Court of Justice at the request of any one of the Parties to the dispute.

Article III

(1) The present Protocol shall be open for acceptance or approval on behalf of all the Governments which have signed the Agreement or have acceded thereto and of any other Government

l'égard des marins réfugiés les obligations prévues à l'article 28 de la Convention ou des obligations correspondantes.

(2) Les instruments d'acceptation ou d'approbation seront déposés auprès du Gouvernement du Royaume des Pays-Bas.

Article IV

(1) Le présent Protocole entrera en vigueur le 90e jour qui suivra la date du dépôt du huitième instrument d'acceptation ou d'approbation.

(2) Pour chaque Gouvernement acceptant ou approuvant le présent Protocole après le dépôt du huitième instrument d'acceptation ou d'approbation, le présent Protocole entrera en vigueur à la date où ce Gouvernement aura déposé son instrument d'acceptation ou d'approbation.

Article V

(1) Tout Gouvernement peut au moment du dépôt de son instrument d'acceptation ou d'approbation ou à toute date ultérieure, déclarer que le présent Protocole s'étendra à un ou plusieurs des territoires dont il assure les relations internationales, sous réserve qu'il assume, en ce qui concerne celui-ci ou ceux-ci, les obligations mentionnées au paragraphe 1 de l'article III.

(2) Cette extension se fera par notification adressée au Gouvernement du Royaume des Pays-Bas.

(3) L'extension prendra effet le 90e jour qui suivra la date de réception de la notification par le Gouvernement du Royaume des Pays-Bas, mais pas avant

which undertakes obligations with respect to refugee seamen under Article 28 of the Convention or obligations corresponding thereto.

(2) Instruments of acceptance or approval shall be deposited with the Government of the Kingdom of the Netherlands.

Article IV

(1) The present Protocol shall come into force on the 90th day following the date of deposit of the eighth instrument of acceptance or approval.

(2) For each Government accepting or approving the present Protocol after the deposit of the eighth instrument of acceptance or approval, the present Protocol shall come into force on the date of deposit by such Government of its instrument of acceptance or approval.

Article V

(1) Any Government may, at the time of the deposit of its instrument of acceptance or approval, or at any time thereafter, declare that the present Protocol shall extend to any territory or territories for the international relations of which it is responsible, provided that it has undertaken in relation thereto such obligations as are mentioned in paragraph 1 of Article III.

(2) Such extension shall be made by notification addressed to the Government of the Kingdom of the Netherlands.

(3) The extension shall take effect on the 90th day following the date upon which the notification was received by the Government of the Kingdom of the

la date à laquelle le Protocole sera entré en vigueur conformément aux dispositions de l'article IV pour le Gouvernement qui aura effectué ladite notification.

Article VI

(1) Toute Partie Contractante pourra dénoncer le présent Protocole à tout moment par notification adressée au Gouvernement du Royaume des Pays-Bas.

(2) La dénonciation prendra effet un an après la date de réception de la notification par le Gouvernement du Royaume des Pays-Bas. En cas de dénonciation du présent Protocole par une Partie contractante, toute autre Partie pourra, après consultation des autres Parties contractantes, dénoncer le Protocole; cette dénonciation produira ses effets à la même date que la précédente, sous réserve d'un préavis d'au moins six mois.

Article VII

(1) Toute Partie contractante qui a fait une notification conformément à l'article V pourra notifier ultérieurement à tout moment au Gouvernement du Royaume des Pays-Bas que le présent Protocole cessera de s'appliquer à tout territoire désigné dans la notification.

(2) Le présent Protocole cessera de s'appliquer au territoire, ou aux territoires, en question un an après la date de réception de la notification par le Gouvernement du Royaume des Pays-Bas.

Netherlands, but not before the date of the entry into force of the present Protocol for the notifying Government as specified in Article IV.

Article VI

(1) A Contracting Party may denounce the present Protocol at any time by a notification addressed to the Government of the Kingdom of the Netherlands.

(2) The denunciation shall take effect one year from the date upon which the notification was received by the Government of the Kingdom of the Netherlands. Where the present Protocol has been denounced by a Contracting Party, any other Contracting Party after consulting the remaining Parties, may denounce the Protocol with effect from the same date, provided not less than six months' notice is given.

Article VII

(1) A Contracting Party which has made a notification under Article V may at any time thereafter declare by a notification addressed to the Government of the Kingdom of the Netherlands that the present Protocol shall cease to apply to any territory or territories specified in the notification.

(2) The present Protocol shall cease to apply to any territory or territories concerned one year from the date upon which the notification was received by the Government of the Kingdom of the Netherlands.

Article VIII

Le Gouvernement du Royaume des Pays-Bas informera tous les Gouvernements qui ont signé l'Arrangement ou qui y ont adhéré et tous les autres Gouvernements qui ont accepté ou approuvé le présent Protocole de tous dépôts et notifications faits conformément aux articles III, V, VI et VII.

Article IX

Un exemplaire du présent Protocole, dont les textes anglais et français font également foi, signé par le Ministre des Affaires Étrangères du Royaume des Pays-Bas, sera déposé aux archives du Gouvernement du Royaume des Pays-Bas qui en transmettra copie certifiée conforme aux Gouvernements visés à l'article VIII.

Conformément à l'article IX du Protocole j'ai apposé ma signature le 12 juin mil neuf cent soixante-treize.

Ministre des Affaires
Étrangères du Royaume
des Pays-Bas

Article VIII

The Government of the Kingdom of the Netherlands shall inform all the Governments which have signed the Agreement or have acceded thereto and all other Governments which have accepted or approved the present Protocol of any deposits and notifications made in accordance with Articles III, V, VI and VII.

Article IX

A copy of the present Protocol, of which the English and French texts are equally authentic, signed by the Minister for Foreign Affairs of the Kingdom of the Netherlands, shall be deposited in the archives of the Government of the Kingdom of the Netherlands, which shall transmit certified true copies thereof to the Governments referred to in Article VIII.

In accordance with Article IX of the Protocol, I have appended my signature this twelfth day of June one thousand nine hundred and seventy three.

Minister for Foreign
Affairs of the Kingdom
of the Netherlands

PROTOCOLE À L'ARRANGEMENT RELATIF AUX MARINS RÉFUGIÉS DU 12 JUIN 1973

PROTOCOL RELATING TO REFUGEE SEAMEN OF 12 JUNE 1973

13 ÉTATS MEMBRES AU 30 JUILLET 1993[1]	RATIFICATION, ADHÉSION[a], SUCCESSION[d]
Australie[2]	10 Décembre 1973[d]
Belgique	22 Mars 1977[a]
Canada	9 Janvier 1975[a]
Danemark	24 Janvier 1974
France	16 Juillet 1975[d]
Italie	23 Février 1991[a]
Maroc	18 Septembre 1974
Norvège	12 Février 1974
Pays-Bas[3]	9 Octobre 1973[a]
Royaume-Uni de Grande-Bretagne et d'Irlande du Nord[4]	12 Novembre 1974
Suède	25 Septembre 1973[a]
Suisse	30 Décembre 1974[a]
Yougoslavie	23 Septembre 1976[a]

13 PARTICIPANTS AT 30 JULY 1993[1]	RATIFICATION, ACCESSION[a], SUCCESSION[d]
Australia[2]	10 December 1973[d]
Belgium	22 March 1977[a]
Canada	9 January 1975[a]
Denmark	24 January 1974
France	16 July 1975[d]
Italy	23 February 1991[a]
Morocco	18 September 1974
Netherlands[3]	9 October 1973[a]
Norway	12 February 1974
Sweden	25 September 1973[a]
Switzerland	30 December 1974[a]
United Kingdom of Great Britain and Northen Ireland[4]	12 November 1974
Yugoslavia	23 September 1976[a]

---

1. Sous réserve des instruments éventuellement en cours de dépôt.
2. Pour le Papua et la Nouvelle-Guinée.
3. Application territoriale, notification effectuée le 1 janvier 1986 par les Pays-Bas à l'égard d'Aruba, avec effet au 1 avril 1986.
4. Avec déclaration que le Protocole s'appliquera aux territoires suivants : îles Anglo-Normandes, île de Man, îles Falkland (Malvines), Sainte-Hélène, Saint-Vincent, Seychelles, Montserrat, Sainte-Lucie et îles Vierges britanniques. Par deux déclarations ultérieures parvenues au Gouvernement néerlandais les 16 janvier et 4 février 1975 respectivement, le Gouvernement du Royaume-Uni a notifié que conformément à l'article V, paragraphe 3, le Protocole s'appliquerait à Brunéi et à la Dominique avec effet au 15 avril 1975, et à Belize et au Protectorat des îles Salomon britanniques avec effet au 5 mai 1975.

1. Subject to the deposit of outstanding instruments.
2. For Papua and New Guinea.
3. Territorial application, notification effected on 1 January 1986 by Netherlands in respect of Aruba with effect from 1 April 1986.
4. With a declaration to the effect that the Protocol shall apply to the Channel Islands, the Isle of Man, the Falkland Islands (Malvinas), St. Helena, St. Vincent, Seychelles, Montserrat, St. Lucia and the British Virgin Islands. In two subsequent declarations received by the Government of the Netherlands on 16 January and 4 February 1975 respectively, the Government of the United Kingdom notified that, in accordance with article V (3), the Protocol would apply to Brunei and Dominica, with effect on 15 April 1975, and to Belize and the Protectorate of the British Solomon Islands, with effect on 5 May 1975.

SECTION I — TRAITÉ / TREATY VII

| RÉSERVES AU PROTOCOLE À L'ARRANGEMENT RELATIF AUX MARINS RÉFUGIÉS DU 12 JUIN 1973 | RESERVATIONS TO THE PROTOCOL TO THE AGREEMENT RELATING TO REFUGEE SEAMEN OF 12 JUNE 1973 |

PAYS — STATES	ARTICLES
Maroc / Morocco	II

VIII

DÉCLARATION DES NATIONS UNIES SUR L'ASILE TERRITORIAL DU 14 DÉCEMBRE 1967	UNITED NATIONS DECLARATION ON TERRITORIAL ASYLUM OF 14 DECEMBER 1967
Commentaires	*Commentaries*
Le 14 décembre 1967, l'Assemblée générale a adopté une résolution contenant une déclaration sur l'asile territorial. Cette déclaration se composait d'un préambule et de quatre articles relatifs, entre autres, aux principes de l'acceptation ou du refus d'asile avec l'intérêt de la communauté internationale concernant la question de l'asile.	On 14 December 1967, the General Assembly adopted a resolution containing a Declaration on Territorial Asylum. The Declaration consisted of a preamble and four articles dealing, among other things, with the principles relating to the grant or refusal of asylum and with the interest of the international community in the question of asylum.
Le droit d'asile avait été considéré pendant plusieurs années par plusieurs organes des Nations Unies et il a été inclus parmi les sujets sur la liste de 1949 des sujets choisis pour la codification par la Commission internationale du droit[1].	The right of asylum had been considered by several United Nations organs over a period of several years, and it was among the topics included in 1949 in the list of topics selected for codification by the International Law Commission.[1]
En 1966, un groupe de travail du sixième comité juridique de l'Assemblée générale a préparé le texte complet d'une déclaration. Sans avoir eu l'occasion de la discuter en détail, le sixième comité a recommandé à l'Assemblée générale que le projet de résolution soit transmis aux États membres des Nations Unies pour leur considération et, si possible, qu'il soit finalisé à la session de l'Assemblée prévue pour septembre 1967[2].	In 1966, a Working Group of the General Assembly's Sixth (Legal) Committee prepared the complete text of a draft declaration. Having no opportunity to discuss it in detail, the Sixth Committee recommended to the General Assembly that the draft be transmitted to United Nations Member States for their consideration and that it be finalized, if possible, at the Assembly session due to open in September 1967.[2]
En 1967, le sixième comité de l'Assemblée a pris le texte préparé par le groupe de travail en 1966 sur la déclaration de l'asile territorial comme base de sa désicion.	In 1967, The Assembly's Sixth Committee took as the basis for its discussion the text of the declaration on territorial asylum prepared by the Working Group in 1966.

---

1. Voir le *Yearbook of United Nations* (Y.U.N.), 1959, pp. 417-418; Y.U.N., 1960, p. 340; Y.U.N., 1962, pp. 347-49; Y.U.N., 1964, p. 363 et Y.U.N., 1965, pp. 490-91.
2. Voir Y.U.N., 1966, pp. 475-77.

1. See *Yearbook of United Nations* (Y.U.N.), 1959, pp. 417-418; Y.U.N., 1960, p. 340; Y.U.N., 1962, pp. 347-49; Y.U.N., 1964, p. 363 and Y.U.N., 1965, pp. 490-91.
2. See Y.U.N., 1966, pp. 475-77.

Plusieurs délégations, incluant celles du Ceylan, de la Chine, de la République Démocratique du Congo, des Pays-Bas, de la Nouvelle-Zélande, de la République Unie de Tanzanie et de l'Uruguay ont félicité le groupe de travail pour les résultats obtenus, en reconnaissant, qu'avec les nombreuses années de travail, il avait réussi à se rapprocher de la réalisation d'une déclaration relative à l'asile territorial. Le texte préparé par le groupe de travail était, selon eux, équilibré et représentait un compromis entre les diverses opinions émises et la réconciliation des intérêts et des demandes des parties concernées, notamment les réfugiés cherchant asile, l'État d'origine, l'État de refuge et la communauté internationale. Selon eux, le texte traitait aussi d'une façon juste, d'une part des droits des États souverains et, d'autre part, des considérations humanitaires sous-jacentes à l'institution de l'asile.

Many delegations, including those of Ceylon, China, the Democratic Republic of the Congo, the Netherlands, New Zealand, the United Republic of Tanzania and Uruguay, congratulated the Working Group on the results it had achieved, saying that it had succeeded in bringing many years of previous work close to fruition so far as a declaration on territorial asylum was concerned. The text which the Working Group had prepared was, they felt, a well-balanced one, representing a compromise between the many different views which had been advanced on the question and a reconciliation of the various interests and requirements of those immediately concerned, namely, refugees seeking asylum, the State of origin, the State of refuge and the international community. In their view, the text also gave due weight both to the sovereign rights of States and to the humanitarian considerations underlying the institution of asylum.

BIBLIOGRAPHIE SÉLECTIVE

BAHRAMY, A., *Le droit d'asile*, Paris, A. Rousseau, 1938.

PONCET, D., *L'extradition et l'asile politique en Suisse*, Fribourg, Barblan et Saladin, 1976.

TIMBAL DUCLAUX De, MARTIN P., *Le droit d'asile*, Paris, Sirey, 1939.

SELECTIVE BIBLIOGRAPHY

BASSIOUNI, M. Ch. *International extradition and world public order.* Leyden: A.W. Sijthoff, 1974.

GARCIA-MORA, M., *International Law and Asylum as a human right.* Washington: Public Affairs Press, 1956.

SINHA, S. P. *Asylum and International Law.* The Hague: Nijhoff, 1971.

TOBAR Y BORGONO, G. M., *L'asile interne devant le droit international*, Barcelone, 1911.

WEIS, P., "Territorial Asylum" (1966) 6 Indian Journal of International Law, 193-194.

DÉCLARATION SUR L'ASILE TERRITORIAL

Adoptée par l'Assemblée générale des
Nations Unies le 14 décembre 1967
[résolution 2312 (XXII)]

L'Assemblée générale,

Rappelant ses résolutions 1839 (XVII) du 19 décembre 1962, 2100 (XX) du 20 décembre 1965 et 2203 (XXI) du 16 décembre 1966, relatives à une déclaration sur le droit d'asile,

Tenant compte des travaux de codification qu'entreprendra la Commission du droit international conformément à la résolution 1400 (XIV) de l'Assemblée générale, en date du 21 novembre 1959,

Adopte la Déclaration suivante :

DÉCLARATION SUR L'ASILE TERRITORIAL

L'Assemblée générale,

Notant que les buts énoncés dans la Charte des Nations Unies sont de maintenir la paix et la sécurité internationales, de développer des relations amicales entre toutes les nations et de réaliser la coopération internationale en résolvant les problèmes internationaux d'ordre économique, social, intellectuel ou humanitaire et en développant et en encourageant le respect des droits de l'homme et des libertés fondamentales pour tous sans distinction de race, de sexe, de langue ou de religion,

Tenant compte du fait que la Déclaration universelle des droits de l'homme dispose, en son article 14 :

DECLARATION ON TERRITORIAL ASYLUM

Adopted by the General Assembly
of the United Nations on 14 December 1967
(resolution 2312 (XXII))

The General Assembly,

Recalling its resolutions 1839 (XVII) of 19 December 1962, 2100 (XX) of 20 December 1965 and 2203 (XXI) of 16 December 1966 concerning a declaration on the right of asylum,

Considering the work of codification to be undertaken by the International Law Commission in accordance with General Assembly resolution 1400 (XIV) of 21 November 1959,

Adopts the following Declaration:

DECLARATION ON TERRITORIAL ASYLUM

The General Assembly,

Noting that the purposes proclaimed in the Charter of the United Nations are to maintain international peace and security, to develop friendly relations among all nations and to achieve international co-operation in solving international problems of an economic, social, cultural or humanitarian character and in promoting and encouraging respect for human rights and for fundamental freedoms for all without distinction as to race, sex, language or religion,

Mindful of the Universal Declaration of Human Rights, which declares in article 14 that:

« 1. Devant la persécution, toute personne a le droit de chercher asile et de bénéficier de l'asile en d'autres pays. »

« 2. Ce droit ne peut être invoqué dans le cas de poursuites réellement fondées sur un crime de droit commun ou sur des agissements contraires aux buts et aux principes des Nations Unies, »

Rappelant d'autre part qu'il est dit au paragraphe 2 de l'article 13 de la Déclaration universelle des droits de l'homme :

« Toute personne a le droit de quitter tout pays, y compris le sien, et de revenir dans son pays, »

Reconnaissant que l'octroi par un État de l'asile à des personnes fondées à invoquer l'article 14 de la Déclaration universelle des droits de l'homme est un acte pacifique et humanitaire, et qui, en tant que tel, ne saurait être considéré comme inamical à l'égard d'un autre État,

Recommande que, sans préjudice des instruments existants ayant trait à l'asile et au statut des réfugiés et des apatrides, les États s'inspirent, dans leurs pratiques relatives à l'asile territorial, des principes ci-après :

Article 1

1. L'asile accordé par un État, dans l'exercice de sa souveraineté, à des personnes fondées à invoquer l'article 14 de la Déclaration universelle des droits de l'homme, y compris celles qui luttent contre le colonialisme, doit être respecté par tous les autres États.

"1. Everyone has the right to seek and to enjoy in other countries asylum from persecution."

"2. This right may not be invoked in the case of prosecutions genuinely arising from non-political crimes or from acts contrary to the purposes and principles of the United Nations,"

Recalling also article 13, paragraph 2, of the Universal Declaration of Human Rights, which states:

"Everyone has the right to leave any country, including his own, and to return to his country,"

Recognizing that the grant of asylum by a State to persons entitled to invoke article 14 of the Universal Declaration of Human Rights is a peaceful and humanitarian act and that, as such, it cannot be regarded as unfriendly by any other State,

Recommends that, without prejudice to existing instruments dealing with asylum and the status of refugees and stateless persons, States should base themselves in their practices relating to territorial asylum on the following principles:

Article 1

1. Asylum granted by a State, in the exercise of its sovereignty, to persons entitled to invoke article 14 of the Universal Declaration of Human Rights, including persons struggling against colonialism, shall be respected by all other States.

2. Le droit de chercher asile et de bénéficier de l'asile ne peut être invoqué par des personnes dont on aura des raisons sérieuses de penser qu'elles ont commis un crime contre la paix, un crime de guerre ou un crime contre l'humanité, au sens des instruments internationaux élaborés pour prévoir des dispositions relatives à ces crimes.

3. Il appartient à l'État qui accorde asile de qualifier les clauses qui le motivent.

Article 2

1. La communauté internationale doit se préoccuper de la situation des personnes visées au paragraphe 1 de l'article premier, sous réserve de la souveraineté des États et des buts et principes des Nations Unies.

2. Lorsqu'un État éprouve des difficultés à donner ou à continuer de donner asile, les États doivent, individuellement ou en commun, ou par l'intermédiaire de l'Organisation des Nations Unies, envisager les mesures qu'il y aurait lieu de prendre, dans un esprit de solidarité internationale, pour soulager le fardeau de cet État.

Article 3

1. Aucune personne visée au paragraphe 1 de l'article premier ne sera soumise à des mesures telles que le refus d'admission à la frontière ou, si elle est déjà entrée dans le territoire où elle cherchait asile, l'expulsion ou le refoulement vers tout État où elle risque d'être victime de persécutions.

2. The right to seek and to enjoy asylum may not be invoked by any person with respect to whom there are serious reasons for considering that he has committed a crime against peace, a war crime or a crime against humanity, as defined in the international instruments drawn up to make provision in respect of such crimes.

3. It shall rest with the State granting asylum to evaluate the grounds for the grant of asylum.

Article 2

1. The situation of persons referred to in article 1, paragraph 1, is, without prejudice to the sovereignty of States and the purposes and principles of the United Nations, of concern of the international community.

2. Where a State finds difficulty in granting or continuing to grant asylum, States individually or jointly or through the United Nations shall consider, in a spirit of international solidarity, appropriate measures to lighten the burden on that State.

Article 3

1. No person referred to in article 1, paragraph 1, shall be subjected to measures such as rejection at the frontier or, if he has already entered the territory in which he seeks asylum, expulsion or compulsory return to any State where he may be subjected to persecution.

2. Il ne pourra être dérogé au principe énoncé ci-dessus que pour des raisons majeures de sécurité nationale ou pour protéger la population, comme dans le cas d'un afflux en masse de personnes.

3. Si un État décide en tout état de cause qu'une dérogation au principe énoncé au paragraphe 1 du présent article serait justifiée, il envisagera la possibilité de donner à l'intéressé, dans les conditions qui lui paraîtront appropriées, la faculté de se rendre dans un autre État, soit en lui accordant un asile provisoire, soit autrement.

Article 4

Les États qui accordent l'asile ne doivent pas permettre que les personnes auxquelles l'asile a été accordé se livrent à des activités contraires aux buts et aux principes des Nations Unies.

2. Exception may be made to the foregoing principle only for overiding reasons of national security or in order to safeguard the population, as in the case of a mass influx of persons.

3. Should a State decide in any case that exception to the principle stated in paragraph 1 of this article would be justified, it shall consider the possibility of granting to the person concerned, under such conditions as it may deem appropriate, an opportunity, whether by way of provisional asylum or otherwise, of going to another State.

Article 4

States granting asylum shall not permit persons who have received asylum to engage in activities contrary to the purposes and principles of the United Nations.

ÉTATS PRÉSENTS LORS DE L'ADOPTION DE LA DÉCLARATION DES NATIONS UNIES SUR L'ASILE TERRITORIAL DU 14 DÉCEMBRE 1967

PARTICIPANTS STATES TO THE ADOPTION OF THE UNITED NATIONS DECLARATION ON TERRITORIAL ASYLUM OF 14 DECEMBER 1967

ÉTATS PRÉSENTS :

Argentine, Barbade, Bolivie, Brésil, Chili, Colombie, Costa Rica, Équateur, El Salvador, Guatemala, Guyane, Honduras, Jamaïque, Mexique, Nicaragua, Nigéria, Norvège, Panama, Paraguay, Pérou, République Dominicaine, Somalie, Suède[1], Uruguay, Venezuela.

PARTICIPANT STATES:

Argentina, Barbados, Bolivia, Brazil, Chile, Colombia, Costa Rica, Dominican Republic, Ecuador, El Salvador, Guatemala, Guyana, Honduras, Jamaica, Mexico, Nicaragua, Nigeria, Norway, Panama, Paraguay, Peru, Somalia, Sweden[1], Uruguay, Venezuela.

---

1. Cet État a amendé oralement la version préliminaire de cette résolution.

1. Draft resolution, as orally amended by this State.

IX

CONVENTION RELATIVE AU STATUT DES APATRIDES DU 28 SEPTEMBRE 1954

Commentaires

L'article 15(1) et (2) de la Déclaration Universelle dispose que « tout individu a droit à une nationalité. Nul ne peut être arbitrairement privé de sa nationalité, ni du droit de changer de nationalité.» L'octroi d'une nationalité demeure la prérogative souveraine d'un État qui peut aussi efficacement en assurer la protection. Paul Weis[1] explique qu'il y a plusieurs causes de l'apatridie mais les lois nationales demeurent la cause principale de la perte de nationalité qui réduisent, ceux qui en ont perdu, au rang d'apatrides.

En vertu de changement du système *jus sanguis* au système *jus soli*, l'enfant né sur le territoire d'un État qui octroie sa nationalité *jus sanguis* sera apatride de plein droit et l'enfant d'un apatride né sur le territoire d'un État qui accorde sa nationalité *in jus soli* aura de plein droit la nationalité de cet État.

C'est pour parer à la perte de nationalité des individus qui devenaient apatrides que les Nations Unies ont pu élaborer, la Convention relative au statut des apatrides du 28 septembre 1954 obligeant les États parties à cette Convention de déterminer le statut juridique des apatrides qui séjournent sur le territoire desdits États. Pour des raisons humanitaires, le statut d'un apatride est souvent assimilé à celui d'un réfugié car, tous les deux recherchent la protection d'un État.

---

[1]. *Nationality and Statelessness in International Law*, London, Stevens and Sons Ltd., 1956.

CONVENTION RELATING TO THE STATUS OF STATELESS PERSONS OF 28 SEPTEMBER 1954

Commentaries

Section 15(1) and (2) of the Universal Declaration stipulates that "Everyone has the right to a nationality. No one shall be arbitrarily deprived of his nationality, nor denied the right to change his nationality." The granting of a nationality remains the sovereign prerogative of a state which can also efficiently insure protection. Paul Weis[1] explains that there are several causes to statelessness but the national laws remain the major reason for the loss of nationality reducing those who lost it to the status of stateless persons.

Under the change from the *jus sanguis* system to the *jus soli* system, a child born in a state which grants its nationality *jus sanguis* will be stateless by right and the child of a stateless person born in the state which grants its nationality *in jus soli* will have by right the nationality of this state.

It is to avoid the loss of nationality of the persons who were becoming stateless that the United Nations were able to establish the Convention relating to the status of the stateless persons of September 28, 1954 binding the states who take part in this Convention to determine the legal status of the stateless persons residing in the said states. For humanitarian reasons, the status of the person is often assimilated to the one of a refugee since both are seeking the protection of the state.

---

[1]. *Nationality and Statelessness in International Law*: London, Stevens and Sons Ltd., 1956.

BIBLIOGRAPHIE SÉLECTIVE

GONSET, Y., *La nationalité de l'enfant en droit comparé : Études des législations européennes*, Genève, Droz, 1977.

WEIS, P., « Convention du 28 septembre 1954 relative au statut des apatrides », (1961) R.G.D.I.P., pp. 197-211.

ZATZEPINE, A., *Le droit de la nationalité des républiques francophones d'Afrique et de Madagascar*, Paris, L.G.D.J., 1963.

SELECTIVE BIBLIOGRAPHY

STEELE, E. D., *Irish land and British politics: tenant-right and nationality 1865-1870*, London: Cambridge University Press. 1974.

UNITED NATIONS, *Laws concerning nationality*. New York: U.N., 1954.

CONVENTION RELATIVE AU STATUT DES APATRIDES

En date à New York du
28 septembre 1954[1]

Entrée en vigueur : 6 juin 1960,
conformément à l'article 39
Texte : Nations Unies, Recueil des
Traités n° 5158, vol. 360, p. 117

PRÉAMBULE

Les Hautes Parties contractantes,

Considérant que la Charte des Nations Unies et la Déclaration universelle des droits de l'homme approuvée le 10 décembre 1948 par l'Assemblée générale des Nations Unies ont affirmé ce principe que les êtres humains, sans discrimination, doivent jouir des droits de l'homme et des libertés fondamentales,

Considérant que l'Organisation des Nations Unies a, à plusieurs reprises, manifesté la profonde sollicitude qu'elle éprouve pour les apatrides et qu'elle s'est préoccupée d'assurer à ceux-ci l'exercice le plus large possible des droits de l'homme et des libertés fondamentales,

---

1. La Convention a été adoptée par la Conférence des Nations Unies sur le Statut des Apatrides tenue au siège des Nations Unies à New York, du 13 au 23 septembre 1954. La conférence a été réunie conformément à la résolution 526 A (XVII) adoptée le 26 avril 1954 par le Conseil économique et social de l'ONU. On trouvera le texte de cette résolution dans Documents officiels du Conseil économique et social, dix-septième session supplément n° 1 (E/2596) p. 13. Le texte de l'Acte final de la Conférence figure en appendice.

CONVENTION RELATING TO THE STATUS OF THE STATELESS PERSONS

Done at New York on
28 September 1954[1]

Entry into force: 6 June 1960, in
accordance with Article 39
Text: United Nations Treaty
Series No. 5158, Vol. 360, p. 117

PREAMBLE

The High Contracting Parties,

Considering that the Charter of the United Nations and the Universal Declaration of Human Rights approved on 10 December 1948 by the General Assembly of the United Nations have affirmed the principle that human beings shall enjoy fundamental rights and freedoms without discrimination,

Considering that the United Nations has, on various occasions, manifested its profound concern for stateless persons and endeavoured to assure stateless persons the widest possible exercise of these fundamental rights and freedoms,

---

1. The Convention was adopted by the United Nations Conference on the Status of Stateless Persons, held at the Headquarters of the United Nations in New York from 13 to 23 September 1954. The Conference was convened pursuant to resolution 526 A (XVII) of 26 April 1954 of the Economic and Social Council of the United Nations. For the text of this resolution, see Official Records of the Economic and Social Council, Seventeenth Session, Supplement No. 1 (E/2596), p. 12. The text of the Final Act of the United Nations Conference on the Status of Stateless Persons is reproduced in Appendix.

Considering that only those stateless persons who are also refugees are covered by the Convention relating to the Status of Refugees of 28 July 1951 and that there are many stateless persons who are not covered by that Convention,

Considering that it is desirable to regulate and improve the status of stateless persons by an international agreement,

Have agreed as follows:

CHAPTER I

GENERAL PROVISIONS

Article 1

Definition of the term "Stateless Person"

1. For the purpose of this Convention, the term "stateless person" means a person who is not considered as a national by any State under the operation of its law.

2. This Convention shall not apply:

(i) To persons who are at present receiving from organs or agencies of the United Nations other than the United Nations High Commissioner for Refugees protection or assistance so long as they are receiving such protection or assistance;

(ii) To persons who are recognized by the competent authorities of the country in which they have taken residence as having the rights and obligations which are attached to the possession of the nationality of that country;

iii) aux personnes dont on aura des raisons sérieuses de penser :

a) qu'elles ont commis un crime contre la paix, un crime de guerre ou un crime contre l'humanité, au sens des instruments internationaux élaborés pour prévoir des dispositions relatives à ces crimes;
b) qu'elles ont commis un crime grave de droit commun en dehors du pays de leur résidence avant d'y être admises;
c) qu'elles se sont rendues coupables d'agissements contraires aux buts et aux principes des Nations Unies.

Article 2

Obligations générales

Tout apatride a, à l'égard du pays où il se trouve, des devoirs qui comportent notamment l'obligation de se conformer aux lois et règlements ainsi qu'aux mesures prises pour le maintien de l'ordre public.

Article 3

Non-discrimination

Les États contractants appliqueront les dispositions de cette Convention aux apatrides sans discrimination quant à la race, la religion ou le pays d'origine.

Article 4

Religion

Les États contractants accorderont aux apatrides sur leur territoire un traitement au moins aussi favorable que

(iii) To persons with respect to whom there are serious reasons for considering that:
(a) They have committed a crime against peace, a war crime, or a crime against humanity, as defined in the international instruments drawn up to make provisions in respect of such crimes;
(b) They have committed a serious non-political crime outside the country of their residence prior to their admission to that country;
(c) They have been guilty of acts contrary to the purpose and principles of the United Nations.

Article 2

General obligations

Every stateless person has duties to the country in which he finds himself, which require in particular that he conform to its laws and regulations as well as to measures taken for the maintenance of public order.

Article 3

Non-discrimination

The Contracting States shall apply the provisions of this Convention to stateless persons without discrimination as to race, religion or country of origin.

Article 4

Religion

The Contracting States shall accord to stateless persons within their territories treatment at least as favourable as

celui accordé aux nationaux en ce qui concerne la liberté de pratiquer leur religion et en ce qui concerne la liberté d'instruction religieuse de leurs enfants.

that accorded to their nationals with respect to freedom to practise their religion and freedom as regards the religious education of their children.

Article 5

Droits accordés indépendamment de cette Convention

Aucune disposition de cette Convention ne porte atteinte aux autres droits et avantages accordés, indépendamment de cette Convention, aux apatrides.

Article 5

Rights granted apart from this Convention

Nothing in this Convention shall be deemed to impair any rights and benefits granted by a Contracting State to stateless persons apart from this Convention.

Article 6

L'expression « dans les mêmes circonstances »

Aux fins de cette Convention, les termes « dans les mêmes circonstances » impliquent que toutes les conditions (et notamment celles qui ont trait à la durée et aux conditions de séjour ou de résidence) que l'intéressé devrait remplir pour pouvoir exercer le droit en question, s'il n'était pas un apatride, doivent être remplies par lui, à l'exception des conditions qui, en raison de leur nature, ne peuvent pas être remplies par un apatride.

Article 6

The term "in the same circumstances"

For the purpose of this Convention, the term "in the same circumstances" implies that any requirements (including requirements as to length and conditions of sojourn or residence) which the particular individual would have to fulfil for the enjoyment of the right in question, if he were not a stateless person, must be fulfilled by him, with the exception of requirements which by their nature a stateless person is incapable of fulfilling.

Article 7

Dispense de réciprocité

1. Sous réserve des dispositions plus favorables prévues par cette Convention, tout État contractant accordera aux apatrides le régime qu'il accorde aux étrangers en général.

Article 7

Exemption from reciprocity

1. Except where this Convention contains more favourable provisions, a Contracting State shall accord to stateless persons the same treatment as is accorded to aliens generally.

2. Après un délai de résidence de trois ans, tous les apatrides bénéficieront, sur le territoire des États contractants, de la dispense de réciprocité législative.

3. Tout État contractant continuera à accorder aux apatrides les droits et avantages auxquels ils pouvaient déjà prétendre, en l'absence de réciprocité, à la date d'entrée en vigueur de cette Convention pour ledit État.

4. Les États contractants envisageront avec bienveillance la possibilité d'accorder aux apatrides, en l'absence de réciprocité, des droits et des avantages outre ceux auxquels ils peuvent prétendre en vertu des paragraphes 2 et 3, ainsi que la possibilité de faire bénéficier de la dispense de réciprocité des apatrides qui ne remplissent pas les conditions visées aux paragraphes 2 et 3.

5. Les dispositions des paragraphes 2 et 3 ci-dessus s'appliquent aussi bien aux droits et avantages visés aux articles 13, 18, 19, 21 et 22 de cette Convention qu'aux droits et avantages qui ne sont pas prévus par elle.

2. After a period of three years' residence, all stateless persons shall enjoy exemption from legislative reciprocity in the territory of the Contracting States.

3. Each Contracting State shall continue to accord to stateless persons the rights and benefits to which they were already entitled, in the absence of reciprocity, at the date of entry into force of this Convention for that State.

4. The Contracting States shall consider favourably the possibility of according to stateless persons, in the absence of reciprocity, rights and benefits beyond those to which they are entitled according to paragraphs 2 and 3, and to extending exemption from reciprocity to stateless persons who do not fulfil the conditions provided for in paragraphs 2 and 3.

5. The provisions of paragraphs 2 and 3 apply both to the rights and benefits referred to in articles 13, 18, 19, 21 and 22 of this Convention and to rights and benefits for which this Convention does not provide.

Article 8

Dispense de mesures exceptionnelles

En ce qui concerne les mesures exceptionnelles qui peuvent être prises contre la personne, les biens ou les intérêts des ressortissants ou des anciens ressortissants d'un État déterminé, les États contractants n'appliqueront pas ces mesures à un apatride uniquement parce qu'il a possédé la nationalité de l'État en question. Les États contractants qui, de par leur législation, ne peuvent

Article 8

Exemption from exceptional measures

With regard to exceptional measures which may be taken against the person, property or interests of nationals or former nationals of a foreign State, the Contracting States shall not apply such measures to a stateless person solely on account of his having previously possessed the nationality of the foreign State in question. Contracting States which, under their legislation, are pre-

appliquer le principe général consacré dans cet article, accorderont dans des cas appropriés des dispenses en faveur de tels apatrides.

vented from applying the general principle expressed in this article shall, in appropriate cases, grant exemptions in favour of such stateless persons.

Article 9

Mesures provisoires

Aucune des dispositions de la présente Convention n'a pour effet d'empêcher un État contractant, en temps de guerre ou dans d'autres circonstances graves et exceptionnelles, de prendre provisoirement à l'égard d'une personne déterminée les mesures que cet État estime indispensables à la sécurité nationale, en attendant qu'il soit établi par ledit État contractant que cette personne est effectivement un apatride et que le maintien desdites mesures est nécessaire à son égard dans l'intérêt de la sécurité nationale.

Article 9

Provisional measures

Nothing in this Convention shall prevent a Contracting State, in time of war or other grave and exceptional circumstances, from taking provisionally measures which it considers to be essential to the national security in the case of a particular person, pending a determination by the Contracting State that that person is in fact a stateless person and that the continuance of such measures is necessary in this case in the interests of national security.

Article 10

Continuité de résidence

1. Lorsqu'un apatride a été déporté au cours de la deuxième guerre mondiale et transporté sur le territoire de l'un des États contractants et y réside, la durée de ce séjour forcé comptera comme résidence régulière sur ce territoire.

2. Lorsqu'un apatride a été déporté du territoire d'un État contractant au cours de la deuxième guerre mondiale et y est retourné avant l'entrée en vigueur de cette Convention pour y établir sa résidence, la période qui précède et celle qui suit cette déportation seront considérées, à toutes les fins pour lesquelles une résidence ininterrompue est

Article 10

Continuity of residence

1. Where a stateless person has been forcibly displaced during the Second World War and removed to the territory a Contracting State, and is resident there, the period of such enforced sojourn shall be considered to have been lawful residence within that territory.

2. Where a stateless person has been forcibly displaced during the Second World War from the territory of a Contracting State and has, prior to the date of entry into force of this Convention, returned there for the purpose of taking up residence, the period of residence before and after such enforced displacement shall be regarded as one uninter-

nécessaire, comme ne constituant qu'une seule période ininterrompue.

Article 11

Gens de mer apatrides

Dans le cas d'apatrides régulièrement employés comme membres de l'équipage à bord d'un navire battant pavillon d'un État contractant, cet État examinera avec bienveillance la possibilité d'autoriser lesdits apatrides à s'établir sur son territoire et de leur délivrer des titres de voyage ou de les admettre à titre temporaire sur son territoire, afin notamment de faciliter leur établissement dans un autre pays.

CHAPITRE II

CONDITION JURIDIQUE

Article 12

Statut personnel

1. Le statut personnel de tout apatride sera régi par la loi du pays de son domicile ou, à défaut de domicile, par la loi du pays de sa résidence.

2. Les droits précédemment acquis par l'apatride et découlant du statut personnel, et notamment ceux qui résultent du mariage, seront respectés par tout État contractant, sous réserve, le cas échéant, de l'accomplissement des formalités prévues par la législation dudit État, étant entendu, toutefois, que le droit en cause doit être de ceux qui auraient été reconnus par la législation dudit État si l'intéressé n'était devenu apatride.

rupted period for any purposes for which uninterrupted residence is required.

Article 11

Stateless seamen

In the case of stateless persons regularly serving as crew members on board a ship flying the flag of a Contracting State, that State shall give sympathetic consideration to their establishment in its territory and the issue of travel documents to them or their temporary admission to its territory particularly with a view to facilitating their establishment in another country.

CHAPTER II

JURIDICAL STATUS

Article 12

Personal status

1. The personal status of a stateless person shall be governed by the law of the country of this domicile or, if he has no domicile, by the law of the country of his residence.

2. Rights previously acquired by a stateless person and dependent on personal status, more particularly rights attaching to marriage, shall be respected by a Contracting State, subject to compliance, if this be necessary, with the formalities required by the law of that State, provided that the right in question is one which would have been recognized by the law of that State had he not become stateless.

Article 13

Propriété mobilière et immobilière

Les États contractants accorderont à tout apatride un traitement aussi favorable que possible et, de toute façon, un traitement qui ne soit pas moins favorable que celui qui est accordé, dans les mêmes circonstances, aux étrangers en général en ce qui concerne l'acquisition de la propriété mobilière et immobilière et autres droits s'y rapportant, le louage et les autres contrats relatifs à la propriété mobilière et immobilière.

Article 14

Propriété intellectuelle et industrielle

En matière de protection de la propriété industrielle, notamment d'inventions, dessins, modèles, marques de fabrique, nom commercial, et en matière de protection de la propriété littéraire, artistique et scientifique, tout apatride bénéficiera dans le pays où il a sa résidence habituelle de la protection qui est accordée aux nationaux dudit pays. Dans le territoire de l'un quelconque des autres États contractants, il bénéficiera de la protection qui est accordée dans ledit territoire aux nationaux du pays dans lequel il a sa résidence habituelle.

Article 15

Droit d'association

Les États contractants accorderont aux apatrides qui résident régulièrement sur leur territoire, en ce qui concerne les associations à but non politique et non

Article 13

Movable and immovable property

The Contracting States shall accord to a stateless person treatment as favourable as possible and, in any event, not less favourable than that accorded to aliens generally in the same circumstances, as regards the acquisition of movable and immovable property and other rights pertaining thereto, and to leases and other contracts relating to movable and immovable property.

Article 14

Artistic rights and industrial property

In respect of the protection of industrial property, such as inventions, designs or models, trade marks, trade names, and of rights in literary, artistic and scientific works, a stateless person shall be accorded in the country in which he has his habitual residence the same protection as is accorded to nationals of that country. In the territory of any other Contracting State, he shall be accorded the same protection as is accorded in that territory to nationals of the country in which he has his habitual residence.

Article 15

Right of association

As regards non-political and non-profit-making associations and trade unions the Contracting States shall accord to stateless persons lawfully stay-

lucratif et les syndicats professionnels, un traitement aussi favorable que possible et, de toute façon, un traitement qui ne soit pas moins favorable que celui qui est accordé, dans les mêmes circonstances, aux étrangers en général.

Article 16

Droit d'ester en justice

1. Tout apatride aura, sur le territoire des États contractants, libre et facile accès devant les tribunaux.

2. Dans l'État contractant où il a sa résidence habituelle, tout apatride jouira du même traitement qu'un ressortissant en ce qui concerne l'accès aux tribunaux, y compris l'assistance judiciaire et l'exemption de la caution *judicatum solvi*.

3. Dans les États contractants autres que celui où il a sa résidence habituelle en ce qui concerne les questions visées au paragraphe 2, tout apatride jouira du même traitement qu'un ressortissant du pays dans lequel il a sa résidence habituelle.

CHAPITRE III

EMPLOIS LUCRATIFS

Article 17

Professions salariées

1. Les États contractants accorderont à tout apatride résidant régulièrement sur leur territoire un traitement aussi favorable que possible et, de toute façon, un traitement qui ne soit pas moins favorable que celui qui est accor-

ing in their territory treatment as favourable as possible and, in any event, not less favourable than that accorded to aliens generally in the same circumstances.

Article 16

Access to Courts

1. A stateless person shall have free access to the Courts of Law on the territory of all Contracting States.

2. A stateless person shall enjoy in the Contracting State in which he has his habitual residence the same treatment as a national in matters pertaining to access to the Courts, including legal assistance and exemption from *cautio judicatum solvi*.

3. A stateless person shall be accorded in the matters referred to in paragraph 2 in countries other than that in which he has his habitual residence the treatment granted to a national of the country of his habitual residence.

CHAPTER III

GAINFUL EMPLOYMENT

Article 17

Wage-earning employment

1. The Contracting States shall accord to stateless persons lawfully staying in their territory treatment as favourable as possible and, in any event, not less favourable than that accorded to aliens generally in the same

dé, dans les mêmes circonstances, aux étrangers en général en ce qui concerne l'exercice d'une activité professionnelle salariée.

2. Les États contractants envisageront avec bienveillance l'adoption de mesures tendant à assimiler les droits de tous les apatrides en ce qui concerne l'exercice des professions salariées à ceux de leurs nationaux, et ce notamment pour les apatrides qui sont entrés sur leur territoire en application d'un programme de recrutement de la main-d'oeuvre ou d'un plan d'immigration.

circumstances, as regards the right to engage in wage-earning employment.

2. The Contracting States shall give sympathetic consideration to assimilating the rights of all stateless persons with regard to wage-earning employment to those of nationals, and in particular of those stateless persons who have entered their territory pursuant to programmes of labour recruitment or under immigration schemes.

Article 18

Professions non salariées

Les États contractants accorderont aux apatrides se trouvant régulièrement sur leur territoire un traitement aussi favorable que possible et, de toute façon, un traitement qui ne soit pas moins favorable que celui qui est accordé, dans les mêmes circonstances, aux étrangers en général, en ce qui concerne l'exercice d'une profession non salariée dans l'agriculture, l'industrie, l'artisanat et le commerce, ainsi que la création de sociétés commerciales et industrielles.

Article 18

Self-employment

The Contracting States shall accord to a stateless person lawfully in their territory treatment as favourable as possible and, in any event, not less favourable than that accorded to aliens generally in the same circumstances, as regards the rights to engage on his own account in agriculture, in industry, handicrafts and commerce and to establish commercial and industrial companies.

Article 19

Professions libérales

Tout État contractant accordera aux apatrides résidant régulièrement sur son territoire, qui sont titulaires de diplômes reconnus par les autorités compétentes dudit État et qui sont désireux d'exercer une profession libérale, un traitement aussi favorable que possible et, de toute

Article 19

Liberal profession

Each Contracting State shall accord to stateless persons lawfully staying in their territory who hold diplomas recognized by the competent authorities of that State, and who are desirous of practising a liberal profession, treatment as favourable as possible and, in any

façon, un traitement qui ne soit pas moins favorable que celui qui est accordé, dans les mêmes circonstances, aux étrangers en général.

event, not less favourable than that accorded to aliens generally in the same circumstances.

CHAPITRE IV

AVANTAGES SOCIAUX

Article 20

Rationnement

Dans le cas où il existe un système de rationnement auquel est soumise la population dans son ensemble et qui réglemente la répartition générale de produits dont il y a pénurie, les apatrides seront traités comme les nationaux.

Article 21

Logement

En ce qui concerne le logement, les États contractants accorderont, dans la mesure où cette question tombe sous le coup des lois et règlements ou est soumise au contrôle des autorités publiques, aux apatrides résidant régulièrement sur leur territoire un traitement aussi favorable que possible et, de toute façon, un traitement qui ne soit pas moins favorable que celui qui est accordé, dans les mêmes circonstances, aux étrangers en général.

Article 22

Éducation publique

1. Les États contractants accorderont aux apatrides le même traitement qu'aux nationaux en ce qui concerne l'enseignement primaire.

CHAPTER IV

WELFARE

Article 20

Rationing

Where a rationing system exists, which applies to the population at large and regulates the general distribution of products in short supply, stateless persons shall be accorded the same treatment as nationals.

Article 21

Housing

As regards housing, the Contracting States, in so far as the matter is regulated by laws or regulations or is subject to the control of public authorities, shall accord to stateless persons lawfully staying in their territory treatment as favourable as possible and, in any event, not less favourable than that accorded to aliens generally in the same circumstances.

Article 22

Public education

1. The Contracting States shall accord to stateless persons the same treatment as is accorded to nationals with respect to elementary education.

2. Les États contractants accorderont aux apatrides un traitement aussi favorable que possible et, de toute façon, un traitement qui ne soit pas moins favorable que celui qui est accordé aux étrangers en général, dans les mêmes circonstances, quant aux catégories d'enseignement autres que l'enseignement primaire et, notamment, en ce qui concerne l'accès aux études, la reconnaissance de certificats d'études, de diplômes et de titres universitaires délivrés à l'étranger, la remise des droits et taxes et l'attribution de bourses d'études.

2. The Contracting States shall accord to stateless persons treatment as favourable as possible and, in any event, not less favourable than that accorded to aliens generally in the same circumstances, with respect to education other than elementary education and, in particular, as regards access to studies, the recognition of foreign school certificates, diplomas and degrees, the remission of fees and charges and the award of scholarships.

Article 23

Assistance publique

Les États contractants accorderont aux apatrides résidant régulièrement sur leur territoire le même traitement en matière d'assistance et de secours publics qu'à leurs nationaux.

Article 23

Public relief

The Contracting States shall accord to stateless persons lawfully staying in their territory the same treatment with respect to public relief and assistance as is accorded to their nationals.

Article 24

Législation du travail et sécurité sociale

1. Les États contractants accorderont aux apatrides résidant régulièrement sur leur territoire le même traitement qu'aux nationaux en ce qui concerne les matières suivantes :

a) dans la mesure où ces questions sont réglementées par la législation ou dépendent des autorités administratives: la rémunération, y compris les allocations familiales lorsque ces allocations font partie de la rémunération, la durée du travail, les heures supplémentaires, les congés payés, les restrictions au travail à domicile,

Article 24

Labour legislation and social security

1. The Contracting States shall accord to stateless persons lawfully staying in their territory the same treatment as is accorded to nationals in respect of the following matters:

(a) In so far as such matters are governed by laws or regulations or are subject to the control of administrative authorities: remuneration, including family allowances where these form part of remuneration, hours of work, overtime arrangements, holidays with pay, restrictions on home work, minimum age of employment,

l'âge d'admission à l'emploi, l'apprentissage et la formation professionnelle, le travail des femmes et des adolescents et la jouissance des avantages offerts par les conventions collectives;

b) la sécurité sociale (les dispositions légales relatives aux accidents du travail, aux maladies professionnelles, à la maternité, à la maladie, à l'invalidité, à la vieillesse et au décès, au chômage, aux charges de famille, ainsi qu'à tout autre risque qui, conformément à la législation nationale, est couvert par un système de sécurité sociale), sous réserve :

i) des arrangements appropriés visant le maintien des droits acquis et des droits en cours d'acquisition;

ii) des dispositions particulières prescrites par la législation nationale du pays de résidence et visant les prestations ou fractions de prestations payables exclusivement sur les fonds publics, ainsi que les allocations versées aux personnes qui ne réunissent pas les conditions de cotisation exigées pour l'attribution d'une pension normale.

2. Les droits à prestation ouverts par le décès d'un apatride survenu du fait d'un accident du travail ou d'une maladie professionnelle ne seront pas affectés par le fait que l'ayant droit réside en dehors du territoire de l'État contractant.

3. Les États contractants étendront aux apatrides le bénéfice des accords qu'ils ont conclus ou viendront à conclure entre eux concernant le maintien des droits acquis ou en cours d'acquisition en matière de sécurité sociale,

apprenticeship and training, women's work and the work of young persons, and the enjoyment of benefits of collective bargaining;

(b) Social security (legal provisions in respect of employment, injury, occupational diseases, maternity, sickness, disability, old age, death, unemployment, family responsibilities and any other contingency which, according to national laws regulations, is covered by a social security scheme), subject to the following limitations:

(i) There may be appropriate arrangements for the maintenance of acquired rights and rights in course of acquisition;

(ii) National laws or regulations of the country of residence may prescribe special arrangements concerning benefits or portions of benefits which are payable wholly out of public funds, and concerning allowances paid to persons who do not fulfil the contribution conditions prescribed for the award of a normal pension.

2. The right to compensation for the death of a stateless person resulting from employment injury or from occupational disease shall not be affected by the fact that the residence of the beneficiary is outside the territory of the Contracting State.

3. The Contracting States shall extend to stateless persons the benefits of agreements concluded between them, or which may be concluded between them in the future, concerning the maintenance of acquired rights and

pour autant que les apatrides réunissent les conditions prévues pour les nationaux des pays signataires des accords en question.

4. Les États contractants examineront avec bienveillance la possibilité d'étendre, dans toute la mesure du possible, aux apatrides le bénéfice d'accords similaires qui sont ou seront en vigueur entre ces États contractants et des États non contractants.

rights in the process of acquisition in regard to social security, subject only to the conditions which apply to nationals of the States signatory to the agreements in question.

4. The Contracting States will give sympathetic consideration in extending to stateless persons so far as possible the benefits of similar agreements which may at any time be in force between such Contracting States and non-contracting States.

CHAPITRE V

MESURES ADMINISTRATIVES

Article 25

Aide administrative

1. Lorsque l'exercice d'un droit par un apatride nécessiterait normalement le concours d'autorités étrangères auxquelles il ne peut recourir, les États contractants sur le territoire desquels il réside veilleront à ce que ce concours lui soit fourni par leurs propres autorités.

2. La où les autorités visées au paragraphe 1 délivreront ou feront délivrer, sous leur contrôle, aux apatrides les documents ou certificats qui, normalement, seraient délivrés à un étranger par ses autorités nationales ou par leur intermédiaire.

3. Les documents ou certificats ainsi délivrés remplaceront les actes officiels délivrés à des étrangers par leurs autorités nationales ou par leur intermédiaire et feront foi jusqu'à preuve du contraire.

CHAPTER V

ADMINISTRATIVE MEASURES

Article 25

Administrative assistance

1. When the exercise of a right by a stateless person would normally require the assistance of authorities of a foreign country to whom he cannot have recourse, the Contracting State in whose territory he is residing shall arrange that such assistance be afforded to him by their own authorities.

2. The authority or authorities mentioned in paragraph 1 shall deliver or cause to be delivered under their supervision to stateless persons such documents or certifications as would normally be delivered to aliens by or through their national authorities.

3. Documents or certifications so delivered shall stand in the stead of the official instruments delivered to aliens by or through their national authorities, and shall be given credence in the absence of proof to the contrary.

4. Sous réserve des exceptions qui pourraient être admises en faveur des indigents, les services mentionnés dans le présent article pourront être rétribués, mais ces rétributions seront modérées et en rapport avec les perceptions opérées sur les nationaux à l'occasion de services analogues.

5. Les dispositions de cet article n'affectent en rien les articles 27 et 28.

Article 26

Liberté de circulation

Tout État contractant accordera aux apatrides se trouvant régulièrement sur son territoire le droit d'y choisir leur lieu de résidence et d'y circuler librement, sous les réserves instituées par la réglementation applicable aux étrangers en général, dans les mêmes circonstances.

Article 27

Pièces d'identité

Les États contractants délivreront des pièces d'identité à tout apatride se trouvant sur leur territoire et qui ne possède pas un titre de voyage valable.

Article 28

Titres de voyage

1. Les États contractants délivreront aux apatrides résidant régulièrement sur leur territoire des titres de voyage destinés à leur permettre de voyager hors de ce territoire, à moins que des raisons impérieuses de sécurité nationale ou d'ordre public ne s'y opposent.

4. Subject so such exceptional treatment as may be granted to indigent persons, fees may be charged for the services mentioned herein, but such fees shall be moderate and commensurate with those charged to nationals for similar services.

5. The provisions of this article shall be without prejudice to articles 27 and 28.

Article 26

Freedom of movement

Each Contracting State shall accord to stateless persons lawfully in its territory the right to choose their place of residence and to move freely within its territory, subject to any regulations applicable to aliens generally in the same circumstances.

Article 27

Identity papers

The Contracting States shall issue identity papers to any stateless person in their territory who does not possess a valid travel document.

Article 28

Travel documents

1. The Contracting States shall issue to stateless persons lawfully staying in their territory travel documents for the purpose of travel outside their territory, unless compelling reasons of national security or public order otherwise require, and the provisions of the Sched-

Les dispositions de l'annexe à cette Convention s'appliqueront à ces documents. Les États contractants pourront délivrer un tel titre de voyage à tout autre apatride se trouvant sur leur territoire; ils accorderont une attention particulière aux cas d'apatrides se trouvant sur leur territoire et qui ne sont pas en mesure d'obtenir un titre de voyage du pays de leur résidence régulière.

ule to this Convention shall apply with respect to such documents. The Contracting States may issue such a travel document to any other stateless person in their territory; they shall in particular give sympathetic consideration to the issue of such a travel document to stateless persons in their territory who are unable to obtain a travel document from the country of their lawful residence.

Article 29

Charges fiscales

1. Les États contractants n'assujettiront pas les apatrides à des droits, taxes, impôts, sous quelque dénomination que ce soit, autres ou plus élevés que ceux qui sont ou qui seront perçus sur leurs nationaux dans des situations analogues.

2. Les dispositions du paragraphe précédent ne s'opposent pas à l'application aux apatrides des dispositions des lois et règlements concernant les taxes afférentes à la délivrance aux étrangers de documents administratifs, pièces d'identité y comprises.

Article 29

Fiscal charges

1. The Contracting States shall not impose upon stateless persons duties, charges or taxes, of any description whatsoever, other or higher than those which are or may be levied on their nationals in similar situations.

2. Nothing in the above paragraph shall prevent the application to stateless persons of the laws and regulations concerning charges in respect of the issue to aliens of administrative documents including identity papers.

Article 30

Transfert des avoirs

1. Tout État contractant permettra aux apatrides, conformément aux lois et règlements de leur pays, de transférer les avoirs qu'ils ont fait entrer sur son territoire dans le territoire d'un autre pays où ils ont été admis afin de s'y réinstaller.

2. Tout État contractant accordera sa bienveillante attention aux demandes présentées par des apatrides qui désirent

Article 30

Transfer of assets

1. A Contracting State shall, in conformity with its laws and regulations, permit stateless persons to transfer assets which they have brought into its territory, to another country where they have been admitted for the purpose of resettlement.

2. A Contracting State shall give sympathetic consideration to the application of stateless persons for permis-

obtenir l'autorisation de transférer tous autres avoirs nécessaires à leur réinstallation dans un autre pays où ils ont été admis afin de s'y réinstaller.

sion to transfer assets wherever they may be and which are necessary for their resettlement in another country to which they have been admitted.

Article 31

Expulsion

1. Les États contractants n'expulseront un apatride se trouvant régulièrement sur leur territoire que pour des raisons de sécurité nationale ou d'ordre public.

2. L'expulsion de cet apatride n'aura lieu qu'en exécution d'une décision rendue conformément à la procédure prévue par la loi. L'apatride devra, sauf si des raisons impérieuses de sécurité nationale s'y opposent, être admis à fournir des preuves tendant à le disculper, à présenter un recours et à se faire représenter à cet effet devant une autorité compétente ou devant une ou plusieurs personnes spécialement désignées par l'autorité compétente.

3. Les États contractants accorderont à un tel apatride un délai raisonnable pour lui permettre de chercher à se faire admettre régulièrement dans un autre pays. Les États contractants peuvent appliquer, pendant ce délai, telle mesure d'ordre interne qu'ils jugeront opportune.

Article 32

Naturalisation

Les États contractants faciliteront, dans toute la mesure du possible, l'assimilation et la naturalisation des apatrides. Ils s'efforceront notamment d'accélérer la procédure de naturalisa-

Article 31

Expulsion

1. The Contracting States shall not expel a stateless person lawfully staying in their territory save on grounds of national security or public order.

2. The expulsion of such a stateless person shall be only in pursuance of a decision reached in accordance with due process of law. Except where compelling reasons of national security otherwise require, the stateless person shall be allowed to submit evidence to clear himself, and to appeal to and be represented for the purpose before competent authority or a person or persons specially designated by the competent authority.

3. The Contracting States shall allow such a stateless person a reasonable period within which to seek legal admission into another country. The Contracting States reserve the right to apply during that period such internal measures as they may deem necessary.

Article 32

Naturalization

The Contracting States shall as far as possible facilitate the assimilation and naturalization of stateless persons. They shall in particular make every effort to expedite naturalization proceed-

tion et de réduire, dans toute la mesure du possible, les taxes et les frais de cette procédure.

ings and to reduce as far as possible the charges and costs of such proceedings.

CHAPITRE VI

CLAUSES FINALES

Article 33

Renseignements portant sur les lois et règlements nationaux

Les États contractants communiqueront au Secrétaire général des Nations Unies le texte des lois et des règlements qu'ils pourront promulguer pour assurer l'application de cette Convention.

Article 34

Règlement des différends

Tout différend entre les parties à cette Convention relatif à son interprétation ou à son application, qui n'aura pu être réglé par d'autres moyens, sera soumis à la Cour internationale de Justice à la demande de l'une des parties au différend.

Article 35

Signature, ratification et adhésion

1. Cette Convention sera ouverte à la signature au Siège de l'Organisation des Nations Unies jusqu'au 31 décembre 1955.

2. Elle sera ouverte à la signature :

a) de tout État Membre de l'Organisation des Nations Unies;

CHAPTER VI

FINAL CLAUSES

Article 33

Information on national legislation

The Contracting States shall communicate to the Secretary-General of the United Nations the laws and regulations which they may adopt to ensure the application of this Convention.

Article 34

Settlement of disputes

Any dispute between parties to this Convention relating to its interpretation or application, which cannot be settled by other means, shall be referred to the International Court of Justice at the request of any one of the parties to the dispute.

Article 35

Signature, ratification and accession

1. This Convention shall be open for signature at the Headquarters of the United Nations until 31 December 1955.

2. It shall be open for signature on behalf of:

(a) Any State member of the United Nations;

b) de tout autre État non membre invité à la Conférence des Nations Unies sur le statut des apatrides;

c) de tout État auquel l'Assemblée générale des Nations Unies aurait adressé une invitation à signer ou à adhérer.

3. Elle devra être ratifiée et les instruments de ratification seront déposés auprès du Secrétaire général des Nations Unies.

4. Les États visés au paragraphe 2 du présent article pourront adhérer à cette Convention. L'adhésion se fera par le dépôt d'un instrument d'adhésion auprès du Secrétaire général des Nations Unies.

Article 36

Clause d'application territoriale

1. Tout État pourra, au moment de la signature, ratification ou adhésion, déclarer que cette Convention s'étendra à l'ensemble des territoires qu'il représente sur le plan international, ou à l'un ou plusieurs d'entre eux. Une telle déclaration produira ses effets au moment de l'entrée en vigueur de la Convention pour ledit État.

2. À tout moment ultérieur, cette extension se fera par notification adressée au Secrétaire général des Nations Unies et produira ses effets à partir du quatre-vingt-dixième jour qui suivra la date à laquelle le Secrétaire général des Nations Unies aura reçu la notification ou à la date d'entrée en vigueur de la Convention pour ledit État si cette dernière date est postérieure.

3. En ce qui concerne les territoires auxquels cette Convention ne s'appli-

(b) Any other State invited to attend the United Nations Conference on the Status of Stateless Persons; and

(c) Any State to which an invitation to sign or to accede may be addressed by the General Assembly of the United Nations.

3. It shall be ratified and the instruments of ratification shall be deposited with the Secretary-General of the United Nations.

4. It shall be open for accession by the States referred to in paragraph 2 of this article. Accession shall be effected by the deposit of an instrument of accession with the Secretary-General of the United Nations.

Article 36

Territorial application clause

1. Any State may, at the time of signature, ratification or accession, declare that this Convention shall extend to all or any of the territories for the international relations of which it is responsible. Such a declaration shall take effect when the Convention enters into force for the State concerned.

2. At any time thereafter any such extension shall be made by notification addressed to the Secretary-General of the United Nations and shall take effect as from the ninetieth day after the day of receipt by the Secretary-General of the United Nations of this notification, or as from the date of entry into force of the Convention for the State concerned, whichever is the later.

3. With respect to those territories to which this Convention is not extended

querait pas à la date de la signature, ratification ou adhésion, chaque État intéressé examinera la possibilité de prendre aussitôt que possible toutes mesures nécessaires afin d'aboutir à l'application de cette Convention auxdits territoires, sous réserve, le cas échéant, de l'assentiment des gouvernements de ces territoires qui serait requis pour des raisons constitutionnelles.

at the time of signature, ratification or accession, each State concerned shall consider the possibility of taking the necessary steps in order to extend the application of this Convention to such territories, subject, where necessary for constitutional reasons, to the consent of the Governments of such territories.

Article 37

Clause fédérale

Dans le cas d'un État fédératif ou non unitaire, les dispositions ci-après s'appliqueront :

a) en ce qui concerne les articles de cette Convention dont la mise en oeuvre relève de l'action législative du pouvoir législatif fédéral, les obligations du gouvernement fédéral seront, dans cette mesure, les mêmes que celle des parties qui ne sont pas des États fédératifs;

b) en ce qui concerne les articles de cette Convention dont l'application relève de l'action législative de chacun des états, provinces ou cantons constituants, qui ne sont pas, en vertu du système constitutionnel de la fédération, tenus de prendre des mesures législatives, le gouvernement fédéral portera le plus tôt possible, et avec son avis favorable, lesdits articles à la connaissance des autorités compétentes des états, provinces ou cantons;

c) un État fédératif partie à cette Convention communiquera, à la demande de tout autre État contractant qui lui aura été transmise par le Secrétaire général des Nations Unies, un exposé de la législation et des

Article 37

Federal clause

In the case of a Federal or non-unitary State, the following provisions shall apply:

(a) With respect to those articles of this Convention that come within the legislative jurisdiction of the federal legislative authority, the obligations of the Federal Government shall to this extent be the same as those of Parties which are not Federal States.

(b) With respect to those articles of this Convention that come within the legislative jurisdiction of constituent States, provinces or cantons which are not, under the constitutional system of the Federation, bound to take legislative action, the Federal Government shall bring such articles with a favourable recommendation to the notice of the appropriate authorities of states, provinces or cantons at the earliest possible moment.

(c) A Federal State Party to this Convention shall, at the request of any other Contracting State transmitted through the Secretary-General of the United Nations, supply a statement of the law and practice of the

pratiques en vigueur dans la fédération et ses unités constituantes en ce qui concerne telle ou telle disposition de la Convention, indiquant la mesure dans laquelle effet a été donné, par une action législative ou autre, à ladite disposition.

Federation and its constituent units in regard to any particular provision of the Convention showing the extent to which effect has been given to that provision by legislative or other action.

Article 38

Réserves

1. Au moment de la signature, de la ratification ou de l'adhésion, tout État pourra formuler des réserves aux articles de la Convention autres que les articles 1er, 3, 4, 16(1) et 33 à 42 inclus.

2. Tout État contractant ayant formulé une réserve conformément au paragraphe 1 de cet article pourra à tout moment la retirer par une communication à cet effet adressée au Secrétaire général des Nations Unies.

Article 38

Reservations

1. At the time of signature, ratification or accession, any State may make reservations to articles of the Convention other than to articles 1, 3, 4, 16(1) and 33 to 42 inclusive.

2. Any State making a reservation in accordance with paragraph 1 of this article may at any time withdraw the reservation by a communication to that effect addressed to the Secretary-General of the United Nations.

Article 39

Entrée en vigueur

1. Cette Convention entrera en vigueur le quatre-vingt-dixième jour qui suivra la date du dépôt du sixième instrument de ratification ou d'adhésion.

2. Pour chacun des États qui ratifieront la Convention ou y adhéreront après le dépôt du sixième instrument de ratification ou d'adhésion, elle entrera en vigueur le quatre-vingt-dixième jour qui suivra la date du dépôt par cet État de son instrument de ratification ou d'adhésion.

Article 39

Entry into force

1. This Convention shall come into force on the ninetieth day following the day of deposit of the sixth instrument of ratification or accession.

2. For each State ratifying or acceding to the Convention after the deposit of the sixth instrument of ratification or accession, the Convention shall enter into force on the ninetieth day following the date of deposit by such State of its instrument of ratification or accession.

Article 40

Dénonciation

1. Tout État contractant pourra dénoncer la Convention à tout moment par notification adressée au Secrétaire général des Nations Unies.

2. La dénonciation prendra effet pour l'État intéressé un an après la date à laquelle elle aura été reçue par le Secrétaire général des Nations Unies.

3. Tout État qui a fait une déclaration ou une notification conformément à l'article 36 pourra notifier ultérieurement au Secrétaire général des Nations Unies que la Convention cessera de s'appliquer à tout territoire désigné dans la notification. La Convention cessera alors de s'appliquer au territoire en question un an après la date à laquelle le Secrétaire général aura reçu cette notification.

Article 41

Révision

1. Tout État contractant pourra en tout temps, par voie de notification adressée au Secrétaire général des Nations Unies, demander la révision de cette Convention.

2. L'Assemblée générale des Nations Unies recommandera les mesures à prendre, le cas échéant, au sujet de cette demande.

Article 40

Denunciation

1. Any Contracting State may denounce this Convention at any time by a notification addressed to the Secretary-General of the United Nations.

2. Such denunciation shall take effect for the Contracting State concerned one year from the date upon which it is received by the Secretary-General of the United Nations.

3. Any State which has made a declaration or notification under article 36 may, at any time thereafter, by a notification to the Secretary-General of the United Nations, declare that the Convention shall cease to extend to such territory one year after the date of receipt of the notification by the Secretary-General.

Article 41

Revision

1. Any Contracting State may request revision of this Convention at any time by a notification addressed to the Secretary-General of the United Nations.

2. The General Assembly of the United Nations shall recommend the steps, if any, to be taken in respect of such request.

SECTION I — TRAITÉ / TREATY IX

Article 42

Notification par le Secrétaire général des Nations Unies

Le Secrétaire général des Nations Unies notifiera à tous les États Membres des Nations Unies et aux États non membres visés à l'article 35 :

a) les signatures, ratifications et adhésions visées à l'article 35;

b) les déclarations et les notifications visées à l'article 36;

c) les réserves formulées ou retirées visées à l'article 38;

d) la date à laquelle cette Convention entrera en vigueur, en application de l'article 39;

e) les dénonciations et les notifications visées à l'article 40;

f) les demandes de révision visées à l'article 41.

EN FOI DE QUOI, les soussignés, dûment autorisés, ont signé, au nom de leurs Gouvernements respectifs, la présente Convention.

FAIT à New York, le vingt-huit septembre mil neuf cent cinquante-quatre, en un seul exemplaire dont les textes anglais, espagnol et français font également foi et qui sera déposé dans les archives de l'Organisation des Nations Unies et dont les copies certifiées conformes seront remises à tous les États Membres des Nations Unies et aux États non membres visés à l'article 35.

Article 42

Notifications by the Secretary-General of the United Nations

The Secretary-General of the United Nations shall inform all Members of the United Nations and non-member States referred to in article 35:

(a) Of signatures, ratifications and accessions in accordance with article 35;

(b) Of declarations and notifications in accordance with article 36;

(c) Of reservations and withdrawals in accordance with article 38;

(d) Of the date on which this Convention will come into force in accordance with article 39;

(e) Of denunciations and notifications in accordance with article 40;

(f) Of requests for revision in accordance with article 41.

IN FAITH WHEREOF the undersigned, duly authorized, have signed this Convention on behalf of their respective Governments.

DONE at New York, this twenty-eight day of September, one thousand nine hundred and fifty-four, in a single copy, of which the English, French and Spanish texts are equally authentic and which shall remain deposited in the archives of the United Nations, and certified true copies of which shall be delivered to all Members of the United Nations and to the non-member States referred to in article 35.

ANNEXE : APATRIDE

Paragraphe 1

1. Le titre de voyage visé par l'article 28 de cette Convention doit indiquer que le porteur est un apatride au sens de la Convention du 28 septembre 1954.

2. Ce titre sera rédigé en deux langues au moins : l'une des deux sera la langue anglaise ou la langue française.

3. Les États contractants examineront la possibilité d'adopter un titre de voyage du modèle ci-joint[1].

Paragraphe 2

Sous réserve des règlements du pays de délivrance, les enfants pourront être mentionnés dans le titre d'un parent, ou, dans des circonstances exceptionnelles, d'un autre adulte.

Paragraphe 3

Les droits à percevoir pour la délivrance du titre ne dépasseront pas le tarif le plus bas appliqué aux passeports nationaux.

Paragraphe 4

Sous réserve de cas spéciaux ou exceptionnels, le titre sera délivré pour le plus grand nombre possible de pays.

Paragraphe 5

La durée de validité du titre sera de trois mois au moins et de deux ans au plus.

---

1. Voir le modèle du titre de voyage annexé à la Convention relative au statut des réfugiés du 28 juillet 1951 à la page 58.

SCHEDULE: STATELESS

Paragraph 1

1. The travel document referred to in article 28 of this Convention shall indicate that the holder is a stateless person under the terms of the Convention of 28 September 1954.

2. The document shall be made out in at least two languages, one of which shall be English or French.

3. The Contracting States will consider the desirability of adopting the model travel document attached hereto.[1]

Paragraph 2

Subject to the regulations obtaining in the country of issue, children may be included in the travel document of a parent or, in exceptional circumstances, of another adult.

Paragraph 3

The fees charged for issue of the document shall not exceed the lowest scale of charges for national passports.

Paragraph 4

Save in special or exceptional cases, the document shall be made valid for the largest possible number of countries.

Paragraph 5

The document shall have a validity of not less than three months and not more than two years.

---

1. See the Travel Document Specimen annexed to the Convention relating to the Status of Refugees of 28 July 1951, page 61.

Paragraphe 6

1. Le renouvellement ou la prolongation de validité du titre est du ressort de l'autorité qui l'a délivré, aussi longtemps que le titulaire ne s'est pas établi régulièrement dans un autre territoire et réside régulièrement sur le territoire de ladite autorité. L'établissement d'un nouveau titre est, dans les mêmes conditions, du ressort de l'autorité qui a délivré l'ancien titre.

2. Les représentants diplomatiques ou consulaires pourront être autorisés à prolonger, pour une période qui ne dépassera pas six mois, la validité des titres de voyage délivrés par leurs gouvernements respectifs.

3. Les États contractants examineront avec bienveillance la possibilité de renouveler ou de prolonger la validité des titres de voyage ou d'en délivrer de nouveaux à des apatrides qui ne sont plus des résidents réguliers dans leur territoire dans les cas où ces apatrides ne sont pas en mesure d'obtenir un titre de voyage du pays de leur résidence régulière.

Paragraphe 7

Les États contractants reconnaîtront la validité des titres délivrés conformément aux dispositions de l'article 28 de cette Convention.

Paragraphe 8

Les autorités compétentes du pays dans lequel l'apatride désire se rendre apposeront, si elles sont disposées à l'admettre, un visa sur le titre dont il est titulaire, si un tel visa est nécessaire.

Paragraph 6

1. The renewal or extension of the validity of the document is a matter for the authority which issued it, so long as the holder has not established lawful residence in another territory and resides lawfully in the territory of the said authority. The issue of a new document is, under the same conditions, a matter for the authority which issued the former document.

2. Diplomatic or consular authorities may be authorized to extend, for a period not exceeding six months, the validity of travel documents issued by their Governments.

3. The Contracting States shall give sympathetic consideration to renewing or extending the validity of travel documents or issuing new documents to stateless persons no longer lawfully resident in their territory who are unable to obtain a travel document from the country of their lawful residence.

Paragraph 7

The Contracting States shall recognize the validity of the documents issued in accordance with the provisions of article 28 of this Convention.

Paragraph 8

The competent authorities of the country to which the stateless person desires to proceed shall, if they are prepared to admit him and if a visa is required, affix a visa on the document of which he is the holder.

Paragraphe 9

1. Les États contractants s'engagent à délivrer des visas de transit aux apatrides ayant obtenu le visa d'un territoire de destination finale.

2. La délivrance de ce visa pourra être refusée pour les motifs pouvant justifier le refus de visa à tout étranger.

Paragraphe 10

Les droits afférents à la délivrance de visas de sortie, d'admission ou de transit ne dépasseront pas le tarif le plus bas appliqué aux visas de passeports étrangers.

Paragraphe 11

Dans le cas d'un apatride changeant de résidence et s'établissant régulièrement dans le territoire d'un autre État contractant, la responsabilité de délivrer un nouveau titre incombera désormais, aux termes et aux conditions de l'article 28, à l'autorité compétente dudit territoire, à laquelle l'apatride aura le droit de présenter sa demande.

Paragraphe 12

L'autorité qui délivre un nouveau titre est tenue de retirer l'ancien titre et d'en faire retour au pays qui l'a délivré si l'ancien document spécifie qu'il doit être retourné au pays qui l'a délivré; dans le cas contraire, l'autorité qui délivre le titre nouveau retirera et annulera l'ancien.

Paragraphe 13

1. Tout titre de voyage délivré en application de l'article 28 de cette Convention donnera, sauf mention contraire, le droit au titulaire de revenir sur le territoire de l'État qui l'a délivré à n'importe quel moment pendant la

Paragraph 9

1. The Contracting States undertake to issue transit visa to stateless persons who have obtained visas for a territory of final destination.

2. The issue of such visas may be refused on grounds which would justify refusal of a visa to any alien.

Paragraph 10

The fees for the issue of exit, entry or transit visas shall not exceed the lowest scale of charges for visas on foreign passports.

Paragraph 11

When a stateless person has lawfully taken up residence in the territory of another Contracting State, the responsibility for the issue of a new document, under the terms and conditions of article 28, shall be that of the competent authority of that territory, to which the stateless person shall be entitled to apply.

Paragraph 12

The authority issuing a new document shall withdraw the old document and shall return it to the country of issue, if it is stated in the document that it should be so returned; otherwise it shall withdraw and cancel the document.

Paragraph 13

1. A travel document issued in accordance with article 28 of this Convention shall, unless it contains a statement to the contrary, entitle the holder to re-enter the territory of the issuing State at any time during the

période de validité de ce titre. Toutefois, la période pendant laquelle le titulaire pourra rentrer dans le pays qui a délivré le titre de voyage ne pourra être inférieure à trois mois, sauf lorsque ce pays où l'apatride désire se rendre n'exige pas que le titre de voyage comporte le droit de rentrée.

2. Sous réserve des dispositions de l'alinéa précédent, un État contractant peut exiger que le titulaire de ce titre se soumette à toutes les formalités qui peuvent être imposées à ceux qui sortent du pays ou à ceux qui y rentrent.

Paragraphe 14

Sous la seule réserve des stipulations du paragraphe 13, les dispositions de la présente annexe n'affectent en rien les lois et règlements régissant, dans les territoires des États contractants, les conditions d'admission, de transit, de séjour, d'établissement et de sortie.

Paragraphe 15

La délivrance du titre, pas plus que les mentions y apposées, ne détermine ni n'affecte le statut du titulaire, notamment en ce qui concerne la nationalité.

Paragraphe 16

La délivrance du titre ne donne au titulaire aucun droit à la protection des représentants diplomatiques et consulaires du pays de délivrance, et ne confère pas *ipso facto* à ces représentants un droit de protection.

period of its validity. In any case the period during which the holder may return to the country issuing the document shall not be less than three months, except when the country to which the stateless person proposes to travel does not insist on the travel document according the right of re-entry.

2. Subject to the provisions of the preceding sub-paragraph, a Contracting State may require the holder of the document to comply with such formalities as may be prescribed in regard to exit from or return to its territory.

Paragraph 14

Subject only to the terms of paragraph 13, the provisions of this Schedule in no way affect the laws and regulations governing the conditions of admission to, transit through, residence and establishment in, and departure from, the territories of the Contracting States.

Paragraph 15

Neither the issue of the document nor the entries made thereon determine or affect the status of the holder, particularly as regards nationality.

Paragraph 16

The issue of the document does not in any way entitle the holder to the protection of the diplomatic or consular authorities of the country of issue, and does not *ipso facto* confer on these authorities a right of protection.

APPENDICE

ACTE FINAL DE LA CONFÉRENCE DES NATIONS UNIES SUR LE STATUT DES APATRIDES

1. Par sa résolution 526 (XVII), adoptée le 26 avril 1954 à sa dix-septième session, le Conseil économique et social a décidé qu'il y avait lieu de convoquer une deuxième Conférence de plénipotentiaires chargée de réviser, compte tenu des dispositions de la Convention du 28 juillet 1951 relative au statut des réfugiés et des observations formulées par les Gouvernements intéressés, le projet de protocole relatif au statut des apatrides préparé en 1950 par un Comité spécial du Conseil économique et social, et d'ouvrir à la signature l'instrument adopté.

La Conférence s'est réunie au Siège de l'Organisation des Nations Unies, à New York, du 13 au 23 septembre 1954.

Les Gouvernements des vingt-sept États suivants avaient envoyé des représentants qui ont tous présenté des lettres de créance ou autres pouvoirs reconnus valables les habilitant à participer aux travaux de la Conférence :
   Australie
   Belgique
   Brésil
   Cambodge
   Colombie
   Costa-Rica
   Danemark
   Equateur
   France
   Guatemala
   Honduras
   Iran
   Israël

APPENDIX

FINAL ACT OF THE UNITED NATIONS CONFERENCE ON THE STATUS OF STATELESS PERSONS

1. The Economic and Social Council, on 26 April 1954 at its seventeenth session, by resolution 526 A (XVII) decided that a second conference of plenipotentiaries should be convened to revise, in the light of the provisions of the Convention Relating to the Status of Refugees on 28 July 1951 and of the observations made by Governments, the draft Protocol relating to the Status of Stateless Persons prepared by an *Ad Hoc* Committee of the Economic and Social Council in 1950 and to open the instrument for signature.

The Conference met at the Headquarters of the United Nations in New York from 13 to 23 September 1954.

The Governments of the following twenty-seven States were represented by delegates all of whom submitted satisfactory credentials or other communications of appointment authorizing them to participate in the Conference:
   Australia
   Belgium
   Brazil
   Cambodia
   Colombia
   Costa Rica
   Denmark
   Ecuador
   El Salvador
   France
   Germany, Federal Republic of
   Guatemala
   Holy See

Liechtenstein	Honduras
Monaco	Iran
Norvège	Israel
Pays-Bas	Liechtenstein
Philippines	Monaco
République fédérale d'Allemagne	Netherlands
Royaume-Uni de Grande-Bretagne et d'Irlande du Nord	Norway
Saint-Siège	Philippines
Salvador	Sweden
Suède	Switzerland
Suisse	Turkey
Turquie	United Kingdom of Great Britain and Northern Ireland
Yémen	Yemen
Yougoslavie	Yugoslavia

Les Gouvernements des cinq États suivants étaient représentés par des observateurs :
Argentine
Égypte
Grèce
Indonésie
Japon

The Governments of the following five States were represented by observers:
Argentina
Egypt
Greece
Indonesia
Japan

Un représentant du Haut Commissaire des Nations Unies pour les réfugiés a participé, sans droit de vote, aux travaux de la Conférence.

A representative of the United Nations High Commissioner for Refugees participated, without the right to vote, in the deliberations of the Conference.

La Conférence a décidé d'inviter les institutions spécialisées intéressées à participer sans droit de vote à ses travaux. L'Organisation Internationale du Travail s'est fait représenter.

The Conference decided to invite interested specialized agencies to participate in the proceedings without the right to vote. The International Labour Organisation was accordingly represented.

La Conférence a également décidé d'autoriser les représentants des organisations non gouvernementales auxquelles le Conseil économique et social a accordé le statut consultatif et les représentants des organisations inscrites par le Secrétaire général sur le registre à présenter des déclarations écrites ou verbales à la Conférence.

The Conference also decided to permit representatives of non-governmental organizations which have been granted consultative status by the Economic and Social Council as well as those entered by the Secretary-General on the Register to submit written or oral statements to the Conference.

Des représentants des organisations non gouvernementales suivantes étaient présents en qualité d'observateurs :

Catégorie A :
Confédération internationale des syndicats libres
Fédération internationale des syndicats chrétiens

Catégorie B :
Alliance universelle des unions chrétiennes de jeune gens
Comité consultatif mondial de la Société des amis
Comité des Églises pour les affaires internationales
Conférence internationale des charités catholiques
Congrès juif mondial
Conseil consultatif d'organisations juives
Ligue internationale des droits de l'homme
Organisation mondiale Agudas Israël

Registre

Fédération luthérienne mondiale

La Conférence a élu Président M. Knud Larsen, représentant du Danemark, et Vice-Présidents M. A. Herment, représentant de la Belgique, et M. Jayme de Barros Gomes, représentant du Brésil.

La Conférence a adopté comme ordre du jour l'ordre du jour provisoire établi par le Secrétaire général (E/CONF.17/1/Rev.1). Elle a également adopté le projet de règlement intérieur rédigé par le Secrétaire général (E/CONF.17/2), à l'exception de l'article 5 qu'elle a décidé de supprimer (E/CONF.17/2/Add.1). À sa douzième séance, la Conférence a décidé d'amender l'article 7 (E/CONF.17/2/Add.2).

Representatives of the following non-governmental organizations were present as observers:

Category A:
International Confederation of Free Trade Unions
International Federation of Christian Trade Unions

Category B:
Agudas Israel
Commission of the Churches on International Affairs
Consultative Council of Jewish Organizations
Friends' World Committee for Consultation
International Conference of Catholic Charities
International League for the Rights of Man
World Jewish Congress
World's Alliance of Young Men's Christan Associations

Organizations on the Register
Lutheran World Federation

The Conference elected Mr. Knud Larsen of Denmark as President and Mr. A. Herment of Belgium, and Mr. Jayme de Barros Gomes of Brazil as Vice-Presidents.

The Conference adopted as its agenda the Provisional Agenda drawn up by the Secretary-General (E/CONF.17/2) excepting rule 5, which it decided to delete (E/CONF.17/2/Add.1). At its 12th meeting the Conference decided to amend rule 7 (E/CONF.17/2/Add.2).

La Conférence a nommé : i) un Comité de rédaction chargé de la définition du terme « apatride », composé du Président de la Conférence et des représentants de l'Australie, de la Belgique, du Brésil, de la France, d'Israël, de la République fédérale d'Allemagne et du Royaume-Uni de Grande-Bretagne et d'Irlande du Nord; ii) un Comité spécial chargé de la question du titre de voyage pour les apatrides, composé du Président de la Conférence et des représentants de la Belgique, du Brésil, de la France, de la République fédérale d'Allemagne, du Royaume-Uni et de la Yougoslavie; et iii) un Comité du style, composé du Président de la Conférence et des représentants de la Belgique, de la France, du Guatemala et du Royaume-Uni.

La Conférence a pris pour base de travail le projet de protocole relatif au statut des apatrides préparé par le Comité spécial du Conseil économique et social pour les réfugiés et les apatrides lors de sa deuxième session, tenue à Genève en 1950, et les dispositions de la Convention relative au statut des réfugiés adoptée par la Conférence de plénipotentiaires des Nations Unies sur le statut des réfugiés et des apatrides qui s'est tenue à Genève du 2 au 25 juillet 1951. Le principal document de travail de la Conférence était un mémoire du Secrétaire général, document E/CONF.17/3.

La Conférence a décidé, par 12 voix contre zéro, avec 3 abstentions, de préparer une convention distincte sur le statut des apatrides plutôt qu'un protocole à la Convention de 1951 relative au statut des réfugiés.

The Conference appointed (i) a Drafting Committee on the Definition of the Term "Stateless Person", which was composed of the President of the Conference and the representatives of Australia, Belgium, Brazil, the Federal Republic of Germany, France, Israel and the United Kingdom of Great Britain and Northern Ireland; (ii) and *Ad Hoc* Committee on the Question of the Travel Document for Stateless Persons composed of the President of the Conference and the representatives of Belgium, Brazil, France, the Federal Republic of Germany, the United Kingdom and Yugoslavia; and (iii) a Style Committee composed of the President of the Conference and the representatives of Belgium, France, Guatemala and the United Kingdom.

The Conference used as the basis of its discussions the Draft Protocol Relating to the Status of Stateless Persons prepared by the *Ad Hoc* Committee of the Economic and Social Council on Refugees and Stateless Persons at its second session held in Geneva in 1950 and the provisions of the Convention Relating to the Status of Refugees adopted by the United Nations Conference of Plenipotentiaries on the Status of Refugees and Stateless Persons held at Geneva from 2 to 25 July 1951. The main working document for the Conference was a memorandum by the Secretary-General, document E/CONF./17/3.

The Conference decided by 12 votes to none with 3 abstentions, to prepare an independent convention dealing with the status of stateless persons rather than a protocol to the 1951 Convention Relating to the Status of Refugees.

La Convention a été adoptée le 23 septembre 1954, par 19 voix contre zéro, avec 2 abstentions, et ouverte à la signature au Siège de l'Organisation des Nations Unies.

On trouvera, joints au présent Acte final, les textes anglais, français et espagnol de la Convention, qui font également foi.

2. La Conférence a décidé, à l'unanimité, que les titres des chapitres et des articles de la Convention sont inclus aux fins d'information et ne constituent pas des éléments d'interprétation.

3. La Conférence a adopté, par 16 voix contre une, avec 4 abstentions, la recommandation suivante :

« *La Conférence,*

« *Recommande* que, lorsqu'ils reconnaissent comme valables les raisons pour lesquelles une personne a renoncé à la protection de l'État dont elle est le ressortissant, les États contractants envisagent favorablement la possibilité d'accorder à cette personne le traitement que la Convention accorde aux apatrides;

« *Recommande aussi* que, dans les cas où l'État sur le territoire duquel ladite personne réside a décidé de lui accorder le traitement sus-indiqué, les autres États contractants lui accordent aussi le traitement prévu par la Convention. »

4. La Conférence a adopté à l'unanimité la résolution suivante :

« *La Conférence,*

« *Considérant* que l'article 33 de la Convention de 1951 relative au statut

The Convention was adopted on 23 September 1954 by 19 votes to none with 2 abstentions, and opened for signature at the Headquarters of the United Nations.

The English, French and Spanish texts of the Convention, which are equally authentic, are appended to this Final Act.

2. The Conference unanimously decided that the titles of the chapters and of the articles of the Convention are included for practical purposes and do not constitute an element of interpretation.

3. The Conference adopted the following recommendation by 16 votes to 1 with 4 abstentions:

The Conference,

Recommends that each Contracting State, when it recognizes as valid the reasons for which a person has renounced the protection of the State of which he is a national, consider sympathetically the possibility of according to that person the treatment which the Convention accords to stateless persons; and

Recommends further that, in cases where the State in whose territory the person resides has decided to accord the treatment referred to above, other Contracting States also accord him the treatment provided for by the Convention.

4. The Conference unanimously adopted the following resolution:

The Conference,

Being of the opinion that Article 33 of the Convention Relating to the Status

des réfugiés exprime un principe généralement accepté selon lequel nul État ne devrait, en aucune façon, expulser ou refouler une personne vers les frontières de territoires où sa vie ou sa liberté seraient menacées en raison de sa race, de sa religion, de sa nationalité, de son appartenance à un groupe social donné ou de ses opinions politiques;

« *A estimé* qu'il n'était pas nécessaire d'inclure dans la Convention relative au statut des apatrides un article équivalent à l'article 33 de la Convention de 1951 relative au statut des réfugiés. »

EN FOI DE QUOI, le Président, les Vice-Présidents et le Secrétaire exécutif de la Conférence ont signé le présent Acte final.

FAIT à New York, ce vingt-huit septembre mil neuf cent cinquante-quatre, en un seul exemplaire rédigé en langue anglaise, espagnole et française, chacun des textes faisant également foi. Des traductions du présent Acte final en chinois et en russe seront faites par les soins du Secrétaire général des Nations Unies, qui enverra, sur demande, des exemplaires de ces traductions à chacun des Gouvernements invités à assister à la Conférence.

of Refugees of 1951 is an expression of the generally accepted principle that no State should expel or return a person in any manner whatsoever to the frontiers of territories where his life or freedom would be threatened on account of his race, religion, nationality, membership of a particular social group or political opinion,

Has not found it necessary to include in the Convention Relating to the Status of Stateless Persons an article equivalent to Article 33 of the Convention Relating to the Status of Refugees of 1951.

IN WITNESS WHEREOF the President, the Vice-Presidents and the Executive Secretary of the Conference have signed this Final Act.

DONE at New York this twenty-eighth day of September one thousand nine hundred and fifty-four in a single copy in the English, French and Spanish languages, each text being equally authentic. Translations of this Final Act into Chinese and Russian will be prepared by the Secretary-General of the United Nations, who will, on request, send copies thereof to each of the Governments invited to attend the Conference.

CONVENTION RELATIVE AU STATUT DES APATRIDES DU 28 SEPTEMBRE 1954

39 ÉTATS, MEMBRES AU 30 JUILLET 1993[1]	RATIFICATION, ADHÉSION[a], SUCCESSION[d]
Algérie	15 Juillet 1964[a]
Allemagne	26 Octobre 1976
Antigua-et-Barbuda	25 Octobre 1988[d]
Argentine	1 Juin 1972[a]
Australie	13 Décembre 1973[a]
Barbade	6 Mars 1972[d]
Belgique	27 Mai 1960
Botswana	25 Février 1969[d]
Bolivie	6 Octobre 1983[a]
Costa Rica	2 Novembre 1977
Croatie	12 Octobre 1992[d]
Danemark	17 Janvier 1956
Équateur	2 Octobre 1970
Fidji	12 Juin 1972[d]
Finlande	10 Octobre 1968[a]
France	8 Mars 1960
Grèce	4 Novembre 1975[a]
Guinée	21 Mars 1962
Irlande	17 Décembre 1962[a]
Israël	23 Décembre 1958
Italie	3 Décembre 1962
Jamahiriya Arabe Libyenne	16 Mai 1989[a]
Kiribati	29 Novembre 1983[d]
Lesotho	4 Novembre 1974[d]
Libéria	11 Septembre 1964[a]
Luxembourg	27 Juin 1960
Madagascar	20 Février 1962[a]
Norvège	19 Novembre 1956
Ouganda	15 Avril 1965[a]
Pays-Bas	12 Avril 1962
République de Corée	22 Août 1962[a]
Royaume-Uni	16 Avril 1959
Slovénie	6 Juillet 1992[d]
Suède	2 Avril 1965
Suisse	3 Juillet 1972
Trinité-et-Tobago	11 Avril 1966[d]
Tunisie	29 Juillet 1969[a]
Yougoslavie	9 Avril 1959[a]
Zambie	1 Novembre 1974[d]

CONVENTION RELATING TO THE STATUS OF STATELESS PERSONS OF 28 SEPTEMBER 1954

39 PARTICIPANTS AT 30 JULY 1993[1]	RATIFICATION, ACCESSION[a], SUCCESSION[d]
Algeria	15 July 1964[a]
Antigua and Barbuda	25 October 1988[d]
Argentina	1 June 1972[a]
Australia	13 December 1973[a]
Barbados	6 March 1972[d]
Belgium	27 May 1960
Bolivia	6 October 1983[a]
Botswana	25 February 1969[d]
Costa Rica	2 November 1977
Croatia	12 October 1992[d]
Denmark	17 January 1956
Ecuador	2 October 1970
Fiji	12 June 1972[d]
Finland	10 October 1968[a]
France	8 March 1960
Germany	26 October 1976
Greece	4 November 1975[a]
Guinea	21 March 1962
Ireland	17 December 1962[a]
Israel	23 December 1958
Italy	3 December 1962
Kiribati	29 November 1983[d]
Lesotho	4 November 1974[d]
Liberia	11 September 1964[a]
Libyan Jamahiriya Arab	16 May 1989[a]
Luxembourg	27 June 1960
Madagascar	20 February 1962[a]
Netherlands	12 April 1962
Norway	19 November 1956
Republic of Korea	22 August 1962[a]
Slovenia	6 July 1992[d]
Sweden	2 April 1965
Switzerland	3 July 1972
Trinidad and Tobago	11 April 1966[d]
Tunisia	29 July 1969[a]
Uganda	15 April 1965[a]
United Kingdom	16 April 1959
Yugoslavia	9 April 1959[a]
Zambia	1 November 1974[d]

---

1. Sous réserve des instruments éventuellement en cours de dépôt.

1. Subject to the deposit of outstanding instruments.

RÉSERVES À LA CONVENTION RELATIVE AU STATUS DES APATRIDES DU 28 SEPTEMBRE 1954[1]	RESERVATIONS TO THE CONVENTION RELATING TO THE STATELESS PERSONS OF 28 SEPTEMBER 1954[1]

PAYS — STATES	ARTICLES
Allemagne/Germany	23, 27
Antigua-et-Barbuda/ Antigua and Barbuda	23, 24, 25, 31
Barbade/Barbados	8, 9, 23, 24, 25, 26, 31
Botswana/Botswana	7(2), 12(1), 31
Danemark/Denmark	24(3), 31
Fidji/Fiji	8, 9, 25(1), 25(2)
Finlande/Finland	7(2), 24(1)*b*), 24(3), 25, 28
Irlande/Ireland	29
Italie/Italy	17, 18
Kiribati/Kiribati	8, 9, 24(1)*b*), 25(1), 25(2), 25(3)
Lesotho/Lesotho	8, 9, 25(1), 25(2), 25(3), 31
Pays-Bas/Netherlands	8, 26,
Philippines/Philippines	17, 31
Royaume-Uni de Grande-Bretagne et Irlande du Nord/ United Kingdom of Great Britain and Northern Ireland	8, 9, 24(1)*b*), 25(1), 25(2), 25(3)
Suède/Sweden	8, 12(1), 24(1)*b*), 24(3), 25(2)
Zambie/Zambia	22(1), 26, 28, 31

---

1. Pour les textes de ces réserves, nous vous référons aux Traités Multilatéraux déposés auprès du Secrétaire Général, État au 31 décembre 1991, p. 228.

1. See the Texts of Reservations in Multilateral Treaties deposited with the Secretary General Status as at 31 December 1991, p. 223.

X

CONVENTION SUR LA RÉDUCTION DES CAS D'APATRIDIE DU 30 AOÛT 1961	CONVENTION ON THE REDUCTION OF STATELESSNESS OF 30 AUGUST 1961

Commentaires / *Commentaries*

Cette Convention vient renforcer celle du 28 septembre 1954 relative au statut des apatrides. Elle est un exemple assez rare car elle vise à réduire les causes de l'apatridie. Elle impose aux États parties certaines obligations afin qu'ils puissent modifier leurs lois sur l'acquisition de la nationalité pour réduire les cas d'apatridie.

Assez élaborée, cette Convention impose des normes très précises et contraignantes : tout État contractant accorde sa nationalité à l'individu né sur son territoire et qui, autrement, serait apatride. Cette nationalité sera accordée, de plein droit, à la naissance, ou sur demande souscrite, suivant les modalités prévues par la législation de l'État en cause, auprès de l'Autorité compétente par l'intéressé ou en son nom.

Les États agissant souverainement sur l'octroi de leur nationalité, cette Convention est comptée parmi celles qui ont eu très peu de succès.

This Convention reinforces the one of September 28, 1954 with regard to the statelessness. It is a rare example as it aims at reducing the causes of statelessness. It imposes to the States Parties certain obligations so that they can modify their laws on the acquisition of nationality in order to reduce statelessness.

This elaborate Convention imposes precise and restrictive standards: any participating State grants its nationality to the individual born on its territory who would otherwise be stateless. This nationality will be granted, by right, at birth or upon request, as per the terms of the laws of the State at cause, submitted to the comptent authority by the person concerned or in his name.

The States acting sovereignly in granting their nationality, this Convention is considered among those who have had little success.

BIBLIOGRAPHIE SÉLECTIVE

COLAS, D., EMERI, C., ZYLBERGERG, J. (Sous la dir. de), *Citoyenneté et nationalité : Perspective en France et au Québec*, Paris, P.U.F., 1991.

NIBOYET, J.-P., *Traité de droit international français*, Paris, Sircy, 1947.

SELECTIVE BIBLIOGRAPHY

GANJU, M. *International Protection of Human Rights*. Geneva: Droz, 1962.

PARRY, C. L. *Nationality and citizenship laws of the Commonwealth*. London: Stevens and Sons, 1957.

CONVENTION SUR LA RÉDUCTION DES CAS D'APATRIDIE

En date à New York du 30 août 1961[1]
Entrée en vigueur : 13 décembre 1975,
conformément à l'article 18
Texte : Nations Unies, Document
A/CONF.9/15,1961
n° d'enregistrement 14458

Les États contractants,

Agissant conformément à la résolution 896 (IX) adoptée par l'Assemblée générale des Nations Unies le 4 décembre 1954, et

Considérant qu'il est souhaitable de réduire l'apatridie par voie d'accord international,

Sont convenus des dispositions suivantes :

Article premier

1. Tout État contractant accorde sa nationalité à l'individu né sur son territoire et qui, autrement, serait apatride. Cette nationalité sera accordée,
a) de plein droit, à la naissance, ou
b) sur demande souscrite, suivant les modalités prévues par la législation de l'État en cause, auprès de l'Autorité compétente par l'intéressé ou en

---

1. La Convention a été adoptée et ouverte à la signature par la Conférence des Nations Unies sur l'élimination de l'apatridie dans l'avenir, ou la réduction du nombre des cas d'apatridie dans l'avenir, réunie par le Secrétaire général des Nations Unies conformément à la résolution 896 (IX) adoptée par l'Assemblée générale le 14 décembre 1954. On trouvera le texte de cette résolution dans Documents officiels de l'Assemblée générale, neuvième session, supplément n° 21 (A/2890), p. 51. Le texte de l'Acte final de la Conférence figure en appendice.

CONVENTION ON THE REDUCTION OF STATELESSNESS

Done at New York on 30 August 1961[1]
Entry into force: 13 December 1975,
in accordance with Article 18
Text: United Nations Document
A/CONF.9/15, 1961

The Contracting States,

Acting in pursuance of resolution 896 (IX), adopted by the General Assembly of the United Nations on 4 December 1954,

Considering it desirable to reduce statelessness by international agreement,

Have agreed as follows:

Article 1

1. A Contracting State shall grant its nationality to a person born in its territory who would otherwise be stateless. Such nationality shall be granted:
(a) At birth, by operation of law, or
(b) Upon an application being lodged with the appropriate authority, by or on behalf of the person concerned, in the manner prescribed by the national

---

1. The Convention was adopted and opened for signature by the United Nations Conference on the Elimination or Reduction of Future Statelessness, convened by the Secretary-General of the United Nations pursuant to General Assembly resolution 896 (IX) of 4 December 1954. For the text of this resolution, see Official Records of the General Assembly, Ninth Session, Supplement No. 21 (A/2890), p. 49. The text of the Final Act of the Conference is reproduced in Appendix.

son nom; sous réserve des dispositions du paragraphe 2 du présent article, la demande ne peut être rejetée.

L'État contractant dont la législation prévoit l'octroi de sa nationalité sur demande conformément au littera *b)* du présent paragraphe peut également accorder sa nationalité de plein droit à l'âge et dans les conditions fixées par sa loi.

2. L'État contractant peut subordonner l'acquisition de sa nationalité en vertu du littera *b)* du paragraphe 1 du présent article, à une ou plusieurs des conditions suivantes :
a) que la demande soit souscrite pendant une période fixée par l'État contractant, période commençant au plus tard à l'âge de 18 ans et ne pouvant se terminer avant 21 ans, étant entendu toutefois que l'intéressé doit disposer d'au moins une année pour souscrire sa demande personnellement et sans habilitation;

b) que l'intéressé ait résidé habituellement sur le territoire de l'État contractant, sans toutefois que la durée de résidence fixée par ce dernier puisse excéder 10 ans au total, dont 5 ans au plus précédant immédiatement le dépôt de la demande;
c) que l'intéressé n'ait pas été déclaré coupable d'une infraction contre la sécurité nationale ou qu'il n'ait pas été condamné à une peine d'emprisonnement d'au moins cinq années pour fait criminel;
d) que l'intéressé n'ait pas acquis à la naissance ou postérieurement une nationalité.

law. Subject to the provisions of paragraph 2 of this Article, no such application may be rejected.

A Contracting State which provides for the grant of its nationality in accordance with sub-paragraph *(b)* of this paragraph may also provide for the grant of its nationality by operation of law at such age and subject to such conditions as may be prescribed by the national law.

2. A Contracting State may make the grant of its nationality in accordance with sub-paragraph *(b)* of paragraph 1 of this Article subject to one or more of the following conditions:
(a) That the application is lodged during a period, fixed by the Contracting State, beginning not later than at the age of eighteen years and ending not earlier than at the age of twenty-one years, so, however, that the person concerned shall be allowed at least one year during which he may himself make the application without having to obtain legal authorization to do so;
(b) That the person concerned has habitually resided in the territory of the Contracting State for such period as may be fixed by that State, not exceeding five years immediately preceding the lodging of the application nor ten years in all;
(c) That the person concerned has neither been convicted of an offence against national security nor has been sentenced to imprisonment for a term of five years or more on a criminal charge;
(d) That the person concerned has always been stateless.

3. Nonobstant les dispositions de l'alinéa *b)* du paragraphe 1 et le paragraphe 2 du présent article, l'enfant légitime qui est né sur le territoire d'un État contractant et dont la mère possède la nationalité de cet État, acquiert cette nationalité à la naissance si, autrement, il serait apatride.

4. Tout État contractant accorde sa nationalité à l'individu qui, autrement, serait apatride et dont, au moment de la naissance, le père ou la mère possédait la nationalité dudit État si, ayant dépassé l'âge fixé pour la présentation de sa demande ou ne remplissant pas les conditions de résidence imposées, cet individu n'a pu acquérir la nationalité de l'État contractant sur le territoire duquel il est né. Si les parents n'avaient pas la même nationalité au moment de la naissance, la législation de l'État contractant dont la nationalité est sollicitée détermine si l'enfant suit la condition du père ou celle de la mère. Si la nationalité est accordée sur demande, cette dernière sera introduite, selon les modalités prévues par la législation de l'État en cause, auprès de l'autorité compétente par l'intéressé ou en son nom. Sous réserve des dispositions du paragraphe 5 du présent article, cette demande ne peut être rejetée.

5. L'État contractant peut subordonner l'octroi de sa nationalité en vertu du paragraphe 4 du présent article aux conditions suivantes ou à l'une d'elles :

a) que la demande soit souscrite avant que l'intéressé ait atteint un âge fixé par l'État contractant en cause, cet âge ne pouvant être inférieur à 23 ans;
b) que l'intéressé ait résidé habituellement sur le territoire de l'État

3. Notwithstanding the provisions of paragraphs 1 *(b)* and 2 of this Article, a child born in wedlock in the territory of a Contracting State, whose mother has the nationality of that State, shall acquire at birth that nationality if it otherwise would be stateless.

4. A Contracting State shall grant its nationality to a person who would otherwise be stateless and who is unable to acquire the nationality of the Contracting State in whose territory he was born because he has passed the age for lodging his application or has not fulfilled the required residence conditions, if the nationality of one of his parents at the time of the person's birth was that of the Contracting State first above mentioned. If his parents did not possess the same nationality at the time of his birth, the question whether the nationality of the person concerned should follow that of the father or that of the mother shall be determined by the national law of such Contracting State. If application for such nationality is required, the application shall be made to the appropriate authority by or on behalf of the applicant in the manner prescribed by the national law. Subject to the provisions of paragraph 5 of this Article, such application shall not be refused.

5. The Contracting State may make the grant of its nationality in accordance with the provisions of paragraph 4 of this Article subject to one or more of the following conditions:

(a) That the application is lodged before the applicant reaches an age, being not less than twenty-three years, fixed by the Contracting State;
(b) That the person concerned has habitually resided in the territory of

contractant en cause pendant une période donnée précédant immédiatement la présentation de la demande, période fixée par cet État et dont la durée exigible ne peut toutefois dépasser trois ans;

c) que l'intéressé n'ait pas acquis à la naissance ou postérieurement une nationalité.

Article 2

L'enfant trouvé sur le territoire d'un État contractant est, jusqu'à preuve du contraire, réputé né sur ce territoire de parents possédant la nationalité de cet État.

Article 3

Aux fins de déterminer les obligations des États contractants, dans le cadre de la présente Convention, la naissance à bord d'un navire ou d'un aéronef sera réputée survenue sur le territoire de l'État dont le navire bat pavillon ou dans lequel l'aéronef est immatriculé.

Article 4

1. Tout État contractant accorde sa nationalité à l'individu qui, autrement, sera apatride et n'est pas né sur le territoire d'un État contractant, si, au moment de la naissance, le père ou la mère possédait la nationalité du premier de ces États. Si, à ce moment, les parents n'avaient pas la même nationalité, la législation de cet État détermine si l'enfant suit la condition du père ou celle de la mère. La nationalité attribuée en vertu du présent paragraphe est accordée,

the Contracting State for such period immediately preceding the lodging of the application, not exceeding three years, as may be fixed by that State;

(c) That the person concerned has always been stateless.

Article 2

A foundling found in the territory of a Contracting State shall, in the absence of proof to the contrary, be considered to have been born within that territory of parents possessing the nationality of that State.

Article 3

For the purpose of determining the obligations of Contracting States under this Convention, birth on a ship or in an aircraft shall be deemed to have taken place in the territory of the State whose flag the ship flies or in the territory of the State in which the aircraft is registered, as the case may be.

Article 4

1. A Contracting State shall grant its nationality to a person, not born in the territory of a Contracting State, who would otherwise be stateless, if the nationality of one of his parents at the time of the person's birth was that of that State. If his parents did not possess the same nationality at the time of his birth, the question whether the nationality of the person concerned should follow that of the father or that of the mother shall be determined by the national law of such Contracting State. Nationality granted in accordance with the provisions of this paragraph shall be granted:

a) de plein droit, à la naissance, ou

b) sur demande souscrite, suivant les modalités prévues par la législation de l'État en cause auprès de l'autorité compétente sur l'intéressé ou en son nom; sous réserve des dispositions du paragraphe 2 du présent article, la demande ne peut être rejetée.

2. L'État contractant peut subordonner l'acquisition de sa nationalité en vertu du paragraphe 1 du présent article aux conditions suivantes ou à l'une d'elles :

a) que la demande soit souscrite avant que l'intéressé ait atteint un âge fixé par l'État contractant en cause, cet âge ne pouvant être inférieur à 23 ans;

b) que l'intéressé ait résidé habituellement sur le territoire de l'État contractant en cause pendant une période donnée précédant immédiatement la présentation de la demande, période fixée par cet État et dont la durée exigible ne peut toutefois dépasser trois ans;

c) que l'intéressé n'ait pas été déclaré coupable d'une infraction contre la sécurité nationale;

d) que l'intéressé n'ait pas acquis à la naissance ou postérieurement une nationalité.

(a) At birth, by operation of law, or

(b) Upon an application being lodged with the appropriate authority, by or on behalf of the person concerned, in the manner prescribed by the national law. Subject to the provisions of paragraph 2 of this Article, no such application may be rejected.

2. A Contracting State may make the grant of its nationality in accordance with the provisions of paragraph 1 of this Article subject to one or more of the following conditions:

(a) That the application is lodged before the applicant reaches an age, being not less than twenty-three years, fixed by the Contracting State;

(b) That the person concerned has habitually resided in the territory of the Contracting State for such period immediately preceding the lodging of the application, not exceeding three years, as may be fixed by that State;

(c) That the person concerned has not been convicted of an offence against national security;

(d) That the person concerned has always been stateless.

Article 5

1. Si la législation d'un État contractant prévoit la perte de la nationalité par suite d'un changement d'état tel que mariage, dissolution du mariage, légitimation, reconnaissance ou adoption, cette perte doit être subordonnée à la possession ou à l'acquisition de la nationalité d'un autre État.

Article 5

1. If the law of a Contracting State entails loss of nationality as a consequence of any change in the personal status of a person such as marriage, termination of marriage, legitimation, recognition or adoption, such loss shall be conditional upon possession or acquisition or another nationality.

2. Si, conformément à la législation d'un État contractant, un enfant naturel perd la nationalité de cet État à la suite d'une reconnaissance de filiation, la possibilité lui sera offerte de la recouvrer par une demande souscrite auprès de l'autorité compétente, demande qui ne pourra être soumise à des conditions plus rigoureuses que celles prévues au paragraphe 2 de l'article premier de la présente Convention.

Article 6

Si la législation d'un État contractant prévoit que le fait pour un individu de perdre sa nationalité ou d'en être privé entraîne la perte de cette nationalité pour le conjoint ou les enfants, cette perte sera subordonnée à la possession ou à l'acquisition par ces derniers d'une autre nationalité.

Article 7

1. *a)* Si la législation d'un État contractant prévoit la répudiation, celle-ci n'entraîne pour un individu la perte de sa nationalité que s'il en possède ou en acquiert une autre.

b) La disposition du littera *a)* du présent paragraphe ne s'appliquera pas lorsqu'elle apparaîtra inconciliable avec les principes énoncés aux articles 13 et 14 de la Déclaration universelle des droits de l'homme approuvée le 10 décembre 1948 par l'Assemblée générale des Nations Unies.

2. Un individu possédant la nationalité d'un État contractant et qui sollicite la naturalisation dans un pays étranger ne perd sa nationalité que s'il acquiert ou a reçu l'assurance d'acquérir la nationalité de ce pays.

2. If, under the law of a Contracting State, a child born out of wedlock loses the nationality of that State in consequence of a recognition of affiliation, he shall be given an opportunity to recover that nationality by written application to the appropriate authority, and the conditions governing such application shall not be more rigorous than those laid down in paragraph 2 or Article 1 of this Convention.

Article 6

If the law of a Contracting State provides for loss of its nationality by a person's spouse or children as a consequence of that person losing or being deprived of that nationality, such loss shall be conditional upon their possession or acquisition of another nationality.

Article 7

1. *(a)* If the law of a Contracting State permits renunciation of nationality, such renunciation shall not result in loss of nationality unless the person concerned possesses or acquired another nationality.

(b) The provisions of sub-paragraph *(a)* of this paragraph shall not apply where their application would be inconsistent with the principles stated in Articles 13 and 14 of the Universal Declaration of Human Rights approved on 10 December 1948 by the General Assembly of the United Nations.

2. A national of a Contracting State who seeks naturalization in a foreign country shall not lose his nationality unless he acquired or has been accorded assurance of acquiring the nationality of that foreign country.

3. Sous réserve des dispositions des paragraphes 4 et 5 du présent article, nul ne peut perdre sa nationalité, s'il doit de ce fait devenir apatride, parce qu'il quitte le pays dont il possède la nationalité, réside à l'étranger, ne se fait pas immatriculer ou pour toute autre raison analogue.

4. La perte de la nationalité qui affecte un individu naturalisé peut être motivée par la résidence à l'étranger pendant une période dont la durée, fixée par l'État contractant, ne peut être inférieure à sept années consécutives, si l'intéressé ne déclare pas aux autorités compétentes son intention de conserver sa nationalité.

5. En ce qui concerne les individus nés hors du territoire de l'État contractant dont ils possèdent la nationalité, la conservation de cette nationalité audelà d'une date postérieure d'un an à leur majorité peut être subordonnée par la législation de l'État contractant à des conditions de résidence à cette date sur le territoire de cet État ou d'immatriculation auprès de l'autorité compétente.

6. À l'exception des cas prévus au présent article, un individu ne peut perdre la nationalité d'un État contractant s'il doit de ce fait devenir apatride, alors même que cette perte ne serait pas expressément exclue par toute autre disposition de la présente Convention.

Article 8

1. Les États contractants ne priveront de leur nationalité aucun individu si cette privation doit le rendre apatride.

2. Nonobstant la disposition du premier paragraphe du présent article, un

3. Subject to the provisions of paragraphs 4 and 5 of this Article, a national of a Contracting State shall not lose his nationality, so as to become stateless, on the ground of departure, residence abroad, failure to register or on any similar ground.

4. A naturalized person may lose his nationality on account of residence abroad for a period, not less than seven consecutive years, specified by the law of the Contracting State concerned if he fails to declare to the appropriate authority his intention to retain his nationality.

5. In the case of a national of a Contracting State, born outside its territory, the law of that State may make the retention of its nationality after the expiry of one year from his attaining his majority conditional upon residence at that time in the territory of the State or registration with the appropriate authority.

6. Except in the circumstances mentioned in this Article, a person shall not lose the nationality of a Contracting State, if such loss would render him stateless, notwithstanding that such loss is not expressly prohibited by any other provisions of this Convention.

Article 8

1. A Contracting State shall not deprive a person of his nationality if such deprivation would render him stateless.

2. Notwithstanding the provisions of paragraph 1 of this Article, a person

individu peut être privé de la nationalité d'un État contractant :

a) dans les cas où, en vertu des paragraphes 4 et 5 de l'article 7, il est permis de prescrire la perte de la nationalité;

b) s'il a obtenu cette nationalité au moyen d'une fausse déclaration ou de tout autre acte frauduleux.

3. Nonobstant la disposition du paragraphe 1 du présent article, un État contractant peut conserver la faculté de priver un individu de sa nationalité, s'il procède, au moment de la signature, de la ratification ou de l'adhésion, à une déclaration à cet effet spécifiant un ou plusieurs motifs, prévus à sa législation nationale à cette date et entrant dans les catégories suivantes :

a) si un individu, dans des conditions impliquant de sa part un manque de loyalisme envers l'État contractant,

i) a, au mépris d'une interdiction expresse de cet État, apporté ou continué d'apporter son concours à un autre État, ou reçu ou continué de recevoir d'un autre État des émoluments, ou

ii) a eu un comportement de nature à porter un préjudice grave aux intérêts essentiels de l'État;

b) si un individu a prêté serment d'allégeance, ou a fait une déclaration formelle d'allégeance à un autre État, ou a manifesté de façon non douteuse par son comportement sa détermination de répudier son allégeance envers l'État contractant.

may be deprived of the nationality of a Contracting State:

(a) In the circumstances in which, under paragraphs 4 and 5 of Article 7, it is permissible that a person should lose his nationality;

(b) Where the nationality has been obtained by misrepresentation or fraud.

3. Notwithstanding the provisions of paragraph 1 of this Article, a Contracting State may retain the right to deprive a person of his nationality, if at the time of signature, ratification or accession it specifies its retention of such right on one or more of the following grounds, being grounds existing in its national law at that time:

(a) That, inconsistently with his duty of loyalty to the Contracting State, the person

(i) has, in disregard of an express prohibition by the Contracting State rendered or continued to render service to, or received or continued to receive emoluments from another State, or

(ii) has conducted himself in a manner seriously prejudicial to the vital interests of the State;

(b) That the person has taken an oath, or made a formal declaration, of allegiance to another State, or given definite evidence of his determination to repudiate his allegiance to the Contracting State.

4. Un État contractant ne fera usage de la faculté de priver un individu de sa nationalité dans les conditions définies aux paragraphes 2 et 3 du présent article que conformément à la loi, laquelle comportera la possibilité pour l'intéressé de faire valoir tous ses moyens de défense devant une juridiction ou un autre organisme indépendant.

4. A Contracting State shall not exercise a power of deprivation permitted by paragraphs 2 or 3 of this Article except in accordance with law, which shall provide for the person concerned the right to a fair hearing by a court or other independent body.

Article 9

Les États contractants ne priveront de leur nationalité aucun individu ou groupe d'individus pour des raisons d'ordre racial, ethnique, religieux ou politique.

Article 9

A Contracting State may not deprive any person or group of persons of their nationality on racial, ethnic, religious or political grounds.

Article 10

1. Tout traité conclu entre États contractants portant cession d'un territoire doit contenir des dispositions ayant pour effet de garantir que nul ne deviendra apatride du fait de la cession. Les États contractants feront tout ce qui est en leur pouvoir pour que tout traité ainsi conclu avec un État qui n'est pas partie à la présente Convention contienne des dispositions à cet effet.

2. En l'absence de dispositions sur ce point, l'État contractant auquel un territoire est cédé ou qui acquiert autrement un territoire accorde sa nationalité aux individus qui sans cela deviendraient apatrides du fait de la cession ou de l'acquisition.

Article 10

1. Every treaty between Contracting States providing for the transfer of territory shall include provisions designed to secure that no person shall become stateless as a result of the transfer. A Contracting State shall use its best endeavours to secure that any such treaty made by it with a State which is not a party to this Convention includes such provisions.

2. In the absence of such provisions a Contracting State to which territory is transferred or which otherwise acquires territory shall confer its nationality on such persons as would otherwise become stateless as a result of the transfer or acquisition.

Article 11

Les États contractants s'engagent à promouvoir la création, dans le cadre de l'Organisation des Nations Unies, dès que possible après le dépôt du sixième instrument de ratification ou d'adhé-

Article 11

The Contracting States shall promote the establishment within the framework of the United Nations, as soon as may be after the deposit of the sixth instrument of ratification or acces-

sion, d'un organisme auquel les personnes se croyant en droit de bénéficier de la présente Convention pourront recourir pour examiner leur demande et pour obtenir son assistance dans l'introduction de la demande auprès de l'autorité compétente.

sion, of a body to which a person claiming the benefit of this Convention may apply for the examination of his claim and for assistance in presenting it to the appropriate authority.

Article 12

1. Le paragraphe 1 de l'article premier ou de l'article 4 de la présente Convention s'appliqueront, pour les États contractants qui n'accordent pas leur nationalité de plein droit à la naissance, aux individus nés tant avant qu'après l'entrée en vigueur de la Convention.

2. Le paragraphe 4 de l'article premier de la présente Convention s'appliquera aux individus nés tant avant qu'après l'entrée en vigueur de la Convention.

3. L'article 2 de la présente Convention ne s'appliquera qu'aux enfants trouvés après l'entrée en vigueur de la Convention.

Article 12

1. In relation to a Contracting State which does not, in accordance with the provisions of paragraph 1 of Article 1 or of Article 4 of this Convention, grant its nationality at birth by operation of law, the provisions of paragraph 1 of Article 1 or of Article 4, as the case may be, shall apply to persons born before as well as to persons born after the entry into force of this Convention.

2. The provisions of paragraph 4 of Article 1 of this Convention shall apply to persons born before as well as to persons born after its entry into force.

3. The provisions of Article 2 of this Convention shall apply only to foundlings found in the territory of a Contracting State after the entry into force of the Convention for that State.

Article 13

Les dispositions de la présente Convention ne font pas obstacle à l'application des dispositions plus favorables à la réduction des cas d'apatridie contenues ou qui seraient introduites ultérieurement soit dans la législation de tout État contractant, soit dans tout traité, convention ou accord entre deux ou plusieurs États contractants.

Article 13

This Convention shall not be construed as affecting any provisions more conducive to the reduction of statelessness which may be contained in the law of any Contracting State now or hereafter in force, or may be contained in any other convention, treaty or agreement now or hereafter in force between two or more Contracting States.

Article 14

Tout différend entre les Parties contractantes relatif à l'interprétation ou à l'application de la Convention qui ne peut être réglé par d'autres moyens sera porté devant la Cour Internationale de Justice à la demande de l'une des parties au différend.

Article 15

1. La présente Convention s'appliquera à tous les territoires non autonomes, sous tutelle, coloniaux et autres territoires non métropolitains dont un État contractant assure les relations internationales; l'État contractant intéressé devra, sous réserve des dispositions du paragraphe 2 du présent article, au moment de la signature, de la ratification ou de l'adhésion, indiquer le territoire ou les territoires non métropolitains auxquels la présente Convention s'appliquera *ipso facto* à la suite de cette signature de cette ratification ou de cette adhésion.

2. Si, en matière de nationalité, un territoire non métropolitain n'est pas considéré comme formant un tout avec le territoire métropolitain, ou si le consentement préalable d'un territoire non métropolitain est nécessaire, en vertu des lois ou pratiques constitutionnelles de l'État contractant ou du territoire non métropolitain, pour que la Convention s'applique à ce territoire, ledit État contractant devra s'efforcer d'obtenir, dans le délai de douze mois à compter de la date à laquelle il aura signé la Convention, le consentement nécessaire du territoire non métropolitain, et lorsque ce consentement aura été obtenu, l'État contractant devra le notifier au Secrétaire général de l'Orga-

Article 14

Any dispute between Contracting States concerning the interpretation or application of this Convention which cannot be settled by other means shall be submitted to the International Court of Justice at the request of any one of the parties to the dispute.

Article 15

1. This Convention shall apply to all non-self-governing, trust, colonial and other non-metropolitan territories for the international relations of which any Contracting State is responsible: the Contracting State concerned shall, subject to the provisions of paragraph 2 of this Article, at the time of signature, ratification or accession, declare the non-metropolitan territory or territories to which the Convention shall apply *ipso facto* as a result of such signature, ratification or accession.

2. In any case in which, for the purpose of nationality, a non-metropolitan territory is not treated as one with the metropolitan territory, or in any case in which the previous consent of a non-metropolitan territory is required by the constitutional laws or practices of the Contracting State or of the non-metropolitan territory for the application of the Convention to that territory, that Contracting State shall endeavour to secure the needed consent of the non-metropolitan territory within the period of twelve months from the date of signature of the Convention by that Contracting State, and when such consent has been obtained the Contracting State shall notify the Secretary-General of the

nisation des Nations Unies. Dès la date de la réception de cette notification par le Secrétaire général, la Convention s'appliquera au territoire ou aux territoires indiqués par celle-ci.

3. À l'expiration du délai de douze mois mentionné au paragraphe 2 du présent article, les États contractants intéressés informeront le Secrétaire général des résultats des consultations avec les territoires non métropolitains dont ils assurent les relations internationales et dont le consentement pour l'application de la présente Convention n'aurait pas été donné.

Article 16

1. La présente Convention sera ouverte à la signature au Siège de l'Organisation des Nations Unies du 30 août 1961 au 31 mai 1962.

2. La présente Convention sera ouverte à la signature :
a) de tous les États Membres de l'Organisation des Nations Unies;
b) de tout autre État invité à la Conférence des Nations Unies sur l'élimination ou la réduction des cas d'apatridie dans l'avenir;
c) de tout autre État auquel l'Assemblée générale des Nations Unies aura adressé une invitation à signer ou à adhérer.

3. La présente Convention sera ratifiée et les instruments de ratification seront déposés auprès du Secrétaire général de l'Organisation des Nations Unies.

4. Les États visés au paragraphe 2 du présent article pourront adhérer à la présente Convention. L'adhésion se fera par le dépôt d'un instrument d'adhésion auprès du Secrétaire général de l'Organisation des Nations Unies.

United Nations. This Convention shall apply to the territory or territories named in such notification from the date of its receipt by the Secretary-General.

3. After the expiry of the twelve-month period mentioned in paragraph 2 of this Article, the Contracting States concerned shall inform the Secretary-General of the results of the consultations with those non-metropolitan territories for whose international relations they are responsible and whose consent to the application of this Convention may have been withheld.

Article 16

1. This Convention shall be open for signature at the Headquarters of the United Nations from 30 August 1961 to 31 May 1962.

2. This Convention shall be open for signature on behalf of:
(a) Any State Member of the United Nations;
(b) Any other State invited to attend the United Nations Conference on the Elimination or Reduction of Future Statelessness;
(c) Any State to which an invitation to sign or to accede may be addressed by the General Assembly of the United Nations.

3. This Convention shall be ratified and the instruments of ratification shall be deposited with the Secretary-General of the United Nations.

4. This Convention shall be open for accession by the States referred to in paragraph 2 of this Article. Accession shall be effected by the deposit of an instrument of accession with the Secretary-General of the United Nations.

Article 17

1. Au moment de la signature, de la ratification ou de l'adhésion, tout État peut formuler des réserves aux articles 11, 14 et 15.

2. Il ne peut être fait d'autres réserves à la présente Convention.

Article 18

1. La présente Convention entrera en vigueur deux ans après la date du dépôt du sixième instrument de ratification ou d'adhésion.

2. Pour tout État qui ratifiera la présente Convention ou y adhérera après le dépôt du sixième instrument de ratification ou d'adhésion, la Convention entrera en vigueur le quatre-vingt-dixième jour après le dépôt par cet État de son instrument de ratification ou d'adhésion ou à la date d'entrée en vigueur de la Convention, conformément aux dispositions du paragraphe premier du présent article, si cette dernière date est la plus éloignée.

Article 19

1. Tout État contractant peut dénoncer la présente Convention à tout moment par notification écrite, adressée au Secrétaire général de l'Organisation des Nations Unies. La dénonciation prend effet, à l'égard de l'État contractant intéressé, un an après la date à laquelle le Secrétaire général en a reçu notification.

2. Dans le cas où, conformément aux dispositions de l'article 15, la présente Convention aura été rendue applicable à un territoire non métropolitain d'un État contractant, ce dernier pourra, avec le consentement du territoire en

Article 17

1. At the time of signature, ratification or accession any State may make a reservation in respect of Articles 11, 14 or 15.

2. No other reservations to this Convention shall be admissible.

Article 18

1. This Convention shall enter into force two years after the date of the deposit of the sixth instrument of ratification or accession.

2. For each State ratifying or acceding to this Convention after the deposit of the sixth instrument of ratification or accession, it shall enter into force on the ninetieth day after the deposit by such State of its instrument of ratification or accession or on the date on which this convention enters into force in accordance with the provisions of paragraph 1 of this Article, whichever is the later.

Article 19

1. Any Contracting State may denounce this Convention at any time by a written notification addressed to the Secretary-General of the United Nations. Such denunciation shall take effect for the Contracting State concerned one year after the date of its receipt by the Secretary-General.

2. In cases where, in accordance with the provisions of Article 15, this Convention has become applicable to a non-metropolitan territory of a Contracting State, that State may at any time thereafter, with the consent of the

question, notifier par la suite à tout moment au Secrétaire général de l'Organisation des Nations Unies que la Convention est dénoncée à l'égard de ce territoire. La dénonciation prendra effet un an après la date où la notification sera parvenue au Secrétaire général, lequel informera tous les autres États contractants de cette notification et de la date où il l'aura reçue.

Article 20

1. Le Secrétaire général de l'Organisation des Nations Unies notifiera à tous les États Membres de l'Organisation et aux États non membres mentionnés à l'article 16 :

a) les signatures, les ratifications et les adhésions prévues à l'article 16;
b) les réserves formulées conformément à l'article 17;
c) la date à laquelle la présente Convention entrera en vigueur en exécution de l'article 18;
d) les dénonciations prévues à l'article 19.

2. Le Secrétaire général de l'Organisation des Nations Unies devra au plus tard après le dépôt du sixième instrument de ratification ou d'adhésion, signaler à l'attention de l'Assemblée générale la question de la création, conformément à l'article 11, de l'organisme qui y est mentionné.

Article 21

La présente Convention sera enregistrée par le Secrétaire général de l'Organisation des Nations Unies à la date de son entrée en vigueur.

EN FOI DE QUOI, les plénipotentiaires soussignés ont signé la présente Convention.

territory concerned, give notice to the Secretary-General of the United Nations denouncing this Convention separately in respect of that territory. The denunciation shall take effect one year after the date of the receipt of such notice by the Secretary-General, who shall notify all other Contracting States of such notice and the date or receipt thereof.

Article 20

1. The Secretary-General of the United Nations shall notify all Members of the United Nations and the non-member States referred to in Article 16 of the following particulars:

(a) Signatures, ratifications and accessions under Article 16;
(b) Reservations under Article 17;
(c) The date upon which this Convention enters into force in pursuance of Article 18;
(d) Denunciations under Article 19.

2. The Secretary-General of the United Nations shall, after the deposit of the sixth instrument of ratification or accession at the latest, bring to the attention of the General Assembly the question of the establishment, in accordance with Article 11, of such a body as therein mentioned.

Article 21

This Convention shall be registered by the Secretary-General of the United Nations on the date of its entry into force.

IN WITNESS WHEREOF the undersigned Plenipotentiaries have signed this Convention.

SECTION I — TRAITÉ / TREATY X

FAIT à New York, le trente août mil neuf cent soixante et un, en un seul exemplaire dont les textes anglais, chinois, espagnol, français et russe font également foi, qui sera déposé aux archives de l'Organisation des Nations Unies et dont des copies certifiées conformes seront transmises par le Secrétaire général de l'Organisation des Nations Unies à tous les États Membres de l'Organisation ainsi qu'aux États non membres visés à l'article 16 de la présente Convention.

DONE at New York, this thirtieth day of August, one thousand nine hundred and sixty-one, in a single copy, of which the Chinese, English, French, Russian and Spanish texts are equally authentic and which shall be deposited in the archives of the United Nations, and certified copies of which shall be delivered by the Secretary-General of the United Nations to all Members of the United Nations and to the non-member States referred to in Article 16 of this Convention.

APPENDICE

ACTE FINAL DE LA CONFÉRENCE DES NATIONS UNIES POUR L'ÉLIMINATION OU LA RÉDUCTION DES CAS D'APATRIDIE DANS L'AVENIR

APPENDIX

FINAL ACT OF THE UNITED NATIONS CONFERENCE ON THE ELIMINATION OR REDUCTION OF FUTURE STATELESSNESS

1. L'Assemblée générale des Nations Unies a, dans sa résolution 896 (IX) en date du 4 décembre 1954, exprimé le désir de voir convoquer une conférence internationale de plénipotentiaires en vue de la conclusion d'une convention pour la réduction du nombre des cas d'apatridie dans l'avenir ou pour l'élimination de l'apatridie dans l'avenir dès que vingt États au moins auraient fait savoir au Secrétaire général qu'ils étaient disposés à participer à cette conférence. L'Assemblée générale a prié le Secrétaire général de fixer la date et le lieu de la Conférence lorsque cette condition se trouverait remplie. L'Assemblée générale a noté que la Commission du droit international lui avait soumis les projets d'une convention sur l'élimination de l'apatridie dans l'avenir et d'une convention sur la réduction du nombre de cas

1. The General Assembly of the United Nations, by resolution 896 (IX) of 4 December 1954, expressed its desire that an international conference of plenipotentiaries be convened to conclude a convention for the reduction or elimination of future statelessness as soon as at least twenty States had communicated to the Secretary-General their willingness to co-operate in such a conference. The Secretary-General was requested to fix the exact time and place for the conference when that condition had been met. The General Assembly noted that the International Law Commission had submitted to it drafts of a Convention on the Elimination of Future Statelessness and a Convention on the Reduction of Future Statelessness in the Report of the International Law Commission covering its sixth session in 1954. The General Assembly re-

d'apatridie dans l'avenir, qui figurent dans le rapport de la Commission du droit international sur les travaux de sa sixième session, tenue en 1954. L'Assemblée générale a prié les gouvernements des États invités à participer à la Conférence de rechercher sans retard s'il y avait lieu de conclure une convention multilatérale sur l'élimination de l'apatridie dans l'avenir ou sur la réduction du nombre des cas d'apatridie dans l'avenir.

2. Dès que la condition prévue dans la résolution de l'Assemblée générale s'est trouvée réalisée, le Secrétaire général a décidé de convoquer la Conférence des Nations Unies pour l'élimination ou la réduction des cas d'apatridie dans l'avenir, à l'Office européen des Nations Unies à Genève, le 24 mars 1959. La Conférence s'est réunie à l'Office européen des Nations Unies du 24 mars au 18 avril 1959.

3. Au moment de s'ajourner, le 18 avril 1959, la Conférence a adopté la résolution suivante :

« *La Conférence,*

« *N'étant pas en mesure* de terminer la tâche qui lui a été confiée dans le délai assigné à ses travaux,

« *Propose* à l'organe compétent des Nations Unies de convoquer à nouveau la Conférence à une date aussi rapprochée que possible pour lui permettre de poursuivre et d'achever ses travaux. »

4. Comme suite à cette résolution, le Secrétaire général de l'Organisation des Nations Unies, après avoir consulté les États participants, a décidé de convoquer à nouveau la Conférence au Siège de l'Organisation des Nations Unies à New York le 15 août 1961. La Confé-

quested the Governments of States invited to participate in the conference to give early consideration to the merits of a multilateral convention on the elimination or reduction of future statelessness.

2. Upon the fulfilment of the condition envisaged in the resolution of the General Assembly, the Secretary-General convened a United Nations Conference on the Elimination or Reduction of Future Statelessness at the European Office of the United Nations at Geneva on 24 March 1959. The Conference met at the European Office of the United Nations from 24 March to 18 April 1959.

3. At the time its adjournment on 18 April 1959 the Conference adopted the following resolution:

The Conference,

Being unable to terminate the work entrusted to it within the time provided for its work,

Proposes to the competent organ of the United Nations to reconvene the Conference at the earliest possible time in order to continue and complete its work.

4. In pursuance of this resolution, the Secretary-General of the United Nations, after ascertaining the views of the participating States, decided that the conference should be reconvened at the United Nations Headquarters in New York on 15 August 1961. The Confer-

rence s'est réunie au siège de l'Organisation du 15 au 28 août 1961.

5. À la première partie de la Conférence, les gouvernements des 35 États suivants étaient représentés : Argentine, Autriche, Belgique, Brésil, Canada, Ceylan, Chili, Chine, Danemark, Espagne, États-Unis d'Amérique, France, Inde, Indonésie, Irak, Israël, Italie, Japon, Liechtenstein, Luxembourg, Norvège, Pakistan, Panama, Pays-Bas, Pérou, Portugal, République Arabe Unie, République Dominicaine, République fédérale d'Allemagne, Royaume-Uni de Grande-Bretagne et d'Irlande du Nord, Saint-Siège, Suède, Suisse, Turquie et Yougoslavie.

6. Les gouvernements des pays suivants étaient représentés par des observateurs : Finlande et Grèce.

7. À la deuxième partie de la Conférence, les gouvernements des 30 États suivants étaient représentés : Argentine, Autriche, Belgique, Brésil, Canada, Ceylan, Chine, Danemark, Espagne, États-Unis d'Amérique, Finlande, France, Indonésie, Israël, Italie, Japon, Norvège, Pakistan, Panama, Pays-Bas, Pérou, République Arabe Unie, République Dominicaine, République fédérale d'Allemagne, Royaume-Uni de Grande-Bretagne et d'Irlande du Nord, Saint-Siège, Suède, Suisse, Turquie et Yougoslavie.

8. Les gouvernements des pays suivants étaient représentés par des observateurs : Grèce et Irak.

9. À la première partie de la Conférence, les organisations intergouvernementales suivantes étaient représentées par des observateurs :
Conseil de l'Europe

ence met at the United Nations Headquarters from 15 to 28 August 1961.

5. At the first part of the Conference the Governments of the following thirty-five States were represented: Argentina, Austria, Belgium, Brazil, Canada, Ceylon, Chile, China, Denmark, Dominican Republic, Federal Republic of Germany, France, Holy See, India, Indonesia, Iraq, Israel, Italy, Japan, Liechtenstein, Luxembourg, Netherlands, Norway, Pakistan, Panama, Peru, Portugal, Spain, Sweden, Switzerland, Turkey, United Arab Republic, the United Kingdom of Great Britain and Northern Ireland, the United States, Yugoslavia.

6. The Governments of the following States were represented by observers: Finland, Greece.

7. At the second part of the Conference the Governments of the following thirty States were represented: Argentina, Austria, Belgium, Brazil, Canada, Ceylon, China, Denmark, Dominican Republic, Federal Republic of Germany, Finland, France, Holy See, Indonesia, Israel, Italy, Japan, Netherlands, Norway, Pakistan, Panama, Peru, Spain, Sweden, Switzerland, Turkey, United Arab Republic, the United Kingdom of Great Britain and Northern Ireland, the United States, Yugoslavia.

8. The Governments of the following States were represented by observers: Greece, Iraq.

9. At the firt part of the Conference the following inter-governmental organizations were represented by observers:
Council of Europe

Comité intergouvernemental pour les migrations européennes
Institut international pour l'unification du droit privé
Ligue des États arabes.

10. À la deuxième partie de la Conférence, l'organisation intergouvernementale suivante était représentée par un observateur :

 Ligue des États arabes.

11. Aux deux parties de la Conférence, le Haut Commissariat des Nations Unies pour les Réfugiés était représenté par un observateur.

12. À la première partie de la Conférence, M. Knud Larsen (Danemark) a été élu Président et MM. Ichiro Kawasaki (Japon) et Humberto Calamari (Panama) ont été élus Vice-Présidents.

13. À la deuxième partie de la Conférence aucun de ces membres du bureau de la Conférence n'était présent. En conséquence, la Conférence a élu M. Willem Riphagen (Pays-Bas) Président et MM. Gilberto Amado (Brésil) et G.P. Malalasekera (Ceylan) Vice-Présidents.

14. À la première partie de la Conférence les comités suivants ont été institués :

Comité plénier
Président :
Le Président de la première partie de la Conférence
Vice-Présidents :
Les Vice-Présidents de la première partie de la Conférence

Comité de rédaction
Membres : Les représentants des États suivants : Argentine, Belgique,

Intergovernmental Committee for European Migration
International Institute for the Unification of Private Law
League of Arab States.

10. At the second part of the Conference the following inter-governmental organization was represented by an observer:

League of Arab States.

11. At both parts of the Conference the Office of the United Nations High Commissioner for Refugees was represented by an observer.

12. At the first part of the Conference Mr. Knud Larsen (Denmark) was elected as President and Mr. Ichiro Kawasaki (Japan) and Mr. Humberto Calamari (Panama) as Vice-Presidents.

13. At the second par of the Conference none of these Officers of the Conference was present. The Conference accordingly elected Mr. Willem Riphagen (Netherlands) as President and Mr. Gilberto Amada (Brazil) and Mr. G.P. Malalasekera (Ceylon) as Vice-Presidents.

14. At the first part of the Conference the following Committees were set up:

Committee of the Whole
Chairman:
The President of the first part of the Conference
Vice-Chairmen:
The Vice-Presidents of the first part of the Conference

Drafting Committee
Members: Representatives of the following States: Argentina, Bel-

France, Israël, Panama, Royaume-Uni de Grande-Bretagne et d'Irlande du Nord

Président
(première partie
de la Conférence) :
   M. Humberto Calamari
      (Panama)
(deuxième partie
de la Conférence) :
   M. Enrique Ros
    (Argentine).

15. Le Comité plénier ne s'est pas réuni pendant la deuxième partie de la Conférence.

16. Aux deux parties de la Conférence, le Président et les Vice-Présidents, conformément à l'article 3 du règlement intérieur, ont examiné les pouvoirs des représentants et en ont rendu compte à la Conférence.

17. À la deuxième partie de la Conférence, un groupe de travail a été constitué, présidé par le Président de la Conférence et composé des représentants du Brésil, du Canada, de la France, d'Israël, de la Norvège, du Royaume-Uni de Grande-Bretagne et d'Irlande du Nord, de la Suisse et de la Turquie, ainsi que des représentants des autres États qui désiraient y participer. M. Peter Harvey (Royaume-Uni de Grande-Bretagne et d'Irlande du Nord) a fait fonction de rapporteur pour le groupe de travail.

18. À la première partie de la Conférence, le Secrétaire général de l'Organisation des Nations Unies était représenté par M. Yuen-li Liang, Directeur de la Division de la codification du

gium, France, Israel, Panama, the United Kingdom of Great Britain and Northern Ireland

Chairman
(first part of
the Conference):
   Mr. Humberto Calamari
      (Panama)
(second part of
the Conference):
   Mr. Enrique Ros
    (Argentina).

15. At the second part of the Conference the Committee of the Whole did not meet.

16. At both parts of the Conference the President and Vice-Presidents, in accordance with rule 3 of the Rules of Procedure, examined the credentials of representatives and reported thereon to the Conference.

17. At the second part of the Conference a Working Group was set up, consisting of the President, who acted as Chairman, and representatives of Brazil, Canada, France, Israel, Norway, Switzerland, Turkey and the United Kingdom of Great Britain and Northern Ireland, and of representatives of other States who desired to participate. Mr. Peter Harvey (United Kingdom of Great Britain and Norther Ireland) acted as Rapporteur of the Working Group.

18. At the first part of the Conference the Secretary-General of the United Nations was represented by Mr. Yuen-li Liang, Director of the Codification Division of the Office of Legal

service juridique de l'Organisation des Nations Unies, qui a été également nommé Secrétaire exécutif de la Conférence.

19. À la deuxième partie de la Conférence, le Secrétaire général de l'Organisation des Nations Unies était représenté par M. C. A. Stavropoulos, Conseiller juridique. M. Yuen-li Liang a été Secrétaire exécutif de la Conférence.

20. À la première partie de la Conférence, il a été décidé que la Conférence prendrait comme base de ses travaux le projet de convention sur la réduction du nombre des cas d'apatridie dans l'avenir, préparé par la Commission du droit international. La première partie de la Conférence était également saisie des observations présentées par les gouvernements au sujet du projet de convention, d'un mémorandum et d'un projet de convention sur la réduction du nombre de cas d'apatridie présenté par le Danemark et d'une documentation préparatoire établie par le Secrétariat de l'Organisation des Nations Unies.

21. La deuxième partie de la Conférence était saisie, en plus des documents mentionnés ci-dessus, des observations présentées par les gouvernements sur la privation de nationalité, des observations du Haut Commissariat des Nations Unies pour les Réfugiés et d'une documentation complémentaire établie par le Secrétariat de l'Organisation des Nations Unies.

22. Sur la base de ses délibérations, telles qu'elles sont reproduites dans les comptes rendus du Comité plénier et des séances plénières, la Conférence a préparé une Convention sur la réduction des cas d'apatridie. Cette Convention, qui est soumise à ratification, a été

Affairs of the United Nations, who was also appointed Executive Secretary.

19. At the second part of the Conference the Secretary-General of the United Nations was represented by Mr. C. A. Stavropoulos, the Legal Council, Mr. Yuen-li Liang acted as Executive Secretary.

20. At the first part of the Conference it was decided that the Conference would take as the basis for its work the draft Convention on the Reduction of Future Statelessness, prepared by the International Law Commission. The firts part of the Conference also had before it observations submitted by Governments on that draft Convention, a Memorandum with a Draft Convention on the Reduction of Statelessness submitted by Denmark, and preparatory documentation prepared by the Secretariat of the United Nations.

21. The second part of the Conference had before it, in addition to the documentation referred to above, observations submitted by Governments on deprivation of nationality, observations submitted by the Office of the United Nations High Commissioner for Refugees, and further documentation prepared by the Secretariat of the United Nations.

22. On the basis of the deliberations, as recorded in the records of the Committee of the whole and of the plenary meetings, the Conference prepared a Convention on the Reduction of Stateleness. The Convention, which is subject to ratification, was adopted by

adoptée par la Conférence le 28 août 1961 et ouverte à la signature du 30 août 1961 au 31 mai 1962 au Siège de l'Organisation des Nations Unies à New York. Cette Convention est également ouverte à l'adhésion et sera déposée aux archives de l'Organisation des Nations Unies.

23. La Conférence a adopté également les quatre résolutions qui sont jointes en annexe au présent Acte final.

EN FOI DE QUOI, les représentants ont signé le présent Acte final.

FAIT à New York, le trente août mil neuf cent soixante et un, en un seul exemplaire dont les textes anglais, chinois, espagnol, français et russe font également foi, qui sera déposé aux archives de l'Organisation des Nations Unies et dont des copies certifiées conformes seront transmises par le Secrétaire général de l'Organisation des Nations Unies à tous les États Membres de l'Organisation des Nations Unies ainsi qu'aux États non membres invités à la Conférence.

the Conference on 28 August 1961, and opened for signature from 30 August 1961 until 31 May 1962 at the United Nations Headquarters in New York. This Convention was also opened for accession and will be deposited in the archives of the United Nations.

23. In addition the Conference adopted the four resolutions which are annexed to this Final Act.

IN WITNESS THEREOF the representatives have signed this Final Act.

DONE at New York this thirtieth day of August, one thousand nine hundred and sixty-one, in a single copy of which the Chinese, English, French, Russian and Spanish texts are equally authentic and which shall be deposited in the archives of the United Nations, and certified copies of which shall be delivered by the Secretary-General of the United Nations to all Members of the United Nations and all non-member States invited to the Conference.

RÉSOLUTIONS

I

La Conférence

Recommande que les individus qui sont apatrides de fait soient, dans toute la mesure du possible, traités comme des apatrides de droit, afin de leur permettre d'acquérir une nationalité effective.

RESOLUTIONS

I

The Conference

Recommends that persons who are stateless *de facto* should as far as possible be treated as stateless *de jure* to enable them to acquire an effective nationality.

II

La Conférence

Reconnaît qu'aux fins du paragraphe 4 de l'article 7 de la Convention, l'expression « individu naturalisé » sera interprétée comme visant l'individu qui a acquis une nationalité uniquement à la suite d'une demande que l'État contractant intéressé a la faculté de rejeter.

III

La Conférence

Recommande aux États contractants qui subordonneraient la conservation de la nationalité des individus se trouvant à l'étranger à une déclaration ou immatriculation de faire, autant que possible, en sorte que les intéressés soient informés à temps des délais et formes exigés pour la conservation de leur nationalité.

IV

La Conférence

Reconnaît qu'aux fins de la Convention les mots « déclaré coupable » signifient « condamné par une décision judiciaire passée en force de chose jugée. »

II

The Conference

Resolves that for the purposes of paragraph 4 of Article 7 of the Convention the term "naturalized person" shall be interpreted as referring only to a person who has acquired nationality upon an application which the Contracting State concerned may in its discretion refuse.

III

The Conference

Recommends Contracting States making the retention of nationality by their nationals abroad subject to a declaration or registration to take all possible steps to ensure that such persons are informed in time of the formalities and time-limits to be observed if they are to retain their nationality.

IV

The Conference

Resolves that for the purposes of the Convention the term "convicted" shall mean "convicted by a final judgment of a court of competent jurisdiction."

CONVENTION SUR LA RÉDUCTION DES CAS D'APATRIDIE DU 30 AOÛT 1961

18 ÉTATS MEMBRES AU 30 JUILLET 1993[1]	RATIFICATION, ADHÉSION[a], SUCCESSION[d]
Allemagne	31 Août 1977[a]
Australie	13 Décembre 1973[a]
Autriche	22 Septembre 1972[a]
Bolivie	6 Octobre 1983[a]
Canada	17 Juillet 1978[a]
Costa Rica	2 Novembre 1977[a]
Danemark	11 Juillet 1977[a]
France	31 Mai 1962
Irlande	18 Janvier 1973[a]
Israël	30 Août 1961
Jamahiriya Arabe Libyenne	16 Mai 1989[a]
Kiribati	29 Novembre 1983[d]
Niger	17 Juin 1985[a]
Norvège	11 Août 1971[a]
Pays-Bas	13 Mai 1985
République Dominicaine	5 Décembre 1961
Royaume-Uni	29 Mars 1966
Suède	19 Février 1969[a]

CONVENTION ON THE REDUCTION OF STATELESSNESS OF 30 AUGUST 1961

18 PARTICIPANTS AT 30 JULY 1993[1]	RATIFICATION, ACCESSION[a], SUCCESSION[d]
Australia	13 December 1973[a]
Autria	22 September 1972[a]
Bolivie	6 October 1983[a]
Canada	17 July 1978[a]
Costa Rica	2 November 1977[a]
Danmark	11 July 1977[a]
Dominican Republic	5 December 1961
France	31 May 1962
Germany	31 August 1977[a]
Ireland	18 January 1973[a]
Israel	30 August 1961
Kiribati	29 November 1983[d]
Libyan Arab Jamahiriya	16 May 1989[a]
Netherlands	13 May 1985
Niger	17 June 1985[a]
Norway	11 August 1971[a]
Sweden	19 February 1969[a]
United Kingdom	29 March 1966

---

1. Sous réserve des instruments éventuellement en cours de dépôt.

1. Subject to the deposit of outstanding instruments.

RÉSERVES À LA CONVENTION SUR LA RÉDUCTION DES CAS D'APATRIDIE DU 30 AOÛT 1961[1]

RESERVATIONS TO THE CONVENTION ON THE REDUCTION OF STATELESSNESS OF 30 AUGUST 1961[1]

PAYS — STATES	ARTICLES
France/France	8 (3), 11
Irlande/Ireland	8 (3)
Niger/Niger	11, 14, 15
Royaume-Uni/United Kingdom	8(1)

---

1. Pour les textes de ces réserves, nous vous référons aux Traités Multilatéraux déposés auprès du Secrétaire Général, État au 31 décembre 1991, p. 235.

1. See the Texts of Reservation in United Nations, Multilateral Treaties deposited with the Secretary General, Status as at 31 December 1991, p. 230.

XI

| CONVENTION DE GENÈVE ET PROTOCOLE ADDITIONNEL DU 12 AOÛT 1949 RELATIF À LA PROTECTION DES PERSONNES EN TEMPS DE GUERRE ET DES VICTIMES DES CONFLITS ARMÉS INTERNATIONAUX | GENEVA CONVENTION AND PROTOCOL ADDITIONAL OF 12 AUGUST 1949 RELATIVE TO THE PROTECTION OF CIVILIAN PERSONS IN TIME OF WAR AND VICTIMS OF INTERNATIONAL ARMED CONFLICTS |

Commentaires

Extrait de la page 870 du livre de Y. Sandoz, C. Swinarski et B. Zimmermann, *Commentaires des Protocoles additionnels du 8 juin 1977 aux Conventions de Genève du 12 août 1949*, publié en 1986 aux Éditions Martinus Nijhoff Publishers, à Genève :

« Les "personnes protégées" par la IVe Convention sont les personnes qui "se trouvent, en cas de conflit ou d'occupation, au pouvoir d'une Partie [...] dont elles ne sont pas ressortissantes".

Les apatrides jouissent donc implicitement du statut de personnes protégées. L'article 73 leur reconnaît expressément ce statut.

Quant aux réfugiés, la IVe Convention ne règle explicitement que certains de leurs rapports, avec l'État d'accueil ou de résidence, d'une part (articles 44 et 45 alinéa 4), avec la Puissance occupante lorsque celle-ci est leur pays d'origine, d'autre part (article 70, alinéa 2; cette disposition spéciale constitue une exception à la définition des "personnes protégées").

Dès la Conférence d'experts gouvernementaux qui a précédé la CDDH, le Haut Commissariat des Nations Unies pour les réfugiés (HCR) a été de l'avis — partagé par le Comité International de la Croix-Rouge (CICR) — que ces dispositions de la IVe Convention étaient

Commentaries

Extracted from page 870 of *Commentary in the Additional Protocols of 8 June 1977 to the Geneva Conventions of 12 August 1949*, by Y. Sandoz, C. Swinarski and B. Zimmermann, published in 1986 by the Martinus Nijhoff Publishers in Geneva:

"'Protected persons' under the Fourth Convention are persons who 'find themselves, in case of a conflict or occupation, in the hands of a Party [...] of which they are not nationals.'

Stateless persons therefore by implication enjoy the status of protected persons. The Article 73 explicitly grants them such status.

As regards refugees, the Fourth Convention lays down explicit rules with regard to some relationships only: on the one hand, those with the State of refuge or the State of residence (Articles 44 and 45, paragraph 4), and on the other hand, those with the Occupying Power when the latter is their contry of origin (Article 70, pargraph 2; this special provision constitutes an exception to the definition of 'protected persons').

Already during the Conference of Government Experts, which preceded the CDDH, the United Nations High Commissioner for Refugees (UNHCR) expressed the opinion, which was shared by the International Committee of the Red Cross (ICRC), that these

insuffisantes et qu'il y avait lieu d'accorder aux réfugiés un statut valable d'une manière égale à l'égard de toutes les Parties au conflit, donc y compris face à la Partie dont ils sont ressortissants.

Le projet d'article présenté par le CICR n'a rencontré aucune opposition sur le principe. Un seul amendement écrit a été proposé et accepté quant au fond.

Pour bien comprendre la portée de l'article 73, il est nécessaire de définir auparavant la protection dont bénéficient les réfugiés selon la IVᵉ Convention, que ce soit en tant que civils (les militaires ne sont pas protégés par le IVᵉ Convention) ou spécifiquement. L'article 73 étend le champ d'application des règles de la IVᵉ Convention; il n'exerce aucune influence sur les dispositions du Protocole I. »

provisions of the Fourth Convention were insufficient and that it was appropriate to grant refugees a status which would apply with equal force vis-à-vis all Parties to the conflict, i.e., including the Party of which they are nationals.

The draft article presented by the ICRC did not meet any opposition on this principle. Only one written amendment of substance was proposed and accepted.

To properly understand the scope of Article 73 it is necessary to first define the protection to which refugees are entitled under the Fourth Convention, either as civilians (Members of the armed forces are not protected by the Fourth Convention) or specifically as refugees. Article 73 extends the scope of application of the rules of the Fourth Convention; it has no effect on the provisions of Protocol I."

BIBLIOGRAPHIE SÉLECTIVE

BACCINO-ASTRADA, A., *Manuel des droits et devoirs du personnel sanitaire lors des conflits armés*, Genève, Ed.CICR/ Ligue, 1982.

DOMINICE, G. et J. PATRNOGIC, « Les Protocoles additionnels aux Conventions de Genève et le système des puissances protectrices », (1979), Anales de Droit international médical, pp. 24-50.

PICTET, J., *Le droit humanitaire et la protection des victimes de la guerre*, Leiden, Sijithoff, 1973.

SELECTIVE BIBLIOGRAPHY

ABI-SAAB, G., "Wars of national liberation in the Geneva Conventions and Protocols", (1979) RCADI, vol. IV, p. 353-446.

BOTHE, M., PARTSCH, K. J. and W. SOLF. *New rules for victims of armed conflicts, Commentary on the two Protocols additional to the Geneva Conventions of 1949*. The Hague: Nijhoff, 1982.

DRAPER, G.I.A.D., "The implementation and enforcement of the Geneva Conventions and the two additinal Protocols of 1977", (1979) RCADI, vol. III, p. 5-64.

ROUCOUNAS, E.-J., « Les infractions graves au droit humanitaire — l'article 85 du Protocole additionnel aux Conventions de Genève », (1978), Revue hellénique de Droit international, pp. 57-153.

QUIGLEY, J., "The relation Between Human Rights Law and the Law of Belligerent Occupation: Does an occupied popupation have a Right to Freedom of Assembly and Expression?", (1989) 1 Boston coll. International and Comp. L.J., vol. XII.

CONVENTION DE GENÈVE RELATIVE À LA PROTECTION DES PERSONNES CIVILES EN TEMPS DE GUERRE DU 12 AOÛT 1949
(Extraits)

Adoptée par la Conférence diplomatique pour l'élaboration de Conventions internationales destinées à protéger les victimes de la guerre

Entrée en vigueur : 21 octobre 1950, conformément à l'article 153
Texte : Nations Unies, Recueil des Traités n° 973, vol. 75, p. 287

Article 26 : *Familles dispersées*
Article 44 : *Réfugiés*
Article 45 : *Personnes protégées*
Article 70 : *Infractions commises avant l'occupation*

Article 26

Chaque Partie au conflit facilitera les recherches entreprises par les membres des familles dispersées par la guerre pour reprendre contact les uns avec les autres et si possible se réunir. Elle favorisera notamment l'action des organismes qui se consacrent à cette tâche, à condition qu'elle les ait agréés et qu'ils se conforment aux mesures de sécurité qu'elle a prises.

Article 44

En prenant les mesures de contrôle prévues par la présente Convention, la Puissance détentrice ne traitera pas comme étrangers ennemis, exclusivement sur la base de leur appartenance juridique à un État ennemi, les réfugiés qui ne jouissent en fait de la protection d'aucun gouvernement.

GENEVA CONVENTION RELATIVE TO THE PROTECTION OF CIVILIAN PERSONS IN TIME OF WAR OF 12 AUGUST 1949
(Excerpts)

Adopted by the Diplomatic Conference for the Establishment of International Conventions for the Protection of Victims of War

Entry into force: 21 October 1950, in accordance with Article 153
Text: United Nations Treaty Series No. 973, Vol. 75, p. 287

Article 26: *Dispersed Families*
Article 44: *Refugees*
Article 45: *Protected Persons*
Article 70: *Offences committed before occupation*

Article 26

Each Party to the conflict shall facilitate enquiries made by members of families dispersed owing to the war, with the object of renewing contact with one another and of meeting, if possible. It shall encourage, in particular, the work of organizations engaged on this task provided they are acceptable to it and conform to its security regulations.

Article 44

In applying the measures of control mentioned in the present Convention, the Detaining Power shall not treat as enemy aliens exclusively on the basis of their nationality *de jure* of an ennemy State, refugees who do not, in fact, enjoy the protection of any government.

Article 45

1. Les personnes protégées ne pourront être transférées à une Puissance non partie à la Convention.

2. Cette disposition ne saurait faire obstacle au rapatriement des personnes protégées ou à leur retour au pays de leur domicile après la fin des hostilités.

3. Les personnes protégées ne pourront être transférées par la Puissance détentrice à une Puissance partie à la Convention qu'après que la Puissance détentrice s'est assurée que la Puissance en question est désireuse et à même d'appliquer la Convention. Quand les personnes protégées sont ainsi transférées, la responsibilité de l'application de la Convention incombera à la Puissance qui a accepté de les accueillir pendant le temps qu'elles lui seront confiées. Néanmoins, au cas où cette Puissance n'appliquerait pas les dispositions de la Convention, sur tout point important, la Puissance par laquelle les personnes protégées ont été transférées devra, à la suite d'une notification de la Puissance protectrice, prendre des mesures efficaces pour remédier à la situation, ou demander que les personnes protégées lui soient renvoyées. Il devra être satisfait à cette demande.

4. *Une personne protégée ne pourra, en aucun cas, être transférée dans un pays où elle peut craindre des persécutions en raison de ses opinions politiques ou religieuses*[1].

---

1. Ce paragraphe a été récupéré dans la Convention relative au Statut des réfugiés de 1951, article 33, paragraphe 1.

Article 45

1. Protected persons shall not be transferred to a Power which is not a party to the Convention.

2. This provision shall in no way constitute an obstacle to the repatriation of protected persons, or to their return to their country of residence after the cessation of hostilities.

3. Protected persons may be transferred by the Detaining Power only to a Power which is a party to the present Convention and after the Detaining Power has satisfied itself of the willingness and ability of such transferee Power to apply the present Convention. If protected persons are transferred under such circumstances, responsibility for the application of the present Convention rests on the Power accepting them, while they are in its custody. Nevertheless, if that Power fails to carry out the provisions of the present Convention in any important respect, the Power by which the protected persons were transferred shall, upon being so notified by the Protecting Power, take effective measures to correct the situation or shall request the return of the protected persons. Such request must be complied with.

4. *In no circumstances shall a protected person be transferred to a country where he or she may have reason to fear persecution for his or her political opinions or religious beliefs.*[1]

---

1. This paragraph was recovered from the Convention relating to the Status of Refugees of 1951, paragraph 1, article 33.

5. Les dispositions de cet article ne font pas obstacle à l'extradition, en vertu des traités d'extradition conclus avant le début des hostilités, de personnes protégées inculpées de crimes de droit commun.

Article 70

Les personnes protégées ne pourront pas être arrêtées, poursuivies ou condamnées par la Puissance occupante pour des actes commis ou pour des opinions exprimées avant l'occupation ou pendant une interruption temporaire de celle-ci sous réserve des infractions aux lois et coutumes de la guerre.

Les ressortissants de la Puissance occupante qui, avant le début du conflit, auraient cherché refuge sur le territoire occupé ne pourront être arrêtés, poursuivis, condamnés, ou déportés hors du territoire occupé, que pour des infractions commises depuis le début des hostilités ou pour des délits de droit commun commis avant le début des hostilités qui, selon le droit de l'État dont le territoire est occupé, auraient justifié l'extradition en temps de paix.

5. The provisions of this Article do not constitute an obstacle to the extradition, in pursuance of extradition treaties concluded before the outbreak of hostilities, of protected persons accused of offences against ordinary criminal law.

Article 70

Protected persons shall not be arrested, prosecuted or convicted by the Occupying Power for acts committed or for opinions expressed before the occupation, or during a temporary interruption thereof, with the exception of breaches of the laws and customs of war.

Nationals of the Occupying Power who, before the outbreak of hostilities, have sought refuge in the territory of the occupied State, shall not be arrested, prosecuted, convicted or deported from the occupied territory, except for offences committed after the outbreak of hostilities, or for offences under common law committed before the outbreak of hostilities which, according to the law of the occupied State, would have justified extradition in time of peace.

CONVENTION DE GENÈVE RELATIVE À LA PROTECTION DES PERSONNES CIVILES EN TEMPS DE GUERRE DU 12 AOÛT 1949

GENEVA CONVENTION RELATIVE TO THE PROTECTION OF CIVILIAN PERSONS IN TIME OF WAR OF 12 AUGUST 1949

188 ÉTATS MEMBRES AU 30 JUILLET 1993[1]	RATIFICATION, ADHÉSION[a], SUCCESSION[d]
Afganistan	26 Septembre 1956
Albanie	27 Mai 1957
Angola	20 Septembre 1984[a]
Antigua-et-Barbuda	6 Octobre 1986[d]
Arabie Saoudite	18 Mai 1963[a]
Argentine	18 Septembre 1956
Australie	14 Octobre 1958
Autriche	27 Août 1953
Azerbaïdjan	12 Février 1993[a]
Bahamas	11 Juillet 1975[d]
Bahreïn	30 Novembre 1971[a]
Bangladesh	4 Avril 1972[d]
Barbade	10 Septembre 1968[d]
Belgique	3 Septembre 1952
Belize	29 Juin 1984[a]
Bhoutan	10 Janvier 1991[a]
Biélorussie	3 Août 1954
Bolivie	10 Décembre 1976
Bosnie et Herzegivine	26 Février 1993[d]
Botswana	29 Mars 1968[a]
Brésil	29 Juin 1957
Brunei Darussalam	14 Octobre 1991[a]
Bulgarie	22 Juillet 1954
Burkina Faso	18 Juin 1980[a]
Burundi	27 Décembre 1971[d]
Cambodge	8 Décembre 1958[a]
Cameroun	16 Septembre 1963[d]
Canada	14 Mai 1965
Cap Vert	11 Mai 1984[a]
Ceylan	23 Février 1959[a]
Chili	12 Octobre 1950
Chypre	23 Mai 1962[a]
Colombie	8 Novembre 1961
Comores	21 Novembre 1985[a]
Congo (Léopoldville)[2]	24 Février 1961[d]

188 PARTICIPANTS AT 30 JULY 1993[1]	RATIFICATION, ACCESSION[a], SUCCESSION[d]
Afganistan	26 September 1956
Albania	27 May 1957
Angola	20 September 1984[a]
Antigua and Barbuda	6 October 1986[d]
Argentina	18 September 1956
Australia	14 October 1958
Austria	27 August 1953
Azerbaijan	12 February 1993[a]
Bahamas	11 July 1975[d]
Bahrain	30 November 1971[a]
Bangladesh	4 April 1972[d]
Barbados	10 September 1968[d]
Belgium	3 September 1952
Belize	29 June 1984[a]
Bhutan	10 January 1991[a]
Bolivia	10 December 1976
Bosnia and Herzegovina	26 February 1993[d]
Botswana	29 March 1968[a]
Brazil	29 June 1957
Brunei Darussalam	14 October 1991[a]
Bulgaria	22 July 1954
Burkina Faso	18 June 1980[a]
Burundi	27 December 1971[d]
Byelorussia	3 August 1954
Cambodia	8 December 1958[a]
Cameroon	16 September 1963[d]
Canada	14 May 1965
Cape Verde	11 May 1984[a]
Central African Republic	23 July 1966[d]
Ceylon	23 February 1959[a]
Chad	5 August 1970[a]
Chile	12 October 1950
Colombia	8 November 1961

---

1. Sous réserve des instruments éventuellement en cours de dépôt.
2. Actuellement République du Zaïre

1. Subject to the deposit of outstanding instruments.

Costa Rica	15 Octobre 1969[a]	Comoros	21 November 1985[a]
Côte d'Ivoire	28 Décembre 1961[d]	Congo (Leopoldville)[2]	24 February 1961[d]
Croatie	16 Juillet 1992[d]	Costa Rica	15 October 1969[a]
Cuba	15 Avril 1954	Côte d'Ivoire	28 December 1961[d]
Dahomey	14 Décembre 1961[d]	Croatia	16 July 1992[d]
Danemark	27 Juin 1951	Cuba	15 April 1954
Djibouti	6 Mars 1978[d]	Cyprus	23 May 1962[a]
Dominique	28 Septembre 1981[d]	Czech Republic	26 February 1993[d]
Égypte	10 Novembre 1952	Czechoslovakia	19 December 1950
El Salvador	17 Juin 1953	Dahomey	14 December 1961[d]
Emirats Arabes Unis	10 Mai 1972[a]	Democratic Republic of Viet-Nam	28 June 1957[a]
Équateur	11 Août 1954	Democratic People's Republic of Korea	27 August 1957[a]
Espagne	4 Août 1952	Democratic Yemen	25 May 1977[a]
Estonie	26 Février 1993[a]	Denmark	27 June 1951
États-Unis d'Amérique	2 Août 1955	Djibouti	6 March 1978[d]
Éthiopie	2 Octobre 1969	Dominica	28 September 1981[d]
Fédération de Malaysia	24 Août 1962[a]	Dominican Republic	22 January 1958[a]
Fédération de Russie	2 Février 1993[a]	Ecuador	11 August 1954
Fidji	9 Août 1971[d]	Egypt	10 November 1952
Finlande	22 Février 1955	El Salvador	17 June 1953
France	28 Juin 1951	Equatorial Guinea	24 July 1986[a]
Gabon	20 Février 1965[d]	Estonia	26 February 1993[a]
Gambie	20 Octobre 1966[d]	Ethiopia	2 October 1969
Ghana	2 Août 1958[a]	Federal Republic of Germany[3]	3 September 1954[a]
Grèce	5 Juin 1956	Federation of Malaysia	24 August 1962[a]
Grenade	13 Avril 1981[d]	Fiji	9 August 1971[d]
Guatemala	14 Mai 1952	Finland	22 February 1955
Guinée Équatoriale	24 Juillet 1986[a]	France	28 June 1951
Guinée	11 Juillet 1984[a]	Gabon	20 February 1965[d]
Guinée-Bissau	21 Février 1974[a]	Gambia	20 October 1966[d]
Guyana	22 Juillet 1968[d]	German Democratic Republic	30 November 1956[a]
Haïti	11 Avril 1957[a]	Ghana	2 August 1958[a]
Haute-Volta	7 Novembre 1961[d]	Greece	5 June 1956
Honduras	30 Décembre 1965[a]	Grenada	13 April 1981[d]
Hongrie	3 Août 1954	Guatemala	14 May 1952
Îles Salomon	6 Juillet 1981[d]	Guinea	11 July 1984[a]
Inde	9 Novembre 1950	Guinea-Bissau	21 February 1974[a]
Indonésie	30 Septembre 1958[a]	Guyana	22 July 1968[d]
Iran	20 Février 1957	Haiti	11 April 1957[a]
Iraq	14 Février 1956[a]	Haute-Volta	7 November 1961[d]
Irlande	27 Septembre 1962	Holy See	22 February 1951
Islande	10 Août 1965[a]	Honduras	30 December 1965[a]
Israël	6 Juillet 1951	Hungary	3 August 1954
Italie	17 Décembre 1951	Iceland	10 August 1965[a]
Jamaïque	17 Juillet 1964[d]	India	9 November 1950
Japon	21 Avril 1953[a]	Indonesia	30 September 1958[a]
Jordanie	29 Mai 1951[a]		
Kazakhstan	27 Octobre 1992[d]		
Kenya	20 Septembre 1966[a]		
Kiribati	5 Janvier 1989[d]		
Koweït	2 Septembre 1967[a]		

2. Now Republic of Zaire.
3. Application to Land Berlin on December 3, 1954.

SECTION I — TRAITÉ / TREATY XI

Kyrgystan	27 Octobre 1992[d]	Irak	14 February 1956[a]
Laos	29 Octobre 1956[a]	Iran	20 February 1957
Lesotho	18 Juin 1968[d]	Ireland	27 September 1962
Letonie	24 Décembre 1991[a]	Israel	6 July 1951
Liban	10 Avril 1951	Italy	17 December 1951
Libéria	29 Mars 1954[a]	Jamaica	17 July 1964[d]
Libye	22 Mai 1956[a]	Japan	21 April 1953[a]
Liechtenstein	21 Septembre 1950	Jordan	29 May 1951[a]
Luxembourg	1 Juillet 1953	Kazakhstan	27 October 1992[d]
Madagascar	13 Juillet 1963[d]	Kenya	20 September 1966[a]
Malawi	5 Janvier 1968[d]	Kiribati	5 January 1989[d]
Maldives	18 Juin 1991[a]	Kuwait	2 September 1967[a]
Mali	24 Mai 1965[a]	Kyrgyztan	27 October 1992[d]
Malte	22 Août 1968[d]	Laos	29 October 1956[a]
Maroc	26 Juillet 1956[a]	Latvia	24 December 1991[a]
Maurice	18 Août 1970[d]	Lebanon	10 April 1951
Mauritanie	27 Octobre 1962[d]	Lesotho	18 June 1968[d]
Mexique	29 Octobre 1952	Liberia	29 March 1954[a]
Monaco	5 Juillet 1950	Libya	22 May 1956[a]
Mozambique	14 Mars 1983[a]	Liechtenstein	21 September 1950
Myanmar	27 Octobre 1992[a]	Luxembourg	1 July 1953
Namibie	22 Août 1991[d]	Madagascar	13 July 1963[d]
Népal	7 Février 1964[a]	Malawi	5 January 1968[d]
Nicaragua	17 Décembre 1953	Maldives	18 June 1991[a]
Niger	16 Avril 1964[d]	Mali	24 May 1965[a]
Nigeria	20 Juin 1961[d]	Malta	22 August 1968[d]
Norvège	3 Août 1951	Mauritania	27 October 1962[d]
Nouvelle-Zélande	2 Mai 1959	Mauritius	18 August 1970[d]
Oman	31 Janvier 1974[a]	Mexico	29 October 1952
Ouganda	18 Mai 1964[a]	Monaco	5 July 1950
Pakistan	12 Juin 1951	Mongolian People's	
Panama	10 Février 1956[a]	Republic	20 December 1958[a]
Papouasie		Morocco	26 July 1956[a]
Nouvelle-Guinée	26 Mai 1976[d]	Mozambique	14 March 1983[a]
Paraguay	23 Octobre 1961	Myanmar	27 October 1992[a]
Pays-Bas	3 Août 1954	Namibia	22 August 1991[d]
Pérou	15 Février 1956	Nepal	7 February 1964[a]
Philippines	6 Octobre 1952	Netherlands	3 August 1954
Pologne	26 Novembre 1954	New Zealand	2 May 1959
Portugal	14 Mars 1961	Nicaragua	17 December 1953
Qatar	15 Octobre 1975[a]	Niger	16 April 1964[d]
Royaume Uni de		Nigeria	20 June 1961[d]
Grande-Bretagne et		Norway	3 August 1951
d'Irlande du Nord	23 Septembre 1957	Oman	31 January 1974[a]
République		Pakistan	12 June 1951
Démocratique du		Panama	10 February 1956[a]
Viet-Nam	28 Juin 1957[a]	Papua New Guinea	26 May 1976[d]
République Populaire		Paraguay	23 October 1961
Mongole	20 Décembre 1958[a]	People's Republic of	
République Populaire		China	28 December 1956
Démocratique de Corée	27 Août 1957[a]	Peru	15 February 1956
République du Sud		Philippines	6 October 1952
Viet-Nam	3 Décembre 1973[a]	Poland	26 November 1954
République Populaire		Portugal	14 March 1961
de Chine	28 Décembre 1956		

République de Corée	16 Août 1966[a]	Qatar	15 October 1975[a]
République du Congo	30 Janvier 1967[d]	Republic of South	
République Tchèque	26 Février 1993[d]	Viet Nam	3 December 1973[a]
République		Republic of Korea	16 August 1966[a]
Démocratique		Republic of Congo	30 January 1967[d]
Allemande	30 Novembre 1956[a]	Romania	1 June 1954
République de Corée	3 Décembre 1992[a]	Russian Federation	2 February 1993[a]
République		Rwanda	21 March 1964[d]
Dominicaine	22 Janvier 1958[a]	Saint Lucia	18 September 1981[d]
République		San Marino	28 August 1953[a]
Centrafricaine	23 Juillet 1966[d]	Sao Tome and Principe	21 May 1976[a]
République Fédérale		Samoa	23 August 1984[d]
d'Allemagne[3]	3 Septembre 1954[a]	Saudi Arabia	18 May 1963[a]
Roumanie	1 Juin 1954	Senegal	23 April 1963[d]
Royaume-Uni	11 Mars 1954	Seychelles	8 November 1984[a]
Rwanda	21 Mars 1964[d]	Seylan	23 February 1959[a]
Saint-Marin	28 Août 1953[a]	Sierra Leone	31 May 1965[d]
Saint-Siège	22 Février 1951	Singapore	27 April 1973[a]
Sainte-Lucie	18 Septembre 1981[d]	Slovenia	16 July 1992[d]
Samoa	23 Août 1984[d]	Solomon Islands	6 July 1981[d]
Sao Tome et Principe	21 Mai 1976[a]	Somalia	12 July 1962[a]
Sénégal	23 Avril 1963[d]	Spain	4 August 1952
Seychelles	8 Novembre 1984[a]	Saint Christopher	
Seylan	23 Février 1959[a]	and Nevis	14 February 1986[d]
Sierra Leone	31 Mai 1965[d]	Saint Vincent and	
Singapour	27 Avril 1973[a]	Grenadines	1 April 1981[a]
Slovénie	16 Juillet 1992[d]	Sudan	23 September 1957[a]
Somalie	12 Juillet 1962[a]	Suriname	13 October 1976[d]
Soudan	23 Septembre 1957[a]	Swasiland	28 June 1973[a]
St-Christophe-et-Nevis	14 Février 1986[d]	Sweden	28 December 1953
St-Vincent-		Switzerland	31 March 1950
et-Grenadine	1 Avril 1981[a]	Syria	2 November 1953
Suède	28 Décembre 1953	Tajikistan	26 February 1993[d]
Suisse	31 Mars 1950	Tanganyika	12 December 1962[d]
Suriname	13 Octobre 1976[d]	Tchad	5 August 1970[a]
Swaziland	28 Juin 1973[a]	Thailand	29 December 1954[a]
Syrie	2 Novembre 1953	Togo	6 January 1962[d]
Tajikistan	26 Février 1993[d]	Tonga	13 April 1978[d]
Tanganyika	12 Décembre 1962[d]	Trinidad and Tobago	24 September 1963[a]
Tchad	5 Août 1970[a]	Tunisia	4 May 1957[a]
Tchécoslovaquie	19 Décembre 1950	Turkey	10 February 1954
Thaïlande	29 Décembre 1954[a]	Turkmenistan	27 October 1992[d]
Togo	6 Janvier 1962[d]	Tuvalu	19 February 1981[d]
Tonga	13 Avril 1978[d]	United Kingdom of	
Trinité-et-Tobago	24 Septembre 1963[a]	Great Britain and	
Tunisie	4 Mai 1957[a]	Northern Ireland	23 September 1957
Turkmenistan	27 Octobre 1992[d]	Uganda	18 May 1964[a]
Turquie	10 Février 1954	Ukrainian	3 August 1954
Tuvalu	19 Février 1981[d]	Union of South Africa	31 March 1952[a]
Ukraine	3 Août 1954	United Arab Emirates	10 May 1972[a]
Union Sud Africaine	31 Mars 1952[a]	United States of	
URSS	10 Mai 1954	America	2 August 1955
		Upper Volta	7 November 1961[d]

---

3. Application au Land de Berlin le 3 Décembre 1954.

Uruguay	5 Mars 1969	Uruguay	5 March 1969
Vanuatu	27 Octobre 1982[a]	USSR	10 May 1954
Venezuela	13 Février 1956	Vanuatu	27 October 1982[a]
Viet-Nam	14 Novembre 1953[a]	Venezuela	13 February 1956
Yémen Démocratique	25 Mai 1977[a]	Viet Nam	14 November 1953[a]
Yémen	16 Juillet 1970[a]	Yemen	16 July 1970[a]
Yougoslavie	21 Avril 1950	Yugoslavia	21 April 1950
Zambie	19 Octobre 1966[a]	Zambia	19 October 1966[a]
Zimbabwe	7 Mars 1983[a]	Zimbabwe	7 March 1983[a]

XII

PROTOCOLE ADDITIONNEL AUX CONVENTIONS DE GENÈVE DU 12 AOÛT 1949 RELATIF À LA PROTECTION DES VICTIMES DES CONFLITS ARMÉS INTERNATIONAUX (PROTOCOLE I)
(Extraits)

PROTOCOL ADDITIONAL TO THE GENEVA CONVENTIONS OF 12 AUGUST 1949, AND RELATING TO THE PROTECTION OF VICTIMS OF INTERNATIONAL ARMED CONFLICTS (PROTOCOL I)
(Excerpts)

[Voir aussi p. 239.]

Adopté le 8 juin 1977 par la Conférence diplomatique sur la réaffirmation et le développement du droit international humanitaire applicable dans les conflits armés.

Entrée en vigueur : 7 décembre 1978, conformément à l'article 95
Texte : Voir Actes de la Conférence diplomatique sur le droit humanitaire, Genève 1974-1977, volume I, p. 160

[See also p. 239.]

Adopted on 8 June 1977 by the Diplomatic Conference on the Reaffirmation and Development of International Humanitarian Law Applicable in Armed Conflicts

Entry into force: 7 December 1978, in accordance with Article 95

Article 73 : *Réfugiés et apatrides*

Article 74 : *Regroupement des familles dispersées*
Article 75 : *Garanties fondamentales*
Article 76 : *Protection des femmes*
Article 77 : *Protection des enfants*
Article 78 : *Évacuation des enfants*
Article 83 : *Diffusion*
Article 85 : *Répression des infractions au présent Protocole*
Article 88 : *Entraide judiciaire en matière pénale*
Article 89 : *Coopération*
Article 91 : *Responsabilité*

Article 73: *Refugees and Stateless Persons*
Article 74: *Reunion of Dispersed Families*
Article 75: *Fundamental guarantees*
Article 76: *Protection of women*
Article 77: *Protection of children*
Article 78: *Evacuation of children*
Article 83: *Dissemination*
Article 85: *Repression of Breaches of this Protocol*
Article 88: *Mutual Assistance in Criminal Matters*
Article 89: *Co-operation*
Article 91: *Responsibility*

Article 73

Réfugiés et apatrides

Les personnes qui, avant le début des hostilités, sont considérées comme apatrides ou réfugiés au sens des instruments internationaux pertinents acceptés par les Parties intéressées ou de la législation nationale de l'État d'accueil ou de résidence, seront, en toutes circonstances et sans aucune distinction de caractère défavorable, des personnes protégées au sens des Titres I et III de la IVe Convention.

Article 74

Regroupement des familles dispersées

Les Hautes Parties contractantes et les Parties au conflit faciliteront dans toute la mesure du possible le regroupement des familles dispersées en raison de conflits armés et encourageront notamment l'action des organisations humanitaires qui se consacrent à cette tâche conformément aux dispositions des Conventions et du présent Protocole et conformément à leurs règles de sécurité respectives.

Article 75

Garanties fondamentales

1. Dans la mesure où elles sont affectées par une situation visée à l'article premier du présent Protocole, les personnes qui sont au pouvoir d'une Partie au conflit et qui ne bénéficient pas d'un traitement plus favorable en vertu des Conventions et du présent Protocole seront traitées avec humanité en toutes

Article 73

Refugees and Stateless Persons

Persons who, before the beginning of hostilities, were considered as stateless persons or refugees under the relevant international instruments accepted by the Parties concerned or under the national legislation of the State of refuge or State of residence shall be protected persons within the meaning of Parts I and III of the Fourth Convention, in all circumstances and without any adverse distinction.

Article 74

Reunion of Dispersed Families

The High Contracting Parties and the Parties to the conflict shall facilitate in every possible way the reunion of families dispersed as a result of armed conflicts and shall encourage in particular the work of the humanitarian organizations engaged in this task in accordance with the provisions of the Conventions and of this Protocol and in conformity with their respective security regulations.

Article 75

Fundamental Guarantees

1. In so far as they are affected by a situation referred to in Article 1 of this Protocol, persons who are in the power of a Party to the conflict and who do not benefit from more favourable treatment under the Conventions or under this Protocol shall be treated humanely in all circumstances and shall enjoy, as a

circonstances et bénéficieront au moins des protections prévues par le présent article sans aucune distinction de caractère défavorable fondée sur la race, la couleur, le sexe, la langue, la religion ou la croyance, les opinions politiques ou autres, l'origine nationale ou sociale, la fortune, la naissance ou une autre situation, ou tout autre critère analogue. Chacune des Parties respectera la personne, l'honneur, les convictions et les pratiques religieuses de toutes ces personnes.

2. Sont et demeureront prohibés en tout temps et en tout lieu les actes suivants, qu'ils soient commis par des agents civils ou militaires :
a) les atteintes portées à la vie, à la santé et au bien-être physique ou mental des personnes, notamment :
  i) le meurtre;
  ii) la torture sous toutes ses formes, qu'elle soit physique ou mentale;
  iii) les peines corporelles; et
  iv) les mutilations;
b) les atteintes à la dignité de la personne, notamment les traitements humiliants et dégradants, la prostitution forcée et toute forme d'attentat à la pudeur;
c) la prise d'otages;
d) les peines collectives; et
e) la menace de commettre l'un quelconque des actes précités.

3. Toute personne arrêtée, détenue ou internée pour des actes en relation avec le conflit armé sera informée sans retard, dans une langue qu'elle comprend, des raisons pour lesquelles ces mesures ont été prises. Sauf en cas d'arrestation ou de détention du chef d'une infraction pénale, cette personne sera libérée dans les plus brefs délais

minimum, the protection provided by this Article without any adverse distinction based upon race, colour, sex, language, religion or belief, political or other opinion, national or social origin, wealth, birth or other status, or on any other similar criteria. Each Party shall respect the person, honour, convictions and religious practices of all such persons.

2. The following acts are and shall remain prohibited at any time and in any place whatsoever, whether committed by civilian or by military agents:
(a) Violence to the life, health, or physicial or mental well-being of persons, in particular:
  (i) murder;
  (ii) torture of all kinds, whether physical or mental;
  (iii) corporal punishment; and
  (iv) mutilation;
(b) Outrages upon personal dignity, in particular humiliating and degrading treatment, enforced prostitution and any from of indecent assault;
(c) The taking of hostages;
(d) Collective punishments; and
(e) Threats to commit any of the foregoing acts.

3. Any person arrested, detained or interned for actions related to the armed conflict shall be informed promptly, in a language he understands, of the reasons why these measures have been taken. Except in cases of arrest or detention for penal offences, such persons shall be released with the minimum delay possible and in any event as soon as

possibles et, en tout cas, dès que les circonstances justifiant l'arrestation, la détention ou l'internement auront cessé d'exister.

4. Aucune condamnation ne sera prononcée ni aucune peine exécutée à l'encontre d'une personne reconnue coupable d'une infraction pénale commise en relation avec le conflit armé si ce n'est en vertu d'un jugement préalable rendu par un tribunal impartial et régulièrement constitué, qui se conforme aux principes généralement reconnus d'une procédure judiciaire régulière comprenant les garanties suivantes :

a) la procédure disposera que tout prévenu doit être informé sans délai des détails de l'infraction qui lui est imputée et assurera au prévenu avant et pendant son procès tous les droits et moyens nécessaires à sa défense;

b) nul ne peut être puni pour une infraction si ce n'est sur la base d'une responsabilité pénale individuelle;

c) nul ne sera accusé ou condamné pour des actions ou omissions qui ne constituaient pas un acte délictueux d'après le droit national ou international qui lui était applicable au moment où elles ont été commises. De même, il ne sera infligé aucune peine plus forte que celle qui était applicable au moment où l'infraction a été commise. Si, postérieurement à cette infraction, la loi prévoit l'application d'une peine plus légère, le délinquant doit en bénéficier;

the circumstances justifying the arrest, detention or internment have ceased to exist.

4. No sentence may be passed and no penalty may be executed on a person found guilty of a penal offence related to the armed conflict except pursuant to a conviction pronounced by an impartial and regularly constituted court respecting the generally recognized principles of regular judicial procedure, which include the following:

(a) The procedure shall provide for an accused to be informed without delay of the particulars of the offence alleged against him and shall afford the accused before and during his trial all necessary rights and means of defence;

(b) No one shall be convicted of an offence except on the basis of individual penal responsibility;

(c) No one shall be accused or convicted of a criminal offence on account of any act or omission which did not constitute a criminal offence under the national or international law to which he was subject at the time when it was committed; nor shall a heavier penalty be imposed than that which was applicable at the time when the criminal offence was committed; if, after the commission of the offence, provision is made by law for the imposition of a lighter penalty, the offender shall benefit thereby;

d) toute personne accusée d'une infraction est présumée innocente jusqu'à ce que sa culpabilité ait été légalement établie;

e) toute personne accusée d'une infraction a le droit d'être jugée en sa présence;

f) nul ne peut être forcé de témoigner contre lui-même ou de s'avouer coupable;

g) toute personne accusée d'une infraction a le droit d'interroger ou de faire interroger les témoins à charge et d'obtenir la comparution et l'interrogatoire des témoins à décharge dans les mêmes conditions que les témoins à charge;

h) aucune personne ne peut être poursuivie ou punie par la même Partie pour une infraction ayant déjà fait l'objet d'un jugement définitif d'acquittement ou de condamnation rendu conformément au même droit et à la même procédure judiciaire;

i) toute personne accusée d'une infraction a droit à ce que le jugement soit rendu publiquement;

j) toute personne condamnée sera informée, au moment de sa condamnation, de ses droits de recours judiciaires et autres ainsi que des délais dans lesquels ils doivent être exercés.

5. Les femmes privées de liberté pour des motifs en relation avec le conflit armé seront gardées dans des locaux séparés de ceux des hommes. Elles seront placées sous la surveillance immédiate de femmes. Toutefois, si des familles sont arrêtées, détenues ou internées, l'unité de ces familles sera préservée autant que possible pour leur logement.

(d) Anyone charged with an offence is presumed innocent until proved guilty according to law;

(e) Anyone charged with an offence shall have the right to be tried in his presence;

(f) No one shall be compelled to testify against himself or to confess guilt;

(g) Anyone charged with an offence shall have the right to examine, or have examined, the witnesses against him and to obtain the attendance and examination of witnesses on his behalf under the same conditions as witnesses against him;

(h) No one shall be prosecuted or punished by the same Party for an offence in respect of which a final judgement acquitting or convicting that person has been previously pronounced under the same law and judicial procedure;

(i) Anyone prosecuted for an offence shall have the right to have the judgement pronounced publicly; and

(j) A convicted person shall be advised on conviction of his judicial and other remedies and of the time-limits within which they may be exercised.

5. Women whose liberty has been restricted for reasons related to the armed conflict shall be held in quarters separated from men's quarters. They shall be under the immediate supervision of women. Nevertheless, in cases where families are detained or interned, they shall, whenever possible, be held in the same place and accomodated as family units.

6. Les personnes arrêtées, détenues ou internées pour des motifs en relation avec le conflit armé bénéficieront des protections accordées par le présent article jusqu'à leur libération définitive, leur rapatriement ou leur établissement, même après la fin du conflit armé.

7. Pour que ne subsiste aucun doute en ce qui concerne la poursuite et le jugement des personnes accusées de crimes de guerre ou de crimes contre l'humanité, les principes suivants seront appliqués :

a) les personnes qui sont accusées de tels crimes devraient être déférées aux fins de poursuite et de jugement conformément aux règles du droit international applicable; et

b) toute personne qui ne bénéficie pas d'un traitement plus favorable en vertu des Conventions ou du présent Protocole se verra accorder le traitement prévu par le présent article, que les crimes dont elle est accusée constituent ou non des infractions graves aux Conventions ou au présent Protocole.

8. Aucune disposition du présent article ne peut être interprétée comme limitant ou portant atteinte à toute autre disposition plus favorable accordant, en vertu des règles du droit international applicable, une plus grande protection aux personnes couvertes par le paragraphe 1.

Article 76

Protection des femmes

1. Les femmes doivent faire l'objet d'un respect particulier et seront proté-

6. Persons who are arrested, detained or interned for reasons related to the armed conflict shall enjoy the protection provided by this Article until their final release, repatriation or re-establishment, event after the end of the armed conflict.

7. In order to avoid any doubt concerning the prosecution and trial of persons accused of war crimes or crimes against humanity, the following principles shall apply:

(a) Persons who are accused of such crimes should be submitted for the purpose of prosecution and trial in accordance with the applicable rules of international law; and

(b) Any such persons who do not benefit from more favourable treatment under the Conventions or this Protocol shall be accorded the treatment provided by this Article, whether or not the crimes of which they are accused constitute grave breaches of the Conventions or of this Protocol.

8. No provision of this Article may be construed as limiting or infringing any other more favourable provision granting greater protection, under any applicable rules of international law, to persons covered by paragraph 1.

Article 76

Protection of Women

1. Women shall be the object of special respect and shall be protected in

gées, notamment contre le viol, la contrainte à la prostitution et toute autre forme d'attentat à la pudeur.

2. Les cas des femmes enceintes et des mères d'enfants en bas âge dépendant d'elles qui sont arrêtées, détenues ou internées pour des raisons liées au conflit armé seront examinés en priorité absolue.

3. Dans toute la mesure du possible, les Parties au conflit s'efforceront d'éviter que la peine de mort soit prononcée contre les femmes enceintes ou les mères d'enfants en bas âge dépendant d'elles pour une infraction commise en relation avec le conflit armé. Une condamnation à mort contre ces femmes pour une telle infraction ne sera pas exécutée.

Article 77

Protection des enfants

1. Les enfants doivent faire l'objet d'un respect particulier et doivent être protégés contre toute forme d'attentat à la pudeur. Les Parties au conflit leur apporteront les soins et l'aide dont ils ont besoin du fait de leur âge ou pour toute autre raison.

2. Les Parties au conflit prendront toutes les mesures possibles dans la pratique pour que les enfants de moins de quinze ans ne participent pas directement aux hostilités, notamment en s'abstenant de les recruter dans leurs forces armées. Lorsqu'elles incorporent des personnes de plus de quinze ans mais de moins de dix-huit ans, les Parties au conflit s'efforceront de donner la priorité aux plus âgées.

particular against rape, forced prostitution and any other form of indecent assault.

2. Pregnant women and mothers having dependent infants who are arrested, detained or interned for reasons related to the armed conflict, shall have their cases considered with the utmost priority.

3. To the maximum extent feasible, the Parties to the conflict shall endeavour to avoid the pronouncement of the death penalty on pregnant women or mothers having dependent infants, for an offence related to the armend conflict. The death penalty for such offences shall not be executed on such women.

Article 77

Protection of Children

1. Children shall be the object of special respect and shall be protected against any form of indecent assault. The Parties to the conflict shall provide them with the care and aid they require, whether because of their age or for any other reason.

2. The Parties to the conflict shall take all feasible measures in order that children who have not attained the age of fifteen years do not take a direct part in hostilities and, in particular, they shall refrain from recruiting them into their armed forces. In recruiting among those persons who have attained the age of fifteen years but who have not attained the age of eighteen years, the Parties to the conflict shall endeavour to give priority to those who are oldest.

3. Si, dans des cas exceptionnels et malgré les dispositions du paragraphe 2, des enfants qui n'ont pas quinze ans révolus participent directement aux hostilités et tombent au pouvoir d'une Partie adverse, ils continueront à bénéficier de la protection spéciale accordée par le présent article, qu'ils soient ou non prisonniers de guerre.

4. S'ils sont arrêtés, détenus ou internés pour des raisons liées au conflit armé, les enfants seront gardés dans des locaux séparés de ceux des adultes, sauf dans le cas de familles logées en tant qu'unités familiales comme le prévoit le paragraphe 5 de l'article 75.

5. Une condamnation à mort pour une infraction liée au conflit armé ne sera pas exécutée contre les personnes qui n'avaient pas dix-huit ans au moment de l'infraction.

Article 78

Évacuation des enfants

1. Aucune Partie au conflit ne doit procéder à l'évacuation, vers un pays étranger, d'enfants autres que ses propres ressortissants, à moins qu'il ne s'agisse d'une évacuation temporaire rendue nécessaire par des raisons impérieuses tenant à la santé ou à un traitement médical des enfants ou, sauf dans un territoire occupé, à leur sécurité. Lorsqu'on peut atteindre les parents ou les tuteurs, leur consentement écrit à cette évacuation est nécessaire. Si l'on ne peut pas les atteindre, l'évacuation ne peut se faire qu'avec le consentement écrit des personnes à qui la loi ou la coutume attribue principalement la garde des enfants. La Puissance protectrice contrôlera toute évacuation de

3. If, in exceptional cases, despite the provisions of paragraph 2, children who have not attained the age of fifteen years take a direct part in hostilities and fall into the power of an adverse Party, they shall continue to benefit from the special protection accorded by this Article, whether or not they are prisoners of war.

4. If arrested, detained or interned for reasons related to the armed conflict, children shall be held in quarters separate from the quarters of adults, except where families are accomodated as family units as provided in Article 75, paragraph 5.

5. The death penalty for an offence related to the armed conflict shall not be executed on persons who had not attained the age of eighteen years at the time the offence was committed.

Article 78

Evacuation of Children

1. No Party to the conflict shall arrange for the evacuation of children, other than its own nationals, to a foreign country except for a temporary evacuation where compelling reasons of the health or medical treatment of the children or, except in occupied territory, their safety, so require. Where the parents or legal guardians can be found, their written consent to such evacuation is required. If these persons cannot be found, the written consent to such evacuation of the persons who by law or custom are primarily responsible for the care of the children is required. Any such evacuation shall be supervised by the Protecting Power in agreement with the Parties concerned, namely, the Party

cette nature, d'entente avec les Parties intéressées, c'est-à-dire la Partie qui procède à l'évacuation, la Partie qui reçoit les enfants et toute Partie dont les ressortissants sont évacués. Dans tous les cas, toutes les Parties au conflit prendront toutes les précautions possibles dans la pratique pour éviter de compromettre l'évacuation.

2. Lorsqu'il est procédé à une évacuation dans les conditions du paragraphe 1, l'éducation de chaque enfant évacué, y compris sont éducation religieuse et morale telle que la désirent ses parents, devra être assurée d'une façon aussi continue que possible.

3. Afin de faciliter le retour dans leur famille et dans leur pays des enfants évacués conformément aux dispositions du présent article, les autorités de la Partie qui a procédé à l'évacuation et, lorsqu'il conviendra, les autorités du pays d'accueil, établiront, pour chaque enfant, une fiche accompagnée de photographies qu'elles feront parvenir à l'Agence centrale de recherches du Comité international de la Croix-Rouge. Cette fiche portera, chaque fois que cela sera possible et ne risquera pas de porter préjudice à l'enfant, les renseignements suivants :

a) le(s) nom(s) de l'enfant;
b) le(s) prénom(s) de l'enfant;
c) le sexe de l'enfant;
d) le lieu et la date de naissance (ou, si cette date n'est pas connue, l'âge approximatif);
e) les nom et prénom du père;
f) les nom et prénom de la mère et éventuellement son nom de jeune fille;
g) les proches parents de l'enfant;
h) la nationalité de l'enfant;
i) la langue maternelle de l'enfant et toute autre langue qu'il parle;

arranging for the evacuation, the Party receiving the children and any Parties whose nationals are being evacuated. In each case, all Parties to the conflict shall take all feasible precautions to avoid endangering the evacuation.

2. Whenever an evacuation occurs pursuant to paragraph 1, each child's education, including his religious and moral education as his parents desire, shall be provided while he is away with the greatest possible continuity.

3. With a view to facilitating the return to their families and country of children evacuated pursuant to this Article, the authorities of the Party arranging for the evacuation and, as appropriate, the authorities of the receiving country shall establish for each child a card with photographs, which they shall send to the Central Tracing Agency of the International Committee of the Red Cross. Each card shall bear, whenever possible, and whenever it involves no risk of harm to the child, the following information:

(a) Surname(s) of the child;
(b) The child's first name(s);
(c) The child's sex;
(d) The place and date of birth (or, if that date is not known, the approximate age);
(e) The father's full name;
(f) The mother's full name and her maiden name;
(g) The child's next-of-kin;
(h) The child's nationality;
(i) The child's native language, and any other languages he speaks;

j) l'adresse de la famille de l'enfant;
k) tout numéro d'identification donné à l'enfant;
l) l'état de santé de l'enfant;
m) le groupe sanguin de l'enfant;
n) d'éventuels signes particuliers;
o) la date et le lieu où l'enfant a été trouvé;
p) la date à laquelle et le lieu où l'enfant a quitté son pays;

q) éventuellement la religion de l'enfant;
r) l'adresse actuelle de l'enfant dans le pays d'accueil;
s) si l'enfant meurt avant son retour, la date, le lieu et les circonstances de sa mort et le lieu de sa sépulture.

(j) The address of the child's family;
(k) Any identification number for the child;
(l) The child's state of health;
(m) The child's blood group;
(n) Any distinguishing features;
(o) The date on which and the place where the child was found;
(p) The date on which and the place from which the child left the country;
(q) The child's religion, if any;
(r) The child's present address in the receiving country;
(s) Should the child die before his return, the date, place and circumstances of death and place of interment.

Article 83

Diffusion

1. Les Hautes Parties contractantes s'engagent à diffuser le plus largement possible, en temps de paix comme en période de conflit armé, les Conventions et le présent Protocole dans leurs pays respectifs et notamment à en incorporer l'étude dans les programmes d'instruction militaire et à en encourager l'étude par la population civile, de telle manière que ces instruments soient connus des forces armées et de la population civile.

2. Les autorités militaires ou civiles qui, en période de conflit armé, assumeraient des responsabilités dans l'application des Conventions et du présent Protocole devront avoir une pleine connaissance du texte de ces instruments.

Article 83

Dissemination

1. The High Contracting Parties undertake, in time of peace as in time of armed conflict, to disseminate the Conventions and this Protocol as widely as posible in their respective countries and, in particular, to incude the study thereof in their programmes of military instruction and to encourage the study thereof by the civilian population, so that those instruments may become known to the armed forces and to the civilian population.

2. Any military or civilian authorities who, in time or armed conflict, assume responsibilities in respect of the application of the Conventions and this Protocol shall be fully acquainted with the text thereof.

Article 85

Répression des infractions au présent Protocole

1. Les dispositions des Conventions relatives à la répression des infractions et des infractions graves, complétées par la présente Section, s'appliquent à la répression des infractions et des infractions graves au présent Protocole.

2. Les actes qualifiés d'infractions graves dans les Conventions constituent des infractions graves au présent Protocole s'ils sont commis contre des personnes au pouvoir d'une Partie adverse protégées par les articles 44, 45 et 73 du présent Protocole, ou contre des blessés, des malades ou des naufragés de la Partie adverse protégés par le présent Protocole, ou contre le personnel sanitaire ou religieux, des unités sanitaires ou des moyens de transport sanitaire qui sont sous le contrôle de la Partie adverse et protégés par le présent Protocole.

3. Outre les infractions graves définies à l'article 11, les actes suivants, lorsqu'ils sont commis intentionnellement, en violation des dispositions pertinentes du présent Protocole, et qu'ils entraînent la mort ou causent des atteintes graves à l'intégrité physique ou à la santé, sont considérés comme des infractions graves au présent Protocole :

a) soumettre la population civile ou des personnes civiles à une attaque;

b) lancer une attaque sans discrimination atteignant la population civile ou des biens de caractère civil, en sachant que cette attaque causera des pertes en vies humaines, des bles-

Article 85

Repression of Breaches of this Protocol

1. The provisions of the Conventions relating to the repression of breaches and grave breaches, supplemented by this Section, shall apply to the repression of breaches and grave breaches of this Protocol.

2. Acts described as grave breaches in the Conventions are grave breaches of this Protocol if committed against persons in the power of an adverse Party protected by Articles 44, 45 and 73 of this Protocol, or against the wounded, sick and shipwreched of the adverse Party who are protected by this Protocol, or against those medical or religious personnel, medical units or medical transports which are under the control of the adverse Party and are protected by this Protocol.

3. In addition to the grave breaches defined in Article 11, the following acts shall be regarded as grave breaches of this Protocol, when committed wilfully, in violation of the relevant provisions of this Protocol, and causing death or serious injury to body or health:

(a) Making the civilian population or individual civilians the object of attack;

(b) Launching an indiscriminate attack affecting the civilian population or civilian objects in the knowledge that such attack will cause excessive loss of life, injury to civilians or dam-

sures aux personnes civiles ou des dommages aux biens de caractère civil, qui sont excessifs au sens de l'article 57, paragraphe 2 *a)* iii);

c) lancer une attaque contre des ouvrages ou installations contenant des forces dangereuses, en sachant que cette attaque causera des pertes en vies humaines, des blessures aux personnes civiles ou des dommages aux biens de caractère civil, qui sont excessifs au sens de l'article 57, paragraphe 2 *a)* iii);

d) soumettre à une attaque des localités non défendues et des zones démilitarisées;

e) soumettre une personne à une attaque en la sachant hors de combat;

f) utiliser perfidement, en violation de l'article 37, le signe distinctif de la Croix Rouge, du Croissant Rouge ou du Lion-et-Soleil Rouge ou d'autres signes protecteurs reconnus par les Conventions ou par le présent Protocole.

4. Outre les infractions graves définies aux paragraphes précédents et dans les Conventions, les actes suivants sont considérés comme des infractions graves au Protocole lorsqu'ils sont commis intentionnellement et en violation des Conventions ou du présent Protocole :

a) le transfert par la Puissance occupante d'une partie de sa population civile dans le territoire qu'elle occupe, ou la déportation ou le transfert à l'intérieur ou hors du territoire occupé de la totalité ou d'une partie de la population de ce territoire, en violation de l'article 49 de la IVe Convention;

age to civilian objects, as defined in Article 57, paragraph 2 *(a)* (iii);

(c) Launching an attack against works or installations containing dangerous forces in the knowledge that such attack will cause excessive loss of life, injury to civilians or damage to civilian objects, as defined in Article 57, paragraph 2 *(a)* (iii);

(d) Making non-defended localities and demilitarized zones the object of attack;

(e) Making a person the object of attack in the knowledge that he is *hors de combat*;

(f) The perfidious use, in violation of Article 37, of the distinctive emblem of the red cross, red crescent or red lion and sun or of other protective signs recognized by the Conventions or this Protocol.

4. In addition to the grave breaches defined in the preceding paragraphs and in the Conventions, the following shall be regarded as grave breaches of this Protocol, when committed wilfully and in violation of the Conventions or the Protocol:

(a) The transfer by the Occupying Power of parts of its own civilian population into the territory it occupies, or the deportation or transfer of all or parts of the population of the occupied territory within or outside this territory, in violation of Article 49 of the Fourth Convention;

b) tout retard injustifié dans le rapatriement des prisonniers de guerre ou des civils;

c) les pratiques de l'*apartheid* et les autres pratiques inhumaines et dégradantes, fondées sur la discrimination raciale, qui donnent lieu à des outrages à la dignité personnelle;

d) le fait de diriger des attaques contre les monuments historiques, les oeuvres d'art ou les lieux de culte clairement reconnus qui constituent le patrimoine culturel ou spirituel des peuples et auxquels une protection spéciale a été accordée en vertu d'un arrangement particulier, par exemple dans le cadre d'une organisation internationale compétente, provoquant ainsi leur destruction sur une grande échelle, alors qu'il n'existe aucune preuve de violation par la Partie adverse de l'article 53, alinéa *b)*, et que les monuments historiques, oeuvres d'art et lieux de culte en question ne sont pas situés à proximité immédiate d'objectifs militaires;

e) le fait de priver une personne protégée par les Conventions ou visée au paragraphe 2 du présent article de son droit d'être jugée régulièrement et impartialement.

5. Sous réserve de l'application des Conventions et du présent Protocole, les infractions graves à ces instruments sont considérées comme des crimes de guerre.

(b) Unjustifiable delay in the repatriation of prisoners of war or civilians;

(c) Practices of *apartheid* and other inhuman and degrading practices involving outrages upon personal dignity, based on racial discrimination;

(d) Making the clearly-recognized historic monuments, works of art or places of worship which constitute the cultural or spiritual heritage of peoples and to which special protection has been given by special arrangement, for example, within the framework of a competent international organization, the object of attack, causing as a result extensive destruction thereof, where there is no evidence of the violation by the adverse Party of Article 53, sub-paragraph *(b)*, and when such historic monuments, works of art and places of worship are not located in the immediate proximity of military objectives;

(e) Depriving a person protected by the Conventions or referred to in paragraph 2 of this Article of the rights of fair and regular trial.

5. Without prejudice to the application of the Conventions and of this Protocol, grave breaches of these instruments shall be regarded as war crimes.

Article 88

Entraide judiciaire en matière pénale

1. Les Hautes Parties contractantes s'accorderont l'entraide judiciaire la

Article 88

Mutual Assistance in Criminal Matters

1. The High Contracting Parties shall afford one another the greatest

plus large possible dans toute procédure relative aux infractions graves aux Conventions ou au présent Protocole.

2. Sous réserve des droits et des obligations établis par les Conventions et par l'article 85, paragraphe 1, du présent Protocole, et lorsque les circonstances le permettent, les Hautes Parties contractantes coopéreront en matière d'extradition. Elles prendront dûment en considération la demande de l'État sur le territoire duquel l'infraction alléguée s'est produite.

3. Dans tous les cas, la loi applicable est celle de la Haute Partie contractante requise. Toutefois, les dispositions des paragraphes précédents n'affectent pas les obligations découlant des dispositions de tout autre traité de caractère bilatéral ou multilatéral qui régit ou régira en tout ou en partie le domaine de l'entraide judiciaire en matière pénale.

measure of assistance in connexion with criminal proceedings brought in respect of grave breaches of the Conventions or of this Protocol.

2. Subject to the rights and obligations established in the Conventions and in Article 85, paragraph 1, of this Protocol, and when circumstances permit, the High Contracting Parties shall co-operate in the matter of extradition. They shall give due consideration to the request of the State in whose territory the alleged offence has occurred.

3. The law of the High Contracting Party requested shall apply in all cases. The provisions of the preceding paragraphs shall not, however, affect the obligations arising from the provisions of any other treaty of a bilateral or multilateral nature which governs or will govern the whole or part of the subject of mutual assistance in criminal matters.

Article 89

Coopération

Dans les cas de violations graves des Conventions ou du présent Protocole, les Hautes Parties contractantes s'engagent à agir, tant conjointement que séparément, en coopération avec l'Organisation des Nations Unies et conformément à la Charte des Nations Unies.

Article 89

Co-operation

In situations of serious violations of the Conventions or of this Protocol, the High Contracting Parties undertake to act, jointly or individually, in co-operation with the United Nations and in conformity with the United Nations Charter.

Article 91

Responsabilité

La Partie au conflit qui violerait les dispositions des Conventions ou du présent Protocole sera tenue à l'indemnité,

Article 91

Responsibility

A Party to the conflict which violates the provisions of the Conventions or of this Protocol shall, if the case demands,

s'il y a lieu. Elle sera responsable de tous actes commis par les personnes faisant partie de ses forces armées.

be liable to pay compensation. It shall be responsible for all acts committed by persons forming part of its armed forces.

PROTOCOLE ADDITIONNEL AUX CONVENTIONS DE GENÈVE DU 12 AOÛT 1949 (PROTOCOLE I)
(Extraits)

PROTOCOL ADDITIONAL TO THE GENEVA CONVENTIONS OF 12 AUGUST 1949 (PROTOCOL I)
(Excerpts)

109 ÉTATS MEMBRES AU 30 JUILLET 1993[1]	RATIFICATION, ADHÉSION[a], SUCCESSION[d]	109 PARTICIPANTS AT 30 JULY 1993[1]	RATIFICATION, ACCESSION[a], SUCCESSION[d]
Allemagne	14 Février 1991	Algeria	16 August 1989[a]
Algérie	16 Août 1989[a]	Angola	20 September 1984[a]
Angola	20 Septembre 1984[a]	Antigua and Barbuda	6 October 1986[a]
Antigua-et-Barbuda	6 Octobre 1986[a]	Argentina	26 November 1986[a]
Arabie Saoudite	21 Août 1987[a]	Australia	21 June 1991
Argentine	26 Novembre 1986[a]	Austria	13 August 1982
Australie	21 Juin 1991	Bahamas	10 April 1980
Autriche	13 Août 1982	Bahrain	30 October 1986[a]
Bahamas	10 Avril 1980	Bangladesh	8 September 1980
Bahreïn	30 Octobre 1986[a]	Barbados	19 February 1990[a]
Bangladesh	8 Septembre 1980	Belgium	20 May 1986
Barbade	19 Février 1990[a]	Belize	29 June 1984[a]
Belgique	20 Mai 1986	Benin	20 May 1986[a]
Bénin	28 Mai 1986[a]	Bolivia	8 December 1983
Belize	29 Juin 1984[a]	Botswana	20 May 1979
Biélorussie	23 Octobre 1989	Brunei Darussalam	14 October 1991[a]
Bolivie	8 Décembre 1983	Bulgaria	26 September 1989
Botswana	23 Mai 1979	Burkina Faso	20 October 1987
Brunei Darussalam	14 Octobre 1991[a]	Byelorussia	23 October 1989
Bulgarie	26 Septembre 1989	Cameroon	16 March 1984
Burkina Faso	20 Octobre 1987	Canada	20 November 1990
Cameroun	16 Mars 1984	Central African Republic	17 July 1984[a]
Canada	20 Novembre 1990	Chile	24 April 1991
Chili	24 Avril 1991	China	14 September 1983
Chine	14 Septembre 1983	Comoros	21 November 1985[a]
Chypre	1 Juin 1979	Congo	10 November 1983
Comores	21 Novenbre 1985[a]	Costa Rica	15 December 1983
Congo	10 Novembre 1983	Côte d'Ivoire	20 September 1989
Costa Rica	15 Décembre 1983	Cuba	25 November 1982
Côte D'Ivoire	20 Septembre 1989	Cyprus	1 June 1979
Cuba	25 Novembre 1982	Czechoslovakia	14 February 1990
Danemark	17 Juin 1982	Democratic People's Republic of Korea	9 March 1988[a]
Djibouti	8 Avril 1991[a]	Denmark	17 June 1982
El Salvador	23 Novembre 1978	Djibouti	8 April 1991[a]
Emirats Arabes Unis	9 Mars 1983	Ecuador	10 April 1979
Équateur	10 Avril 1979	El Salvador	23 November 1978
Espagne	21 Avril 1989	Equatorial Guinea	24 July 1986[a]
Finlande	7 Août 1980	Finland	7 August 1980
Gabon	8 Avril 1980	Gabon	8 April 1980
Gambie	12 Janvier 1989[a]		
Ghana	28 Février 1978		

1. Sous réserve des instruments éventuellement en cours de dépôt.

1. Subject to the deposit of outstanding instruments.

Grèce	31 Mars 1989	Gambia	12 January 1989[a]
Guatemala	19 Octobre 1987	Germany	14 February 1991
Guinée	11 Juillet 1984[a]	Ghana	28 February 1978
Guinée-Bissau	21 Octobre 1986[a]	Greece	31 March 1989
Guinée Équatoriale	24 Juillet 1986[a]	Guatemala	19 October 1987
Guyana	18 Janvier 1988[a]	Guinea	11 July 1984[a]
Hongrie	12 Avril 1989	Guinea-Bissau	21 October 1986[a]
Îles Salomon	19 Septembre 1988[a]	Guyana	18 January 1988[a]
Islande	10 Avril 1987	Holy See	21 November 1985
Italie	27 Février 1986	Hungary	12 April 1989
Jamahiriya Arabe		Iceland	10 April 1987
Libyenne	7 Juin 1978[a]	Italy	27 February 1986
Jamaïque	29 Juillet 1986[a]	Jamaica	29 July 1986[a]
Jordanie	1 Mai 1979	Jordan	1 May 1979
Koweït	17 Janvier 1985	Kuwait	17 January 1985
Letonie	24 Décembre 1991[a]	Lao People's	
Libéria	30 Juin 1988[a]	Democratic Republic	18 November 1980
Liechtenstein	10 Août 1989	Latvia	24 December 1991[a]
Luxembourg	29 Août 1989	Liberia	30 June 1988[a]
Malawi	7 Octobre 1991[a]	Liechtenstein	10 August 1989
Maldives	3 Septembre 1991[a]	Libyan Arab Jamahiriya	7 June 1978[a]
Mali	8 Février 1989[a]	Luxembourg	29 August 1989
Malte	17 Avril 1989[a]	Malawi	7 October 1991[a]
Maurice	22 Mars 1982	Maldives	3 September 1991[a]
Mauritanie	14 Mars 1980	Mali	8 February 1989[a]
Mexique	10 Mars 1983	Malta	17 April 1989[a]
Mozambique	14 Mars 1983	Mauritania	14 March 1980
Namibie	18 Octobre 1983	Mauritius	22 March 1982
Niger	8 Juin 1979	Mexico	10 March 1983
Nigéria	10 Octobre 1988[a]	Mozambique	14 March 1983
Norvège	14 Décembre 1981	Namibia	18 October 1983
Nouvelle-Zélande	8 Février 1988	Netherlands	10 April 1987
Oman	29 Mars 1984	New Zealand	8 February 1988
Ouganda	13 Mars 1991[a]	Niger	8 June 1979
Paraguay	30 Novembre 1990[a]	Nigeria	10 October 1988[a]
Pays-Bas	10 Avril 1987	Norway	14 December 1981
Pérou	14 Juillet 1989	Oman	29 March 1984
Pologne	23 Octobre 1991	Paraguay	30 November 1990[a]
Qatar	5 Avril 1988[a]	Peru	14 July 1989
République Arabe		Poland	23 October 1991
Syrienne	14 Novembre 1983	Qatar	5 April 1988[a]
République Populaire		Republic of Korea	15 January 1982
Démocratique de Corée	9 Mars 1988[a]	Romania	21 June 1990
République de Corée	15 Janvier 1982	Rwanda	19 November 1984
République		Samoa	23 August 1984[a]
Centrafricaine	17 Juillet 1984[a]	Santa Lucia	7 October 1982
République		Saudi Arabia	21 August 1982[a]
Democratique		Senegal	7 May 1985
Populaire de Lao	18 Novembre 1980	Seychelles	8 November 1984
République Unie de		Sierra Leone	21 October 1986[a]
Tanzanie	15 Février 1983	Solomon Islands	19 September 1988[a]
Roumanie	21 Juin 1990	Spain	21 April 1989
Rwanda	19 Novembre 1984	Saint Christopher	
Saint-Siège	21 Novembre 1985	and Nevis	14 February 1986
Sainte-Lucie	7 Octobre 1982		

Samoa	23 Août 1984[a]	Saint Vincent and the Grenadine	8 April 1983
Sénégal	7 Mai 1985	Switzerland	17 February 1982
Seychelles	8 Novembre 1984	Suriname	16 December 1985[a]
Sierra Leone	21 Octobre 1986[a]	Sweden	31 August 1979
St-Christophe-et-Nevis	14 Février 1986	Syrian Arab Republic	14 November 1983
St-Vincent-et-Grenadine	8 Avril 1983	Togo	21 June 1984
Suède	31 Août 1979	Tunisia	9 August 1979
Suisse	17 Février 1982	Uganda	13 March 1991[a]
Suriname	16 Décembre 1985[a]	Ukraine	25 January 1990
Tchécoslovaquie	14 Février 1990	United Arab Emirates	9 March 1983
Togo	21 Juin 1984	United Rep. of Tanzania	15 February 1983
Tunisie	9 Août 1979	Uruguay	13 December 1985[a]
Ukraine	25 Janvier 1990	USSR	29 September 1989
URSS	29 Septembre 1989	Vanuatu	28 February 1985
Uruguay	13 Décembre 1985[a]	Viet Nam	19 October 1981
Vanuatu	28 Février 1985	Yemen	17 April 1990
Viet Nam	19 Octobre 1981	Yugoslavia	11 June 1979
Yémen	17 Avril 1990	Zaire	3 June 1982
Yougoslavie	11 Juin 1979		
Zaïre	3 Juin 1982		

XIII

EXTRAIT DU STATUT DU TRIBUNAL MILITAIRE INTERNATIONAL[1]	EXCERPT FROM THE CHARTER OF THE INTERNATIONAL MILITARY TRIBUNAL[1]
Article 6	Article 6
« Le Tribunal établi par l'Accord mentionné à l'article premier ci-dessus pour le jugement et le châtiment des grands criminels de guerre des pays européens de l'Axe sera compétent pour juger et punir toutes personnes qui, agissant pour le compte des pays européens de l'Axe, auront commis, individuellement ou à titre de membres d'organisation l'un quelconque des crimes suivants :	"The Tribunal established by the Agreement referred to in Article 1 hereof for the trial and punishment of the major war criminals of the European Axis countries shall have the power to try and punish persons who, acting in the interests of the European Axis countries, whether as individuals or as members of organisations, committed any of the following crimes.
Les actes suivants, ou l'un quelconque d'entre eux, sont des crimes soumis à la juridiction du Tribunal et entraînant une responsabilité individuelle :	The following acts, or any of them, are crimes coming within the jurisdiction of the Tribunal for which there shall be individual responsibility:
a) Les crimes contre la paix, c'est-à-dire la direction, la préparation, le déclenchement ou la poursuite d'une guerre d'agression, ou d'une guerre de violation des traités, assurances ou accords internationaux, ou la participation à un plan concerté ou à un complot pour l'accomplissement de l'un quelconque des actes qui précèdent;	*(a) Crimes against peace:* namely, planning, preparation, initiation or waging of a war of aggression, or a war in violation of international treaties, agreements or assurances, or participation in a common plan or conspiracy for the accomplishment of any of the foregoing;
b) Les crimes de guerre, c'est-à-dire les violations des lois et coutumes de la guerre. Ces violations comprennent, sans y être limitées, l'assassinat, les mauvais traitements ou la déportation pour des travaux forcés, ou pour tout autre but, des popula-	*(b) War crimes:* namely, violations of the laws or customs of war. Such violations shall include, but not be limited to, murder, ill-treatment or deportation to slave labour or for any other purpose, of civilian population of or in occupied territory, murder or

---

1. Voir « Le statut et le jugement du Tribunal de Nuremberg : Historique et analyse », annexe II — Assemblée générale des Nations Unies — Commission du droit international 1949 (A/CN.4/5 du 3 mars 1949).

1. See "The Charter and Judgement of the Nürnberg Tribunal: History and Analysis." Appendix II—United Nations General Assembly—International Law Commission 1949 (A/CN. 4/5 of 3 March 1949).

tions civiles dans les territoires occupés, l'assassinat ou les mauvais traitements des prisonniers de guerre ou des personnes en mer, l'exécution des otages, le pillage des biens publics ou privés, la destruction sans motif des villes et des villages ou la dévastation que ne justifient pas les exigences militaires;

c) Les crimes contre l'humanité, c'est-à-dire l'assassinat, l'extermination, la réduction en esclavage, la déportation, et tout autre acte inhumain commis contre toutes populations civiles, avant ou pendant la guerre, ou bien les persécutions pour des motifs politiques, raciaux ou religieux lorsque ces actes ou persécutions, qu'ils aient constitué ou non une violation du droit interne du pays où ils ont été perpétrés, ont été commis à la suite de tout crime rentrant dans la compétence du Tribunal, ou en liaison avec ce crime.

Les dirigeants, organisateurs, provocateurs ou complices qui ont pris part à l'élaboration ou à l'exécution d'un plan concerté ou d'un complot pour commettre l'un quelconque des crimes cidessus définis sont responsables de tous les actes accomplis par toutes personnes, en exécution de ce plan. »

ill-treatment of prisoners of war or persons on the seas, killing of hostages, plunder of public or private property, wanton destruction of cities, towns or villages, or devastation not justified by military necessity;

(c) Crimes against humanity: namely, murder, extermination, enslavement, deportation and other inhumane acts committed against any civilian population, before or during the war; or persecutions on political, racial or religious grounds in execution of or in connection with any crime within the jurisdiction of the Tribunal, whether or not in violation of the domestic law of the country where perpetrated.

Leaders, organisers, instigators and accomplices participating in the formulation or execution of a common plan or conspiracy to commit any of the foregoing crimes are responsible for all acts performed by any persons in execution of such plan."

SECTION II

DROITS DE L'HOMME **HUMAN RIGHTS**

XIV

DÉCLARATION UNIVERSELLE DES DROITS DE L'HOMME DU 10 DÉCEMBRE 1948

Commentaires

Extrait des pages 1 à 3 de *La Charte internationale des droits de l'homme*, publiée en 1988 par les Nations Unies à New York :

« Le 10 décembre 1948, l'Assemblée générale a adopté la Déclaration universelle des droits de l'homme par 48 voix, 8 abstentions et aucune voix contre.

Le même jour, l'Assemblée a adopté une résolution priant instamment la commission de continuer à donner la priorité à l'élaboration d'un traité qui donnerait une force obligatoire à la Déclaration. En 1951, la Commission a élaboré un projet de pacte qu'elle a soumis à l'organe dont elle relève, le Conseil économique et social. Comme il était difficile de regrouper en un seul pacte deux différentes catégories de droits, le Conseil a prié l'Assemblée générale d'approuver l'élaboration de deux pactes. L'Assemblée a accédé à cette demande et a prié la Commission de s'acquitter de cette tâche, ce que celle-ci a fait en produisant deux projets de pactes — l'un relatif aux droits économiques, sociaux et culturels et l'autre, assorti d'un protocole facultatif, aux droits civils et politiques — qui comportaient aussi des mesures de vérification de l'application de ces instruments. Le 16 décembre 1966, l'Assemblée a adopté à l'unanimité ces trois instruments qui ont été ouverts à la signature des États. Lesdits instruments, une fois ratifiés par 35 États Membres de l'Organisation des Nations Unies, sont entrés en vigueur 10 ans plus tard.

UNIVERSAL DECLARATION OF HUMAN RIGHTS OF 10 DECEMBER 1948

Commentaries

Extracted from pages 1 and 2 of *The International Bill of Human Rights* published in 1988 by the United Nations, New York:

"On 10 December 1948, the General Assembly adopted the Universal Declaration of Human Rights by a vote of 48 in favour, eight abstentions, and no dissension.

The same day, the Assembly adopted a resolution urging that the Commission continue giving priority to drafting a treaty which would give legal force to the Declaration. In 1951, the Commission produced a draft covenant which it sent to its parent body, the Economic and Social Council. Seeing the difficulties in embodying in one covenant two different categories of rights, the Council urged the General Assembly to approve the drafting of two covenants. The Assembly agreed, and requested the commission to proceed. The Commission complied and produced two draft covenants—one on economic, social and cultural rights, the other on civil and political rights, the latter with an optional protocol, and providing also for measures of review of implementation of the Covenant provisions. On 16 December 1966, the Assembly voted unanimously to adopt the three instruments and open them for signature. A decade later, the instruments, after their ratification by 35 United Nations Member States, entered into force.

La Déclaration universelle des droits de l'homme constitue le texte international fondamental qui énonce les droits inaliénables et inviolables de tous les membres de l'humanité. Elle doit servir d'"idéal commun à atteindre par tous les peuples et toutes les nations" qui cherchent à garantir la reconnaissance et l'application universelles et effectives des droits et des libertés énumérés par cette déclaration.[...]	The UNIVERSAL DECLARATION OF HUMAN RIGHTS is the basic international statement of the inalienable and inviolable rights of all members of the human family. It is intended to serve as the common standard of achievement for all peoples and all nations in the effort to secure universal and effective recognition and observance of the rights and freedoms it lists.[...]
Quatre décennies après sa proclamation, la Déclaration est reconnue quasiment par tous comme offrant un instrument de référence aux gouvernements pour évaluer leurs progrès en matière de protection des droits de l'homme. Pour les organes de l'Organisation des Nations Unies, la Déclaration ne le cède en autorité qu'à la Charte elle-même. Elle est constamment invoquée non seulement à l'Assemblée générale mais aussi au Conseil de sécurité et dans d'autres organes. Elle est citée dans les instruments juridiques internationaux, et notamment dans la Convention de sauvegarde des droits de l'homme et des libertés fondamentales du Conseil de l'Europe (1950), le Traité de paix avec le Japon (1951), le mémorandum d'accord relatif au territoire libre de Trieste (1954), la Constitution de l'Organisation de l'Unité Africaine (1963) ainsi que dans le Document final de la Conférence sur la sécurité et la coopération en Europe (1975) qui a été signé à Helsinki par 35 États. Elle a inspiré de nombreuses législations nationales, dont elle est devenue parfois partie intégrante, et elle a été favorablement citée par de nombreuses juridictions nationales.	Four decades after its proclamation, the Declaration is accepted almost universally as a gauge by which Governments can measure their progress in the protection of human rights. In United Nations organs, the Declaration has an authority surpassed only by the Charter. It is invoked constantly not only in the General Assembly, but also in the Security Council and other organs. It is quoted in international legal instruments, including the Council of Europe's Convention for the Protection of Human Rights and Fundamental Freedoms (1950), the Japanese Peace Treaty (1951), the Special Statute for the status of Trieste (1954), the Constitution of the Organization of African Unity (1963) and in the Final Document of the Conference on Security and Cooperation in Europe (1975), signed at Helsinki by 35 States. It is invoked in a score of national constitutions. It has inspired and sometimes become part of many countries' national legislation, and has been cited with approval in national courts.

En son article 13 (1) et (2), elle dispose que : "Toute personne a le droit de circuler librement et de choisir sa résidence à l'intérieur d'un État. Toute personne a le droit de quitter tout pays, y compris le sien, et de revenir dans son pays" et surtout, l'article 14 (1) dispose que : "Devant la persécution, toute personne a le droit de chercher asile et de bénéficier de l'asile en d'autres pays ». "En matière de droit d'asile, un État accorde souverainement ce droit aux individus qu'il juge dans le besoin" ».

The Article 13(1) and (2) stipulate that: 'Everyone has the right to freedom of movement and residence within the borders or each state. Everyone has the right to leave any country, including his own, and to return to his country' and in particularly the Article 14(1) stipulate that: 'Everyone has the right to seek and to enjoy in other countries asylum from persecution.' 'In matter of right of asylum, the State give supremely this right tho the persons who the State considere in necessity requirement.'"

BIBLIOGRAPHIE SÉLECTIVE

BARRET-KRIEGEL, B., *Les droits de l'homme et le droit naturel*, Paris, P.U.F., 1989.

BURDEAU, G., « Droit de l'homme. Introduction », *Encyclopaedia Universalis*, vol. 6, 1985.

DORMENVAL, A., *Procédures onusiennes de mise en oeuvre des droits de l'homme : limites ou défauts ?*, Paris, P.U.F., 1991.

GAUCHET, M., *La révolution des droits de l'homme*, Paris, Gallimard, 1989.

MOURGEON, J., *Les droits de l'homme*, 5e éd., Paris, P.U.F. (coll. « Que sais-je? », no 1728), 1981.

VILLEY, M., *Le droit et les droits de l'homme*, Paris, P.U.F., 1983.

SELECTED BIBLIOGRAPHY

DAVIES, P. *Human Rights*. London: Routledge, 1988.

HUMPHREY, J. P. *Human Rights and the United Nations: A great adventure*. New York: Transnational Publishers Inc., 1984.

RAMCHARAN, B. G. *Human Rights: Thirty years after the Universal Declaration*. The Hague: Martinus Nijhoff Publishers, 1979.

DÉCLARATION UNIVERSELLE DES DROITS DE L'HOMME

Adoptée et proclamée par l'Assemblée générale des Nations Unies dans sa résolution 217A(III) du 10 décembre 1948

PRÉAMBULE

Considérant que la reconnaissance de la dignité inhérente à tous les membres de la famille humaine et de leurs droits égaux et inaliénables constitue le fondement de la liberté, de la justice et de la paix dans le monde,

Considérant que la méconnaissance et le mépris des droits de l'homme ont conduit à des actes de barbarie qui révoltent la conscience de l'humanité et que l'avènement d'un monde où les êtres humains seront libres de parler et de croire, libérés de la terreur et de la misère, a été proclamé comme la plus haute aspiration de l'homme,

Considérant qu'il est essentiel que les droits de l'homme soient protégés par un régime de droit pour que l'homme ne soit pas contraint, en suprême recours, à la révolte contre la tyrannie et l'oppression,

Considérant qu'il est essentiel d'encourager le développement de relations amicales entre nations,

Considérant que dans la Charte les peuples des Nations Unies ont proclamé à nouveau leur foi dans les droits fondamentaux de l'homme, dans la dignité et la valeur de la personne humaine, dans l'égalité des droits des hommes et des femmes, et qu'ils se sont déclarés résolus à favoriser le progrès social et à instaurer de meilleures conditions de vie dans une liberté plus grande,

UNIVERSAL DECLARATION OF HUMAN RIGHTS

Adopted and proclaimed by the Unitd Nations General Assembly Resolution 217A(III) of 10 December 1948

PREAMBLE

Whereas recognition of the inherent dignity and of the equal and inalienable rights of all members of the human family is the foundation of freedom, justice and peace in the world,

Whereas disregard and contempt for human rights have resulted in barbarous acts which have outraged the conscience of mankind, and the advent of a world in which human beings shall enjoy freedom of speech and belief and freedom from fear and want has been proclaimed as the highest aspiration of the common people,

Whereas it is essential, if man is not to be compelled to have recourse, as a last resort, to rebellion against tyranny and oppression, that human rights should be protected by the rule of law,

Whereas it is essential to promote the development of friendly relations between nations,

Whereas the peoples of United Nations have in the Charter reaffirmed their faith in fundamental human rights, in the dignity and worth of the human person and in the equal rights of men and women and have determined to promote social progress and better standards of life in larger freedom,

Considérant que les États Membres se sont engagés à assurer, en coopération avec l'Organisation des Nations Unies, le respect universel et effectif des droits de l'homme et des libertés fondamentales,

Considérant qu'une conception commune de ces droits et libertés est de la plus haute importance pour remplir pleinement cet engagement.

L'Assemblée générale

Proclame la présente Déclaration universelle des droits de l'homme comme l'idéal commun à atteindre par tous les peuples et toutes les nations afin que tous les individus et tous les organes de la société, ayant cette Déclaration constamment à l'esprit, s'efforcent, par l'enseignement et l'éducation, de développer le respect de ces droits et libertés et d'en assurer, par des mesures progressives d'ordre national et international, la reconnaissance et l'application universelles et effectives, tant parmi les populations des États Membres eux-mêmes que parmi celles des territoires placés sous leur juridiction.

Article premier

Tous les êtres humains naissent libres et égaux en dignité et en droits. Ils sont doués de raison et de conscience et doivent agir les uns envers les autres dans un esprit de fraternité.

Article 2

1. Chacun peut se prévaloir de tous les droits et de toutes les libertés proclamés dans la présente Déclaration, sans distinction aucune, notamment de race, de couleur, de sexe, de langue, de reli-

Whereas Member States have pledged themselves to achieve, in cooperation with the United Nations, the promotion of universal respect for and observance of human rights and fundamental freedoms,

Whereas a common understanding of these rights and freedoms is of the greatest importance for the full realization of this pledge,

Now, therefore,

The General Assembly

Proclaims this Universal Declaration of Human Rights as a common standard of achievement for all peoples and all nations, to the end that every individual and every organ of society, keeping this Declaration constantly in mind, shall strive by teaching and education to promote respect for these rights and freedoms and by progressive measures, national and international, to secure their universal and effective recognition and observances, both among the peoples of Member States themselves and among the peoples of territories under their jurisdiction.

Article 1

All human beings are born free and equal in dignity and rights. They are endowed with reason and conscience and should act towards one another in a spirit of brotherhood.

Article 2

1. Everyone is entitled to all the rights and freedoms set forth in this Declaration, without distinction of any kind, such as race, colour, sex, language, religion, political or other opin-

gion, d'opinion politique ou de toute autre opinion, d'origine nationale ou sociale, de fortune, de naissance ou de toute autre situation.

2. De plus, il ne sera fait aucune distinction fondée sur le statut politique, juridique ou international du pays ou du territoire dont une personne est ressortissante, que ce pays ou territoire soit indépendant, sous tutelle, non autonome ou soumis à une limitation quelconque de souveraineté.

Article 3

Tout individu a droit à la vie, à la liberté et à la sûreté de sa personne.

Article 4

Nul ne sera tenu en esclavage ni en servitude; l'esclavage et la traite des esclaves sont interdits sous toutes leurs formes.

Article 5

Nul ne sera soumis à la torture, ni à des peines ou traitements cruels, inhumains ou dégradants.

Article 6

Chacun a le droit à la reconnaissance en tous lieux de sa personnalité juridique.

Article 7

Tous sont égaux devant la loi et ont droit sans distinction à une égale protection de la loi. Tous ont droit à une protection égale contre toute discrimination qui violerait la présente Déclaration et contre toute provocation à une telle discrimination.

ion, national or social origin, property, birth or other status.

2. Furthermore, no distinction shall be made on the basis of the political, jurisdictional or international status of the country or territory to which a person belongs, wheter it be independent, trust, non-self-governing or under any other limitation of sovereignty.

Article 3

Everyone has the right to life, liberty and security of person.

Article 4

No one shall be held in slavery or servitude, slavery and the slave trade shall be prohibited in all their forms.

Article 5

No one shall be subjected to torture or to cruel, inhuman or degrading treatment or punishment.

Article 6

Everyone has the right to recognition everywhere as a person before the law.

Article 7

All are equal before the law and are entitled without any discrimination to equal protection of the law. All are entitled to equal protection against any discrimination in violation of this Declaration and against any incitement to such discrimination.

Article 8

Toute personne a droit à un recours effectif devant les juridictions nationales compétentes contre les actes violant les droits fondamentaux qui lui sont reconnus par la constitution ou par la loi.

Article 9

Nul ne peut être arbitrairement arrêté, détenu ni exilé.

Article 10

Toute personne a droit, en pleine égalité, à ce que sa cause soit entendue équitablement et publiquement par un tribunal indépendant et impartial, qui décidera, soit de ses droits et obligations, soit du bien-fondé de toute accusation en matière pénale dirigée contre elle.

Article 11

1. Toute personne accusée d'un acte délictueux est présumée innocente jusqu'à ce que sa culpabilité ait été légalement établie au cours d'un procès public où toutes les garanties nécessaires à sa défense lui auront été assurées.

2. Nul ne sera condamné pour des actions ou omissions qui, au moment où elles ont été commises, ne constituaient pas un acte délictueux d'après le droit national ou international. De même, il ne sera infligé aucune peine plus forte que celle qui était applicable au moment où l'acte délictueux a été commis.

Article 12

Nul ne sera l'objet d'immixtions arbitraires dans sa vie privée, sa famille, son domicile ou sa correspondance, ni

Article 8

Everyone has the right to an effective remedy by the competent national tribunals for acts violating the fundamental rights granted him by the constitution or by law.

Article 9

No one shall be subjected to arbitrary arrest, detention or exile.

Article 10

Everyone is entitled in full equality to a fair and public hearing by an independent and impartial tribunal, in the determination of his rights and obligations and of any criminal charge against him.

Article 11

1. Everyone charged with a penal offence has the right to be presumed innocent until proved guilty according to law in a public trial at which he has had all the guarantees necessary for his defence.

2. No one shall be held guilty of any penal offence on account of any act or omission which did not constitute a penal offence, under national or international law, at the time when it was committed. Nor shall a heavier penalty be imposed than the one that was applicable at the time the penal offence was committed.

Article 12

No one shall be subjected to arbitrary interference with his privacy, family, home or correspondence, nor to

d'atteintes à son honneur et à sa réputation. Toute personne a droit à la protection de la loi contre de telles immixtions ou de telles atteintes.

Article 13

1. Toute personne a le droit de circuler librement et de choisir sa résidence à l'intérieur d'un État.

2. Toute personne a le droit de quitter tout pays, y compris le sien, et de revenir dans son pays.

Article 14

1. Devant la persécution, toute personne a le droit de chercher asile et de bénéficier de l'asile en d'autres pays.

2. Ce droit ne peut être invoqué dans le cas de poursuites réellement fondées sur un crime de droit commun ou sur des agissements contraires aux buts et aux principes des Nations-Unies.

Article 15

1. Tout individu a droit à une nationalité.

2. Nul ne peut être arbitrairement privé de sa nationalité, ni du droit de changer de nationalité.

Article 16

1. À partir de l'âge nubile, l'homme et la femme, sans aucune restriction quant à la race, la nationalité ou la religion, ont le droit de se marier et de fonder une famille. Ils ont des droits égaux au regard du mariage, durant le mariage et lors de sa dissolution.

2. Le mariage ne peut être conclu qu'avec le libre et plein consentement des futurs époux.

---

attacks upon his honour and reputation. Everyone has the right to the protection of the law against such interference or attacks.

Article 13

1. Everyone has the right to freedom of movement and residence within the borders of each State.

2. Everyone has the right to leave any country, including his own, and to return to his country.

Article 14

1. Everyone has the right to seek and to enjoy in other countries asylum from persecution.

2. This right may not be invoked in the case of prosecutions genuinely arising from non-political crimes or from acts contrary to the purposes and principles of the United Nations.

Article 15

1. Everyone has the right to a nationality.

2. No one shall be arbitrarily deprived of his nationality nor denied the right to change his nationality.

Article 16

1. Men and women of full age, without any limitation due to race, nationality or religion, have the right to marry and to found a family. They are entitled to equal rights as to marriage, during marriage and at its dissolution.

2. Marriage shall be entered into only with the free and full consent of the intending spouses.

3. La famille est l'élément naturel et fondamental de la société et a droit à la protection de la société et de l'État.

Article 17

1. Toute personne, aussi bien seule qu'en collectivité, a droit à la propriété.

2. Nul ne peut être arbitrairement privé de sa propriété.

Article 18

Toute personne a droit à la liberté de pensée, de conscience et de religion; ce droit implique la liberté de changer de religion ou de conviction ainsi que la liberté de manifester sa religion ou sa conviction, seule ou en commun, tant en public qu'en privé, par l'enseignement, les pratiques, le culte et l'accomplissement des rites.

Article 19

Tout individu a droit à la liberté d'opinion et d'expression, ce qui implique le droit de ne pas être inquiété pour ses opinions et celui de chercher, de recevoir et de répandre, sans considération de frontières, les informations et les idées par quelque moyen d'expression que ce soit.

Article 20

1. Toute personne a droit à la liberté de réunion et d'association pacifiques.

2. Nul ne peut être obligé de faire partie d'une association.

3. The family is the natural and fundamental group unit of society and is entitled to protection by society and the State.

Article 17

1. Everyone has the right to own property alone as well as in association with others.

2. No one shall be arbitrarily deprived of his property.

Article 18

Everyone has the right to freedom of thought, conscience and religion; this right includes freedom to change his religion or belief, and freedom, either alone or in community with others and in public or private, to manifest his religion or belief in teaching, practice, worship and observance.

Article 19

Everyone has the right to freedom of opinion and expression; this right includes freedom to hold opinions without interference and to seek, receive and impart information and ideas through any media and regardless of frontiers.

Article 20

1. Everyone has the right to freedom of peaceful assembly and association.

2. No one may be compelled to belong to an association.

Article 21

1. Toute personne a le droit de prendre part à la direction des affaires publiques de son pays, soit directement, soit par l'intermédiaire de représentants librement choisis.

2. Toute personne a droit à accéder, dans des conditions d'égalité, aux fonctions publiques de son pays.

3. La volonté du peuple est le fondement de l'autorité des pouvoirs publics; cette volonté doit s'exprimer par des élections honnêtes qui doivent avoir lieu périodiquement, au suffrage universel égal et au vote secret ou suivant une procédure équivalente assurant la liberté du vote.

Article 22

Toute personne, en tant que membre de la société, a droit à la sécurité sociale; elle est fondée à obtenir la satisfaction des droits économiques, sociaux et culturels indispensables à sa dignité et au libre développement de sa personnalité, grâce à l'effort national et à la coopération internationale, compte tenu de l'organisation et des ressources de chaque pays.

Article 23

1. Toute personne a droit au travail, au libre choix de son travail, à des conditions équitables et satisfaisantes de travail et à la protection contre le chômage.

2. Tous ont droit, sans aucune discrimination, à un salaire égal pour un travail égal.

3. Quiconque travaille a droit à une rémunération équitable et satisfaisante

Article 21

1. Everyone has the right to take part in the government of his country, directly or through freely chosen representatives.

2. Everyone has the right to equal access to public service in his country.

3. The will of the people shall be the basis of the authority of government; this will shall be expressed in periodic and genuine elections which shall be by universal and equal suffrage and shall be held by secret vote or by equivalent free voting procedures.

Article 22

Everyone, as a member of society, has the right to social security and is entitled to realization, through national effort and international co-operation and in accordance with the organization and resources of each State, of the economic, social and cultural rights indispensable for his dignity and the free development of his personality.

Article 23

1. Everyone has the right to work, to free choice of employment, to just and favourable conditions of work and to protection against unemployment.

2. Everyone, without any discrimination, has the right to equal pay for equal work.

3. Everyone who works has the right to just and favourable remuneration en-

lui assurant ainsi qu'à sa famille une existence conforme et à la dignité humaine et complétée, s'il y a lieu, par tous autres moyens de protection sociale.

4. Toute personne a le droit de fonder avec d'autres des syndicats et de s'affilier à des syndicats pour la défense de ses intérêts.

Article 24

Toute personne a droit au repos et aux loisirs et notamment à une limitation raisonnable de la durée du travail et à des congés payés périodiques.

Article 25

1. Toute personne a droit à un niveau de vie suffisant pour assurer sa santé, son bien-être et ceux de sa famille, notamment pour l'alimentation, l'habillement, le logement, les soins médicaux ainsi que pour les services sociaux nécessaires; elle a droit à la sécurité en cas de chômage, de maladie, d'invalidité, de veuvage, de vieillesse ou dans les autres cas de perte de ses moyens de subsistance par suite de circonstances indépendantes de sa volonté.

2. La maternité et l'enfance ont droit à une aide et à une assistance spéciales. Tous les enfants, qu'ils soient nés dans le mariage ou hors mariage, jouissent de la même protection sociale.

Article 26

1. Toute personne a droit à l'éducation. L'éducation doit être gratuite, au moins en ce qui concerne l'enseignement élémentaire et fondamental. L'enseignement élémentaire est obligatoire. L'enseignement technique et profes-

suring for himself and his family an existence worthy of human dignity, and supplemented, if necessary, by other means of social protection.

4. Everyone has the right to form and to join trade unions for the protection of his interests.

Article 24

Everyone has the right to rest and leisure, including reasonable limitation of working hours and periodic holidays with pay.

Article 25

1. Everyone has the right to a standard of living adequate for the health and well-being of himself and of his family, including food, clothing, housing and medical care and necessary social services, and the right to security in the event of unemployment, sickness, disability, widowhood, old age or other lack of livelihood in circumstances beyond his control.

2. Motherhood and childhood are entitled to special care and assistance. All children, wheter born in or out of wedlock, shall enjoy the same social protection.

Article 26

1. Everyone has the right to education. Education shall be free, at least in the elementary and fundamental stages. Elementary education shall be compulsory. Technical and professional education shall be made generally available

sionnel doit être généralisé; l'accès aux études supérieures doit être ouvert en pleine égalité à tous en fonction de leur mérite.

2. L'éducation doit viser au plein épanouissement de la personnalité humaine et au renforcement du respect des droits de l'homme et des libertés fondamentales. Elle doit favoriser la compréhension, la tolérance et l'amitié entre toutes les nations et tous les groupes raciaux ou religieux, ainsi que le développement des activités des Nations Unies pour le maintien de la paix.

3. Les parents ont, par priorité, le droit de choisir le genre d'éducation à donner à leurs enfants.

Article 27

1. Toute personne a le droit de prendre part librement à la vie culturelle de la communauté, de jouir des arts et de participer au progrès scientifique et aux bienfaits qui en résultent.

2. Chacun a droit à la protection des intérêts moraux et matériels découlant de toute production scientifique, littéraire ou artistique dont il est l'auteur.

Article 28

Toute personne a droit à ce que règne, sur le plan social et sur le plan international, un ordre tel que les droits et libertés énoncés dans la présente Déclaration puissent y trouver plein effet.

Article 29

1. L'individu a des devoirs envers la communauté dans laquelle seule le libre et plein développement de sa personnalité est possible.

and higher education shall be equally accessible to all on the basis of merit.

2. Education shall be directed to the full development of the human personality and to the strengthening of respect for human rights and fundamental freedoms. It shall promote understanding, tolerance and friendship among all nations, racial or religious groups, and shall further the activities of the United Nations for the maintenance of peace.

3. Parents have a prior right to choose the kind of education that shall be given to their children.

Article 27

1. Everyone has the right freely to participate in the cultural life of the community, to enjoy the arts and to share in scientific advancement and its benefits.

2. Everyone has the right to the protection of the moral and material interests resulting from any scientific, literary or artistic production of which he is the author.

Article 28

Everyone is entitled to a social and international order in which the rights and freedoms set forth in this Declaration can be fully realized.

Article 29

1. Everyone has duties to the community in which alone the free and full development of his personality is possible.

2. Dans l'exercice de ses droits et dans la jouissance de ses libertés, chacun n'est soumis qu'aux limitations établies par la loi exclusivement en vue d'assurer la reconnaissance et le respect des droits et libertés d'autrui et afin de satisfaire aux justes exigences de la morale, de l'ordre public et du bien-être général dans une société démocratique.

3. Ces droits et libertés ne pourront, en aucun cas, s'exercer contrairement aux buts et aux principes des Nations Unies.

Article 30

Aucune disposition de la présente Déclaration ne peut être interprétée comme impliquant pour un État, un groupement ou un individu un droit quelconque de se livrer à une activité ou d'accomplir un acte visant à la destruction des droits et libertés qui y sont énoncés.

2. In the exercise of his rights and freedoms, everyone shall be subject only to such limitations as are determined by law solely for the purpose of securing due recognition and respect for the rights and freedoms of others and of meeting the just requirements of morality, public order and the general welfare in a democratic society.

3. These rights and freedoms may in no case be exercised contrary to the purposes and principles of the United Nations.

Article 30

Nothing in this Declaration may be interpreted as implying for any State, group or person any right to engage in any activity or to perform any act aimed at the destruction of any of the rights and freedoms set forth herein.

ADOPTION DE LA DÉCLARATION UNIVERSELLE DES DROITS DE L'HOMME

183ᵉ séance plénière de l'Assemblée générale des Nations Unies, Palais de Chaillot, Paris, le 10 décembre 1948

ADOPTION OF THE UNIVERSAL DECLARATION OF HUMAN RIGHTS OF 10 DECEMBER 1948

183th Open Session of the General Assembly of the United Nations, Palais de Chaillot, Paris, 10 December 1948

Par :
   48 voix pour
   0 voix contre
   8 abstentions

By:
   48 vote for
   0 vote against
   8 abstentions

VOTENT POUR :
   Afghanistan, Argentine, Australie, Belgique, Birmanie, Bolivie, Brésil, Canada, Chili, Chine, Colombie, Costa Rica, Cuba, Danemark, République Dominique, Égypte, El Salvador, Équateur, État-Unis d'Amérique, Éthiopie, France, Grèce, Guatemala, Haïti, Inde, Irak, Iran, Islande, Liban, Liberia, Luxembourg, Mexique, Nicaragua, Norvège, Nouvelle-Zélande, Pakistan, Panama, Paraguay, Pays-Bas, Pérou, Philippines, Royaume-Uni, Siam, Suède, Syrie, Turquie, Uruguay, Venezuela.

VOTE FOR:
   Afghanistan, Argentina, Australia, Belgium, Bolivia, Brazil, Burma, Canada, Chile, China, Colombia, Costa Rica, Cuba, Denmark, Dominican Republic, Egypt, El Salvador, Ecuador, Ethiopia, France, Greece, Guatemala, Haiti, India, Iraq, Iran, Iceland, Lebanon, Liberia, Luxembourg, Mexico, Nicaragua, Norway, New Zealand, Pakistan, Panama, Paraguay, Netherlands, Peru, Philippines, United Kingdom, Siam, Sweden, Syria, Turkey, United Sates of America, Uruguay, Venezuela.

S'ABSTIENNENT[1] :
Arabie saoudite, Pologne, République socialiste soviétique de Biélorussie, République socialiste soviétique d'Ukraine, Tchécoslovaquie, Union des Républiques socialistes soviétiques, Union sud-africaine, Yougoslavie.

SONT ABSENTS :
Honduras, Yémen.

UNDECIDED:[1]
Saudi Arabia, Poland, Socialist Soviectic Republic of Bielorussian, Socialist Sovietic Republic of Ukraine, Chzecoslovakia, Union of Soviet Socialist Republics, South-Africa Union, Yugoslavia.

ABSENT:
Hunduras, Yemen.

---

1. Ces huit pays assurent qu'ils ne sont pas en désaccord de principe avec l'ensemble de la Déclaration, mais qu'ils désapprouvent certains articles, cf : A. Verdoodt, *Naissance et signification de la Déclaration universelle des droits de l'homme*, Louvain/Paris, Nouwelserts, 1964, p. 76.

1. These eight countries do not desagree with the principle of the main accord, but they don't accept some contents of the articles, cf: A. Verdoodt. *Naissance et signification de la Déclaration universelle des droits de l'homme.* Louvain/Paris: Nouwelserts, 1964, p. 76.

XV

PACTE INTERNATIONAL RELATIF AUX DROITS CIVILS ET POLITIQUES DU 16 DÉCEMBRE 1966 ET PROTOCOLE Y RELATIF

Commentaires

Extrait des pages 2 et 3 de *La Charte internationale des droits de l'homme*, publiée par les Nations Unies à New York en 1988 :

« Le Pacte relatif aux droits civils et politiques reconnaît le droit de chaque être humain à la vie, à la liberté et à la sécurité de sa personne, le droit à la vie privée; déclare que nul ne sera soumis à la torture ni à des peines ou traitements cruels, inhumains ou dégradants, que nul ne sera tenu en esclavage, que nul ne pourra faire l'objet d'une détention arbitraire; reconnaît le droit à un jugement équitable, le droit à la reconnaissance en tous lieux de la personnalité juridique d'une personne, le droit de ne pas être sanctionné par des lois pénales rétroactives, le droit à la liberté de pensée, de conscience et de religion, à la liberté d'opinion et d'expression, à la liberté de mouvement, et notamment le droit d'émigrer, de tenir des réunions pacifiques et de s'associer librement avec d'autres.

Le Pacte relatif aux droits civils et politiques institue un Comité des droits de l'homme chargé d'étudier les rapports intérimaires présentés par les États parties audit pacte. Le Comité peut également recevoir les plaintes d'un État partie au pacte accusant un autre État partie de ne pas respecter les engagements qu'il a pris en ratifiant le Pacte.

INTERNATIONAL COVENANT ON CIVIL AND POLITICAL RIGHTS OF 16 DECEMBER 1966 AND PROTOCOL THERETO

Commentaries

Extracted from pages 2 and 3 of the *International bill of Human Rights* published by the United Nations in 1988, New York:

"The COVENANT ON CIVIL AND POLITICAL RIGHTS, recognizes the right of every human person to life, liberty and security of person; to privacy; to freedom from cruel, inhuman or degrading treatment and from torture; to freedom from slavery; to immunity from arbitrary arrest; to a fair trial; to recognition as a person before the law; to immunity from retroactive sentences; to freedom of thought, conscience and religion; to freedom of opinion and expression; to liberty of movement, including the right to emigrate; to peaceful assembly and to freedom of association.

The Covenant on Civil and Political Rights sets up a Human Rights Committee to consider progress reports from States which have ratified the Covenant. The Committee may also hear complaints by such States that other States which have ratified the Covenant have failed in upholding the obligations under the Covenant.

Le Protocole facultatif se rapportant au Pacte relatif aux droits civils et politiques prévoit que les particuliers peuvent, dans certaines conditions, porter à l'attention du Comité des violations des droits de l'homme commises par des États parties. [...]

[En juillet 1993, 117 pays avaient ratifié le Pacte relatif aux droits économiques, sociaux et culturels, 116 pour le Pacte relatif aux droits civils et politiques et 65 pour le Protocole, soit les trois instruments formant ensemble la Charte internationale des droits de l'homme[1].]

La Déclaration, les pactes et le Protocole, ont été qualifiés par M. U Thant, qui était Secrétaire général lorsque les Pactes ont été ouverts à la signature, de « Grande Charte de l'humanité ». Il a déclaré au sujet de l'avenir des Pactes : « Tous les signes sont formels et aucun gouvernement ne peut se permettre de les ignorer : les peuples de tous les pays, et en particulier les jeunes, veulent résolument que les droits de l'homme passent du stade des déclarations à celui des actions concrètes ».

"Telle est", a-t-il ajouté, "la condition indispensable à l'avènement de la paix civile et mondiale" ».

Under the OPTIONAL PROTOCOL to the Civil and Political Covenant, individuals under certain circumstances may file complaints of human rights violations by ratifying States.[...]

[As of July 1993, 117 countries had become parties to the Convention on Economic, Social and Cultural Rights, 116 countries had ratified the Covenant on Civil and Political Rights; and 65 had ratified the Protocol that together make up the International Bill of Rights.][1]

U Thant, who was Secretary-General at the time the Covenants were opened for signature, has called the Declaration, the Covenants and the Protocol 'a Magna Carta for mankind'. Of the future of the Covenants, he has said: 'The signs are unmistakable and no government can afford to ignore them; people everywhere, and in particular the young, are determined to see human rights translated from declarations into actions.'

'This' he said, 'is the essential prerequisite for peace at home and in the world.'"

---

1. Veuillez noter que l'auteur a procédé à la mise à jour des données concernant la ratification de ces documents.

1. Please note that the author updated the data relating to these document's ratification.

BIBLIOGRAPHIE SÉLECTIVE

DHOMMEAUX, J., « Droit de l'homme : la jurisprudence du Comité des droits de l'homme (novembre 1987 - juillet 1991) », (1991), Annuaire français de droit international, vol. XXXVII, Paris, Éd. du CNRS, pp. 514-580.

MOUGEON, J., « L'entrée en vigueur des pactes internationaux relatifs aux droits de l'homme », (1976) A.F.D.I., pp. 290-304.

SELECTED BIBLIOGRAPHY

McGOLDRICK. *The Human rights Committee. Its role in the development of the International Covenant on Civil and Political Rights.* Oxford: Clarendon Press, 1991.

SUNGAL, S. *Individual responsibility in international law for serious human rights violations.* Dordrecht: Martinus Nijhoff Publishers, 1992.

PACTE INTERNATIONAL RELATIF AUX DROITS CIVILS ET POLITIQUES

Adopté et ouvert à la signature, à la ratification et à l'adhésion par l'Assemblée générale des Nations Unies dans sa résolution 2200 A (XXI) du 16 décembre 1966

Entrée en vigueur : 23 mars 1976, conformément à l'article 49
Texte : Annexe à la résolution 2200 A (XXI)

PRÉAMBULE

Les États parties au présent Pacte,

Considérant que, conformément aux principes énoncés dans la Charte des Nations Unies, la reconnaissance de la dignité inhérente à tous les membres de la famille humaine et de leurs droits égaux et inaliénables constitue le fondement de la liberté, de la justice et de la paix dans le monde,

Reconnaissant que ces droits découlent de la dignité inhérente à la personne humaine,

Reconnaissant que, conformément à la Déclaration universelle des droits de l'homme, l'idéal de l'être humain libre, jouissant des libertés civiles et politiques et libéré de la crainte et de la misère, ne peut être réalisé que si des conditions permettant à chacun de jouir de ses droits civils et politiques, aussi bien que de ses droits économiques, sociaux et culturels, sont créées,

Considérant que la charte des Nations Unies impose aux États l'obligation de promouvoir le respect universel et effectif des droits et des libertés de l'homme,

INTERNATIONAL COVENANT ON CIVIL AND POLITICAL RIGHTS

Adopted and opened for signature, ratification and accession by United Nations General Assembly Resolution 2200 A (XXI) of 16 December 1966

Entry into force: 23 March 1976, in accordance with Article 49
Text: Annex to General Assembly Resolution 2200 A (XXI)

PREAMBLE

The States Parties to the present Covenant,

Considering that, in accordance with the principles proclaimed in the Charter of the United Nations, recognition of the inherent dignity and of the equal and inalienable rights of all members of the human family is the foundation of freedom, justice and peace in the world,

Recognizing that these rights derive from the inherent dignity of the human person,

Recognizing that, in accordance with the Universal Declaration of Human Rights, the ideal of free human beings enjoying civil and political freedom and freedom from fear and want can only be achieved if conditions are created whereby everyone may enjoy his civil and political rights, as well as his economic, social and cultural rights,

Considering the obligation of States under the Charter of the United Nations to promote universal respect for, and observance of, human rights and freedoms,

Prenant en considération le fait que l'individu a des devoirs envers autrui et envers la collectivité à laquelle il appartient et est tenu de s'efforcer de promouvoir et de respecter les droits reconnus dans le présent Pacte,

Sont convenus des articles suivants :

PREMIÈRE PARTIE

Article premier

1. Tous les peuples ont le droit de disposer d'eux-mêmes. En vertu de ce droit, ils déterminent librement leur statut politique et assurent librement leur développement économique, social et culturel.

2. Pour atteindre leurs fins, tous les peuples peuvent disposer librement de leurs richesses et de leurs ressources naturelles, sans préjudice des obligations qui découlent de la coopération économique internationale, fondée sur le principe de l'intérêt mutuel, et du droit international. En aucun cas, un peuple ne pourra être privé de ses propres moyens de subsistance.

3. Les États parties au présent Pacte, y compris ceux qui ont la responsabilité d'administrer des territoires non autonomes et des territoires sous tutelle, sont tenus de faciliter la réalisation du droit des peuples à disposer d'eux-mêmes, et de respecter ce droit, conformément aux dispositions de la Charte des Nations Unies.

Realizing that the individual, having duties to other individuals and to the community to which he belongs is under a responsibility to strive for the promotion and observance of the rights recognized in the present Covenant,

Agree upon the following articles:

PART I

Article 1

1. All peoples have the right of self-determination. By virtue of that right they freely determine their political status and freely pursue their economic, social and cultural development.

2. All peoples may, for their own ends, freely dispose of their natural wealth and resources without prejudice to any obligations arising out of international economic co-operation, based upon the principle of mutual benefit, and international law. In no case may a people be deprived of its own means of subsistence.

3. The States Parties to the present Covenant, including those having responsibility for the administration of Non-Self-Governing and Trust Territories, shall promote the realization of the right of self-determination, and shall respect that right, in conformity with the provisions of the Charter of the United Nations.

DEUXIÈME PARTIE

Article 2

1. Les États parties au présent Pacte s'engagent à respecter et à garantir à tous les individus se trouvant sur leur territoire et relevant de leur compétence les droits reconnus dans le présent Pacte, sans distinction aucune, notamment de race, de couleur, de sexe, de langue, de religion, d'opinion politique ou de toute autre opinion, d'origine nationale ou sociale, de fortune, de naissance ou de toute autre situation.

2. Les États parties au présent Pacte s'engagent à prendre, en accord avec leurs procédures constitutionnelles et avec les dispositions du présent Pacte, les arrangements devant permettre l'adoption de telles mesures d'ordre législatif ou autre, propres à donner effet aux droits reconnus dans le présent Pacte qui ne seraient pas déjà en vigueur.

3. Les États parties au présent Pacte s'engagent à :

a) garantir que toute personne dont les droits et libertés reconnus dans le présent Pacte auront été violés disposera d'un recours utile, alors même que la violation aurait été commise par des personnes agissant dans l'exercice de leurs fonctions officielles;

b) garantir que l'autorité compétente, judiciaire, administrative ou législative, ou toute autre autorité compétente selon la législation de l'État, statuera sur les droits de la personne qui forme le recours et développer les possibilités de recours juridictionnel;

PART II

Article 2

1. Each State Party to the present Covenant undertakes to respect and to ensure to all individuals within its territory and subject to its jurisdiction the rights recognized in the present Covenant, without distinction of any kind, such as race, colour, sex, language, religion, political or other opinion, national or social origin, property, birth or other status.

2. Where not already provided for by existing legislative or other measures, each State party to the present Covenant undertakes to take the necessary steps, in accordance with its constitutional processes and with the provisions of the present Covenant, to adopt such legislative or other measures as may be necessary to give effect to the rights recognized in the present Covenant.

3. Each State Party to the present Covenant undertakes:

(a) To ensure that any person whose rights or freedoms as herein recognized are violated shall have an effective remedy, notwithstanding that the violation has been committed by persons acting in an official capacity;

(b) To ensure that any person claiming such a remedy shall have his right thereto determined by competent judicial, administrative or legislative authorities, or by any other competent authority provided for by the legal system of the State, and to develop the possibilities of judicial remedy;

c) garantir la bonne suite donnée par les autorités compétentes à tout recours qui aura été reconnu justifié.

Article 3

Les États parties au présent Pacte s'engagent à assurer le droit égal des hommes et des femmes de jouir de tous les droits civils et politiques énoncés dans le présent Pacte.

Article 4

1. Dans le cas où un danger public exceptionnel menace l'existence de la nation et est proclamé par un acte officiel, les États parties au présent Pacte peuvent prendre, dans la stricte mesure où la situation l'exige, des mesures dérogeant aux obligations prévues dans le présent Pacte, sous réserve que ces mesures ne soient pas incompatibles avec les autres obligations que leur impose le droit international et qu'elles n'entraînent pas une discrimination fondée uniquement sur la race, la couleur, le sexe, la langue, la religion ou l'origine sociale.

2. La disposition précédente n'autorise aucune dérogation aux articles 6, 7, 8 (par. 1 et 2), 11, 15, 16 et 18.

3. Les États parties au présent Pacte qui usent du droit de dérogation doivent, par l'entremise du Secrétaire général de l'Organisation des Nations Unies, signaler aussitôt aux autres États parties les dispositions auxquelles ils ont dérogé ainsi que les motifs qui ont provoqué cette dérogation. Une nouvelle communication sera faite par la même entremise, à la date à laquelle ils ont mis fin à ces dérogations.

(c) To ensure that the competent authorities shall enforce such remedies when granted.

Article 3

The States Parties to the present Covenant undertake to ensure the equal right of men and women to the enjoyment of all civil and political rights set forth in the present Covenant.

Article 4

1. In time of public emergency which threatens the life of the nation and the existence of which is officially proclaimed, the States Parties to the present Covenant may take measures derogating from their obligations under the present Covenant to the extent strictly required by the exigencies of the situation, provided that such measures are not inconsistent with their other obligations under international law and do not involve discrimination solely on the ground of race, colour, sex, language, religion or social origin.

2. No derogation from articles 6, 7, 8 (paragraphs 1 and 2), 11, 15, 16 and 18 may be made under this provision.

3. Any State Party to the present Covenant availing itself of the right of derogation shall immediately inform the other States Parties to the present Covenant, through the intermediary of the Secretary-General of the United Nations, of the provisions from which it has derogated and of the reasons by which it was actuated. A further communication shall be made, through the same intermediary, on the date on which it terminates such derogation.

Article 5

1. Aucune disposition du présent Pacte ne peut être interprétée comme impliquant pour un État, un groupement ou un individu un droit quelconque de se livrer à une activité ou d'accomplir un acte visant à la destruction des droits et des libertés reconnus dans le présent Pacte ou à des limitations plus amples que celles prévues audit Pacte.

2. Il ne peut être admis aucune restriction ou dérogation aux droits fondamentaux de l'homme reconnus ou en vigueur dans tout État partie au présent Pacte en application de lois, de conventions, de règlements ou de coutumes, sous prétexte que le présent Pacte ne les reconnaît pas ou les reconnaît à un moindre degré.

TROISIÈME PARTIE

Article 6

1. Le droit à la vie est inhérent à la personne humaine. Ce droit doit être protégé par la loi. Nul ne peut être arbitrairement privé de la vie.

2. Dans les pays où la peine de mort n'a pas été abolie, une sentence de mort ne peut être prononcée que pour les crimes les plus graves, conformément à la législation en vigueur au moment où le crime a été commis et qui ne doit pas être en contradiction avec les dispositions du présent Pacte ni avec la Convention pour la prévention et la répression du crime de génocide. Cette peine ne peut être appliquée qu'en vertu d'un jugement définitif rendu par un tribunal compétent.

Article 5

1. Nothing in the present Covenant may be interpreted as implying for any State, group or person any right to engage in any activity or perform any act aimed at the destruction of any of the rights and freedoms recognized herein or at their limitation to a greater extent than is provided for in the present Covenant.

2. There shall be no restriction upon or derogation from any of the fundamental human rights recognized or existing in any State Party to the present Covenant pursuant to law, conventions, regulations or custom on the pretext that the present Covenant does not recognize such rights or that it recognizes them to a lesser extent.

PART III

Article 6

1. Every human being has the inherent right to life. This right shall be protected by law. No one shall be arbitrarily deprived of his life.

2. In countries which have not abolished the death penalty, sentence of death may be imposed only for the most serious crimes in accordance with the law in force at the time of the commission of the crime and not contrary to the provisions of the present Covenant and to the Convention on the Prevention and Punishment of the Crime of Genocide. This penalty can only be carried out pursuant to a final judgment rendered by a competent court.

3. Lorsque la privation de la vie constitue le crime de génocide, il est entendu qu'aucune disposition du présent article n'autorise un État partie au présent Pacte à déroger d'aucune manière à une obligation quelconque assumée en vertu des dispositions de la Convention pour la prévention et la répression du crime de génocide.

4. Tout condamné à mort a le droit de solliciter la grâce ou la commutation de la peine. L'amnistie, la grâce ou la commutation de la peine de mort peuvent dans tous les cas être accordées.

5. Une sentence de mort ne peut être imposée pour des crimes commis par des personnes âgées de moins de 18 ans et ne peut être exécutée contre des femmes enceintes.

6. Aucune disposition du présent article ne peut être invoquée pour retarder ou empêcher l'abolition de la peine capitale par un État partie au présent Pacte.

Article 7

Nul ne sera soumis à la torture ni à des peines ou traitements cruels, inhumains ou dégradants. En particulier, il est interdit de soumettre une personne sans son libre consentement à une expérience médicale ou scientifique.

Article 8

1. Nul ne sera tenu en esclavage; l'esclavage et la traite des esclaves, sous toutes leurs formes, sont interdits.

2. Nul ne sera tenu en servitude.

3. *a)* Nul ne sera astreint à accomplir un travail forcé ou obligatoire.

b) L'alinéa *a* du présent paragraphe ne saurait être interprété comme interdi-

3. When deprivation of life constitues the crime of genocide, it is understood that nothing in this article shall authorize any State Party to the present Covenant to derogate in any way from any obligation assumed under the provisions of the Convention on the Prevention and Punishment of the Crime of Genocide.

4. Anyone sentenced to death shall have the right to seek pardon or commutation of the sentence. Amnesty, pardon or commutation of the sentence of death may be granted in all cases.

5. Sentence of death shall not be imposed for crimes committed by persons below eighteen years of age and shall not be carried out on pregnant women.

6. Nothing in this article shall be invoked to delay or to prevent the abolition of capital punishment by any State Party to the present Covenant.

Article 7

No one shall subjected to torture or to cruel, inhuman or degrading treatment or punishment. In particular, no one shall be subjected without his free consent to medical or scientific experimentation.

Article 8

1. No one shall be held in slavery; slavery and the slave-trade in all their forms shall be prohibited.

2. No one shall be held in servitude.

3. *(a)* No one shall be required to perform forced or compulsory labour;

(b) Paragraph 3 *(a)* shall not be held to preclude, in countries where impris-

sant, dans les pays où certains crimes peuvent être punis de détentions accompagnée de travaux forcés, l'accomplissement d'une peine de travaux forcés, infligée par un tribunal compétent.

c) N'est pas considéré comme « travail forcé ou obligatoire » au sens du présent paragraphe :

    i) tout travail ou service, non visé à l'alinéa *b*, normalement requis d'un individu qui est détenu en vertu d'une décision de justice régulière ou qui, ayant fait l'objet d'une telle décision, est libéré conditionnellement;

    ii) tout service de caractère militaire et, dans les pays où l'objection de conscience est admise, tout service national exigé des objecteurs de conscience en vertu de la loi;

    iii) tout service exigé dans les cas de force majeure ou de sinistres qui menacent la vie ou le bien-être de la communauté;

    iv) tout travail ou tout service formant partie des obligations civiques normales.

Article 9

1. Tout individu a droit à la liberté et à la sécurité de sa personne. Nul ne peut faire l'objet d'une arrestation ou d'une détention arbitraire. Nul ne peut être privé de sa liberté, si ce n'est pour des motifs et conformément à la procédure prévus par la Loi.

2. Tout individu arrêté sera informé, au moment de son arrestation, des raisons de cette arrestation et recevra notification, dans le plus court délai, de toute accusation portée contre lui.

onment with hard labour may be imposed as a punishment for a crime, the performance of hard labour in pursuance of a sentence to such punishment by a competent court;

(c) For the purpose of this paragraph the term "forced or compulsory labour" shall not include:

    (i) Any work or service, not referred to in subparagraph *(b)*, normally required of a person who is under detention in consequence of a lawful order of a court, or of a person during conditional release from such detention;

    (ii) Any service of military character and, in countries where conscientious objection is recognized, any national service required by law of conscientious objectors;

    (iii) Any service exacted in cases of emergency or calamity threatening the life or well-being of the community;

    (iv) Any work or service which forms part of normal civil obligations.

Article 9

1. Everyone has the right to liberty and security of person. No one shall be subjected to arbitrary arrest or detention. No one shall be deprived of his liberty except on such grounds and in accordance with such procedure as are established by law.

2. Anyone who is arrested shall be informed, at the time of arrest, of the reasons for his arrest and shall be promptly informed of any charges against him.

3. Tout individu arrêté ou détenu du chef d'une infraction pénale sera traduit dans le plus court délai devant un juge ou une autre autorité habilitée par la loi à exercer des fonctions judiciaires, et devra être jugé dans un délai raisonnable ou libéré. La détention de personnes qui attendent de passer en jugement ne doit pas être de règle, mais la mise en liberté peut être subordonnée à des garanties assurant la comparution de l'intéressé à l'audience, à tous les autres actes de la procédure et, le cas échéant, pour l'exécution du jugement.

4. Quiconque se trouve privé de sa liberté par arrestation ou détention a le droit d'introduire un recours devant un tribunal afin que celui-ci statue sans délai sur la légalité de sa détention et ordonne sa libération si la détention est illégale.

5. Tout individu victime d'arrestation ou de détention illégale a droit à réparation.

Article 10

1. Toute personne privée de sa liberté est traitée avec humanité et avec le respect de la dignité inhérente à la personne humaine.

2.*a)* Les prévenus sont, sauf dans des circonstances exceptionnelles, séparés des condamnés et sont soumis à un régime distinct, approprié à leur condition de personnes non condamnées.

b) Les jeunes prévenus sont séparés des adultes et il est décidé de leur cas aussi rapidement que possible.

3. Le régime pénitentiaire comporte un traitement des condamnés dont le but essentiel est leur amendement et

3. Anyone arrested or detained on a criminal charge shall be brought promptly before a judge or other officer authorized by law to exercise judicial power and shall be entitled to trial within a reasonable time or to release. It shall not be the general rule that persons awaiting trial shall be detained in custody, but release may be subject to guarantees to appear for trial, at any other stage of the judicial proceedings, and, should occasion arise, for execution of the judgement.

4. Anyone who is deprived of his liberty by arrest or detention shall be entitled to take proceedings before a court, in order that that court may decide without delay on the lawfulness of his detention and order his release if the detention is not lawful.

5. Anyone who has been the victim of unlawful arrest or detention shall have an enforceable right to compensation.

Article 10

1. All persons deprived of their liberty shall be treated with humanity and with respect for the inherent dignity of the human person.

2. *(a)* Accused persons shall, save in exceptional circumstances, be segregated from convicted persons and shall be subject to separate treatment appropriate to their status as unconvicted persons;

(b) Accused juvenile persons shall be seperated from adults and brought as speedily as possible for adjudication.

3. The penitentiary system shall comprise treatment of prisoners the essential aim of which shall be their refor-

leur reclassement social. Les jeunes délinquants sont séparés des adultes et soumis à un régime approprié à leur âge et à leur statut légal.

Article 11

Nul ne peut être emprisonné pour la seule raison qu'il n'est pas en mesure d'exécuter une obligation contractuelle.

Article 12

1. Quiconque se trouve légalement sur le territoire d'un État a le droit d'y circuler librement et d'y choisir librement sa résidence.

2. Toute personne est libre de quitter n'importe quel pays, y compris le sien.

3. Les droits mentionnés ci-dessus ne peuvent être l'objet de restrictions que si celles-ci sont prévues par la loi, nécessaires pour protéger la sécurité nationale, l'ordre public, la santé ou la moralité publiques, ou les droits et libertés d'autrui, et compatibles avec les autres droits reconnus par le présent Pacte.

4. Nul ne peut être arbitrairement privé du droit d'entrer dans son propre pays.

Article 13

Un étranger qui se trouve légalement sur le territoire d'un État partie au présent Pacte ne peut en être expulsé qu'en exécution d'une décision prise conformément à la loi, et à moins que des raisons impérieuses de sécurité nationale ne s'y opposent, il doit avoir la possibilité de faire valoir les raisons qui militent contre son expulsion et de faire examiner son cas par l'autorité compé-

mation and social rehabilitation. Juvenile offenders shall be segregated from adults and be accorded treatment appropriate to their age and legal status.

Article 11

No one shall be imprisoned merely on the ground of inability to fulfil a contractual obligation.

Article 12

1. Everyone lawfully within the territory of a State shall, within that territory, have the right to liberty of movement and freedom to choose his residence.

2. Everyone shall be free to leave any country, including his own.

3. The above-mentioned rights shall not be subject to any restrictions except those which are provided by law, are necessary to protect national security, public order *(ordre public)*, public health or morals or the rights and freedoms of others, and are consistent with the other rights recognized in the present Covenant.

4. No one shall be arbitrarily deprived of the right to enter his own country.

Article 13

An alien lawfully in the territory of a State Party to the present Covenant may be expelled therefrom only in pursuance of a decision reached in accordance with law and shall, except where compelling reasons of national security otherwise require, be allowed to submit the reasons against his expulsion and to have his case reviewed by, and be represented for the purpose before, the

tente, ou par une ou plusieurs personnes spécialement désignées par ladite autorité, en se faisant représenter à cette fin.

competent authority or a person or persons especially designated by the competent authority.

Article 14

1. Tous sont égaux devant les tribunaux et les cours de justice. Toute personne a droit à ce que sa cause soit entendue équitablement et publiquement par un tribunal compétent, indépendant et impartial, établi par la loi, qui décidera soit du bien-fondé de toute accusation en matière pénale dirigée contre elle, soit des contestations sur ses droits et obligations de caractère civil. Le huis clos peut être prononcé pendant la totalité ou une partie du procès soit dans l'intérêt des bonnes moeurs, de l'ordre public ou de la sécurité nationale dans une société démocratique, soit lorsque l'intérêt de la vie privée des parties en cause l'exige, soit encore dans la mesure où le tribunal l'estimera absolument nécessaire, lorsqu'en raison des circonstances particulières de l'affaire la publicité nuirait aux intérêts de la justice; cependant, tout jugement rendu en matière pénale ou civile sera public, sauf si l'intérêt de mineurs exige qu'il en soit autrement ou si le procès porte sur des différends matrimoniaux ou sur la tutelle des enfants.

2. Toute personne accusée d'une infraction pénale est présumée innocente jusqu'à ce que sa culpabilité ait été légalement établie.

3. Toute personne accusée d'une infraction pénale a droit, en pleine égalité, au moins aux garanties suivantes :

a) à être informée, dans le plus court délai, dans une langue qu'elle com-

Article 14

1. All persons shall be equal before the courts and tribunals. In the determination of any criminal charge against him, or of his rights and obligations in a suit at law, everyone shall be entitled to a fair and public hearing by a competent, independent and impartial tribunal established by law. The Press and the public may be excluded from all or part of a trial for reasons of morals, public order *(ordre public)* or national security in a democratic society, or when the interest of the private lives of the parties so requires, or to the extent strictly necessary in the opinion of the court in special circumstances where publicity would prejudice the interests of justice; but any judgment rendered in a criminal case or in a suit at law shall be made public except where the interest of juvenile persons otherwise requires or the proceedings concern matrimonial disputes or the guardianship of children.

2. Everyone charged with a criminal offence shall have the right to be presumed innocent until proved guilty according to law.

3. In the determination of any criminal charge against him, everyone shall be entitled to the following minimum guarantees, in full equality:

(a) To be informed promptly and in detail in a language which he under-

prend et de façon détaillée, de la nature et des motifs de l'accusation portée contre elle;
b) à disposer du temps et des facilités nécessaires à la préparation de sa défense et à communiquer avec le conseil de son choix;
c) à être jugée sans retard excessif;
d) à être présente au procès et à se défendre elle-même ou à avoir l'assistance d'un défenseur de son choix; si elle n'a pas de défenseur, à être informée de son droit d'en avoir un, et, chaque fois que l'intérêt de la justice l'exige, à se voir attribuer d'office un défenseur, sans frais, si elle n'a pas les moyens de le rémunérer;

e) à interroger ou faire interroger les témoins à charge et à obtenir la comparution et l'interrogatoire des témoins à décharge dans les mêmes conditions que les témoins à charge;

f) à se faire assister gratuitement d'un interprète si elle ne comprend pas ou ne parle pas la langue employée à l'audience;
g) à ne pas être forcée de témoigner contre elle-même ou de s'avouer coupable.

4. La procédure applicable aux jeunes gens qui ne sont pas encore majeurs au regard de la loi pénale tiendra compte de leur âge et de l'intérêt que présente leur rééducation.

5. Toute personne déclarée coupable d'une infraction a le droit de faire examiner par une juridiction supérieure la déclaration de culpabilité et la condamnation, conformément à la loi.

stands of the nature and cause of the charge against him;

(b) To have adequate time and facilities for the preparation of his defence and to communicate with counsel of his own choosing;
(c) To be tried without undue delay;
(d) To be tried in his presence, and to defend himself in person or through legal assistance of his own choosing; to be informed, if he does not have legal assistance, of this right; and to have legal assistance assigned to him, in any case where the interests of justice so require, and without payment by him in any such case if he does not have sufficient means to pay for it;
(e) To examine, or have examined, the witnesses against him and to obtain the attendance and examination of witnesses on his behalf under the same conditions as witnesses against him;
(f) To have the free assistance of an interpreter if he cannot understand or speak the language used in court;

(g) Not to be compelled to testify against himself or to confess guilt.

4. In the case of juvenile persons, the procedure shall be such as will take account of their age and the desirability of promoting their rehabilitation.

5. Everyone convicted of a crime shall have the right to his conviction and sentence being reviewed by a higher tribunal according to law.

6. Lorsqu'une condamnation pénale définitive est ultérieurement annulée ou lorsque la grâce est accordée parce qu'un fait nouveau ou nouvellement révélé prouve qu'il s'est produit une erreur judiciaire, la personne qui a subi une peine à raison de cette condamnation sera indemnisée, conformément à la loi, à moins qu'il ne soit prouvé que la non-révélation en temps utile du fait inconnu lui est imputable en tout ou partie.

7. Nul ne peut être poursuivi ou puni en raison d'une infraction pour laquelle il a déjà été acquitté ou condamné par un jugement définitif conformément à la loi et à la procédure pénale de chaque pays.

Article 15

1. Nul ne sera condamné pour des actions ou omissions que ne constituaient pas un acte délictueux d'après le droit national ou international au moment où elles ont été commises. De même, il ne sera infligé aucune peine plus forte que celle qui était applicable au moment où l'infraction a été commise. Si, postérieurement à cette infraction, la loi prévoit l'application d'une peine plus légère, le délinquant doit en bénéficier.

2. Rien dans le présent article ne s'oppose au jugement ou à la condamnation de tout individu en raison d'actes ou omissions qui, au moment où ils ont été commis, étaient tenus pour criminels, d'après les principes généraux de droit reconnus par l'ensemble des nations.

6. When a person has by a final decision been convicted of a criminal offence and when subsequently his conviction has been reversed or he has been pardoned on the ground that a new or newly discovered fact shows conclusively that there has been a miscarriage of justice, the person who has suffered punishment as a result of such conviction shall be compensated according to law, unless it is proved that the non-disclosure of the unknown fact in time is wholly or partly attributable to him.

7. No one shall be liable to be tried or punished again for an offence for which he has already been finally convicted or acquitted in accordance with the law and penal procedure of each country.

Article 15

1. No one shall be held guilty of any criminal offence on account of any act or omission which did not constitute a criminal offence, under national or international law, at the time when it was committed. Nor shall a heavier penalty be imposed than the one that was applicable at the time when the criminal offence was committed. If, subsequent to the commission of the offence, provision is made by law for the imposition of the lighter penalty, the offender shall benefit thereby.

2. Nothing in this article shall prejudice the trial and punishment of any person for any act or omission which, at the time when it was committed, was criminal according to the general principles of law recognized by the community of nations.

Article 16

Chacun a droit à la reconnaissance en tous lieux de sa personnalité juridique.

Article 17

1. Nul ne sera l'objet d'immixtions arbitraires ou illégales dans sa vie privée, sa famille, son domicile ou sa correspondance, ni d'atteintes illégales à son honneur et à sa réputation.

2. Toute personne a droit à la protection de la loi contre de telles immixtions ou de telles atteintes.

Article 18

1. Toute personne a droit à la liberté de pensée, de conscience et de religion; ce droit implique la liberté d'avoir ou d'adopter une religion ou une conviction de son choix, ainsi que la liberté de manifester sa religion ou sa conviction, individuellement ou en commun, tant en public qu'en privé, par le culte et l'accomplissement des rites, les pratiques et l'enseignement.

2. Nul ne subira de contrainte pouvant porter atteinte à sa liberté d'avoir ou d'adopter une religion ou une conviction de son choix.

3. La liberté de manifester sa religion ou ses convictions ne peut faire l'objet que des seules restrictions prévues par la loi et qui sont nécessaires à la protection de la sécurité, de l'ordre et de la santé publique, ou de la morale ou des libertés et droits fondamentaux d'autrui.

4. Les États parties au présent Pacte s'engagent à respecter la liberté des parents et, le cas échéant, des tuteurs

Article 16

Everyone shall have the right to recognition everywhere as a person before the law.

Article 17

1. No one shall be subjected to arbitrary or unlawful interference with his privacy, family, home or correspondence, nor to unlawful attacks on his honour and reputation.

2. Everyone has the right to the protection of the law against such interference or attacks.

Article 18

1. Everyone shall have the right to freedom of thought, conscience and religion. This right shall include freedom to have or to adopt a religion or belief of his choice, and freedom, either individually or in community with others and in public or private, to manifest his religion or belief in worship, observance, practice and teaching.

2. No one shall be subject to coercion which would impair his freedom to have or to adopt a religion or belief of his choice.

3. Freedom to manifest one's religion or beliefs may be subject only to such limitations as are prescribed by law and are necessary to protect public safety, order, health, or morals or the fundamental rights and freedoms of others.

4. The States Parties to the present Covenant undertake to have respect for the liberty of parents and, when applica-

légaux de faire assurer l'éducation religieuse et morale de leurs enfants conformément à leurs propres convictions.

Article 19

1. Nul ne peut être inquiété pour ses opinions.

2. Toute personne a droit à la liberté d'expression; ce droit comprend la liberté de rechercher, de recevoir et de répandre des informations et des idées de toute espèce, sans considération de frontières, sous une forme orale, écrite, imprimée ou artistique, ou par tout autre moyen de son choix.

3. L'exercice des libertés prévues au paragraphe 2 du présent article comporte des devoirs spéciaux et des responsabilités spéciales. Il peut en conséquence être soumis à certaines restrictions qui doivent toutefois être expressément fixées par la loi et qui sont nécessaires :
a) au respect des droits ou de la réputation d'autrui;
b) à la sauvegarde de la sécurité nationale, de l'ordre public, de la santé ou de la moralité publiques.

Article 20

1. Toute propagande en faveur de la guerre est interdite par la loi.

2. Tout appel à la haine nationale, raciale ou religieuse qui constitue une incitation à la discrimination, à l'hostilité ou à la violence est interdit par la loi.

Article 21

Le droit de réunion pacifique est reconnu. L'exercice de ce droit ne peut faire l'objet que des seules restrictions

ble, legal guardians to ensure the religious and moral education of their children in conformity with their own convictions.

Article 19

1. Everyone shall have the right to hold opinions without interference.

2. Everyone shall have the right to freedom of expression; this right shall include freedom to seek, receive and impart information and ideas of all kinds, regardless of frontiers, either orally, in writing or in print, in the form of art, or through any other media of his choice.

3. The exercise of the rights provided for in paragraph 2 of this article carries with it special duties and responsibilities. It may therefore be subject to certain restrictions, but these shall only be such as are provided by law and are necessary:

(a) For respect of the rights or reputations of others;
(b) For the protection of national security or of public order (*ordre public*), or of public health or morals.

Article 20

1. Any propaganda for war shall be prohibited by law.

2. Any advocacy of national, racial or religious hatred that constitutes incitement to discrimination, hostility or violence shall be prohibited by law.

Article 21

The right of peaceful assembly shall be recognized. No restrictions may be placed on the exercise of this right other

imposées conformément à la loi et qui sont nécessaires dans une société démocratique, dans l'intérêt de la sécurité nationale, de la sûreté publique, de l'ordre public ou pour protéger la santé ou la moralité publiques, ou les droits et libertés d'autrui.

Article 22

1. Toute personne a le droit de s'associer librement avec d'autres, y compris le droit de constituer des syndicats et d'y adhérer pour la protection de ses intérêts.

2. L'exercice de ce droit ne peut faire l'objet que des seules restrictions prévues par la loi et qui sont nécessaires dans une société démocratique, dans l'intérêt de la sécurité nationale, de la sûreté publique, de l'ordre public, ou pour protéger la santé ou la moralité publiques ou les droits et libertés d'autrui. Le présent article n'empêche pas de soumettre à des restrictions légales l'exercice de ce droit par les membres des forces armées et de la police.

3. Aucune disposition du présent article ne permet aux États parties à la Convention de 1948 de l'Organisation Internationale du Travail concernant la liberté syndicale et la protection du droit syndical de prendre des mesures législatives portant atteinte — ou d'appliquer la loi de façon à porter atteinte — aux garanties prévues dans ladite convention.

Article 23

1. La famille est l'élément naturel et fondamental de la société et a droit à la protection de la société et de l'État.

than those imposed in conformity with the law and which are necessary in a democratic society in the interests of national security or public safety, public order (*ordre public*), the protection of public health or morals or the protection of the rights and freedoms of others.

Article 22

1. Everyone shall have the right to freedom of association with others, including the right to form and join trade-unions for the protection of his interests.

2. No restrictions may be placed on the exercise of this right other than those which are prescribed by law and which are necessary in a democratic society in the interests of national security or public safety, public order (*ordre public*), the protection of public health or morals or the protection of the rights and freedoms of others. This article shall not prevent the imposition of lawful restrictions on members of the armed forces and of the police in their exercise of this right.

3. Nothing in this article shall authorize States Parties to the International Labour Organisation Convention of 1948 concerning Freedom of Association and Protection of the Right to Organize to take legislative measures which would prejudice, or to apply the law in such a manner as to prejudice the guarantees provided for in that Convention.

Article 23

1. The family is the natural and fundamental group unit of society and is entitled to protection by society and the State.

2. Le droit de se marier et de fonder une famille est reconnu à l'homme et à la femme à partir de l'âge nubile.

3. Nul mariage ne peut être conclu sans le libre et plein consentement des futurs époux.

4. Les États parties au présent Pacte prendront les mesures appropriées pour assurer l'égalité de droits et de responsabilités des époux au regard du mariage, durant le mariage et lors de sa dissolution. En cas de dissolution, des dispositions seront prises afin d'assurer aux enfants la protection nécessaire.

Article 24

1. Tout enfant, sans discrimination aucune fondée sur la race, la couleur, le sexe, la langue, la religion, l'origine nationale ou sociale, la fortune ou la naissance, a droit, de la part de sa famille, de la société et de l'État, aux mesures de protection qu'exige sa condition de mineur.

2. Tout enfant doit être enregistré immédiatement après sa naissance et avoir un nom.

3. Tout enfant a le droit d'acquérir une nationalité.

Article 25

Tout citoyen a le droit et la possibilité, sans aucune des discriminations visées à l'article 2 et sans restrictions déraisonnables :
  a) de prendre part à la direction des affaires publiques, soit directement, soit par l'intermédiaire de représentants librement choisis;
  b) de voter et d'être élu, au cours d'élections périodiques, honnêtes,

2. The right of men and women of marriageable age to marry and to found a family shall be recognized.

3. No marriage shall be entered into without the free and full consent of the intending spouses.

4. States Parties to the present Covenant shall take appropriate steps to ensure equality of rights and responsibilities of spouses as to marriage, during marriage and at its dissolution. In the case of dissolution, provision shall be made for the necessary protection of any children.

Article 24

1. Every child shall have, without any discrimination as to race, colour, sex, language, religion, national or social origin, property or birth, the right to such measures of protection as are required by his status as a minor, on the part of his family, society and the State.

2. Every child shall be registered immediately after birth and shall have a name.

3. Every child has the right to acquire a nationality.

Article 25

Every citizen shall have the right and the opportunity, without any of the distinctions mentioned in article 2 and without unreasonable restrictions:
  (a) To take part in the conduct of public affairs, directly or through freely chosen representatives;

  (b) To vote and to be elected at genuine periodic elections which shall

au suffrage universel et égal et au scrutin secret, assurant l'expression libre de la volonté des électeurs;

c) d'accéder, dans des conditions générales d'égalité, aux fonctions publiques de son pays.

be by universal and equal suffrage and shall be held by secret ballot, guaranteeing the free expression of the will of the electors;

(c) To have access, on general terms of equality, to public service in his country.

Article 26

Toutes les personnes sont égales devant la loi et ont droit sans discrimination à une égale protection de la loi. À cet égard, la loi doit interdire toute discrimination et garantir à toutes les personnes une protection égale et efficace contre toute discrimination, notamment de race, de couleur, de sexe, de langue, de religion, d'opinion politique et de toute autre opinion, d'origine nationale ou sociale, de fortune, de naissance ou de toute autre situation.

Article 26

All persons are equal before the law and are entitled without any discriminatin to the equal protection of the law. In this respect, the law shall prohibit any discrimination and guarantee to all persons equal and effective protection against discrimination on any ground such as race, colour, sex, language, religion, political or other opinion, national or social origin, property, birth or other status.

Article 27

Dans les États où il existe des minorités ethniques, religieuses ou linguistiques, les personnes appartenant à ces minorités ne peuvent être privées du droit d'avoir, en commun avec les autres membres de leur groupe, leur propre vie culturelle, de professer et de pratiquer leur propre religion, ou d'employer leur propre langue.

Article 27

In those States in which ethnic, religious or linguistic minorities exist, persons belonging to such minorities shall not be denied the right, in community with the other members of their group, to enjoy their own culture, to profess and practise their own religion, or to use their own language.

QUATRIÈME PARTIE

PART IV

Article 28

1. Il est institué un comité des droits de l'homme (ci-après dénommé le Comité dans le présent Pacte). Ce Comité est composé de dix-huit membres et a les fonctions définies ci-après.

Article 28

1. There shall be established a Human Rights Committee (hereafter referred to in the present Covenant as the Committee). It shall consist of eighteen members and shall carry out the functions hereinafter provided.

2. Le Comité est composé de ressortissants des États parties au présent Pacte, qui doivent être des personnalités de haute moralité et possédant une compétence reconnue dans le domaine des droits de l'homme. Il sera tenu compte de l'intérêt que présente la participation aux travaux du Comité de quelques personnes ayant une expérience juridique.

3. Les membres du Comité sont élus et siègent à titre individuel.

Article 29

1. Les membres du Comité sont élus au scrutin secret sur une liste de personnes réunissant les conditions prévues à l'article 28, et présentées à cet effet par les États parties au présent Pacte.

2. Chaque État partie au présent Pacte peut présenter deux personnes au plus. Ces personnes doivent être des ressortissants de l'État qui les présente.

3. La même personne peut être présentée à nouveau.

Article 30

1. La première élection aura lieu au plus tard six mois après la date de l'entrée en vigueur du présent Pacte.

2. Quatre mois au moins avant la date de toute élection au Comité, autre qu'une élection en vue de pourvoir à une vacance déclarée conformément à l'article 34, le Secrétaire général de l'Organisation des Nations Unies invite par écrit les États parties au présent Pacte à désigner, dans un délai de trois mois, les candidats qu'ils proposent comme membres du Comité.

2. The Committee shall be composed of nationals of the States Parties to the present Covenant who shall be persons of high moral character and recognized competence in the field of human rights, consideration being given to the usefulness of the participation of some persons having legal experience.

3. The members of the Committee shall be elected and shall serve in their personal capacity.

Article 29

1. The members of the Committee shall be elected by secret ballot from a list of persons possessing the qualifications prescribed in article 28 and nominated for the purpose by the States Parties to the present Covenant.

2. Each State Party to the present Covenant may nominate not more than two persons. These persons shall be nationals of the nominating State.

3. A person shall be eligible for renomination.

Article 30

1. The initial election shall be held no later than six months after the date of the entry into force of the present Covenant.

2. At least four months before the date of each election to the Committee, other than an election to fill a vacancy declared in accordance with article 34, the Secretary-General of the United Nations shall address a written invitation to the States Parties to the present Covenant to submit their nominations for membership of the Committee within three months.

3. Le Secrétaire général de l'Organisation des Nations Unies dresse la liste alphabétique de toutes les personnes ainsi présentées en mentionnant les États parties qui les ont présentées et la communique aux États parties au présent Pacte au plus tard un mois avant la date de chaque élection.

4. Les membres du Comité sont élus au cours d'une réunion des États parties au présent Pacte convoquée par le Secrétaire général de l'Organisation des Nations Unies au Siège de l'Organisation. À cette réunion, où le quorum est constitué par les deux tiers des États parties au présent Pacte, sont élus membres du Comité les candidats qui obtiennent le plus grand nombre de voix et la majorité absolue des votes des représentants des États parties présents et votants.

Article 31

1. Le Comité ne peut comprendre plus d'un ressortissant d'un même État.

2. Pour les élections au Comité, il est tenu compte d'une répartition géographique équitable et de la représentation des diverses formes de civilisation ainsi que des principaux systèmes juridiques.

Article 32

1. Les membres du Comité sont élus pour quatre ans. Ils sont rééligibles s'ils sont présentés à nouveau. Toutefois, le mandat de neuf des membres élus lors de la première élection prend fin au bout de deux ans; immédiatement après la première élection, les noms de ces

3. The Secretary-General of the United Nations shall prepare a list in alphabetical order of all the persons thus nominated, with an indication of the States Parties which have nominated them, and shall submit it to the States Parties to the present Covenant no later than one month before the date of each election.

4. Elections of the members of the Committee shall be held at a meeting of the States Parties to the present Covenant convened by the Secretary-General of the United Nations at the Headquarters of the United Nations. At that meeting, for which two thirds of the States Parties to the present Covenant shall constitute a quorum, the persons elected to the Committee shall be those nominees who obtain the largest number of votes and an absolute majority of the votes of the representatives of States Parties present and voting.

Article 31

1. The Committee may not include more than one national of the same State.

2. In the election of the Committee, consideration shall be given to equitable geographical distribution of membership and to the representation of the different forms of civilization and of the principal legal systems.

Article 32

1. The members of the Committee shall be elected for a term of four years. They shall be eligible for re-election if renominated. However, the terms of nine of the members elected at the first election shall expire at the end of two years; immediately after the first elec-

neuf membres sont tirés au sort par le Président de la réunion visée au paragraphe 4 de l'article 30.

2. À l'expiration du mandat, les élections ont lieu conformément aux dispositions des articles précédents de la présente partie du Pacte.

Article 33

1. Si, de l'avis unanime des autres membres, un membre du Comité a cessé de remplir ses fonctions pour toute cause autre qu'une absence de caractère temporaire, le Président du Comité en informe le Secrétaire général de l'Organisation des Nations Unies, qui déclare alors vacant le siège qu'occupait ledit membre.

2. En cas de décès ou de démission d'un membre du Comité, le Président en informe immédiatement le Secrétaire général de l'Organisation des Nations Unies, qui déclare le siège vacant à compter de la date du décès ou de celle à laquelle la démission prend effet.

Article 34

1. Lorsqu'une vacance est déclarée conformément à l'article 33 et si le mandat du membre à remplacer n'expire pas dans les six mois qui suivent la date à laquelle la vacance a été déclarée, le Secrétaire général de l'Organisation des Nations Unies en avise les États parties au présent Pacte qui peuvent, dans un délai de deux mois, désigner des candidats conformément aux dispositions de l'article 29 en vue de pourvoir à la vacance.

2. Le Secrétaire général de l'Organisation des Nations Unies dresse la liste

tion, the names of these nine members shall be chosen by lot by the Chairman of the meeting referred to in article 30, paragraph 4.

2. Elections at the expiry of office shall be held in accordance with the preceding articles of this part of the present Covenant.

Article 33

1. If, in the unanimous opinion of the other members, a member of the Committee has ceased to carry out his functions for any cause other than absence of a temporary character, the Chairman of the Committee shall notify the Secretary-General of the United Nations, who shall then declare the seat of that member to be vacant.

2. In the event of the death or the resignation of a member of the Committee, the Chairman shall immediately notify the Secretary-General of the United Nations, who shall declare the seat vacant from the date of death or the date on which the resignation takes effect.

Article 34

1. When a vacancy is declared in accordance with article 33 and if the term of office of the member to be replaced does not expire within six months of the declaration of the vacancy, the Secretary-General of the United Nations shall notify each of the States Parties to the present Covenant, which may within two months submit nominations in accordance with article 29 for the purpose of filling the vacancy.

2. The Secretary-General of the United Nations shall prepare a list in

alphabétique des personnes ainsi présentées et la communique aux États parties au présent Pacte. L'élection en vue de pourvoir à la vacance a lieu ensuite conformément aux dispositions pertinentes de la présente partie du Pacte.

3. Tout membre du Comité élu à un siège déclaré vacant conformément à l'article 33 fait partie du Comité jusqu'à la date normale d'expiration du mandat du membre dont le siège est devenu vacant au Comité conformément aux dispositions dudit article.

Article 35

Les membres du Comité reçoivent, avec l'approbation de l'Assemblée générale des Nations Unies, des émoluments prélevés sur les ressources de l'Organisation des Nations Unies dans les conditions fixées par l'Assemblée générale, eu égard à l'importance des fonctions du Comité.

Article 36

Le Secrétaire général de l'Organisation des Nations Unies met à la disposition du Comité le personnel et les moyens matériels qui lui sont nécessaires pour s'acquitter efficacement des fonctions qui lui sont confiées en vertu du présent Pacte.

Article 37

1. Le Secrétaire général de l'Organisation des Nations Unies convoque les membres du Comité, pour la première réunion, au Siège de l'Organisation.

2. Après sa première réunion, le Comité se réunit à toute occasion prévue par son règlement intérieur.

alphabetical order of the persons thus nominated and shall submit it to the States Parties to the present Covenant. The election to fill the vacancy shall then take place in accordance with the relevant provisions of this part of the present Covenant.

3. A member of the Committee elected to fill a vacancy declared in accordance with article 33 shall hold office for the remainder of the term of the member who vacated the seat on the Committee under the provisions of that article.

Article 35

The members of the Committee shall, with the approval of the General Assembly of the United Nations, receive emoluments from United Nations resources on such terms and conditions as the General Assembly may decide, having regard to the importance of the Committee's responsibilities.

Article 36

The Secretary-General of the United Nations shall provide the necessary staff and facilities for the effective performance of the functions of the Committee under the present Covenant.

Article 37

1. The Secretary-General of the United Nations shall convene the initial meeting of the Committee at the Headquarters of the United Nations.

2. After its initial meeting, the Committee shall meet at such times as shall be provided in its rules of procedure.

3. Les réunions du Comité ont normalement lieu au Siège de l'Organisation des Nations Unies ou à l'Office des Nations Unies à Genève.

Article 38

Tout membre du Comité doit, avant d'entrer en fonctions, prendre en séance publique l'engagement solennel de s'acquitter de ses fonctions en toute impartialité et en toute conscience.

Article 39

1. Le Comité élit son bureau pour une période de deux ans. Les membres du bureau sont rééligibles.

2. Le Comité établit lui-même son règlement intérieur; celui-ci doit, toutefois, contenir entre autres les dispositions suivantes :

a) le quorum est de douze membres;

b) les décisions du Comité sont prises à la majorité des membres présents.

Article 40

1. Les États parties au présent Pacte s'engagent à présenter des rapports sur les mesures qu'ils auront arrêtées et qui donnent effet aux droits reconnus dans le présent Pacte et sur les progrès réalisés dans la jouissance de ces droits :

a) dans un délai d'un an à compter de l'entrée en vigueur du présent Pacte, pour chaque État partie intéressé en ce qui le concerne;

b) par la suite, chaque fois que le Comité en fera la demande.

2. Tous les rapports seront adressés au Secrétaire général de l'Organisation des Nations Unies qui les transmettra

---

3. The Committee shall normally meet at the Headquarters of the United Nations or at the United Nations Office at Geneva.

Article 38

Every member of the Commitee shall, before taking up his duties, make a solemn declaration in open committee that he will perform his functions impartially and conscientiously.

Article 39

1. The Committee shall elect its officers for a term of two years. They may be re-elected.

2. The Committee shall establish its own rules of procedure, but these rules shall provide, *inter alia*, that:

(a) Twelve members shall constitute a quorum;

(b) Decisions of the Committee shall be made by a majority vote of the members present.

Article 40

1. The States Parties to the present Covenant undertake to submit reports on the measures they have adopted which give effect to the rights recognized herein and the progress made in the enjoyment of those rights:

(a) Within one year of the entry into force of the present Covenant for the States Parties concerned;

(b) Thereafter whenever the Committee so requests.

2. All reports shall be submitted to the Secretary-General of the United Nations, who shall transmit them to the

au Comité pour examen. Les rapports devront indiquer, le cas échéant, les facteurs et les difficultés qui affectent la mise en oeuvre des dispositions du présent Pacte.

3. Le Secrétaire général de l'Organisation des Nations Unies peut, après consultation du Comité, communiquer aux institutions spécialisées intéressées copie de toutes parties des rapports pouvant avoir trait à leur domaine de compétence.

4. Le Comité étudie les rapports présentés par les États parties au présent Pacte. Il adresse aux États parties ses propres rapports, ainsi que toutes observations générales qu'il jugerait appropriées. Le Comité peut également transmettre au Conseil économique et social ces observations accompagnées de copies des rapports qu'il a reçus d'États parties au présent Pacte.

5. Les États parties au présent Pacte peuvent présenter au Comité des commentaires sur toute observation qui serait faite en vertu du paragraphe 4 du présent article.

Article 41

1. Tout État partie au présent Pacte peut, en vertu du présent article, déclarer à tout moment qu'il reconnaît la compétence du Comité pour recevoir et examiner des communications dans lesquelles un État partie prétend qu'un autre État partie ne s'acquitte pas de ses obligations au titre du présent Pacte. Les communications présentées en vertu du présent article ne peuvent être reçues et examinées que si elles émanent d'un État partie qui a fait une déclaration reconnaissant, en ce qui le

Committee for consideration. Reports shall indicate the factors and difficulties, if any, affecting the implementation of the present Covenant.

3. The Secretary-General of the United Nations may, after consultation with the Committee, transmit to specialized agencies concerned copies of such parts of the reports as may fall within their field of competence.

4. The Committee shall study the reports submitted by the States Parties to the present Covenant. It shall transmit its reports, and such general comments as it may consider appropriate, to the States Parties. The Committee may also transmit to the Economic and Social Council these comments along with the copies of the reports it has received from States Parties to the present Covenant.

5. The States Parties to the present Covenant may submit to the Committee observations on any comments that may be made in accordance with paragraph 4 of this article.

Article 41

1. A State Party to the present Covenant may at any time declare under this article that it recognizes the competence of the Committee to receive and consider communications to the effect that a State Party claims that another State Party is not fulfilling its obligations under the present Covenant. Communications under this article may be received and considered only if submitted by a State Party which has made a declaration recognizing in regard to itself the competence of the Committee.

concerne, la compétence du Comité. Le Comité ne reçoit aucune communication intéressant un État partie qui n'a pas fait une telle déclaration. La procédure ci-après s'applique à l'égard des communications reçues conformément au présent article :

> *a)* Si un État partie au présent Pacte estime qu'un autre État également partie à ce pacte n'en applique pas les dispositions, il peut appeler, par communication écrite, l'attention de cet État sur la question. Dans un délai de trois mois à compter de la réception de la communication, l'État destinataire fera tenir à l'État qui a adressé la communication des explications ou toutes autres déclarations écrites élucidant la question, qui devront comprendre, dans toute la mesure possible et utile, des indications sur ses règles de procédure et sur les moyens de recours soit déjà utilisés, soit en instance, soit encore ouverts.
>
> *b)* Si, dans un délai de six mois à compter de la date de réception de la communication originale par l'État destinataire, la question n'est pas réglée à la satisfaction des deux États parties intéressés, l'un comme l'autre auront le droit de la soumettre au Comité, en adressant une notification au Comité ainsi qu'à l'autre État intéressé.
>
> *c)* Le Comité ne peut connaître d'une affaire qui lui est soumise qu'après s'être assuré que tous les recours internes disponibles ont été utilisés et épuisés, conformément aux principes de droit international généralement reconnus. Cette règle ne s'applique pas dans les cas où les procédures de recours excèdent les délais raisonnables.

No communication shall be received by the Committee if it concerns a State Party which has not made such a declaration. Communications received under this article shall be dealt with in accordance with the following procedure:

> *(a)* If a State Party to the present Covenant considers that another State Party is not giving effect to the provisions of the present Covenant, it may, by written communication, bring the matter to the attention of that State Party. Within three months after the receipt of the communication the receiving State shall afford the State which sent the communication an explanation, or any other statement in writing clarifying the matter which should include, to the extent possible and pertinent, reference to domestic procedures and remedies taken, pending, or available in the matter.
>
> *(b)* If the matter is not adjusted to the satisfaction of both States Parties concerned within six months after the receipt by the receiving State of the initial communication, either State shall have the right to refer the matter to the Committee, by notice given to the Committee and to the other State.
>
> *(c)* The Committee shall deal with a matter referred to it only after it has ascertained that all available domestic remedies have been invoked and exhausted in the matter, in conformity with the generally recognized principles of international law. This shall not be the rule where the application of the remedies is unreasonably prolonged.

d) Le Comité tient ses séances à huis clos lorsqu'il examine les communications prévues au présent article.

e) Sous réserve des dispositions de l'alinéa *c*, le Comité met ses bons offices à la disposition des États parties intéressés, afin de parvenir à une solution amiable de la question fondée sur le respect des droits de l'homme et des libertés fondamentales, tels que les reconnaît le présent Pacte.

f) Dans toute affaire qui lui est soumise, le Comité peut demander aux États parties intéressés visés à l'alinéa *b* de lui fournir tout renseignement pertinent.

g) Les États parties intéressés, visés à l'alinéa *b*, ont le droit de se faire représenter lors de l'examen de l'affaire par le Comité et de présenter des observations oralement ou par écrit, ou sous l'une et l'autre forme.

h) Le Comité doit présenter un rapport dans un délai de douze mois à compter du jour où il a reçu la notification visée à l'alinéa *b* :

i) si une solution a pu être trouvée conformément aux dispositions de l'alinéa *e*, le Comité se borne, dans son rapport, à un bref exposé des faits et de la solution intervenue;

ii) si une solution n'a pu être trouvée conformément aux dispositions de l'alinéa *e*, le Comité se borne, dans son rapport, à un bref exposé des faits; le texte des observations écrites et le procès-verbal des observations orales présentées par les États parties intéressés sont joints au rapport.

Pour chaque affaire, le rapport est communiqué aux États parties intéressés.

(d) The Committee shall hold closed meetings when examining communications under this article.

(e) Subject to the provisions of sub-paragraph *(c)*, the Committee shall make available its good offices to the States Parties concerned with a view to a friendly solution of the matter on the basis of respect for human rights and fundamental freedoms as recognized in the present Covenant.

(f) In any matter, referred to it, the Committee may call upon the States Parties concerned, referred to in sub-paragraph *(b)*, to supply any relevant information.

(g) The States Parties concerned, referred to in sub-paragraph *(b)*, shall have the right to be represented when the matter is being considered in the Committee and to make submissions orally and/or in writing.

(h) The Committee shall, within twelve months after the date of receipt of notice under sub-paragraph *(b)*, submit a report:

(i) If a solution within the terms of sub-paragraph *(e)* is reached, the Committee shall confine its report to a brief statement of the facts and of the solution reached;

(ii) If a solution within the terms of sub-paragraph *(e)* is not reached, the Committee shall confine its report to a brief statement of the facts; the written submissions and record of the oral submissions made by the States Parties concerned shall be attached to the report.

In every matter, the report shall be communicated to the States Parties concerned.

2. Les dispositions du présent article entreront en vigueur lorsque dix États parties au présent Pacte auront fait la déclaration prévue au paragraphe 1 du présent article. Ladite déclaration est déposée par l'État partie auprès du Secrétaire général de l'Organisation des Nations Unies, qui en communique copie aux autres États parties. Une déclaration peut être retirée à tout moment au moyen d'une notification adressée au Secrétaire général. Ce retrait est sans préjudice de l'examen de toute question qui fait l'objet d'une communication déjà transmise en vertu du présent article; aucune autre communication d'un État partie ne sera reçue après que le Secrétaire général aura reçu notification du retrait de la déclaration, à moins que l'État partie intéressé n'ait fait une nouvelle déclaration.

Article 42

1. *a)* Si une question soumise au Comité conformément à l'article 41 n'est pas réglée à la satisfaction des États parties intéressés, le Comité peut, avec l'assentiment préalable des États parties intéressés, désigner une commission de conciliation *ad hoc* (ci-après dénommée la Commission). La Commission met ses bons offices à la disposition des États parties intéressés, afin de parvenir à une solution amiable de la question, fondée sur le respect du présent Pacte.

b) La Commission est composée de cinq membres nommés avec l'accord des États parties intéressés. Si les États parties intéressés ne parviennent pas à une entente sur tout ou partie de la composition de la Commission dans un délai de trois mois, les membres de la

2. The provisions of this article shall come into force when ten States Parties to the present Covenant have made declarations under paragraph 1 of this article. Such declarations shall be deposited by the States Parties with the Secretary-General of the United Nations, who shall transmit copies thereof to the other States Parties. A declaration may be withdrawn at any time by notification to the Secretary-General. Such a withdrawal shall not prejudice the consideration of any matter which is the subject of a communication already transmitted under this article; no further communication by any State Party shall be received after the notification of withdrawal of the declaration has been received by the Secretary-General, unless the State Party concerned has made a new declaration.

Article 42

1. *(a)* If a matter referred to the Committee in accordance with article 41 is not resolved to the satisfaction of the States Parties concerned, the Committee may, with the prior consent of the States Parties concerned, appoint an *ad hoc* Conciliation Commission (hereinafter referred to as the Commission). The good offices of the Commission shall be made available to the States Parties concerned with a view to an amicable solution of the matter on the basis of respect for the present Covenant;

(b) The Commission shall consist of five persons acceptable to the States Parties concerned. If the States Parties concerned fail to reach agreement within three months on all or part of the composition of the Commission, the members of the Commission concern-

Commission au sujet desquels l'accord ne s'est pas fait sont élus au scrutin secret parmi les membres du Comité, à la majorité des deux tiers des membres du Comité.

2. Les membres de la Commission siègent à titre individuel. Ils ne doivent être ressortissants ni des États parties intéressés, ni d'un État qui n'est pas partie au présent Pacte, ni d'un État partie qui n'a pas fait la déclaration prévue à l'article 41.

3. La Commission élit son président et adopte son règlement intérieur.

4. La Commission tient normalement ses réunions au Siège de l'Organisation des Nations Unies ou à l'Office des Nations Unies à Genève. Toutefois, elle peut se réunir en tout autre lieu approprié que peut déterminer la Commission en consultation avec le Secrétaire général de l'Organisation des Nations Unies et les États parties intéressés.

5. Le secrétariat prévu à l'article 36 prête également ses services aux commissions désignées en vertu du présent article.

6. Les renseignements obtenus et dépouillés par le Comité sont mis à la disposition de la Commission, et la Commission peut demander aux États parties intéressés de lui fournir tout renseignement complémentaire pertinent.

7. Après avoir étudié la question sous tous ses aspects, mais en tout cas dans un délai maximum de douze mois après qu'elle en aura été saisie, la Commission soumet un rapport au Président du Comité qui le communique aux États parties intéressés :

ing whom no agreement has been reached shall be elected by secret ballot by a two-thirds majority vote of the Committee from among its members.

2. The members of the Commission shall serve in their personal capacity. They shall not be nationals of the States Parties concerned, or of a State not party to the present Covenant, or of a State Party which has not made a declaration under article 41.

3. The Commission shall elect its own Chairman and adopt its own rules of procedure.

4. The meetings of the Commission shall normally be held at the Headquarters of the United Nations or at the United Nations Office at Geneva. However, they may be held at such other covenient places as the Commission may determine in consultation with the Secretary-General of the United Nations and the States Parties concerned.

5. The secretariat provided in accordance with article 36 shall also service the commissions appointed under this article.

6. The information received and collated by the Committee shall be made available to the Commission and the Commission may call upon the States Parties concerned to supply any other relevant information.

7. When the Commission has fully considered the matter, but in any event not later than twelve months after having been seized of the matter, it shall submit to the Chairman of the Committee a report for communication to the States Parties concerned.

a) si la Commission ne peut achever l'examen de la question dans les douze mois, elle se borne à indiquer brièvement dans son rapport où elle en est de l'examen de la question;

b) si l'on est parvenu à un règlement amiable de la question, fondé sur le respect des droits de l'homme reconnus dans le présent Pacte, la Commission se borne à indiquer brièvement dans son rapport les faits et le règlement auquel on est parvenu;

c) si l'on n'est pas parvenu à un règlement au sens de l'alinéa *b*, la Commission fait figurer dans son rapport ses conclusions sur tous les points de faits relatifs à la question débattue entre les États parties intéressés ainsi que ses constatations sur les possibilités de règlement amiable de l'affaire; le rapport renferme également les observations écrites et un procès-verbal des observations orales présentées par les États parties intéressés;

d) si le rapport de la Commission est soumis conformément à l'alinéa *c*, les États parties intéressés font savoir au Président du Comité, dans un délai de trois mois après la réception du rapport, s'ils acceptent ou non les termes du rapport de la Commission.

8. Les dispositions du présent article s'entendent sans préjudice des attributions du Comité prévues à l'article 41.

9. Toutes les dépenses des membres de la Commission sont réparties également entre les États parties intéressés, sur la base d'un état estimatif établi par le Secrétaire général de l'Organisation des Nations Unies.

(a) If the Commission is unable to complete its consideration of the matter within twelve months, it shall confine its report to a brief statement of the status of its consideration of the matter;

(b) If an amicable solution to the matter on the basis of respect for human rights as recognized in the present Covenant is reached, the Commission shall confine its report to a brief statement of the facts and of the solution reached;

(c) If a solution within the terms of sub-paragraph *(b)* is not reached, the Commission's report shall embody its findings on all questions of fact relevant to the issues between the States Parties concerned, and its views on the possibilities of an amicable solution of the matter. This report shall also contain the written submissions and a record of the oral submissions made by the States Parties concerned;

(d) If the Commission's report is submitted under sub-paragraph *(c)*, the States Parties concerned shall, within three months of the receipt of the report, notify the Chairman of the Committee whether or not they accept the contents of the report of the Commission.

8. The provisions of this article are without prejudice to the responsibilities of the Committee under article 41.

9. The States Parties concerned shall share equally all the expenses of the members of the Commission in accordance with estimates to be provided by the Secretary-General of the United Nations.

10. Le Secrétaire général de l'Organisation des Nations Unies est habilité, si besoin est, à défrayer les membres de la Commission de leurs dépenses, avant que le remboursement en ait été effectué par les États parties intéressés, conformément au paragraphe 9 du présent article.

Article 43

Les Membres du Comité et les membres des commissions de conciliation *ad hoc* qui pourraient être désignées conformément à l'article 42 ont droit aux facilités, privilèges et immunités reconnus aux experts en mission pour l'Organisation des Nations Unies, tels qu'ils sont énoncés dans les sections pertinentes de la Convention sur les privilèges et les immunités des Nations Unies.

Article 44

Les dispositions de mise en oeuvre du présent Pacte s'appliquent sans préjudice des procédures instituées en matière de droits de l'homme aux termes ou en vertu des instruments constitutifs et des conventions de l'Organisation des Nations Unies et des institutions spécialisées, et n'empêchent pas les États parties de recourir à d'autres procédures pour le règlement d'un différend conformément aux accords internationaux généraux ou spéciaux qui les lient.

Article 45

Le Comité adresse chaque année à l'Assemblée générale des Nations Unies, par l'intermédiaire du Conseil économique et social, un rapport sur ses travaux.

10. The Secretary-General of the United Nations shall be empowered to pay the expenses of the members of the Commission, if necessary, before reimbursement by the States Parties concerned, in accordance with paragraph 9 of this article.

Article 43

The members of the Committee, and of the *ad hoc* conciliation commissions which may be appointed under article 42, shall be entitled to the facilities, privileges and immunities of experts on mission for the United Nations as laid down in the relevant sections of the Convention on the Privileges and Immunities of the United Nations.

Article 44

The provisions for the implementation of the present Covenant shall apply without prejudice to the procedures prescribed in the field of human rights by or under the constituent instruments and the conventions of the United Nations and of the specialized agencies and shall not prevent the States Parties to the present Covenant from having recourse to other procedures for settling a dispute in accordance with general or special international agreements in force between them.

Article 45

The Committee shall submit to the General Assembly of the United Nations, through the Economic and Social Council, an annual report on its activities.

CINQUIÈME PARTIE

Article 46

Aucune disposition du présent Pacte ne doit être interprétée comme portant atteinte aux dispositions de la Charte des Nations Unies et des constitutions des institutions spécialisées qui définissent les responsabilités respectives des divers organes de l'Organisation des Nations Unies et des institutions spécialisées en ce qui concerne les questions traitées dans le présent Pacte.

Article 47

Aucune disposition du présent Pacte ne sera interprétée comme portant atteinte au droit inhérent de tous les peuples à profiter et à user pleinement et librement de leurs richesses et ressources naturelles.

SIXIÈME PARTIE

Article 48

1. Le présent Pacte est ouvert à la signature de tout État Membre de l'Organisation des Nations Unies ou membre de l'une quelconque de ses institutions spécialisées, de tout État partie au Statut de la Cour Internationale de Justice, ainsi que de tout autre État invité par l'Assemblée générale des Nations Unies à devenir partie au présent Pacte.

2. Le présent Pacte est sujet à ratification et les instruments de ratification seront déposés auprès du Secrétaire général de l'Organisation des Nations Unies.

PART V

Article 46

Nothing in the present Covenant shall be interpreted as impairing the provisions of the Charter of the United Nations and of the constitutions of the specialized agencies which define the respective responsibilities of the various organs of the United Nations and of the specialized agencies in regard to the matters dealt with in the present Covenant.

Article 47

Nothing in the present Covenant shall be interpreted as impairing the inherent right of all peoples to enjoy and utilize fully and freely their natural wealth and resources.

PART VI

Article 48

1. The present Covenant is open for signature by any State Member of the United Nations or member of any of its specialized agencies, by any State Party to the Statute of the International Court of Justice, and by any other State which has been invited by the General Assembly of the United Nations to become a party to the present Covenant.

2. The present Covenant is subject to ratification. Instruments of ratification shall be deposited with the Secretary-General of the United Nations.

3. Le présent Pacte sera ouvert à l'adhésion de tout État visé au paragraphe 1 du présent article.

4. L'adhésion se fera par le dépôt d'un instrument d'adhésion auprès du Secrétaire général de l'Organisation des Nations Unies.

5. Le Secrétaire général de l'Organisation des Nations Unies informe tous les États qui ont signé le présent Pacte ou qui y ont adhéré du dépôt de chaque instrument de ratification ou d'adhésion.

3. The present Covenant shall be open to accession by any State referred to in paragraph 1 of this article.

4. Accession shall be effected by the deposit of an instrument of accession with the Secretary-General of the United Nations.

5. The Secretary-General of the United Nations shall inform all States which have signed this Covenant or acceded to it of the deposit of each instrument of ratification or accession.

Article 49

1. Le présent Pacte entrera en vigueur trois mois après la date du dépôt auprès du Secrétaire général de l'Organisation des Nations Unies du trente-cinquième instrument de ratification ou d'adhésion.

2. Pour chacun des États qui ratifieront le présent Pacte ou y adhéreront après le dépôt du trente-cinquième instrument de ratification ou d'adhésion, ledit Pacte entrera en vigueur trois mois après la date du dépôt par cet État de son instrument de ratification ou d'adhésion.

1. The present Covenant shall enter into force three months after the date of the deposit with the Secretary-General of the United Nations of the thirty-fifth instrument of ratification or instrument of accession.

2. For each State ratifying the present Covenant or acceding to it after the deposit of the thirty-fifth instrument of ratification or instrument of accession, the present Covenant shall enter into force three months after the date of the deposit of its own instrument of ratification or instrument of accession.

Article 50

Les dispositions du présent Pacte s'appliquent, sans limitation ni exception aucune, à toutes les unités constitutives des États fédératifs.

The provisions of the present Covenant shall extend to all parts of federal States without any limitations or exceptions.

Article 51

1. Tout État partie au présent Pacte peut proposer un amendement et en déposer le texte auprès du Secrétaire général de l'Organisation des Nations Unies. Le Secrétaire général transmet

1. Any State Party to the present Covenant may propose an amendment and file it with the Secretary-General of the United Nations. The Secretary-General of the United Nations shall there-

alors tous projets d'amendements aux États parties au présent Pacte en leur demandant de lui indiquer s'ils désirent voir convoquer une conférence d'États parties pour examiner ces projets et les mettre aux voix. Si un tiers au moins des États se déclare en faveur de cette convocation, le Secrétaire général convoque la conférence sous les auspices de l'Organisation des Nations Unies. Tout amendement adopté par la majorité des États présents et votants à la conférence est soumis pour approbation à l'Assemblée générale des Nations Unies.

2. Ces amendements entrent en vigueur lorsqu'ils ont été approuvés par l'Assemblée générale des Nations Unies et acceptés, conformément à leurs règles constitutionnelles respectives, par une majorité des deux tiers des États parties au présent Pacte.

3. Lorsque ces amendements entrent en vigueur, ils sont obligatoires pour les États parties qui les ont acceptés, les autres États parties restant liés par les dispositions du présent Pacte et par tout amendement antérieur qu'ils ont accepté.

Article 52

Indépendamment des notifications prévues au paragraphe 5 de l'article 48, le Secrétaire général de l'Organisation des Nations Unies informera tous les États visés au paragraphe 1 dudit article :

a) des signatures apposées au présent Pacte et des instruments de ratification et d'adhésion déposés conformément à l'article 48;

upon communicate any proposed amendments to the States Parties to the present Covenant with a request that they notify him whether they favour a conference of States Parties for the purpose of considering and voting upon the proposals. In the event that at least on third of the States Parties favours such a conference, the Secretary-General shall convene the conference under the auspices of the United Nations. Any amendment adopted by a majority of the States Parties present and voting at the conference shall be submitted to the General Assembly of the United Nations for approval.

2. Amendments shall come into force when they have been approved by the General Assembly of the United Nations and accepted by a two-thirds majority of the States Parties to the present Covenant in accordance with their respective constitutional processes.

3. When amendments come into force, they shall be binding on those States Parties which have accepted them, other States Parties still being bound by the provisions of the present Covenant and any earlier amendment which they have accepted.

Article 52

Irrespective of the notifications made under article 48, paragraph 5, the Secretary-General of the United Nations shall inform all States referred to in paragraph 1 of the same article of the following particulars:

(a) Signatures, ratifications and accessions under article 48;

b) de la date à laquelle le présent Pacte entrera en vigueur conformément à l'article 49 et de la date à laquelle entreront en vigueur les amendements prévus à l'article 51.

(b) The date of the entry into force of the present Covenant under article 49 and the date of entry into force of any amendments under article 51.

Article 53

1. Le présent Pacte, dont les textes anglais, chinois, espagnol, français et russe font également foi, sera déposé aux archives de l'Organisation des Nations Unies.

2. Le Secrétaire général de l'Organisation des Nations Unies transmettra une copie certifiée conforme du présent Pacte à tous les États visés à l'article 48.

Article 53

1. The present Covenant, of which the Chinese, English, French, Russian and Spanish texts are equally authentic, shall be deposited in the archives of the United Nations.

2. The Secretary-General of the United Nations shall transmit certified copies of the present Covenant to all States referred to in article 48.

PACTE INTERNATIONAL RELATIF AUX DROITS CIVILS ET POLITIQUES DU 16 DÉCEMBRE 1966

INTERNATIONAL COVENANT ON CIVIL AND POLITICAL RIGHTS OF 16 DECEMBER 1966

116 ÉTATS MEMBRES AU 30 JUILLET 1993[1]	RATIFICATION, ADHÉSION[a], SUCCESSION[d]	116 PARTICIPANTS AT 30 JULY 1993[1]	RATIFICATION, ACCESSION[a], SUCCESSION[d]
Afghanistan	24 Janvier 1983[a]	Afghanistan	22 January 1983[a]
Albanie	4 Octobre 1991[a]	Albania	4 October 1991[a]
Algérie	12 Septembre 1989	Algeria	12 September 1989
Allemagne	17 Décembre 1973	Angola	10 January 1992[a]
Angola	10 Janvier 1992[a]	Argentina	8 August 1986
Argentine	8 Août 1986	Australia	13 August 1980
Australie	13 Août 1980	Austria	10 September 1978
Autriche	10 Septembre 1978	Azerbaidjan	13 August 1992[a]
Azerbaïdjan	13 Août 1992[a]	Barbados	5 January 1973[a]
Barbade	5 Janvier 1973[a]	Belarus	12 November 1973
Bélarus	12 Novembre 1973	Belgium	21 April 1983
Belgique	21 Avril 1983	Benin	12 March 1992[a]
Bénin	12 Mars 1992[a]	Bolivia	12 August 1982[a]
Bolivie	12 Août 1982[a]	Brazil	24 January 1992[a]
Brésil	24 Janvier 1992[a]	Bulgaria	21 September 1970
Bulgarie	21 Septembre 1970	Burundi	9 May 1990[a]
Burundi	9 Mai 1990[a]	Cambodia	26 May 1992[a]
Cambodge	26 Mai 1992[a]	Cameroon	27 June 1984[a]
Cameroun	27 Juin 1984[a]	Canada	19 May 1976[a]
Canada	19 Mai 1976[a]	Chile	10 February 1972
Chili	10 Février 1972	Colombia	29 October 1969
Chypre	2 Avril 1969	Congo	5 October 1983[a]
Colombie	29 Octobre 1969	Costa Rica	29 November 1968
Congo	5 Octobre 1983[a]	Côte d'Ivoire	26 March 1992[a]
Costa Rica	29 Novembre 1968	Croatia	12 October 1992[d]
Côte d'Ivoire	26 Mars 1992[a]	Cyprus	2 April 1969
Croatie	12 Octobre 1992[d]	Czech Republic	22 February 1993[d]
Danemark	6 Janvier 1972	Czechoslovakia	23 December 1975
Égypte	14 Janvier 1982	Democratic People's Republic of Korea	14 September 1981[a]
El Salvador	30 Novembre 1979	Denmark	6 January 1972
Équateur	6 Mars 1969	Dominican Republic	4 January 1978[a]
Espagne	27 Avril 1977	Ecuador	6 March 1969
Estonie	21 Octobre 1991[a]	Egypt	14 January 1982
États-Unis d'Amérique	8 Juin 1992	El Salvador	30 November 1979
Finlande	19 Août 1975	Equatorial Guinea	25 September 1987[a]
France	4 Novembre 1980[a]	Estonia	21 October 1991[a]
Gabon	21 Janvier 1983[a]	Finland	19 August 1975
Gambie	22 Mars 1979[a]	France	4 November 1980[a]
Grenade	6 Septembre 1991[a]	Gabon	21 January 1983[a]
Guatemala	5 Mai 1992[a]	Gambia	22 March 1979[a]
Guinée	24 Janvier 1978	Germany	17 December 1973
Guinée Équatoriale	25 Septembre 1987[a]		

1. Sous réserve des instruments éventuellement en cours de dépôt.

1. Subject to the deposit of outstanding instruments.

Guyana	15 Février 1977	Grenada	6 September 1991[a]
Hongrie	17 Janvier 1974	Guatemala	5 May 1992[a]
Inde	10 Avril 1979[a]	Guinea	24 January 1978
Iran	24 Juin 1975	Guyana	15 February 1977
Iraq	25 Janvier 1971	Hungary	17 January 1974
Irlande	8 Décembre 1989	Iceland	22 August 1979
Islande	22 Août 1979	India	10 April 1979[a]
Israël	3 Octobre 1991	Irak	25 January 1971
Italie	15 Septembre 1978	Iran	24 June 1975
Jamahiriya Arabe		Ireland	8 December 1989
Libyenne	15 Mai 1970[a]	Israel	3 October 1991
Jamaïque	3 Octobre 1975	Italy	15 September 1978
Japon	21 Juin 1979	Jamaica	3 October 1975
Jordanie	28 Mai 1975	Japan	21 June 1979
Kenya	1 Mai 1972[a]	Jordania	28 May 1975
Lettonie	14 Avril 1992[a]	Kenya	1 May 1972[a]
Lesotho	9 Septembre 1992[a]	Latvia	14 April 1992[a]
Liban	3 Novembre 1972[a]	Lebanon	3 November 1972[a]
Lithuanie	20 Novembre 1991[a]	Lesotho	9 September 1992[a]
Luxembourg	18 Août 1983	Libyan Jamahiriya Arab	15 May 1970[a]
Madagascar	21 Juin 1971	Lithuania	20 November 1991[a]
Mali	16 Juillet 1974[a]	Luxembourg	18 August 1983
Malte	13 Septembre 1990[a]	Madagascar	21 June 1971
Maroc	3 Mai 1979	Mali	16 July 1974[a]
Maurice	12 Décembre 1973[a]	Malta	13 September 1990[a]
Mexique	23 Mars 1981[a]	Mexico	23 March 1981[a]
Mongolie	18 Novembre 1974	Mongolia	18 November 1974
Népal	14 Mai 1991[a]	Morocco	3 May 1979
Nicaragua	12 Mars 1980[a]	Morris	12 December 1973[a]
Niger	7 Mars 1986[a]	Nepal	14 May 1991[a]
Norvège	13 Septembre 1972	Netherlands	11 December 1978
Nouvelle-Zélande	28 Décembre 1978	New Zealand	28 December 1978
Panama	8 Mars 1977	Nicaragua	12 March 1980[a]
Paraguay	10 Juin 1992[a]	Niger	7 March 1986[a]
Pays-Bas	11 Décembre 1978	Norway	13 September 1972
Pérou	28 Avril 1978	Panama	8 March 1977
Philippines	23 Octobre 1986	Paraguay	10 June 1992[a]
Pologne	18 Mars 1977	Peru	28 April 1978
Portugal	15 Juin 1978	Philippines	23 October 1986
République Arabe		Poland	18 March 1977
Syrienne	21 Avril 1969[a]	Portugal	15 June 1978
République		Republic of Centrafrica	8 May 1981[a]
Centrafricaine	8 Mai 1981[a]	Republic of Moldova	26 January 1993[a]
République de Corée	10 Avril 1990[a]	Republic of Korea	10 April 1990[a]
République		Romania	9 December 1974
Dominicaine	4 Janvier 1978[a]	Rwanda	16 April 1975[a]
République		Saint Vincent	
Démocratique		and the Grenadines	9 November 1981[a]
populaire de Corée	14 Septembre 1981[a]	San Marino	18 October 1985[a]
République de Moldova	26 Janvier 1993[a]	Senegal	13 February 1978
République tchèque	22 Février 1993[d]	Seychelles	5 May 1992[a]
République Unie		Slovenia	6 July 1992[d]
de Tanzanie	11 Juin 1976[a]	Somalia	24 January 1990[a]
Roumanie	9 Décembre 1974	Spain	27 April 1977
Royaume-Uni	20 Mai 1976	Sri Lanka	11 June 1980[a]

SECTION II — TRAITÉ / TREATY XV

Rwanda	16 Avril 1975[a]	Sudan	18 March 1986[a]
Saint-Marin	18 Octobre 1985[a]	Suriname	28 December 1976[a]
Saint-Vincent-et-Grenadines	9 Novembre 1981[a]	Sweden	6 December 1971
Sénégal	13 Février 1978	Switzerland	18 June 1992[a]
Seychelles	5 Mai 1992[a]	Syrian Arab Republic	21 April 1969[a]
Slovénie	6 Juillet 1992[d]	Togo	24 May 1984[a]
Somalie	24 Janvier 1990[a]	Trinitad and Tobago	21 December 1978[a]
Soudan	18 Mars 1986[a]	Tunisia	18 March 1969
Sri Lanka	11 Juin 1980[a]	Ukraine	12 November 1973
Suède	6 Décembre 1971	U.S.A.	8 June 1992
Suisse	18 Juin 1992[a]	United Kingdom	20 May 1976
Suriname	28 Décembre 1976[a]	United Republic of Tanzania	11 June 1976[a]
Tchécoslovaquie	23 Décembre 1975	Uruguay	1 April 1970
Togo	24 Mai 1984[a]	USSR	18 March 1968
Trinité-et-Tobago	21 Décembre 1978[a]	Venezuela	10 May 1978
Tunisie	18 Mars 1969	Viet Nam	24 September 1982[a]
Ukraine	12 Novembre 1973	Yemen	9 February 1987[a]
URSS	18 Mars 1968	Yugoslavia	2 June 1971
Uruguay	1 Avril 1970	Zaire	1 November 1976[a]
Venezuela	10 Mai 1978	Zambia	10 April 1984[a]
Viet Nam	24 Septembre 1982[a]	Zimbabwe	13 May 1991[a]
Yémen	9 Février 1987[a]		
Yougoslavie	2 Juin 1971		
Zaïre	1 Novembre 1976[a]		
Zambie	10 Avril 1984[a]		
Zimbabwe	13 Mai 1991[a]		

RÉSERVES AU PACTE INTERNATIONAL RELATIF AUX DROITS CIVILS ET POLITIQUES DU 16 DÉCEMBRE 1966[1]

RESERVES ON THE INTERNATIONAL CONVENANT ON CIVIL AND POLITICAL RIGHTS OF 16 DECEMBER 1966[1]

PAYS — STATES	ARTICLES
Australie/Australia	10(2)*b)*, 14(6), 19, 20, 21, 22
Barbade/Barbados	14(3)*d)*
Belgique/Belgium	2, 3, 10(3), 14(5), 25
Congo/Congo	11
Danemark/Denmark	10(3), 14(1), (5), (7), 20(1)
Finlande/Finland	10(2)*b)*, (3), 14(7), 20(1)
France/France	4(1), 9, 14(5), 27
Gambie/Gambia	14(3)*d)*
Guyane/Guyana	14(6)
Irlande/Ireland	5(6), 10(2), 14, 19(2), 20(1)
Islande/Iceland	8(3)*a)*, 10(2)*b)*, (3), 13, 14(7), 20(1)
Israël/Israel	23
Italie/Italy	12(4), 14(5)
Luxembourg/Luxembourg	10, 14(5), 19(2)
Malte/Malta	13, 14(2), (6), 19, 20, 22
Mexique/Mexico	13, 25*b)*
Norvège/Norway	10(2)*b)*, (3), 14(5), (7), 20(1)
Nouvelle-Zélande/New Zealand	10(2)*b)*, (3), 14(6), 20, 22
Pays-Bas/Netherlands	10(1), (2), (3), 12(1), (2), (4), 14(3)*d)*, (5), (7), 19(2), 20(1)

---

[1]. Pour les textes de ces réserves, nous vous référons aux Traités Multilatéraux déposés auprès du Secrétaire Général, État au 31 décembre 1991, p. 136.

[1]. See the Texts of Reservations in Multilateral Treaties deposited with the Secretary General Status as at 31 December 1991, p. 134.

République de Corée/ Republic of Korea	14(6), (7), 22
Royaume-Uni de Grande-Bretagne et d'Irlande du Nord[2]/ United Kingdom of Great Britain and Northern Ireland[2]	10(2)a) et/and b), (3), 11, 13, 14(3)b) et/and d), 23(3), (4), 25b) et/and c)
Suède/Sweden	10(3), 14(7), 20(1)
Trinité-et-Tobago/ Trinidad and Tobago	4(2), 10(2)b), 10(3), 12(2), 14(5), 14(6), 26
Venezuela/Venezuela	14(3)d)

---

2. Ces réserves sont liées aux territoires suivants : Honduras britannique, Sainte-Hélène, Irlande du Nord, Fidji, Hong-Kong, la Rhodésie du Sud, les Îles Turques et Caïques, Gibraltar, Montserrat, Jersey, Îles Vierges Britanniques, les Îles Falkland, les Îles Gilbert, le groupe des Îles Pitcairn, Tuvalu, Îles Salomon, Île de Man, Îles Caïmans.

2. This reservations are connected to these territories: British Honduras, Fiji, St. Helena, Tuvalu, Hong Kong, Southern Rhodesia, Brithish Virgin Islands, the Cayman Islands, the Falkland Islands, the Gilbert Islands, the Pitcairn Islands Group, Salomon Islands, Northern Ireland, Turks and Caicos Islands, Jersey, Gilbratar, Montserrat, Isle of Man.

XVI

PROTOCOLE FACULTATIF SE RAPPORTANT AU PACTE INTERNATIONAL RELATIF AUX DROITS CIVILS ET POLITIQUES DU 16 DÉCEMBRE 1966

OPTIONAL PROTOCOL TO THE INTERNATIONAL COVENANT ON CIVIL AND POLITICAL RIGHTS OF 16 DECEMBER 1966

Commentaires

Commentaries

Extrait des pages 13 et 14 de *La Charte internationale des droits de l'homme*, publiée à New York par les Nations Unies en 1988 :

Extracted from pages 13 and 14 of the *International Bill of Human Rights*, published in New York by the United Nations in 1988:

« Le Protocole facultatif se rapportant au Pacte international relatif aux droits civils et politiques habilite le Comité des droits de l'homme créé en vertu de ce Pacte à recevoir et à examiner des communications émanant de particuliers qui prétendent être victimes de violations de l'un quelconque des droits énoncés dans le Pacte.

"The Optional Protocol to the International Covenant on Civil and Political Rights enables the Human Rights Committee, set up under the terms of that Covenant, to receive and consider communications from individuals claiming to be victims of violations of any of the rights set forth in the Covenant.

En vertu de l'article premier du Protocole facultatif, tout État partie au Pacte qui devient partie au Protocole reconnaît que le Comité a compétence pour recevoir et examiner des communications émanant de particuliers relevant de sa juridiction qui prétendent être victimes d'une violation, par cet État partie, de l'un des droits énoncés dans le Pacte. Tout particulier qui prétend être victime d'une telle violation et qui a épuisé tous les recours internes disponibles peut présenter une communication écrite au Comité pour qu'il l'examine (article 2).

Under article 1 of the Optional Protocol, a State party to the Covenant that becomes a party to the Protocol recognizes the competence of the Human Rights Committee to receive and consider communications from individuals subject to its jurisdiction who claim to be victims of a violation by that State of a right set forth in the Covenant. Individuals who make such a claim, and who have exhausted all available domestic remedies, are entitled to submit written communications to the Committee (article 2).

Les communications déclarées recevables par le Comité (les conditions de recevabilité sont stipulées, outre à l'article 2, à l'article 3 et au paragraphe 2 de l'article 5) sont portées à l'attention de l'État partie qui a prétendument violé l'une des dispositions du Pacte. Dans les six mois qui suivent, ledit État doit

Such communications as are determined to be admissible by the Committee (in addition to article 2, conditions for admissibility are laid down in articles 3 and 5(2)) are brought to the attention of the State party alleged to be violating a provision of the Covenant. Within six months, that State must submit to the

soumettre par écrit au Comité des explications ou déclarations éclaircissant la question et indiquant, le cas échéant, les mesures qu'il pourrait avoir prises pour remédier à la situation (article 4).

Le Comité des droits de l'homme examine à huis clos les communications recevables en tenant compte de toutes les informations écrites qui lui sont soumises par le particulier et par l'État partie intéressé. Il fait ensuite part de ses constatations à l'État partie intéressé et au particulier (article 5). Il inclut un résumé de ses activités relevant du Protocole facultatif dans le rapport annuel qu'il présente à l'Assemblée générale par l'entremise du Conseil économique et social (article 6). »

Committee written explanations or statements clarifying the matter and indicating the remedy, if any, that it may have taken (article 4).

The Human Rights Committee considers the admissible communications, at closed meetings, in the light of all written information made available to it by the individual and the State party concerned. It then forward its views to the State party and to the individual (article 5). A summary of its activities under the Optional Protocol is included in the report which it submits annually to the General Assembly through the Economic and Social Council (article 6)."

BIBLIOGRAPHIE SÉLECTIVE

GLENN, J., *Le pacte international relatif aux droits civils et politiques et la Convention européenne des droits de l'homme : étude comparative*, Montréal, Presse de l'Université de Montréal, 1975.

NATIONS UNIES, *La réalisation effective des droits civils et politiques sur le plan national : études sélectionnées*, New York, N.U., 1969.

SELECTIVE BIBLIOGRAPHY

BOSSUYT, M. J. *Guide to the "travaux préparatoires" of the International Covenant on Civil and Political Rights.* Dordrecht, Boston: M. Nijhoff/Hingha, 1987.

UNITED NATIONS. *Selected decisions under the Optional Protocol: Second to sixteenth sessions.* New York: U.N., 1985.

OPTIONAL PROTOCOL TO THE INTERNATIONAL COVENANT ON CIVIL AND POLITICAL RIGHTS

Adopted and opened for signature, ratification and accession by United Nations General Assembly resolution 2200 A (XXI) of 16 December 1966

Entry into force: 23 March 1976, in accordance with article 9

The States Parties to the present Protocol,

Considering that in order further to achieve the purposes of the Covenant on Civil and Political Rights (hereinafter referred to as the Covenant) and the implementation of its provisions it would be appropriate to enable the Human Rights Committee set up in part IV of the Covenant (hereinafter referred to as the Committee) to receive and consider, as provided in the present Protocol, communications from individuals claiming to be victims of violations of any of the rights set forth in the Covenant.

Have agreed as follows:

Article 1

A State Party to the Covenant that becomes a party to the present Protocol recognizes the competence of the Committee to receive and consider communications from individuals subject to its jurisdiction who claim to be victims of a violation by that State Party of any of the rights set forth in the Covenant. No communication shall be received by the Committee if it concerns a State Party to the Covenant which is not a Party to the present Protocol.

Article 2

Sous réserve des dispositions de l'article premier, tout particulier qui prétend être victime d'une violation de l'un quelconque des droits énoncés dans le Pacte et qui a épuisé tous les recours internes disponibles peut présenter une communication écrite au Comité pour qu'il l'examine.

Article 3

Le Comité déclare irrecevable toute communication présentée en vertu du présent Protocole qui est anonyme ou qu'il considère être un abus du droit de présenter de telles communications ou être incompatible avec les dispositions du Pacte.

Article 4

1. Sous réserve des dispositions de l'article 3, le Comité porte toute communication qui lui est présentée en vertu du présent Protocole à l'attention de l'État partie audit Protocole qui a prétendument violé l'une quelconque des dispositions du Pacte.

2. Dans les six mois qui suivent, ledit État soumet par écrit au Comité des explications ou déclarations éclaircissant la question et indiquant, le cas échéant, les mesures qu'il pourrait avoir prises pour remédier à la situation.

Article 5

1. Le Comité examine les communications reçues en vertu du présent Protocole en tenant compte de toutes les informations écrites qui lui sont soumises par le particulier et par l'État partie intéressé.

Article 2

Subject to the provisions of article 1, individuals who claim that any of their rights enumerated in the Covenant have been violated and who have exhausted all available domestic remedies may submit a written communication to the Committee for consideration.

Article 3

The Committee shall consider inadmissible any communication under the present Protocol which is anonymous, or which it considers to be an abuse of the right of submission of such communications or to be incompatible with the provisions of the Covenant.

Article 4

1. Subject to the provisions of article 3, the Committee shall bring any communications submitted to it under the present Protocol to the attention of the State Party to the present Protocol alleged to be violating any provision of the Covenant.

2. Within six months, the receiving State shall submit to the Committee written explanations or statements clarifying the matter and the remedy, if any, that may have been taken by that State.

Article 5

1. The Committee shall consider communications received under the present Protocol in the light of all written information made available to it by the individual and by the State Party concerned.

2. Le Comité n'examinera aucune communication d'un particulier sans s'être assuré que :

a) la même question n'est pas déjà en cours d'examen devant une autre instance internationale d'enquête ou de règlement;

b) le particulier a épuisé tous les recours internes disponibles.

Cette règle ne s'applique pas si les procédures de recours excèdent des délais raisonnables.

3. Le Comité tient ses séances à huis clos lorsqu'il examine les communications prévues dans le présent Protocole.

4. Le Comité fait part de ses constatations à l'État partie intéressé et au particulier.

Article 6

Le Comité inclut dans le rapport annuel qu'il établit conformément à l'article 45 du Pacte un résumé de ses activités au titre du présent Protocole.

Article 7

En attendant la réalisation des objectifs de la résolution 1514 (XV) adoptée par l'Assemblée générale des Nations Unies le 14 décembre 1960, concernant la Déclaration sur l'octroi de l'indépendance aux pays et aux peuples coloniaux, les dispositions du présent Protocole ne restreignent en rien le droit de pétition accordé à ces peuples par la Charte des Nations Unies et d'autres conventions et instruments internationaux conclus sous les auspices de l'Organisation des Nations Unies ou de ses institutions spécialisées.

2. The Committee shall not consider any communication from an individual unless it has ascertained that:

(a) The same matter is not being examined under another procedure of international investigation or settlement;

(b) The individual has exhausted all available domestic remedies.

This shall not be the rule where the application of the remedies is unreasonably prolonged.

3. The Committee shall hold closed meetings when examining communications under the present Protocol.

4. The Committee shall forward its views to the State Party concerned and to the individual.

Article 6

The Committee shall include in its annual report under article 45 of the Covenant a summary of its activities under the present Protocol.

Article 7

Pending the achievement of the objectives of resolution 1514 (XV) adopted by the General Assembly of the United Nations on 14 December 1960 concerning the Declaration on the Granting of Independence to Colonial Countries and Peoples, the provisions of the present Protocol shall in no way limit the right of petition granted to these peoples by the Charter of the United Nations and other international conventions and instruments under the United Nations and its specialized agencies.

Article 8

1. Le présent Protocole est ouvert à la signature de tout État qui a signé le Pacte.

2. Le présent Protocole est soumis à la ratification de tout État qui a ratifié le Pacte ou qui y a adhéré. Les instruments de ratification seront déposés auprès du Secrétaire général de l'Organisation des Nations Unies.

3. Le présent Protocole sera ouvert à l'adhésion de tout État qui a ratifié le Pacte ou qui y a adhéré.

4. L'adhésion se fera par le dépôt d'un instrument d'adhésion auprès du Secrétaire général de l'Organisation des Nations Unies.

5. Le Secrétaire général de l'Organisation des Nations Unies informe tous les États qui ont signé le présent Protocole ou qui y ont adhéré du dépôt de chaque instrument de ratification ou d'adhésion.

Article 9

1. Sous réserve de l'entrée en vigueur du Pacte, le présent Protocole entrera en vigueur trois mois après la date du dépôt auprès du Secrétaire général de l'Organisation des Nations Unies du dixième instrument de ratification ou d'adhésion.

2. Pour chacun des États qui ratifieront le présent Protocole ou y adhéreront après le dépôt du dixième instrument de ratification ou d'adhésion, ledit Protocole entrera en vigueur trois mois après la date du dépôt par cet État de son instrument de ratification ou d'adhésion.

Article 8

1. The present Protocol is open for signature by any State which has signed the Covenant.

2. The present Protocol is subject to ratification by any State which has ratified or acceded to the Covenant. Instruments of ratification shall be deposited with the Secretary-General of the United Nations.

3. The present Protocol shall be open to accession by any State which has ratified or acceded to the Covenant.

4. Accession shall be effected by the deposit of an instrument of accession with the Secretary-General of the United Nations.

5. The Secretary-General of the United Nations shall inform all States which have signed the present Protocol or acceded to it of the deposit of each instrument of ratification or accession.

Article 9

1. Subject to the entry into force of the Covenant, the present Protocol shall enter into force three months after the date of the deposit with the Secretary-General of the United Nations if the tenth instrument of ratification or instrument of accession.

2. For each State ratifying the present Protocol or acceding to it after the deposit of the tenth instrument of ratification or instrument of accession, the present Protocol shall enter into force three months after the date of the deposit of its own instrument of ratification or instrument of accession.

Article 10

Les dispositions du présent Protocole s'appliquent, sans limitation ni exception aucune, à toutes les unités constitutives des États fédératifs.

Article 11

1. Tout État partie au présent Protocole peut proposer un amendement et en déposer le texte auprès du Secrétaire général de l'Organisation des Nations Unies. Le Secrétaire général transmet alors tous projets d'amendements aux États parties audit Protocole en leur demandant de lui indiquer s'ils désirent voir convoquer une conférence d'États parties pour examiner ces projets et les mettre aux voix. Si le tiers au moins des États se déclarent en faveur de cette convocation, le Secrétaire général convoque la conférence sous les auspices de l'Organisation des Nations Unies. Tout amendement adopté par la majorité des États présents et votants à la conférence est soumis pour approbation à l'Assemblée générale des Nations Unies.

2. Ces amendements entrent en vigueur lorsqu'ils ont été approuvés par l'Assemblée générale des Nations Unies et acceptés, conformément à leurs règles constitutionnelles respectives, par une majorité des deux tiers des États parties au présent Protocole.

3. Lorsque ces amendements entrent en vigueur, ils sont obligatoires pour les États parties qui les ont acceptés, les autres États parties restant liés par les dispositions du présent Protocole et par tout amendement antérieur qu'ils ont accepté.

Article 10

The provisions of the present Protocol shall extend to all parts of federal States without any limitations or exceptions.

Article 11

1. Any State Party to the present Protocol may propose an amendment and file it with the Secretary-General of the United Nations. The Secretary-General shall thereupon communicate any proposed amendments to the States Parties to the present Protocol with a request that they notify him whether they favour a conference of States Parties for the purpose of considering and voting upon the proposal. In the event that at least one third of the States Parties favours such a conference, the Secretary-General shall convene the conference under the auspices of the United Nations. Any amendment adopted by a majority of the States Parties present and voting at the conference shall be submitted to the General Assembly of the United Nations for approval.

2. Amendments shall come into force when they have been approved by the General Assembly of the United Nations and accepted by a two-thirds majority of the States Parties to the present Protocol in accordance with their respective constitutional processes.

3. When amendments come into force, they shall be binding on those States Parties which have accepted them, other States Parties still being bound by the provisions of the present Protocol and any earlier amendment which they have accepted.

Article 12

1. Tout État partie peut, à tout moment, dénoncer le présent Protocole par voie de notification écrite adressée au Secrétaire général de l'Organisation des Nations Unies. La dénonciation portera effet trois mois après la date à laquelle le Secrétaire général en aura reçu notification.

2. La dénonciation n'entravera pas l'application des dispositions du présent Protocole à toute communication présentée en vertu de l'article 2 avant la date à laquelle la dénonciation prend effet.

Article 13

Indépendamment des notifications prévues au paragraphe 5 de l'article 8 du présent Protocole, le Secrétaire général de l'Organisation des Nations Unies informera tous les États visés au paragraphe 1 de l'article 48 du Pacte :

a) des signatures apposées au présent Protocole et des instruments de ratification et d'adhésion déposés conformément à l'article 8 ;
b) de la date à laquelle le présent Protocole entrera en vigueur conformément à l'article 9 et de la date à laquelle entreront en vigueur les amendements prévus à l'article 11 ;
c) des dénonciations faites conformément à l'article 12.

Article 14

1. Le présent Protocole, dont les textes anglais, chinois, espagnol, français et russe font également foi, sera déposé aux archives de l'Organisation des Nations Unies.

Article 12

1. Any State Party may denounce the present Protocol at any time by written notification addressed to the Secretary-General of the United Nations. Denunciation shall take effect three months after the date of receipt of the notification by the Secretary-General.

2. Denunciation shall be without prejudice to the continued application of the provisions of the present Protocol to any communication submitted under article 2 before the effective date of denunciation.

Article 13

Irrespective of the notifications made under article 8, paragraph 5, of the present Protocol, the Secretary-General of the United Nations shall inform all States referred to in article 48, paragraph 1, of the Covenant of the following particulars:

(a) Signatures, ratifications and accessions under article 8;

(b) The date of the entry into force of the present Protocol under article 9 and the date of the entry into force of any amendments under article 11;

(c) Denunciations under article 12.

Article 14

1. The present Protocol, of which the Chinese, English, French, Russian and Spanish texts are equally authentic, shall be deposited in the archives of the United Nations.

2. Le Secrétaire général de l'Organisation des Nations Unies transmettra une copie certifiée conforme du présent Protocole à tous les États visés à l'article 48 du Pacte.

2. The Secretary-General of the United Nations shall transmit certified copies of the present Protocol to all States referred to in article 48 of the Covenant.

PROTOCOLE FACULTATIF SE RAPPORTANT AU PACTE INTERNATIONAL RELATIF AUX DROITS CIVILS ET POLITIQUES DU 16 DÉCEMBRE 1966

OPTIONAL PROTOCOL TO THE INTERNATIONAL COVENANT ON CIVIL AND POLITICAL RIGHTS OF 16 DECEMBER 1966

65 ÉTATS MEMBRES AU 30 JUILLET 1993[1]	RATIFICATION, ADHÉSION[a], SUCCESSION[d]	65 PARTICIPANTS AT 30 JULY 1993[1]	RATIFICATION, ACCESSION[a], SUCCESSION[d]
Algérie	12 Septembre 1989[a]	Algeria	12 September 1989[a]
Argentine	8 Août 1986[a]	Argentina	8 August 1986[a]
Autriche	10 Décembre 1987	Australia	25 September 1991[a]
Australie	25 Septembre 1991[a]	Austria	10 December 1987
Barbade	5 Janvier 1973[a]	Barbados	5 January 1973[a]
Bolivie	12 Août 1972[a]	Bolivia	12 August 1972[a]
Cameroun	27 Juin 1984[a]	Cameroon	27 June 1984[a]
Canada	19 Mai 1976[a]	Canada	19 May 1976[a]
Chypre	19 Décembre 1966	Colombia	29 October 1969
Colombie	29 Octobre 1969	Congo	5 October 1983
Congo	5 Octobre 1983	Costa Rica	29 November 1968
Costa Rica	29 Novembre 1968	Cyprus	19 December 1966
Danemark	6 Janvier 1972	Czechoslovakia	12 March 1991[a]
El Salvador	21 Septembre 1967	Denmark	6 January 1972
Équateur	6 Mars 1969	Dominican Republic	4 January 1978[a]
Espagne	25 Janvier 1985[a]	Ecuador	6 March 1969
Estonie	21 Octobre 1991[a]	El Salvador	21 September 1967
Finlande	19 Août 1975	Equatorial Guinea	25 September 1987[a]
France	17 Février 1984[a]	Estonia	21 October 1991[a]
Gambie	9 Juin 1988[a]	Finland	19 August 1975
Guinée	19 Mars 1975	France	17 February 1984[a]
Guinée Équatoriale	25 Septembre 1987[a]	Gambia	9 June 1988[a]
Honduras	19 Décembre 1966	Guinea	19 March 1975
Hongrie	7 Septembre 1988[a]	Honduras	19 December 1966
Irlande	8 Décembre 1989[a]	Hungary	7 September 1988[a]
Islande	22 Août 1979[a]	Iceland	22 August 1979[a]
Italie	15 Septembre 1978	Ireland	8 December 1989[a]
Jamahiriya Arabe Libyenne	16 Mai 1989[a]	Italy	15 September 1978
Jamaïque	3 Octobre 1975	Jamaica	3 October 1975
Lithuanie	20 Novembre 1991[a]	Libyan Jamahiriya Arab	16 May 1989[a]
Luxembourg	18 Août 1983[a]	Lithuania	20 November 1991[a]
Madagascar	21 Juin 1971	Luxembourg	18 August 1983[a]
Malte	13 Septembre 1990[a]	Madagascar	21 June 1971
Maurice	12 Décembre 1973[a]	Malta	13 September 1990[a]
Mongolie	16 Avril 1991[a]	Mauritius	12 December 1973[a]
Népal	14 Mai 1991[a]	Mongolia	16 April 1991[a]
Nicaragua	12 Mars 1980[a]	Nepal	14 May 1991[a]
Niger	7 Mars 1986[a]	Netherlands	11 December 1978
Norvège	13 Septembre 1972	New Zealand	26 May 1989[a]

1. Sous réserve des instruments éventuellement en cours de dépôt.

1. Subject to the deposit of outstanding instruments.

Nouvelle-Zélande	26 Mai 1989[a]	Nicaragua	12 March 1980[a]
Panama	8 Mars 1977	Niger	7 March 1986[a]
Pays-Bas	11 Décembre 1978	Norway	13 September 1972
Pérou	3 Octobre 1980	Panama	8 March 1977
Philipines	22 Août 1989	Peru	3 October 1980
Pologne	7 Novembre 1991[a]	Philipines	22 August 1989
Portugal	3 Mai 1983	Poland	7 November 1991[a]
République Centrafricaine	8 Mai 1981[a]	Portugal	3 May 1983
République de Corée	10 Avril 1990[a]	Republic of Centrafrica	8 May 1981[a]
République Dominicaine	4 Janvier 1978[a]	Republic of Korea	10 April 1990[a]
Saint-Marin	18 Octobre 1985[a]	Saint Vincent and Grenadines	9 November 1981[a]
Saint-Vincent-et-Grenadine	9 Novembre 1981[a]	San Marino	18 October 1985[a]
Sénégal	13 Février 1978	Senegal	13 February 1978
Somalie	24 Janvier 1990[a]	Somalia	24 January 1990[a]
Suède	6 Décembre 1971	Spain	25 January 1985[a]
Suriname	28 Décembre 1976[a]	Suriname	28 December 1976[a]
Tchécoslovaquie	12 Mars 1991[a]	Sweden	6 December 1971
Trinité-et-Tobago	14 Novembre 1980[a]	Trinidad and Tobago	14 November 1980[a]
Togo	30 Mars 1988[a]	Togo	30 March 1988[a]
Ukraine	25 Juillet 1991[a]	Ukraine	25 July 1991[a]
URSS	1 Octobre 1991[a]	Uruguay	1 April 1970
Uruguay	1 Avril 1970	USSR	1 October 1991[a]
Venezuela	10 Mai 1978	Venezuela	10 May 1978
Yougoslavie	14 Mars 1990	Yougoslavia	14 March 1990
Zaïre	1 Novembre 1976[a]	Zaire	1 November 1976[a]
Zambie	10 Avril 1984[a]	Zambia	10 April 1984[a]

RÉSERVES AU PROTOCOL FACULTATIF SE RAPPORTANT AU PACTE INTERNATIONAL RELATIF AUX DROITS CIVILS ET POLITIQUES DU 16 DÉCEMBRE 1966[1]

RESERVATIONS TO THE OPTIONAL PROTOCOL TO THE INTERNATIONAL COVENANT ON CIVIL AND POLITICAL RIGHTS OF 16 DECEMBER 1966[1]

PAYS — STATES	ARTICLES
Autriche/Austria	5(2)
Danemark/Denmark	5(2)*a)*
Espagne/Spain	5(2)
France/France	5(2)*a)*
Irlande/Ireland	5(2)
Islande/Island	5(2)
Italie/Italy	5(2)
Luxembourg/Luxembourg	5(2)
Malte/Malta	5(2)
Norvège/Norway	5(2)*a)*
Pologne/Poland	5(2)*a)*
Suède/Sweden	5(2)
URSS/USSR	5(2)
Venezuela/Venezuela	Voir réserve de l'article 14(3)*d)* de ICCPR66/See the reservation of article 14(3)*d)* of ICCPR66

---

1. Pour les textes de ces réserves, nous vous référons aux Traités multilatéraux déposés auprès du Secrétaire Général, État au 31 décembre 1991, p. 164.

1. See the Texts of Reservations in Multilateral Treaties deposited with the Secretary-General, Status as at 31 December 1991, p. 161.

XVII

PACTE INTERNATIONAL RELATIF AUX DROITS ÉCONOMIQUES, SOCIAUX ET CULTURELS DU 16 DÉCEMBRE 1966

INTERNATIONAL COVENANT ON ECONOMIC, SOCIAL AND CULTURAL RIGHTS OF 16 DECEMBER 1966

Commentaires

Commentaries

Extrait de la page 2 de *La Charte internationale des droits de l'homme*, publiée à New York par les Nations Unies en 1988 :

Extracted from page 2 of the *International Bill of Human Rights*, published in New York by the United Nations in 1988:

« Les deux Pactes relatifs aux droits de l'homme apportent une protection internationale pour des droits et des libertés bien précis. Ces deux pactes reconnaissent le droit des peuples à l'autodétermination. Ils comprennent tous deux des dispositions proscrivant toute forme de discrimination dans l'exercice des droits de l'homme. Ils ont également tous les deux force de loi pour les pays qui les ratifient.

Le premier traité, le Pacte relatif aux droits économiques, sociaux et culturels, reconnaît le droit au travail et au libre choix de l'emploi; le droit à des salaires équitables; le droit former des syndicats et de s'y affilier; le droit à la sécurité sociale; le droit à un niveau de vie suffisant; le droit d'être à l'abri de la faim; le droit à la santé et à l'éducation. Les États qui ratifient ce Pacte reconnaissent être tenus de promouvoir l'amélioration des conditions de vie de leurs peuples. Les rapports de ces États sur les progrès qu'ils ont accomplis en vue d'assurer le respect de ces droits sont examinés par un comité d'experts dont les membres sont nommés par le Conseil économique et social. »

"The two Covenants relating to human rights provide internal protection for specified rights and freedoms. Both Covenants recognize the right of peoples to self-determination. Both have provisions barring all forms of discrimination in the exercise of human rights. Both have the force of law for the countries which ratify them.

The first treaty, the Covenant on Economic, Social and Cultural Rights, recognizes the right to work and to free choice of employment; to fair wages; to form and join unions; to social security; to adequate standards of living; to freedom from hunger; to health and education. States which ratify the Covenant acknowledge their responsibility to promote better living conditions for their people. States' reports on their progress in promotion of these rights are reviewed by a committee of experts appointed by the Economic and Social Council."

BIBLIOGRAPHIE SÉLECTIVE

CANCADO TRINDADE, A. A., « La protection des droits économiques, sociaux et culturels : évolutions et tendances actuelles, particulièrement à l'échelle régionale » (1990) 4 R.G.D.I.P., pp. 913-946.

TURP, D., *Le contrôle du respect du Pacte international relatif aux droits économiques, sociaux et culturels*, Mél. Virally, pp. 465-481.

SELECTIVE BIBLIOGRAPHY

ALSTON, P., "U.S. Ratification of the Covenant on Economic, Social and Cultural Rights: the Need for an Entirely New Strategy", (1990) 2 A.J.I.L., pp. 365-393.

GHANDHI, P. R., "The Human Rights Committee and Derogation in Public Emergencies", (1989) 32 G.Y.I.L., pp. 323-361.

PACTE INTERNATIONAL RELATIF AUX DROITS ÉCONOMIQUES, SOCIAUX ET CULTURELS

Adoptée et ouvert à la signature, à la ratification et à l'adhésion par l'Assemblée générale des Nations Unies dans sa résolution 2200 A (XXI) du 16 décembre 1966

Entrée en vigueur : 3 janvier 1976, conformément à l'article 27
Texte : Annexe à la résolution 2200 A (XXI)

PRÉAMBULE

Les États parties au présent Pacte,

Considérant que, conformément aux principes énoncés dans la Charte des Nations Unies, la reconnaissance de la dignité inhérente à tous les membres de la famille humaine et de leurs droits égaux et inaliénables constitue le fondement de la liberté, de la justice et de la paix dans le monde,

Reconnaissant que ces droits découlent de la dignité inhérente à la personne humaine,

Reconnaissant que, conformément à la Déclaration universelle des droits de l'homme, l'idéal de l'être humain libre, libéré de la crainte et de la misère, ne peut être réalisé que si des conditions permettant à chacun de jouir de ses droits économiques, sociaux et culturels, aussi bien que de ses droits civils et politiques, sont créées,

Considérant que la Charte des Nations Unies impose aux États l'obligation de promouvoir le respect universel et effectif des droits et des libertés de l'homme,

INTERNATIONAL COVENANT ON ECONOMIC, SOCIAL AND CULTURAL RIGHTS

Adopted and opened for signature, ratification and accession by United Nations General Assembly
resolution 2200 A (XXI) 16 December 1966

Entry into force: 3 January 1976, in accordance with article 27
Text: Annex to General Assembly Resolution 2200 A (XXI)

PREAMBLE

The States Parties to the present Covenant,

Considering that, in accordance with the principles proclaimed in the Charter of the United Nations, recognition of the inherent dignity and of the equal and inalienable rights of all members of the human family is the foundation of freedom, justice and peace in the world,

Recognizing that these rights derive from the inherent dignity of the human person,

Recognizing that, in accordance with the Universal Declaration of Human Rights, the ideal of free human beings enjoying freedom from fear and want can only be achieved if conditions are created whereby everyone may enjoy his economic, social and cultural rights, as well as his civil and political rights,

Considering the obligation of States under the Charter of the United Nations to promote universal respect for, and observance of, human rights and freedoms,

Prenant en considération le fait que l'individu a des devoirs envers autrui et envers la collectivité à laquelle il appartient et est tenu de s'efforcer de promouvoir et de respecter les droits reconnus dans le présent Pacte,

Sont convenus des articles suivants :

Realizing that the individual, having duties to other individuals and to the community to which he belongs, is under a responsibility to strive for the promotion and observance of the rights recognized in the present Covenant,

Agree upon the following articles:

PREMIÈRE PARTIE

Article premier

1. Tous les peuples ont le droit de disposer d'eux-mêmes. En vertu de ce droit, ils déterminent librement leur statut politique et assurent librement leur développement économique, social et culturel.

2. Pour atteindre leurs fins, tous les peuples peuvent disposer librement de leurs richesses et de leurs ressources naturelles, sans préjudice des obligations qui découlent de la coopération économique internationale, fondée sur le principe de l'intérêt mutuel, et du droit international. En aucun cas, un peuple ne pourra être privé de ses propres moyens de subsistance.

3. Les États parties au présent Pacte, y compris ceux qui ont la responsabilité d'administrer des territoires non autonomes et des territoires sous tutelle, sont tenus de faciliter la réalisation du droit des peuples à disposer d'eux-mêmes, et de respecter ce droit, conformément aux dispositions de la Charte des Nations Unies.

PART I

Article 1

1. All peoples have the right of self-determination. By virtue of that right they freely determine their political status and freely pursue their economic, social and cultural development.

2. All peoples may, for their own ends, freely dispose of their natural wealth and resources without prejudice to any obligations arising out of international economic co-operation, based upon the principle of mutual benefit, and international law. In no case may a people be deprived of its own means of subsistence.

3. The States Parties to the present Covenant, including those having responsibility for the administration of Non-Self-Governing and Trust Territories, shall promote the realization of the right of self-determination, and shall respect that right, in conformity with the provisions of the Charter of the United Nations.

DEUXIÈME PARTIE

Article 2

1. Chacun des États parties au présent Pacte s'engage à agir, tant par son effort propre que par l'assistance et la coopération internationales, notamment sur les plans économique et technique, au maximum de ses ressources disponibles, en vue d'assurer progressivement le plein exercice des droits reconnus dans le présent Pacte par tous les moyens appropriés, y compris en particulier l'adoption de mesures législatives.

2. Les États parties au présent Pacte s'engagent à garantir que les droits qui y sont énoncés seront exercés sans discrimination aucune fondée sur la race, la couleur, le sexe, la langue, la religion, l'opinion politique ou toute autre opinion, l'origine nationale ou sociale, la fortune, la naissance ou toute autre situation.

3. Les pays en voie de développement, compte dûment tenu des droits de l'homme et de leur économie nationale, peuvent déterminer dans quelle mesure ils garantiront les droits économiques reconnus dans le présent Pacte à des non-ressortissants.

Article 3

Les États parties au présent Pacte s'engagent à assurer le droit égal qu'ont l'homme et la femme au bénéfice de tous les droits économiques, sociaux et culturels qui sont énumérés dans le présent Pacte.

PART II

Article 2

1. Each State Party to the present Covenant undertakes to take steps, individually and through international assistance and co-operation, especially economic and technical, to the maximum of its available resources, with a view to achieving progressively the full realization of the rights recognized in the present Covenant by all appropriate means, including particularly the adoption of legislative measures.

2. The States Parties to the present Covenant undertake to guarantee that the rights enunciated in the present Covenant will be exercised without discrimination of any kind as to race, colour, sex, language, religion, political or other opinion, national or social origin, property, birth or other status.

3. Developing countries, with due regard to human rights and their national economy, may determine to what extent they would guarantee the economic rights recognized in the present Covenant to non-nationals.

Article 3

The States Parties to the present Covenant undertake to ensure the equal right of men and women to the enjoyment of all economic, social and cultural rights set forth in the present Covenant.

Article 4

Les États parties au présent Pacte reconnaissent que, dans la jouissance des droits assurés par l'État conformément au présent Pacte, l'État ne peut soumettre ces droits qu'aux limitations établies par la loi, dans la seule mesure compatible avec la nature de ces droits et exclusivement en vue de favoriser le bien-être général dans une société démocratique.

Article 5

1. Aucune disposition du présent Pacte ne peut être interprétée comme impliquant pour un État, un groupement ou un individu un droit quelconque de se livrer à une activité ou d'accomplir un acte visant à la destruction des droits ou libertés reconnus dans le présent Pacte ou à des limitations plus amples que celles prévues dans ledit Pacte.

2. Il ne peut être admis aucune restriction ou dérogation aux droits fondamentaux de l'homme reconnus ou en vigueur dans tout pays en vertu de lois, de conventions, de règlements ou de coutumes, sous prétexte que le présent Pacte ne les reconnaît pas ou les reconnaît à un moindre degré.

TROISIÈME PARTIE

Article 6

1. Les États parties au présent Pacte reconnaissent le droit au travail, qui comprend le droit qu'a toute personne d'obtenir la possibilité de gagner sa vie par un travail librement choisi ou accepté, et prendront des mesures appropriées pour sauvegarder ce droit.

Article 4

The States Parties to the present Covenant recognize that, in the enjoyment of those rights provided by the State in conformity with the present Covenant, the State may subject such rights only to such limitations as are determined by law only in so far as this may be compatible with the nature of these rights and solely for the purpose or promoting the general welfare in a democratic society.

Article 5

1. Nothing in the present Covenant may be interpreted as implying for any State, group or person any right to engage in any activity or to perform any act aimed at the destruction of any of the rights or freedoms recognized herein, or at their limitation to a greater extent than is provided for in the present Covenant.

2. No restriction upon or derogation from any of the fundamental human rights recognized or existing in any country in virtue of law, conventions, regulations or custom shall be admitted on the pretext that the present Covenant does not recognize such rights or that it recognizes them to a lesser extent.

PART III

Article 6

1. The States Parties to the present Covenant recognize the right to work, which includes the right of everyone to the opportunity to gain his living by work which he freely chooses or accepts, and will take appropriate steps to safeguard this right.

2. Les mesures que chacun des États parties au présent Pacte prendra en vue d'assurer le plein exercice de ce droit doivent inclure l'orientation et la formation techniques et professionnelles, l'élaboration de programmes, de politiques et de techniques propres à assurer un développement économique, social et culturel constant et un plein emploi productif dans des conditions qui sauvegardent aux individus la jouissance des libertés politiques et économiques fondamentales.

Article 7

Les États parties au présent Pacte reconnaissent le droit qu'a toute personne de jouir de conditions de travail justes et favorables, qui assurent notamment :

a) la rémunération qui procure, au minimum, à tous les travailleurs :

i) un salaire équitable et une rémunération égale pour un travail de valeur égale sans distinction aucune; en particulier, les femmes doivent avoir la garantie que les conditions de travail qui leur sont accordées ne sont pas inférieures à celles dont bénéficient les hommes et recevoir la même rémunération qu'eux pour un même travail;

ii) une existence décente pour eux et leur famille conformément aux dispositions du présent Pacte;

b) la sécurité et l'hygiène du travail;

c) la même possibilité pour tous d'être promus, dans leur travail, à la catégorie supérieure appropriée, sans autre considération que la durée des services accomplis et les aptitudes;

2. The steps to be taken by a State Party to the present Covenant to achieve the full realization of this right shall include technical and vocational guidance and training programmes, policies and techniques to achieve steady economic, social and cultural development and full and productive employment under conditions safeguarding fundamental political and economic freedoms to the individual.

Article 7

The States Parties to the present Covenant recognize the right of everyone to the enjoyment of just and favourable conditions of work which ensure, in particular:

(a) Remuneration which provides all workers, as a minimum, with:

(i) Fair wages and equal remuneration for work of equal value without distinction of any kind, in particular women being guaranteed conditions of work not inferior to those enjoyed by men, with equal pay for equal work;

(ii) A decent living for themselves and their families in accordance with the provisions of the present Covenant;

(b) Safe and healthy working conditions;

(c) Equal opportunity for everyone to be promoted in his employment to an appropriate higher level, subject to no considerations other than those of seniority and competence;

d) le repos, les loisirs, la limitation raisonnable de la durée du travail et les congés payés périodiques, ainsi que la rémunération des jours fériés.

Article 8

1. Les États parties au présent Pacte s'engagent à assurer :

a) Le droit qu'a toute personne de former avec d'autres des syndicats et de s'affilier au syndicat de son choix, sous la seule réserve des règles fixées par l'organisation intéressée, en vue de favoriser et de protéger ses intérêts économiques et sociaux. L'exercice de ce droit ne peut faire l'objet que des seules restrictions prévues par la loi et qui constituent des mesures nécessaires, dans une société démocratique, dans l'intérêt de la sécurité nationale ou de l'ordre public, ou pour protéger les droits et libertés d'autrui.

b) Le droit qu'ont les syndicats de former des fédérations ou des confédérations nationales et le droit qu'ont celles-ci de former des organisations syndicales internationales ou de s'y affilier.

c) Le droit qu'ont les syndicats d'exercer librement leur activité, sans limitations autres que celles qui sont prévues par la loi et qui constituent des mesures nécessaires, dans une société démocratique, dans l'intérêt de la sécurité nationale ou de l'ordre public, ou pour protéger les droits ou les libertés d'autrui.

d) Le droit de grève, exercé conformément aux lois de chaque pays.

2. Le présent article n'empêche pas de soumettre à des restrictions légales

(d) Rest, leisure and reasonable limitation of working hours and periodic holidays with pay, as well as remuneration for public holidays.

Article 8

1. The States Parties to the present Covenant undertake to ensure:

(a) The right of everyone to form trade-unions and join the trade-union of his choice, subject only to the rules of the organization concerned, for the promotion and protection of his economic and social interests. No restrictions may be placed on the exercise of this right other than those prescribed by law and which are necessary in a democratic society in the interests of national security of public order or of the protection of the rights and freedoms of others;

(b) The right of trade-unions to establish national federations or condeferations and the right of the latter to form or join international trade-union organizations;

(c) The right of trade-unions to function freely subject to no limitations other than those prescribed by law and which are necessary in a democratic society in the interests of national security or public order or for the protection of the rights and freedoms of others;

(d) The right to strike, provided that it is exercised in conformity with the laws of the particular country.

2. This article shall not prevent the imposition of lawful restrictions on the

l'exercice de ces droits par les membres des forces armées, de la police ou de la fonction publique.

3. Aucune disposition du présent article ne permet aux États parties à la Convention de 1948 de l'Organisation Internationale du Travail concernant la liberté syndicale et la protection du droit syndical de prendre des mesures législatives portant atteinte — ou d'appliquer la loi de façon à porter atteinte — aux garanties prévues dans ladite convention.

Article 9

Les États parties au présent Pacte reconnaissent le droit de toute personne à la sécurité sociale, y compris les assurances sociales.

Article 10

Les États parties au présent Pacte reconnaissent que :

1. Une protection et une assistance aussi larges que possible doivent être accordées à la famille, qui est l'élément naturel et fondamental de la société, en particulier pour sa formation et aussi longtemps qu'elle a la responsabilité de l'entretien et de l'éducation d'enfants à charge. Le mariage doit être librement consenti par les futurs époux.

2. Une protection spéciale doit être accordée aux mères pendant une période de temps raisonnable avant et après la naissance des enfants. Les mères salariées doivent bénéficier, pendant cette même période, d'un congé payé ou d'un congé accompagné de prestations de sécurité sociale adéquates.

3. Des mesures spéciales de protection et d'assistance doivent être prises

exercise of these rights by members of the armed forces or of the police or of the administration of the State.

3. Nothing in this article shall authorize States Parties to the International Labour Organisation Convention of 1948 concerning Freedom of Association and Protection of the Right to Organize to take legislative measures which would prejudice, or apply the law in such a manner as would prejudice, the guarantees provided for in that Convention.

Article 9

The States Parties to the present Covenant recognize the right of everyone to social security, including social insurance.

Article 10

The States Parties to the present Covenant recognize that:

1. The widest possible protection and assistance should be accorded to the family, which is the natural and fundamental group unit of society, particularly for its establishment and while it is responsible for the care and education of dependent children. Marriage must be entered into with the free consent of the intending spouses.

2. Special protection should be accorded to mothers during a reasonable period before and after childbirth. During such period working mothers should be accorded paid leave or leave with adequate social security benefits.

3. Special measures of protection and assistance should be taken on be-

en faveur de tous les enfants et adolescents, sans discrimination aucune pour des raisons de filiation ou autres. Les enfants et adolescents doivent être protégés contre l'exploitation économique et sociale. Le fait de les employer à des travaux de nature à compromettre leur moralité ou leur santé, à mettre leur vie en danger ou à nuire à leur développement normal doit être sanctionné par la loi. Les États doivent aussi fixer des limites d'âge au-dessous desquelles l'emploi salarié de la main-d'oeuvre enfantine sera interdit et sanctionné par la loi.

Article 11

1. Les États parties au présent Pacte reconnaissent le droit de toute personne à un niveau de vie suffisant pour elle-même et sa famille, y compris une nourriture, un vêtement et un logement suffisants, ainsi qu'à une amélioration constante de ses conditions d'existence. Les États parties prendront des mesures appropriées pour assurer la réalisation de ce droit et ils reconnaissent à cet effet l'importance essentielle d'une coopération internationale librement consentie.

2. Les États parties au présent Pacte, reconnaissant le droit fondamental qu'à toute personne d'être à l'abri de la faim, adopteront, individuellement et au moyen de la coopération internationale, les mesures nécessaires, y compris des programmes concrets :

a) pour améliorer les méthodes de production, de conservation et de distribution des denrées alimentaires par la pleine utilisation des connaissances techniques et scientifiques, par la diffusion de principes d'éducation nutritionnelle et par le déve-

half of all children and young persons without any discrimination for reasons of parentage or other conditions. Children and young persons should be protected from economic and social exploitation. Their employment in work harmful to their morals or health or dangerous to life or likely to hamper their normal development should be punishable by law. States should also set age limits below which the paid employment of child labour should be prohibited and punishable by law.

Article 11

1. The States Parties to the present Covenant recognize the right of everyone to an adequate standard of living for himself and his family, including adequate food, clothing and housing, and to the continuous improvement of living conditions. The States Parties will take appropriate steps to ensure the realization of this right, recognizing to this effect the essential importance of international co-operation based on free consent.

2. The States Parties to the present Covenant, recognizing the fundamental right of everyone to be free from hunger, shall take, individually and through international co-operation, the measures, including specific programmes, which are needed:

(a) To improve methods of production, conservation and distribution of food by making full use of technical and scientific knowledge, by disseminating knowledge of the principles of nutrition and by developing or reforming agrarian systems in such

loppement ou la réforme des régimes agraires, de manière à assurer au mieux la mise en valeur et l'utilisation des ressources naturelles;

b) pour assurer une répartition équitable des ressources alimentaires mondiales par rapport aux besoins, compte tenu des problèmes qui se posent tant aux pays importateurs qu'aux pays exportateurs de denrées alimentaires.

a way as to achieve the most efficient development and utilization of natural resources;

(b) Taking into account the problems of both food-importing and food-exporting countries, to ensure an equitable distribution of world food supplies in relation to need.

Article 12

1. Les États parties au présent Pacte reconnaissent le droit qu'a toute personne de jouir du meilleur état de santé physique et mentale qu'elle soit capable d'atteindre.

2. Les mesures que les États parties au présent Pacte prendront en vue d'assurer le plein exercice de ce droit devront comprendre les mesures nécessaires pour assurer :

a) la diminution de la mortinatalité et de la mortalité infantile, ainsi que le développement sain de l'enfant;

b) l'amélioration de tous les aspects de l'hygiène du milieu et de l'hygiène industrielle;

c) la prophylaxie et le traitement des maladies épidémiques, endémiques, professionnelles et autres, ainsi que la lutte contre ces maladies;

d) la création de conditions propres à assurer à tous des services médicaux et une aide médicale en cas de maladie.

Article 12

1. The States Parties to the present Covenant recognize the right of everyone to the enjoyment of the highest attainable standard of physical and mental health.

2. The steps to be taken by the States Parties to the present Covenant to achieve the full realization of this right shall include those necessary for:

(a) The provision for the reduction of the stillbirth-rate and of infant mortality and for the healthy development of the child;

(b) The improvement of all aspects of environmental and industrial hygiene;

(c) The prevention, treatment and control of epidemic, endemic, occupational and other diseases;

(d) The creation of conditions which would assure to all medical service and medical attention in the event of sickness.

Article 13

1. Les États parties au présent Pacte reconnaissent le droit de toute personne à l'éducation. Ils conviennent que l'édu-

Article 13

1. The States Parties to the present Covenant recognize the right of everyone to education. They agree that edu-

cation doit viser au plein épanouissement de la personnalité humaine et du sens de sa dignité et renforcer le respect des droits de l'homme et des libertés fondamentales. Ils conviennent en outre que l'éducation doit mettre toute personne en mesure de jouer un rôle utile dans une société libre, favoriser la compréhension, la tolérance et l'amitié entre toutes les nations et tous les groupes raciaux, ethniques ou religieux et encourager le développement des activités des Nations Unies pour le maintien de la paix.

2. Les États parties au présent Pacte reconnaissent qu'en vue d'assurer le plein exercice de ce droit :

a) l'enseignement primaire doit être obligatoire et accessible gratuitement à tous;

b) l'enseignement secondaire, sous ses différentes formes, y compris l'enseignement secondaire technique et professionnel, doit être généralisé et rendu accessible à tous par tous les moyens appropriés et notamment par l'instauration progressive de la gratuité;

c) l'enseignement supérieur doit être rendu accessible à tous en pleine égalité, en fonction des capacités de chacun, par tous les moyens appropriés et notamment par l'instauration progressive de la gratuité;

d) l'éducation de base doit être encouragée ou intensifiée, dans toute la mesure du possible, pour les personnes qui n'ont pas reçu d'instruction primaire ou qui ne l'ont pas reçue jusqu'à son terme;

e) il faut poursuivre activement le développement d'un réseau scolaire à tous les échelons, établir un sys-

cation shall be directed to the full development of the human personality and the sense of its dignity, and shall strenghten the respect for human rights and fundamental freedoms. They further agree that education shall enable all persons to participate effectively in a free society, promote understanding, tolerance and friendship among all nations and all racial, ethnic or religious groups, and further the activities of the United Nations for the maintenance of peace.

2. The States Parties to the present Covenant recognize that, with a view to achieving the full realization of this right:

(a) Primary education shall be compulsory and available free to all;

(b) Secondary education in its different forms, including technical and vocational secondary education, shall be made generally available and accessible to all by every appropriate means, and in particular by the progressive introduction of free education;

(c) Higher education shall be made equally accessible to all, on the basis of capacity, by every appropriate means, and in particular by the progressive introduction of free education;

(d) Fundamental education shall be encouraged or intensified as far as possible for those persons who have not received or completed the whole period of their primary education;

(e) The development of a system of schools at all levels shall be actively pursued, an adequate fellowship sys-

tème adéquat de bourses et améliorer de façon continue les conditions matérielles du personnel enseignant.

3. Les États parties au présent Pacte s'engagent à respecter la liberté des parents et, le cas échéant, des tuteurs légaux, de choisir pour leurs enfants des établissements autres que ceux des pouvoirs publics, mais conformes aux normes minimales qui peuvent être prescrites ou approuvées par l'État en matière d'éducation, et de faire assurer l'éducation religieuse et morale de leurs enfants conformément à leurs propres convictions.

4. Aucune disposition du présent article ne doit être interprétée comme portant atteinte à la liberté des individus et des personnes morales de créer et de diriger des établissements d'enseignement, sous réserve que les principes énoncés au paragraphe 1 du présent article soient observés et que l'éducation donnée dans ces établissements soit conforme aux normes minimales qui peuvent être prescrites par l'État.

Article 14

Tout État partie au présent Pacte qui, au moment où il devient partie, n'a pas encore pu assurer dans sa métropole ou dans les territoires placés sous sa juridiction le caractère obligatoire et la gratuité de l'enseignement primaire s'engage à établir et à adopter, dans un délai de deux ans, un plan détaillé des mesures nécessaires pour réaliser progressivement, dans un nombre raisonnable d'années fixé par ce plan, la pleine application du principe de l'enseignement primaire obligatoire et gratuit pour tous.

tem shall be established, and the material conditions of teaching staff shall be continuously improved.

3. The States Parties to the present Covenant undertake to have respect for the liberty of parents and, when applicable, legal guardians to choose for their children schools, other than those established by the public authorities, which conform to such minimum educational standards as may be laid down or approved by the State and to ensure the religious and moral education of their children in conformity with their own convictions.

4. No part of this article shall be construed so as to interfere with the liberty of individuals and bodies to establish and direct educational institutions, subject always to the observance of the principles set forth in paragraph 1 of this article to the requirement that the education given in such institutions shall conform to such minimum standards as may be laid down by the State.

Article 14

Each State Party to the present Covenant which, at the time of becoming a Party, has not been able to secure in its metropolitan territory or other territories under its jurisdiction compulsory primary education, free of charge, undertakes, within two years, to work out and adopt a detailed plan of action for the progressive implementation, within a reasonable number of years, to be fixed in the plan, of the principle of compulsory education free of charge for all.

Article 15

1. Les États parties au présent Pacte reconnaissent à chacun le droit :

a) de participer à la vie culturelle;
b) de bénéficier du progrès scientifique et de ses applications;
c) de bénéficier de la protection des intérêts moraux et matériels découlant de toute production scientifique, littéraire ou artistique dont il est l'auteur.

2. Les mesures que les États parties au présent Pacte prendront en vue d'assurer le plein exercice de ce droit devront comprendre celles qui sont nécessaires pour assurer le maintien, le développement et la diffusion de la science et de la culture.

3. Les États parties au présent Pacte s'engagent à respecter la liberté indispensable à la recherche scientifique et aux activités créatrices.

4. Les États parties au présent Pacte reconnaissent les bienfaits qui doivent résulter de l'encouragement et du développement de la coopération des contacts internationaux dans le domaine de la science et de la culture.

QUATRIÈME PARTIE

Article 16

1. Les États parties au présent Pacte s'engagent à présenter, conformément aux dispositions de la présente partie du Pacte, des rapports sur les mesures qu'ils auront adoptées et sur les progrès accomplis en vue d'assurer le respect des droits reconnus dans le Pacte.

Article 15

1. The States Parties to the present Covenant recognize the right of everyone:

(a) To take part in cultural life;
(b) To enjoy the benefits of scientific progress and its applications;
(c) To benefit from the protection of the moral and material interests resulting from any scientific, literary or artistic production of which he is the author.

2. The steps to be taken by the States Parties to the present Covenant to achieve the full realization of this right shall include those necessary for the conservation, the development and the diffusion of science and culture.

3. The States Parties to the present Covenant undertake to respect the freedom indispensable for scientific research and creative activity.

4. The States Parties to the present Covenant recognize the benefits to be derived from the encouragement and development of international contacts and co-operation in the scientific and cultural fields.

PART IV

Article 16

1. The States Parties to the present Covenant undertake to submit in conformity with this part of the Covenant reports on the measures which they have adopted and the progress made in achieving the observance of the rights recognized herein.

2. *a)* Tous les rapports sont adressés au Secrétaire général de l'Organisation des Nations Unies, qui en transmet copie au Conseil économique et social, pour examen, conformément aux dispositions du présent Pacte;

b) Le Secrétaire général de l'Organisation des Nations Unies transmet également aux institutions spécialisées copie des rapports, ou de toutes parties pertinentes des rapports, envoyés par les États parties au présent Pacte qui sont également membres desdites institutions spécialisées, pour autant que ces rapports, ou parties de rapports, ont trait à des questions relevant de la compétence desdites institutions aux termes de leurs actes constitutifs respectifs.

Article 17

1. Les États parties au présent Pacte présentent leurs rapports par étapes, selon un programme qu'établira le Conseil économique et social dans un délai d'un an à compter de la date d'entrée en vigueur du présent Pacte, après avoir consulté les États parties et les institutions spécialisées intéressées.

2. Les rapports peuvent faire connaître les facteurs et les difficultés empêchant ces États de s'acquitter pleinement des obligations prévues au présent Pacte.

3. Dans le cas où des renseignements à ce sujet ont déjà été adressés à l'Organisation des Nations Unies ou à une institution spécialisée par un État partie au Pacte, il ne sera pas nécessaire de reproduire lesdits renseignements et une référence précise à ces renseignements suffira.

2. *(a)* All reports shall be submitted to the Secretary-General of the United Nations, who shall transmit copies to the Economic and Social Council for consideration in accordance with the provisions of the present Covenant;

(b) The Secretary-General of the United Nations shall also transmit to the specialized agencies copies of the reports, or any relevant parts therefrom, from States Parties to the present Covenant which are also members of these specialized agencies in so far as these reports, or parts therefrom, relate to any matters which fall within the responsibilities of the said agencies in accordance with their constitutional instruments.

Article 17

1. The States Parties to the present Covenant shall furnish their reports in stages, in accordance with a programme to be established by the Economic and Social Council within one year of the entry into force of the present Covenant after consultation with the States Parties and the specialized agencies concerned.

2. Reports may indicate factors and difficulties affecting the degree of fulfilment of obligations under the present Covenant.

3. Where relevant information has previously been furnished to the United Nations or to any specialized agency by any State Party to the present Covenant, it will not be necessary to reproduce that information, but a precise reference to the information so furnished will suffice.

Article 18

En vertu des responsabilités qui lui sont conférées par la Charte des Nations Unies dans le domaine des droits de l'homme et des libertés fondamentales, le Conseil économique et social pourra conclure des arrangements avec les institutions spécialisées, en vue de la présentation par celles-ci de rapports relatifs aux progrès accomplis quant à l'observation des dispositions du présent Pacte qui entrent dans le cadre de leurs activités. Ces rapports pourront comprendre des données sur les décisions et recommandations adoptées par les organes compétents des institutions spécialisées au sujet de cette mise en oeuvre.

Article 19

Le Conseil économique et social peut renvoyer à la Commission des droits de l'homme aux fins d'étude et de recommandations d'ordre général ou pour information, s'il y a lieu, les rapports concernant les droits de l'homme que communiquent les États conformément aux articles 16 et 17 et les rapports concernant les droits de l'homme que communiquent les institutions spécialisées conformément à l'article 18.

Article 20

Les États parties au présent Pacte et les institutions spécialisées intéressées peuvent présenter au Conseil économique et social des observations sur toute recommandation d'ordre général faite en vertu de l'article 19 ou sur toute mention d'une recommandation d'ordre général figurant dans un rapport de la Commission des droits de l'homme ou dans tout document mentionné dans ledit rapport.

Article 18

Pursuant to its responsibilities under the Charter of the United Nations in the field of human rights and fundamental freedoms, the Economic and Social Council may make arrangements with the specialized agencies in respect of their reporting to it on the progress made in achieving the observance of the provisions of the present Covenant falling within the scope of their activities. These reports may include particulars of decisions and recommendations on such implementation adopted by their competent organs.

Article 19

The Economic and Social Council may transmit to the Commission on Human Rights for study and general recommendation or, as appropriate, for information the reports concerning human rights submitted by States in accordance with articles 16 and 17, and those concerning human rights submitted by the specialized agencies in accordance with article 18.

Article 20

The States Parties to the present Covenant and the specialized agencies concerned may submit comments to the Economic and Social Council on any general recommendation under article 19 or reference to such general recommendation in any report of the Commission on Human Rights or any documentation referred to therein.

Article 21

Le Conseil économique et social peut présenter de temps en temps à l'Assemblée générale des rapports contenant des recommandations de caractère général et un résumé des renseignements reçus des États parties au présent Pacte et des institutions spécialisées sur les mesures prises et les progrès accomplis en vue d'assurer le respect général des droits reconnus dans le présent Pacte.

Article 22

Le Conseil économique et social peut porter à l'attention des autres organes de l'Organisation des Nations Unies, de leurs organes subsidiaires et des institutions spécialisées intéressées qui s'occupent de fournir une assistance technique toute question que soulèvent les rapports mentionnés dans la présente partie du présent Pacte et qui peut aider ces organismes à se prononcer, chacun dans sa propre sphère de compétence, sur l'opportunité de mesures internationales propres à contribuer à la mise en oeuvre effective et progressive du présent Pacte.

Article 23

Les États parties au présent Pacte conviennent que les mesures d'ordre international destinées à assurer la réalisation des droits reconnus dans ledit Pacte comprennent notamment la conclusion de conventions, l'adoption de recommandations, la fourniture d'une assistance technique et l'organisation, en liaison avec les gouvernements intéressés, de réunions régionales et de réunions techniques aux fins de consultations et d'études.

Article 21

The Economic and Social Council may submit from time to time to the General Assembly reports with recommendations of a general nature and a summary of the information received from the States Parties to the present Covenant and the specialized agencies on the measure taken and the progress made in achieving general observance of the rights recognized in the present Covenant.

Article 22

The Economic and Social Council may bring to the attention of other organs of the United Nations, their subsidiary organs and specialized agencies concerned with furnishing technical assistance any matters arising out of the reports referred to in this part of the present Covenant which may assist such bodies in deciding, each within its field of competence, on the advisability of international measures likely to contribute to the effective progressive implementation of the present Covenant.

Article 23

The States Parties to the present Covenant agree that international action for the achievement of the rights recognized in the present Covenant includes such methods as the conclusion of conventions, the adoption of recommendations, the furnishing of technical assistance and the holding of regional meetings and technical meetings for the purpose of consultation and study organized in conjunction with the Governments concerned.

Article 24

Aucune disposition du présent Pacte ne doit être interprétée comme portant atteinte aux dispositions de la Charte des Nations Unies et des constitutions des institutions spécialisées qui définissent les responsabilités respectives des divers organes de l'Organisation des Nations Unies et des institutions spécialisées en ce qui concerne les questions traitées dans le présent Pacte.

Article 25

Aucune disposition du présent Pacte ne sera interprétée comme portant atteinte au droit inhérent de tous les peuples à profiter et à user pleinement et librement de leurs richesses et ressources naturelles.

CINQUIÈME PARTIE

Article 26

1. Le présent Pacte est ouvert à la signature de tout État Membre de l'Organisation des Nations Unies ou membre de l'une quelconque de ses institutions spécialisées, de tout État partie au Statut de la Cour Internationale de Justice, ainsi que tout autre État invité par l'Assemblée générale des Nations Unies à devenir partie au présent Pacte.

2. Le présent Pacte est sujet à ratification et les instruments de ratification seront déposés auprès du Secrétaire général de l'Organisation des Nations Unies.

3. Le présent Pacte sera ouvert à l'adhésion de tout État visé au paragraphe 1 du présent article.

Article 24

Nothing in the present Covenant shall be interpreted as impairing the provisions of the Charter of the United Nations and of the constitutions of the specialized agencies which define the respective responsibilities of the various organs of the United Nations and of the specialized agencies in regard to the matters dealt with in the present Covenant.

Article 25

Nothing in the present Covenant shall be intepreted as impairing the inherent right of all peoples to enjoy and utilize fully and freely their natural wealth and resources.

PART V

Article 26

1. The present Covenant is open for signature by any State Member of the United Nations or member of any of its specialized agencies, by any State Party to the Statute of the International Court of Justice, and by any other State which has been invited by the General Assembly of the United Nations to become a party to the present Covenant.

2. The present Covenant is subject to ratification. Instruments of ratification shall be deposited with the Secretary-General of the United Nations.

3. The present Covenant shall be open to accession by any State referred to in paragraph 1 of this article.

4. L'adhésion se fera par le dépôt d'un instrument d'adhésion auprès du Secrétaire général de l'Organisation des Nations Unies.

5. Le Secrétaire général de l'Organisation des Nations Unies informe tous les États qui ont signé le présent Pacte ou qui y ont adhéré du dépôt de chaque instrument de ratification ou d'adhésion.

Article 27

1. Le présent Pacte entrera en vigueur trois mois après la date du dépôt auprès du Secrétaire général de l'Organisation des Nations Unies du trente-cinquième instrument de ratification ou d'adhésion.

2. Pour chacun des États qui ratifieront le présent Pacte ou y adhéreront après le dépôt du trente-cinquième instrument de ratification ou d'adhésion, ledit Pacte entrera en vigueur trois mois après la date du dépôt par cet État de son instrument de ratification ou d'adhésion.

Article 28

Les dispositions du présent Pacte s'appliquent, sans limitation ni exception aucune, à toutes les unités constitutives des États fédératifs.

Article 29

1. Tout État partie au présent Pacte peut proposer un amendement et en déposer le texte auprès du Secrétaire général de l'Organisation des Nations Unies. Le Secrétaire général transmet alors tous projets d'amendements aux États parties au présent Pacte en leur demandant de lui indiquer s'ils désirent

4. Accession shall be effected by the deposit of an instrument of accession with the Secretary-General of the United Nations.

5. The Secretary-General of the United Nations shall inform all States which have signed the present Covenant or acceded to it of the deposit of each instrument of ratification or accession.

Article 27

1. The present Covenant shall enter into force three months after the date of the deposit with the Secretary-General of the United Nations of the thirty-fifth instrument of ratification or instrument of accession.

2. For each State ratifying the present Covenant or acceding to it after the deposit of the thirty-fifth instrument of ratification or instrument of accession, the present Covenant shall enter into force three months after the date of the deposit of its own instrument of ratification or instrument of accession.

Article 28

The provisions of the present Covenant shall extend to all parts of federal States without any limitations or exceptions.

Article 29

1. Any State Party to the present Covenant may propose an amendment and file it with the Secretary-General of the United Nations. The Secretary-General shall thereupon communicate any proposed amendments to the States Parties to the present Covenant with a request that they notify him whether

voir convoquer une conférence d'États Parties pour examiner ces projets et les mettre aux voix. Si un tiers au moins des États se déclarent en faveur de cette convocation, le Secrétaire général convoque la conférence sous les auspices de l'Organisation des Nations Unies. Tout amendement adopté par la majorité des États présents votants à la conférence est soumis pour approbation à l'Assemblée générale des Nations Unies.

2. Ces amendements entrent en vigueur lorsqu'ils ont été approuvés par l'Assemblée générale des Nations Unies et acceptés, conformément à leurs règles constitutionnelles respectives, par une majorité des deux tiers des États parties au présent Pacte.

3. Lorsque ces amendements entrent en vigueur, ils sont obligatoires pour les États parties qui les ont acceptés, les autres États parties restant liés par les dispositions du présent Pacte et par tout amendement antérieur qu'ils ont accepté.

Article 30

Indépendamment des notifications prévues au paragraphe 5 de l'article 26, le Secrétaire général de l'Organisation des Nations Unies informera tous les États visés au paragraphe 1 dudit article :

a) des signatures apposées au présent Pacte et des instruments de ratification et d'adhésion déposés conformément à l'article 26;

b) de la date à laquelle le présent Pacte entrera en vigueur conformément à l'article 27 et de la date à laquelle entreront en vigueur les amendements prévus à l'article 29.

they favour a Conference of States Parties for the purpose of considering and voting upon the proposals. In the event that at least one third of the States Parties favours such a conference, the Secretary-General shall convene the conference under the auspices of the United Nations. Any amendment adopted by a majority of the States Parties present and voting at the conference shall be submitted to the General Assembly of the United Nations for approval.

2. Amendments shall come into force when they have been approved by the General Assembly of the United Nations and accepted by a two-thirds majority of the States Parties to the present Covenant in accordance with their respective constitutional processes.

3. When amendments come into force they shall be binding on those States Parties which have accepted them, other States Parties still being bound by the provisions of the present Covenant and any earlier amendment which they have accepted.

Article 30

Irrespective of the notifications made under article 26, paragraph 5, the Secretary-General of the United Nations shall inform all States referred to in paragraph 1, of the same article of the following particulars:

(a) Signatures, ratifications and accessions under article 26;

(b) The date of the entry into force of the present Covenant under article 27 and the date of the entry into force of any amendments under article 29.

Article 31

1. Le présent Pacte, dont les textes anglais, chinois, espagnol, français et russe font également foi, sera déposé aux archives de l'Organisation des Nations Unies.

2. Le Secrétaire général de l'Organisation des Nations Unies transmettra une copie certifiée conforme du présent Pacte à tous les États visés à l'article 26.

Article 31

1. The present Covenant, of which the Chinese, English, French, Russian and Spanish texts are equally authentic, shall be deposited in the archives of the United Nations.

2. The Secretary-General of the United Nations shall transmit certified copies of the present Covenant to all States referred to in article 26.

PACTE INTERNATIONAL RELATIF AUX DROITS ÉCONOMIQUES, SOCIAUX ET CULTURELS DU 16 DÉCEMBRE 1966

INTERNATIONAL COVENANT ON ECONOMIC, SOCIAL AND CULTURAL RIGHTS OF 16 DECEMBER 1966

117 ÉTATS MEMBRES AU 30 JUILLET 1993[1]	RATIFICATION, ADHÉSION[a], SUCCESSION[d]	117 PARTICIPANTS AT 30 JULY 1993[1]	RATIFICATION, ACCESSION[a], SUCCESSION[d]
Afghanistan	24 Janvier 1983[a]	Afghanistan	22 January 1983[a]
Albanie	4 Octobre 1991[a]	Albania	4 October 1991[a]
Algérie	12 Septembre 1989	Algeria	12 September 1989
Allemagne	17 Décembre 1973	Angola	10 January 1992[a]
Angola	10 Janvier 1992[a]	Argentina	8 August 1986
Argentine	8 Août 1986	Australia	10 December 1975
Australie	10 Décembre 1975	Austria	10 September 1978
Autriche	10 Septembre 1978	Azerbaidjan	13 August 1992[a]
Azerbaïdjan	13 Août 1992[a]	Barbados	5 January 1973[a]
Barbade	5 Janvier 1973[a]	Belarus	12 November 1973
Bélarus	12 Novembre 1973	Belgium	21 April 1983
Belgique	21 Avril 1983	Benin	12 March 1992[a]
Bénin	12 Mars 1992[a]	Bolivia	12 August 1982
Bolivie	12 Août 1982	Brazil	24 January 1992[a]
Brésil	24 Janvier 1992[a]	Bulgaria	21 September 1970
Bulgarie	21 Septembre 1970	Cambodia	26 May 1992[a]
Cambodge	26 Mai 1992[a]	Cameroon	27 June 1984[a]
Cameroun	27 Juin 1984[a]	Canada	19 May 1976[a]
Canada	19 Mai 1976[a]	Chile	10 February 1972
Chili	10 Février 1972	Colombia	29 October 1969
Chypre	2 Avril 1969	Congo	5 October 1983[a]
Colombie	29 Octobre 1969	Costa Rica	29 November 1968
Congo	5 Octobre 1983[a]	Côte d'Ivoire	26 March 1992[a]
Costa Rica	29 Novembre 1968	Croatia	12 October 1992[d]
Côte d'Ivoire	26 Mars 1992[a]	Cyprus	2 April 1969
Croatie	12 Octobre 1992[d]	Czech Republic	22 February 1993[d]
Danemark	6 Janvier 1972	Czechoslovakia	23 December 1975
Égypte	14 Janvier 1982	Democratic People's Republic of Korea	14 September 1981[a]
El Salvador	30 Novembre 1979	Denmark	6 January 1972
Équateur	6 Mars 1969	Dominican Republic	4 January 1978[a]
Espagne	27 Avril 1977	Ecuador	6 March 1969
Estonie	21 Octobre 1991[a]	Egypt	14 January 1982
Finlande	19 Août 1975	El Salvador	30 November 1979
France	4 Novembre 1980[a]	Equatorial Guinea	25 September 1987[a]
Gabon	21 Janvier 1983[a]	Estonia	21 October 1991[a]
Gambie	29 Décembre 1978[a]	Finland	19 August 1975
Grèce	16 Mai 1985[a]	France	4 November 1980[a]
Grenade	6 Septembre 1991[a]	Gabon	21 January 1983[a]
Guatemala	19 Mai 1988[a]	Gambia	29 December 1978[a]
Guinée	24 Janvier 1978	Germany	17 December 1973
Guinée-Bissau	2 Juillet 1992[a]		

1. Sous réserve des instruments éventuellement en cours de dépôt.

1. Subject to the deposit of outstanding instruments.

SECTION II — TRAITÉ / TREATY XVII

Guinée Équatoriale	25 Septembre 1987[a]	Greece	16 May 1985[a]
Guyana	15 Février 1977	Grenada	6 September 1991[a]
Honduras	17 Février 1981	Guatemala	19 May 1988[a]
Hongrie	17 Janvier 1974	Guinea	24 January 1978
Îles Salomon	17 Mars 1982[d]	Guinea-Bissau	2 July 1992[a]
Inde	10 Avril 1979[a]	Guyana	15 February 1977
Iran	24 Juin 1975	Honduras	17 February 1981
Iraq	25 Janvier 1971	Hungary	17 January 1974
Irlande	8 Décembre 1989	Iceland	22 August 1979
Islande	22 Août 1979	India	10 April 1979[a]
Israël	3 Octobre 1991	Irak	25 January 1971
Italie	15 Septembre 1978	Iran	24 June 1975
Jamahiriya Arabe		Ireland	8 December 1989
Libyenne	15 Mai 1970[a]	Israel	3 October 1991
Jamaïque	3 Octobre 1975	Italy	15 September 1978
Japon	21 Juin 1979	Jamaica	3 October 1975
Jordanie	28 Mai 1975	Japan	21 June 1979
Kenya	1 Mai 1972[a]	Jordania	28 May 1975
Lesotho	9 Septembre 1992[a]	Kenya	1 May 1972[a]
Lettonie	14 Avril 1992[a]	Latvia	14 April 1992[a]
Liban	3 Novembre 1972[a]	Lebanon	3 November 1972[a]
Lithuanie	20 Novembre 1991[a]	Lesotho	9 September 1992[a]
Luxembourg	18 Août 1983	Libyan Jamahiriya Arab	15 May 1970[a]
Madagascar	22 Septembre 1971	Lithuania	20 November 1991[a]
Mali	16 Juillet 1974[a]	Luxembourg	18 August 1983
Maroc	3 Mai 1979	Madagascar	22 September 1971
Maurice	12 Décembre 1973[a]	Mali	16 July 1974[a]
Mexique	23 Mars 1981[a]	Mauritius	12 December 1973[a]
Mongolie	18 Novembre 1974	Mexico	23 March 1981[a]
Népal	14 Mai 1991[a]	Mongolia	18 November 1974
Nicaragua	12 Mars 1980[a]	Morocco	3 May 1979
Niger	7 Mars 1986[a]	Nepal	14 May 1991[a]
Norvège	13 Septembre 1972	Netherlands	11 December 1978
Nouvelle-Zélande	28 Décembre 1978	New Zealand	28 December 1978
Ouganda	21 Janvier 1987[a]	Nicaragua	12 March 1980[a]
Panama	8 Mars 1977	Niger	7 March 1986[a]
Paraguay	10 Juin 1992[a]	Norway	13 September 1972
Pays-Bas	11 Décembre 1978	Panama	8 March 1977
Pérou	28 Avril 1978	Paraguay	10 June 1992[a]
Philippines	7 Juin 1974	Peru	28 April 1978
Pologne	18 Mars 1977	Philippines	7 June 1974
Portugal	31 Juillet 1978	Poland	18 March 1977
République Arabe		Portugal	31 July 1978
Syrienne	21 Avril 1969[a]	Republic of Centrafrica	8 May 1981[a]
République		Republic of Korea	10 April 1990[a]
Centrafricaine	8 Mai 1981[a]	Republic of Moldova	26 January 1993[a]
République de Corée	10 Avril 1990[a]	Romania	9 December 1974
République		Rwanda	16 April 1975[a]
Dominicaine	4 Janvier 1978[a]	Saint Vincent	
République		and the Grenadine	9 November 1981[a]
Démocratique		Salomon Islands	17 March 1982[d]
populaire de Corée	14 Septembre 1981[a]	San Marino	18 October 1985[a]
République de Moldova	26 Janvier 1993[a]	Senegal	13 February 1978
République Tchèque	22 Février 1993[d]	Seychelles	5 May 1992[a]
		Slovenia	6 July 1992[d]

République Unie de Tanzanie	11 Juin 1976[a]	Somalia	24 January 1990[a]
Roumanie	9 Décembre 1974	Spain	27 April 1977
Royaume-Uni	20 Mai 1976	Sri Lanka	11 June 1980[a]
Rwanda	16 Avril 1975	Sudan	18 March 1986[a]
Saint-Marin	18 Octobre 1985[a]	Sweden	6 December 1971
Saint-Vincent-et-Grenadines	9 Novembre 1981[a]	Switzerland	18 June 1992[a]
Sénégal	13 Février 1978	Syrian Arab Republic	21 April 1969[a]
Seychelles	5 Mai 1992[a]	Togo	24 May 1984[a]
Slovénie	6 Juillet 1992[d]	Trinidad and Tobago	8 December 1978[a]
Somalie	24 Janvier 1990[a]	Tunisia	18 March 1969
Soudan	18 Mars 1986[a]	Uganda	21 January 1987[a]
Sri Lanka	11 Juin 1980[a]	Ukraine	12 November 1973
Suède	6 Décembre 1971	United Kingdom	20 May 1976
Suisse	18 Juin 1992[a]	United Republic of Tanzania	11 June 1976[a]
Tchécoslovaquie	23 Décembre 1975	Uruguay	1 April 1970
Togo	24 Mai 1984[a]	USSR	16 October 1973
Trinité-et-Tobago	8 Décembre 1978[a]	Venezuela	10 May 1978
Tunisie	18 Mars 1969	Viet Nam	24 September 1982[a]
Ukraine	12 Novembre 1973	Yemen	9 February 1987[a]
URSS	16 Octobre 1973	Yugoslavia	2 June 1971
Uruguay	1 Avril 1970	Zaire	1 November 1976[a]
Venezuela	10 Mai 1978	Zambia	10 April 1984[a]
Viet Nam	24 Septembre 1982[a]	Zimbabwe	13 May 1991[a]
Yémen	9 Février 1987[a]		
Yougoslavie	2 Juin 1971		
Zaïre	1 Novembre 1976[a]		
Zambie	10 Avril 1984[a]		
Zimbabwe	13 Mai 1991[a]		

RÉSERVES AU PACTE INTERNATIONAL RELATIF AUX DROITS ÉCONOMIQUES, SOCIAUX ET CULTURELS DU 16 DÉCEMBRE 1966[1]	RESERVATIONS TO THE INTERNATIONAL COVENANT ON ECONOMIC, SOCIAL AND CULTURAL RIGHTS OF 16 DECEMBER 1966[1]

PAYS — STATES	ARTICLES
Barbade/Barbados	7*a*)i), 10(2), 13(2)*a*)
Congo/Congo	13(3), (4)
Danemark/Denmark	7*d*)
Inde/India	13
Irlande/Ireland	2(2), 13(2)*a*)
Japon/Japan	7*d*), 8(1)*d*), 13(2)*b*) et *c*)
Kenya/Kenya	10(2)
Madagascar/Madagascar	13(2)
Malte/Malta	13
Norvège/Norway	8(1)*d*)
Nouvelle-Zélande/New Zealand	8, 10(2)
Pays-Bas[2]/Netherlands[2]	8(1)*d*)

---

1. Pour les textes de ces réserves, nous vous référons aux Traités Multilatéraux déposés auprès du Secrétaire Général, État au 31 décembre 1991, p. 125.
2. Cette réserve ne s'applique pas aux Antilles néerlandaises. Le Royaume des Pays-Bas précise que, bien qu'il ne soit pas certain que la réserve formulée soit nécessaire, il a préféré la forme d'une réserve à celle d'une déclaration. À ce sujet, le Royaume des Pays-Bas tient à s'assurer que l'obligation pertinente découlant du Pacte ne s'applique pas au Royaume en ce qui concerne les Antilles néerlandaises.

1. See the Texts of Reservations in Multilateral Treaties deposited with the Secretary-General, Status as at 31 december 1991, p. 123.
2. The Kingdom of Netherlands does not accept this provision in the case of the Netherlands Antilles with regard to the latter's central and local government bodies. The Kingdom of the Netherlands clarifies that although it is not certain whether the reservation is necessary, it preferred the form of a reservation to that of a declaration. In this way, the Kingdom of Netherlands wishes to ensure that the relevant obligation under the Convenant does not apply to the Kingdom as far as the Netherlands Antilles are concerned.

Royaume-Uni de Grande-Bretagne et d'Irlande du Nord[3]/United Kingdom of Great Britain and Northern Ireland[3]	7*a)*i), 8(1)*b)*, 9, 10, 13(2)*a)*, 14
Suède/Sweden	7*d)*
Trinité-et-Tobago	8 (1) *d)*, 8 (2)
Zambie/Zambia	13 (2) *a)*

---

3. Les réserves des articles suivants sont applicables aux territoires suivants : Jersey, Guernesey, l'île de Man, Les Bermudes, Hong-Kong, îles Salomon et Tuvalu, îles Caïmanes, îles Falkland, îles Gilbert, Rodhésie du Sud, Ile Ste-Hélène, îles Turques et Caïques, îles Vierges britanniques, le groupe des îles Pitcairn.

3. These reservations apply to these territories: Jersey, Guernesey, Man Island, Bermuda, Hong Kong, Solomon Islands and Tuvalu, Cayman Islands, Falkland Islands, Gilbert Islands, Southern Rodhesia, St. Helena, Turks and Caïcos, the British Virgin Islands, the Pitcairn Islands Group.

XVIII

ACTE FINAL DE LA CONFÉRENCE INTERNATIONALE DES DROITS DE L'HOMME - TÉHÉRAN

FINAL ACT OF THE INTERNATIONAL CONFERENCE ON HUMAN RIGHTS - TEHERAN

22 avril au 13 mai 1968

22 April - 13 May 1968

Commentaires

Commentaries

Extrait de la page 1 de l'*Acte final de la Conférence internationale des droits de l'homme*, publié à New York par les Nations Unies en 1968 :

Extracted from page 1 of the *Final Act of the International Conference on Human Rights*, published in New York by the United Nations in 1968:

1. Le 20 décembre 1965, l'Assemblée générale des Nations Unies, par sa résolution 2081 (XX), avait décidé de convoquer une Conférence internationale des droits de l'homme « afin de promouvoir davantage les principes contenus dans la Déclaration universelle des droits de l'homme, de développer et de garantir les droits politiques, civils, économiques, sociaux et culturels, de mettre fin à toute discrimination et à tout déni des droits de l'homme et des libertés fondamentales fondés sur la race, la couleur, le sexe, la langue ou la religion et de permettre notamment l'élimination de l'*apartheid* ». La Conférence avait plus précisément pour objectifs : *a)* de passer en revue les réalisations enregistrées dans le domaine des droits de l'homme depuis l'adoption de la Déclaration universelle des droits de l'homme ; *b)* d'évaluer l'efficacité des méthodes employées par l'Organisation des Nations Unies dans le domaine des droits de l'homme, notamment en ce qui concerne l'élimination de toutes les formes de discrimination raciale et la pratique de la politique d'*apartheid*; *c)* de formuler et de préparer un programme de nouvelles mesures à prendre après la

1. The General Assembly of United Nations, by resolution 2081 (XX) of 20 December 1965, decide to convene an International Conference on Human Rights "to promote further the principles contained in the Universal Declaration of Human Rights, to develop and guarantee political, civil, economic, social and cultural rights and to end all discrimination and denial of human rights and fundamental freedoms on grounds of race, colour, sex language or religion, and in particular, to permit the elemination of *apartheid*". The specific purposes of the Conference were: *(a)* to review the progress which has been made in the field of human rights since the adoption of the Universal Declaration of Human Rights; *(b)* to evaluate the effectiveness of the methods used by the United Nations in the field of human rights, especially with regard to the elimination of all forms of racial discrimination and the practice of the policy of *apartheid*; and *(c)* to formulate and prepare a programme of further measures to be taken subsequent to the celebrations of the International Year for Human Rights. By resolution 1961

célébration de l'Année internationale des droits de l'homme. Dans sa résolution 1961 (XVIII), l'Assemblée générale avait déjà, le 12 décembre 1963, désigné l'année 1968 comme Année internationale des droits de l'homme.

2. La résolution 2081 (XX) a institué un Comité préparatoire de la Conférence internationale des droits de l'homme qui était chargé d'achever les préparatifs de la Conférence prévue pour 1968 et, en particulier, de faire à l'intention de l'Assemblée générale des propositions touchant l'ordre du jour, la durée et le lieu de réunion de la Conférence, et les moyens de faire face aux dépenses qu'elle entraînerait, et d'organiser et de diriger la préparation des études d'évaluation et autres documents nécessaires. Le Comité préparatoire, dont l'Assemblée générale a élargi la composition à sa vingt et unième session ordinaire, se composait des États Membres ci-après : Canada, Colombie, États-Unis d'Amérique, France, Inde, Iran, Italie, Jamaïque, Kenya, Liban, Mauritanie, Nigéria, Nouvelle-Zélande, Pakistan, Panama, Philippines, Pologne, Royaume-Uni de Grande-Bretagne et d'Irlande du Nord, Somalie, Tunisie, Union des Républiques socialistes soviétiques, Uruguay et Yougoslavie.

(XVIII) of 12 December 1963, the General Assembly had designated the year 1968 as International Year for Human Rights.

2. A Preparatory Committee for the International Conference on Human Rights was set up by resolution 2081 (XX) to complete the preparation for the Conference in 1968 and, in particular, to make proposals for the consideration of the General Assembly regarding the agenda, duration, venue, and the means of defraying the expenses of the Conference, and to organize and direct the preparation of the necessary evaluation studies and other documentation. The Preparatory Committee, after an increase in its membership at the twenty-first session of the General Assembly, consisted of the following Member States: Canada, Colombia, France, India, Iran, Italy, Jamaica, Kenya, Lebanon, Mauritania, New Zealand, Nigeria, Pakistan, Panama, Philippines, Poland, Somalia, Tunisia, Union of Soviet Socialist Republics, United Kingdom of Great Britain and Northern Ireland, United States of America, Uruguay and Yugoslavia.

BIBLIOGRAPHIE SÉLECTIVE

JOHNSON, G. et J. SYMONIDES, *La Déclaration universelle des droits de l'homme*, Paris, L'Harmattan, 1990.

SELECTED BIBLIOGRAPHY

DROST, R. *Human rights as legal rights, the realisation of individual human rights in positive international law.* Leyden: 1951.

RAMCHARAN, B.G., « Stratégies pour la protection des droits de l'homme au niveau international dans les années 1990 », (1990) Études i., vol. XXI-4, pp. 729-748.

THEODOR, M. *Human rights in international law: Legal and policy issues.* Oxford: Clarendon Press, 1984.

ACTE FINAL DE LA CONFÉRENCE INTERNATIONALE DES DROITS DE L'HOMME — TÉHÉRAN

22 avril au 13 mai 1968

I

Proclamation de Téhéran[1]

La Conférence internationale des droits de l'homme,

Réunie à Téhéran, du 22 avril au 13 mai 1968, pour passer en revue les progrès accomplis depuis l'adoption il y a vingt ans de la Déclaration universelle des droits de l'homme, et pour dresser un programme d'avenir,

Ayant examiné les problèmes relatifs aux activités entreprises par l'Organisation des Nations Unies en vue de promouvoir et d'encourager le respect des droits de l'homme et des libertés fondamentales,

Ayant présentes à l'esprit les résolutions qu'elle a adoptées,

Notant que l'Année internationale des droits de l'homme est célébrée à un moment où le monde subit des changements sans précédent dans l'histoire,

Tenant compte des possibilités nouvelles qu'offrent les progrès rapides de la science et de la technique,

Persuadée qu'à une époque où les conflits et la violence règnent dans beaucoup de régions du monde, l'inter-

---

1. Nations Unies, *Acte final de la Conférence internationale des droits de l'homme*, Téhéran, 22 avril-13 mai 1968, New York, N.U., A/CONF.32/41, 1968, p. 1.

FINAL ACT OF THE INTERNATIONAL CONFERENCE ON HUMAN RIGHTS — TEHERAN

22 April to 13 May 1968

I

Proclamation of Teheran[1]

The International Conference on Human Rights,

Having met at Teheran from April 22 to May 13, 1968 to review the progress made in the twenty years since the adoption of the Universal Declaration of Human Rights and to formulate a programme for the future,

Having considered the problems relating to the activities of the United Nations for the promotion and encouragement of respect for human rights and fundamental freedoms,

Bearing in mind the resolutions adopted by the Conference,

Noting that the observance of the International Year for Human Rights takes place at a time when the world is undergoing a process of unprecedented change,

Having regard to the new opportunities made available by the rapid progress of science and technology,

Believing that, in an age when conflict and violence prevail in many parts of the world, the fact of human inter-

---

1. For the text of Proclamation of Teheran, see United Nations Document A/CONF.32/41, New York, 1968.

dépendance des hommes et le besoin de solidarité humaine sont plus évidents que jamais,

Reconnaissant que l'humanité entière aspire à la paix et que la paix et la justice sont indispensables à la pleine réalisation des droits de l'homme et des libertés fondamentales,

Proclame solennellement :

1. Les membres de la communauté internationale ont le devoir impérieux de s'acquitter de l'obligation solennellement acceptée de promouvoir et encourager le respect des droits de l'homme et des libertés fondamentales pour tous, sans distinction de race, de couleur, de sexe, de langue, de religion, d'opinions politiques ou autres;

2. La Déclaration universelle des droits de l'homme exprime la conception commune qu'ont les peuples du monde entier des droits inaliénables et inviolables inhérents à tous les membres de la famille humaine et constitue une obligation pour les membres de la communauté internationale;

3. Le Pacte international relatif aux droits civils et politiques, le Pacte international relatif aux droits économiques, sociaux et culturels, la Déclaration sur l'octroi de l'indépendance aux pays et aux peuples coloniaux, la Convention internationale sur l'élimination de toutes les formes de discrimination raciale, de même que les autres conventions et déclarations adoptées, dans le domaine des droits de l'homme, sous les auspices de l'Organisation des Nations Unies, des institutions spécialisées et des organisations intergouvernementales et régionales ont établi des normes et des obligations nouvelles auxquelles toutes les nations devraient se conformer;

dependence and the need for human solidarity are more evident than ever before,

Recognizing that peace is the universal aspiration of mankind and that peace and justice are indispensable to the full realization of human rights and fundamental freedoms,

Solemnly proclaims that:

1. It is imperative that the members of the international community fulfil their solemn obligations to promote and encourage respect for human rights and fundamental freedoms for all without distinctions of any kind such as race, colour, sex, language, religion, political or other opinions;

2. The Universal Declaration of Human Rights states a common understanding of the peoples of the world concerning the inalienable and inviolable rights of all members of the human family and constitutes an obligation for the members of the international community;

3. The International Covenant on Civil and Political Rights, the International Covenant on Economic, Social and Cultural Rights, the Declaration on the Granting of Independence to Colonial Countries and Peoples, the International Convention on the Elimination of All Forms of Racial Discrimination, as well as other conventions and declarations in the field of human rights adopted under the auspices of the United Nations, the specialized agencies and the regional inter-governmental organizations, have created new standards and obligations to which States should conform;

4. Depuis l'adoption de la Déclaration universelle des droits de l'homme, l'Organisation des Nations Unies a accompli d'importants progrès dans la définition de normes relatives à la jouissance des droits de l'homme et des libertés fondamentales et à leur protection. Beaucoup d'instruments internationaux importants ont été adoptés pendant cette période, mais il reste beaucoup à faire pour assurer le respect effectif de ces droits et de ces libertés;

5. Dans le domaine des droits de l'homme, l'Organisation des Nations Unies a pour principal objectif de permettre à l'humanité d'atteindre un maximum de liberté et de dignité. Pour que cet idéal devienne réalité, il faut que les lois de chaque pays accordent à chaque citoyen — quelles que soient sa race, sa langue, sa religion et ses convictions politiques — la liberté d'expression, d'information, de conscience et de religion, ainsi que le droit de participer pleinement à la vie politique, économique, culturelle et sociale de son pays;

6. Il faut que les États réaffirment leur détermination d'appliquer efficacement les principes consacrés par la Charte des Nations Unies et les autres instruments internationaux relatifs aux droits de l'homme et aux libertés fondamentales;

7. Les graves dénis des droits de l'homme commis dans le cadre de la politique odieuse d'*apartheid* préoccupent profondément la communauté internationale. Cette politique d'*apartheid*, condamnée comme un crime contre l'humanité, continue de troubler sérieusement la paix et la sécurité internationales. Il est donc impérieux que la

4. Since the adoption of the Universal Declaration of Human Rights the United Nations has made substantial progress in defining standards for the enjoyment and protection of human rights and fundamental freedoms. During this period many important international instruments were adopted but much remains to be done in regard to the implementation of those rights and freedoms;

5. The primary aim of the United Nations in the sphere of human rights is the achievement by each individual of the maximum freedom and dignity. For the realization of this objective, the laws of every country should grant each individual, irrespective of race, language, religion or political belief, freedom of expression, of information, of conscience and of religion, as well as the right to participate in the political, economic, cultural and social life of his country;

6. States should reaffirm their determination effectively to enforce the principles enshrined in the Charter of the United Nations and in other international instruments that concern human rights and fundamental freedoms;

7. Gross denials of human rights under the repugnant policy of *apartheid* is a matter of the gravest concern to the international community. This policy of *apartheid*, condemned as a crime against humanity, continues seriously to disturb international peace and security. It is therefore imperative for the international community to use every possible

communauté internationale utilise tous les moyens possibles pour extirper ce fléau. La lutte contre l'*apartheid* est reconnue comme légitime;

8. Il faut que les peuples du monde soient pleinement informés des maux qu'engendre la discrimination raciale et s'unissent pour les combattre. Mettre en oeuvre le principe de non-discrimination, principe inscrit dans la Charte des Nations Unies, dans la Déclaration universelle des droits de l'homme et dans d'autres instruments internationaux relatifs aux droits de l'homme, est pour l'humanité une tâche de la plus grande urgence, tant sur le plan international que sur le plan national. Il faut condamner et combattre toutes les doctrines fondées sur la supériorité d'une race et sur l'intolérance raciale;

9. Huit ans après la Déclaration de l'Assemblée générale sur l'octroi de l'indépendance aux pays et aux peuples coloniaux, les problèmes du colonialisme continuent à préoccuper la communauté internationale. Il est urgent que tous les États Membres coopèrent avec les organes compétents de l'Organisation des Nations Unies afin que soient prises des mesures en vue d'appliquer pleinement cette Déclaration;

10. Le déni massif des droits de l'homme qui résulte de l'agression et des conflits armés, aux conséquences si tragiques, cause d'indicibles détresses humaines et engendre des réactions qui pourraient plonger le monde dans des conflits toujours croissants. Il incombe à la communauté internationale de coopérer pour éliminer de tels fléaux;

11. Le déni flagrant des droits de l'homme qui résulte de mesures discri-

means to eradicate this evil. The struggle against *apartheid* is recognized as legitimate;

8. The peoples of the world must be made fully aware of the evils of racial discrimination and must join in combating them. The implementation of this principle of non-discrimination, embodied in the Charter of the United Nations, the Universal Declaration of Human Rights, and other international instruments in the field of human rights, constitutes a most urgent task of mankind, at the international as well as the national level. All ideologies based on racial superiority and intolerance must be condemned and resisted;

9. Eight years after the General Assembly's Declaration on the Granting of Independence to Colonial Countries and Peoples the problems of colonialism continue to preoccupy the international community. It is a matter of urgency that all Member States should co-operate with the appropriate organs of the United Nations so that effective measures can be taken to ensure that the Declaration is fully implemented;

10. Massive denials of human rights, arising out of aggression or any armed conflict with their tragic consequences, and resulting in untold human misery, engender reactions which could engulf the world in ever growing hostilities. It is the obligation of the international community to co-operate in eradicating such scourges;

11. Gross denials of human rights arising from discrimination on grounds

minatoires fondées sur la race, la religion, la croyance ou l'expression d'une opinion outrage la conscience humaine et met en péril les fondements de la liberté, de la justice et de la paix dans le monde;

12. L'écart croissant qui sépare les pays économiquement développés des pays en voie de développement fait obstacle au respect effectif des droits de l'homme dans la communauté internationale. La Décennie du développement n'ayant pu atteindre ses modestes objectifs, il est d'autant plus impérieux que chaque nation, selon ses moyens, fasse le maximum d'efforts pour combler cet écart;

13. Les droits de l'homme et les libertés fondamentales étant indivisibles, la jouissance complète des droits civils et politiques est impossible sans celle des droits économiques, sociaux et culturels. Les progrès durables dans la voie de l'application des droits de l'homme supposent une politique nationale et internationale rationnelle et efficace de développement économique et social;

14. L'existence de plus de 700 millions d'illettrés dans le monde est un obstacle énorme à tous les efforts que l'on fait pour réaliser les objectifs et les buts de la Charte des Nations Unies et les dispositions de la Déclaration universelle des droits de l'homme. Il faut envisager d'urgence une action internationale pour éliminer sur toute la surface de la terre l'analphabétisme et promouvoir l'enseignement à tous les échelons;

15. Il faut mettre fin à la discrimination dont les femmes sont encore victimes dans diverses régions du monde. Le maintien de la femme dans une

of race, religion, belief or expressions of opinion outrage the conscience of mankind and endanger the foundations of freedom, justice and peace in the world;

12. The widening gap between the economically developed and developing countries impedes the realization of human rights in the international community. The failure of the Development Decade to reach its modest objectives makes it all the more imperative for every nation, according to its capacities, to make the maximum possible effort to close this gap;

13. Since human rights and fundamental freedoms are indivisible, the full realization of civil and political rights without the enjoyment of economic, social and cultural rights, is impossible. The achievement of lasting progress in the implementation of human rights is dependent upon sound and effective national and international policies of economic and social development;

14. The existence of over seven hundred million illiterates throughout the world is an enormous obstacle to all efforts at realizing the aims and purposes of the Charter of the United Nations and the provisions of the Universal Declaration of Human Rights. International action aimed at eradicating illiteracy from the face of the earth and promoting education at all levels requires urgent attention;

15. The discrimination of which women are still victims in various regions of the world must be eliminated. An inferior status for women is contrary

situation d'infériorité est contraire à la Charte des Nations Unies comme aux dispositions de la Déclaration universelle des droits de l'homme. La pleine application de la Déclaration sur l'élimination de la discrimination à l'égard des femmes est nécessaire au progrès de l'humanité;

16. La protection de la famille et de l'enfance reste la préoccupation de la communauté internationale. Les parents ont le droit fondamental de déterminer librement et consciemment la dimension de leur famille et l'échelonnement des naissances;

17. Il faut encourager au maximum les jeunes dans leurs aspirations à un monde meilleur, où les droits de l'homme et les libertés fondamentales seront pleinement appliqués. Il est impérieux que la jeunesse contribue à forger l'avenir de l'humanité;

18. Si les découvertes scientifiques et l'évolution de la technique ont récemment ouvert de vastes perspectives au développement économique, social et culturel, ces progrès peuvent néanmoins mettre en danger les droits et libertés de l'individu et requièrent donc une attention vigilante;

19. Le désarmement libérerait d'immenses ressources humaines et matérielles, actuellement consacrées à des fins militaires. Il faudrait mettre ces ressources au service des droits de l'homme et des libertés fondamentales. Le désarmement général et complet est l'une des plus hautes aspirations de tous les peuples;

En conséquence,

La Conférence internationale des droits de l'homme,

to the Charter of the United Nations as well as the provisions of the Universal Declaration of Human Rights. The full implementation of the Declaration on the Elimination of All Forms of Discrimination Against Women is a necessity for the progress of mankind;

16. The protection of the family and of the child remains the concern of the international community. Parents have a basic human right to determine freely and responsibly the number and the spacing of their children;

17. The aspirations of the younger generation for a better world, in which human rights and fundamental freedoms are fully implemented, must be given the highest encouragement. It is imperative that youth participate in shaping the future of mankind;

18. While recent scientific discoveries and technological advances have opened vast prospects for economic, social and cultural progress, such developments may nevertheless endanger the rights and freedoms of individuals and will require continuing attention;

19. Disarmament would release immense human and material resources now devoted to military purposes. These resources should be used for the promotion of human rights and fundamental freedoms. General and complete disarmament is one of the highest aspirations of all peoples;

Therefore,

The International Conference on Human Rights,

1. *Affirmant* sa foi dans les principes de la Déclaration universelle des droits de l'homme et des autres instruments internationaux adoptés dans ce domaine,

2. *Adjure* tous les peuples et tous les gouvernements de se faire les défenseurs des principes proclamés dans la Déclaration universelle des droits de l'homme et de redoubler d'efforts pour que tous les êtres humains puissent, dans la liberté et la dignité, s'épanouir sur le plan physique, mental, social et spirituel.

*27ᵉ séance plénière,
13 mai 1968.*

1. *Affirming* its faith in the principles of the Universal Declaration of Human Rights and other international instruments in this field,

2. *Urges* all peoples and governments to dedicate themselves to the principles enshrined in the Universal Declaration of Human Rights and to redouble their efforts to provide for all human beings a life consonant with freedom and dignity and conducive to physical, mental, social and spiritual welfare.

*27th plenary meeting.
13 May 1968.*

II

**Coopération avec
le Haut Commissaire
des Nations Unies pour les Réfugiés[2]**

Résolution XIII adoptée sur le
rapport de la Deuxième Commission

La Conférence internationale des droits de l'homme,

Rappelant la résolution 428 (V) du 14 décembre 1950, par laquelle l'Assemblée générale « invite les gouvernements à coopérer avec le Haut Commissaire des Nations Unies pour les réfugiés dans l'exercice de ses fonctions relatives aux réfugiés qui relèvent de la compétence du Haut Commissaire, notamment :

II

**Co-operation with
the United Nations
High Commissioner for Refugees[2]**

Adopted on the report of the
Second Committee

The International Conference on Human Rights,

Recalling resolution 428 (V) of 14 December 1950, in which the General Assembly called upon Governments "to cooperate with the United Nations High Commissioner for Refugees in the performance of his functions concerning refugees falling under the competence of his Office, especially by:

---

2. Voir Documents officiels des Nations Unies A/CONF.32/41, New York, 1968.

2. See United Nations Document A/CONF.32/41, New York, 1968.

« *a)* en devenant parties à des conventions internationales relatives à la protection des réfugiés, et en prenant les mesures d'application nécessaires en vertu de ces conventions,

« *b)* en concluant avec le Haut Commissaire des accords particuliers visant à mettre en oeuvre des mesures destinées à améliorer le sort des réfugiés et à diminuer le nombre de ceux qui ont besoin de protection,

« *c)* en admettant sur leur territoire des réfugiés, sans exclure ceux qui appartiennent aux catégories les plus déshéritées,

« *d)* en secondant les efforts du Haut Commissaire en ce qui concerne le rapatriement librement consenti des réfugiés,

« *e)* en favorisant l'assimilation des réfugiés, notamment en facilitant leur naturalisation,

« *f)* en délivrant aux réfugiés des titres de voyage, en particulier les documents qui faciliteront la réinstallation des réfugiés »,

1. *Considère* que, dans la présente Année internationale des droits de l'homme, la situation des réfugiés dans le monde doit retenir l'attention de tous les gouvernements, notamment sur les points figurant dans le préambule ci-dessus;

2. *Invite* dès lors les gouvernements qui ne l'ont pas encore fait à adhérer aux instruments internationaux relatifs à la protection des droits des réfugiés — notamment la Convention relative au statut des réfugiés, du 28 juillet 1951, et le Protocole relatif au statut des réfugiés, du 31 janvier 1967;

(a) Becoming parties to international conventions providing for the protection of refugees, and taking the necessary steps of implementation under such conventions,

(b) Entering into special agreements with the High Commissioner for the execution of measures calculated to improve the situation of refugees and to reduce the number requiring protection,

(c) Admitting refugees to their territories, not excluding those in the most destitute categories,

(d) Assisting the High Commissioner in his efforts to promote the voluntary repatriation of refugees,

(e) Promoting the assimilation of refugees, especially by facilitating their naturalization,

(f) Providing refugees with travel and other documents, especially documents which would facilitate their resettlement,"

1. *Considers* that in the present International Year for Human Rights all governments should concern themselves with the situation of refugees in the world, particularly with regard to the matters referred to in the above-mentioned preamble;

2. *Calls upon* Governements which have not yet done so to accede to the international instruments dealing with the protection of the rights of refugees and especially to the Convention relating to the Status of Refugees, of 28 July 1951, and the Protocol to the Convention relating to the Status of Refugees, of 31 January 1967;

3. *Affirme* l'importance du respect du principe du *non-refoulement* énoncé dans les instruments susmentionnés et dans la Déclaration sur l'asile territorial adoptée à l'unanimité par l'Assemblée générale en décembre 1967.

*25ᵉ séance plénière,
12 mai 1968.*

3. *Affirms* the importance of the observance of the principle of *non-refoulement* embodied in the above-mentioned instruments and in the Declaration on Territorial Asylum adopted unanimously by the General Assembly in December 1967.

*25th plenary meeting,
12 May 1968*

ADOPTION DE L'ACTE FINAL DE LA CONFÉRENCE INTERNATIONALE DES DROITS DE L'HOMME - TÉHÉRAN

22 Avril au 13 mai 1968

Les 84 États ci-après étaient présents à la Conférence :

Afghanistan, Algérie, Arabie Saoudite, Argentine, Australie, Autriche, Belgique, Brésil, Bulgarie, Cambodge, Canada, Ceylan, Chili, Chine, Chypre, Costa Rica, Côte d'Ivoire, Cuba, Danemark, Espagne, États-Unis d'Amérique, Éthiopie, Finlande, France, Ghana, Grèce, Haïti, Hongrie, Inde, Indonésie, Irak, Iran, Irlande, Israël, Italie, Jamaïque, Japon, Jordanie, Kenya, Koweït, Liban, Libéria, Libye, Madagascar, Malaisie, Mali, Maroc, Mauritanie, Mexique, Mongolie, Népal, Nigéria, Norvège, Nouvelle-Zélande, Ouganda, Pakistan, Pays-Bas, Philippines, Pologne, République arabe unie, République de Corée, République du Viet-Nam, République Fédérale d'Allemagne, République socialiste soviétique de Biélorussie, République socialiste soviétique d'Ukraine, République-Unie de Tanzanie, Roumanie, Royaume-Uni de Grande-Bretagne et d'Irlande du Nord, Saint-Siège, Soudan, Suède, Suisse, Syrie, Tchécoslovaquie, Thaïlande, Trinité-et-Tobago, Tunisie, Turquie, Union des Républiques socialistes soviétiques, Uruguay, Venezuela, Yémen, Yougoslavie et Zambie[1].

ADOPTION TO THE FINAL ACT OF THE CONFERENCE ON HUMAN RIGHTS - TEHERAN

22 April to 13 May 1968

84 States where presents to this Conference:

Afghanistan, Algeria, Saudi Arabia, Argentina, Australia, Austria, Belgium, Soviet Socialist Republic of Byelorussia, Brazil, Bulgaria, Cambodia, Canada, Ceylon, Chile, China, Cyprus, Costa Rica, Côte d'Ivoire, Cuba, Chzecoslovakia, Denmark, Ethiopia, Germany Federal Republic of, Finland, France, Ghana, Greece, Haiti, Holy See, Hungary, India, Indonesia, Iraq, Iran, Ireland, Israel, Italy, Jamaica, Japan, Jordania, Kenya, Koweit, Lebanon, Liberia, Libya, Madagascar, Malaisia, Mali, Mauritania, Mexico, Mongolia, Morocco, Nepal, Nigeria, Norway, New Zealand, Pakistan, Netherlands, Philippines, Poland, Republic of Korea, Republic of Viet Nam, Romania, Spain, Sudan, Sweden, Switzerland, Syria, Thailand, Trinidad and Tobago, Tunisia, Turkey, Soviet Socialist Republic of Ukraine, Uganda, Union of Soviet Socialist Republics, United Arab Republic, United Kingdom of Great Britain and Northern Ireland, United Republic of Tanzania, United States of America, Uruguay, Venezuela, Yemen, Yugoslavia and Zambia.[1]

---

1. Voir : Documents officiels des Nations Unies, A/COF.32/41. New York, 1968, p. 2.

1. United Nations Document, A/CONF.32/41, New York, 1968, p. 2.

XIX

| CONVENTION SUR LES DROITS POLITIQUES DE LA FEMME DU 31 MARS 1953 | CONVENTION ON THE POLITICAL RIGHTS OF WOMEN OF 31 MARCH 1953 |
|---|---|//

Commentaires / *Commentaries*

Extrait de la page V de la *Convention sur les droits politiques de la femme, Historique et commentaire*, publiée à New York par les Nations Unies en 1955 :

Extracted from page 1 of the *Convention on the Political Rights of Women, History and Commentary*, published in New York by the United Nations in 1955:

« Le 20 décembre 1952, l'Assemblée générale de l'Organisation des Nations Unies a adopté, à une majorité impressionnante, la Convention sur les droits politiques de la femme. Cette convention a été ouverte à la signature le 31 mars 1953 et, à la date de la rédaction du présent ouvrage, 104 États ont signé cet instrument.

La Convention est plus qu'un instrument ordinaire qui viendrait s'ajouter à la liste de tous ceux qui ont déjà été adoptés sous les auspices d'une organisation internationale : c'est le premier instrument de droit international qui a pour objet la reconnaissance et la protection des droits de la femme dans le monde entier. Tant la Charte des Nations Unies que la Déclaration universelle des droits de l'homme proclament le principe de l'égalité de droits des hommes et des femmes; mais, parmi les droits fondamentaux et libertés fondamentales dont l'Organisation des Nations Unies s'est donné pour fin de favoriser et d'encourager le respect, un petit nombre seulement ont fait à ce jour l'objet de traités internationaux ayant force obligatoire pour les États parties.

"On 20 December 1952, the General Assembly of the United Nations adopted, by an impressive vote, the Convention on the Political Rights of Women. This Convention was opened for signature on 31 March 1953 and, at the time of this writing, 104 States have signed the instrument; it has been ratified by twenty States and acceded to by two.

This Convention is not just another treaty prepared under the auspices of an international organization—it is the first instrument of international law aiming at the granting and at the protection of women's rights on a world-wide basis. Both the Charter of the United Nations and the Universal Declaration of Human Rights proclaim the principle of equal rights for men and women. But few of the fundamental rights and freedoms, the promotion and encouragement of which is one of the purposes of the United Nations, have as yet been made the object of international treaties, legally binding on the States parties.

À la septième session de l'Assemblée générale, le Président de l'Assemblée a déclaré que le projet de convention sur les droits politiques de la femme était « une question importante » et, parlant devant cette même assemblée, les représentants de plusieurs États Membres de l'Organisation des Nations Unies en ont souligné la valeur, non seulement en tant qu'instrument capable d'exercer une heureuse influence sur l'opinion mondiale et de contribuer à faire admettre généralement le principe de l'égalité, mais encore en tant que traité dont la mise en oeuvre obligera les pays qui le ratifieront et où la femme ne jouit pas encore des droits politiques à prendre les mesures législatives voulues ».

The draft convention on the political rights of women was declared 'a question of importance' by the President of the Seventh session of the General Assembly and speaking to it, representatives of various State Members of the United Nations at the Assembly emphasized its significance not only as an instrument 'which will have a beneficial effect on world public opinion and will help to gain acceptance for the principle of equality,' but also as a treaty the implementation of which will 'result in legislative action in countries ratifying it where women are not yet in possession of political rights.'"

BIBLIOGRAPHIE SÉLECTIVE

ANCEL, M. (Sous la dir.), *La condition de la femme dans la société contemporaine*, Paris, Sirey, 1938.

BENSADON, N., *Les droits de la femme des origines à nos jours*, Paris, P.U.F., 1980.

SELECTIVE BIBLIOGRAPHY

ARNAUD, A. J., KINGDOM. *Women's and the rights of man*. Aberdeen: Aberdeen University Press, 1990.

MEEHAN, E. M. *Women's rights at work: Campaigns and policy in Britain and United States*. New York: St. Martin's Press, 1985.

STANEK, E. *Legal status and Rights of Women: A selected Bibliography*. Monticello: 1987.

CONVENTION ON THE POLITICAL RIGHTS OF WOMEN

Opened for signature on 31 March 1953[1]

Entry into force: 7 July 1954, in accordance with article VI
Text: United Nations Treaty Series No. 2613, Vol. 193, p. 135

The Contracting Parties,

Desiring to implement the principle of equality of rights for men and women contained in the Charter of the United Nations,

Recognizing that everyone has the right to take part in the government of his country directly or indirectly through freely chosen representatives, and has the right to equal access to public service in his country, and desiring to equalize the status of men and women in the enjoyment and exercise of political rights, in accordance with the provisions of the Charter of the United Nations and of the Universal Declaration of Human Rights,

Having resolved to conclude a Convention for this purpose,

Hereby agree as hereinafter provided:

---

[1] The Convention was opened for signature pursuant to resolution 640 (VII), adopted by the General Assembly of the United Nations on 20 December 1952. For the text of this resolution, see Official Records of the General Assembly, Seventh Session, Supplement No. 20 (A/2361), p. 27.

Article premier

Les femmes auront, dans des conditions d'égalité avec les hommes, le droit de vote dans toutes les élections, sans aucune discrimination.

Article II

Les femmes seront, dans des conditions d'égalité avec les hommes, éligibles à tous les organismes publiquement élus, constitués en vertu de la législation nationale, sans aucune discrimination.

Article III

Les femmes auront, dans des conditions d'égalité, le même droit que les hommes d'occuper tous les postes publics et d'exercer toutes les fonctions publiques établis en vertu de la législation nationale, sans aucune discrimination.

Article IV

1. La présente Convention sera ouverte à la signature de tous les États Membres de l'Organisation des Nations Unies et de tout autre État auquel l'Assemblée générale aura adressé une invitation à cet effet.

2. Elle sera ratifiée et les instruments de ratification seront déposés auprès du Secrétaire général de l'Organisation des Nations Unies.

Article V

1. La présente Convention sera ouverte à l'adhésion de tous les États visés au paragraphe premier de l'article IV.

2. L'adhésion se fera par le dépôt d'un instrument d'adhésion auprès du

Article I

Women shall be entitled to vote in all elections on equal terms with men, without any discrimination,

Article II

Women shall be eligible for election to all publicly elected bodies, established by national law, on equal terms with men, without any discrimination.

Article III

Women shall be entitled to hold public office and to exercise all public functions, established by national law, on equal terms with men, without any discrimination.

Article IV

1. This Convention shall be open for signature on behalf of any Member of the United Nations and also on behalf of any other State to which an invitation has been addressed by the General Assembly.

2. This Convention shall be ratified and the instruments of ratification shall be deposited with the Secretary-General of the United Nations.

Article V

1. This Convention shall be open for accession to all States referred to in paragraph 1 of article IV.

2. Accession shall be effected by the deposit of an instrument of accession

Secrétaire général de l'Organisation des Nations Unies.

Article VI

1. La présente Convention entrera en vigueur le quatre-vingt-dixième jour qui suivra la date du dépôt du sixième instrument de ratification ou d'adhésion.

2. Pour chacun des États qui la ratifieront ou y adhéreront après le dépôt du sixième instrument de ratification ou d'adhésion, la présente Convention entrera en vigueur le quatre-vingt-dixième jour qui suivra le dépôt par cet État de son instrument de ratification ou d'adhésion.

Article VII

Si, au moment de la signature, de la ratification ou de l'adhésion, un État formule une réserve à l'un des articles de la présente Convention, le Secrétaire général communiquera le texte de la réserve à tous les États qui sont ou qui peuvent devenir parties à cette Convention. Tout État qui n'accepte pas ladite réserve peut, dans le délai de quatre-vingt-dix jours à partir de la date de cette communication (ou à la date à laquelle il devient partie à la Convention), notifier au Secrétaire général qu'il n'accepte pas la réserve. Dans ce cas, la Convention n'entrera pas en vigueur entre ledit État et l'État qui formule la réserve.

Article VIII

1. Tout État contractant peut dénoncer la présente Convention par une notification écrite adressée au Secrétaire général de l'Organisation des Nations

with the Secretary-General of the United Nations.

Article VI

1. This Convention shall come into force on the ninetieth day following the date of deposit of the sixth instrument of ratification or accession.

2. For each State ratifying or acceding to the Convention after the deposit of the sixth instrument of ratification or accession the Convention shall enter into force on the ninetieth day after deposit by such State of its instrument of ratification or accession.

Article VII

In the event that any State submits a reservation to any of the articles of this Convention at the time of signature, ratification or accession, the Secretary-General shall communicate the text of the reservation to all States which are or may become parties to this Convention. Any State which objects to the reservation may, within a period of ninety days from the date of the said communication (or upon the date of its becoming a party to the Convention), notify the Secretary-General that it does not accept it. In such case, the Convention shall not enter into force as between such State and the State making the reservation.

Article VIII

1. Any State may denounce this Convention by written notification to the Secretary-General of the United Nations. Denunciation shall take effect one

Unies. La dénonciation prendra effet un an après la date à laquelle le Secrétaire général en aura reçu notification.

2. La présente Convention cessera d'être en vigueur à partir de la date à laquelle aura pris effet la dénonciation qui ramènera à moins de six le nombre des Parties.

Article IX

Tout différend entre deux ou plusieurs États contractants touchant l'interprétation ou l'application de la présente Convention qui n'aura pas été réglé par voie de négociations sera porté, à la requête de l'une des Parties au différend, devant la Cour Internationale de Justice pour qu'elle statue à son sujet, à moins que les Parties intéressées ne conviennent d'un autre mode de règlement.

Article X

Seront notifiés par le Secrétaire général de l'Organisation des Nations Unies à tous les États Membres et aux États non membres visés au paragraphe premier de l'article IV de la présente Convention :

a) les signatures apposées et les instruments de ratification reçus conformément à l'article IV;

b) les instruments d'adhésion reçus conformément à l'article V;

c) la date à laquelle la présente Convention entrera en vigueur conformément à l'article VI;

d) les communications et notifications reçues conformément à l'article VII;

e) les notifications de dénonciation reçues conformément aux dispositions du paragraphe premier de l'article VIII;

year after the date of receipt of the notification by the Secretary-General.

2. This Convention shall cease to be in force as from the date when the denunciation which reduces the number of parties to less than six becomes effective.

Article IX

Any dispute which may arise between any two or more Contracting States concerning the interpretation or application of this Convention, which is not settled by negotiation, shall at the request of any one of the parties to the dispute be referred to the International Court of Justice for decision, unless they agree to another mode of settlement.

Article X

The Secretary-General of the United Nations shall notify all Members of the United Nations and the non-member States contemplated in paragraph 1 of article IV of this Convention of the following:

(a) Signatures and instruments of ratification received in accordance with article IV;

(b) Instruments of accession received in accordance with article V;

(c) The date upon which this Convention enters into force in accordance with article VI;

(d) Communications and notifications received in accordance with article VII;

(e) Notifications of denunciation received in accordance with paragraph 1 of article VIII;

f) l'extinction résultant de l'application du paragraphe 2 de l'article VIII.

(f) Abrogation in accordance with paragraph 2 of article VIII.

Article XI

1. La présente Convention, dont les textes anglais, chinois, espagnol, français et russe feront également foi, sera déposée aux archives de l'Organisation des Nations Unies.

2. Le Secrétaire général de l'Organisation des Nations Unies en fera parvenir une copie certifiée conforme à tous les États Membres et aux États non membres visés au paragraphe premier de l'article IV.

Article XI

1. This Convention, of which the Chinese, English, French, Russian and Spanish texts shall be equally authentic, shall be deposited in the archives of the United Nations.

2. The Secretary-General of the United Nations shall transmit a certified copy to all Members of the United Nations and to the non-member States contemplated in paragraph 1 of article IV.

CONVENTION SUR LES DROITS POLITIQUES DE LA FEMME DU 31 MARS 1953

104 ÉTATS MEMBRES AU 30 JUILLET 1993[1]	RATIFICATION, ADHÉSION[a], SUCCESSION[d]
Afghanistan	16 Novembre 1966[a]
Afrique du Sud	29 Janvier 1993
Albanie	12 Mai 1955[a]
Allemagne	4 Novembre 1970[a]
Angola	17 Septembre 1986[a]
Antigua-et-Barbuda	25 Octobre 1988[d]
Argentine	27 Février 1961
Australie	10 Décembre 1974[a]
Autriche	18 Avril 1969
Bahamas	16 Août 1977[d]
Barbade	12 Janvier 1973[a]
Bélarus	11 Août 1954
Belgique	20 Mai 1964[a]
Bolivie	22 Septembre 1970
Brésil	13 Août 1963
Bulgarie	17 Mars 1954[a]
Burundi	18 Février 1993[a]
Canada	30 Janvier 1957[a]
Chili	18 Octobre 1967
Chypre	12 Novembre 1968
Colombie	5 Août 1986[a]
Congo	15 Octobre 1962[a]
Costa Rica	25 Juillet 1967
Croatie	12 Octobre 1992[d]
Cuba	8 Avril 1954
Danemark	7 Juillet 1954
Égypte	8 Septembre 1981[a]
Équateur	23 Avril 1954
Espagne	14 Janvier 1974[a]
États-Unis d'Amérique	8 Avril 1976[a]
Éthiopie	21 Janvier 1969
Fidji	12 Juin 1972[a]
Finlande	6 Octobre 1958[a]
France	22 Avril 1957
Gabon	19 Avril 1967
Ghana	28 Décembre 1965[a]
Grèce	29 Décembre 1953
Guatemala	7 Octobre 1959
Guinée	24 Janvier 1978
Haïti	12 Février 1958
Hongrie	20 Janvier 1955
Îles Salomon	3 Septembre 1981[d]
Inde	1 Novembre 1961

1. Sous réserve des instruments éventuellement en cours de dépôt.

CONVENTION ON THE POLITICAL RIGHTS OF WOMEN OF 31 MARCH 1953

104 PARTICIPANTS AT 30 JULY 1993[1]	RATIFICATION, ACCESSION[a], SUCCESSION[d]
Afghanistan	16 November 1966[a]
Albania	12 May 1955[a]
Angola	17 September 1986[a]
Antigua and Barbuda	25 October 1988[d]
Argentina	27 February 1961
Australia	10 December 1974[a]
Austria	18 April 1969
Bahamas	16 August 1977[d]
Barbados	12 January 1973[a]
Belarus	11 August 1954
Belgium	20 May 1964[a]
Bolivia	22 September 1970
Brazil	13 August 1963
Bulgaria	17 March 1954[a]
Burundi	18 February 1993[a]
Canada	30 January 1957[a]
Chile	18 October 1967
Colombia	5 August 1986[a]
Congo	15 October 1962[a]
Costa Rica	25 July 1967
Croatia	12 October 1992[d]
Cuba	8 April 1954
Cyprus	12 November 1968
Czech Republic	22 February 1993[d]
Czechoslovakia	6 April 1955
Denmark	7 July 1954
Dominican Republic	11 December 1953
Ecuador	23 April 1954
Egypt	8 September 1981[a]
Ethiopia	21 January 1969
Fiji	12 June 1972[a]
Finland	6 October 1958[a]
France	22 April 1957
Gabon	19 April 1967
German Federal Republic	4 November 1970[a]
Ghana	28 December 1965[a]
Greece	29 December 1953
Guatemala	7 October 1959
Guinea	24 January 1978
Haiti	12 February 1958
Hungary	20 January 1955
Iceland	30 June 1954

1. Subject to the deposit of outstanding instruments.

SECTION II — TRAITÉ / TREATY XIX

Indonésie	16 Décembre 1958	India	1 November 1961
Irlande	14 Novembre 1968[a]	Indonesia	16 December 1958
Islande	30 Juin 1954	Ireland	14 November 1968[a]
Israël	6 Juillet 1954	Israel	6 July 1954
Italie	6 Mars 1968[a]	Italy	6 March 1968[a]
Jamahiriya Arabe Libyenne	16 Mai 1989[a]	Jamaica	14 August 1966[a]
Jamaïque	14 Août 1966[a]	Japan	13 July 1955
Japon	13 Juillet 1955	Jordan	1 July 1992[a]
Jordanie	1 Juillet 1992[a]	Lao People's Democratic Republic	28 January 1969[a]
Lesotho	4 Novembre 1974[a]	Latvia	14 April 1992[a]
Lettonie	14 Avril 1992[a]	Lebanon	5 June 1956
Liban	5 Juin 1956	Lesotho	4 November 1974[a]
Luxembourg	1 Novembre 1976	Libyan Jamahiriya Arab	16 May 1989[a]
Madagascar	12 Février 1964[a]	Luxembourg	1 November 1976
Malawi	29 Juin 1966[a]	Madagascar	12 February 1964[a]
Mali	16 Juillet 1974[a]	Malawi	29 June 1966[a]
Malte	9 Juillet 1968[a]	Mali	16 July 1974[a]
Maroc	22 Novembre 1976[a]	Malta	9 July 1968[a]
Maurice	18 Juillet 1969[d]	Mauritania	4 May 1976[a]
Mauritanie	4 Mai 1976[a]	Mauritius	18 July 1969[d]
Mexique	23 Mars 1981	Mexico	23 March 1981
Mongolie	18 Août 1965[a]	Mongolia	18 August 1965[a]
Népal	26 Avril 1966[a]	Morocco	22 November 1976[a]
Nicaragua	17 Janvier 1957[a]	Nepal	26 April 1966[a]
Niger	7 Décembre 1964[d]	Netherlands	30 July 1971
Nigéria	17 Novembre 1980	New Zealand	22 May 1968[a]
Norvège	24 Août 1956	Nicaragua	17 January 1957[a]
Nouvelle-Zélande	22 Mai 1968[a]	Niger	7 December 1964[d]
Pakistan	7 Décembre 1954	Nigeria	17 November 1980
Papouasie Nouvelle-Guinée	27 Janvier 1982[a]	Norway	24 August 1956
Paraguay	22 Février 1990	Pakistan	7 December 1954
Pays-Bas	30 Juillet 1971	Papua New Guinea	27 January 1982[a]
Pérou	1 Juillet 1975[a]	Paraguay	22 February 1990
Philippines	12 Septembre 1957	Peru	1 July 1975[a]
Pologne	11 Août 1954	Philippines	12 September 1957
République Centrafricaine	4 Septembre 1962[d]	Poland	11 August 1954
République de Corée	23 Juin 1959[a]	Republic of Centrafrica	4 September 1962[d]
République Démocratique Populaire Lao	28 Janvier 1969[a]	Republic of Korea	23 June 1959[a]
République Dominicaine	11 Décembre 1953	Republic of Moldova	26 January 1993[a]
République de Moldova	26 Janvier 1993[a]	Romania	6 August 1954
République Tchèque	22 Février 1993[d]	Salomon Islands	3 September 1981[d]
République Unie de Tanzanie	19 Juin 1975[a]	Senegal	2 May 1963[d]
Roumanie	6 Août 1954	Sierra Leone	25 July 1962[a]
Royaume-Uni	24 Février 1967[a]	Slovenia	6 July 1992[d]
Sénégal	2 Mai 1963[d]	South Africa	29 January 1993
Sierra Leone	25 Juillet 1962[a]	Spain	14 January 1974[a]
Slovénie	6 Juillet 1992[d]	Swaziland	20 July 1970[a]
Suède	31 Mars 1954	Sweden	31 March 1954
		Thailand	30 November 1954
		Trinidad and Tobago	24 June 1966[a]
		Tunisia	24 January 1968[a]
		Turkey	26 January 1960
		U.S.A.	8 April 1976[a]
		U.S.S.R.	3 May 1954

Swaziland	20 Juillet 1970[a]	Ukraine	15 November 1954
Tchécoslovaquie	6 Avril 1955	United Kingdom	24 February 1967[a]
Thaïlande	30 Novembre 1954	United Republic of	
Trinité-et-Tobago	24 Juin 1966[a]	Tanzania	19 June 1975[a]
Tunisie	24 Janvier 1968[a]	Venezuela	31 May 1983[a]
Turquie	26 Janvier 1960	Yemen	9 February 1987[a]
Ukraine	15 Novembre 1954	Yugoslavia	23 June 1954
URSS	3 Mai 1954	Zaire	12 October 1977[a]
Venezuela	31 Mai 1983[a]	Zambia	4 February 1972[a]
Yémen	9 Février 1987[a]		
Yougoslavie	23 Juin 1954		
Zaïre	12 Octobre 1977[a]		
Zambie	4 Février 1972[a]		

RÉSERVES À LA CONVENTION SUR LES DROITS POLITIQUES DE LA FEMME DU 31 MARS 1953[1]	RESERVATIONS TO THE CONVENTION OF POLITICAL RIGHTS OF WOMEN OF 31 MARCH 1953[1]
PAYS — STATES	ARTICLES
Albanie/Albania	VII, IX
Allemagne/Germany	III
Argentine/Argentina	IX
Australie/Australia	III
Autriche/Austria	III
Biélorussie/Belarus	VII
Belgique/Belgium	III
Bulgarie/Bulgaria	VII, IX
Danemark/Denmark	III
Équateur/Ecuador	I
Espagne/Spain	I, II, III
Fidji/Fiji	III
Finlande/Finland	III
Guatemala/Guatemala	IX
Îles Salomon/Solomon Islands	III
Inde/India	III
Indonesie/Indonesia	VII, IX
Irlande/Ireland	III
Italie/Italy	III
Lesotho/Lesotho	III
Malte/Malta	III

1. Voir les textes des réserves, Nations Unies, Traités Multilatéraux déposés auprès du Secrétariat Général, État au 31 décembre 1991, p. 646.

1. See the Texts of Reservations, United Nations, Multilatral Treaties deposited with the Secretary General, Status as at 31 December 1991, p. 632.

Maurice/Mauritius	III
Nouvelle-Zélande/New Zealand	III
Pakistan/Pakistan	III
Pologne/Poland	VII, IX
Roumanie/Romania	VII, IX
Royaume-Uni de Grande-Bretagne et d'Irlande du Nord/United Kingdom of Great Britain and Northern Ireland	III, *a), b), c), d), e) f) g) h), i)*
Sierra Leone/Sierra Leone	III
Swaziland/Swaziland	III
Tchécoslovaquie/Czechoslovakia	VII
Tunisie/Tunisia	IX
Ukraine/Ukraine	VII
URSS/USSR	VII
Venezuela/Venezuela	IX
Yémen/Yemen	VII, IX

XX

CONVENTION RELATIVE AUX DROITS DE L'ENFANT DU 20 NOVEMBRE 1989

Commentaires

Extrait des pages 1 à 5 de la fiche n° 10, *Les droits de l'enfant*, publiée par les Nations Unies en décembre 1990 :

« Après son *adoption* par l'Assemblée générale, la Convention a été *ouverte à la signature* le 26 janvier 1990 et soixante et un pays l'ont signée le jour même, ce qui est un record. La signature d'une convention est généralement considérée comme le signe qu'un pays envisagera ensuite sérieusement de la *ratifier*. La ratification, qui requiert l'agrément des autorités nationales compétentes — le Parlement dans la plupart des cas —, prend du temps. Dans certains cas, les États combinent la signature et la ratification en un acte unique, et adhèrent ainsi à une convention.

Une fois qu'un pays a ratifié la Convention relative aux droits de l'enfant, ou qu'il y a adhéré, il doit passer en revue sa législation nationale pour s'assurer qu'elle est bien conforme aux dispositions de la Convention. Il se déclare tenu d'observer les dispositions en question et doit répondre devant la communauté internationale de tout manquement à cet engagement.

La Convention est entrée en vigueur le 2 septembre 1990 — un mois après la vingtième ratification —, et c'est à cette date qu'elle est devenue norme de droit international pour les vingt premiers États à l'avoir ratifiée. Pour les autres États, la Convention entre en vigueur trente jours après la date à laquelle ils la ratifient ou y adhèrent. Un peu plus de sept mois se sont écoulés entre l'ouver-

CONVENTION ON THE RIGHTS OF THE CHILD OF 20 NOVEMBER 1989

Commentaries

Extracted from pages 1 to 4 of Fact Sheet No. 10, *The Rights of the Child*, published by the United Nations in September 1990:

"After its *adoption* by the General Assembly, the Convention was *opened for signature* on 26 January 1990, Sixty-one countries signed the document on that day—a record first-day response. Signature of a convention is generally accepted as a sign that a country will seriously consider *ratification*. Ratification, which requires the approval of the competent national authorities—in most cases parliament—takes time. In certain cases, States combine signature and ratification in one act, and in this way *accede* to a convention.

When a country has ratified or acceded to the Convention on the Rights of the Child, it must review national law to make sure it is in line with the provisions of the Convention. It declares itself bound to observe these provisions, and becomes answerable to the international community if it fails to comply with them.

The Convention entered into force on 2 September 1990—one month after the twentieth State ratified it—and on that date it became international law for those first twenty States. For other States, the Convention enters into force thirty days after they ratify or accede to it. A little over seven months separated the opening for signature and the entry into force of the Convention; this is a

ture de la Convention à la signature et son entrée en vigueur, ce qui est un intervalle très court pour un traité international — il est en général plus long — et qui montre bien l'intérêt et le soutien universels qu'a recueillis la Convention relative aux droits de l'enfant.

UNE DATE HISTORIQUE POUR LES DROITS DE L'ENFANT

La Convention relative aux droits de l'enfant a été adoptée — à l'unanimité — par l'Assemblée générale des Nations Unies le 20 novembre 1989.

Cette adoption a été saluée comme un événement historique dans l'action menée par la communauté internationale pour renforcer la justice, la paix et la liberté dans le monde par la promotion et la protection des droits de l'homme.

La Convention constitue l'énoncé le plus complet qui ait jamais été fait des droits de l'enfant et le premier texte qui donne à ces droits la force d'une norme du droit international.

L'une des raisons de l'importance de la Convention tient au fait qu'elle constitue un *engagement pour l'avenir*.

Le respect des droits de l'homme commence par la manière dont la société traite ses enfants. Une société qui se soucie des jeunes leur offrira la liberté et la dignité, en créant des conditions qui leur permettent de développer toutes leurs potentialités et de pouvoir espérer mener une vie d'adulte pleine et satisfaisante.

La Convention est prévoyante, car elle reconnaît que c'est aux enfants d'aujourd'hui — la moitié de la popula-

very short period for an international treaty—generally it takes much longer—and it shows the world-wide interest and support for the child Convention.

A LANDMARK FOR CHILDREN'S RIGHT

The Convention on the Rights of the Child was adopted—unanimously—by the United Nations General Assembly on 20 November, 1989.

This event has been hailed as a landmark in international efforts to strengthen justice, peace, and freedom in the world through the promotion and protection of human rights.

The Convention is the most complete statement of children's rights ever made and is the first to give these rights the force of international law.

One reason why the Convention is important is that it represents a *commitment to the future*.

Respect for human rights begins with the way society treats its children. A caring society will give freedom and dignity to young people, creating the conditions in which they can develop their full potential and so look forward to a full and satisfying adult life.

The Convention is farsighted because it recognises that the children of today—half the world's population—

tion mondiale — qu'il incombera demain de poursuivre la tâche consistant à créer un ordre social juste et humain.

La Convention relative aux droits de l'enfant est également *opportune.*

Certains droits de l'homme s'appliquent spécifiquement aux enfants, parce qu'ils ont besoin d'une attention et de soins spéciaux, qu'ils sont vulnérables et *différents* des adultes. Ce fait est reconnu dans la *Déclaration des droits de l'enfant* adoptée en 1959.

Toutefois, au cours des trente ans qui se sont écoulés depuis que les Nations Unies ont adopté la Déclaration, les sensibilités ont évolué et des idées nouvelles sont apparues. La notion de droits de l'enfant s'est élargie.

Parallèlement, la volonté de la communauté internationale de renforcer — et de faire appliquer — les droits de l'enfant a gagné du terrain au cours des années devant les preuves de plus en plus nombreuses des violences et de la détresse qui sont le lot des enfants. Voici quelques faits établis :

- Abandonnés par leur famille, une centaine de millions d'enfants ne subsistent qu'au prix d'un travail épuisant ou en se tournant vers la petite délinquance, la prostitution ou la mendicité;
- Plus de 50 millions d'enfants travaillent dans des conditions dangereuses ou insalubres;
- Cent vingt millions d'enfants âgés de six à onze ans ne sont pas scolarisés;
- Environ 3,5 millions d'enfants meurent chaque année de maladies qui pourraient être évitées par la prévention ou soignées avec succès;

will have to carry on into the future the work of creating a just and humane social order.

The Convention on the Rights of the Child is also *timely.*

Some human rights have a specific application to children, reflecting their need for special care and attention, their vulnerability and the *difference* between their world and the world of adults. This fact is recognized in the *Declaration on the Rights of the Child* adopted in 1959.

However, in the thirty years since the United Nations adopted the Declaration, many perceptions have changed and new ideas have emerged. The concept of children's rights has widened.

In parallel, the international will to reinforce—and enforce—the rights of the child has grown over the years, with the mounting evidence of hardship and abuse suffered by children. Here are some established facts:

- Abandoned by their families, some 100 million children subsist only by back-breaking work, or turn to petty crime, prostitution or begging;

- Over 50 million children work under unsafe or unhealthy conditions;

- One hundred and twenty million children between the ages of six and eleven are deprived of schooling;
- Some 3.5 million children die each year of diseases which could be prevented or cured;

• Environ 155 millions d'enfants âgés de moins de cinq ans dans les pays en développement vivent dans la pauvreté absolue;

• Des millions d'enfants — dont un grand nombre dans les sociétés riches — sont maltraités ou laissés à l'abandon, sont exploités sexuellement ou tombent dans la toxicomanie.

Telles sont quelques-unes des raisons pour lesquelles il est important que tout le monde :

• Sache que la Convention existe;

• Prenne conscience des droits qui y sont proclamés;

• Soutienne l'action menée pour que ces droits soient une réalité pour tous les enfants. »

• Some 155 million children under five in the developing countries live in absolute poverty;

• Millions—including many in the richer societies—are maltreated or neglected, are sexually exploited or become victims of drug abuse.

These are among the reasons why it is important for everyone:

• To know that the Convention exists;

• To become aware of the rights it proclaims; and

• To support efforts to make them a reality for all children."

BIBLIOGRAPHIE SÉLECTIVE

CHAZAL, J., *Les droits de l'enfant*, Paris, P.U.F., 1982.

MORO, A.C., *L'enfant sans droit*, Paris, Fayard, 1992.

SAVARD, C., *Une charte des droits de l'enfant*, Cowansville (Qué.), Yvon Blais, 1982.

TORRELLI, M., *La protection internationale des droits de l'enfant*, Paris, P.U.F., 1983.

SELECTIVE BIBLIOGRAPHY

SINGER, S., "The protection of children during armed conflict situation", (1986), 252 *International Review of Red Cross*, Vol. 26, p. 138.

UNDERHILL, E., "The Situation of migrant and refugee children in relation to the United Nations Declaration of the Rights of the Child", (1979) 17 *International Migration*, pp. 122-138.

VEERMAN, P. E. *The Rights of the Child and the Changing Image of childhood*. Dordrecht: Martinus Nijhoff Publishers, 1991.

CONVENTION RELATIVE AUX DROITS DE L'ENFANT

Adoptée le 20 novembre 1989
Nations Unies, Recueil des Traités, n° 1992/3

PRÉAMBULE

Les États parties à la présente Convention,

Considérant que, conformément aux principes proclamés dans la Charte des Nations Unies, la reconnaissance de la dignité inhérente à tous les membres de la famille humaine ainsi que l'égalité et le caractère inaliénable de leurs droits sont le fondement de la liberté, de la justice et de la paix dans le monde,

Ayant présent à l'esprit le fait que les peuples des Nations Unies ont, dans la Charte, proclamé à nouveau leur foi dans les droits fondamentaux de l'homme et dans la dignité et la valeur de la personne humaine, et qu'ils ont résolu de favoriser le progrès social et d'instaurer de meilleures conditions de vie dans une liberté plus grande,

Reconnaissant que les Nations Unies, dans la Déclaration universelle des droits de l'homme et dans les Pactes internationaux relatifs aux droits de l'homme, ont proclamé et sont convenues que chacun peut se prévaloir de tous les droits et de toutes les libertés qui y sont énoncés, sans distinction aucune, notamment de race, de couleur, de sexe, de langue, de religion, d'opinion politique ou de toute autre opinion, d'origine nationale ou sociale, de fortune, de naissance ou de toute autre situation,

Rappelant que, dans la Déclaration universelle des droits de l'homme, les

CONVENTION ON THE RIGHTS OF THE CHILD

Adopted on November 20, 1989
United Nations, Treaty Series, No. 1992/3

PREAMBLE

The States Parties to the present Convention,

Considering that, in accordance with the principles proclaimed in the Charter of the United Nations, recognition of the inherent dignity and of the equal and inalienable rights of all members of the human family is the foundation of freedom, justice and peace in the world,

Bearing in mind that the peoples of the United Nations have, in the Charter, reaffirmed their faith in fundamental human rights and in the dignity and worth of the human person, and have determined to promote social progress and better standards of life in larger freedom,

Recognizing that the United Nations has, in the Universal Declaration of Human Rights and in the International Covenants on Human Rights, proclaimed and agreed that everyone is entitled to all the rights and freedoms set forth therein, without distinction of any kind, such as race, colour, sex, language, religion, political or other opinion, national or social origin, property, birth or other status,

Recalling that, in the Universal Declaration of Human Rights, the United

Nations Unies ont proclamé que l'enfance a droit à une aide et à une assistance spéciales,

Convaincus que la famille, unité fondamentale de la société et milieu naturel pour la croissance et le bien-être de tous ses membres, et en particulier des enfants, doit recevoir la protection et l'assistance dont elle a besoin pour pouvoir jouer pleinement son rôle dans la communauté,

Reconnaissant que l'enfant, pour l'épanouissement harmonieux de sa personnalité, doit grandir dans le milieu familial, dans un climat de bonheur, d'amour et de compréhension,

Considérant qu'il importe de préparer pleinement l'enfant à avoir une vie individuelle dans la société, et de l'élever dans l'esprit des idéaux proclamés dans la Charte des Nations Unies, et en particulier dans un esprit de paix, de dignité, de tolérance, de liberté, d'égalité et de solidarité,

Ayant présent à l'esprit que la nécessité d'accorder une protection spéciale à l'enfant a été énoncée dans la Déclaration de Genève de 1924 sur les droits de l'enfant et dans la Déclaration des droits de l'enfant adoptée par l'Assemblée générale le 20 novembre 1959, et qu'elle a été reconnue dans la Déclaration universelle des droits de l'homme, dans le Pacte international relatif aux droits civils et politiques (en particulier aux articles 23 et 24), dans le Pacte international relatif aux droits économiques, sociaux et culturels (en particulier à l'article 10) et dans les statuts et instruments pertinents des institutions spécialisées et des organisations internationales qui se préoccupent du bien-être de l'enfant,

Nations has proclaimed that childhood is entitled to special care and assistance,

Convinced that the family, as the fundamental group of society and the natural environment for the growth and well-being of all its members and particularly children, should be afforded the necessary protection and assistance so that it can fully assume its responsibilities within the community,

Recognizing that the child, for the full and harmonious development of his or her personality, should grow up in a family environment, in an atmosphere of happiness, love and understanding,

Considering that the child should be fully prepared to live an individual life in society, and brought up in the spirit of the ideals proclaimed in the Charter of the United Nations, and in particular in the spirit of peace, dignity, tolerance, freedom, equality and solidarity,

Bearing in mind that the need to extend particular care to the child has been stated in the Geneva Declaration of the Rights of the Child of 1924 and in the Declaration of the Rights of the Child adopted by the General Assembly on 20 November 1959 and recognized in the Universal Declaration of Human Rights, in the International Covenant on Civil and Political Rights (in particular in articles 23 and 24), in the International Covenant on Economic, Social and Cultural Rights (in particular in article 10) and in the statutes and relevant instruments of specialized agencies and international organizations concerned with the welfare of children,

Ayant présent à l'esprit que, comme indiqué dans la Déclaration des droits de l'enfant, « l'enfant, en raison de son manque de maturité physique et intellectuelle, a besoin d'une protection spéciale et de soins spéciaux, notamment d'une protection juridique appropriée, avant comme après la naissance »,

Rappelant les dispositions de la Déclaration sur les principes sociaux et juridiques applicables à la protection et au bien-être des enfants, envisagés surtout sous l'angle des pratiques en matière d'adoption et de placement familial sur les plans national et international, de l'Ensemble de règles minima des Nations Unies concernant l'administration de la justice pour mineurs (Règles de Beijing), et de la Déclaration sur la protection des femmes et des enfants en période d'urgence et de conflit armé,

Reconnaissant qu'il y a dans tous les pays du monde des enfants qui vivent dans des conditions particulièrement difficiles, et qu'il est nécessaire d'accorder à ces enfants une attention particulière,

Tenant dûment compte de l'importance des traditions et valeurs culturelles de chaque peuple dans la protection et le développement harmonieux de l'enfant,

Reconnaissant l'importance de la coopération internationale pour l'amélioration des conditions de vie des enfants dans tous les pays, et en particulier dans les pays en développement,

Sont convenus de ce qui suit :

Bearing in mind that, as indicated in the Declaration of the Rights of the Child, "the child, by reason of his physical and mental immaturity, needs special safeguards and care, including appropriate legal protection, before as well as after birth,"

Recalling the provisions of the Declaration on Social and Legal Principles relating to the Protection and Welfare of Children, with Special Reference to Foster Placement and Adoption Nationally and Internationally; the United Nations Standard Minimum Rules for the Administration of Juvenile Justice (The Beijing Rules); and the Declaration on the Protection of Women and Children in Emergency and Armed Conflict,

Recognizing that, in all countries in the world, there are children living in exceptionally difficult conditions, and that such children need special consideration,

Taking due account of the importance of the traditions and cultural values of each people for the protection and harmonious development of the child,

Recognizing the importance of international co-operation for improving the living conditions of children in every country, in particular in the developing countries,

Have agreed as follows:

PREMIÈRE PARTIE

Article premier

Au sens de la présente Convention, un enfant s'entend de tout être humain âgé de moins de dix-huit ans, sauf si la majorité est atteinte plus tôt en vertu de la législation qui lui est applicable.

Article 2

1. Les États parties s'engagent à respecter les droits qui sont énoncés dans la présente Convention et à les garantir à tout enfant relevant de leur juridiction, sans distinction aucune, indépendamment de toute considération de race, de couleur, de sexe, de langue, de religion, d'opinion politique ou autre de l'enfant ou de ses parents ou représentants légaux, de leur origine nationale, ethnique ou sociale, de leur situation de fortune, de leur incapacité, de leur naissance ou de toute autre situation.

2. Les États parties prennent toutes les mesures appropriées pour que l'enfant soit effectivement protégé contre toutes formes de discrimination ou de sanction motivées par la situation juridique, les activités, les opinions déclarées ou les convictions de ses parents, de ses représentants légaux ou des membres de sa famille.

Article 3

1. Dans toutes les décisions qui concernent les enfants, qu'elles soient le fait des institutions publiques ou privées de protection sociale, des tribunaux, des autorités administratives ou des organes législatifs, l'intérêt supérieur de l'enfant doit être une considération primordiale.

PART I

Article 1

For the purposes of the present Convention, a child means every human being below the age of eighteen years unless, under the law applicable to the child, majority is attained earlier.

Article 2

1. States Parties shall respect and ensure the rights set forth in the present Convention to each child within their jurisdiction without discrimination of any kind, irrespective of the child's or his or her parent's or legal guardian's race, colour, sex, language, religion, political or other opinion, national, ethnic or social origin, property, disability, birth or other status.

2. States Parties shall take all appropriate measures to ensure that the child is protected against all forms of discrimination or punishment on the basis of the status, activities, expressed opinions, or beliefs of the child's parents, legal guardians, or family members.

Article 3

1. In all actions concerning children, whether undertaken by public or private social welfare institutions, courts of law, administrative authorities or legislative bodies, the best interests of the child shall be a primary consideration.

2. Les États parties s'engagent à assurer à l'enfant la protection et les soins nécessaires à son bien-être, compte tenu des droits et des devoirs de ses parents, de ses tuteurs ou des autres personnes légalement responsables de lui, et ils prennent à cette fin toutes les mesures législatives et administratives appropriées.

3. Les États parties veillent à ce que le fonctionnement des institutions, services et établissements qui ont la charge des enfants et assurent leur protection soit conforme aux normes fixées par les autorités compétentes, particulièrement dans le domaine de la sécurité et de la santé et en ce qui concerne le nombre et la compétence de leur personnel ainsi que l'existence d'un contrôle approprié.

Article 4

Les États parties s'engagent à prendre toutes les mesures législatives, administratives et autres qui sont nécessaires pour mettre en oeuvre les droits reconnus dans la présente Convention. Dans le cas des droits économiques, sociaux et culturels, ils prennent ces mesures dans toutes les limites des ressources dont ils disposent et, s'il y a lieu, dans le cadre de la coopération internationale.

Article 5

Les États parties respectent la responsabilité, le droit et le devoir qu'ont les parents ou, le cas échéant, les membres de la famille élargie ou de la communauté, comme prévu par la coutume locale, les tuteurs ou autres personnes légalement responsables de l'enfant, de donner à celui-ci, d'une manière qui

2. States Parties undertake to ensure the child such protection and care as is necessary for his or her well-being, taking into account the rights and duties of his or her parents, legal guardians, or other individuals legally responsible for him or her, and, to this end, shall take all appropriate legislative and administrative measures.

3. States Parties shall ensure that the institutions, services and facilities responsible for the care or protection of children shall conform with the standards established by competent authorities, particularly in the areas of safety, health, in the number and suitability of their staff, as well as competent supervision.

Article 4

States Parties shall undertake all appropriate legislative, administrative, and other measures for the implementation of the rights recognized in the present Convention. With regard to economic, social and cultural rights, States Parties shall undertake such measures to the maximum extent of their available resources and, where needed, within the framework of international co-operation.

Article 5

States Parties shall respect the responsibilities, rights and duties of parents or, where applicable, the members of the extended family or community as provided for by local custom, legal guardians or other persons legally responsible for the child, to provide, in a manner consistent with the evolving ca-

corresponde au développement de ses capacités, l'orientation et les conseils appropriés à l'exercice des droits que lui reconnaît la présente Convention.

Article 6

1. Les États parties reconnaissent que tout enfant a un droit inhérent à la vie.

2. Les États parties assurent dans toute la mesure possible la survie et le développement de l'enfant.

Article 7

1. L'enfant est enregistré aussitôt sa naissance et a dès celle-ci le droit à un nom, le droit d'acquérir une nationalité et, dans la mesure du possible, le droit de connaître ses parents et d'être élevé par eux.

2. Les États parties veillent à mettre ces droits en oeuvre conformément à leur législation nationale et aux obligations que leur imposent les instruments internationaux applicables en la matière, en particulier dans les cas où faute de cela l'enfant se trouverait apatride.

Article 8

1. Les États parties s'engagent à respecter le droit de l'enfant de préserver son identité, y compris sa nationalité, son nom et ses relations familiales, tels qu'ils sont reconnus par la loi, sans ingérence illégale.

2. Si un enfant est illégalement privé des éléments constitutifs de son identité ou de certains d'entre eux, les États parties doivent lui accorder une assistance et une protection appropriées, pour que son identité soit rétablie aussi rapidement que possible.

pacities of the child, appropriate direction and guidance in the exercise by the child of the rights recognized in the present Convention.

Article 6

1. States Parties recognize that every child has the inherent right to life.

2. States Parties shall ensure to the maximum extent possible the survival and development of the child.

Article 7

1. The child shall be registered immediately after birth and shall have the right from birth to a name, the right to acquire a nationality and, as far as possible, the right to know and be cared for by his or her parents.

2. States Parties shall ensure the implementation of these rights in accordance with their national law and their obligations under the relevant international instruments in this field, in particular where the child would otherwise be stateless.

Article 8

1. States Parties undertake to respect the right of the child to preserve his or her identity, including nationality, name and family relations as recognized by law without unlawful interference.

2. Where a child is illegaly deprived of some or all of the elements of his or her identity, States Parties shall provide appropriate assistance and protection, with a view to speedily re-establishing his or her identity.

Article 9

1. Les États parties veillent à ce que l'enfant ne soit pas séparé de ses parents contre leur gré, à moins que les autorités compétentes ne décident, sous réserve de révision judiciaire et conformément aux lois et procédures applicables, que cette séparation est nécessaire dans l'intérêt supérieur de l'enfant. Une décision en ce sens peut être nécessaire dans certains cas particuliers, par exemple lorsque les parents maltraitent ou négligent l'enfant, ou lorsqu'ils vivent séparément et qu'une décision doit être prise au sujet du lieu de résidence de l'enfant.

2. Dans tous les cas prévus au paragraphe 1 du présent article, toutes les parties intéressées doivent avoir la possibilité de participer aux délibérations et de faire connaître leurs vues.

3. Les États parties respectent le droit de l'enfant séparé de ses deux parents ou de l'un d'eux d'entretenir régulièrement des relations personnelles et des contacts directs avec ses deux parents, sauf si cela est contraire à l'intérêt supérieur de l'enfant.

4. Lorsque la séparation résulte de mesures prises par un État partie, telles que la détention, l'emprisonnement, l'exil, l'expulsion ou la mort (y compris la mort, quelle qu'en soit la cause, survenue en cours de détention) des deux parents ou de l'un d'eux, ou de l'enfant, l'État partie donne sur demande aux parents, à l'enfant ou, s'il y a lieu, à un autre membre de la famille les renseignements essentiels sur le lieu où se trouvent le membre ou les membres de la famille, à moins que la divulgation de ces renseignements ne soit préjudiciable au bien-être de l'enfant. Les États

Article 9

1. States Parties shall ensure that a child shall not be separated from his or her parents against their will, except when competent authorities subject to judicial review determine, in accordance with applicable law and procedures, that such separation is necessary for the best interests of the child. Such determination may be necessary in a particular case such as one involving abuse or neglect of the child by the parents, or one where the parents are living separately and a decision must be made as to the child's place of residence.

2. In any proceedings pursuant to paragraph 1 of the present Article, all interested parties shall be given an opportunity to participate in the proceedings and make their views known.

3. States Parties shall respect the right of the child who is separated from one or both parents to maintain personal relations and direct contact with both parents on a regular basis, except if it is contrary to the child's best interests.

4. Where such separation results from any action initiated by a State Party, such as the detention, imprisonment, exile, deportation or death (including death arising from any cause while the person is in the custody of the State) of one or both parents or of the child, that State Party shall, upon resquest, provide the parents, the child or, if appropriate, another member of the family with the essential information concerning the whereabouts of the absent member(s) of the family unless the provision of the information would be detrimental to the well-being of the

parties veillent en outre à ce que la présentation d'une telle demande n'entraîne pas en elle-même de conséquences fâcheuses pour la personne ou les personnes intéressées.

child. States Parties shall further ensure that the submission of such a request shall of itself entail no adverse consequence for the person(s) concerned.

Article 10

1. Conformément à l'obligation incombant aux États parties en vertu du paragraphe 1 de l'article 9, toute demande faite par un enfant ou ses parents en vue d'entrer dans un État partie ou de le quitter aux fins de réunification familiale est considérée par les États parties dans un esprit positif, avec humanité et diligence. Les États parties veillent en outre à ce que la présentation d'une telle demande n'entraîne pas de conséquences fâcheuses pour les auteurs de la demande et les membres de leur famille.

2. Un enfant dont les parents résident dans des États différents a le droit d'entretenir, sauf circonstances exceptionnelles, des relations personnelles et des contacts directs réguliers avec ses deux parents. À cette fin, et conformément à l'obligation incombant aux États parties en vertu du paragraphe 1 de l'article 9, les États parties respectent le droit qu'ont l'enfant et ses parents de quitter tout pays, y compris le leur, et de revenir dans leur propre pays. Le droit de quitter tout pays ne peut faire l'objet que des restrictions prescrites par la loi qui sont nécessaires pour protéger la sécurité nationale, l'ordre public, la santé ou la moralité publiques, ou les droits et libertés d'autrui, et qui sont compatibles avec les autres droits reconnus dans la présente Convention.

Article 10

1. In accordance with the obligation of States Parties under Article 9, paragraph 1, applications by a child or his or her parents to enter or leave a State Party for the purpose of family reunification shall be dealt with by States Parties in a positive, humane and expeditious manner. States Parties shall further ensure that the submission of such a request shall entail no adverse consequences for the applicants and for the members of their family.

2. A child whose parents reside in different States shall have the right to maintain on a regular basis, save in exceptional circumstances, personal relations and direct contacts with both parents. Towards that end and in accordance with the obligation of States Parties under Article 9, paragraph 2, States Parties shall respect the right of the child and his or her parents to leave any country, including their own, and to enter their own country. The right to leave any country shall be subject only to such restrictions as are prescribed by law and which are necessary to protect the national security, public order (ordre public), public health or morals or the rights and freedoms of others and are consistent with the other rights recognized in the present Convention.

Article 11

1. Les États parties prennent des mesures pour lutter contre les déplacements et les non-retours illicites d'enfants à l'étranger.

2. À cette fin, les États parties favorisent la conclusion d'accords bilatéraux ou multilatéraux ou l'adhésion aux accords existants.

Article 12

1. Les États parties garantissent à l'enfant qui est capable de discernement le droit d'exprimer librement son opinion sur toute question l'intéressant, les opinions de l'enfant étant dûment prises en considération eu égard à son âge et à son degré de maturité.

2. À cette fin, on donnera notamment à l'enfant la possibilité d'être entendu dans toute procédure judiciaire ou administrative l'intéressant, soit directement, soit par l'intermédiaire d'un représentant ou d'un organisme approprié, de façon compatible avec les règles de procédure de la législation nationale.

Article 13

1. L'enfant a le droit à la liberté d'expression. Ce droit comprend la liberté de rechercher, de recevoir et de répandre des informations et des idées de toute espèce, sans considération de frontières, sous une forme orale, écrite, imprimée ou artistique, ou par tout autre moyen du choix de l'enfant.

2. L'exercice de ce droit ne peut faire l'objet que des seules restrictions qui sont prescrites par la loi et qui sont nécessaires :

Article 11

1. States Parties shall take measures to combat the illicit transfer and non-return of children abroad.

2. To this end, States Parties shall promote the conclusion of bilateral or multilateral agreements or accession to existing agreements.

Article 12

1. States Parties shall assure to the child who is capable of forming his or her own views the right to express those views freely in all matters affecting the child, the views of the child being given due weight in accordance with the age and maturity of the child.

2. For this purpose, the child shall in particular be provided the opportunity to be heard in any judicial and administrative proceedings affecting the child, either directly, or through a representative or an appropriate body, in a manner consistent with the procedural rules of national law.

Article 13

1. The child shall have the right to freedom of expression; this right shall include freedom to seek, receive and impart information and ideas of all kinds, regardless of frontiers, either orally, in writing or in print, in the form of art, or through any other media of the child's choice.

2. The exercise of this right may be subject to certain restrictions, but these shall only be such as are provided by law and are necessary:

a) au respect des droits ou de la réputation d'autrui, ou
b) à la sauvegarde de la sécurité nationale, de l'ordre public, de la santé ou de la moralité publique.

Article 14

1. Les États parties respectent le droit de l'enfant à la liberté de pensée, de conscience et de religion.

2. Les États parties respectent le droit et le devoir des parents ou, le cas échéant, des représentants légaux de l'enfant, de guider celui-ci dans l'exercice du droit susmentionné d'une manière qui corresponde au développement de ses capacités.

3. La liberté de manifester sa religion ou ses convictions ne peut être soumise qu'aux seules restrictions qui sont prescrites par la loi et qui sont nécessaires pour préserver la sûreté publique, l'ordre public, la santé et la moralité publiques, ou les libertés et droits fondamentaux d'autrui.

Article 15

1. Les États parties reconnaissent les droits de l'enfant à la liberté d'association et à la liberté de réunion pacifique.

2. L'exercice de ces droits ne peut faire l'objet que des seules restrictions qui sont prescrites par la loi et qui sont nécessaires dans une société démocratique, dans l'intérêt de la sécurité nationale, de la sûreté publique ou de l'ordre public, ou pour protéger la santé ou la moralité publiques, ou les droits et libertés d'autrui.

(a) For respect of the rights or reputations of others; or
(b) For the protection of national security or of public order (ordre public), or of public health or morals.

Article 14

1. States Parties shall respect the right of the child to freedom of thought, conscience and religion.

2. States Parties shall respect the rights and duties of the parents and, when applicable, legal guardians, to provide direction to the child in the exercise of his or her right in a manner consistent with the evolving capacities of the child.

3. Freedom to manifest one's religion or beliefs may be subject only to such limitations as are prescribed by law and are necessary to protect public safety, order, health or morals, or the fundamental rights and freedoms of others.

Article 15

1. States Parties recognize the rights of the child to freedom of association and to freedom of peaceful assembly.

2. No restrictions may be placed on the exercise of these rights other than those imposed in conformity with the law and which are necessary in a democratic society in the interests of national security or public safety, public order (ordre public), the protection of public health or morals or the protection of the rights and freedoms of others.

Article 16

1. Nul enfant ne fera l'objet d'immixtions arbitraires ou illégales dans sa vie privée, sa famille, son domicile ou sa correspondance, ni d'atteintes illégales à son honneur et à sa réputation.

2. L'enfant a droit à la protection de la loi contre de telles immixtions ou de telles atteintes.

Article 17

Les États parties reconnaissent l'importance de la fonction remplie par les médias et veillent à ce que l'enfant ait accès à une information et à des matériels provenant de sources nationales et internationales diverses, notamment ceux qui visent à promouvoir son bien-être social, spirituel et moral ainsi que sa santé physique et mentale. À cette fin, les États parties :

a) encouragent les médias à diffuser une information et des matériels qui présentent une utilité sociale et culturelle pour l'enfant et répondent à l'esprit de l'article 29;

b) encouragent la coopération internationale en vue de produire, d'échanger et de diffuser une information et des matériels de ce type provenant de différentes sources culturelles, nationales et internationales;

c) encouragent la production et la diffusion de livres pour enfants;

d) Encouragent les médias à tenir particulièrement compte des besoins linguistiques des enfants autochtones ou appartenant à un groupe minoritaire;

e) favorisent l'élaboration de principes directeurs appropriés destinés à protéger l'enfant contre l'informa-

Article 16

1. No child shall be subjected to arbitrary or unlawful interference with his or her privacy, family, home or correspondence, nor to unlawful attacks on his or her honour and reputation.

2. The child has the right to the protection of the law against such interference or attacks.

Article 17

States Parties recognize the important function performed by the mass media and shall ensure that the child has access to information and material from a diversity of national and international sources, especially those aimed at the promotion of his or her social, spiritual and moral well-being and physical and mental health. To this end, States Parties shall:

(a) Encourage the mass media to disseminate information and material of social and cultural benefit to the child and in accordance with the spirit of Article 29;

(b) Encourage international co-operation in the production, exchange and dissemination of such information and material from a diversity of cultural, national and international sources;

(c) Encourage the production and dissemination of children's books;

(d) Encourage the mass media to have particular regard to the linguistic needs of the child who belongs to a minority group or who is indigenous;

(e) Encourage the development of appropriate guidelines for the protection of the child from information

tion et les matériels qui nuisent à son bien-être, compte tenu des dispositions des articles 13 et 18.

Article 18

1. Les États parties s'emploient de leur mieux à assurer la reconnaissance du principe selon lequel les deux parents ont une responsabilité commune pour ce qui est d'élever l'enfant et d'assurer son développement. La responsabilité d'élever l'enfant et d'assurer son développement incombe au premier chef aux parents ou, le cas échéant, à ses représentants légaux. Ceux-ci doivent être guidés avant tout par l'intérêt supérieur de l'enfant.

2. Pour garantir et promouvoir les droits énoncés dans la présente Convention, les États parties accordent l'aide appropriée aux parents et aux représentants légaux de l'enfant dans l'exercice de la responsabilité qui leur incombe d'élever l'enfant et assurent la mise en place d'institutions, d'établissements et de services chargés de veiller au bien-être des enfants.

3. Les États parties prennent toutes les mesures appropriées pour assurer aux enfants dont les parents travaillent le droit de bénéficier des services et établissements de garde d'enfants pour lesquels ils remplissent les conditions requises.

Article 19

1. Les États parties prennent toutes les mesures législatives, administratives, sociales et éducatives appropriées pour protéger l'enfant contre toute forme de violence, d'atteinte ou de brutalités physiques ou mentales, d'abandon ou de négligence, de mauvais

and material injurious to his or her well-being, bearing in mind the provision of Articles 13 and 18.

Article 18

1. States Parties shall use their best efforts to ensure recognition of the principle that both parents have common responsibilities for the upbringing and development of the child. Parents or, as the case may be, legal guardians, have the primary responsibility for the upbringing and development of the child. The best interests of the child will be their basic concern.

2. For the purpose of guaranteeing and promoting the rights set forth in the present Convention, States Parties shall render appropriate assistance to parents and legal guardians in the performance of their child-rearing responsibilities and shall ensure the development of institutions, facilities and services for the care of children.

3. States Parties shall take all appropriate measures to ensure that children of working parents have the right to benefit from child-care services and facilities for which they are eligible.

Article 19

1. States Parties shall take all appropriate legislative, administrative, social and educational measures to protect the child from all forms of physical or mental violence, injury or abuse, neglect or negligent treatment, maltreatment or exploitation, including sexual abuse,

traitements ou d'exploitation, y compris la violence sexuelle, pendant qu'il est sous la garde de ses parents ou de l'un d'eux, de son ou ses représentants légaux ou de toute autre personne à qui il est confié.

2. Ces mesures de protection comprendront, selon qu'il conviendra, des procédures efficaces pour l'établissement de programmes sociaux visant à fournir l'appui nécessaire à l'enfant et à ceux à qui il est confié, ainsi que pour d'autres formes de prévention, et aux fins d'identification, de rapport, de renvoi, d'enquête, de traitement et de suivi pour les cas de mauvais traitements de l'enfant décrits ci-dessus, et comprendre également, selon qu'il conviendra, des procédures d'intervention judiciaire.

Article 20

1. Tout enfant qui est temporairement ou définitivement privé de son milieu familial, ou qui dans son propre intérêt ne peut être laissé dans ce milieu, a droit à une protection et à une aide spéciales de l'État.

2. Les États parties prévoient pour cet enfant une protection de remplacement conforme à leur législation nationale.

3. Cette protection de remplacement peut notamment avoir la forme du placement dans une famille, de la *kafalah* de droit islamique, de l'adoption ou, en cas de nécessité, du placement dans un établissement pour enfants approprié. Dans le choix entre ces solutions, il est dûment tenu compte de la nécessité d'une certaine continuité dans l'éducation de l'enfant, ainsi que de son origine ethnique, religieuse, culturelle et linguistique.

while in the care of parent(s), legal guardian(s) or any other person who has the care of the child.

2. Such protective measures should, as appropriate, include effective procedures for the establishment of social programmes to provide necessary support for the child and for those who have the care of the child, as well as for other forms of prevention and for identification, reporting, referral, investigation, treatment and follow-up of instances of child maltreatment described heretofore, and, as appropriate, for judicial involvement.

Article 20

1. A child temporarily or permanently deprived of his or her family environment, or in whose own best interests cannot be allowed to remain in that environment, shall be entitled to special protection and assistance provided by the State.

2. States Parties shall in accordance with their national laws ensure alternative care for such a child.

3. Such care could include, inter alia, foster placement, *kafalah* of Islamic law, adoption or if necessary placement in suitable institutions for the care of children. When considering solutions, due regard shall be paid to the desirability of continuity in a child's upbringing and to the child's ethnic, religious, cultural and linguistic background.

Article 21

Les États parties qui admettent et/ou autorisent l'adoption s'assurent que l'intérêt supérieur de l'enfant est la considération primordiale en la matière, et :

a) veillent à ce que l'adoption d'un enfant ne soit autorisée que par les autorités compétentes, qui vérifient, conformément à la loi et aux procédures applicables et sur la base de tous les renseignements fiables relatifs au cas considéré, que l'adoption peut avoir lieu eu égard à la situation de l'enfant par rapport à ses père et mère, parents et représentants légaux et que, le cas échéant, les personnes intéressées ont donné leur consentement à l'adoption en connaissance de cause, après s'être entourées des avis nécessaires ;

b) reconnaissent que l'adoption à l'étranger peut être envisagée comme un autre moyen d'assurer les soins nécessaires à l'enfant, si celui-ci ne peut, dans son pays d'origine, être placé dans une famille nourricière ou adoptive ou être convenablement élevé ;

c) veillent, en cas d'adoption à l'étranger, à ce que l'enfant ait le bénéfice de garanties et de normes équivalant à celles existant en cas d'adoption nationale ;

d) prennent toutes les mesures appropriées pour veiller à ce que, en cas d'adoption à l'étranger, le placement de l'enfant ne se traduise pas par un profit matériel indu pour les personnes qui en sont responsables ;

e) poursuivent les objectifs du présent article en concluant des arrangements ou des accords bilatéraux ou multilatéraux, selon les cas, et

Article 21

States Parties that recognize and/or permit the system of adoption shall ensure that the best interests of the child shall be the paramount consideration and they shall:

(a) Ensure that the adoption of a child is authorized only by competent authorities who determine, in accordance with applicable law and procedures and on the basis of all pertinent and reliable information, that the adoption is permissible in view of the child's status concerning parents, relatives and legal guardians and that, if required, the persons concerned have given their informed consent to the adoption on the basis of such counselling as may be necessary;

(b) Recognize that inter-country adoption may be considered as an alternative means of child's care, if the child cannot be placed in a foster or an adoptive family or cannot in any suitable manner be cared for in the child's country of origin;

(c) Ensure that the child concerned by inter-country adoption enjoys safeguards and standards equivalent to those existing in the case of national adoption;

(d) Take all appropriate measures to ensure that, in inter-country adoption, the placement does not result in improper financial gain for those involved in it;

(e) Promote, where appropriate, the objectives of the present Article by concluding bilateral or multilateral arrangements or agreements, and

s'efforcent dans ce cadre de veiller à ce que les placements d'enfants à l'étranger soient effectués par des autorités ou des organes compétents.

Article 22

1. Les États parties prennent les mesures appropriées pour qu'un enfant qui cherche à obtenir le statut de réfugié ou qui est considéré comme réfugié en vertu des règles et procédures du droit international ou national applicable, qu'il soit seul ou accompagné de ses père et mère ou de toute autre personne, bénéficie de la protection et de l'assistance humanitaire voulues pour lui permettre de jouir des droits que lui reconnaissent la présente Convention et les autres instruments internationaux relatifs aux droits de l'homme ou de caractère humanitaire auxquels lesdits États sont parties.

2. À cette fin, les États parties collaborent, selon qu'ils le jugent nécessaire, à tous les efforts faits par l'Organisation des Nations Unies et les autres organisations intergouvernementales ou non gouvernementales compétentes collaborant avec l'Organisation des Nations Unies pour protéger et aider les enfants qui se trouvent en pareille situation et pour rechercher les père et mère ou autres membres de la famille de tout enfant réfugié en vue d'obtenir les renseignements nécessaires pour le réunir à sa famille. Lorsque ni le père, ni la mère, ni aucun autre membre de la famille ne peut être retrouvé, l'enfant se voit accorder, selon les principes énoncés dans la présente Convention, la même protection que tout autre enfant définitivement ou temporairement privé de son milieu familial pour quelque raison que ce soit.

endeavour, within this framework, to ensure that the placement of the child in another country is carried out by competent authorities or organs.

Article 22

1. States Parties shall take appropriate measures to ensure that a child who is seeking refugee status or who is considered a refugee in accordance with applicable international or domestic law and procedures shall, whether unaccompanied or accompanied by his or her parents or by any other person, receive appropriate protection and humanitarian assistance in the enjoyment of applicable rights set forth in the present Convention and in other international human rights or humanitarian instruments to which the said States are Parties.

2. For this purpose, States Parties shall provide, as they consider appropriate, co-operation in any efforts by the United Nations and other competent intergovernmental organizations or non-governmental organizations co-operating with the United Nations to protect and assist such a child and to trace the parents or other members of the family of any refugee child in order to obtain information necessary for reunification with his or her family. In cases where no parents or other members of the family can be found, the child shall be accorded the same protection as any other child permanently or temporarily deprived of his or her family environment for any reason, as set forth in the present Convention.

Article 23

1. Les États parties reconnaissent que les enfants mentalement ou physiquement handicapés doivent mener une vie pleine et décente, dans des conditions qui garantissent leur dignité, favorisent leur autonomie et facilitent leur participation active à la vie de la collectivité.

2. Les États parties reconnaissent le droit des enfants handicapés de bénéficier de soins spéciaux et encouragent et assurent, dans la mesure des ressources disponibles, l'octroi, sur demande, aux enfants handicapés remplissant les conditions requises et à ceux qui en ont la charge, d'une aide adaptée à l'état de l'enfant et à la situation de ses parents ou de ceux à qui il est confié.

3. Eu égard aux besoins particuliers des enfants handicapés, l'aide fournie conformément au paragraphe 2 du présent article est gratuite chaque fois qu'il est possible, compte tenu des ressources financières de leurs parents ou de ceux à qui l'enfant est confié, et elle est conçue de telle sorte que les enfants handicapés aient effectivement accès à l'éducation, à la formation, aux soins de santé, à la rééducation, à la préparation à l'emploi et aux activités récréatives, et bénéficient de ces services de façon propre à assurer une intégration sociale aussi complète que possible et leur épanouissement personnel, y compris dans le domaine culturel et spirituel.

4. Dans un esprit de coopération internationale, les États parties favorisent l'échange d'informations pertinentes dans le domaine des soins de santé préventifs et du traitement médical, psychologique et fonctionnel des enfants handicapés, y compris par la diffusion

Article 23

1. States Parties recognize that a mentally or physically disabled child should enjoy a full and decent life, in conditions which ensure dignity, promote self-reliance and facilitate the child's active participation in the community.

2. States Parties recognize the right of the disabled child to special care and shall encourage and ensure the extension, subject to available resources, to the eligible child and those responsible for his or her care, of assistance for which application is made and which is appropriate to the child's condition and to the circumstances of the parents or others caring for the child.

3. Recognizing the special needs of a disabled child, assistance extended in accordance with paragraph 2 of the present Article shall be provided free of charge, whenever possible, taking into account the financial resources of the parents or others caring for the child, and shall be designed to ensure that the disabled child has effective access to and receives education, training, health care services, rehabilitation services, preparation for employment and recreation oppurtunities in a manner conducive to the child's achieving the fullest possible social integration and individual development, including his or her cultural and spiritual development.

4. States Parties shall promote, in the spirit of international co-operation, the exchange of appropriate information in the field of preventive health care and of medical, psychological and functional treatment of disabled children, including dissemination of and access

d'informations concernant les méthodes de rééducation et les services de formation professionnelle, ainsi que l'accès à ces données, en vue de permettre aux États parties d'améliorer leurs capacités et leurs compétences et d'élargir leur expérience dans ces domaines. À cet égard, il est tenu particulièrement compte des besoins des pays en développement.

to information concerning methods of rehabilitation, education and vocational services, with the aim of enabling States Parties to improve their capabilities and skills and to widen their experience in these areas. In this regard, particular account shall be taken of the needs of developing countries.

Article 24

1. Les États parties reconnaissent le droit de l'enfant de jouir du meilleur état de santé possible et de bénéficier de services médicaux et de rééducation. Ils s'efforcent de garantir qu'aucun enfant ne soit privé du droit d'avoir accès à ces services.

2. Les États parties s'efforcent d'assurer la réalisation intégrale du droit susmentionné et, en particulier, prennent les mesures appropriées pour :
a) réduire la mortalité parmi les nourrissons et les enfants;
b) assurer à tous les enfants l'assistance médicale et les soins de santé nécessaires, l'accent étant mis sur le développement des soins de santé primaires;
c) lutter contre la maladie et la malnutrition, y compris dans le cadre des soins de santé primaires, grâce notamment à l'utilisation de techniques aisément disponibles et à la fourniture d'aliments nutritifs et d'eau potable, compte tenu des dangers et des risques de pollution du milieu naturel;

d) assurer aux mères des soins prénatals et postnatals appropriés;

Article 24

1. States Parties recognize the right of the child to the enjoyment of the highest attainable standard of health and to facilities for the treatment of illness and rehabilitation of health. States Parties shall strive to ensure that no child is deprived of his or her right of access to such health care services.

2. States parties shall pursue full implementation of this right and, in particular, shall take appropriate measures:

(a) To diminish infant and child mortality;
(b) To ensure the provision of necessary medical assistance and health care to all children with emphasis on the development of primary health care;
(c) To combat disease and malnutrition, including within the framework of primary health care, through, *inter alia*, the application of readily available technology and through the provision of adequate nutritious foods and clean drinking-water, taking into consideration the dangers and risks of environmental pollution;
(d) To ensure appropriate pre-natal and post-natal health care for mothers;

e) faire en sorte que tous les groupes de la société, en particulier les parents et les enfants, reçoivent une information sur la santé et la nutrition de l'enfant, les avantages de l'allaitement au sein, l'hygiène et la salubrité de l'environnement et la prévention des accidents, et bénéficient d'une aide leur permettant de mettre à profit cette information;

f) développer les soins de santé préventifs, les conseils aux parents et l'éducation et les services en matière de planification familiale.

3. Les États parties prennent toutes les mesures efficaces appropriées en vue d'abolir les pratiques traditionnelles préjudiciables à la santé des enfants.

4. Les États parties s'engagent à favoriser et à encourager la coopération internationale en vue d'assurer progressivement la pleine réalisation du droit reconnu dans le présent article. À cet égard, il est tenu particulièrement compte des besoins des pays en développement.

Article 25

Les États parties reconnaissent à l'enfant qui a été placé par les autorités compétentes pour recevoir des soins, une protection ou un traitement physique ou mental, le droit à un examen périodique dudit traitement et de toute autre circonstance relative à son placement.

Article 26

1. Les États parties reconnaissent à tout enfant le droit de bénéficier de la sécurité sociale, y compris les assurances sociales, et prennent les mesures

(e) To ensure that all segments of society, in particular parents and children, are informed, have access to education and are supported in the use of basic knowledge of child health and nutrition, the advantages of breast-feeding, hygiene and environmental sanitation and the prevention of accidents;

(f) To develop preventive health care, guidance for parents and family planning education and services.

3. States Parties shall take all effective and appropriate measures with a view to abolishing traditional practices prejudicial to the health of children.

4. States Parties undertake to promote and encourage international cooperation with a view to achieving progressively the full realization of the right recognized in the present Article. In this regard, particular account shall be taken of the needs of developing countries.

Article 25

States Parties recognize the right of a child who has been placed by the competent authorities for the purposes of care, protection or treatment of his or her physical or mental health, to a periodic review of the treatment provided to the child and all other circumstances relevant to his or her placement.

Article 26

1. States Parties shall recognize for every child the right to benefit from social security, including social insurance, and shall take the necessary mea-

nécessaires pour assurer la pleine réalisation de ce droit en conformité avec leur législation nationale.

2. Les prestations doivent, lorsqu'il y a lieu, être accordées compte tenu des ressources et de la situation de l'enfant et des personnes responsables de son entretien, ainsi que de toute autre considération applicable à la demande de prestation faite par l'enfant ou en son nom.

Article 27

1. Les États parties reconnaissent le droit de tout enfant à un niveau de vie suffisant pour permettre son développement physique, mental, spirituel, moral et social.

2. C'est aux parents ou autres personnes ayant la charge de l'enfant qu'incombe au premier chef la responsabilité d'assurer, dans les limites de leurs possibilités et de leurs moyens financiers, les conditions de vie nécessaires au développement de l'enfant.

3. Les États parties adoptent les mesures appropriées, compte tenu des conditions nationales et dans la mesure de leurs moyens, pour aider les parents et autres personnes ayant la charge de l'enfant à mettre en oeuvre ce droit et offrent, en cas de besoin, une assistance matérielle et des programmes d'appui, notamment en ce qui concerne l'alimentation, le vêtement et le logement.

4. Les États parties prennent toutes les mesures appropriées en vue d'assurer le recouvrement de la pension alimentaire de l'enfant auprès de ses parents ou des autres personnes ayant une responsabilité financière à son égard, que ce soit sur leur territoire ou à

sures to achieve the full realization of this right in accordance with their national law.

2. The benefits should, where appropriate, be granted, taking into account the resources and the circumstances of the child and persons having responsibility for the maintenance of the child, as well as any other consideration relevant to an application for benefits made by or on behalf of the child.

Article 27

1. States parties recognize the right of every child to a standard of living adequate for the child's physical, mental, spiritual, moral and social development.

2. The parent(s) or others responsible for the child have the primary responsibility to secure, within their abilities and financial capacities, the conditions of living necessary for the child's development.

3. States Parties, in accordance with national conditions and within their means, shall take appropriate measures to assist parents and others responsible for the child to implement this right and shall in case of need provide material assistance and support programmes, particularly with regard to nutrition, clothing and housing.

4. States Parties shall take all appropriate measures to secure the recovery of maintenance for the child from the parents or other persons having financial responsibility for the child, both within the State Party and from abroad. In particular, where the person having

l'étranger. En particulier, pour tenir compte des cas où la personne qui a une responsabilité financière à l'égard de l'enfant vit dans un État autre que celui de l'enfant, les États parties favorisent l'adhésion à des accords internationaux ou la conclusion de tels accords ainsi que l'adoption de tous autres arrangements appropriés.

financial responsibility for the child lives in a State different from that of the child, States Parties shall promote the accession to international agreements or the conclusion of such agreements, as well as the making of other appropriate arrangements.

Article 28

1. Les États parties reconnaissent le droit de l'enfant à l'éducation, et en particulier, en vue d'assurer l'exercice de ce droit progressivement et sur la base de l'égalité des chances :

a) ils rendent l'enseignement primaire obligatoire et gratuit pour tous;
b) ils encouragent l'organisation de différentes formes d'enseignement secondaire, tant général que professionnel, les rendent ouvertes et accessibles à tout enfant, et prennent des mesures appropriées, telles que l'instauration de la gratuité de l'enseignement et l'offre d'une aide financière en cas de besoin;
c) ils assurent à tous l'accès à l'enseignement supérieur, en fonction des capacités de chacun, par tous les moyens appropriés;
d) ils rendent ouvertes et accessibles à tout enfant l'information et l'orientation scolaires et professionnelles;
e) ils prennent des mesures pour encourager la régularité de la fréquentation scolaire et la réduction des taux d'abandon scolaire.

2. Les États parties prennent toutes les mesures appropriées pour veiller à ce que la discipline scolaire soit appliquée d'une manière compatible avec la dignité de l'enfant en tant qu'être humain et conformément à la présente Convention.

Article 28

1. States Parties recognize the right of the child to education, and with a view to achieving this right progressively and on the basis of equal opportunity, they shall, in particular:

(a) Make primary education compulsory and available free to all;
(b) Encourage the development of different forms of secondary education, including general and vocational education, make them available and accessible to every child, and take appropriate measures such as the introduction of free education and offering financial assistance in case of need;
(c) Make higher education accessible to all on the basis of capacity by every appropriate means;
(d) Make educational and vocational information and guidance available and accessible to all children;
(e) Take measures to encourage regular attendance at schools and the reduction of drop-out rates.

2. States Parties shall take all appropriate measures to ensure that school discipline is administered in a manner consistent with the child's human dignity and in conformity with the present Convention.

3. Les États parties favorisent et encouragent la coopération internationale dans le domaine de l'éducation, en vue notamment de contribuer à éliminer l'ignorance et l'analphabétisme dans le monde et de faciliter l'accès aux connaissances scientifiques et techniques et aux méthodes d'enseignement modernes. À cet égard, il est tenu particulièrement compte des besoins des pays en développement.

Article 29

1. Les États parties conviennent que l'éducation de l'enfant doit viser à :

a) favoriser l'épanouissement de la personnalité de l'enfant et le développement de ses dons et de ses aptitudes mentales et physiques, dans toute la mesure de leurs potentialités;

b) inculquer à l'enfant le respect des droits de l'homme et des libertés fondamentales, et des principes consacrés dans la Charte des Nations Unies;

c) inculquer à l'enfant le respect de ses parents, de son identité, de sa langue et de ses valeurs culturelles, ainsi que le respect des valeurs nationales du pays dans lequel il vit, du pays duquel il peut être originaire et des civilisations différentes de la sienne;

d) préparer l'enfant à assumer les responsabilités de la vie dans une société libre, dans un esprit de compréhension, de paix, de tolérance, d'égalité entre les sexes et d'amitié entre tous les peuples et groupes ethniques, nationaux et religieux, et avec les personnes d'origine autochtone;

e) inculquer à l'enfant le respect du milieu naturel.

3. States Parties shall promote and encourage international co-operation in matters relating to education, in particular with a view to contributing to the elimination of ignorance and illiteracy throughout the world and facilitating access to scientific and technical knowledge and modern teaching methods. In this regard, particular account shall be taken of the needs of developing countries.

Article 29

1. States Parties agree that the education of the child shall be directed to:

(a) The development of the child's personality, talents and mental and physical abilities to their fullest potential;

(b) The development of respect for human rights and fundamental freedoms, and for the principles enshrined in the Charter of the United Nations;

(c) The development of respect for the child's parents, his or her own cultural identity, language and values, for the national values of the country in which the child is living, the country from which he or she may originate, and for civilizations different from his or her own;

(d) The preparation of the child for responsible life in a free society, in the spirit of understanding, peace, tolerance, equality of sexes, and friendship among all peoples, ethnic, national and religious groups and persons of indigenous origin;

(e) The development of respect for the natural environment.

2. Aucune disposition du présent article ou de l'article 28 ne sera interprétée d'une manière qui porte atteinte à la liberté des personnes physiques ou morales de créer et de diriger des établissements d'enseignement, à condition que les principes énoncés au paragraphe 1 du présent article soient respectés et que l'éducation dispensée dans ces établissements soit conforme aux normes minimales que l'État aura prescrites.

Article 30

Dans les États où ils existe des minorités ethniques, religieuses ou linguistiques ou des personnes d'origine autochtone, un enfant autochtone ou appartenant à une de ces minorités ne peut être privé du droit d'avoir sa propre vie culturelle, de professer et de pratiquer sa propre religion ou d'employer sa propre langue en commun avec les autres membres de son groupe.

Article 31

1. Les États parties reconnaissent à l'enfant le droit au repos et aux loisirs, de se livrer au jeu et à des activités récréatives propres à son âge, et de participer librement à la vie culturelle et artistique.

2. Les États parties respectent et favorisent le droit de l'enfant de participer pleinement à la vie culturelle et artistique, et encouragent l'organisation à son intention de moyens appropriés de loisirs et d'activités récréatives, artistiques et culturelles, dans des conditions d'égalité.

Article 32

1. Les États parties reconnaissent le droit de l'enfant d'être protégé contre l'exploitation économique et de n'être

2. No part of the present article or article 28 shall be construed so as to interfere with the liberty of individuals and bodies to establish and direct educational institutions, subject always to the observance of the principles set forth in paragraph 1 of the present article and to the requirements that the education given in such institutions shall conform to such minimum standards as may be laid down by the State.

Article 30

In those States in which ethnic, religious or linguistic minorities or persons of indigenous origin exist, a child belonging to such a minority or who is indigenous shall not be denied the right, in community with other members of his or her group, to enjoy his or her own culture, to profess and practise his or her own religion, or to use his or her own language.

Article 31

1. States Parties recognize the right of the child to rest and leisure, to engage in play and recreational activities appropriate to the age of the child and to participate freely in cultural life and the arts.

2. States Parties shall respect and promote the right of the child to participate fully in cultural and artistic life and shall encourage the provision of appropriate and equal opportunities for cultural, artistic, recreational and leisure activity.

Article 32

1. States Parties recognize the right of the child to be protected from economic exploitation and from perform-

astreint à aucun travail comportant des risques ou susceptible de compromettre son éducation ou de nuire à sa santé ou à son développement physique, mental, spirituel, moral ou social.

2. Les États parties prennent des mesures législatives, administratives, sociales et éducatives pour assurer l'application du présent article. À cette fin, et compte tenu des dispositions pertinentes des autres instruments internationaux, les États parties, en particulier :

a) fixent un âge minimum ou des âges minimums d'admission à l'emploi;

b) prévoient une réglementation appropriée des horaires de travail et des conditions d'emploi;

c) prévoient des peines ou autres sanctions appropriées pour assurer l'application effective du présent article.

Article 33

Les États parties prennent toutes les mesures appropriées, y compris des mesures législatives, administratives, sociales et éducatives, pour protéger les enfants contre l'usage illicite de stupéfiants et de substances psychotropes, tels que les définissent les conventions internationales pertinentes, et pour empêcher que des enfants ne soient utilisés pour la production et le trafic illicites de ces substances.

Article 34

Les États parties s'engagent à protéger l'enfant contre toutes les formes d'exploitation sexuelle et de violence sexuelle. À cette fin, les États prennent en particulier toutes les mesures appro-

ing any work that is likely to be hazardous or to interfere with the child's education, or to be harmful to the child's health or physical, mental, spiritual, moral or social development.

2. States Parties shall take legislative, administrative, social and educational measures to ensure the implementation of the present Article. To this end, and having regard to the relevant provisions of other international instruments, States Parties shall in particular:

(a) Provide for a minimum age or minimum ages for admission to employment;

(b) Provide for appropriate regulation of the hours and conditions of employment;

(c) Provide for appropriate penalties or other sanctions to ensure the effective enforcement of the present Article.

Article 33

States Parties shall take all appropriate measures, including legislative, administrative, social and educational measures, to protect children from the illicit use of narcotic drugs and psychotropic substances as defined in the relevant international treaties, and to prevent the use of children in the illicit production and trafficking of such substances.

Article 34

States Parties undertake to protect the child from all forms of sexual exploitation and sexual abuse. For these purposes, States Parties shall in particular take all appropriate national, bilat-

priées sur les plans national, bilatéral et multilatéral pour empêcher :
a) que des enfants ne soient incités ou contraints à se livrer à une activité sexuelle illégale;
b) que des enfants ne soient exploités à des fins de prostitution ou autres pratiques sexuelles illégales;
c) que des enfants ne soient exploités aux fins de la production de spectacles ou de matériel de caractère pornographique.

eral and multilateral measures to prevent:
(a) The inducement or coercion of a child to engage in any unlawful sexual activity;
(b) The exploitative use of children in prostitution or other unlawful sexual practices;
(c) The exploitative use of children in pornographic performances and materials.

Article 35

Les États parties prennent toutes les mesures appropriées sur les plans national, bilatéral et multilatéral pour empêcher l'enlèvement, la vente ou la traite d'enfants à quelque fin que ce soit et sous quelque forme que ce soit.

Article 35

States Parties shall take all appropriate national, bilateral and multilateral measures to prevent the abduction of, the sale of or traffic in children for any purpose or in any form.

Article 36

Les États parties protègent l'enfant contre toutes autres formes d'exploitation préjudiciables à tout aspect de son bien-être.

Article 36

States Parties shall protect the child against all other forms of exploitation prejudicial to any aspects of the child's welfare.

Article 37

Les États parties veillent à ce que :
a) nul enfant ne soit soumis à la torture ni à des peines ou traitements cruels, inhumains ou dégradants. Ni la peine capitale ni l'emprisonnement à vie sans possibilité de libération ne doivent être prononcés pour les infractions commises par des personnes âgées de moins de dix-huit ans;
b) nul enfant ne soit privé de liberté de façon illégale ou arbitraire. L'arrestation, la détention ou l'emprisonnement d'un enfant doit être en conformité avec la loi, n'être qu'une mesure de dernier ressort, et être d'une durée aussi brève que possible;

Article 37

States Parties shall ensure that:
(a) No child shall be subjected to torture or other cruel, inhuman or degrading treatment or punishment. Neither capital punishment nor life imprisonment without possibility of release shall be imposed for offences committed by persons below eighteen years of age;
(b) No child shall be deprived of his or her liberty unlawfully or arbitrarily. The arrest, detention or imprisonment of a child shall be in conformity with the law and shall be used only as a measure of last resort and for the shortest appropriate period of time;

c) tout enfant privé de liberté soit traité avec humanité et avec le respect dû à la dignité de la personne humaine, et d'une manière tenant compte des besoins des personnes de son âge. En particulier, tout enfant privé de liberté sera séparé des adultes, à moins que l'on n'estime préférable de ne pas le faire dans l'intérêt supérieur de l'enfant, et il a le droit de rester en contact avec sa famille par la correspondance et par des visites, sauf circonstances exceptionnelles;

d) les enfants privés de liberté aient le droit d'avoir rapidement accès à l'assistance juridique ou à toute autre assistance appropriée, ainsi que le droit de contester la légalité de leur privation de liberté devant tribunal ou une autre autorité compétente, indépendante et impartiale, et à ce qu'une décision rapide soit prise en la matière.

(c) Every child deprived of liberty shall be treated with humanity and respect for the inherent dignity of the human person, and in a manner which takes into account the needs of persons of his or her age. In particular, every child deprived of liberty shall be separated from adults unless it is considered in the child's best interest not to do so and shall have the right to maintain contact with his or her family through correspondence and visits, save in exceptional circumstances;

(d) Every child deprived of his or her liberty shall have the right to prompt access to legal and other appropriate assistance, as well as the right to challenge the legality of the deprivation of his or her liberty before a court or other competent, independent and impartial authority, and to a prompt decision on any such action.

Article 38

1. Les États parties s'engagent à respecter et à faire respecter les règles du droit humanitaire international qui leur sont applicables en cas de conflit armé et dont la protection s'étend aux enfants.

2. Les États parties prennent toutes les mesures possibles dans la pratique pour veiller à ce que les personnes n'ayant pas atteint l'âge de quinze ans ne participent pas directement aux hostilités.

3. Les États parties s'abstiennent d'enrôler dans leurs forces armées toute personne n'ayant pas atteint l'âge de quinze ans. Lorsqu'ils incorporent des personnes de plus de quinze ans mais

Article 38

1. States Parties undertake to respect and to ensure respect for rules of international humanitarian law applicable to them in armed conflicts which are relevant to the child.

2. States Parties shall take all feasible measures to ensure that persons who have not attained the age of fifteen years do not take a direct part in hostilities.

3. States Parties shall refrain from recruiting any person who has not attained the age of fifteen years into their armed forces. In recruiting among those persons who have attained that age of

de moins de dix-huit ans, les États parties s'efforcent d'enrôler en priorité les plus âgées.

4. Conformément à l'obligation qui leur incombe en vertu du droit humanitaire international de protéger la population civile en cas de conflit armé, les États parties prennent toutes les mesures possibles dans la pratique pour que les enfants qui sont touchés par un conflit armé bénéficient d'une protection et de soins.

fifteen years but who have not attained the age of eighteen years, States Parties shall endeavour to give priority to those who are oldest.

4. In accordance with their obligations under international humanitarian law to protect the civilian population in armed conflicts, States Parties shall take all feasible measures to ensure protection and care of children who are affected by an armed conflict.

Article 39

Les États parties prennent toutes les mesures appropriées pour faciliter la réadaptation physique et psychologique et la réinsertion sociale de tout enfant victime de toute forme de négligence, d'exploitation ou de sévices, de torture ou de toute autre forme de peines ou traitements cruels, inhumains ou dégradants, ou de conflit armé. Cette réadaptation et cette réinsertion se déroulent dans des conditions qui favorisent la santé, le respect de soi et la dignité de l'enfant.

Article 39

States Parties shall take all appropriate measures to promote physical and psychological recovery and social reintegration of a child victim of: any form of neglect, exploitation, or abuse; torture or any other form of cruel, inhuman or degrading treatment or punishment; or armed conflicts. Such recovery and reintegration shall take place in an environment which fosters the health, self-respect and dignity of the child.

Article 40

1. Les États parties reconnaissent à tout enfant suspecté, accusé ou convaincu d'infraction à la loi pénale le droit à un traitement qui soit de nature à favoriser son sens de la dignité et de la valeur personnelle, qui renforce son respect pour les droits de l'homme et les libertés fondamentales d'autrui, et qui tienne compte de son âge ainsi que de la nécessité de faciliter sa réintégration dans la société et de lui faire assumer un rôle constructif au sein de celle-ci.

Article 40

1. States Parties recognize the right of every child alleged as, accused of, or recognized as having infringed the penal law to be treated in a manner consistent with the promotion of the child's sense of dignity and worth, which reinforces the child's respect for the human rights and fundamental freedoms of others and which takes into account the child's age and the desirability of promoting the child's reintegration and the child's assuming a constructive role in society.

2. À cette fin, et compte tenu des dispositions pertinentes des instruments internationaux, les États parties veillent en particulier :

a) à ce qu'aucun enfant ne soit suspecté, accusé ou convaincu d'infraction à la loi pénale en raison d'actions ou d'omissions qui n'étaient pas interdites par le droit national ou international au moment où elles ont été commises;

b) à ce que tout enfant suspecté ou accusé d'infraction à la loi pénale ait au moins le droit aux garanties suivantes :

i) être présumé innocent jusqu'à ce que sa culpabilité ait été légalement établie;

ii) être informé dans le plus court délai et directement des accusations portées contre lui, ou, le cas échéant, par l'intermédiaire de ses parents ou représentants légaux, et bénéficier d'une assistance juridique ou de toute autre assistance appropriée pour la préparation et la présentation de sa défense;

iii) que sa cause soit entendue sans retard par une autorité ou une instance judiciaire compétentes, indépendantes et impartiales, selon une procédure équitable aux termes de la loi, en présence de son conseil juridique ou autre et, à moins que cela ne soit jugé contraire à l'intérêt supérieur de l'enfant en raison notamment de son âge ou de sa situation, en présence de ses parents ou représentants légaux;

iv) ne pas être contraint de témoigner ou de s'avouer coupable;

2. To this end, and having regard to the relevant provisions of international instruments, States Parties shall, in particular, ensure that:

(a) No child shall be alleged as, be accused of, or recognized as having infringed the penal law by reason of acts or omissions that were not prohibited by national or international law at the time they were committed;

(b) Every child alleged as or accused of having infringed the penal law has at least the following guarantees:

i) To be presumed innocent until proven guilty according to law;

ii) To be informed promptly and directly of the charges against him or her, and, if appropriate, through his or her parents or legal guardians, and to have legal or other appropriate assistance in the preparation and presentation of his or her defence;

iii) To have the matter determined without delay by a competent, independent and impartial authority or judicial body in a fair hearing according to law, in the presence of legal or other appropriate assistance and, unless it is considered not to be in the best interest of the child, in particular, taking into account his or her age or situation, his or her parents or legal guardians;

iv) Not to be compelled to give testimony or to confess guilt; to

interroger ou faire interroger les témoins à charge, et obtenir la comparution et l'interrogatoire des témoins à décharge dans des conditions d'égalité;

v) s'il est reconnu avoir enfreint la loi pénale, faire appel de cette décision et de toute mesure arrêtée en conséquence devant une autorité ou une instance judiciaire supérieure compétentes, indépendantes et impartiales, conformément à la loi;

vi) se faire assister gratuitement d'un interprète s'il ne comprend ou ne parle pas la langue utilisée;

vii) que sa vie privée soit pleinement respectée à tous les stades de la procédure.

3. Les États parties s'efforcent de promouvoir l'adoption de lois, de procédures, la mise en place d'autorités et d'institutions spécialement conçues pour les enfants suspectés, accusés ou convaincus d'infraction à la loi pénale, et en particulier :

a) d'établir un âge minimum au-dessous duquel les enfants seront présumés n'avoir pas la capacité d'enfreindre la loi pénale;

b) de prendre des mesures, chaque fois que cela est possible et souhaitable, pour traiter ces enfants sans recourir à la procédure judiciaire, étant cependant entendu que les droits de l'homme et les garanties légales doivent être pleinement respectés.

4. Toute une gamme de dispositions, relatives notamment aux soins, à l'orientation et à la supervision, aux conseils, à la probation, au placement

examine or have examined adverse witnesses and to obtain the participation and examination of witnesses on his or her behalf under conditions of equality;

v) If considered to have infringed the penal law, to have this decision and any measures imposed in consequence thereof reviewed by a higher competent, independent and impartial authority or judicial body according to law;

vi) To have the free assistance of an interpreter if the child cannot understand or speak the language used;

vii) To have his or her privacy fully respected at all stages of the proceedings.

3. States parties shall seek to promote the establishment of laws, procedures, authorities and institutions specifically applicable to children alleged as, accused of, or recognized as having infringed the penal law, and, in particular:

(a) The establishment of a minimum age below which children shall be presumed not to have the capacity to infringe the penal law;

(b) Whenever appropriate and desirable, measures for dealing with such children without resorting to judicial proceedings, providing that human rights and legal safeguards are fully respected.

4. A variety of dispositions, such as care, guidance and supervision orders; counselling; probation; foster care; education and vocational training pro-

familial, aux programmes d'éducation générale et professionnelle et aux solutions autres qu'institutionnelles seront prévues en vue d'assurer aux enfants un traitement conforme à leur bien-être et proportionné à leur situation et à l'infraction.

grammes and other alternatives to institutional care shall be available to ensure that children are dealt with in a manner appropriate to their well-being and proportionate both to their circumstances and the offence.

Article 41

Aucune des dispositions de la présente Convention ne porte atteinte aux dispositions plus propices à la réalisation des droits de l'enfant qui peuvent figurer :

a) dans la législation d'un État partie; ou;

b) dans le droit international en vigueur pour cet État.

Article 41

Nothing in the present Convention shall affect any provisions which are more conducive to the realization of the rights of the child and which may be contained in:

(a) The law of a State Party; or

(b) International law in force for that State.

DEUXIÈME PARTIE

PART II

Article 42

Les États parties s'engagent à faire largement connaître les principes et les dispositions de la présente Convention, par des moyens actifs et appropriés, aux adultes comme aux enfants.

Article 42

States Parties undertake to make the principles and provisions of the Convention widely known, by appropriate and active means, to adults and children alike.

Article 43

1. Aux fins d'examiner les progrès accomplis par les États parties dans l'exécution des obligations contractées par eux en vertu de la présente Convention, il est institué un Comité des droits de l'enfant qui s'acquitte des fonctions définies ci-après.

2. Le comité se compose de dix experts de haute moralité et possédant une compétence reconnue dans le domaine visé par la présente Convention. Ses membres sont élus par les États parties parmi leurs ressortissants et siègent à

Article 43

1. For the purpose of examining the progress made by States Parties in achieving the realization of the obligations undertaken in the present Convention, there shall be established a Committee on the Rights of the Child, which shall carry out the functions hereinafter provided.

2. The Committee shall consist of ten experts of high moral standing and recognized competence in the field covered by this Convention. The members of the Committee shall be elected by States Parties from among their nation-

titre personnel, compte tenu de la nécessité d'assurer une répartition géographique équitable et eu égard aux principaux systèmes juridiques.

3. Les membres du Comité sont élus au scrutin secret sur une liste de personnes désignées par les États parties. Chaque État partie peut désigner un candidat parmi ses ressortissants.

4. La première élection aura lieu dans les six mois suivant la date d'entrée en vigueur de la présente Convention. Les élections auront lieu ensuite tous les deux ans. Quatre mois au moins avant la date de chaque élection, le Secrétaire général de l'Organisation des Nations Unies invitera par écrit les États parties à proposer leurs candidats dans un délai de deux mois. Le Secrétaire général dressera ensuite la liste alphabétique des candidats ainsi désignés, en indiquant les États parties qui les ont désignés, et la communiquera aux États parties à la présente Convention.

5. Les élections ont lieu lors des réunions des États parties, convoquées par le Secrétaire général au Siège de l'Organisation des Nations Unies. À ces réunions, pour lesquelles le quorum est constitué par les deux tiers des États parties, les candidats élus au Comité sont ceux qui obtiennent le plus grand nombre de voix et la majorité absolue des voix des représentants des États parties présents et votants.

6. Les membres du Comité sont élus pour quatre ans. Ils sont rééligibles si leur candidature est présentée à nouveau. Le mandat de cinq des membres élus lors de la première élection prend fin au bout de deux ans. Les noms de

als and shall serve in their personal capacity, consideration being given to equitable geographical distribution, as well as to the principal legal systems.

3. The members of the Committee shall be elected by secret ballot from a list of persons nominated by States Parties. Each State Party may nominate one person from among its own nationals.

4. The initial election to the Committee shall be held no later than six months after the date of the entry into force of the present Convention and thereafter every second year. At least four months before the date of each election, the Secretary General of the United Nations shall address a letter to States Parties inviting them to submit their nominations within two months. The Secretary General shall subsequently prepare a list in alphabetical order of all persons thus nominated, indicating States Parties which have nominated them, and shall submit it to the States Parties to the present Convention.

5. The elections shall be held at meetings of States Parties convened by the Secretary General at United Nations Headquarters. At those meetings, for which two thirds of States Parties shall constitute a quorum, the persons elected to the Committee shall be those who obtain the largest number of votes and an absolute majority of the votes of the representatives of States Parties present and voting.

6. The members of the Committee shall be elected for a term of four years. They shall be eligible for re-election if renominated. The term of five of the members elected at the first election shall expire at the end of two years;

ces cinq membres seront tirés au sort par le président de la réunion immédiatement après la première élection.

7. En cas de décès ou de démission d'un membre du Comité, ou si, pour toute autre raison, un membre déclare ne plus pouvoir exercer ses fonctions au sein du Comité, l'État partie qui avait présenté sa candidature nomme un autre expert parmi ses ressortissants pour pourvoir le poste ainsi vacant jusqu'à l'expiration du mandat correspondant, sous réserve de l'approbation du Comité.

8. Le Comité adopte son règlement intérieur.

9. Le Comité élit son bureau pour une période de deux ans.

10. Les réunions du Comité se tiennent normalement au Siège de l'Organisation des Nations Unies, ou en tout autre lieu approprié déterminé par le Comité. Le comité se réunit normalement chaque année. La durée de ses sessions est déterminée et modifiée, si nécessaire, par une réunion des États parties à la présente Convention, sous réserve de l'approbation de l'Assemblée générale.

11. Le Secrétaire général de l'Organisation des Nations Unies met à la disposition du Comité le personnel et les installations qui lui sont nécessaires pour s'acquitter efficacement des fonctions qui lui sont confiées en vertu de la présente Convention.

12. Les membres du Comité institué en vertu de la présente Convention reçoivent, avec l'approbation de l'Assemblée générale, des émoluments prélevés sur les ressources de l'Organi-

immediately after the first election, the names of these five members shall be chosen by lot by the Chairman of the meeting.

7. If a member of the Committee dies or resigns or declares that for any other cause he or she can no longer perform the duties of the Committee, the State Party which nominated the member shall appoint another expert from among its nationals to serve for the remainder of the term, subject to the approval of the Committee.

8. The Committee shall establish its own rules of procedure.

9. The Committee shall elect its officers for a period of two years.

10. The meetings of the Committee shall normally be held at United Nations Headquarters or at any other convenient place as determined by the Committee. The Committee shall normally meet annually. The duration of the meetings of the Committee shall be determined, and reviewed, if necessary, by a meeting of the States Parties to the present Convention, subject to the approval of the General Assembly.

11. The Secretary General of the United Nations shall provide the necessary staff and facilities for the effective performance of the functions of the Committee under the present Convention.

12. With the approval of the General Assembly, the members of the Committee established under the present Convention shall receive emoluments from United Nations resources on such terms

sation des Nations Unies dans les conditions et selon les modalités fixées par l'Assemblée générale.

Article 44

1. Les États parties s'engagent à soumettre au Comité, par l'entremise du Secrétaire général de l'Organisation des Nations Unies, des rapports sur les mesures qu'ils auront adoptées pour donner effet aux droits reconnus dans la présente Convention et sur les progrès réalisés dans la jouissance de ces droits :

a) dans les deux ans à compter de la date de l'entrée en vigueur de la présente Convention pour les États parties intéressés;

b) par la suite, tous les cinq ans.

2. Les rapports établis en application du présent article doivent, le cas échéant, indiquer les facteurs et les difficultés empêchant les États parties de s'acquitter pleinement des obligations prévues dans la présente Convention. Ils doivent également contenir des renseignements suffisants pour donner au Comité une idée précise de l'application de la Convention dans le pays considéré.

3. Les États parties ayant présenté au Comité un rapport initial complet n'ont pas, dans les rapports qu'ils lui présentent ensuite conformément à l'alinéa *b)* du paragraphe 1 du présent article, à répéter les renseignements de base antérieurement communiqués.

4. Le Comité peut demander aux États parties tous renseignements complémentaires relatifs à l'application de la Convention.

and conditions as the Assembly may decide.

Article 44

1. States Parties undertake to submit to the Committee, through the Secretary General of the United Nations, reports on measures they have adopted which give effect to the rights recognized herein and on the progress made on the enjoyment of those rights:

(a) Within two years of the entry into force of the Convention for the State Party concerned;

(b) Thereafter every five years.

2. Reports made under the present Article shall indicate factors and difficulties, if any, affecting the degree of fulfillment of the obligations under the present Convention. Reports shall also contain sufficient information to provide the Committee with a comprehensive understanding of the implementation of the Convention in the country concerned.

3. A State Party which has submitted a comprehensive initial report to the Committee need not, in its subsequent reports submitted in accordance with paragraph 1 *(b)* of the present Article, repeat basic information previously provided.

4. The Committee may request from States Parties further information relevant to the implementation of the Convention.

5. Le Comité soumet tous les deux ans à l'Assemblée générale, par l'entremise du Conseil économique et social, un rapport sur ses activités.

6. Les États parties assurent à leurs rapports une large diffusion dans leur propre pays.

Article 45

Pour promouvoir l'application effective de la Convention et encourager la coopération internationale dans le domaine visé par la Convention :

a) les institutions spécialisées, le Fonds des Nations Unies pour l'enfance et d'autres organes des Nations Unies ont le droit de se faire représenter lors de l'examen de l'application des dispositions de la présente Convention qui relèvent de leur mandat. Le Comité peut inviter les institutions spécialisées, le Fonds des Nations Unies pour l'enfance et tous autres organismes compétents qu'il jugera appropriés à donner des avis spécialisés sur l'application de la Convention dans les domaines qui relèvent de leurs mandats respectifs. Il peut inviter les institutions spécialisées, le Fonds des Nations Unies pour l'enfance et d'autres organes des Nations Unies à lui présenter des rapports sur l'application de la Convention dans les secteurs qui relèvent de leur domaine d'activité;

b) le Comité transmet, s'il le juge nécessaire, aux institutions spécialisées, au Fonds des Nations Unies pour l'enfance et aux autres organismes compétents tout rapport des États parties contenant une demande ou indiquant un besoin de conseils ou d'assistance techniques, accom-

5. The Committee shall submit to the General Assembly, through the Economic and Social Council, every two years, reports on its activities.

6. States Parties shall make their reports widely available to the public in their own countries.

Article 45

In order to foster the effective implementation of the Convention and to encourage international co-operation in the field covered by the Convention:

(a) The specialized agencies, the United Nations Children's Fund, and other United Nations organs shall be entitled to be represented at the consideration of the implementation of such provisions of the present Convention as fall within the scope of their mandate. The Committee may invite the specialized agencies, the United Nations Children's Fund and other competent bodies as it may consider appropriate to provide expert advice on the implementation of the Convention in areas falling within the scope of their respective mandates. The Committee may invite the specialized agencies, the United Nations Children's Fund, and other United Nations organs to submit reports on the implementation of the Convention in areas falling with the scope of their activities;

(b) The Committee shall transmit, as it may consider appropriate, to the specialized agencies, the United Nations Children's Fund and other competent bodies, any reports from States Parties that contain a request, or indicate a need, for technical advice or assistance, along with the Commit-

pagné, le cas échéant, des observations et suggestions du Comité touchant ladite demande ou indication;

c) le Comité peut recommander à l'Assemblée générale de prier le Secrétaire général de procéder pour le Comité à des études sur des questions spécifiques touchant les droits de l'enfant;

d) le comité peut faire des suggestions et des recommandations d'ordre général fondées sur les renseignements reçus en application des articles 44 et 45 de la présente Convention. Ces suggestions et recommandations d'ordre général sont transmises à tout État partie intéressé et portées à l'attention de l'Assemblée générale, accompagnées, le cas échéant, des observations des États parties.

tee's observations and suggestions, if any, on these requests or indications;

(c) The Committee may recommend to the General Assembly to request the Secretary General to undertake on its behalf studies on specific issues relating to the rights of the child;

(d) The Committee may make suggestions and general recommendations based on information received pursuant to Articles 44 and 45 of the present Convention. Such suggestions and general recommendations shall be transmitted to any State Party concerned and reported to the General Assembly, together with comments, if any, from States Parties.

TROISIÈME PARTIE

Article 46

La présente Convention est ouverte à la signature de tous les États.

Article 47

La présente Convention est sujette à ratification. Les instruments de ratification seront déposés auprès du Secrétaire général de l'Organisation des Nations Unies.

Article 48

La présente Convention restera ouverte à l'adhésion de tout État. Les instruments d'adhésion seront déposés auprès du Secrétaire général de l'Organisation des Nations Unies.

PART III

Article 46

The present Convention shall be open for signature by all States.

Article 47

The present Convention is subject to ratification. Instruments of ratification shall be deposited with the Secretary General of the United Nations.

Article 48

The present Convention shall remain open for accession by any State. The instruments of accession shall be deposited with the Secretary General of the United Nations.

Article 49

1. La présente Convention entrera en vigueur le trentième jour qui suivra la date du dépôt auprès du Secrétaire général de l'Organisation des Nations Unies du vingtième instrument de ratification ou d'adhésion.

2. Pour chacun des États qui ratifieront la présente Convention ou y adhéreront après le dépôt du vingtième instrument de ratification ou d'adhésion, la Convention entrera en vigueur le trentième jour qui suivra le dépôt par cet État de son instrument de ratification ou d'adhésion.

Article 50

1. Tout État partie peut proposer un amendement et en déposer le texte auprès du Secrétaire général de l'Organisation des Nations Unies. Le Secrétaire général communique alors la proposition d'amendement aux États parties, en leur demandant de lui faire savoir s'ils sont favorables à la convocation d'une conférence des États parties en vue de l'examen de la proposition et de sa mise aux voix. Si, dans les quatre mois qui suivent la date de cette communication, un tiers au moins des États parties se prononcent en faveur de la convocation d'une telle conférence, le Secrétaire général convoque la conférence sous les auspices de l'Organisation des Nations Unies. Tout amendement adopté par la majorité des États parties présents et votants à la conférence est soumis pour approbation à l'Assemblée générale.

2. Tout amendement adopté conformément aux dispositions du paragraphe 1 du présent article entre en vigueur lorsqu'il a été approuvé par l'Assem-

Article 49

1. The present Convention shall enter into force on the thirtieth day following the date of deposit with the Secretary General of the United Nations of the twentieth instrument of ratification or accession.

2. For each State ratifying or acceding to the Convention after the deposit of the twentieth instrument of ratification or accession, the Convention shall enter into force on the thirtieth day after the deposit by such State of its instrument of ratification or accession.

Article 50

1. Any State Party may propose an amendment and file it with the Secretary General of the United Nations. The Secretary General shall thereupon communicate the proposed amendment to States Parties, with a request that they indicate whether they favour a conference of States Parties for the purpose of considering and voting upon the proposals. In the event that, within four months from the date of such communication, at least one third of the States Parties favour such a conference, the Secretary General shall convene the conference under the auspices of the United Nations. Any amendment adopted by a majority of States Parties present and voting at the conference shall be submitted to the General Assembly for approval.

2. An amendment adopted in accordance with paragraph 1 of the present Article shall enter into force when it has been approved by the General Assem-

blée générale des Nations Unies et accepté par une majorité des deux tiers des États parties.

3. Lorsqu'un amendement entre en vigueur, il a force obligatoire pour les États parties qui l'on accepté, les autres États parties demeurant liés par les dispositions de la présente Convention et par tous amendements antérieurs acceptés par eux.

Article 51

1. Le Secrétaire général de l'Organisation des Nations Unies recevra et communiquera à tous les États le texte des réserves qui auront été faites par les États au moment de la ratification ou de l'adhésion.

2. Aucune réserve incompatible avec l'objet et le but de la présente Convention n'est autorisée.

3. Les réserves peuvent être retirées à tout moment par notification adressée au Secrétaire général de l'Organisation des Nations Unies, lequel en informe tous les États parties à la Convention. La notification prend effet à la date à laquelle elle est reçue par le Secrétaire général.

Article 52

Tout État partie peut dénoncer la présente Convention par notification écrite adressée au Secrétaire général de l'Organisation des Nations Unies. La dénonciation prend effet un an après la date à laquelle la notification a été reçue par le Secrétaire général.

Article 53

Le Secrétaire général de l'Organisation des Nations Unies est désigné comme dépositaire de la présente Convention.

bly of the United Nations and accepted by a two-thirds majority of States Parties.

3. When an amendment enters into force, it shall be binding on those States Parties which have accepted it, other States Parties still being bound by the provisions of the present Convention and any earlier amendments which they have accepted.

Article 51

1. The Secretary General of the United Nations shall receive and circulate to all States the text of reservations made by States at the time of ratification or accession.

2. A reservation incompatible with the object and purpose of the present Convention shall not be permitted.

3. Reservations may be withdrawn at any time by notification to that effect addressed to the Secretary General of the United Nations, who shall then inform all States. Such notification shall take effect on the date on which it is received by the Secretary General.

Article 52

A State Party may denounce the present Convention by written notification to the Secretary General of the United Nations. Denunciation becomes effective one year after the date of receipt of the notification by the Secretary General.

Article 53

The Secretary General of the United Nations is designated as the depositary of the present Convention.

Article 54

L'original de la présente Convention, dont les textes anglais, arabe, chinois, espagnol, français et russe font également foi, sera déposé auprès du Secrétaire général de l'Organisation des Nations Unies.

EN FOI DE QUOI les plénipotentiaires soussignés, dûment habilités par leurs gouvernements respectifs, ont signé la présente Convention.

Article 54

The original of the present Convention, of which the Arabic, Chinese, English, French, Russian and Spanish texts are equally authentic, shall be deposited with the Secretary General of the United Nations.

IN WITNESS THEREOF the undersigned plenipotentiaries, being duly authorized thereto by their respective Governments, have signed the present Convention.

CONVENTION RELATIVE AUX DROITS DE L'ENFANT DU 20 NOVEMBRE 1989

CONVENTION ON THE RIGHTS OF THE CHILD OF 20 NOVEMBER 1989

107 ÉTATS MEMBRES AU 30 JUILLET 1993[1]	RATIFICATION, ADHÉSION[a], SUCCESSION[d]
Angola	5 Décembre 1990
Argentine	4 Décembre 1990
Australie	17 Décembre 1990
Bahamas	20 Février 1991
Bangladesh	3 Août 1990
Barbade	9 Octobre 1990
Bélarus	1 Octobre 1990
Belgique	16 Décembre 1991
Bélize	2 Mai 1990
Bénin	3 Août 1990
Bolivie	26 Juin 1990
Bouthan	1 Août 1990
Brésil	24 Septembre 1990
Bulgarie	3 Juin 1991
Burkina Faso	31 Août 1990
Burundi	19 Octobre 1990
Canada	13 Décembre 1991
Chili	13 Août 1990
Chypre	7 Février 1991
Colombie	28 Janvier 1991
Comores	30 Septembre 1990
Costa Rica	21 Août 1990
Côte D'Ivoire	4 Février 1991
Cuba	21 Août 1991
Danemark	19 Juillet 1991
Djibouti	6 Décembre 1990
Dominique	13 Mars 1991
Égypte	6 Juillet 1990
El Salvador	10 Juillet 1990
Équateur	23 Mars 1990
Espagne	6 Décembre 1990
Estonie	21 Octobre 1991[a]
Éthiopie	14 Mai 1991[a]
Finlande	20 Juin 1991
France	7 Août 1990
Gambie	8 Août 1990
Ghana	5 Février 1990
Grenade	5 Novembre 1990
Guatemala	6 Juin 1990
Guinée	13 Juillet 1990[a]
Guinée-Bissau	20 Août 1990
Guyana	14 Janvier 1991

107 PARTICIPANTS AT 30 JULY 1993[1]	RATIFICATION, ACCESSION[a], SUCCESSION[d]
Angola	5 December 1990
Argentina	4 December 1990
Australia	17 December 1990
Bahamas	20 February 1991
Bangladesh	3 August 1990
Barbados	9 October 1990
Belarus	1 October 1990
Belgium	16 December 1991
Belize	2 May 1990
Benin	3 August 1990
Bolivia	26 June 1990
Bouthan	1 August 1990
Brazil	24 September 1990
Bulgaria	3 June 1991
Burkina Faso	31 August 1990
Burundi	19 October 1999
Canada	13 December 1991
Chad	2 October 1990
Chile	13 August 1990
Colombia	28 January 1991
Comores	30 September 1990
Costa Rica	21 August 1990
Côte d'Ivoire	4 February 1991
Cuba	21 August 1991
Cyprus	7 February 1991
Czechoslovakia	7 January 1991
Denmark	19 July 1991
Djibouti	6 December 1990
Dominica	13 March 1991
Dominican Republic	11 June 1991
Ecuador	23 March 1990
Egypt	6 July 1990
El Salvador	10 July 1990
Estonia	21 October 1991[a]
Ethiopia	14 May 1991[a]
Finland	20 June 1991
France	7 August 1990
Gambia	8 August 1990
Ghana	5 February 1990
Grenada	5 November 1990
Guatemala	6 June 1990

---

1. Sous réserve des instruments éventuellement en cours de dépôt.

1. Subject to the deposit of outstanding instruments.

SECTION II — TRAITÉ / TREATY XX

Honduras	10 Août 1990	Guinea	13 July 1990[a]
Hongrie	7 Octobre 1991	Guinea-Bissau	20 August 1990
Indonésie	5 Septembre 1990	Guyana	14 January 1991
Israël	3 Octobre 1991	Holy See	20 April 1990
Italie	5 Septembre 1991	Honduras	10 August 1990
Jamaïque	14 Mai 1991	Hungary	7 October 1991
Jordanie	24 Mai 1991	Indonésia	5 September 1990
Kenya	30 Juillet 1990	Israel	3 October 1991
Koweït	21 Octobre 1991	Italy	5 September 1991
Liban	14 Mai 1991	Jamaica	14 May 1991
Madagascar	19 Mars 1991	Jordan	24 May 1991
Maldives	11 Février 1991	Kenya	30 July 1990
Mali	20 Septembre 1990	Korea People's	
Malte	30 Septembre 1990	Democratic	
Maurice	26 Juillet 1990[a]	Republic	21 September 1990
Mauritanie	16 Mai 1991	Kuwait	21 October 1991
Mexique	21 Septembre 1990	Lao People's	
Mongolie	5 Juillet 1990	Democratic	
Myanmar	15 Juillet 1991[a]	Republic	8 May 1991[a]
Namibie	30 Septembre 1990	Lebanon	14 May 1991
Népal	14 Septembre 1990	Madagascar	19 March 1991
Nicaragua	5 Octobre 1990	Maldives	11 February 1991
Niger	30 Septembre 1990	Mali	20 September 1990
Nigéria	19 Avril 1991	Malta	30 September 1990
Norvège	8 Janvier 1991	Maurice	26 July 1990[a]
Ouganda	17 Août 1990	Mauritania	16 May 1991
Pakistan	12 Novembre 1990	Mexico	21 September 1990
Panama	12 Décembre 1990	Mongolia	5 July 1990
Paraguay	25 Septembre 1990	Myanmar	15 July 1991[a]
Pérou	4 Septembre 1990	Namibia	30 September 1990
Philippines	21 Août 1990	Nepal	14 September 1990
Pologne	7 Juin 1991	Nicaragua	5 October 1990
Portugal	21 Septembre 1990	Niger	30 September 1990
République		Nigeria	19 April 1991
de Corée	20 Novembre 1991	Norway	8 January 1991
République		Pakistan	12 November 1990
Démocratique		Panama	12 December 1990
Populaire Lao	8 Mai 1991[a]	Paraguay	25 September 1990
République		Peru	4 September 1990
Dominicaine	11 Juin 1991	Philippines	21 August 1990
République		Poland	7 June 1991
Populaire		Portugal	21 September 1990
Démocratique de Corée	21 Septembre 1990	Republic of Korea	20 November 1991
République Unie de		Romania	28 September 1990
Tanzanie	10 Juin 1991	Rwanda	24 January 1991
Roumanie	28 Septembre 1990	San Marino	25 November 1991[a]
Royaume-Unie	16 Décembre 1991	Sao Tome and Principe	14 May 1991[a]
Rwanda	24 Janvier 1991	Senegal	31 July 1990
Saint-Kitts-et-Nevis	24 Juillet 1990	Seychelles	7 September 1990[a]
Saint-Marin	25 Novembre 1991[a]	Sierra Leone	18 June 1990
Saint-Siège	20 Avril 1990	Spain	6 December 1990
Sao Tomé		Sri Lanka	12 July 1991
et Principe	14 Mai 1991[a]	St. Kitts and Nevis	24 July 1990
Sénégal	31 Juillet 1990	Sudan	3 August 1990
Seychelles	7 Septembre 1990[a]	Sweden	29 June 1990

439

Sierra Leone	18 Juin 1990	Togo	1 August 1990
Soudan	3 Août 1990	Trinidad and	
Sri Lanka	12 Juillet 1991	Tobago	5 December 1991
Suède	29 Juin 1990	Uganda	17 August 1990
Tchad	2 Octobre 1990	Ukraine	28 August 1991
Tchécoslovaquie	7 Janvier 1991	United Kingdom	16 December 1991
Togo	1 Août 1990	United Republic of	
Trinité-et-Tobago	5 Décembre 1991	Tanzania	10 June 1991
Ukraine	28 Août 1991	Uruguay	20 November 1990
URSS	16 Août 1990	USSR	16 August 1990
Uruguay	20 Novembre 1990	Venezuela	13 September 1990
Venezuela	13 Septembre 1990	Vietnam	28 February 1990
Viet-Nam	28 Février 1990	Yémen	1 May 1991
Yémen	1 Mai 1991	Yugoslavia	3 January 1991
Yougoslavie	3 Janvier 1991	Zaire	27 September 1990
Zaïre	27 Septembre 1990	Zambia	6 December 1991
Zambie	6 Décembre 1991	Zimbabwe	11 September 1990
Zimbabwe	11 Septembre 1990		

RÉSERVES À LA CONVENTION RELATIVE AUX DROITS DE L'ENFANT DU 20 NOVEMBRE 1989[1]	RESERVATIONS TO THE CONVENTION ON THE RIGHTS OF CHILD OF 20 NOVEMBER 1989[1]
PAYS — STATES	**ARTICLES**
Argentine/Argentina	21 *b) c) d) e)*
Australie/Australia	37 *c)*
Bahamas/Bahamas	2
Bangladesh/Bangladesh	14 (1), 21
Canada/Canada	21, 37 *c)*
Colombie/Colombia	38(2), (3)
Danemark/Denmark	40(2) *b) v)*
Égypte/Egypt	20, 21
Espagne/Spain	38(2), (3)
France/France	6, 30
Indonesie/Indonesia	1, 14, 16, 17, 21, 22, 29
Jordanie/Jordan	14, 20, 21
Koweit/Kuwait	21
Maldives/Maldives	14(1), 21
Mali/Mali	16
Malte/Malta	26
Maurice/Mauritius	22
Myanmar/Myanmar	15(2), 37
Norvège/Norway	40(2) *b) v)*
Pologne/Poland	7

1. Voir les textes des réserves dans Traités Multilatéraux déposés auprès du Secrétaire Général, État au 31 décembre 1991, p. 202.

1. See the Texts of Reservations in Multilateral Treaties deposited with the Secretary General, Status as at 31 December 1991, p. 198.

République de Corée/ Republic of Korea	9 (3), 21 *a)*, 40 (2) *b) v)*
Royaume-Uni/United Kingdom	32, 37, *c), d)*
Turquie/Turkey	17, 29, 30
Uruguay/Uruguay	38 (2), (3)
Yougoslavie/Yugoslavia	9(1)

DÉCLARATION DES DROITS DE L'ENFANT

Proclamée par l'Assemblée générale des Nations Unies le 20 novembre 1959 [résolution 1386 (XIV)]

PRÉAMBULE

Considérant que, dans la Charte, les peuples des Nations Unies ont proclamé à nouveau leur foi dans les droits fondamentaux de l'homme et dans la dignité et la valeur de la personne humaine, et qu'ils se sont déclarés résolus à favoriser le progrès social et à instaurer de meilleures conditions de vie dans une liberté plus grande,

Considérant que, dans la Déclaration universelle des droits de l'homme, les Nations Unies ont proclamé que chacun peut se prévaloir de tous les droits et de toutes les libertés qui y sont énoncés, sans distinction aucune, notamment de race, de couleur, de sexe, de langue, de religion, d'opinion politique ou de toute autre opinion, d'origine nationale ou sociale, de fortune, de naissance ou de toute autre situation,

Considérant que l'enfant, en raison de son manque de maturité physique et intellectuelle, a besoin d'une protection spéciale et de soins spéciaux, notamment d'une protection juridique appropriée, avant comme après la naissance,

Considérant que la nécessité de cette protection spéciale a été énoncée dans la Déclaration de Genève de 1924 sur les droits de l'enfant et reconnue dans la Déclaration universelle des droits de

DECLARATION OF THE RIGHTS OF THE CHILD

Proclaimed by the General Assembly of the United Nations on 20 November 1959 (resolution 1386 (XIV))

PREAMBLE

Whereas the peoples of the United Nations have, in the Charter, reaffirmed their faith in fundamental human rights and in the dignity and worth of the human person, and have determined to promote social progress and better standards of life in larger freedom,

Whereas the United Nations has, in the Universal Declaration of Human Rights, proclaimed that everyone is entitled to all the rights and freedoms set forth therein, without distinction of any kind, such as race, colour, sex, language, religion, political or other opinion, national or social origin, property, birth or other status,

Whereas the child, by reason of his physical and mental immaturity, needs special safeguards and care, including appropriate legal protection, before as well as after birth,

Whereas the need for such special safeguards has been stated in the Geneva Declaration of the Rights of the Child of 1924, and recognized in the Universal Declaration of Human Rights

l'homme ainsi que dans les statuts des institutions spécialisées et des organisations internationales qui se consacrent au bien-être de l'enfance,

Considérant que l'humanité se doit de donner à l'enfant le meilleur d'elle-même,

L'Assemblée générale,

Proclame la présente Déclaration des droits de l'enfant afin qu'il ait une enfance heureuse et bénéficie, dans son intérêt comme dans l'intérêt de la société, des droits et libertés qui y sont énoncés; elle invite les parents, les hommes et les femmes à titre individuel, ainsi que les organisations bénévoles, les autorités locales et les gouvernements nationaux à reconnaître ces droits et à s'efforcer d'en assurer le respect au moyen de mesures législatives et autres adoptées progressivement en application des principes suivants :

Principe premier

L'enfant doit jouir de tous les droits énoncés dans la présente Déclaration. Ces droits doivent être reconnus à tous les enfants sans exception aucune, et sans distinction ou discrimination fondées sur la race, la couleur, le sexe, la langue, la religion, les opinions politiques ou autres, l'origine nationale ou sociale, la fortune, la naissance, ou sur toute autre situation, que celle-ci s'applique à l'enfant lui-même ou à sa famille.

Principe 2

L'enfant doit bénéficier d'une protection spéciale et se voir accorder des possibilités et des facilités par l'effet de

and in the statutes of specialized agencies and international organizations concerned with the welfare of children,

Whereas mankind owes to the child the best it has to give,

Now therefore,
the General Assembly,

Proclaims this Declaration of the Rights of the Child to the end that he may have a happy childhood and enjoy for his own good and for the good of society the rights and freedoms herein set forth, and calls upon parents, upon men and women as individuals, and upon voluntary organizations, local authorities and national Governments to recognize these rights and strive for their observance by legislative and other measures progressively taken in accordance with the following principles:

Principle 1

The child shall enjoy all the rights set forth in this Declaration. Every child, without any exception whatsoever, shall be entitled to these rights, without distinction or discrimination on account of race, colour, sex, language, religion, political or other opinion, national or social origin, property, birth or other status, whether of himself or of his family.

Principle 2

The child shall enjoy special protection, and shall be given opportunities and facilities, by law and by other

la loi et par d'autres moyens, afin d'être en mesure de se développer d'une façon saine et normale sur le plan physique, intellectuel, moral, spirituel et social, dans des conditions de liberté et de dignité. Dans l'adoption de lois à cette fin, l'intérêt supérieur de l'enfant doit être la considération déterminante.

Principe 3

L'enfant a droit, dès sa naissance, à un nom et à une nationalité.

Principe 4

L'enfant doit bénéficier de la sécurité sociale. Il doit pouvoir grandir et se développer d'une façon saine; à cette fin, une aide et une protection spéciales doivent lui être assurés ainsi qu'à sa mère, notamment des soins prénatals et postnatals adéquats. L'enfant a droit à une alimentation, à un logement, à des loisirs et à des soins médicaux adéquats.

Principe 5

L'enfant physiquement, mentalement ou socialement désavantagé doit recevoir le traitement, l'éducation et les soins spéciaux que nécessite son état ou sa situation.

Principe 6

L'enfant, pour l'épanouissement harmonieux de sa personnalité, a besoin d'amour et de compréhension. Il doit, autant que possible, grandir sous la sauvegarde et sous la responsabilité de ses parents et, en tout état de cause, dans une atmosphère d'affection et de sécurité morale et matérielle; l'enfant en bas âge ne doit pas, sauf circonstances exceptionnelles, être séparé de sa mère.

means, to enable him to develop physically, mentally, morally, spiritually and socially in a healthy and normal manner and in conditions of freedom and dignity. In the enactment of laws for this purpose, the best interests of the child shall be the paramount consideration.

Principle 3

The child shall be entitled from his birth to a name and a nationality.

Principle 4

The child shall enjoy the benefits of social security. He shall be entitled to grow and develop in health; to this end, special care and protection shall be provided both to him and to his mother, including adequate prenatal and postnatal care. The child shall have the right to adequate nutrition, housing, recreation and medical services.

Principle 5

The child who is physically, mentally or socially handicapped shall be given the special treatment, education and care required by his particular condition.

Principle 6

The child, for the full and harmonious development of his personality, needs love and understanding. He shall, wherever possible, grow up in the care and under the responsibility of his parents, and, in any case, in an atmosphere of affection and of moral and material security; a child of tender years shall not, save in exceptional circumstances, be separated from his mother. Society

La société et les pouvoirs publics ont le devoir de prendre un soin particulier des enfants sans famille ou de ceux qui n'ont pas de moyens d'existence suffisants. Il est souhaitable que soient accordées aux familles nombreuses des allocations de l'État ou autres pour l'entretien des enfants.

Principe 7

L'enfant a droit à une éducation qui doit être gratuite et obligatoire au moins aux niveaux élémentaires. Il doit bénéficier d'une éducation qui contribue à sa culture générale et lui permette, dans des conditions d'égalité de chances, de développer ses facultés, son jugement personnel et son sens des responsabilités morales et sociales, et de devenir un membre utile de la société.

L'intérêt supérieur de l'enfant doit être le guide de ceux qui ont la responsabilité de son éducation et de son orientation; cette responsabilité incombe en priorité à ses parents.

L'enfant doit avoir toutes possibilités de se livrer à des jeux et à des activités récréatives, qui doivent être orientés vers les fins visées par l'éducation; la société et les pouvoirs publics doivent s'efforcer de favoriser la jouissance de ce droit.

Principe 8

L'enfant doit, en toutes circonstances, être parmi les premiers à recevoir protection et secours.

Principe 9

L'enfant doit être protégé contre toute forme de négligence, de cruauté et d'exploitation. Il ne doit pas être soumis à la traite, sous quelque forme que ce soit.

and the public authorities shall have the duty to extend particular care to children without a family and to those without adequate means of support. Payment of State and other assistance towards the maintenance of children of large families is desirable.

Principle 7

The child is entitled to receive education, which shall be free and compulsory, at least in the elementary stages. He shall be given an education which will promote his general culture and enable him, on a basis of equal opportunity, to develop his abilities, his individual judgement, and his sense of moral and social responsibility, and to become a useful member of society.

The best interest of the child shall be the guiding principle of those responsible for his education and guidance; that responsibility lies in the first place with his parents.

The child shall have full opportunity for play and recreation, which should be directed to the same purposes as education; society and the public authorities shall endeavour to promote the enjoyment of this right.

Principle 8

The child shall in all circumstances be among the first to receive protection and relief.

Principle 9

The child shall be protected against all forms of neglect, cruelty and exploitation. He shall not be the subject of traffic, in any form.

L'enfant ne doit pas être admis à l'emploi avant d'avoir atteint un âge minimum approprié; il ne doit en aucun cas être astreint ou autorisé à prendre une occupation ou un emploi qui nuise à sa santé ou à son éducation, ou qui entrave son développement physique, mental ou moral.

Principe 10

L'enfant doit être protégé contre les pratiques qui peuvent pousser à la discrimination raciale, à la discrimination religieuse ou à toute autre forme de discrimination. Il doit être élevé dans un esprit de compréhension, de tolérance, d'amitié entre les peuples, de paix et de fraternité universelle, et dans le sentiment qu'il lui appartient de consacrer son énergie et ses talents au service de ses semblables.

The child shall not be admitted to employment before an appropriate minimum age; he shall in no case be caused or permitted to engage in any occupation or employment which would prejudice his health or education, or interfere with his physical, mental or moral development.

Principle 10

The child shall be protected from practices which may foster racial, religious and any other form of discrimination. He shall be brought up in a spirit of understanding, tolerance, friendship among peoples, peace and universal brotherhood, and in full consciousness that his energy and talents should be devoted to the service of his fellow men.

XXII

CONVENTION INTERNATIONALE SUR L'ÉLIMINATION DE TOUTES LES FORMES DE DISCRIMINATION RACIALE DU 21 DÉCEMBRE 1965

INTERNATIONAL CONVENTION ON THE ELIMINATION OF ALL FORMS OF RACIAL DISCRIMINATION OF 21 DECEMBER 1965

Commentaires

Extrait des pages 1 à 3 de la fiche n° 13, *Comité pour l'élimination de la discrimination raciale*, publiée par les Nations Unies en janvier 1992 :

Commentaries

Extracted from pages 1 and 2 of Fact Sheet No. 13, *Comittee for Elimination of All Forms of Racial Discrimination*, Published by the United Nations in January 1992:

« La discrimination raciale : l'Organisation des Nations Unies prend des mesures

"Racial discrimination: the United Nations takes action

"Les buts des Nations Unies sont les suivants : ...réaliser la coopération internationale... en développant et en encourageant le respects des droits de l'homme et des libertés fondamentales pour tous, sans distinction de race, de sexe, de langue ou de religion..."

'The purposes of the United Nations are... to achieve international co-operation... in promoting and encouraging respect for human rights and for fundamental freedoms for all without distinction as to race, sex, language and religion...'

Charte des Nations Unies
(extrait du Préambule)

Charter of the United Nations
(extract from the Preamble)

"Tous les êtres humains naissent libres et égaux en dignité et en droits."

'All human beings are born free and equal in dignity and rights...'

Déclaration universelle des droits de l'homme
(article premier)

Universal Declaration of Human Rights
(article 1)

« Dans un instrument international après l'autre (déclaration, pacte et convention) depuis la fondation de l'Organisation des Nations Unies, les États sont convenus que tous les membres de la famille humaine avaient des droits inaliénables qui étaient les mêmes pour tous et se sont engagés à les garantir et à les défendre.

"In one international declaration, covenant and convention after another since the United Nations was founded, States have accepted that all members of the human family have equal and inalienable rights, and have made commitments to assure and defend these rights.

Cependant, la discrimination raciale est toujours un obstacle sur la voie de la pleine application des droits de l'homme. En dépit des progrès qui ont

Racial discrimination, nevertheless, remains a stumbling block to the full realization of human rights. In spite of progress in some areas, distinctions, ex-

été faits dans certains domaines, il existe toujours des distinctions, des exclusions, des restrictions et des préférences fondées sur la race, la couleur, l'ascendance, l'origine nationale ou ethnique qui créent des conflits ou les aggravent et sont à l'origine d'innombrables souffrances et pertes en vies humaines.

En raison de son injustice fondamentale et des dangers qu'elle représente, l'Organisation des Nations Unies a fait de l'élimination de la discrimination raciale un de ses objectifs.

Devant l'inquiétude croissante suscitée au sein de la communauté internationale par la discrimination raciale, l'Assemblée générale des Nations Unies a adopté officiellement, en 1963, la Déclaration sur l'élimination de toutes les formes de discrimination raciale, dans laquelle elle insiste sur quatre points principaux, à savoir que :

Moralement condamnable et socialement injuste et dangereuse et rien ne saurait justifier la discrimination raciale, ni en théorie ni en pratique;

Toutes les formes de discrimination raciale, et surtout les politiques gouvernementales fondées sur le préjugé de supériorité raciale ou sur la haine raciale, outre qu'elles constituent une violation des droits fondamentaux de l'homme, sont de nature à compromettre les relations amicales entre les peuples, la coopération entre les nations et la paix et la sécurité internationales;

La discrimination raciale nuit non seulement à ceux qui en sont l'objet, mais encore à ceux qui la pratiquent;

clusions, restrictions and preferences based on race, colour, descent, national or ethnic origin, continue to create and embitter conflict, and cause untold suffering and loss of life.

The fundamental injustice of racial discrimination, no less than the dangers it represents, has made its elimination a target of action by the United Nations.

Mounting international concern over racial discrimination led the United Nations General Assembly, in 1963, to take the formal step of adopting the Declaration on the Elimination of All Forms of Racial Discrimination which makes four principal points:

Any doctrine of racial differentiation or superiority is scientifically false, morally condemnable, socially injust and dangerous and has no justification in theory or practice;

Racial discrimination—and more so, government policies based on racial superiority or hatred—violate fundamental human rights, endanger friendly relations among peoples, co-operation among nations, and international peace and security;

Racial discrimination harms not only those who are its objects but also those who practise it;

L'édification d'une société universelle affranchie de toutes les formes de ségrégation et de discrimination raciale, facteurs de haine et de division entre les hommes, s'inscrit parmi les objectifs fondamentaux des Nations Unies.	A world society free of racial segregation and discrimination, factors which create hatred and division, is a fundamental aim of the United Nations.
En 1965, l'Assemblée générale a doté la communauté internationale d'un instrument juridique en adoptant la Convention internationale sur l'élimination de toutes les formes de discrimination raciale. Y sont énoncées les mesures que les États sont convenus de prendre — une fois parties à cette convention après l'avoir ratifiée ou y avoir adhéré — pour éliminer la discrimination raciale.	In 1965, the General Assembly provided the world community with a legal instrument by adopting the International Convention on the Elimination of All Forms of Racial Discrimination. The Convention specifies the measures that States agree to undertake—once they have become parties by ratifying or acceding to it—to eliminate racial discrimination.
Aux termes de la Convention, les États parties se sont engagés à :	Under the Convention, States parties are pledged:
Ne se livrer à aucun acte ou pratique de discrimination raciale contre des personnes, groupes de personnes ou institutions et faire en sorte que toutes les autorités publiques et institutions publiques se conforment à cette obligation;	To engage in no act or practice of racial discrimination against individuals, groups of persons or institutions, and to ensure that public authorities and institutions do likewise;
Ne pas encourager, défendre ou appuyer la discrimination raciale pratiquée par une personne ou une organisation quelconque;	Not to sponsor, defend or support racial discrimination by persons or organizations;
Revoir les politiques gouvernementales nationales et locales et modifier ou abroger toute loi et toute disposition réglementaire ayant pour effet de créer la discrimination raciale ou de la perpétuer;	To review government, national and local policies and to amend or repeal laws and regulations which create or perpetuate racial discrimination;
Interdire la discrimination raciale pratiquée par des personnes, des groupes ou des organisations et y mettre fin;	To prohibit and put a stop to racial discrimination by persons, groups and organizations; and

Favoriser les organisations et mouvements intégrationnistes multiraciaux et autres moyens propres à éliminer les barrières entre les races, et décourager ce qui tend à renforcer la division raciale.

La Convention est entrée en vigueur en 1969 après que 27 États l'eurent ratifiée ou y eurent adhéré. À la fin de 1990, 128 États[1], soit plus des trois quarts des États Membres de l'ONU, avaient ratifié la Convention ou y avaient adhéré. C'est la plus ancienne convention de l'ONU dans le domaine des droits de l'homme et celle qui a été le plus largement ratifiée.

La Convention n'énonce pas seulement les obligations des États parties, elle porte aussi création du Comité pour l'élimination de la discrimination raciale. [...] »

To encourage integrationist or multiracial organizations and movements and other means of eliminating barriers between races, as well as to discourage anything which tends to strengthen racial division.

The Convention came into force in 1969 after 27 States had ratified or acceded to it. At the end of 1990[1], the Convention had been ratified or acceded to by 128 States—more than three-quarters of the membership of the United Nations. It is the oldest and most widely ratified United Nations human rights convention.

Apart from spelling out the obligations of States parties, the Convention established the Committee on the Elimination of Racial Discrimination. [...]"

BIBLIOGRAPHIE SÉLECTIVE

HERNAN, S.C., *La discrimination raciale*, New York, Nations Unies, 1971.

HERNAN, S.C., *Mise à jour de l'étude spéciale sur la discrimination raciale dans les domaines politique, économique, social et culturel*, New York, Nations Unies, 1976.

REGINALD, A., *Le racisme et l'Apartheid en Afrique Australe*, Paris, Presses de l'UNESCO, 1976.

SELECTIVE BIBLIOGRAPHY

ADAM, H. *Ethnic Power Mobilized: Can South Africa Change?* New Haven: Yale University Press, 1979.

BARBER, J. and M. SPICER, "Sanctions against South Africa: options for the West", (1979) 55(3) International Affairs, pp. 385-401.

NORDENSTRENG, N. and H. LAURI. *The mass media declaration of UNESCO.* Norwood, N.J.: Ablex Pub Corp., 1984.

---

1. Fin juin 1993, 132 États avaient ratifié la Convention ou y avaient adhéré. (Note de l'auteur.)

1. At the end of June 1990, the Convention had been ratified or acceded to by 132 states. (Note from the author.)

CONVENTION INTERNATIONALE SUR L'ÉLIMINATION DE TOUTES LES FORMES DE DISCRIMINATION RACIALE

Adoptée et ouverte à la signature et à la ratification par l'Assemblée générale des Nations Unies dans sa résolution 2106 A (XX) du 21 décembre 1965

Entrée en vigueur : 4 janvier 1969, conformément à l'article 19
Texte : Nations Unies, Recueil des Traités n° 9464, vol. 660, p. 195

Les États parties à la présente Convention,

Considérant que la Charte des Nations Unies est fondée sur les principes de la dignité et de l'égalité de tous les êtres humains, et que tous les États Membres se sont engagés à agir, tant conjointement que séparément, en coopération avec l'Organisation, en vue d'atteindre l'un des buts des Nations Unies, à savoir : développer et encourager le respect universel et effectif des droits de l'homme et des libertés fondamentales pour tous, sans distinction de race, de sexe, de langue ou de religion,

Considérant que la Déclaration universelle des droits de l'homme proclame que tous les êtres humains naissent libres et égaux en dignité et en droit et que chacun peut se prévaloir de tous les droits et de toutes les libertés qui y sont énoncés, sans distinction aucune notamment de race, de couleur ou d'origine nationale,

Considérant que tous les hommes sont égaux devant la loi et ont droit à une égale protection de la loi contre toute discrimination et contre toute incitation à la discrimination,

INTERNATIONAL CONVENTION ON THE ELIMINATION OF ALL FORMS OF RACIAL DISCRIMINATION

Adopted and opened for signature and ratification by United Nations General Assembly Resolution 2106 A (XX) of 21 December 1965

Entry into force: 4 January 1969, in accordance with article 19
Text: United Nations Treaty Series No. 9464, Vol. 660, p. 195

The States Parties to this Convention,

Considering that the Charter of the United Nations is based on the principles of the dignity and equality inherent in all human beings, and that all Member States have pledged themselves to take joint and separate action, in co-operation with the Organization, for the achievement of one of the purposes of the United Nations which is to promote and encourage universal respect for and observance of human rights and fundamental freedoms for all, without distinction as to race, sex, language or religion,

Considering that the Universal Declaration of Human Rights proclaims that all human beings are born free and equal in dignity and rights and that everyone is entitled to all the rights and freedoms set out therein, without distinction of any kind, in particular as to race, colour or national origin,

Considering that all human beings are equal before the law and are entitled to equal protection of the law against any discrimination and against any incitement to discrimination,

Considérant que les Nations Unies ont condamné le colonialisme et toutes les pratiques de ségrégation et de discrimination dont il s'accompagne, sous quelque forme et en quelque endroit qu'ils existent, et que la Déclaration sur l'octroi de l'indépendance aux pays et aux peuples coloniaux, du 14 décembre 1960 [résolution 1514 (XV) de l'Assemblée générale], a affirmé et solennellement proclamé la nécessité d'y mettre rapidement et inconditionnellement fin,

Considérant que la Déclaration des Nations Unies sur l'élimination de toutes les formes de discrimination raciale, du 20 novembre 1963 [résolution 1904 (XVIII) de l'Assemblée générale], affirme solennellement la nécessité d'éliminer rapidement toutes les formes et toutes les manifestations de discrimination raciale dans toutes les parties du monde et d'assurer la compréhension et le respect de la dignité de la personne humaine,

Convaincus que toute doctrine de supériorité fondée sur la différenciation entre les races est scientifiquement fausse, moralement condamnable et socialement injuste et dangereuse et que rien ne saurait justifier, où que ce soit, la discrimination raciale, ni en théorie ni en pratique,

Réaffirmant que la discrimination entre les êtres humains pour des motifs fondés sur la race, la couleur ou l'origine ethnique est un obstacle aux relations amicales et pacifiques entre les nations et est susceptible de troubler la paix et la sécurité entre les nations et est susceptible de troubler la paix et la sécurité entre les peuples ainsi que la coexistence harmonieuse des personnes au sein d'un même État,

Considering that the United Nations has condemned colonialism and all practices of segregation and discrimination associated therewith, in whatever form and wherever they exist, and that the Declaration on the Granting of Independance to Colonial Countries and Peoples of 14 December 1960 (General Assembly resolution 1514 (XV)) has affirmed and solemnly proclaimed the necessity of bringing them to a speedy and unconditional end,

Considering that the United Nations Declaration on the Elimination of All Forms of Racial Discrimination of 20 November 1963 (General Assembly resolution 1904 (XVIII)) solemnly affirms the necessity of speedily eliminating racial discrimination throughout the world in all its forms and manifestations and of securing understanding of and respect for the dignity of the human person,

Convinced that any doctrine of superiority based on racial differentiation is scientifically false, morally condemnable, socially unjust and dangerous, and that there is no justification for racial discrimination, in theory or in practice, anywhere,

Reaffirming that discrimination between human beings on the grounds of race, colour or ethnic origin is an obstacle to friendly and peaceful relations among nations and is capable of disturbing peace and security among peoples and the harmony of persons living side by side even within one and the same State,

Convaincus que l'existence de barrières raciales est incompatible avec les idéals de toute société humaine,	*Convinced* that the existence of racial barriers is repugnant to the ideals of any human society,
Alarmés par les manifestations de discrimination raciale qui existent encore dans certaines régions du monde et par les politiques gouvernementales fondées sur la supériorité ou la haine raciale, telles que les politiques d'*apartheid*, de ségrégation ou de séparation,	*Alarmed* by manifestations of racial discrimination still in evidence in some areas of the world and by governmental policies based on racial superiority or hatred, such as policies of *apartheid*, segregation or separation,
Résolus à adopter toutes les mesures nécessaires pour l'élimination rapide de toutes les formes et de toutes les manifestations de discrimination raciale et à prévenir et combattre les doctrines et pratiques racistes afin de favoriser la bonne entente entre les races et d'édifier une communauté internationale affranchie de toutes les formes de ségrégation et de discrimination raciales,	*Resolved* to adopt all necessary measures for speedily eliminating racial discrimination in all its forms and manifestations, and to prevent and combat racist doctrines and practices in order to promote understanding between races and to build an international community free from all forms of racial segregation and racial discrimination,
Ayant présentes à l'esprit la Convention concernant la discrimination en matière d'emploi et de profession adoptée par l'Organisation Internationale du Travail en 1958 et la Convention concernant la lutte contre la discrimination dans le domaine de l'enseignement adoptée par l'Organisation des Nations Unies pour l'éducation, la science et la culture en 1960,	*Bearing in mind* the Convention concerning Discrimination in respect of Employment and Occupation adopted by the International Labour Organization in 1958, and the Convention against Discrimination in Education adopted by the United Nations Educational, Scientific and Cultural Organization in 1960,
Désireux de donner effet aux principes énoncés dans la Déclaration des Nations Unies sur l'élimination de toutes les formes de discrimination raciale et d'assurer le plus rapidement possible l'adoption de mesures pratiques à cette fin,	*Desiring* to implement the principles embodied in the United Nations Declaration on the Elimination of All Forms of Racial Discrimination and to secure the earliest adoption of practical measures to that end,
Sont convenus de ce qui suit :	*Have agreed* as follows:

PREMIÈRE PARTIE

Article premier

1. Dans la présente Convention, l'expression « discrimination raciale » vise toute distinction, exclusion, restriction ou préférence fondée sur la race, la couleur, l'ascendance ou l'origine nationale ou ethnique, qui a pour but ou pour effet de détruire ou de compromettre la reconnaissance, la jouissance ou l'exercice, dans des conditions d'égalité, des droits de l'homme et des libertés fondamentales dans les domaines politique, économique, social et culturel ou dans tout autre domaine de la vie publique.

2. La présente Convention ne s'applique pas aux distinctions, exclusions, restrictions ou préférences établies par un État partie à la Convention selon qu'il s'agit de ses ressortissants ou de non-ressortissants.

3. Aucune disposition de la présente Convention ne peut être interprétée comme affectant de quelque manière que ce soit les dispositions législatives des États parties à la Convention concernant la nationalité, la citoyenneté ou la naturalisation, à condition que ces dispositions ne soient pas discriminatoires à l'égard d'une nationalité particulière.

4. Les mesures spéciales prises à seule fin d'assurer comme il convient le progrès de certains groupes raciaux ou ethniques ou d'individus ayant besoin de la protection qui peut être nécessaire pour leur garantir la jouissance et l'exercice des droits de l'homme et des libertés fondamentales dans des conditions d'égalité ne sont pas considérées comme des mesures de discrimination

PART I

Article 1

1. In this Convention, the term "racial discrimination" shall mean any distinction, exclusion, restriction or preference based on race, colour, descent, or national or ethnic origin which has the purpose or effect of nullifying or impairing the recognition, enjoyment or exercise, on an equal footing, of human rights and fundamental freedoms in the political, economic, social, cultural or any other field of public life.

2. This Convention shall not apply to distinctions, exclusions, restrictions or preferences made by a State Party to this Convention between citizens and non-citizens.

3. Nothing in this Convention may be interpreted as affecting in any way the legal provisions of States Parties concerning nationality, citizenship or naturalization, provided that such provisions do not discriminate against any particular nationality.

4. Special measures taken for the sole purpose of securing adequate advancement of certain racial or ethnic groups or individuals requiring such protection as may be necessary in order to ensure such groups or individuals equal enjoyment or exercise of human rights and fundamental freedoms shall not be deemed racial discrimination, provided, however, that such measures

raciale, à condition toutefois qu'elles n'aient pas pour effet le maintien de droits distincts pour des groupes raciaux différents et qu'elles ne soient pas maintenues en vigueur une fois atteints les objectifs auxquels elles répondaient.

Article 2

1. Les États parties condamnent la discrimination raciale et s'engagent à poursuivre par tous les moyens appropriés et sans retard une politique tendant à éliminer toute forme de discrimination raciale et à favoriser l'entente entre toutes les races, et, à cette fin :

a) chaque État partie s'engage à ne se livrer à aucun acte ou pratique de discrimination raciale contre des personnes, groupes de personnes ou institutions et à faire en sorte que toutes les autorités publiques et institutions publiques, nationales et locales, se conforment à cette obligation;

b) chaque État partie s'engage à ne pas encourager, défendre ou appuyer la discrimination raciale pratiquée par une personne ou une organisation quelconque;

c) chaque État partie doit prendre des mesures efficaces pour revoir les politiques gouvernementales nationales et locales et pour modifier, abroger ou annuler toute loi et toute disposition réglementaire ayant pour effet de créer la discrimination raciale ou de la perpétuer là où elle existe;

d) chaque État partie doit, par tous les moyens appropriés, y compris, si les circonstances l'exigent, des mesures législatives, interdire la discrimination raciale pratiquée par des personnes, des groupes ou des organisations et y mettre fin;

do not, as a consequence, lead to the maintenance of separate rights for different racial groups and that they shall not be continued after the objectives for which they were taken have been achieved.

Article 2

1. States Parties condemn racial discrimination and undertake to pursue by all appropriate means and without delay a policy of eliminating racial discrimination in all its forms and promoting understanding among all races, and, to this end:

(a) Each State Party undertake to engage in no act or practice of racial discrimination against persons, groups of persons or institutions and to ensure that all public authorities and public institutions, national and local, shall act in conformity with this obligation;

(b) Each State Party undertakes not to sponsor, defend or support racial discrimination by any persons or organizations;

(c) Each State Party shall take effective measures to review governmental, national and local policies, and to amend, rescind or nullify any laws and regulations which have the effect of creating or perpetuating racial discrimination wherever it exists;

(d) Each State Party shall prohibit and bring to an end, by all appropriate means, including legislation as required by circumstances, racial discrimination by any persons, group or organization;

e) chaque État partie s'engage à favoriser, le cas échéant, les organisations et mouvements intégrationnistes multiraciaux et autres moyens propres à éliminer les barrières entre les races, et à décourager ce qui tend à renforcer la division raciale.

2. Les États partie prendront, si les circonstances l'exigent, dans les domaines social, économique, culturel et autres, des mesures spéciales et concrètes pour assurer comme il convient le développement ou la protection de certains groupes raciaux ou d'individus appartenant à ces groupes en vue de leur garantir, dans des conditions d'égalité, le plein exercice des droits de l'homme et des libertés fondamentales. Ces mesures ne pourront en aucun cas avoir pour effet le maintien de droits inégaux ou distincts pour les divers groupes raciaux, une fois atteints les objectifs auxquels elles répondaient.

(e) Each State Party undertakes to encourage, where appropriate, integrationist multiracial organizations and movements and other means of eliminating barriers between races, and to discourage anything which tends to strengthen racial division.

2. States Parties shall, when the circumstances so warrant, take, in the social, economic, cultural and other fields, special and concrete measures to ensure the adequate development and protection of certain racial groups or individuals belonging to them, for the purpose of guaranteeing them the full and equal enjoyment of human rights and fundamental freedoms. These measures shall in no case entail as a consequence the maintenance of unequal or separate rights for different racial groups after the objectives for which they were taken have been achieved.

Article 3

Les États parties condamnent spécialement la ségrégation raciale et l'*apartheid* et s'engagent à prévenir, à interdire et à éliminer sur les territoires relevant de leur juridiction toutes les pratiques de cette nature.

Article 3

States Parties particularly condemn racial segregation and *apartheid* and undertake to prevent, prohibit and eradicate all practices of this nature in territories under their jurisdiction.

Article 4

Les États parties condamnent toute propagande et toutes organisations qui s'inspirent d'idées ou de théories fondées sur la supériorité d'une race ou d'un groupe de personnes d'une certaine couleur ou d'une certaine origine ethnique, ou qui prétendent justifier ou encourager toute forme de haine et de discrimination raciales; ils s'engagent à adopter immédiatement des mesures

Article 4

States Parties condemn all propaganda and all organizations which are based on ideas or theories of superiority of one race or group of persons of one colour or ethnic origin, or which attempt to justify or promote racial hatred and discrimination in any form, and undertake to adopt immediate and positive measures designed to eradicate all incitement to, or acts of, such discrimina-

positives destinées à éliminer toute incitation à une telle discrimination, ou tous actes de discrimination, et, à cette fin, tenant dûment compte des principes formulés dans la Déclaration universelle des droits de l'homme et des droits expressément énoncés à l'article 5 de la présente Convention, ils s'engagent notamment :

a) à déclarer délits punissables par la loi toute diffusion d'idées fondées sur la supériorité ou la haine raciale, toute incitation à la discrimination raciale, ainsi que tous actes de violence, ou provocation à de tels actes, dirigés contre toute race ou tout groupe de personnes d'une autre couleur ou d'une autre origine ethnique, de même que toute assistance apportée à des activités racistes, y compris leur financement;

b) à déclarer illégales et à interdire les organisations ainsi que les activités de propagande organisée et tout autre type d'activité de propagande qui incitent à la discrimination raciale et qui l'encouragent et à déclarer délit punissable par la loi la participation à ces organisations ou à ces activités;

c) à ne pas permettre aux autorités publiques ni aux institutions publiques, nationales ou locales, d'inciter à la discrimination raciale ou de l'encourager.

Article 5

Conformément aux obligations fondamentales énoncées à l'article 2 de la présente Convention, les États parties s'engagent à interdire et à éliminer la discrimination raciale sous toutes ses formes et à garantir le droit de chacun à l'égalité devant la loi sans distinction

tion and, to this end, with due regard to the principles embodied in the Universal Declaration of Human Rights and the rights expressly set forth in article 5 of this Convention, *inter alia*:

(a) Shall declare an offence punishable by law all dissemination of ideas based on racial superiority or hatred, incitement to racial discrimination, as well as all acts of violence or incitement to such acts against any race or group of persons of another colour or ethnic origin, and also the provision of any assistance to racist activities, including the financing thereof;

(b) Shall declare illegal and prohibit organizations, and also organized and all other propaganda activities, which promote and incite racial discrimination, and shall recognize participation in such organizations or activities as an offence punishable by law;

(c) Shall not permit public authorities or public institutions, national or local, to promote or incite racial discrimination.

Article 5

In compliance with the fundamental obligations laid down in article 2 of this Convention, States Parties undertake to prohibit and to eliminate racial discrimination in all its forms and to guarantee the right of everyone, without distinction as to race, colour, or national

de race, de couleur ou d'origine nationale ou ethnique, notamment dans la jouissance des droits suivants :

a) droit à un traitement égal devant les tribunaux et tout autre organe administrant la justice;

b) droit à la sûreté de la personne et à la protection de l'État contre les voies de fait ou les sévices de la part soit de fonctionnaires du gouvernement, soit de tout individu, groupe ou institution;

c) droits politiques, notamment droit de participer aux élections — de voter et d'être candidat — selon le système du suffrage universel et égal, droit de prendre part au gouvernement ainsi qu'à la direction des affaires publiques, à tous les échelons, et droit d'accéder, dans des conditions d'égalité, aux fonctions publiques;

d) autres droits civils, notamment :
   i) droit de circuler librement et de choisir sa résidence à l'intérieur d'un État;
   ii) droit de quitter tout pays, y compris le sien, et de revenir dans son pays;
   iii) droit à une nationalité;
   iv) droit de se marier et de choisir son conjoint;
   v) droit de toute personne, aussi bien seule qu'en association, à la propriété;
   vi) droit d'hériter;
   vii) droit à la liberté de pensée, de conscience et de religion;
   viii) droit à la liberté d'opinion et d'expression;
   ix) droit à la liberté de réunion et d'association pacifiques;

e) droits économiques, sociaux et culturels, notamment :
   i) droits au travail, au libre choix de son travail, à des conditions

or ethnic origin, to equality before the law, notably in the enjoyment of the following rights:

(a) The right to equal treatment before the tribunals and all other organs administering justice;

(b) The right to security of person and protection by the State against violence or bodily harm, whether inflicted by government officials or by any individual group or institution;

(c) Political rights, in particular the rights to participate in elections—to vote and to stand for election—on the basis of universal and equal suffrage, to take part in the Government as well as in the conduct of public affairs at any level and to have equal access to public service;

(d) Other civil rights, in particular:
   (i) The right to freedom of movement and residence within the border of the State;
   (ii) The right to leave any country, including one's own, and to return to one's country;
   (iii) The right to nationality;
   (iv) The right to marriage and choice of spouse;
   (v) The rights to own property alone as well as in association with others;
   (vi) The right to inherit;
   (vii) The right to freedom of thought, conscience and religion;
   (viii) The right to freedom of opinion and expression;
   (ix) The right to freedom of peaceful assembly and association;

(e) Economic, social and cultural rights, in particular:
   (i) The rights to work, to free choice of employment, to just and

équitables et satisfaisantes de travail, à la protection contre le chômage, à un salaire égal pour un travail égal, à une rémunération équitable et satisfaisante;
ii) droit de fonder des syndicats et de s'affilier à des syndicats;
iii) droit au logement;
iv) droit à la santé, aux soins médicaux, à la sécurité sociale et aux services sociaux;
v) droit à l'éducation et à la formation professionnelle;
vi) droit de prendre part, dans des conditions d'égalité, aux activités culturelles;

f) droit d'accès à tous lieux et services destinés à l'usage du public, tels que moyens de transport, hôtels, restaurants, cafés, spectacles et parcs.

Article 6

Les États parties assureront à toute personne soumise à leur juridiction une protection et une voie de recours effectives, devant les tribunaux nationaux et autres organismes d'État compétents, contre tous actes de discrimination raciale qui, contrairement à la présente Convention, violeraient ses droits individuels et ses libertés fondamentales, ainsi que le droit de demander à ces tribunaux satisfaction ou réparation juste et adéquate pour tout dommage dont elle pourrait être victime par suite d'une telle discrimination.

Article 7

Les États parties s'engagent à prendre des mesures immédiates et efficaces, notamment dans les domaines de l'enseignement, de l'éducation, de la culture et de l'information, pour lutter

favourable conditions of work, to protection against unemployment, to equal pay for equal work, to just and favourable remuneration;
(ii) The right to form and join trade unions;
(iii) The right to housing;
(iv) The right to public health, medical care, social security and social services;
(v) The right to education and training;
(vi) The right to equal participation in cultural activities;

(f) The right of access to any place or service intended for use by the general public, such as transport, hotels, restaurants, cafés, theatres and parks.

Article 6

States Parties shall assure to everyone within their jurisdiction effective protection and remedies, through the competent national tribunals and other State institutions, against any acts of racial discrimination which violate his human rights and fundamental freedoms contrary to this Convention, as well as the right to seek from such tribunals just and adequate reparation or satisfaction for any damage suffered as a result of such discrimination.

Article 7

States Parties undertake to adopt immediate and effective measures, particularly in the fields of teaching, education, culture and information, with a view to combating prejudices

contre les préjugés conduisant à la discrimination raciale et favoriser la compréhension, la tolérance et l'amitié entre nations et groupes raciaux ou ethniques, ainsi que pour promouvoir les buts et principes de la Charte des Nations Unies, de la Déclaration universelle des droits de l'homme, de la Déclaration des Nations Unies sur l'élimination de toutes les formes de discrimination raciale et de la présente Convention.

which lead to racial discrimination and to promoting understanding, tolerance and friendship among nations and racial or ethnical groups, as well as to propagating the purposes and principles of the Charter of the United Nations, the Universal Declaration of Human Rights, the United Nations Declaration on the Elimination of All Forms of Racial Discrimination, and this Convention.

DEUXIÈME PARTIE

Article 8

1. Il est constitué un Comité pour l'élimination de la discrimination raciale (ci-après dénommé le Comité) composé de dix-huit experts connus pour leur haute moralité et leur impartialité, qui sont élus par les États parties parmi leurs ressortissants et qui siègent à titre individuel, compte tenu d'une répartition géographique équitable et de la représentation des différentes formes de civilisation ainsi que des principaux systèmes juridiques.

2. Les membres du Comité sont élus au scrutin secret sur une liste de candidats désignés par les États parties. Chaque État partie peut désigner un candidat choisi parmi ses ressortissants.

3. La première élection aura lieu six mois après la date de l'entrée en vigueur de la présente Convention. Trois mois au moins avant la date de chaque élection, le Secrétaire général de l'Organisation des Nations Unies envoie une lettre aux États parties pour les inviter à présenter leurs candidatures dans un dé-

PART II

Article 8

1. There shall be established a Committee on the Elimination of Racial Discrimination (hereinafter referred to as the Committee) consisting of eighteen experts of high moral standing and acknowledged impartiality elected by States Parties from among their nationals, who shall serve in their personal capacity, consideration being given to equitable geographical distribution and to the representation of the different forms of civilization as well as of the principal legal systems.

2. The members of the Committee shall be elected by secret ballot from a list of persons nominated by the States Parties. Each State Party may nominate one person from among its own nationals.

3. The initial election shall be held six months after the date of the entry into force of this Convention. At least three months before the date of each election, the Secretary-General of the United Nations shall address a letter to the States Parties inviting them to submit their nominations within two

lai de deux mois. Le Secrétaire général dresse une liste par ordre alphabétique de tous les candidats ainsi désignés, avec indication des États parties qui les ont désignés, et la communique aux États parties.

4. Les membres du Comité sont élus au cours d'une réunion des États parties convoquée par le Secrétaire général au Siège de l'Organisation des Nations Unies. À cette réunion où le quorum est constitué par les deux tiers des États parties, sont élus membres du Comité des candidats qui obtiennent le plus grand nombre de voix et la majorité absolue des votes des représentants des États parties présents et votants.

5. *a)* Les membres du Comité sont élus pour quatre ans. Toutefois, le mandat de neuf membres élus lors de la première élection prendra fin au bout de deux ans; immédiatement après la première élection, le nom de ces neuf membres sera tiré au sort par le Président du Comité;

b) Pour remplir les vacances fortuites, l'État partie dont l'expert a cessé d'exercer ses fonctions de membre du Comité nommera un autre expert parmi ses ressortissants, sous réserve de l'approbation du Comité.

6. Les États parties prennent à leur charge les dépenses des membres du Comité pour la période où ceux-ci s'acquittent de fonctions au Comité.

Article 9

1. Les États parties s'engagent à présenter au Secrétaire général de l'Organisation des Nations Unies, pour

months. The Secretary-General shall prepare a list in alphabetical order of all persons thus nominated, indicating the States Parties which have nominated them, and shall submit it to the States Parties.

4. Elections of the members of the Committee shall be held at a meeting of States Parties convened by the Secretary-General at United Nations Headquarters. At that meeting, for which two-thirds of the States Parties shall constitute a quorum, the persons elected to the Committee shall be those nominees who obtain the largest number of votes and an absolute majority of the votes of the representatives of States Parties present and voting.

5. *(a)* The members of the Committee shall be elected for a term of four years. However, the terms of nine of the members elected at the fist election shall expire at the end of two years; immediatly after the first election the names of these nine members shall be chosen by lot by the Chairman of the Committee.

(b) For the filling of casual vacancies, the State Party whose expert has ceased to function as a member of the Committee shall appoint another expert from among its nationals, subject to the approval of the Committee.

6. States Parties shall be responsible for the expenses of the members of the Committee while they are in performance of Committee duties.

Article 9

1. States Parties undertake to submit to the Secretary-General of the United Nations, for consideration by the Com-

examen par le Comité, un rapport sur les mesures d'ordre législatif, judiciaire, administratif ou autre qu'ils ont arrêtées et qui donnent effet aux dispositions de la présente Convention : *a)* dans un délai d'un an à compter de l'entrée en vigueur de la Convention, pour chaque État intéressé en ce qui le concerne et *b)* par la suite, tous les deux ans et, en outre, chaque fois que le Comité en fera la demande. Le Comité peut demander des renseignements complémentaires aux États parties.

2. Le Comité soumet chaque année à l'Assemblée générale de l'Organisation des Nations Unies, par l'intermédiaire du Secrétaire général, un rapport sur ses activités et peut faire des suggestions et des recommandations d'ordre général fondées sur l'examen des rapports et des renseignements reçus des États parties. Il porte ces suggestions et recommandations d'ordre général à la connaissance de l'Assemblée générale avec, le cas échéant, les observations des États parties.

mittee, a report on the legislative, judicial, administrative or other measures which they have adopted and which give effect to the provisions of this Convention: *(a)* within one year after the entry into force of the Convention for the State concerned; and *(b)* thereafter every two years and whenever the Committee so requests. The Committee may request further information from the States Parties.

2. The Committee shall report annually, through the Secretary-General, to the General Assembly of the United Nations on its activities and may make suggestions and general recommendations based on the examination of the reports and information received from the States Parties. Such suggestions and general recommendations shall be reported to the General Assembly together with comments, if any, from States Parties.

Article 10

1. Le Comité adopte son règlement intérieur.

2. Le Comité élit son bureau pour une période de deux ans.

3. Le Secrétaire général de l'Organisation des Nations Unies assure le secrétariat du Comité.

4. Le Comité tient normalement ses réunions au Siège de l'Organisation des Nations Unies.

Article 10

1. The Committee shall adopt its own rules of procedure.

2. The Committee shall elect its officers for a term of two years.

3. The secretariat of the Committee shall be provided by the Secretary-General of the United Nations.

4. The meetings of the Committee shall normally be held at United Nations Headquarters.

Article 11

1. Si un État partie estime qu'un autre État également partie n'applique pas

Article 11

1. If a State Party considers that another State Party is not giving effect to

SECTION II — TRAITÉ / TREATY XXII

les dispositions de la présente Convention, il peut appeler l'attention du Comité sur la question. Le Comité transmet alors la communication à l'État partie intéressé. Dans un délai de trois mois, l'État destinataire soumet au Comité des explications ou déclarations écrites éclaircissant la question et indiquant, le cas échéant, les mesures qui peuvent avoir été prises par ledit État pour remédier à la situation.

2. Si, dans un délai de six mois à compter de la date de réception de la communication originale par l'État destinataire, la question n'est pas réglée à la satisfaction des deux États, par voie de négociations bilatérales ou par toute autre procédure qui serait à leur disposition, l'un comme l'autre auront le droit de la soumettre à nouveau au Comité en adressant une notification au Comité ainsi qu'à l'autre État intéressé.

3. Le Comité ne peut connaître d'une affaire qui lui est soumise conformément au paragraphe 2 du présent article qu'après s'être assuré que tous les recours internes disponibles ont été utilisés ou épuisés, conformément aux principes de droit international généralement reconnus. Cette règle ne s'applique pas si les procédures de recours excèdent des délais raisonnables.

4. Dans toute affaire qui lui est soumise, le Comité peut demander aux États parties en présence de lui fournir tout renseignement complémentaire pertinent.

5. Lorsque le Comité examine une question en application du présent article, les États parties intéressés ont le droit de désigner un représentant qui participera sans droit de vote aux travaux du Comité pendant toute la durée des débats.

the provisions of this Convention, it may bring the matter to the attention of the Committee. The Committee shall then transmit the communication to the State Party concerned. Within three months, the receiving State shall submit to the Committee written explanations or statements clarifying the matter and the remedy, if any, that may have been taken by that State.

2. If the matter is not adjusted to the satisfaction of both parties, either by bilateral negotiations or by any other procedure open to them, within six months after the receipt by the receiving State of the initial communication, either State shall have the right to refer the matter again to the Committee by notifying the Committee and also the other State.

3. The Committee shall deal with a matter referred to it in accordance with paragraph 2 of this article after it has ascertained that all available domestic remedies have been invoked and exhausted in the case, in conformity with the generally recognized principles of international law. This shall not be the rule where the application of the remedies is unreasonably prolonged.

4. In any matter referred to it, the Committee may call upon the States Parties concerned to supply any other relevant information.

5. When any matter arising out of this article is being considered by the Committee, the States Parties concerned shall be entitled to send a representative to take part in the proceedings of the Committee, without voting rights, while the matter is under consideration.

Article 12

1. *a)* Une fois que le Comité a obtenu et dépouillé tous les renseignements qu'il juge nécessaires, le Président désigne une commission de conciliation *ad hoc* (ci-après dénommée la Commission) composée de cinq personnes qui peuvent ou non être membres du Comité. Les membres en sont désignés avec l'assentiment entier et unanime des parties au différend et la Commission met ses bons offices à la disposition des États intéressés, afin de parvenir à une solution amiable de la question, fondée sur le respect de la présente Convention.

b) Si les États parties au différend ne parviennent pas à une entente sur tout ou partie de la composition de la Commission dans un délai de trois mois, les membres de la Commission qui n'ont pas l'assentiment des États parties au différend sont élus au scrutin secret parmi les membres du Comité, à la majorité des deux tiers des membres du Comité.

2. Les membres de la Commission siègent à titre individuel. Ils ne doivent pas être ressortissants de l'un des États parties au différend ni d'un État qui n'est pas partie à la présente Convention.

3. La Commission élit son Président et adopte son règlement intérieur.

4. La Commission tient normalement ses réunions au Siège de l'Organisation des Nations Unies ou en tout autre lieu approprié que déterminera la Commission.

5. Le secrétariat prévu au paragraphe 3 de l'article 10 de la présente Convention prête également ses services à la

Article 12

1. *(a)* After the Committee has obtained and collated all the information it deems necessary, the Chairman shall appoint an *ad hoc* Conciliation Commission (hereinafter referred to as the Commission) comprising five persons who may or may not be members of the Committee. The members of the Commission shall be appointed with the unanimous consent of the parties to the dispute, and its good offices shall be made available to the States concerned with a view to an amicable solution of the matter on the basis of respect for this Convention.

(b) If the States Parties to the dispute fail to reach agreement within three months on all or part of the composition of the Commission, the members of the Commission not agreed upon by the States parties to the dispute shall be elected by secret ballot by a two-thirds majority vote of the Committee from among its own members.

2. The members of the Commission shall serve in their personal capacity. They shall not be nationals of the States parties to the dispute or of a State not Party to this Convention.

3. The Commission shall elect its own Chairman and adopt its own rules of procedure.

4. The meetings of the Commission shall normally be held at United Nations Headquarters or at any other convenient place as determined by the Commission.

5. The secretariat provided in accordance with article 10, paragraph 3, of this Convention shall also service

Commission chaque fois qu'un différend entre des États parties entraîne la constitution de la Commission.

6. Toutes les dépenses des membres de la Commission sont réparties également entre les États parties au différend, sur la base d'un état estimatif établi par le Secrétaire général de l'Organisation des Nations Unies.

7. Le Secrétaire général sera habilité, si besoin est, à défrayer les membres de la Commission de leurs dépenses, avant que le remboursement en ait été effectué par les États parties au différend conformément au paragraphe 6 du présent article.

8. Les renseignements obtenus et dépouillés par le Comité sont mis à la disposition de la Commission, et la Commission peut demander aux États intéressés de lui fournir tout renseignement complémentaire pertinent.

Article 13

1. Après avoir étudié la question sous tous ses aspects, la Commission prépare et soumet au Président du Comité un rapport contenant ses conclusions sur toutes les questions de fait relatives au litige entre les parties et renfermant les recommandations qu'elle juge opportunes en vue de parvenir à un règlement amiable du différend.

2. Le Président du Comité transmet le rapport de la Commission à chacun des États parties au différend. Lesdits États font savoir au Président du Comité, dans un délai de trois mois, s'ils acceptent, ou non, les recommandations contenues dans le rapport de la Commission.

the Commission whenever a dispute among States Parties brings the Commission into being.

6. The States parties to the dispute shall share equally all the expenses of the members of the Commission in accordance with estimates to be provided by the Secretary-General of the United Nations.

7. The Secretary-General shall be empowered to pay the expenses of the members of the Commission, if necessary, before reimbursement by the States parties to the dispute in accordance with paragraph 6 of this article.

8. The information obtained and collated by the Committee shall be made available to the Commission, and the Commission may call upon the States concerned to supply any other relevant information.

Article 13

1. When the Commission has fully considered the matter, it shall prepare and submit to the Chairman of the Committee a report embodying its findings on all questions of fact relevant to the issue between the parties and containing such recommendations as it may think proper for the amicable solution of the dispute.

2. The Chairman of the Committee shall communicate the report of the Commission to each of the States parties to the dispute. These States shall, within three months, inform the Chairman of the Committee whether or not they accept the recommendations contained in the report of the Commission.

3. Une fois expiré le délai prévu au paragraphe 2 du présent article, le Président du Comité communique le rapport de la Commission et les déclarations des États parties intéressés aux autres États parties à la Convention.

Article 14

1. Tout État partie peut déclarer à tout moment qu'il reconnaît la compétence du Comité pour recevoir et examiner des communications émanant de personnes ou de groupes de personnes relevant de sa juridiction qui se plaignent d'être victimes d'une violation, par ledit État partie, de l'un quelconque des droits énoncés dans la présente Convention. Le Comité ne reçoit aucune communication intéressant un État partie qui n'a pas fait une telle déclaration.

2. Tout État partie qui fait une déclaration conformément au paragraphe 1 du présent article peut créer ou désigner un organisme dans le cadre de son ordre juridique national, qui aura compétence pour recevoir et examiner les pétitions émanant de personnes ou de groupes de personnes relevant de la juridiction dudit État qui se plaignent d'être victimes d'une violation de l'un quelconque des droits énoncés dans la présente Convention et qui ont épuisé les autres recours locaux disponibles.

3. La déclaration faite conformément au paragraphe 1 du présent article et le nom de tout organisme créé ou désigné conformément au paragraphe 2 du présent article sont déposés par l'État partie intéressé auprès du Secrétaire général de l'Organisation des Nations Unies, qui en communique co-

3. After the period provided for in paragraph 2 of this article, the Chairman of the Committee shall communicate the report of the Commission and the declarations of the States Parties concerned to the other States Parties to this Convention.

Article 14

1. A State Party may at any time declare that it recognizes the competence of the Committee to receive and consider communications from individuals or groups of individuals within its jurisdiction claiming to be victims of a violation by that State Party of any of the rights set forth in this Convention. No communication shall be received by the Committee if it concerns a State Party which has not made such a declaration.

2. Any State Party which makes a declaration as provided for in paragraph 1 of this article may establish or indicate a body within its national legal order which shall be competent to receive and consider petitions from individuals and groups of individuals within its jurisdiction who claim to be victims of a violation of any of the rights set forth in this Convention and who have exhausted other available local remedies.

3. A declaration made in accordance with paragraph 1 of this article and the name of any body established or indicated in accordance with paragraph 2 of this article shall be deposited by the State Party concerned with the Secretary-General of the United Nations, who shall transmit copies thereof to the

pie aux autres États parties. La déclaration peut être retirée à tout moment au moyen d'une notification adressée au Secrétaire général, mais ce retrait n'affecte pas les communications dont le Comité est déjà saisi.

4. L'organisme créé ou désigné conformément au paragraphe 2 du présent article devra tenir un registre des pétitions et des copies certifiées conformes du registre seront déposées chaque année auprès du Secrétaire général par les voies appropriées, étant entendu que le contenu desdites copies ne sera pas divulgué au public.

5. S'il n'obtient pas satisfaction de l'organisme créé ou désigné conformément au paragraphe 2 du présent article, le pétitionnaire a le droit d'adresser, dans les six mois, une communication à cet effet au Comité.

6. *a)* Le Comité porte, à titre confidentiel, toute communication qui lui est adressée à l'attention de l'État partie qui a prétendument violé l'une quelconque des dispositions de la Convention, mais l'identité de la personne ou des groupes de personnes intéressés ne peut être révélée sans le consentement exprès de ladite personne ou desdits groupes de personnes. Le Comité ne reçoit pas de communications anonymes.

b) Dans les trois mois qui suivent, ledit État soumet par écrit au Comité des explications ou déclarations éclaircissant la question et indiquant, le cas échéant, les mesure qu'il pourrait avoir prises pour remédier à la situation.

other States Parties. A declaration may be withdrawn at any time by notification to the Secretary-General, but such a withdrawal shall not affect communications pending before the Committee.

4. A register of petitions shall be kept by the body established or indicated in accordance with paragraph 2 of this article, and certified copies of the register shall be filed annually through appropriate channels with the Secretary-General on the understanding that the contents shall not be publicly disclosed.

5. In the event of failure to obtain satisfaction from the body established or indicated in accordance with paragraph 2 of this article, the petitioner shall have the right to communicate the matter to the Committee within six months.

6. *(a)* The Committee shall confidentially bring any communication referred to it to the attention of the State Party alleged to be violating any provision of this Convention, but the identity of the individual or groups of individuals concerned shall not be revealed without his or their express consent. The Committee shall not receive anonymous communications.

(b) Within three months, the receiving State shall submit to the Committee written explanations or statements clarifying the matter and the remedy, if any, that may have been taken by that State.

7. a) Le Comité examine les communications en tenant compte de toutes les informations qui lui sont soumises par l'État partie intéressé et par le pétitionnaire. Le Comité n'examinera aucune communication d'un pétitionnaire sans s'être assuré que celui-ci a épuisé tous les recours internes disponibles. Toutefois, cette règle ne s'applique pas si les procédures de recours excèdent des délais raisonnables.

b) Le Comité adresse ses suggestions et recommandations éventuelles à l'État partie intéressé et au pétitionnaire.

8. Le Comité inclut dans son rapport annuel un résumé de ces communications et, le cas échéant, un résumé des explications et déclarations des États parties intéressés ainsi que de ses propres suggestions et recommandations.

9. Le Comité n'a compétence pour s'acquitter des fonctions prévues au présent article que si au moins dix États parties à la Convention sont liés par des déclarations faites conformément au paragraphe 1 du présent article.

Article 15

1. En attendant la réalisation des objectifs de la Déclaration sur l'octroi de l'indépendance aux pays et aux peuples coloniaux, contenue dans la résolution 1514 (XV) de l'Assemblée générale de l'Organisation des Nations Unies, en date du 14 décembre 1960, les dispositions de la présente Convention ne restreignent en rien le droit de pétition accordé à ces peuples par d'autres instruments internationaux ou par l'Organisation des Nations Unies ou ses institutions spécialisées.

7. (a) The Committee shall consider communications in the light of all information made available to it by the State Party concerned and by the petitioner. The Committee shall not consider any communication from a petitioner unless it has ascertained that the petitioner has exhausted all available domestic remedies. However, this shall not be the rule where the application of the remedies is unreasonably prolonged.

(b) The Committee shall forward its suggestions and recommendations, if any, to the State Party concerned and to the petitioner.

8. The Committee shall include in its annual report a summary of such communications and, where appropriate, a summary of the explanations and statements of the States Parties concerned and of its own suggestions and recommendations.

9. The Committee shall be competent to exercise the functions provided for in this article only when at least ten States Parties to this Convention are bound by declarations in accordance with paragraph 1 of this article.

Article 15

1. Pending the achievement of the objectives of the Declaration on the Granting of Independence to Colonial Countries and Peoples, contained in General Assembly resolution 1514 (XV) of 14 December 1960, the provisions of this Convention shall in no way limit the right of petition granted to these peoples by other international instruments or by the United Nations and its specialized agencies.

SECTION II — TRAITÉ / TREATY XXII

2. *a)* Le Comité constitué conformément au paragraphe 1 de l'article 8 de la présente Convention reçoit copie des pétitions venant des organes de l'Organisation des Nations Unies qui s'occupent de questions ayant un rapport direct avec les principes et les objectifs de la présente Convention, et exprime une opinion et fait des recommandations au sujet des pétitions reçues lors de l'examen des pétitions émanant des habitants de territoires sous tutelle ou non autonomes ou de tout autre territoire auquel s'applique la résolution 1514 (XV) de l'Assemblée générale, et ayant trait à des questions visées par la présente Convention, dont sont saisis lesdits organes.

b) Le Comité reçoit des organes compétents de l'Organisation des Nations Unies copie des rapports concernant les mesures d'ordre législatif, judiciaire, administratif ou autre intéressant directement les principes et objectifs de la présente Convention que les puissances administrantes ont appliquées dans les territoires mentionnés à l'alinéa *a)* du présent paragraphe et exprime des avis et fait des recommandations à ces organes.

3. Le Comité inclut dans ses rapports à l'Assemblée générale un résumé des pétitions et des rapports qu'il a reçus d'organes de l'Organisation des Nations Unies ainsi que les expressions d'opinion et les recommandations qu'ont appelées de sa part lesdits pétitions et rapports.

4. Le Comité prie le Secrétaire général des Nations Unies de lui fournir tous renseignements ayant trait aux objectifs de la présente Convention, dont celui-ci dispose au sujet des territoires mentionnés à l'alinéa *a)* du paragraphe 2 du présent article.

2. *(a)* The Committee established under article 8, paragraph 1, of this Convention shall receive copies of the petitions from, and submit expressions of opinion and recommendations on these petitions to, the bodies of the United Nations which deal with matters directly related to the principles and objectives of this Convention in their consideration of petitions from the inhabitants of Trust and Non-Self-Governing Territories and all other territories to which General Assembly resolution 1514 (XV) applies, relating to matters covered by this Convention which are before these bodies.

(b) The Committee shall receive from the competent bodies of the United Nations copies of the reports concerning the legislative, judicial, administrative or other measures directly related to the principles and objectives of this Convention applied by the administering Powers within the Territories mentioned in subparagraph *(a)* of this paragraph, and shall express opinions and make recommendations to these bodies.

3. The Committee shall include in its report to the General Assembly a summary of the petitions and reports it has received from United Nations bodies, and the expressions of opinion and recommendations of the Committee relating to the said petitions and reports.

4. The Committee shall request from the Secretary-General of the United Nations all information relevant to the objectives of this Convention and available to him regarding the Territories mentioned in paragraph 2 *(a)* of this article.

Article 16

Les dispositions de la présente Convention concernant les mesures à prendre pour régler un différend ou liquider une plainte s'appliquent sans préjudice des autres procédures de règlement des différends ou de liquidation des plaintes en matière de discrimination prévues dans des instruments constitutifs de l'Organisation des Nations Unies et de ses institutions spécialisées ou dans des conventions adoptées par ces organisations, et n'empêchent pas les États parties de recourir à d'autres procédures pour le règlement d'un différend conformément aux accords internationaux généraux ou spéciaux qui les lient.

TROISIÈME PARTIE

Article 17

1. La présente Convention est ouverte à la signature de tout État Membre de l'Organisation des Nations Unies ou membre de l'une quelconque de ses institutions spécialisées, de tout État partie au Statut de la Cour Internationale de Justice, ainsi que de tout autre État invité par l'Assemblée générale de l'Organisation des Nations Unies à devenir partie à la présente Convention.

2. La présente Convention est sujette à ratification et les instruments de ratification seront déposés auprès du Secrétaire général de l'Organisation des Nations Unies.

Article 18

1. La présente Convention sera ouverte à l'adhésion de tout État visé au paragraphe 1 de l'article 17 de la Convention.

Article 16

The provisions of this Convention concerning the settlement of disputes or complaints shall be applied without prejudice to other procedures for settling disputes or complaints in the field of discrimination laid down in the constituent instruments of, or in conventions adopted by, the United Nations and its specialized agencies, and shall not prevent the States Parties from having recourse to other procedures for settling a dispute in accordance with general or special international agreements in force between them.

PART III

Article 17

1. This Convention is open for signature by any State Member of the United Nations or member of any of its specialized agencies, by any State Party to the Statute of the International Court of Justice, and by any other State which has been invited by the General Assembly of the United Nations to become a Party to this Convention.

2. This Convention is subject to ratification. Instruments of ratification shall be deposited with the Secretary-General of the United Nations.

Article 18

1. This Convention shall be open to accession by any State referred to in article 17, paragraph 1, of the Convention.

2. L'adhésion se fera par le dépôt d'un instrument d'adhésion auprès du Secrétaire général de l'Organisation des Nations Unies.

Article 19

1. La présente Convention entrera en vigueur le trentième jour qui suivra la date du dépôt auprès du Secrétaire général de l'Organisation des Nations Unies du vingt-septième instrument de ratification ou d'adhésion.

2. Pour chacun des États qui ratifieront la présente Convention ou y adhéreront après le dépôt du vingt-septième instrument de ratification ou d'adhésion, ladite Convention entrera en vigueur le trentième jour après la date du dépôt par cet État de son instrument de ratification ou d'adhésion.

Article 20

1. Le Secrétaire général de l'Organisation des Nations Unies recevra et communiquera à tous les États qui sont ou qui peuvent devenir parties à la présente Convention le texte des réserves qui auront été faites au moment de la ratification ou de l'adhésion. Tout État qui élève des objections contre la réserve avisera le Secrétaire général, dans un délai de quatre-vingt-dix jours à compter de la date de ladite communication, qu'il n'accepte pas ladite réserve.

2. Aucune réserve incompatible avec l'objet et le but de la présente Convention ne sera autorisée non plus qu'aucune réserve qui aurait pour effet de paralyser le fonctionnement de l'un quelconque des organes créés par la Convention. Une réserve sera considérée comme rentrant dans les catégories

2. Accession shall be effected by the deposit of an instrument of accession with the Secretary-General of the United Nations.

Article 19

1. This Convention shall enter into force on the thirtieth day after the date of the deposit with the Secretary-General of the United Nations of the twenty-seventh instrument of ratification or instrument of accession.

2. For each State ratifying this Convention or acceding to it after the deposit of the twenty-seventh instrument of ratification or instrument of accession, the Convention shall enter into force on the thirtieth day after the date of the deposit of its own instrument of ratification or instrument of accession.

Article 20

1. The Secretary-General of the United Nations shall receive and circulate to all States which are or may become Parties to this Convention reservations made by States at the time of ratification or accession. Any State which objects to the reservation shall, within a period of ninety days from the date of the said communication, notify the Secretary-General that it does not accept it.

2. A reservation incompatible with the object and purpose of this Convention shall not be permitted, nor shall a reservation the effect of which would inhibit the operation of any of the bodies established by this Convention be allowed. A reservation shall be considered incompatible or inhibitive if at

définies ci-dessus si les deux tiers au moins des États parties à la Convention élèvent des objections.

3. Les réserves peuvent être retirées à tout moment par voie de notification adressée au Secrétaire général. La notification prendra effet à la date de réception.

Article 21

Tout État partie peut dénoncer la présente Convention par voie de notification adressée au Secrétaire général de l'Organisation des Nations Unies. La dénonciation portera effet un an après la date à laquelle le Secrétaire général en aura reçu notification.

Article 22

Tout différend entre deux ou plusieurs États parties touchant l'interprétation ou l'application de la présente Convention qui n'aura pas été réglé par voie de négociation ou au moyen des procédures expressément prévues par ladite Convention sera porté, à la requête de toute partie au différend, devant la Cour Internationale de Justice pour qu'elle statue à son sujet, à moins que les parties au différend ne conviennent d'un autre mode de règlement.

Article 23

1. Tout État partie peut formuler à tout moment une demande de révision de la présente Convention par voie de notification écrite adressée au Secrétaire général de l'Organisation des Nations Unies.

2. L'Assemblée générale de l'Organisation des Nations Unies statuera sur

least two thirds of the States Parties to this Convention object to it.

3. Reservations may be withdrawn at any time by notification to this effect addressed to the Secretary-General. Such notification shall take effect on the date on which it is received.

Article 21

A State Party may denounce this Convention by written notification to the Secretary-General of the United Nations. Denunciation shall take effect one year after the date of receipt of the notification by the Secretary-General.

Article 22

Any dispute between two or more States Parties with respect to the interpretation or application of this Convention, which is not settled by negotiation or by the procedures expressly provided for in this Convention, shall, at the request of any of the parties to the dispute, be referred to the International Court of Justice for decision, unless the disputants agree to another mode of settlement.

Article 23

1. A request for the revision of this Convention may be made at any time by any State Party by means of a notification in writing addressed to the Secretary-General of the United Nations.

2. The General Assembly of the United Nations shall decide upon the

les mesures à prendre, le cas échéant, au sujet de cette demande.

Article 24

Le Secrétaire général de l'Organisation des Nations Unies informera tous les États visés au paragraphe 1 de l'article 17 de la présente Convention :

a) des signatures apposées à la présente Convention et des instruments de ratification et d'adhésion déposés conformément aux articles 17 et 18;
b) de la date à laquelle la présente Convention entrera en vigueur conformément à l'article 19;
c) des communications et déclarations reçues conformément aux articles 14, 20 et 23;
d) des dénonciations notifiées conformément à l'article 21.

Article 25

1. La présente Convention, dont les textes anglais, chinois, espagnol, français et russe font également foi, sera déposée aux archives de l'Organisation des Nations Unies.

2. Le Secrétaire général de l'Organisation des Nations Unies fera tenir une copie certifiée conforme de la présente Convention à tous les États appartenant à l'une quelconque des catégories mentionnées au paragraphe 1 de l'article 17 de la Convention.

steps, if any, to be taken in respect of such a request.

Article 24

The Secretary-General of the United Nations shall inform all States referred to in article 17, paragraph 1, of this Convention of the following particulars:

(a) Signatures, ratifications and accessions under articles 17 and 18;

(b) The date of entry into force of this Convention under article 19;

(c) Communications and declarations received under articles 14, 20 and 23;

(d) Denunciations under article 21.

Article 25

1. This Convention, of which the Chinese, English, French, Russian and Spanish texts are equally authentic, shall be deposited in the archives of the United Nations.

2. The Secretary-General of the United Nations shall transmit certified copies of this Convention to all States belonging to any of the categories mentioned in article 17, paragraph 1, of the Convention.

CONVENTION INTERNATIONALE SUR L'ÉLIMINATION DE TOUTES LES FORMES DE DISCRIMINATION RACIALE 21 DÉCEMBRE 1965

132 ÉTATS MEMBRES AU 30 JUILLET 1993[1]	RATIFICATION, ADHÉSION[a], SUCCESSION[d]
Afghanistan	6 Juillet 1983[a]
Algérie	14 Février 1972[d]
Allemagne	16 Mai 1969
Antigua-et-Barbuda	25 Octobre 1988[d]
Argentine	2 Octobre 1968
Australie	30 Septembre 1975
Autriche	9 Mai 1972
Bahamas	5 Août 1975[d]
Bahreïn	27 Mars 1990[a]
Bangladesh	11 Juin 1979[a]
Barbade	8 Novembre 1972[a]
Bélarus	8 Avril 1969
Belgique	7 Août 1975
Bolivie	22 Septembre 1970
Botswana	20 Février 1974
Brésil	27 Mars 1968
Bulgarie	8 Août 1966
Burkina Faso	18 Juillet 1974[a]
Burundi	27 Octobre 1977
Cambodge	28 Novembre 1983
Cameroun	24 Juin 1971
Canada	14 Octobre 1970
Cap-Vert	3 Octobre 1979[a]
Chili	20 Octobre 1971
Chine	29 Décembre 1981[a]
Chypre	21 Avril 1967
Colombie	2 Septembre 1981
Congo	11 Juillet 1988[a]
Costa Rica	16 Janvier 1967
Côte D'Ivoire	4 Janvier 1973[a]
Croatie	12 Octobre 1992[d]
Cuba	15 Février 1972
Danemark	9 Décembre 1971
Égypte	1 Mai 1967
El Salvador	30 Novembre 1979[a]
Émirats Arabes Unis	20 Juin 1974[a]
Équateur	22 Septembre 1966[a]
Espagne	13 Septembre 1968[a]
Estonie	21 Octobre 1991[a]

1. Sous réserve des instruments éventuellement en cours de dépôt.

INTERNATIONAL CONVENTION ON THE ELIMINATION OF ALL FORMS OF RACIAL DISCRIMINATION OF 21 DECEMBER 1965

132 PARTICIPANTS AT 30 JULY 1993[1]	RATIFICATION, ACCESSION[a], SUCCESSION[d]
Afghanistan	6 July 1983[a]
Algeria	14 February 1972[d]
Antigua and Barbuda	25 October 1988[d]
Argentina	2 October 1968
Australia	30 September 1975
Austria	9 May 1972
Bahamas	5 August 1975[d]
Bahrain	27 March 1990[a]
Bangladesh	11 June 1979[a]
Barbados	8 November 1972[a]
Belarus	8 April 1969
Belgium	7 August 1975
Bolivia	22 September 1970
Botswana	20 February 1974
Brazil	27 March 1968
Bulgaria	8 August 1966
Burkina Faso	18 July 1974[a]
Burundi	27 October 1977
Cambodia	28 November 1983
Cameroon	24 June 1971
Canada	14 October 1970
Cape Verde	3 October 1979[a]
Central African Republic	16 March 1971
Chad	17 August 1977[a]
Chile	20 October 1971
China	29 December 1981[a]
Colombia	2 September 1981
Congo	11 July 1988[a]
Costa Rica	16 January 1967
Côte d'Ivoire	4 January 1973[a]
Croatia	12 October 1992[d]
Cuba	15 February 1972
Cyprus	21 April 1967
Czech Republic	22 February 1993[d]
Czechoslovakia	29 December 1966
Denmark	9 December 1971
Dominican Republic	25 May 1983[a]

1. Subject to the deposit of outstanding instruments.

SECTION II — TRAITÉ / TREATY XXII

Éthiopie	23 Juin 1976[a]	Ecuador	22 September 1966[a]
Fidji	11 Janvier 1973[d]	Egypt	1 May 1967
Finlande	14 Juillet 1970[a]	El Salvador	30 November 1979[a]
France	28 Juillet 1971[a]	Estonia	21 October 1991[a]
Gabon	29 Février 1980	Ethiopia	23 June 1976[a]
Gambie	29 Décembre 1978[a]	Fiji	11 January 1973[d]
Ghana	8 Septembre 1966	Finland	14 July 1970[a]
Grèce	18 Juin 1970	France	28 July 1971[a]
Guatemala	18 Janvier 1983	Gabon	29 February 1980
Guinée	14 Mars 1977	Gambia	29 December 1978[a]
Haïti	19 Décembre 1972	Germany	16 May 1969
Hongrie	4 Mai 1967	Ghana	8 September 1966
Îles Salomon	17 Mars 1982[d]	Greece	18 June 1970
Inde	3 Décembre 1968	Guatemala	18 January 1983
Iran	29 Août 1968	Guinea	14 March 1977
Iraq	14 Janvier 1970	Haiti	19 December 1972
Islande	13 Mars 1967	Holy See	1 May 1969
Israël	3 Janvier 1979	Hungary	4 May 1967
Italie	5 Janvier 1976	Iceland	13 March 1967
Jamahiriya Arabe		India	3 December 1968
Libyenne	3 Juillet 1968[a]	Irak	14 January 1970
Jamaïque	4 Juin 1971	Iran	29 August 1968
Jordanie	30 Mai 1974	Israel	3 January 1979
Koweït	15 Octobre 1968[a]	Italy	5 January 1976
Lesotho	4 Novembre 1971[a]	Jamaica	4 June 1971
Lettonie	14 Avril 1992[a]	Jordania	30 May 1974
Liban	12 novembre 1971[a]	Kuwait	15 October 1968[a]
Libéria	5 Novembre 1976[a]	Lao People's	
Luxembourg	1 Mai 1978	Democratic	
Madagascar	7 Février 1969	Republic	22 February 1974[a]
Maldives	24 Avril 1984[a]	Latvia	14 April 1992[a]
Mali	16 Juillet 1974[a]	Lebannon	12 November 1971[a]
Malte	27 Mai 1971	Lesotho	4 November 1971[a]
Maroc	18 Décembre 1970	Liberia	5 November 1976[a]
Maurice	30 Mai 1972[a]	Libyan Jamahiriya Arab	3 July 1968[a]
Mauritanie	13 Décembre 1988	Luxembourg	1 May 1978
Mexique	20 Février 1975	Madagascar	7 February 1969
Mongolie	6 Août 1969	Maldives	24 April 1984[a]
Mozambique	18 Avril 1983[a]	Mali	16 July 1974[a]
Namibie	11 Novembre 1982[a]	Malta	27 May 1971
Népal	11 novembre 1982[a]	Mauritania	13 December 1988
Nicaragua	15 Février 1978[a]	Mauritius	30 May 1972[a]
Niger	27 Avril 1967	Mexico	20 February 1975
Nigéria	16 Octobre 1967[a]	Mongolia	6 August 1969
Norvège	6 Août 1970	Morocco	18 December 1970
Nouvelle-Zélande	22 Novembre 1972	Mozambique	18 April 1983[a]
Ouganda	21 Novembre 1980[a]	Namibia	11 November 1982[a]
Pakistan	21 Septembre 1966	Nepal	11 Novembre 1982[a]
Panama	16 Août 1967	Netherlands	10 December 1971
Papouasie		New Zealand	22 November 1972
Nouvelle-Guinée	27 Janvier 1982[a]	Nicaragua	15 February 1978[a]
Pays-Bas	10 Décembre 1971	Niger	27 April 1967
Pérou	29 Septembre 1971	Nigeria	16 October 1967[a]
Philippines	15 Septembre 1967	Norway	6 August 1970

Pologne	5 Décembre 1968	Pakistan	21 September 1966
Portugal	24 Août 1982[a]	Panama	16 August 1967
Qatar	22 Juillet 1976[a]	Papua New Guinea	27 January 1982[a]
République Arabe Syrienne	21 Avril 1969[a]	Peru	29 September 1971
		Philippines	15 September 1967
République Centrafricaine	16 Mars 1971	Poland	5 December 1968
		Portugal	24 August 1982[a]
République de Corée	5 Décembre 1978	Qatar	22 July 1976[a]
		Republic of Korea	5 December 1978
République Démocratique Populaire Lao	22 Février 1974[a]	Republic of Moldova	26 January 1993[a]
		Romania	15 September 1970[a]
République Dominicaine	25 Mai 1983[a]	Rwanda	16 April 1975[a]
		Saint Lucia	14 February 1990[d]
République de Moldova	26 Janvier 1993[a]	Saint Vincent and the Grenadines	9 November 1981[a]
République Tchèque	22 Février 1993[d]	Salomon Island	17 March 1982[d]
République Unie de Tanzanie	27 Octobre 1972[a]	Senegal	19 April 1972
		Seychelles	7 March 1978[a]
Roumanie	15 Septembre 1970[a]	Sierra Leone	2 August 1967
Royaume-Uni	7 Mars 1969	Slovenia	6 July 1992[d]
Rwanda	16 Avril 1975[a]	Somalia	26 August 1975
Sainte-Lucie	14 Février 1990[d]	Spain	13 September 1968[a]
Saint-Siège	1 Mai 1969	Sri Lanka	18 February 1982[a]
Saint-Vincent-et-Grenadines	9 Novembre 1981[a]	Sudan	21 March 1977[a]
		Suriname	15 March 1984[d]
Sénégal	19 Avril 1972	Swaziland	7 April 1969[a]
Seychelles	7 Mars 1978[a]	Sweden	6 December 1971
Sierra Leone	2 Août 1967	Republic Syrian Arab	21 April 1969[a]
Slovénie	6 Juillet 1992[d]	Togo	1 September 1972[a]
Somalie	26 Août 1975	Tonga	16 February 1972[a]
Soudan	21 Mars 1977[a]	Trinidad and Tobago	4 October 1973
Sri Lanka	18 Février 1982[a]	Tunisia	13 January 1967
Suède	6 Décembre 1971	U.S.S.R.	4 February 1969
Suriname	15 Mars 1984[d]	Uganda	21 November 1980[a]
Swaziland	7 Avril 1969[a]	Ukraine	7 March 1969
Tchad	17 Août 1977[a]	United Arab Emirats	20 June 1974[a]
Tchécoslovaquie	29 Décembre 1966	United Kingdom	7 March 1969
Togo	1 Septembre 1972[a]	United Republic of Tanzania	27 October 1972[a]
Tonga	16 Février 1972[a]	Uruguay	30 August 1968
Trinité-et-Tobago	4 Octobre 1973	Venezuela	10 October 1967
Tunisie	13 Janvier 1967	Vietnam	9 June 1982[a]
Ukraine	7 Mars 1969	Yemen	18 October 1972[a]
URSS	4 Février 1969	Yugoslavia	2 October 1967
Uruguay	30 Août 1968	Zaire	21 April 1976[a]
Venezuela	10 Octobre 1967	Zambia	4 February 1972
Viet-Nam	9 Juin 1982[a]	Zimbabwe	13 May 1991[a]
Yémen	18 Octobre 1972[a]		
Yougoslavie	2 Octobre 1967		
Zaïre	21 Avril 1976[a]		
Zambie	4 Février 1972		
Zimbabwe	13 Mai 1991[a]		

RÉSERVES À LA CONVENTION INTERNATIONALE SUR L'ÉLIMINATION DE TOUTES FORMES DE DISCRIMINATION RACIALE DU 21 DÉCEMBRE 1965[1]	RESERVES ON THE INTERNATIONAL CONVENTION ON THE ELIMINATION OF ALL FORMS OF RACIAL DISCRIMINATION OF 21 DECEMBER 1965[1]

PAYS — STATES	ARTICLES
Afghanistan/Afghanistan	22
Australie/Australia	4*a*)
Bahreïn/Bahrain	22
Bulgarie/Bulgaria	22
Chine/China	22
Cuba/Cuba	22
Égypte/Egypt	22
Espagne/Spain	22
Iraq/Irak	22
Israël/Israel	22
Jamahiriya Arabe Libyenne/ Lybian Jamahiriya Arab	22
Koweit/Kuwait	22
Liban/Lebanon	22
Madagascar/Madagascar	22
Maroc/Morocco	22
Mozambique/Mozambique	22
Népal/Nepal	22
Papouasie Nouvelle-Guinée/ Papua New Guinea	4*a*), *b*), *c*)

1. Pour les textes de ces réserves, nous vous référons aux Traités Multilatéraux déposés auprès du Secrétaire Général des Nations Unies, État au 31 décembre 1991, p. 109.

1. See the Texts of Reservations in Multilateral Treaties deposited with the Secretary-General of United Nations, Status as at 31 December 1991, p. 106.

Pologne/Poland	22
République Arabe Syrienne/ Arab Syrian Republic	22
Roumanie/Romania	22
Royaume-Uni de Grande-Bretagne et d'Irlande du Nord/ United Kingdom of Great Britain and Northern Ireland	2, 3, 4*a)*, *b)*, *c)*, 5*d)*, *e)*, *v)*
Rwanda/Rwanda	22
Tonga/Tonga	4*a)*, *b)*, *c)*, 5*d)*, II*v)*
Ukraine/Ukraine	22
Viet-Nam/Vietnam	22
Yémen/Yemen	22

XXIII

CONVENTION INTERNATIONALE SUR L'ÉLIMINATION ET LA RÉPRESSION DU CRIME D'« APARTHEID » DU 30 NOVEMBRE 1973

INTERNATIONAL CONVENTION ON THE SUPPRESSION AND PUNISHMENT OF THE CRIME OF "APARTHEID" OF 30 NOVEMBER 1973

Commentaires

Extrait du livre *Introduction au droit international public, tel qu'il est interprété et appliqué au Canada*, de A. L. C. De MESTRAL et S. A. WILLIAMS, Toronto, Butterworths, 1982, à la page 205 :

« La Convention crée un Comité pour l'élimination de la discrimination raciale composée de 18 experts pour veiller à la mise en oeuvre des obligations acceptées par les États parties.

Le 30 Novembre 1973, afin de pouvoir prendre des mesures efficaces pour supprimer et punir l'*apartheid*, l'Assemblée Générale adopta la Résolution 3068 (XXVIII) qui contient, dans une annexe, une Convention internationale sur l'élimination et la répression du crime d'*apartheid*[1].

En vertu de cette Convention, l'*apartheid* est déclaré un crime contre l'humanité et les organisations, les individus et institutions commettant un tel crime sont déclarés criminels. La Convention définit l'*apartheid* et prévoit que la responsabilité criminelle internationale est engagée, quel que soit le motif en cause. Les États parties se sont engagés à adopter toute législation ou autre mesure nécessaire pour élimi-

Commentaries

Extracted from *An Introduction to International Law, chiefly as Interpreted and Applied in Canada*, written by A. L. C. De MESTRAL and S.A. WILLIAMS. Toronto: Butterworths, 1979, pages 196-197:

"The Convention sets up a Committee on the Elimination of Racial Discrimination, composed of 18 experts to oversee the implementation of the obligations accepted by the states parties.

On November 30, 1973, in order that effective measures could be taken to suppress and punish *apartheid*, the General Assembly adopted Resolution 3068(XXVIII) which contains as an annex an International Convention on the Suppression and Punishment of the Crime of *Apartheid.*[1]

Apartheid under this Convention is declared to be a crime against humanity and organizations, individuals and institutions committing such a crime are declared criminal. The Convention goes on to define *apartheid* and provides that international criminal responsiblity applies irrespective of the motive involved. The states parties have agreed to adopt any legislative or other measures necessary to suppress as well as to

---

[1]. CASTEL, J. G., *International Law Chiefly as Interpreted and Applied in Canada*, Toronto, Butterworths, 1976, p. 541-543.

[1]. CASTEL, J. G. *International Law Chiefly as Interpreted and Applied in Canada*. Toronto: Butterworths, 1976, pp. 541-543.

ner et pour prévenir ce crime ainsi que toute politique ségrégationniste similaire et pour poursuivre et punir les personnes coupables d'*apartheid*, qu'elles résident ou non sur le territoire de l'État dans lequel le crime est commis et qu'elles soient ou non ressortissantes de cet État, d'un autre État, ou apatrides. »

prevent this crime and similar segregationist policies and to bring to trial and punish persons guilty of apartheid whether or not such persons reside in the territory of the state in which it is committed or are nationals of that state or of some other state or are stateless persons."

BIBLIOGRAPHIE SÉLECTIVE

BOCKEL, A., *De l'Apartheid à la conquête du pouvoir*, Paris, Publisud, 1986.

CADOUX, Ch., « Apartheid », *Encyclopaedia Universalis*, Corpus 2, 1989, pp. 634-640

DENIS-CONSTANT, M. (Sous la dir. de), *Sortir de l'Apartheid*, Bruxelles, Complexe, 1992.

GUITARD, O., *L'Apartheid*, Paris, P.U.F., 1983.

UNESCO, *L'Apartheid, ses effets sur l'éducation, la science, la culture et l'information*, Paris, UNESCO, 1972.

SELECTIVE BIBLIOGRAPHY

ADAM, H. *Modernizing Racial Domination.* Berkeley: University of California Press, 1971.

LEMON, A. *Apartheid in transition.* Great Britain: Westview Press, 1987.

MOODIE, T. and DUNBAR. *The Rise of Afrikanerdom: Power, apartheid and Afrikaner civil religion.* Berkeley: University of California Press, 1975.

NIDDRIE, D.L. *South Africa: Nationa or nations?* Princetown: Van Nostrand, 1968.

CONVENTION INTERNATIONALE SUR L'ÉLIMINATION ET LA RÉPRESSION DU CRIME D'« APARTHEID »

Adoptée et ouverte à la signature et à la ratification par l'Assemblée générale des Nations Unies dans sa résolution 3068 (XXVIII) du 30 novembre 1973

Entrée en vigueur : 18 juillet 1976, conformément à l'article XV
Texte : Annexe à la résolution 3068 (XXVIII)

Les États parties à la présente Convention,

Rappelant les dispositions de la Charte des Nations Unies, par laquelle tous les Membres se sont engagés à agir, tant conjointement que séparément, en coopération avec l'Organisation en vue d'assurer le respect universel et effectif des droits de l'homme et des libertés fondamentales pour tous, sans distinction de race, de sexe, de langue ou de religion,

Considérant la Déclaration universelle des droits de l'homme, qui dispose que tous les êtres humains naissent libres et égaux en dignité et en droits et que chacun peut se prévaloir de tous les droits et de toutes les libertés proclamés dans la Déclaration, sans distinction aucune, notamment de race, de couleur ou d'origine nationale,

Considérant la Déclaration sur l'octroi de l'indépendance aux pays et aux peuples coloniaux, dans laquelle l'Assemblée générale a déclaré que le processus de libération est irrésistible et irréversible et que, dans l'intérêt de la dignité humaine, du progrès et de la justice, il faut mettre fin au colonialisme et à toutes les pratiques de ségrégation et de discrimination dont il s'accompagne,

INTERNATIONAL CONVENTION ON THE SUPPRESSION AND PUNISHMENT OF THE CRIME OF "APARTHEID"

Adopted and opened for signature and ratification by United Nations General Assembly Resolution 3068 (XXVIII) of 30 November 1973

Entry into force: 18 July 1976, in accordance with article XV
Text: Annex to Resolution 3068 (XXVIII)

The States Parties to the present Convention,

Recalling the provision of the Charter of the United Nations, in which all Members pledged themselves to take joint and separate action in co-operation with the Organization for the achievement of universal respect for, and observance of, human rights and fundamental freedoms for all without distinction as to race, sex, language or religion,

Considering the Universal Declaration of Human Rights, which states that all human beings are born free and equal in dignity and rights and that everyone is entitled to all the rights and freedoms set forth in the Declaration, without distinction of any kind, such as race, colour or national origin,

Considering the Declaration on the Granting of Independence to Colonial Countries and Peoples, in which the General Assembly stated that the process of liberation is irresistible and irreversible and that, in the interests of human dignity, progress and justice, an end must be put to colonialism and all practices of segregation and discrimination associated therewith,

Rappelant que, aux termes de la Convention internationale sur l'élimination de toutes les formes de discrimination raciale, les États condamnent spécialement la ségrégation raciale et l'*apartheid* et s'engagent à prévenir, à interdire et à éliminer sur les territoires relevant de leur juridiction toutes les pratiques de cette nature,

Rappelant que, dans la Convention pour la prévention et la répression du crime de génocide, certains actes qui peuvent êtres qualifiés aussi d'actes d'*apartheid* constituent un crime au regard du droit international,

Rappelant que, aux termes de la Convention sur l'imprescriptibilité des crimes de guerre et des crimes contre l'humanité, les « actes inhumains découlant de la politique d'*apartheid* » sont qualifiés de crimes contre l'humanité,

Rappelant que l'Assemblée générale de l'Organisation des Nations Unies a adopté toute une série de résolutions dans lesquelles la politique et les pratiques d'*apartheid* sont condamnées en tant que crime contre l'humanité,

Rappelant que le Conseil de sécurité a souligné que l'*apartheid* et son intensification et son élargissement continus troublent et menacent gravement la paix et la sécurité internationales,

Convaincus qu'une convention internationale sur l'élimination et la répression du crime d'*apartheid* permettrait de prendre de nouvelles mesures plus efficaces sur le plan international et sur le plan national en vue d'éliminer et de réprimer le crime d'*apartheid*,

Sont convenus de ce qui suit :

Observing that, in accordance with the International Convention on the Elimination of All Forms of Racial Discrimination, States particularly condemn racial segregation and *apartheid* and undertake to prevent, prohibit and eradicate all practices of this nature in territories under their jurisdiction,

Observing that, in the Convention on the Prevention and Punishment of the Crime of Genocide, certain acts which may also be qualified as acts of *apartheid* constitute a crime under international law,

Observing that, in the Convention on the Non-Applicability of Statutory Limitations to War Crimes and Crimes Against Humanity, "inhuman acts resulting from the policy of *apartheid*" are qualified as crimes against humanity,

Observing that the General Assembly of the United Nations has adopted a number of resolutions in which the policies and practices of *apartheid* are condemned as a crime against humanity,

Observing that the Security Council has emphasized that *apartheid* and its continued intensification and expansion seriously disturb and threaten international peace and security,

Convinced that an International Convention on the Suppression and Punishment of the Crime of *apartheid* would make it possible to take more effective measures at the international and national levels with a view to the suppression and punishment of the crime of *apartheid*,

Have agreed as follows:

Article premier

1. Les États parties à la présente Convention déclarent que l'*apartheid* est une crime contre l'humanité et que les actes inhumains résultant des politiques et pratiques d'*apartheid* et autres politiques et pratiques semblables de ségrégation et de discrimination raciales, définis à l'article II de la Convention, sont des crimes qui vont à l'encontre des normes du droit international, en particulier des buts et des principes de la Charte des Nations Unies, et qu'ils constituent une menace sérieuse pour la paix et la sécurité internationales.

2. Les États parties à la présente Convention déclarent criminels les organisations, les institutions et les individus qui commettent le crime d'*apartheid*.

Article II

Aux fins de la présente Convention, l'expression « crime d'*apartheid* », qui englobe les politiques et pratiques semblables de ségrégation et de discrimination raciales, telles qu'elles sont pratiquées en Afrique australe, désigne les actes inhumains indiqués ci-après, commis en vue d'instituer ou d'entretenir la domination d'un groupe racial d'êtres humains sur n'importe quel autre groupe racial d'êtres humains et d'opprimer systématiquement celui-ci :

　a) refuser à un membre ou à des membres d'un groupe racial ou de plusieurs groupes raciaux le droit à la vie et à la liberté de la personne :

　　i) en ôtant la vie à des membres d'un groupe racial ou de plusieurs groupes raciaux ;

Article I

1. The States Parties to the present Convention declare that *apartheid* is a crime against humanity and that inhuman acts resulting from the policies and practices of *apartheid* and similar policies and practices of racial segregation and discrimination, as defined in Article II of the Convention, are crime violating the principles of international law, in particular the purposes and principles of the Charter of the United Nations, and constituting a serious threat to international peace and security.

2. The States Parties to the present Convention declare criminal those organizations, institutions and individuals committing the crime of *apartheid*.

Article II

For the purpose of the present Convention, the term "the crime of *apartheid*", which shall include similar policies and practices of racial segregation and discrimination as practised in southern Africa, shall apply to the following inhuman acts committed for the purpose of establishing and maintaining domination by one racial group of persons over any other racial group of persons and systematically oppressing them:

　(a) Denial to a member or members of a racial group or groups of the right to life and liberty of person:

　　(i) By murder of members of a racial group or groups;

ii) en portant gravement atteinte à l'intégrité physique ou mentale, à la liberté ou à la dignité des membres d'un groupe racial ou de plusieurs groupes raciaux, ou en les soumettant à la torture ou à des peines ou des traitements cruels, inhumains ou dégradants;

iii) en arrêtant arbitrairement et en emprisonnant illégalement les membres d'un groupe racial ou de plusieurs groupes raciaux;

b) imposer délibérément à un groupe racial ou à plusieurs groupes raciaux des conditions de vie destinées à entraîner leur destruction physique totale ou partielle;

c) prendre des mesures, législatives ou autres, destinées à empêcher un groupe racial ou plusieurs groupes raciaux de participer à la vie politique, sociale, économique et culturelle du pays et de créer délibérément des conditions faisant obstacle au plein développement du groupe ou des groupes considérés, en particulier en privant les membres d'un groupe racial ou de plusieurs groupes raciaux des libertés et droits fondamentaux de l'homme, notamment le droit au travail, le droit de former des syndicats reconnus, le droit à l'éducation, le droit de quitter son pays et d'y revenir, le droit à une nationalité, le droit de circuler librement et de choisir sa résidence, le droit à la liberté d'opinion et d'expression et le droit à la liberté de réunion et d'association pacifiques;

d) prendre des mesures, y compris des mesures législatives, visant à diviser la population selon des critères raciaux en créant des réserves et des ghettos séparés pour les membres

(ii) By the infliction upon the members of a racial group or groups of serious bodily or mental harm, by the infringement of their freedom or dignity, or by subjecting them to torture or to cruel, inhuman or degrading treatment or punishment;

(iii) By arbitrary arrest and illegal imprisonment of the members of a racial group or groups;

(b) Deliberate imposition on a racial group or groups of living conditions calculated to cause its or their physical destruction in whole or in part;

(c) Any legislative measures and other measures calculated to prevent a racial group or groups from participation in the political, social, economic and cultural life of the country and the deliberate creation of conditions preventing the full development of such a group or groups, in particular by denying to members of a racial group or groups basic human rights and freedoms, including the right to work, the right to form recognized trade unions, the right to education, the right to leave and to return to their country, the right to a nationality, the right to freedom of movement and residence, the right to freedom of opinion and expression, and the right to freedom of peaceful assembly and association;

(d) Any measures, including legislative measures, designed to divide the population along racial lines by the creation of separate reserves and ghettos for the members of a racial

d'un groupe racial ou de plusieurs groupes raciaux, en interdisant les mariages entre personnes appartenant à des groupes raciaux différents, et en expropriant les biens-fonds appartenant à un groupe racial ou à plusieurs groupes raciaux ou à des membres de ces groupes;

e) exploiter le travail des membres d'un groupe racial ou de plusieurs groupes raciaux, en particulier en les soumettant au travail forcé;

f) persécuter des organisations ou des personnes, en les privant des libertés et droits fondamentaux, parce qu'elles s'opposent à l'*apartheid*.

Article III

Sont tenus pour pénalement responsables sur le plan international, et quel que soit le mobile, les personnes, les membres d'organisations et d'institutions et les représentants de l'État, qu'ils résident sur le territoire de l'État dans lequel les actes sont perpétrés ou dans un autre État, qui :

a) commettent les actes mentionnés à l'article II de la présente Convention, participent à ces actes, les inspirent directement ou conspirent à leur perpétration;

b) favorisent ou encouragent directement la perpétration du crime d'*apartheid* ou y coopèrent directement.

Article IV

Les États parties à la présente Convention s'engagent :

a) à prendre toutes les mesures, législatives ou autres, nécessaires pour empêcher que le crime d'*apartheid* et autres politiques ségrégationnistes semblables ou leurs manifestations

group or groups, the prohibition of mixed marriages among members of various racial groups, the expropriation of landed property belonging to a racial group or groups or to members thereof;

(e) Exploitation of the labour of the members of a racial group or groups, in particular by submitting them to forced labour;

(f) Persecution of organizations and persons, by depriving them of fundamental rights and freedoms, because they oppose *apartheid*.

Article III

International criminal responsibility shall apply, irrespective of the motive involved, to individuals, members or organizations and institutions and representatives of the State, whether residing in the territory of the State in which the acts are perpetrated or in some other State, whenever they:

(a) Commit, participate in, directly incite or conspire in the commission of the acts mentioned in article II of the present Convention;

(b) Directly abet, encourage or cooperate in the commission of the crime of *apartheid*.

Article IV

The States Parties to the present Convention undertake:

(a) To adopt any legislative or other measures necessary to suppress as well as to prevent any encouragement of the crime of *apartheid* and similar segregationist policies or

ne soient encouragés de quelque manière que ce soit ainsi que pour éliminer tout encouragement de cette nature et pour punir les personnes coupables de ce crime;

b) à prendre des mesures législatives, judiciaires et administratives pour poursuivre, faire juger et punir conformément à leur juridiction les personnes responsables ou accusées des actes définis à l'article II de la présente Convention, qu'elles résident ou non sur le territoire de l'État dans lequel ces actes ont été perpétrés, et qu'il s'agisse de ressortissants de cet État ou d'un autre État ou de personnes apatrides.

their manifestations and to punish persons guilty of that crime;

(b) To adopt legislative, judicial and administrative measures to prosecute, bring to trial and punish in accordance with their jurisdiction persons responsible for, or accused of, the acts defined in article II of the present Convention, whether or not such persons reside in the territory of the State in which the acts are commited or are nationals of that State or of some other State or are stateless persons.

Article V

Les personnes accusées des actes énumérés à l'article II de la présente Convention peuvent être jugées par un tribunal compétent de tout État partie à la Convention qui pourrait avoir juridiction sur lesdites personnes, ou par un tribunal pénal international qui serait compétent à l'égard de ceux des États parties qui auront accepté sa compétence.

Article V

Persons charged with the acts enumerated in article II of the present Convention may be tried by a competent tribunal of any State Party to the Convention which may acquire jurisdiction over the person of the accused or by an international penal tribunal having jurisdiction with respect to those States Parties which shall have accepted its jurisdiction.

Article VI

Les États parties à la présente Convention s'engage à accepter et à exécuter conformément à la Charte des Nations Unies les décisions prises par le Conseil de sécurité ayant pour but de prévenir, d'éliminer et de réprimer le crime d'*apartheid*, ainsi qu'à concourir à l'exécution des décisions adoptées par d'autres organes compétents de l'Organisation des Nations Unies en vue d'atteindre les objectifs de la Convention.

Article VI

The States Parties to the present Convention undertake to accept and carry out in accordance with the Charter of the United Nations the decisions taken by the Security Council aimed at the prevention, suppression and punishment of the crime of *apartheid*, and to co-operate in the implementation of decisions adopted by other competent organs of the United Nations with a view to achieving the purposes of the Convention.

Article VII

1. Les États parties à la présente Convention s'engagent à soumettre périodiquement au groupe créé conformément à l'article IX de la Convention des rapports sur les mesures législatives, judiciaires, administratives ou autres qu'ils auront prises pour donner effet aux dispositions de la Convention.

2. Des exemplaires desdits rapports seront transmis, par les soins du Secrétaire général de l'Organisation des Nations Unies, au Comité spécial de l'*apartheid*.

Article VIII

Tout État partie à la présente Convention peut demander à l'un quelconque des organes compétents de l'Organisation des Nations Unies de prendre, conformément à la Charte des Nations Unies, les mesures qu'il juge appropriées pour prévenir et éliminer le crime d'*apartheid*.

Article IX

1. Le Président de la Commission des droits de l'homme désignera un groupe composé de trois membres de ladite Commission, qui seront en même temps des représentants d'États parties à la présente Convention, aux fins d'examiner les rapports présentés par les États parties conformément aux dispositions de l'article VII de la Convention.

2. Si la Commission des droits de l'homme ne comprend pas de représentants d'États parties à la présente Convention, ou en comprend moins de trois, le Secrétaire général de l'Organisation des Nations Unies, en consultation

Article VII

1. The States Parties to the present Convention undertake to submit periodic reports to the group established under article IX on the legislative, judicial, administrative or other measures that they have adopted and that give effect to the provisions of the Convention.

2. Copies of the reports shall be transmitted through the Secretary-General of the United Nations to the Special Committee on *Apartheid*.

Article VIII

Any State Party to the present Convention may call upon any competent organ of the United Nations to take such action under the Charter of the United Nations as it considers appropriate for the prevention and suppression of the crime of *apartheid*.

Article IX

1. The Chairman of the Commission on Human Rights shall appoint a group consisting of three members of the Commission on Human Rights, who are also representatives of States Parties to the present Convention, to consider reports submitted by States Parties in accordance with article VII.

2. If, among the members of the Commission on Human Rights, there are no representatives of States Parties to the present Convention or if there are fewer than three such representatives, the Secretary-General of the United

avec tous les États parties à la Convention, désignera un représentant d'un État partie ou des représentants d'États parties à la Convention non membres de la Commission des droits de l'homme pour siéger au groupe créé en vertu des dispositions du paragraphe 1 du présent article jusqu'à l'élection à la Commission des droits de l'homme de représentants d'États parties à la Convention.

3. Le groupe pourra se réunir pour examiner les rapports présentés conformément aux dispositions de l'article VII pendant une période maximale de cinq jours soit avant l'ouverture soit après la clôture de la session de la Commission des droits de l'homme.

Article X

1. Les États parties à la présente Convention habilitent la Commission des droits de l'homme à :

a) demander aux organes de l'Organisation des Nations Unies, quand ils communiquent des exemplaires de pétitions conformément à l'article 15 de la Convention internationale sur l'élimination de toutes les formes de discrimination raciale, d'appeler sont attention sur les plaintes concernant des actes qui sont énumérés à l'article II de la présente Convention;

b) établir, en se fondant sur les rapports des organes compétents de l'Organisation des Nations Unies et sur les rapports soumis périodiquement par les États parties à la présente Convention, une liste des personnes, organisations, institutions et représentants d'États qui sont présumés responsables des

Nations shall, after consulting all States Parties to the Convention, designate a representative of the State Party or representatives of the States Parties which are not members of the Commission on Human Rights to take part in the work of the group established in accordance with paragraph 1 of this article, until such time as representatives of the States Parties to the Convention are elected to the Commission on Human Rights.

3. The group may meet for a period of not more than five days, either before the opening or after the closing of the session of the Commission on Human Rights, to consider the reports submitted in accordance with article VII.

Article X

1. The States Parties to the present Convention empower the Commission on Human Rights:

(a) To request United Nations organs, when transmitting copies of petitions under article 15 of the International Convention on the Elimination of All Forms of Racial Discrimination, to draw its attention to complaints concerning acts which are enumerated in article II of the present Convention;

(b) To prepare, on the basis of reports from competent organs of the United Nations and periodic reports from States Parties to the present Convention, a list of individuals, organizations, institutions and representatives of States which are alleged to be responsible for the crimes enumerated in article II of the

crimes énumérés à l'article II, ainsi que de ceux contre lesquels des poursuites judiciaires ont été engagées par les États parties à la Convention;

c) demander aux organes compétents de l'Organisation des Nations Unies des renseignements au sujet des mesures prises par les autorités responsables de l'administration de territoires sous tutelle et de territoires non autonomes, ainsi que de tous autres territoires auxquels s'applique la résolution 1514 (XV) de l'Assemblée générale, en date du 14 décembre 1960, à l'égard des personnes qui seraient responsables des crimes visés à l'article II et qui sont présumées relever de leur juridiction territoriale et administrative.

2. En attendant que soient atteints les objectifs de la Déclaration sur l'octroi de l'indépendance aux pays et aux peuples coloniaux, qui figure dans la résolution 1514 (XV) de l'Assemblée générale, les dispositions de la présente Convention ne restreindront en rien le droit de pétition accordé à ces peuples par d'autres instruments internationaux ou par l'Organisation des Nations Unies et ses institutions spécialisées.

Article XI

1. Les actes énumérés à l'article II de la présente Convention ne seront pas considérés comme crimes politiques aux fins de l'extradition.

2. Les États parties à la présente Convention s'engagent à accorder en pareil cas l'extradition conformément à leur législation et aux traités en vigueur.

Convention, as well as those against-whom legal proceedings have been undertaken by States Parties to the Convention;

(c) To request information from the competent United Nations organs concerning measures taken by the authorities responsible for the administration of Trust and Non-Self-Governing Territories, and all other Territories to which General Assembly resolution 1514 (XV) of 14 December 1960 applies, with regard to such individuals alleged to be responsible for crimes under article II of the Convention who are believed to be under their territorial and administrative jurisdiction.

2. Pending the achievement of the objectives of the Declaration on the Granting of Independence to Colonial Countries and Peoples, contained in General Assembly resolution 1514 (XV), the provisions of the present Convention shall in no way limit the right of petition granted to those peoples by other international instruments or by the United Nations and its specialized agencies.

Article XI

1. Acts enumerated in article II of the present Convention shall not be considered political crimes for the purpose of extradition.

2. The States Parties to the present Convention undertake in such cases to grant extradition in accordance with their legislation and with the treaties in force.

Article XII

Tout différend entre les États parties concernant l'interprétation, l'application ou l'exécution de la présente Convention qui n'aura pas été réglé par voie de négociation sera porté devant la Cour Internationale de Justice, sur la demande des États parties au différend, à moins que ceux-ci ne soient convenus d'un autre mode de règlement.

Article XIII

La présente Convention est ouverte à la signature de tous les États. Tout État qui n'aura pas signé la Convention lors de son entrée en vigueur pourra y adhérer.

Article XIV

1. La présente Convention est sujette à ratification. Les instruments de ratification seront déposés auprès du Secrétaire général de l'Organisation des Nations Unies.

2. L'adhésion se fera par le dépôt d'un instrument d'adhésion auprès du Secrétaire général de l'Organisation des Nations Unies.

Article XV

1. La présente Convention entrera en vigueur le trentième jour qui suivra la date du dépôt auprès du Secrétaire général de l'Organisation des Nations Unies du vingtième instrument de ratification ou d'adhésion.

2. Pour chacun des États qui ratifieront la présente Convention ou y adhéreront après le dépôt du vingtième instrument de ratification ou d'adhésion, la Convention entrera en vigueur le trentième jour après la date du dépôt par cet État de son instrument de ratification ou d'adhésion.

Article XII

Disputes between States Parties arising out of the interpretation, application or implementation of the present Convention which have not been settled by negotiation shall, at the request of the States parties to the dispute, be brought before the International Court of Justice, save where the parties to the dispute have agreed on some other from of settlement.

Article XIII

The present Convention is open for signature by all States. Any State which does not sign the Convention before its entry into force may accede to it.

Article XIV

1. The present Convention is subject to ratification. Instruments of ratification shall be deposited with the Secretary-General of the United Nations.

2. Accession shall be effected by the deposit of an instrument of accession with the Secretary-General of the United Nations.

Article XV

1. The present Convention shall enter into force on the thirtieth day after the date of the deposit with the Secretary-General of the United Nations of the twentieth instrument of ratification or accession.

2. For each State ratifying the present Convention or acceding to it after the deposit of the twentieth instrument of ratification or instrument of accession, the Convention shall enter into force on the thirtieth day after the date of the deposit of its own instrument of ratification or instrument of accession.

Article XVI

Tout État partie peut dénoncer la présente Convention par voie de notification écrite adressée au Secrétaire général de l'Organisation des Nations Unies. La dénonciation prendra effet un an après la date à laquelle le Secrétaire général en aura reçu notification.

Article XVII

1. Tout État partie peut, à tout moment, demander la révision de la présente Convention par voie de notification écrite adressée au Secrétaire général de l'Organisation des Nations Unies.

2. L'Assemblée générale de l'Organisation des Nations Unies décide des mesures à prendre, le cas échéant, au sujet d'une demande de cette nature.

Article XVIII

Le Secrétaire général de l'Organisation des Nations Unies informera tous les États :

a) des signatures, ratifications et adhésions au titre des articles XIII et XIV;

b) de la date à laquelle la présente Convention entrera en vigueur conformément à l'article XV;

c) des dénonciations notifiées conformément à l'article XVI;

d) des notifications adressées conformément à l'article XVII.

Article XIX

1. La présente Convention, dont les textes anglais, chinois, espagnols, français et russe font également foi, sera déposée aux archives de l'Organisation des Nations Unies.

Article XVI

A State Party may denounce the present Convention by written notification to the Secretary-General of the United Nations. Denunciation shall take effect one year after the date of receipt of the notification by the Secretary-General.

Article XVII

1. A request for the revision of the present Convention may be made at any time by any State Party by means of a notification in writing addressed to the Secretary-General of the United Nations.

2. The General Assembly of the United Nations shall decide upon the steps, if any, to be taken in respect of such request.

Article XVIII

The Secretary-General of the United Nations shall inform all States of the following particulars:

(a) Signatures, ratifications and accessions under articles XIII and XIV;

(b) The date of entry into force of the present Convention under article XV;

(c) Denunciations under article XVI;

(d) Notifications under article XVII.

Article XIX

1. The present Convention, of which the Chinese, English, French, Russian and Spanish texts are equally authentic, shall be deposited in the archives of the United Nations.

2. Le Secrétaire général de l'Organisation des Nations Unies fera tenir une copie certifiée conforme de la présente Convention à tous les États.

2. The Secretary-General of the United Nations shall transmit certified copies of the present Convention to all States.

CONVENTION INTERNATIONALE SUR L'ÉLIMINATION ET LA RÉPRESSION DU CRIME D'APARTHEID DU 30 NOVEMBRE 1973

INTERNATIONAL CONVENTION ON THE SUPRESSION AND PUNISHMENT OF THE CRIME OF APARTHEID OF 30 NOVEMBER 1973

96 ÉTATS MEMBRES AU 30 JUILLET 1993[1]	RATIFICATION, ADHÉSION[a], SUCCESSION[d]
Afghanistan	6 Juillet 1983[a]
Algérie	26 Mai 1982
Antigua-et-Barbuda	7 Octobre 1982[a]
Argentine	7 Novembre 1985
Bahamas	31 Mars 1981
Bahreïn	27 Mars 1990[a]
Bangladesh	5 Février 1985[a]
Barbade	7 Février 1979[a]
Bélarus	2 Décembre 1975
Bénin	30 Décembre 1974
Bolivie	6 Octobre 1983[a]
Bulgarie	18 Juillet 1974
Burkina Faso	24 Octobre 1978
Burundi	12 Juillet 1978[a]
Cambodge	28 Juillet 1981[a]
Cameroun	1 Novembre 1976[a]
Cap Vert	12 Juin 1979[a]
Chine	18 Avril 1983[a]
Colombie	23 Mai 1988[a]
Congo	5 Octobre 1983[a]
Costa Rica	15 Octobre 1986[a]
Croatie	12 Octobre 1992[d]
Cuba	1 Février 1977[a]
Égypte	13 Juin 1977[a]
El Salvador	30 Novembre 1979[a]
Émirats Arabes Unis	15 Octobre 1975
Équateur	12 Mai 1975
Estonie	21 Octobre 1991[a]
Éthiopie	19 Septembre 1978[a]
Gabon	29 Février 1980[a]
Gambie	29 Décembre 1978[a]
Ghana	1 Août 1978[a]
Guinée	3 Mars 1975
Guyana	30 Septembre 1977[a]
Haïti	19 Décembre 1977[a]
Hongrie	20 Juin 1974
Inde	22 Septembre 1977[a]
Iran	17 Avril 1985[a]
Iraq	9 Juillet 1975

96 PARTICIPANTS AT 30 JULY 1993[1]	RATIFICATION, ACCESSION[a], SUCCESSION[d]
Afghanistan	6 July 1983[a]
Algeria	26 May 1982
Antigua and Barbuda	7 October 1982[a]
Argentina	7 November 1985
Bahamas	31 March 1981
Bahrain	27 March 1990[a]
Bangladesh	5 February 1985[a]
Barbados	7 February 1979[a]
Belarus	2 December 1975
Benin	30 December 1974
Bolivia	6 October 1983[a]
Bulgaria	18 July 1974
Burkina Faso	24 October 1978
Burundi	12 July 1978[a]
Cambodia	28 July 1981[a]
Cameroon	1 November 1976[a]
Cape Verde	12 June 1979[a]
Central African Republic	8 May 1981[a]
Chad	23 October 1974
China	18 April 1983[a]
Colombia	23 May 1988[a]
Congo	5 October 1983[a]
Costa Rica	15 October 1986[a]
Croatia	12 October 1992[d]
Cuba	1 February 1977[a]
Czech Republic	22 February 1993[d]
Czechoslovakia	25 Mars 1976
Ecuador	12 May 1975
Egypt	13 June 1977[a]
El Salvador	30 November 1979[a]
Estonia	21 October 1991[a]
Ethiopia	19 September 1978[a]
Gabon	29 February 1980[a]
Gambia	29 December 1978[a]
Ghana	1 August 1978[a]
Guinea	3 March 1975
Guyana	30 September 1977[a]
Haiti	19 December 1977[a]

---

1. Sous réserve des instruments éventuellement en cours de dépôt.

1. Subject to the deposit of outstanding instruments.

RÉFUGIÉS ET DROIT INT. / REFUGEES AND INTL. LAW

Jamahiriya Arabe		Hungary	20 June 1974
Libyenne	8 Juillet 1976[a]	India	22 September 1977[a]
Jamaïque	18 Février 1977	Irak	9 July 1975
Jordanie	1 Juillet 1992	Iran	17 April 1985[a]
Koweït	23 Février 1977[a]	Jamaica	18 February 1977
Lesotho	4 Novembre 1983[a]	Jordan	1 July 1992
Lettonie	14 Avril 1992[a]	Kuwait	23 February 1977[a]
Libéria	5 Novembre 1976[a]	Lao People's	
Madagascar	26 Mai 1977[a]	Democratic Republic	5 October 1981[a]
Maldives	24 Avril 1984[a]	Latvia	14 April 1992[a]
Mali	19 Août 1977[a]	Lesotho	4 November 1983[a]
Mauritanie	13 Décembre 1988[a]	Liberia	5 November 1976[a]
Mexique	4 Mars 1980[a]	Libyan Jamahiriya Arab	8 July 1976[a]
Mongolie	8 Août 1975	Madagascar	26 May 1977[a]
Mozambique	18 Avril 1983[a]	Maldives	24 April 1984[a]
Namibie	11 Novembre 1982[a]	Mali	19 August 1977[a]
Népal	12 Juillet 1977[a]	Mauritania	13 December 1988[a]
Nicaragua	28 Mars 1980[a]	Mexico	4 March 1980[a]
Niger	28 Juin 1978[a]	Mongolia	8 August 1975
Nigéria	31 Mars 1977	Mozambique	18 April 1983[a]
Oman	22 Août 1991	Namibia	11 November 1982[a]
Ouganda	10 Juin 1986	Nepal	12 July 1977[a]
Pakistan	27 Février 1986[a]	Nicaragua	28 March 1980[a]
Panama	16 Mars 1977	Niger	28 June 1978[a]
Pérou	1 Novembre 1978[a]	Nigeria	31 March 1977
Philippines	26 Janvier 1978	Oman	22 August 1991
Pologne	15 Mars 1976	Pakistan	27 February 1986[a]
Qatar	19 Mars 1975	Panama	16 March 1977
République Arabe		Peru	1 November 1978[a]
Syrienne	18 Juin 1976	Philippines	26 January 1978
République		Poland	15 March 1976
Centrafricaine	8 Mai 1981[a]	Qatar	19 March 1975
République		Romania	15 August 1978
Démocratique		Rwanda	23 January 1981
Populaire Lao	5 Octobre 1981[a]	Saint Vincent and the	
République Tchèque	22 Février 1993[d]	Grenadines	9 November 1981[a]
République Unie de		Sao Tome and Principe	5 October 1979[a]
Tanzanie	11 Juin 1976[a]	Senegal	18 February 1977[a]
Roumanie	15 Août 1978	Seychelles	13 February 1978[a]
Rwanda	23 Janvier 1981	Slovenia	6 July 1992[d]
Sao Tomé-et-Principe	5 Octobre 1979[a]	Somalia	28 January 1975
Saint-Vincent-et-		Sri Lanka	18 February 1982[a]
Grenadines	9 Novembre 1981[a]	Sudan	21 March 1977
Sénégal	18 Février 1977[a]	Suriname	3 June 1980[a]
Seychelles	13 Février 1978[a]	Syrian Arab Republic	18 June 1976
Slovénie	6 Juillet 1992[d]	Togo	24 May 1984[a]
Somalie	28 Janvier 1975	Trinidad and Tobago	26 October 1979
Soudan	21 Mars 1977	Tunisia	21 January 1977[a]
Sri Lanka	18 Février 1982[a]	Uganda	10 June 1986
Suriname	3 Juin 1980[a]	Ukraine	10 November 1975
Tchad	23 Octobre 1974	United Republic	
Tchécoslovaquie	25 Mars 1976	of Tanzania	11 June 1976[a]
Togo	24 Mai 1984[a]	United Arab Emirates	15 October 1975
Trinité-et-Tobago	26 Octobre 1979	U.S.S.R	26 November 1975
Tunisie	21 Janvier 1977[a]	Venezuela	28 January 1983[a]

SECTION II — TRAITÉ / TREATY XXIII

Ukraine	10 Novembre 1975	Vietnam	9 June 1981[a]
U.R.S.S	26 Novembre 1975	Yémen	17 August 1987[a]
Venezuela	28 Janvier 1983[a]	Yugoslavia	1 July 1975
Viet-Nam	9 Juin 1981[a]	Zaire	11 July 1978[a]
Yémen	17 Août 1987[a]	Zambia	14 February 1983[a]
Yougoslavie	1 Juillet 1975	Zimbabwe	13 May 1991[a]
Zaïre	11 Juillet 1978[a]		
Zambie	14 Février 1983[a]		
Zimbabwe	13 Mai 1991[a]		

RÉSERVES À LA CONVENTION INTERNATIONALE SUR L'ÉLIMINATION ET LA RÉPRESSION DU CRIME DE D'« APARTHEID » DU 30 NOVEMBRE 1973[1]	RESERVATIONS TO THE INTERNATIONAL CONVENTION ON THE SUPPRESSION AND PUNISHMENT OF THE CRIME OF "APARTHEID" OF 30 NOVEMBER 1973[1]

PAYS — STATES	ARTICLES
Népal/Nepal	12
Venezuela/Venezuela	12

---

[1] Pour les textes de ces réserves, nous vous référons aux Traités Multilatéraux déposés auprès du Secrétaire Général des Nations Unies, État au 31 décembre 1991, p. 169.

[1] See the Texts of Reservations in Multilateral Treaties deposited with the Secretary-General of United Nations, Status as of 31 December 1991, p. 166.

XXIV

CONVENTION POUR LA PRÉVENTION ET LA RÉPRESSION DU CRIME DE GÉNOCIDE DU 9 DÉCEMBRE 1948

CONVENTION ON THE PREVENTION AND PUNISHMENT OF THE CRIME OF GENOCIDE OF 9 DECEMBER 1948

Commentaires

Extrait de la page 17 de la fiche d'information sur les droits de l'homme n° 13, *Le droit international humanitaire et les droits de l'homme*, publiée par les Nations Unies en mai 1992 :

Commentaries

Extracted from page 15 of Fact Sheet No. 13, *International Humanitarian Law and Human Rights*, published by the United Nations in 1991:

« CRIMES CONTRE L'HUMANITÉ

"CRIMES AGAINST HUMANITY

L'ONU a défini les règles de coopération internationale pour la prévention et la répression des crimes contre la paix, les crimes de guerre et les crimes contre l'humanité. L'adoption de ces règles a ajouté une dimension nouvelle et importante au droit international humanitaire.

La Convention pour la prévention et la répression du crime de génocide, approuvée par l'Assemblée générale en 1948, a été une des premières mesures adoptées dans ce domaine. La Convention proclame que le génocide, qu'il soit commis en temps de paix ou en temps de guerre, est un crime du droit des gens, que les États parties s'engagent à prévenir et à punir.

Une autre tâche importante qu'il convenait d'entreprendre était de formuler les principes de droit international reconnus dans le statut du Tribunal de Nuremberg[1] qui a jugé les criminels de guerre après la seconde guerre mondiale.

The United Nations has established rules for international co-operation in the prevention and punishment of crimes against peace, war crimes and crimes against humanity. This commitment has added a new and important dimension to international humanitarian law.

The Convention on the Prevention and Punishment of the Crime of Genocide, approved by the General Assembly in 1948 was one of the earliest steps in this field. The Convention confirms that genocide, whether committed in peace or in war, is a crime under international law which the States parties undertake to prevent and punish.

Another primary task was to formulate the principles of international law recognized in the charter of the Nürnberg Tribunal[1] which judged war criminals after the Second World War. This formulation was prepared by the Inter-

---

[1] Actuellement, les Nations Unies étudient une autre possibilité pour juger les criminels de guerre en Bosnie.

[1] At the moment, the United Nations are studying another possibility to judge the war criminals in Bosnia.

Cette formulation a été élaborée par la Commission du droit international à la suite de la demande que l'Assemblée générale lui avait faite en 1950.

La Commission a également élaboré un projet de code des crimes contre la paix et la sécurité de l'humanité, qui traitait de la responsabilité pénale des individus car, comme l'a dit le Tribunal de Nuremberg, les crimes punissables en droit international sont commis par des individus, et non par des entités abstraites, et ce n'est qu'en punissant les individus qui commettent de tels crimes que les dispositions du droit international peuvent être appliquées. »

national Law Commission at the direction of the General Assembly in 1950.

The Commission also drew up a draft code of offences against the peace and security of mankind, which deals with the criminal responsibility of individuals, as, in the opinion of the Nürnberg Tribunal, crimes against international law are committed by men, not by abstract entities, and only by punishing individuals who commit such crimes can the provisions of international law be enforced."

BIBLIOGRAPHIE SÉLECTIVE

CHALIAND, G., MOURADIAN, C. et A. ASLANIAN-SAMUELIAN, *Le crime de silence : le génocide des Arméniens*, Paris, Flammarion, 1984.

MARTCHENKO, B., *La famine-Génocide en Ukraine : 1932-1933*, Paris, Publications de l'Est Européen, 1983.

WIEVIORKA, A., *Déportation et génocide : entre la mémoire et l'oubli*, Paris, Plon, 1992.

SELECTIVE BIBLIOGRAPHY

CHOROVER, S. L. *From Genesis to Genocide: The meaning of human nature and the power of behavior control.* Cambridge: MIT Press, 1979.

NUSANPORTER, J. *Genocide and Human Rights: A global anthology.* Washington, D.C.: University Press of America, 1982.

WEISBORD, R. G. *Genocide?: Birth Control and the Black American.* New York: Greenwood Press, 1978.

CONVENTION POUR LA PRÉVENTION ET LA RÉPRESSION DU CRIME DE GÉNOCIDE

Approuvée et soumise à la signature et à la ratification ou à l'adhésion par l'Assemblée générale des Nations Unies dans sa résolution 260 A (III) du 9 décembre 1948

Entrée en vigueur : 12 janvier 1951, conformément à l'article XIII
Texte : Nations Unies, Recueil des Traités n° 1021, vol. 78, p. 277

Les Parties contractantes,

Considérant que l'Assemblée générale de l'Organisation des Nations Unies, par sa résolution 96 (I) en date du 11 décembre 1946, a déclaré que le génocide est un crime du droit des gens, en contradiction avec l'esprit et les fins des Nations Unies et que le monde civilisé condamne,

Reconnaissant qu'à toutes les périodes de l'histoire le génocide a infligé de grandes pertes à l'humanité,

Convaincues que pour libérer l'humanité d'un fléau aussi odieux la coopération internationale est nécessaire,

Conviennent de ce qui suit :

Article premier

Les Parties contractantes confirment que le génocide, qu'il soit commis en temps de paix ou en temps de guerre, est un crime du droit des gens, qu'elles s'engagent à prévenir et à punir.

CONVENTION ON THE PREVENTION AND PUNISHMENT OF THE CRIME OF GENOCIDE

Approved and proposed for signature and ratification or accession by United Nations General Assembly Resolution 260 A (III) of 9 December 1948

Entry into force: 12 January 1951, in accordance with Article XIII
Text: United Nations Treaty Series No. 1021, Vol. 78, p. 277

The Contracting Parties,

Having considered the declaration made by the General Assembly of the United Nations in its resolution 96 (I) dated 11 December 1946 that genocide is a crime under international law, contrary to the spirit and aims of the United Nations and condemned by the civilized world,

Recognizing that at all periods of history genocide has inflicted great losses on humanity, and

Being convinced that, in order to liberate mankind from such an odious scourge, international co-operation is required,

Hereby agree as hereinafter provided:

Article I

The Contracting Parties confirm that genocide, whether committed in time of peace or in time of war, is a crime under international law which they undertake to prevent and to punish.

Article II

In the present Convention, genocide means any of the following acts committed with intent to destroy, in whole or in part, a national, ethnical, racial or religious group, as such:

(a) Killing members of the group;
(b) Causing serious bodily or mental harm to members of the group;
(c) Deliberately inflicting on the group conditions of life calculated to bring about its physical destruction in whole or in part;
(d) Imposing measures intended to prevent births within the group;
(e) Forcibly transferring children of the group to another group.

Article III

The following acts shall be punishable:

(a) Genocide;
(b) Conspiracy to commit genocide;
(c) Direct and public incitement to commit genocide;
(d) Attempt to commit genocide;
(e) Complicity in genocide.

Article IV

Persons committing genocide or any of the other acts enumerated in article III shall be punished, whether they are constitutionally responsible rulers, public officials or private individuals.

Article V

The Contracting Parties undertake to enact, in accordance with their respective Constitutions, the necessary legislation to give effect to the provisions of

tion des dispositions de la présente convention, et notamment à prévoir des sanctions pénales efficaces frappant les personnes coupables de génocide ou de l'un quelconque des autres actes énumérés à l'article III.

Article VI

Les personnes accusées de génocide ou de l'un quelconque des autres actes énumérés à l'article III seront traduites devant les tribunaux compétents de l'État sur le territoire duquel l'acte a été commis, ou devant la cour criminelle internationale qui sera compétente à l'égard de celles des Parties contractantes qui en auront reconnu la juridiction.

Article VII

Le génocide et les autres actes énumérés à l'article III ne seront pas considérés comme des crimes politiques pour ce qui est de l'extradition.

Les Parties contractantes s'engagent en pareil cas à accorder l'extradition conformément à leur législation et aux traités en vigueur.

Article VIII

Toute Partie contractante peut saisir les organes compétents de l'Organisation des Nations Unies afin que ceux-ci prennent, conformément à la Charte des Nations Unies, les mesures qu'ils jugent appropriées pour la prévention et la répression des actes de génocide ou de l'un quelconque des autres actes énumérés à l'article III.

Article IX

Les différends entre les Parties contractantes relatifs à l'interprétation,

the present Convention and, in particular, to provide effective penalties for persons guilty of genocide or any of the other acts enumerated in article III.

Article VI

Persons charged with genocide or any of the other acts enumerated in article III shall be tried by a competent tribunal of the State in the territory of which the act was committed, or by such international penal tribunal as may have jurisdiction with respect to those Contracting Parties which shall have accepted its jurisdiction.

Article VII

Genocide and the other acts enumerated in article III shall not be considered as political crimes for the purposes of extradition.

The Contracting Parties pledge themselves in such cases to grant extradition in accordance with their laws and treaties in force.

Article VIII

Any Contracting Party may call upon the competent organs of the United Nations to take such action under the Charter of the United Nations as they consider appropriate for the prevention and suppression of acts of genocide or any of the other acts enumerated in article III.

Article IX

Disputes between the Contracting Parties relating to the interpretation,

l'application ou l'exécution de la présente convention, y compris ceux relatifs à la responsabilité d'un État en matière de génocide ou de l'un quelconque des autres actes énumérés à l'article III, seront soumis à la Cour Internationale de Justice, à la requête d'une partie au différend.

Article X

La présente Convention, dont les textes anglais, chinois, espagnol, français et russe feront également foi, portera la date du 9 décembre 1948.

Article XI

La présente Convention sera ouverte jusqu'au 31 décembre 1949 à la signature au nom de tout Membre de l'Organisation des Nations Unies et de tout État non membre à qui l'Assemblée générale aura adressé une invitation à cet effet.

La présente Convention sera ratifiée et les instruments de ratification seront déposés auprès du Secrétaire général de l'Organisation des Nations Unies.

À partir du 1er janvier 1950, il pourra être adhéré à la présente Convention au nom de tout Membre de l'Organisation des Nations Unies et de tout État non membre qui aura reçu l'invitation susmentionnée.

Les instruments d'adhésion seront déposés auprès du Secrétaire général de l'Organisation des Nations Unies.

Article XII

Toute Partie contractante pourra, à tout moment, par notification adressée au Secrétaire général de l'Organisation des Nations Unies, étendre l'application

application or fulfilment of the present Convention, including those relating to the responsibility of a State for genocide or for any of the other acts enumerated in article III, shall be submitted to the International Court of Justice at the request of any of the parties to the dispute.

Article X

The present Convention, of which the Chinese, English, French, Russian and Spanish texts are equally authentic, shall bear the date of 9 December 1948.

Article XI

The present Convention shall be open until 31 December 1949 for signature on behalf of any Member of the United Nations and of any non-member State to which an invitation to sign has been addressed by the General Assembly.

The present Convention shall be ratified, and the instruments of ratification shall be deposited with the Secretary-General of the United Nations.

After 1 January 1950, the present Convention may be acceded to on behalf of any Member of the United Nations and of any non-member State which has received an invitation as aforesaid.

Instruments of accession shall be deposited with the Secretary-General of the United Nations.

Article XII

Any Contracting Party may at any time, by notification addressed to the Secretary-General of the United Nations, extend the application of the pre-

de la présente Convention à tous les territoires ou à l'un quelconque des territoires dont elle dirige les relations extérieures.

Article XIII

Dès le jour où les vingt premiers instruments de ratification ou d'adhésion auront été déposés, le Secrétaire général en dressera procès-verbal. Il transmettra copie de ce procès-verbal à tous les États Membres de l'Organisation des Nations Unies et aux États non membres visés par l'article XI.

La présente Convention entrera en vigueur le quatre-vingt-dixième jour qui suivra la date du dépôt du vingtième instrument de ratification ou d'adhésion.

Toute ratification ou adhésion effectuée ultérieurement à la dernière date prendra effet le quatre-vingt-dixième jour qui suivra le dépôt de l'instrument de ratification ou d'adhésion.

Article XIV

La présente Convention aura une durée de dix ans à partir de la date de son entrée en vigueur.

Elle restera par la suite en vigueur pour une période de cinq ans, et ainsi de suite, vis-à-vis des Parties contractantes qui ne l'auront pas dénoncée six mois au moins avant l'expiration du terme.

La dénonciation se fera par notification écrite adressée au Secrétaire général de l'Organisation des Nations Unies.

Article XV

Si, par suite de dénonciations, le nombre des parties à la présente Convention se trouve ramené à moins de

sent Convention to all or any of the territories for the conduct of whose foreign relations that Contracting Party is responsible.

Article XIII

On the day when the first twenty instruments of ratification or accession have been deposited, the Secretary-General shall draw up a *procès-verbal* and transmit a copy thereof to each Member of the United Nations and to each of the non-member States contemplated in article XI.

The present Convention shall come into force on the ninetieth day following the date of deposit of the twentieth instrument of ratification or accession.

Any ratification or accession effected, subsequent to the latter date shall become effective on the ninetieth day following the deposit of the instrument of ratification or accession.

Article XIV

The present Convention shall remain in effect for a period of ten years as from the date of its coming into force.

It shall thereafter remain in force for successive periods of five years for such Contracting Parties as have not denounced it at least six months before the expiration of the current period.

Denunciation shall be effected by a written notification addressed to the Secretary-General of the United Nations.

Article XV

If, as a result of denunciations, the number of Parties to the present Convention should become less than sixteen,

seize, la Convention cessera d'être en vigueur à partir de la date à laquelle la dernière de ces dénonciations prendra effet.

Article XVI

Une demande de révision de la présente Convention pourra être formulée en tout temps par toute Partie contractante, par voie de notification écrite adressée au Secrétaire général.

L'Assemblée général statuera sur les mesures à prendre, s'il y a lieu, au sujet de cette demande.

Article XVII

Le Secrétaire général de l'Organisation des Nations Unies notifiera ce qui suit à tous les États Membres de l'Organisation et aux États non membres visés par l'article XI :
   a) les signatures, ratifications et adhésions reçues en application de l'article XI;
   b) les notifications reçues en application de l'article XII;
   c) la date à laquelle la présente Convention entrera en vigueur, en application de l'article XIII;
   d) les dénonciations reçues en application de l'article XIV;
   e) l'abrogation de la Convention en application de l'article XV;
   f) les notifications reçues en application de l'article XVI.

Article XVIII

L'original de la présente Convention sera déposé aux archives de l'Organisation des Nations Unies.

the Convention shall cease to be in force as from the date on which the last of these denunciations shall become effective.

Article XVI

A request for the revision of the present Convention may be made at any time by any Contracting Party by means of a notification in writing addressed to the Secretary-General.

The General Assembly shall decide upon the steps, if any, to be taken in respect of such request.

Article XVII

The Secretary-General of the United Nations shall notify all Members of the United Nations and the non-member States contemplated in article XI of the following:
   (a) Signatures, ratifications and accessions received in accordance with article XI;
   (b) Notifications received in accordance with article XII;
   (c) The date upon which the present Convention comes into force in accordance with article XIII;
   (d) Denunciations received in accordance with article XIV;
   (e) The abrogation of the Convention in accordance with article XV;
   (f) Notifications received in accordance with article XVI.

Article XVIII

The original of the present Convention shall be deposited in the archives of the United Nations.

Une copie certifiée conforme sera adressée à tous les États Membres de l'Organisation des Nations Unies et aux États non membres visés par l'article XI.

A certified copy of the Convention shall be transmitted to each Member of the United Nations and to each of the non-member States contemplated in article XI.

Article XIX

La présente Convention sera enregistrée par le Secrétaire général de l'Organisation des Nations Unies à la date de son entrée en vigueur.

Article XIX

The present Convention shall be registered by the Secretary-General of the United Nations on the date of its coming into force.

CONVENTION POUR LA PRÉVENTION ET LA RÉPRESSION DU CRIME DE GÉNOCIDE 9 DÉCEMBRE 1948

103 ÉTATS MEMBRES AU 30 JUILLET 1993[1]	RATIFICATION, ADHÉSION[a], SUCCESSION[d]
Afghanistan	22 Mars 1956[a]
Albanie	12 Mai 1955[a]
Algérie	31 Octobre 1963[a]
Allemagne	24 Novembre 1954[a]
Antigua-et-Barbuda	25 Octobre 1988[d]
Arabie Saoudite	13 Juillet 1950[a]
Argentine	5 Juin 1956[a]
Australie	8 Juillet 1949
Autriche	19 Mars 1958[a]
Bahamas	5 Août 1975[d]
Bahreïn	27 Mars 1990[a]
Barbade	14 Janvier 1980[a]
Bélarus	11 Août 1954
Belgique	5 Septembre 1951
Bosnie-Herzégovine	29 Décembre 1992[d]
Brésil	15 Avril 1952
Bulgarie	21 Juillet 1950[a]
Burkina Faso	14 Septembre 1965[a]
Cambodge	14 Octobre 1950
Canada	3 Septembre 1952
Chili	3 Juin 1953
Chine	18 Avril 1983
Chypre	29 Mars 1982[a]
Colombie	27 Octobre 1959
Costa Rica	14 Octobre 1950
Croatie	12 Octobre 1992[d]
Cuba	4 Mars 1953
Danemark	15 Juin 1951
Égypte	8 Février 1952
El Salvador	28 Septembre 1950
Équateur	21 Décembre 1949
Espagne	13 Septembre 1968[a]
Estonie	21 Octobre 1991[a]
États-Unis d'Amérique	25 Novembre 1988
Éthiopie	1 Juillet 1949
Fidji	11 Janvier 1973[d]
Finlande	18 Décembre 1959[a]
France	14 Octobre 1950
Gabon	21 Janvier 1983[a]
Gambie	29 Décembre 1978[a]
Ghana	24 Décembre 1958[a]

1. Sous réserve des instruments éventuellement en cours de dépôt.

CONVENTION ON THE PREVENTION AND PUNISHMENT OF THE CRIME OF GENOCIDE OF 9 DECEMBER 1948

103 PARTICIPANTS AT 30 JULY 1993[1]	RATIFICATION, ACCESSION[a], SUCCESSION[d]
Afghanistan	22 March 1956[a]
Albania	12 May 1955[a]
Algeria	31 October 1963[a]
Antigua and Barbuda	25 October 1988[d]
Argentina	5 June 1956[a]
Australia	8 July 1949
Austria	19 March 1958[a]
Bahamas	5 August 1975[d]
Bahrain	27 March 1990[a]
Barbados	14 January 1980[a]
Belarus	11 August 1954
Belgium	5 September 1951
Bosnia and Herzegovina	29 December 1992[d]
Brazil	15 April 1952
Bulgaria	21 July 1950[a]
Burkina Faso	14 September 1965[a]
Cambodia	14 October 1950
Canada	3 September 1952
Chile	3 June 1953
China	18 April 1983
Colombia	27 October 1959
Costa Rica	14 October 1950
Croatia	12 October 1992[d]
Cuba	4 March 1953
Cyprus	29 March 1982[a]
Czech Republic	22 February 1993[d]
Czechoslovakia	21 December 1950
Democratic People's Republic of Korea	31 January 1989[a]
Denmark	15 June 1951
Ecuador	21 December 1949
Egypt	8 February 1952
El Salvador	28 September 1950
Estonia	21 October 1991[a]
Ethiopia	1 July 1949
Fiji	11 January 1973[d]
Finland	18 December 1959[a]
France	14 October 1950
Gabon	21 January 1983[a]
Gambia	29 December 1978[a]

1. Subject to the deposit of outstanding instruments.

SECTION II — TRAITÉ / TREATY XXIV

Grèce	8 Décembre 1954	Germany	24 November 1954[a]
Guatemala	13 Janvier 1950	Ghana	24 December 1958[a]
Haïti	14 Octobre 1950	Greece	8 December 1954
Hongrie	7 Janvier 1952[a]	Guatemala	13 January 1950
Inde	27 Août 1959	Haiti	14 October 1950
Iran	14 Août 1956	Hungary	7 January 1952[a]
Iraq	20 Janvier 1959[a]	Iceland	29 August 1949
Irlande	22 Juin 1976[a]	India	27 August 1959
Islande	29 Août 1949	Irak	20 January 1959[a]
Israël	9 Mars 1950	Iran	14 August 1956
Italie	4 Juin 1952[a]	Ireland	22 June 1976[a]
Jamahiriya Arabe		Israel	9 March 1950
Libyenne	16 Mai 1989[a]	Italy	4 June 1952[a]
Jamaïque	23 Septembre 1968[a]	Jamaica	23 September 1968[a]
Jordanie	3 Avril 1950[a]	Jordan	3 April 1950[a]
Lesotho	29 Novembre 1974[a]	Lao People's	
Lettonie	14 Avril 1992[a]	Democratic Republic	8 December 1950[a]
Liban	17 Décembre 1953	Latvia	14 April 1992[a]
Libéria	9 Juin 1950	Lebanon	17 December 1953
Luxembourg	7 Octobre 1981[a]	Lesotho	29 November 1974[a]
Maldives	24 Avril 1984[a]	Liberia	9 June 1950
Mali	16 Juillet 1974[a]	Luxembourg	7 October 1981[a]
Maroc	24 Janvier 1958[a]	Libyan Jamahiriya	
Mexique	22 Juillet 1952	Arab	16 May 1989[a]
Monaco	30 Mars 1950	Maldives	24 April 1984[a]
Mongolie	5 Janvier 1967[a]	Mali	16 July 1974[a]
Mozambique	18 Avril 1983[a]	Mexico	22 July 1952
Myanmar	14 Mars 1956	Monaco	30 March 1950
Népal	17 Janvier 1969[a]	Mongolia	5 January 1967[a]
Nicaragua	22 Janvier 1952[a]	Morocco	24 January 1958[a]
Norvège	22 Juillet 1949	Mozambique	18 April 1983[a]
Nouvelle-Zélande	28 Décembre 1978	Myanmar	14 March 1956
Pakistan	12 Octobre 1957	Nepal	17 January 1969[a]
Panama	11 Janvier 1950	Netherlands	20 June 1966[a]
Papouasie		New Zealand	28 December 1978
Nouvelle-Guinée	27 Janvier 1982[a]	Nicaragua	22 January 1952[a]
Pays-Bas	20 Juin 1966[a]	Norway	22 July 1949
Pérou	24 Février 1960	Pakistan	12 October 1957
Philippines	7 Juillet 1950	Panama	11 January 1950
Pologne	14 Novembre 1950[a]	Papua New Guinea	27 January 1982[a]
République Arabe		Peru	24 February 1960
Syrienne	25 Juin 1955[a]	Philippines	7 July 1950
République de Corée	14 Octobre 1950[a]	Poland	14 November 1950[a]
République		Republic of Korea	14 October 1950[a]
Démocratique		Republic of Maldova	26 January 1993[a]
Populaire de Corée	31 Janvier 1989[a]	Romania	2 November 1950[a]
République		Rwanda	16 April 1975[a]
Démocratique		Saint Vincent and	
Populaire Lao	8 Décembre 1950[a]	the Grenadines	9 November 1981[a]
République de Maldova	26 Janvier 1993[a]	Saudi Arabia	13 July 1950[a]
République Tchèque	22 Février 1993[d]	Senegal	4 August 1983[a]
République Unie de		Seychelles	5 May 1992[a]
Tanzanie	5 Avril 1984[a]	Slovenia	6 July 1992[d]
Roumanie	2 Novembre 1950[a]	Spain	13 September 1968[a]

Royaume-Uni de Grande-Bretagne et d'Irlande du Nord	30 Janvier 1970[a]	Sri Lanka	12 October 1950[a]
		Sweden	27 May 1952
		Syrian Arab Republic	25 June 1955[a]
Rwanda	16 Avril 1975[a]	Togo	24 May 1984[a]
Saint-Vincent-et-Grenadines	9 Novembre 1981[a]	Tonga	16 February 1972[a]
		Tunisia	29 November 1956[a]
Sénégal	4 Août 1983[a]	Turkey	31 July 1950[a]
Seychelles	5 Mai 1992[a]	U.S.A.	25 November 1988
Slovénie	6 Juillet 1992[d]	United Kingdom of Great Britain and Northern Ireland	30 January 1970[a]
Sri Lanka	12 Octobre 1950[a]		
Suède	27 Mai 1952		
Tchécoslovaquie	21 Décembre 1950	Ukraine	15 November 1954
Togo	24 Mai 1984[a]	United Republic of Tanzania	5 April 1984[a]
Tonga	16 Février 1972[a]		
Tunisie	29 Novembre 1956[a]	Uruguay	11 July 1967
Turquie	31 Juillet 1950[a]	U.S.S.R.	3 May 1954
Ukraine	15 Novembre 1954	Viet Nam	9 November 1981[a]
U.R.S.S.	3 Mai 1954	Yemen	9 February 1987[a]
Uruguay	11 Juillet 1967		
Viet-Nam	9 Novembre 1981[a]		
Yémen	9 Février 1987[a]		

RÉSERVES À LA CONVENTION POUR LA PRÉVENTION ET LA RÉPRESSION DU CRIME DE GÉNOCIDE DU 9 DÉCEMBRE 1948[1]

RESERVATIONS TO THE CONVENTION ON THE PREVENTION AND PUNISHMENT OF THE CRIME OF GENOCIDE OF 9 DECEMBER 1948[1]

PAYS — STATES	ARTICLES
Albanie/Albania	IX, XII
Algérie/Algeria	VI, IX, XII
Argentine/Argentina	IX, XII
Bahrein/Bahrain	IX
Bélarus/Belarus	XII
Bulgarie/Bulgaria	IX, XII
Chine/China	IX
Espagne/Spain	IX
États-Unis d'Amérique/ United States of America	VI, IX
Hongrie/Hungary	XII
Inde/India	IX
Maroc/Morocco	VI, IX
Mongolie/Mongolia	XII
Myanmar/Myanmar	VI, VIII
Philippines/Philippines	VII, IX
Pologne/Poland	IX, XII
Roumanie/Romania	IX, XII
Rwanda/Rwanda	IX
Tchécoslovaquie/Czechoslovakia	XII

---

1. Pour les textes de ces réserves, nous vous référons aux Traités Multilatéraux déposés auprès du Secrétaire Général, Etat au 31 décembre 1991, p. 100.

1. See the Texts of Reservations in United Nations, Multilateral Treaties deposited with the Secretary-General, Status as at 31 decembre 1991, p. 98.

Ukraine/Ukraine	XII
URSS/USSR	XII
Venezuela/Venezuela	VII, IX
Viet-Nam/Viet Nam	IX, XII
Yémen/Yemen	IX

XXV

CONVENTION SUR L'IMPRESCRIPTIBILITÉ DES CRIMES DE GUERRE ET DES CRIMES CONTRE L'HUMANITÉ DU 26 NOVEMBRE 1968

Commentaires

Extrait des pages 17 et 18 de la fiche d'information sur les droits de l'homme n° 13, *Le droit international humanitaire et les droits de l'homme*, publiée par les Nations Unies en mai 1992 :

« IMPRESCRIPTIBILITÉ

La Convention sur l'imprescriptibilité des crimes de guerre et des crimes contre l'humanité, établie par la Commission des droits de l'homme et le Conseil économique et social, a été adoptée par l'Assemblée générale en 1968 et est entrée en vigueur en 1970.

Les États parties à la Convention s'engagent à abolir les règles de droit interne relatif à la prescription pour la poursuite et la répression de ces crimes et, conformément au droit international, à permettre l'extradition des auteurs de tels actes.

En 1973, l'Assemblée a adopté neuf principes de coopération internationale pour la localisation, l'arrestation, l'extradition et le châtiment des personnes qui se sont rendues coupables de crimes de guerre et de crimes contre l'humanité.

La Sous-Commission de la lutte contre les mesures discriminatoires et de la protection des minorités a proposé

CONVENTION ON THE NON-APPLICABILITY OF STATUTORY LIMITATIONS TO WAR CRIMES AND CRIMES AGAINST HUMANITY OF 26 NOVEMBER 1968

Commentaries

Extracted from page 15 of Fact Sheet No. 13, *International Humanitarian Law and Human Rights*, published by the United Nations in 1991:

"STATUTORY LIMITATIONS REMOVED

The Convention on the Non-Applicability of Statutory Limitations to War Crimes and Crimes against Humanity, prepared by the Commission on Human Rights and the Economic and Social Council, was adopted by the General Assembly in 1968 and entered into force in 1970.

States parties to this Convention undertake to abolish domestic limitations on the prosecution and punishment of these crimes and, in accordance with international law, to make extradition possible.

In 1973, the Assembly adopted nine principles of international co-operation in the detection, arrest, extradition and punishment of persons guilty of war crimes and crimes against humanity.

Broader access to the files of the War Crimes Commission was proposed by the Sub-Commission on Prevention of

en 1987 de faciliter l'accès aux dossiers de la Commission des Nations Unies sur les crimes de guerre lorsqu'elle a débattu des efforts à entreprendre pour traduire en justice les criminels de guerre. La Sous-Commission a demandé instamment aux États de veiller à ce que ces criminels reçoivent le juste châtiment qu'ils méritent. »

Discrimination and Protection of Minorities in 1987 when it discussed efforts to bring suspected war criminals to trial. The Sub-Commission urged States to ensure that such criminals receive just punishment."

BIBLIOGRAPHIE SÉLECTIVE

HAUTVAL, A., *Médecine et crime contre l'humanité*, France, Le Méjan, 1991.

MERTENS, P., *L'imprescriptibilité des crimes de guerre et contre l'humanité : étude de droit international et de droit pénal comparé*, Bruxelles, Éd. de l'Université de Bruxelles, 1974.

MEYROWITZ, H., *La répression par les tribunaux allemands des crimes contre l'humanité et de l'appartenance à une organisation criminelle, en application de la loi No. 10 du Conseil de contrôle Allié*, Paris, Pichnon et Durand-Auzias.

SELECTIVE BIBLIOGRAPHY

DUFFETT, J. *International War Crimes Tribunal*. New York: Simon and Schuster, 1970.

LEWIS, J. R. *Uncertain judgment: A bibliography of war crimes trials*. Santa Barbara, California: ABC-clio, 1979.

SHORT, J. *Modern criminals*. New York: Transaction Books, 1973.

CONVENTION SUR L'IMPRESCRIPTIBILITÉ DES CRIMES DE GUERRE ET DES CRIMES CONTRE L'HUMANITÉ

Adoptée et ouverte à la signature, à la ratification et
à l'adhésion par l'Assemblée générale des Nations Unies dans sa résolution 2391 (XXIII) du 26 novembre 1968

Entrée en vigueur : 11 novembre 1970, conformément à l'article VIII
Texte : Nations Unies, Recueil des Traités n° 10823, vol. 754, p. 73

PRÉAMBULE

Les États Parties à la présente Convention,

Rappelant les résolutions 3 (I) et 170 (II) de l'Assemblée générale de l'Organisation des Nations Unies, en date des 13 février 1946 et 31 octobre 1947, portant sur l'extradition et le châtiment des criminels de guerre, et la résolution 95 (I) du 11 décembre 1946, confirmant les principes de droit international reconnus par le Statut du Tribunal militaire international de Nuremberg et par le jugement de ce tribunal, ainsi que les résolutions 2184 (XXI) du 12 décembre 1966 et 2202 (XXI) du 16 décembre 1966, par lesquelles l'Assemblée générale a expressément condamné en tant que crimes contre l'humanité, d'une part, la violation des droits économiques et politiques des populations authochtones et, d'autre part, la politique d'*apartheid,*

Rappelant les résolutions 1074 D (XXXIX) et 1158 (XLI) du Conseil économique et social de l'Organisation des Nations Unies, en date des 28 juillet

CONVENTION ON THE NON-APPLICABILITY OF STATUTORY LIMITATIONS TO WAR CRIMES AND CRIMES AGAINST HUMANITY

Adopted and opened for signature, ratification and accession by United Nations General Assembly resolution 2391 (XXIII) of 26 November 1968

Entry into force: 11 November 1970, in accordance with article VIII
Text: United Nations Treaty Series No. 10823, Vol. 754, p. 73

PREAMBLE

The States Parties to the present Convention,

Recalling resolutions of the General Assembly of the United Nations 3 (I) of 13 February 1946 and 170 (II) of 31 October 1947 on the extradition and punishment of war criminals, resolution 95 (I) of 11 December 1946 affirming the principles of international law recognized by the Charter of the International Military Tribunal, Nürnberg, and the judgement of the Tribunal, and resolutions 2184 (XXI) of 12 December 1966 and 2202 (XXI) of 16 December 1966 which expressly condemned as crimes against humanity the violation of the economic and political rights of the indigenous population on the one hand and the policies of *apartheid* on the other,

Recalling resolutions of the Economic and Social Council of the United Nations 1074 D (XXXIX) of 28 July 1965 and 1158 (XLI) of 5 August 1966

1965 et 5 août 1966, concernant le châtiment des criminels de guerre et des individus coupables de crimes contre l'humanité,

Constatant que dans aucune des déclarations solennelles, actes et conventions visant la poursuite et la répression des crimes de guerre et des crimes contre l'humanité il n'a été prévu de limitation dans le temps,

Considérant que les crimes de guerre et les crimes contre l'humanité comptent au nombre des crimes de droit international les plus graves,

Convaincus que la répression effective des crimes de guerre et des crimes contre l'humanité est un élément important de la prévention de ces crimes, de la protection des droits de l'homme et des libertés fondamentales, propre à encourager la confiance, à stimuler la coopération entre les peuples et à favoriser la paix et la sécurité internationales,

Constatant que l'application aux crimes de guerre et aux crimes contre l'humanité des règles de droit interne relatives à la prescription des crimes ordinaires inquiète profondément l'opinion publique mondiale car elle empêche que les personnes responsables de ces crimes soient poursuivies et châtiées,

Reconnaissant qu'il est nécessaire et opportun d'affirmer en droit international, au moyen de la présente Convention, le principe de l'imprescriptibilité des crimes de guerre et des crimes contre l'humanité et d'en assurer l'application universelle,

Sont convenus de ce qui suit :

on the punishment of war criminals and of persons who have committed crimes against humanity,

Noting that none of the solemn declarations, instruments or conventions relating to the prosecution and punishment of war crimes and crimes against humanity made provision for a period of limitation,

Considering that war crimes and crimes against humanity are among the gravest crimes in international law,

Convinced that the effective punishment of war crimes and crimes against humanity is an important element in the prevention of such crimes, the protection of human rights and fundamental freedoms, the encouragement of confidence, the furtherance of co-operation among peoples and the promotion of international peace and security,

Noting that the application to war crimes and crimes against humanity of the rules of municipal law relating to the period of limitation for ordinary crimes is a matter of serious concern to world public opinion, since it prevents the prosecution and punishment of persons responsible for those crimes,

Recognizing that it is necessary and timely to affirm in international law, through this Convention, the principle that there is no period of limitation for war crimes and crimes against humanity, and to secure its universal application,

Have agreed as follows:

Article premier

Les crimes suivants sont imprescriptibles, quelle que soit la date à laquelle ils ont été commis :

a) les crimes de guerre, tels qu'ils sont définis dans le Statut du Tribunal militaire international de Nuremberg du 8 août 1945 et confirmés par les résolutions 3 (I) et 95 (I) de l'Assemblée générale de l'Organisation des Nations Unies, en date des 13 février 1946 et 11 décembre 1946, notamment les « infractions graves » énumérées dans les Conventions de Genève du 12 août 1949 pour la protection des victimes de la guerre;

b) les crimes contre l'humanité, qu'ils soient commis en temps de guerre ou en temps de paix, tels qu'ils sont définis dans le Statut du Tribunal militaire international de Nuremberg du 8 août 1945 et confirmés par les résolutions 3 (I) et 95 (I) de l'Assemblée générale de l'Organisation des Nations Unies, en date du 13 février 1946 et 11 décembre 1946, l'éviction par une attaque armée ou l'occupation et les actes inhumains découlant de la politique d'*apartheid*, ainsi que le crime de génocide, tel qu'il est défini dans la Convention de 1948 pour la prévention et la répression du crime de génocide, même si ces actes ne constituent pas une violation du droit interne du pays où ils ont été commis.

Article II

Si l'un quelconque des crimes mentionnés à l'article premier est commis, les dispositions de la présente Convention s'appliqueront aux représentants de l'autorité de l'État et aux particuliers

Article I

No statutory limitation shall apply to the following crimes, irrespective of the date of their commission:

(a) War crimes as they are defined in the Charter of the International Military Tribunal, Nürnberg, of 8 August 1945 and confirmed by resolutions 3 (I) of 13 February 1946 and 95 (I) of 11 December 1946 of the General Assembly of the United Nations, particularly the "grave breaches" enumerated in the Geneva Conventions of 12 August 1949 for the protection of war victims;

(b) Crimes against humanity whether committed in time of war or in time of peace as they are defined in the Charter of the International Military Tribunal, Nürnberg, of 8 August 1945 and confirmed by resolutions 3 (I) of 13 February 1946 and 95 (I) of 11 December 1946 of the General Assembly of the United Nations, eviction by armed attack or occupation and inhuman acts resulting from the policy of *apartheid*, and the crime of genocide as defined in the 1948 Convention on the Prevention and Punishment of the Crime of Genocide, event if such acts do not constitute a violation of the domestic law of the country in which they were committed.

Article II

If any of the crimes mentioned in article I is committed, the provisions of this Convention shall apply to representatives of the State authority and private individuals who, as principals or

qui y participeraient en tant qu'auteurs ou en tant que complices, ou qui se rendraient coupables d'incitation directe à la perpétration de l'un quelconque de ces crimes, ou qui participeraient à une entente en vue de le commettre, quel que soit son degré d'exécution, ainsi qu'aux représentants de l'autorité de l'État qui toléreraient sa perpétration.

accomplices, participate in or who directly incite others to the commission of any of those crimes, or who conspire to commit them, irrespective of the degree of completion, and to representatives of the State authority who tolerate their commission.

Article III

Les États Parties à la présente Convention s'engagent à adopter toutes les mesures internes, d'ordre législatif ou autre, qui seraient nécessaires en vue de permettre l'extradition, conformément au droit international, des personnes visées par l'article II de la présente Convention.

Article III

The States Parties to the present Convention undertake to adopt all necessary domestic measures, legislative or otherwise, with a view to making possible the extradition, in accordance with international law, of the persons referred to in article II of this Convention.

Article IV

Les États Parties à la présente Convention s'engagent à prendre, conformément à leurs procédures constitutionnelles, toutes mesures législatives ou autres qui seraient nécessaires pour assurer l'imprescriptibilité des crimes visés aux articles premier et II de la présente Convention, tant en ce qui concerne les poursuites qu'en ce qui concerne la peine; là où une prescription existerait en la matière, en vertu de la loi ou autrement, elle sera abolie.

Article IV

The States Parties to the present Convention undertake to adopt, in accordance with their respective constitutional processes, any legislative or other measures necessary to ensure that statutory or other limitations shall not apply to the prosecution and punishment of the crimes referred to in article I and II of this Convention and that, where they exist, such limitations shall be abolished.

Article V

La présente Convention sera jusqu'au 31 décembre 1969 ouverte à la signature de tout État Membre de l'Organisation des Nations Unies ou membre de l'une quelconque de ses institutions spécialisées ou membre de l'Agence internationale de l'énergie

Article V

This Convention shall, until 31 December 1969, be open for signature by any State Member of the United Nations or member of any of its specialized agencies or of the International Atomic Energy Agency, by any State Party to the Statute of the International

atomique, de tout État partie au Statut de la Cour Internationale de Justice, ainsi que de tout autre État invité par l'Assemblée générale de l'Organisation des Nations Unies à devenir partie à la présente Convention.

Article VI

La présente Convention est sujette à ratification et les instruments de ratification seront déposés auprès du Secrétaire général de l'Organisation des Nations Unies.

Article VII

La présente Convention sera ouverte à l'adhésion de tout État visé à l'article V. Les instruments d'adhésion seront déposés auprès du Secrétaire général de l'Organisation des Nations Unies.

Article VIII

1. La présente Convention entrera en vigueur le quatre-vingt-dixième jour qui suivra la date du dépôt auprès du Secrétaire général de l'Organisation des Nations Unies du dixième instrument de ratification ou d'adhésion.

2. Pour chacun des États qui ratifieront la présente Convention ou y adhéreront après le dépôt du dixième instrument de ratification ou d'adhésion, ladite Convention entrera en vigueur le quatre-vingt-dixième jour après la date du dépôt par cet État de son instrument de ratification ou d'adhésion.

Article IX

1. Après l'expiration d'une période de dix ans à partir de la date à laquelle la présente Convention entrera en vi-

Court of Justice, and by any other State which has been invited by the General Assembly of the United Nations to become a Party to this Convention.

Article VI

This Convention is subject to ratification. Instruments of ratification shall be deposited with the Secretary-General of the United Nations.

Article VII

This Convention shall be open to accession by any State referred to in article V. Instruments of accession shall be deposited with the Secretary-General of the United Nations.

Article VIII

1. This Convention shall enter into force on the ninetieth day after the date of the deposit with the Secretary-General of the United Nations of the tenth instrument of ratification or accession.

2. For each State ratifying this Convention or acceding to it after the deposit of the tenth instrument of ratification or accession, the Convention shall enter into force on the ninetieth day after the date of the deposit of its own instrument of ratification or accession.

Article IX

1. After the expiry of a period of ten years from the date on which this Convention enters into force, a request for

gueur, une demande de révision de la Convention peut être formulée, en tout temps, par toute Partie contractante, par voie de notification écrite adressée au Secrétaire général de l'Organisation des Nations Unies.

2. L'Assemblée générale de l'Organisation des Nations Unies statuera sur les mesures à prendre, le cas échéant, au sujet de cette demande.

Article X

1. La présente Convention sera déposée auprès du Secrétaire général de l'Organisation des Nations Unies.

2. Le Secrétaire général de l'Organisation des Nations Unies fera tenir une copie certifiée conforme à la présente Convention à tous les États visés à l'article V.

3. Le Secrétaire général de l'Organisation des Nations Unies informera tous les États visés à l'article V :

a) des signatures apposées à la présente Convention et des instruments de ratification et d'adhésion déposés conformément aux articles V, VI et VII;

b) de la date à laquelle la présente Convention entrera en vigueur conformément à l'article VIII;

c) des communications reçues conformément à l'article IX.

Article XI

La présente Convention, dont les textes anglais, chinois, espagnol, français et russe font également foi, portera la date du 26 novembre 1968.

the revision of the Convention may be made at any time by any Contracting Party by means of a notification in writing addressed to the Secretary-General of the United Nations.

2. The General Assembly of the United Nations shall decide upon the steps, if any, to be taken in respect of such a request.

Article X

1. This Convention shall be deposited with the Secretary-General of the United Nations.

2. The Secretary-General of the United Nations shall transmit certified copies of this Convention to all States referred to in article V.

3. The Secretary-General of the United Nations shall inform all States referred to in article V of the following particulars:

(a) Signatures of this Convention, and instruments of ratification and accession deposited under articles V, VI and VII;

(b) The date of entry into force of this Convention in accordance with article VIII;

(c) Communications received under article IX.

Article XI

This Convention, of which the Chinese, English, French, Russian and Spanish texts are equally authentic, shall bear the date of 26 November 1968.

EN FOI DE QUOI, les soussignés, dûment autorisés à cet effet, ont signé la présente Convention.

IN WITNESS WHEREOF the undersigned, being duly authorized for that purpose, have signed this Convention.

CONVENTION SUR L'IMPRESCRIPTIBILITÉ DES CRIMES DE GUERRE ET DES CRIMES CONTRE L'HUMANITÉ DU 26 NOVEMBRE 1968

33 ÉTATS MEMBRES AU 30 JUILLET 1993[1]	RATIFICATION, ADHÉSION[a], SUCCESSION[d]
Afghanistan	22 Juillet 1983[a]
Albanie	19 Mai 1971[a]
Bolivie	6 Octobre 1983[a]
Bulgarie	21 Mai 1969
Cameroun	6 Octobre 1972[a]
Cuba	13 Septembre 1972[a]
Estonie	21 Octobre 1991[a]
Gambie	29 Décembre 1978[a]
Guinée	7 Juin 1971[a]
Hongrie	24 Juin 1969
Inde	12 Janvier 1971[a]
Jamahiriya Arabe Libyenne	16 Mai 1989[a]
Kenya	1 Mai 1972[a]
Lettonie	14 Avril 1992[a]
Mongolie	21 Mai 1969
Nicaragua	3 Septembre 1986[a]
Philippines	15 Mai 1973[a]
Pologne	14 Février 1969
République Démocratique Allemande	27 Mars 1973
République Démocratique Populaire Lao	28 Décembre 1984[a]
République populaire Démocratique de Corée	8 Novembre 1984[a]
République socialiste soviétique de Biélorussie	8 Mai 1969
Roumanie	15 Septembre 1969
Rwanda	16 Avril 1975[a]
Saint-Vincent-et-Grenadines	9 Novembre 1981[a]
Slovénie	6 Juillet 1992[d]
Tchécoslovaquie	13 Août 1970
Tunisie	15 Juin 1972[a]
Ukraine	19 Juin 1969
URSS	22 Avril 1969
Viet Nam	6 Mai 1983[a]
Yémen	9 Février 1987[a]
Yougoslavie	9 Juin 1970

1. Sous réserve des instruments éventuellement en cours de dépôt.

CONVENTION ON THE NON-APPLICABILITY OF STATUTORY LIMITATIONS TO WAR CRIME OF AND CRIMES AGAINST HUMANITY OF 26 NOVEMBER 1968

33 PARTICIPANTS AT 30 JULY 1993[1]	RATIFICATION, ACCESSION[a], SUCCESSION[d]
Afghanistan	20 July 1983[a]
Albania	19 May 1971[a]
Bolivia	6 October 1983[a]
Bulgaria	21 May 1969
Byelorussian Soviet Socialist Republic	8 May 1969
Cameroon	6 October 1972[a]
Cuba	13 September 1972
Czechoslovakia	13 August 1970
Democratic People's Republic of Korea	8 November 1984[a]
Estonia	21 October 1991[a]
Gambia	29 December 1978[a]
German Democratic Republic	27 March 1973
Guinea	7 June 1971[a]
Hungary	24 June 1969
India	12 January 1971[a]
Kenya	1 May 1972[a]
Lao People's Democratic Republic	28 December 1984[a]
Latvia	14 April 1992[a]
Libyan Jamahiriya Arab	16 May 1989[a]
Mongolia	21 May 1969
Nicaragua	3 September 1986[a]
Philippines	15 May 1973[a]
Poland	14 February 1969
Romania	15 September 1969
Rwanda	16 April 1975[a]
Saint Vincent and the Grenadines	9 November 1981[a]
Slovenia	6 July 1992[d]
Tunisia	15 June 1972[a]
Ukraine	19 June 1969
USSR	22 April 1969
Viet Nam	6 May 1983[a]
Yemen	9 February 1987[a]
Yugoslavia	9 June 1970

1. Subject to the deposit of outstanding instruments.

SECTION II — TRAITÉ / TREATY XXV

DÉNONCIATIONS À LA CONVENTION SUR L'IMPRESCRIPTIBILITÉ DES CRIMES DE GUERRE ET DES CRIMES CONTRE L'HUMANITÉ[1]

DENUNCIATIONS TO THE CONVENTION ON THE NON-APPLICABILITY OF STATUTORY LIMITATIONS TO WAR CRIMES AND CRIMES AGAINST HUMANITY[1]

PAYS — STATES	ARTICLES
Afghanistan/Afghanistan	Ces articles ont été dénoncés par ces États comme étant discriminatoires et contraires au principe de l'égalité des États. V et VII These articles were revealed by these State's parties at this Convention as discriminate and in conflict with the principle of equality of the States. V and VII
Albanie/Albania	
Bélarus/Belarus	
Bulgarie/Bulgaria	
Cuba/Cuba	
Guinée/Guinea	
Hongrie/Hungary	
Mongolie/Mongolia	
Pologne/Poland	
République Populaire Lao/ Republic People's of Lao	
Roumanie/Romania	
Tchécoslovaquie/Czechoslovakia	
Ukraine/Ukraine	
U.R.S.S./U.S.S.R.	
Viet Nam/Viet Nam	

---

1. Voir les textes des dénonciations dans les traités Multilatéraux déposés auprès du Secrétaire Général, État au 31 décembre 1991, pp. 167-168.

1. See the texts of denunciation in Multilateral treaties deposited with the Secretary General, Status as 31 december 1991, pp. 164-165.

SECTION III

TRAITÉS DIVERS **OTHER INSTRUMENTS**

XXVI

PROTOCOLE ANNEXE I À LA CONVENTION UNIVERSELLE SUR LE DROIT D'AUTEUR RÉVISÉ À PARIS LE 24 JUILLET 1971

PROTOCOL No. 1 ANNEXED TO THE UNIVERSAL COPYRIGHT CONVENTION AS REVISED AT PARIS ON 24 JULY 1971

Commentaires

Commentaries

Chaque État contractant s'engage à prendre toutes dispositions nécessaires pour assurer une protection suffisante et efficace des droits des auteurs et de tous autres titulaires de ces droits sur les oeuvres littéraires, scientifiques et artistiques, tels que les écrits, les oeuvres musicales, dramatiques et cinématographiques, les peintures, gravures et sculptures.

Les États parties établissent un régime de protection des droits des auteurs approprié à toutes les nations et exprimé dans une convention universelle, s'ajoutant aux systèmes internationaux déjà en vigueur, sans leur porter atteinte, et de nature à assurer le respect des droits de la personne humaine et à favoriser le développement des lettres, des sciences et des arts.

Un tel régime universel de protection des droits des auteurs, surtout réfugiés, rendra plus facile la diffusion des oeuvres intellectuelles et contribuera à une meilleure compréhension internationale.

Each Contracting State undertakes to provide for the adequate and effective protection of the rights of authors and other copyright proprietors in literary, scientific and artistic works, including writings, musical, dramatic and cinematographic works, paintings, engravings and sculptures.

The States Parties establish a system of copyright protection appropriate to all nations of the world and expressed in a universal convention additionnal to, but without impairing international systems already in force, will ensure respect for the rights of the individual and encourage the development of literature, the sciences and the arts.

That such a universal copyright system will facilitate a wider circulation of works of human mind and increase international understanding, in particular for refugees.

BIBLIOGRAPHIE SÉLECTIVE

NABHAN, V., *Droit d'auteur et banques d'information dans l'administration*, Québec, Ministère des Communications, 1992.

PELLETIER, R. et al., *Le droit d'auteur*, Montréal, Service de diffusion sélective de l'information de la centrale des bibliothèques, 1987.

STOYANOVITCH, C., *Le droit d'auteur dans les rapports entre la France et les pays socialistes*, Paris, LGDJ, 1959.

SELECTED BIBLIOGRAPHY

BARBARA, A. R. and P. GITLIN. *Copyrights*. New York: Practising Law Institute, 1965.

UNESCO. *Records of the diplomatic conference on the International Protection of Performers, Producers of Phonograms and Broadcasting Organizations*. Geneva: BIRPI, 1968.

WHITE, A. G. *Copyrights: A selected bibliography*. Monticello: Council of Planning Librarians, 1974.

PROTOCOLE ANNEXE I À LA CONVENTION UNIVERSELLE SUR LE DROIT D'AUTEUR

Révisée à Paris le 24 juillet 1971 concernant la protection des oeuvres des personnes apatrides et des réfugiés

Les États parties à la Convention universelle sur le droit d'auteur révisée à Paris le 24 juillet 1971 (ci-après dénommée « la Convention de 1971 ») et devenant parties au présent Protocole.

Sont convenus des dispositions suivantes :

1. Les personnes apatrides et les réfugiés ayant leur résidence habituelle dans un État contractant sont, pour l'application de la Convention de 1971, assimilés aux ressortissants de cet État.

2. *a)* Le présent Protocole sera signé et soumis à la ratification ou à l'acceptation par les États signataires, et il pourra y être adhéré, conformément aux dispositions de l'article VIII de la Convention de 1971.

b) Le présent Protocole entrera en vigueur pour chaque État à la date du dépôt de l'instrument de ratification, d'acceptation ou d'adhésion y relatif, à condition que cet État soit déjà partie à la Convention de 1971.

c) À la date d'entrée en vigueur du présent Protocole pour un État non partie au Protocole annexe 1 à la Convention de 1952, ce dernier sera considéré comme entré en vigueur pour cet État.

PROTOCOL NO. 1 ANNEXED TO THE UNIVERSAL COPYRIGHT CONVENTION

As revised at Paris on 24 July 1971 concerning the application of that Convention to works of Stateless Persons and Refugees

The States party,

Hereto, being also party to the Universal Copyright Convention as revised at Paris on 24 July 1971 (hereinafter called "the 1971 Convention"),

Have accepted the following provisions:

1. Stateless persons and refugees who have their habitual residence in a State Party to this Protocol shall, for the purposes of the 1971 Convention, be assimilated to the nationals of that State.

2. *(a)* This Protocol shall be signed and shall be subject to ratification or acceptance, or may be acceded to, as if the provisions of Article VIII of the 1971 Convention applied hereto.

(b) This Protocol shall enter into force in respect of each State, on the date of deposit of the instrument of ratification, acceptance or accession of the State concerned or on the date of entry into force of the 1971 Convention with respect to such State, whichever is the later.

(c) On the entry into force of this Protocol in respect of a State not party to Protocol 1 annexed to the 1952 Convention, the latter Protocol shall be deemed to enter into force in respect of such State.

EN FOI DE QUOI, les soussignés dûment autorisés, ont signé le présent Protocole.

FAIT à Paris, le vingt-quatre juillet 1971, en français, en anglais et en espagnol, les trois textes faisant foi, en un exemplaire unique qui sera déposé auprès du Directeur général de l'Organisation des Nations Unies pour l'éducation, la science et la culture, qui en adressera une copie certifiée conforme aux États signataires, ainsi qu'au Secrétaire général des Nations Unies pour enregistrement par les soins de celui-ci.

IN FAITH WHEREOF the undersigned, being duly authorized thereto, have signed this Protocol.

DONE at paris this twenty-fourth day of July 1971, in the English, French and Spanish languages, the three texts being equally authoritative, in a single copy which shall be deposited with the Director-General of the United Nations Educational, Scientific and Cultural Organization. The Director-General shall send certified copies to the signatory States, and to the Secretary-General of the United Nations for registration.

PROTOCOLE ANNEXE I À LA CONVENTION UNIVERSELLE SUR LE DROIT D'AUTEUR RÉVISÉE À PARIS LE 24 JUILLET 1971

32 ÉTATS MEMBRES AU 30 JUILLET 1993[1]	RATIFICATION, ADHÉSION[a], SUCCESSION[d]
Allemagne	10 Octobre 1973[d]
Australie	29 Novembre 1977[a]
Autriche	14 Mai 1982[a]
Bangladesh	5 Mai 1975[a]
Brésil	11 Septembre 1975[d]
Chypre	19 Septembre 1990[a]
Danemark	11 Avril 1979[d]
El Salvador	29 Décembre 1978[a]
Espagne	16 Octobre 1974[d]
États-Unis d'Amérique	18 Septembre 1972[d]
France	11 Septembre 1972[d]
Guinée	13 Août 1981[a]
Inde	7 Janvier 1988[d]
Italie	25 Octobre 1979[d]
Japon	21 Juillet 1977[d]
Kenya	4 Janvier 1974[d]
Maroc	13 Septembre 1974[d]
Niger	15 Février 1989[a]
Norvège	13 Août 1974[d]
Pays-Bas	30 Août 1985[d]
Pérou	22 Avril 1985[a]
Pologne	9 Décembre 1976[a]
Portugal	30 Avril 1981[a]
République de Corée	1 Juillet 1987[a]
Royaume-Uni	19 Mai 1972[d]
Rwanda	10 Août 1989[a]
Saint-Siège	6 Février 1980[a]
Saint-Vincent et Grenadines	22 Janvier 1985[d]
Sénégal	9 Avril 1988[a]
Sri-Lanka	27 Juillet 1988[a]
Suède	27 Juin 1973[d]
Tunisie	10 Mars 1975[d]

PROTOCOL NO. 1 ANNEXED TO THE UNIVERSAL COPYRIGHTS CONVENTION AS REVISED AT PARIS ON 24 JULY 1971

32 PARTICIPANTS AT 30 JULY 1993[1]	RATIFICATION, ACCESSION[a], SUCCESSION[d]
Australia	29 November 1977[a]
Austria	14 May 1982[a]
Bangladesh	5 May 1975[a]
Brazil	11 September 1975[d]
Cyprus	19 September 1990[a]
Denmark	11 April 1979[d]
El Salvador	29 December 1978[a]
France	11 September 1972[d]
Germany	10 October 1973[d]
Guinea	13 August 1981[a]
Holy See	6 February 1980[a]
India	7 January 1988[d]
Italy	25 October 1979[d]
Japan	21 July 1977[d]
Kenya	4 January 1974[d]
Morocco	13 September 1974[d]
Netherlands	30 August 1985[d]
Niger	15 February 1989[a]
Norway	13 August 1974[d]
Peru	22 April 1985[a]
Poland	9 December 1976[a]
Portugal	30 April 1981[a]
Republic of Korea	1 July 1987[a]
Rwanda	10 August 1989[a]
Senegal	9 April 1988[a]
Spain	16 October 1974[d]
Sri Lanka	27 July 1988[a]
St. Vincent and Grenadines	22 January 1985[d]
Sweden	27 June 1973[d]
Tunisia	10 March 1975[d]
United Kingdom	19 May 1972[d]
United States of America	18 September 1972[d]

---

1. Sous réserve des instruments éventuellement en cours de dépôt.

1. Subject to the deposit of outstanding instruments.

XXVII

CONVENTION SUR LE RECOUVREMENT DES ALIMENTS À L'ÉTRANGER DU 20 JUIN 1956

CONVENTION ON THE RECOVERY ABROAD OF MAINTENANCE OF 20 JUNE 1956

Commentaires

Extrait de la page 5 du *Recueil des traités*, publié par les Nations Unies en 1957 :

« Par la résolution 572 (XIX)[1] qu'il a adoptée le 17 mai 1955, le Conseil économique et social des Nations Unies a décidé de convoquer une conférence de plénipotentiaires pour achever la rédaction de la Convention sur la poursuite à l'étranger des actions alimentaires et pour signer cette Convention.

Conformément aux dispositions de cette résolution, le Secrétaire général a invité à la Conférence tous les États Membres des Nations Unies, ceux des États non membres de l'Organisation des Nations Unies qui sont membres d'une institution spécialisée, les institutions spécialisées compétentes qui sont rattachées à l'Organisation des Nations Unies, les organisations non gouvernementales intéressées qui sont dotées du statut consultatif auprès du Conseil, la Conférence de droit international privé de La Haye et l'Institut international pour l'unification du droit privé.

La Conférence s'est réunie au Siège de l'Organisation des Nations Unies à New-York, du 29 mai au 29 juin 1956. »

Commentaries

Extracted from page 4 of the *Treaty Series*, published by the United Nations in 1957:

"The Economic and Social Council of the United Nations, by resolution 572 (XIX) adopted on 17 May 1955,[1] decided to convene a conference of plenipotentiaries to complete the drafting of and to sign a Convention on the Recovery Abroad of Claims for Maintenance.

In accordance with the terms of that resolution the Secretary-General invited to the Conference all States Members of the United Nations, those States non-members of the United Nations which are members of any of the specialized agencies, interested specialized agencies in relationship with the United Nations, interested non-governmental organizations having consultative status with the Council, The Hague Conference on Private International Law and the International Institute for the Unification of Private Law.

The Conference met at the Headquarters of the United Nations in New York from 29 May to 20 June 1956."

---

[1] Nations Unies, *Documents officiels du Conseil économique et social, dix-neuvième session, Supplément n° 1A* (E/2730/Add. 1), p. 5.

[1] United Nations, *Official Records of the Economic and Social Council, Nineteenth Session, Supplement No. 1A* (E/2730/Add. 1), p. 5.

BIBLIOGRAPHIE SÉLECTIVE

CHEVALLIER, J. Y., *Filiation naturelle simple et filiation alimentaire en droit international privé français*, Paris, L.G.D.J., 1967.

GROFFIER, E., *L'obligation alimentaire en droit international privé québécois et comparé*, Montréal, Université McGill, 1972 (thèse).

SELECTED BIBLIOGRAPHY

ALSTON, Ph. and G. QUINN, "The Nature and Scope of State obligations under the International Covenant on Economic and Cultural Rights", (1987) 2 Human Rights Quarterly, Vol. 9.

AMARTYA, SEN. *Poverty and Famines. An Essay on Entitlements and Deprivation*. Oxford: Clarendon Press, 1981.

EIDE, A., EIDE, W. B., GUSSOW, H., GOONATILAKE, S., OMAWALE, *Food as a Human Right*, Tokyo, Université des Nations Unies, 1984.

SECTION III — TRAITÉ / TREATY XXVII

<table>
<tr><td>

CONVENTION SUR LE RECOUVREMENT DES ALIMENTS À L'ÉTRANGER

Adoptée le 20 juin 1956 par la Conférence des Nations Unies sur les Obligations alimentaires[1]

Entrée en vigueur : 25 mai 1957, conformément à l'article 14
Texte : Nations Unies, Recueil des Traités nº 3850, vol. 268, p. 3

PRÉAMBULE

Considérant l'urgence de la solution du problème humanitaire qui se pose pour les personnes dans le besoin dont le soutien légal se trouve à l'étranger,

Considérant que la poursuite des actions alimentaires ou l'exécution des décisions à l'étranger donne lieu à de graves difficultés légales et pratiques,

Décidées à prévoir les moyens permettant de résoudre ces problèmes et de surmonter ces difficultés,

Les Parties contractantes sont convenues de ce qui suit :

Article premier

Objet de la Convention

1. La présente Convention a pour objet de faciliter à une personne, désignée ci-après comme créancier, qui se trouve sur le territoire d'une des Parties contractantes, le recouvrement d'aliments auxquels elle prétend avoir droit

---

[1]. Le texte de la résolution adopté par la Conférence des Nations Unies sur les Obligations alimentaires contenu dans l'Acte final de cette conférence, figure en appendice.

</td><td>

CONVENTION ON THE RECOVERY ABROAD OF MAINTENANCE

Adopted on 20 June 1956 by the United Nations Conference on Maintenance Obligations[1]

Entry into force: 25 May 1957, in accordance with Article 14
Text: United Nations Treaty Series No. 3850, Vol. 268, p. 3

PREAMBLE

Considering the urgency of solving the humanitarian problem resulting from the situation of persons in need dependent for their maintenance on persons abroad,

Considering that the prosecution or enforcement abroad of claims for maintenance gives rise to serious legal and practical difficulties, and

Determined to provide a means to solve such problems and to overcome such difficulties,

The Contracting Parties have agreed as follows:

Article 1

Scope of the Convention

1. The purpose of this Convention is to facilitate the recovery of maintenance to which a person, hereinafter referred to as claimant, who is in the territory of one of the Contracting Parties, claims to be entitled from another

---

[1]. The text of the resolution adopted by the United Nations Conference on Maintenance Obligations as part of the Final Act of the Conference is reproduced in the Appendix.

</td></tr>
</table>

de la part d'une personne, désignée ci-après comme débiteur, qui est sous la juridiction d'une autre Partie contractante. Les organismes qui seront utilisés à cet effet sont désignés ci-après comme Autorités expéditrices et Institutions intermédiaires.

2. Les voies de droit prévues à la présente Convention complètent, sans les remplacer, toutes autres voies de droit existantes en droit interne ou en droit international.

Article 2

Désignation des Institutions

1. Chaque Partie contractante désigne, au moment du dépôt de l'instrument de ratification ou d'adhésion, une ou plusieurs autorités administratives ou judiciaires qui exerceront sur son territoire les fonctions d'Autorités expéditrices.

2. Chaque Partie contractante désigne, au moment du dépôt de l'instrument de ratification ou d'adhésion, un organisme public ou privé qui exercera sur son territoire les fonctions d'Institution intermédiaire.

3. Chaque Partie contractante communique sans retard au Secrétaire général des Nations Unies les désignations faites en application des paragraphes 1 et 2 et toute modification qui surviendrait à cet égard.

4. Les Autorités expéditrices et les Institutions intermédiaires peuvent entrer directement en rapport avec les Autorités expéditrices et les Institutions intermédiaires des autres Parties contractantes.

person, hereinafter referred to as respondent, who is subject to the jurisdiction of another Contracting Party. This purpose shall be effected through the offices of agencies which will hereinafter be referred to as Transmitting and Receiving Agencies.

2. The remedies provided for in this Convention are in addition to, and not in substitution for, any remedies available under municipal or international law.

Article 2

Designation of Agencies

1. Each Contracting Party shall, at the time when the instrument of ratification or accession is deposited, designate one or more judicial or administrative authorities which shall act in its territory as Transmitting Agencies.

2. Each Contracting Party shall, at the time when the instrument of ratification or accession is deposited, designate a public or private body which shall act in its territory as Receiving Agency.

3. Each Contracting Party shall promptly communicate to the Secretary-General of the United Nations the designations made under paragraphs 1 and 2 and any changes made in respect thereof.

4. Transmitting and Receiving Agencies may communicate directly with Transmitting and Receiving Agencies of other Contracting Parties.

Article 3

Présentation de la demande à l'Autorité expéditrice

1. Lorsqu'un créancier se trouve sur le territoire d'une Partie contractante, désignée ci-après comme l'État du créancier, et que le débiteur se trouve sous la juridiction d'une autre Partie contractante, désignée ci-après comme l'État du débiteur, le premier peut adresser une demande à une Autorité expéditrice de l'État où il se trouve pour obtenir des aliments de la part du débiteur.

2. Chaque Partie contractante informe le Secrétaire général des éléments de preuve normalement exigés à l'appui des demandes alimentaires par la loi de l'État de l'Institution intermédiaire, des conditions dans lesquelles ceux-ci doivent être fournis pour être recevables et des autres conditions fixées par cette loi.

3. La demande doit être accompagnée de tous les documents pertinents et notamment, le cas échéant, d'une procuration qui autorise l'Institution intermédiaire à agir au nom du créancier ou à désigner une personne habilitée à agir au nom du créancier; elle sera également accompagnée d'une photographique du créancier et, si possible, d'une photographie du débiteur.

4. L'Autorité expéditrice prend toutes les mesures possibles pour que les exigences de la loi de l'État de l'Institution intermédiaire soient respectées; sous réserve des dispositions de cette loi, la demande comprend les renseignements suivants :

Article 3

Application to Transmitting Agency

1. Where a claimant is in the territory of one Contracting Party, hereinafter referred to as the State of the claimant, and the respondent is subject to the jurisdiction of another Contracting Party, hereinafter referred to as the State of the respondent, the claimant may make application to a Transmitting Agency in the State of the claimant for the recovery of maintenance from the respondent.

2. Each Contracting Party shall inform the Secretary-General as to the evidence normally required under the law of the State of the Receiving Agency for the proof of maintenance claims, of the manner in which such evidence should be submitted, and of other requirements to be complied with under such law.

3. The application shall be accompanied by all relevant documents, including, where necessary, a power of attorney authorizing the Receiving Agency to act, or to appoint some other person to act, on behalf of the claimant. It shall also be accompanied by a photograph of the claimant and, where available, a photograph of the respondent.

4. The Transmitting Agency shall take all reasonable steps to ensure that the requirements of the law of the State of the Receiving Agency are complied with; and, subject to the requirements of such law, the application shall include:

a) les nom et prénoms, adresse, date de naissance, nationalité et profession du créancier ainsi que, le cas échéant, les nom et adresse de son représentant légal;

b) les nom et prénoms du débiteur et, dans la mesure où le créancier en a connaissance, ses adresses successives pendant les cinq dernières années, sa date de naissance, sa nationalité et sa profession;

c) un exposé détaillé des motifs sur lesquels est fondée la demande, l'objet de celle-ci et tout autre renseignement pertinent touchant notamment les ressources et la situation de famille du créancier et du débiteur.

Article 4

Transmission du dossier

1. L'Autorité expéditrice transmet le dossier à l'Institution intermédiaire désignée par l'État du débiteur à moins qu'elle ne considère la demande comme téméraire.

2. Avant de transmettre le dossier, l'Autorité expéditrice s'assure que les pièces à fournir sont, d'après la loi de l'État du créancier, en bonne et due forme.

3. L'Autorité expéditrice peut faire part à l'Institution intermédiaire de son opinion sur le bien-fondé de la demande et recommander que le créancier bénéficie de l'assistance judiciaire et de l'exemption des frais.

(a) The full name, address, date of birth, nationality, and occupation of the claimant, and the name and address of any legal representative of the claimant;

(b) The full name of the respondent, and, so far as known to the claimant, his addresses during the preceding five years, date of birth, nationality, and occupation;

(c) Particulars of the grounds upon which the claim is based and of the relief sought, and any other relevant information such as the financial and family circumstances of the claimant and the respondent.

Article 4

Transmission of documents

1. The Transmitting Agency shall transmit the documents to the Receiving Agency of the State of the respondent, unless satisfied that the application is not made in good faith.

2. Before transmitting such documents, the Transmitting Agency shall satisfy itself that they are regular as to form, in accordance with the law of the State of the claimant.

3. The Transmitting Agency may express to the Receiving Agency an opinion as to the merits of the case and may recommend that free legal aid and exemption from costs be given to the claimant.

Article 5

Transmission des jugements et autres actes judiciaires

1. L'Autorité expéditrice transmet, à la demande du créancier conformément aux dispositions de l'article 4, toute décision provisoire ou définitive ou tout autre acte judiciaire d'ordre alimentaire intervenus en faveur du créancier dans un tribunal compétent de l'une des Parties contractantes, et, s'il est nécessaire et possible, le compte rendu des débats au cours desquels cette décision a été prise.

2. Les décisions et actes judiciaires visés au paragraphe précédent peuvent remplacer ou compléter les pièces mentionnées à l'article 3.

3. La procédure prévue à l'article 6 peut être, selon la loi de l'État du débiteur, soit une procédure d'exequatur ou d'enregistrement, soit une nouvelle action fondée sur la décision transmise en vertu des dispositions du paragraphe 1.

Article 6

Fonctions de l'Institution intermédiaire

1. Agissant dans les limites des pouvoirs conférés par le créancier, l'Institution intermédiaire prend, au nom du créancier, toutes mesures propres à assurer le recouvrement des aliments. Notamment, elle transige et, lorsque cela est nécessaire, elle intente et poursuit une action alimentaire et fait exécuter tout jugement, ordonnance ou autre acte judiciaire.

Article 5

Transmission of judgements and other judicial acts

1. The Transmitting Agency shall, at the request of the claimant, transmit, under the provisions of article 4, any order, final or provisional, and any other judicial act, obtained by the claimant for the payment of maintenance in a competent tribunal of any of the Contracting Parties, and, where necessary and possible, the record of the proceedings in which such order was made.

2. The orders and judicial acts referred to in the preceding paragraph may be transmitted in substitution for or in addition to the documents mentioned in article 3.

3. Proceedings under article 6 may include, in accordance with the law of the State of the respondent, exequatur or registration proceedings or an action based upon the act transmitted under paragraph 1.

Article 6

Functions of the Receiving Agency

1. The Receiving Agency shall, subject always to the authority given by the claimant, take, on behalf of the claimant, all appropriate steps for the recovery of maintenance, including the settlement of the claim and, where necessary, the institution and prosecution of an action for maintenance and the execution of any order or other judicial act for the payment of maintenance.

2. L'Institution intermédiaire tient l'Autorité expéditrice au courant. Si elle ne peut agir, elle en donne les raisons et renvoie le dossier à l'Autorité expéditrice.

3. Nonobstant toute disposition de la présente Convention, la loi régissant lesdites actions et toutes questions connexes est la loi de l'État du débiteur, notamment en matière de droit international privé.

Article 7

Commissions rogatoires

Au cas où la loi des deux Parties contractantes intéressées admet des commissions rogatoires, les dispositions suivantes sont applicables :

a) le tribunal saisi de l'action alimentaire pourra, pour obtenir des documents ou d'autres preuves, demander l'exécution d'une commission rogatoire soit au tribunal compétent de l'autre Partie contractante, soit à toute autre autorité ou institution désignée par la Partie contractante où la commission doit être exécutée.

b) afin que les Parties puissent y assister ou s'y faire représenter, l'autorité requise est obligée d'informer l'Autorité expéditrice et l'Institution intermédiaire intéressées, ainsi que le débiteur, de la date et du lieu où il sera procédé à la mesure sollicitée.

c) la commission rogatoire doit être exécutée avec toute la diligence voulue; si elle n'est pas exécutée dans un délai de quatre mois à partir du moment de la réception de la commission par l'autorité requise, l'autorité

2. The Receiving Agency shall keep the Transmitting Agency currently informed. If it is unable to act, it shall inform the Transmitting Agency of its reasons and return the documents.

3. Notwithstanding anything in this Convention, the law applicable in the determination of all questions arising in any such action or proceedings shall be the law of the State of the respondent, including its private international law.

Article 7

Letters of request

If provision is made for letters of request in the laws of the two Contracting Parties concerned, the following rules shall apply:

(a) A tribunal hearing an action for maintenance may address letters of request for further evidence, documentary or otherwise, either to the competent tribunal of the other Contracting Party or to any other authority or institution designated by the other Contracting Party in whose territory the request is to be executed.

(b) In order that the parties may attend or be represented, the requested authority shall give notice of the date on which and the place at which the proceedings requested are to take place to the Receiving Agency and the Transmitting Agency concerned, and to the respondent.

(c) Letters of request shall be executed with all convenient speed; in the event of such letters of request not being executed within four months from the receipt of the letters by the requested authority, the reasons for

requérante devra être informée des raisons de la non-exécution ou du retard.

d) l'exécution de la commission rogatoire ne pourra donner lieu au remboursement de taxes ou de frais de quelque nature que ce soit.

e) l'exécution de la commission rogatoire ne pourra être refusée que :

1) si l'authenticité du document n'est pas établie;

2) si la Partie contractante sur le territoire de laquelle l'exécution devait avoir lieu la juge de nature à porter atteinte à sa souveraineté ou sa sécurité.

Article 8

Modification des décisions judiciaires

Les dispositions de la présente Convention sont également applicables aux demandes tendant à la modification des décisions judiciaires rendues en matière d'obligations alimentaires.

Article 9

Exemptions et facilités

1. Dans les procédures régies par la présente Convention, les créanciers bénéficient du traitement et des exemptions de frais et dépens accordés aux créanciers qui résident dans l'État où l'action est intentée ou qui en sont ressortissants.

2. Les créanciers étrangers ou non résidants ne peuvent être tenus de fournir une caution judicatum solvi, ni de faire aucun autre versement ou dépôt.

such non-execution or for such delay shall be communicated to the requesting authority.

(d) The execution of letters of request shall not give rise to reimbursement of fees or costs of any kind whatsoever.

(e) Execution of letters of request may only be refused:

(1) If the authenticity of the letters is not established;

(2) If the Contracting Party in whose territory the letters are to be executed deems that its sovereignty or safety would be compromised thereby.

Article 8

Variation of orders

The provisions of this Convention apply also to applications for the variation of maintenance orders.

Article 9

Exemptions and facilities

1. In proceedings under this Convention, claimants shall be accorded equal treatment and the same exemptions in the payment of costs and charges as are given to residents or nationals of the State where the proceedings are pending.

2. Claimants shall not be required, because of their status as aliens or non-residents, to furnish any bond or make any payment or deposit as security for costs or otherwise.

3. Aucune rémunération ne peut être perçue par les Autorités expéditrices et les Institutions intermédiaires pour les services qu'elles rendent conformément aux dispositions de la présente Convention.

Article 10

Transferts de fonds

Les Parties contractantes dont la loi impose des restrictions aux transferts de fonds à l'étranger accorderont la priorité la plus élevée aux transferts de fonds destinés à être versés comme aliments ou à couvrir des frais encourus pour toute action en justice régie par la présente Convention.

Article 11

Clause fédérale

Dans le cas d'un État fédératif ou non unitaire, les dispositions ci-après s'appliqueront :

a) en ce qui concerne les articles de la présente Convention dont la mise en oeuvre relève de l'action législative du pouvoir législatif fédéral, les obligations du Gouvernement fédéral seront, dans cette mesure, les mêmes que celles des Parties qui ne sont pas des États fédératifs;

b) en ce qui concerne les articles de la présente Convention dont l'application relève de l'action législative de chacun des états, provinces ou cantons constituants, qui ne sont pas, en vertu du système constitutionnel de la Fédération, tenus de prendre des mesures législatives, le Gouvernement fédéral portera le plus tôt possible, et avec son avis favorable,

3. Transmitting and Receiving Agencies shall not charge any fees in respect of services rendered under this Convention.

Article 10

Transfer of funds

A Contracting Party, under whose law the transfer of funds abroad is restricted, shall accord the highest priority to the transfer of funds payable as maintenance or to cover expenses in respect of proceedings under this Convention.

Article 11

Federal State clause

In the case of a Federal or non-unitary State, the following provisions shall apply:

(a) With respect to those articles of this Convention that come within the legislative jurisdiction of the federal legislative authority, the obligations of the Federal Government shall to this extent be the same as those of Parties which are not Federal States;

(b) With respect to those articles of this Convention that come within the legislative jurisdiction of constituent States, provinces or cantons which are not, under the constitutional system of the Federation, bound to take legislative action, the Federal Government shall bring such articles with a favourable recommendation to the notice of the appropriate au-

lesdits articles à la connaissance des autorités compétentes des états, provinces ou cantons;

c) un État fédératif Partie à la présente Convention communiquera, à la demande de toute autre Partie contractante qui lui aura été transmise par le Secrétaire général, un exposé de la législation et des pratiques en vigueur dans la Fédération et ses unités constituantes en ce qui concerne telle ou telle disposition de la Convention indiquant la mesure dans laquelle effet a été donné, par une action législative ou autre, à ladite disposition.

thorities of States, provinces or cantons at the earliest possible moment;

(c) A Federal State Party to this Convention shall, at the request of any other Contracting Party transmitted through the Secretary-General, supply a statement of the law and practice of the Federation and its constituent units in regard to any particular provision of the Convention, showing the extent to which effect has been given to that provision by legislative or other action.

Article 12

Application territoriale

Les dispositions de la présente Convention s'étendent ou s'appliquent, dans les mêmes conditions, aux territoires non autonomes, sous tutelle ou à tout territoire dont une Partie contractante assure les relations internationales, à moins que ladite Partie contractante, en ratifiant la présente Convention ou en y adhérant, ne déclare que la Convention ne s'appliquera pas à tel ou tel de ces territoires. Toute Partie contractante qui aura fait cette déclaration pourra ultérieurement, à tout moment, par notification adressée au Secrétaire général, étendre l'application de la Convention aux territoires ainsi exclus ou à l'un quelconque d'entre eux.

Article 12

Territorial application

The provisions of this Convention shall extend or be applicable equally to all non-self-governing, trust or other territories for the international relations of which a Contracting Party is responsible, unless the latter, on ratifying or acceding to this Convention, has given notice that the Convention shall not apply to any one or more of such territories. Any Contracting Party making such a declaration may, at any time thereafter, by notification to the Secretary-General, extend the application of the Convention to any or all of such territories.

Article 13

Signature, ratification et adhésion

1. La présente Convention sera ouverte jusqu'au 31 décembre 1956 à la signature de tout État Membre de l'Organisation des Nations Unies, de tout État non membre qui est Partie au Statut de la Cour Internationale de Justice ou membre d'une institution spécialisée, ainsi que de tout autre État non membre invité par le Conseil économique et social à devenir Partie à la Convention.

2. La présente Convention sera ratifiée. Les instruments de ratification seront déposés auprès du Secrétaire général.

3. Tout État mentionné au paragraphe 1 du présent article pourra, à tout moment, adhérer à la présente Convention. Les instruments d'adhésion seront déposés auprès du Secrétaire général.

Article 14

Entrée en vigueur

1. La présente Convention entrera en vigueur le trentième jour qui suivra la date du dépôt du troisième instrument de ratification ou d'adhésion, effectué conformément aux dispositions de l'article 13.

2. À l'égard de chacun des États qui la ratifiera ou y adhérera après le dépôt du troisième instrument de ratification ou d'adhésion, la Convention entrera en vigueur le trentième jour qui suivra la date du dépôt par cet État de son instrument de ratification ou d'adhésion.

Article 13

Signature, ratification and accession

1. This Convention shall be open for signature until 31 December 1956 on behalf of any Member of the United Nations, any non-member State which is a Party to the Statute of the International Court of Justice, or member of a specialized agency, and any other non-member State which has been invited by the Economic and Social Council to become a Party to the Convention.

2. This Convention shall be ratified. The instruments of ratification shall be deposited with the Secretary-General.

3. This Convention may be acceded to at any time on behalf of any of the States referred to in paragraph 1 of this article. The instruments of accession shall be deposited with the Secretary-General.

Article 14

Entry into force

1. This Convention shall come into force on the thirtieth day following the date of deposit of the third instrument of ratification or accession in accordance with article 13.

2. For each State ratifying or acceding to the Convention after the deposit of the third instrument of ratification or accession, the Convention shall enter into force on the thirtieth day following the date of the deposit by such State of its instrument of ratification or accession.

Article 15

Dénonciation

1. Toute Partie contractante pourra dénoncer la présente Convention par notification adressée au Secrétaire général. La dénonciation pourra également s'appliquer à l'un quelconque ou à l'ensemble des territoires mentionnés à l'article 12.

2. La dénonciation prendra effet un an après la date à laquelle la notification sera parvenue au Secrétaire général, étant entendu qu'elle ne s'appliquera pas aux affaires en cours au moment où elle prendra effet.

Article 16

Règlement des différends

S'il s'élève entre les Parties contractantes un différend relatif à l'interprétation ou à l'application de la présente Convention, et si ce différend n'a pas été réglé par d'autres voies, il est porté devant la Cour Internationale de Justice. Celle-ci est saisie soit par la notification d'un accord spécial, soit par la requête de l'une des parties au différend.

Article 17

Réserves

1. Si au moment de la signature, de la ratification ou de l'adhésion, un État fait une réserve à l'un des articles de la présente Convention, le Secrétaire général communiquera le texte de la réserve à tous les États qui sont Parties à

Article 15

Denunciation

1. Any Contracting Party may denounce this Convention by notification to the Secretary-General. Such denunciation may also apply to some or all of the territories mentioned in article 12.

2. Denunciation shall take effect one year after the date of receipt of the notification by the Secretary-General, except that it shall not prejudice cases pending at the time it becomes effective.

Article 16

Settlement of disputes

If a dispute should arise between Contracting Parties relating to the interpretation or application of this Convention, and if such dispute has not been settled by other means, it shall be referred to the International Court of Justice. The dispute shall be brought before the Court either by the notification of a special agreement or by a unilateral application of one of the parties to the dispute.

Article 17

Reservations

1. In the event that any State submits a reservation to any of the articles of this Convention at the time of ratification or accession, the Secretary-General shall communicate the text of the reservation to all States which are Parties to

cette Convention et aux autres États visés à l'article 13. Toute Partie contractante qui n'accepte pas ladite réserve peut, dans un délai de quatre-vingt-dix jours à partir de la date de cette communication, notifier au Secrétaire général qu'elle n'accepte pas la réserve et, dans ce cas, la Convention n'entrera pas en vigueur entre l'État qui soulève l'objection et l'État auteur de la réserve. Tout État qui, par la suite, adhérera à la Convention pourra, au moment de son adhésion, procéder à une notification de ce genre.

2. Une Partie contractante pourra à tout moment retirer une réserve qu'elle aura faite et devra notifier ce retrait au Secrétaire général.

this Convention, and to the other States referred to in article 13. Any Contracting Party which objects to the reservation may, within a period of ninety days from the date of the communication, notify the Secretary-General that it does not accept it, and the Convention shall not then enter into force as between the objecting State and the State making the reservation. Any State thereafter acceding may make such notification at the time of its accession.

2. A Contracting Party may at any time withdraw a reservation previously made and shall notify the Secretary-General of such withdrawal.

Article 18

Réciprocité

Une Partie contractante ne peut se réclamer des dispositions de la présente Convention contre d'autres Parties contractantes que dans la mesure où elle est elle-même liée par la présente Convention.

Article 18

Reciprocity

A Contracting Party shall not be entitled to avail itself of this Convention against other Contracting Parties except to the extent that it is itself bound by the Convention.

Article 19

Notifications par le Secrétaire général

1. Le Secrétaire général notifiera à tous les États Membres des Nations Unies et aux États non membres visés à l'article 13 :

a) les communications prévues au paragraphe 3 de l'article 2;

b) les renseignements fournis conformément aux dispositions du paragraphe 2 de l'article 3;

Article 19

Notification by the Secretary-General

1. The Secretary-General shall inform all Members of the United Nations and the non-member States referred to in article 13:

(a) Of communications under paragraph 3 of article 2;

(b) Of information received under paragraph 2 of article 3;

c) les déclarations et notifications faites conformément aux dispositions de l'article 12;

d) les signatures, ratifications et adhésions faites conformément aux dispositions de l'article 13;

e) la date à laquelle la Convention est entrée en vigueur conformément au paragraphe 1 de l'article 14;

f) les dénonciations faites conformément aux dispositions du paragraphe 1 de l'article 15;

g) les réserves et notifications faites conformément aux dispositions de l'article 17.

2. Le Secrétaire général notifiera également à toutes les parties contractantes les demandes de révision et les réponses faites à ces demandes en vertu de l'article 20.

(c) Of declarations and notifications made under article 12;

(d) Of signatures, ratifications and accessions under article 13;

(e) Of the date on which the Convention has entered into force under paragraph 1 of article 14;

(f) Of denunciations made under paragraph 1 of article 15;

(g) Of reservations and notifications made under article 17.

2. The Secretary-General shall also inform all Contracting Parties of requests for revision and replies thereto received under article 20.

Article 20

Révision

1. Toute Partie contractante pourra demander en tout temps par notification adressée au Secrétaire général la révision de la présente Convention.

2. Le Secrétaire général transmettra cette notification à chacune des Parties contractantes en l'invitant à lui faire savoir, dans les quatre mois, si elle est favorable à la réunion d'une conférence qui étudierait la révision proposée. Si la majorité des Parties contractantes répond par l'affirmative, le Secrétaire général convoquera cette conférence.

Article 20

Revision

1. Any Contracting Party may request revision of this Convention at any time by a notification addressed to the Secretary-General.

2. The Secretary-General shall transmit the notification to each Contracting Party with a request that such Contracting Party reply within four months whether it desires the convening of a Conference to consider the proposed revision. If a majority of the Contracting Parties favour the convening of a Conference it shall be convened by the Secretary-General.

Article 21

Dépôt de la Convention et langues

L'original de la présente Convention, dont les textes anglais, chinois, espagnol, français et russe font également foi, sera déposé auprès du Secrétaire général, qui en fera tenir des copies certifiées conformes à tous les États visés à l'article 13.

Article 21

Languages and deposit of Convention

The original of this Convention, of which the Chinese, English, French, Russian and Spanish texts are equally authentic, shall be deposited with the Secretary-General, who shall transmit certified true copies thereof to all States referred to in article 13.

APPENDICE

RÉSOLUTION ADOPTÉE PAR LA CONFÉRENCE DES NATIONS UNIES SUR LES OBLIGATIONS ALIMENTAIRES

La Conférence,

Considérant que l'article 7 de la Convention qu'elle a adoptée sur le recouvrement des aliments à l'étranger énonce les dispositions applicables aux commissions rogatoires destinées à obtenir des preuves supplémentaires dans les cas où la loi des deux Parties contractantes intéressées admet ces commissions,

Décide de prier le Secrétaire général des Nations Unies de dresser la liste des États dont la loi admet les commissions rogatoires, et de la communiquer aux États visés à l'article 13 de la Convention.

APPENDIX

RESOLUTION ADOPTED BY THE UNITED NATIONS CONFERENCE ON MAINTENANCE OBLIGATIONS

The Conference,

Considering that, under article 7 of the Convention on the Recovery Abroad of Maintenance adopted by this Conference, rules are established regarding letters of request for further evidence if provision is made for such letters in the laws of the two Contracting Parties concerned,

Decides to request the Secretary-General of the United Nations to prepare and circulate to the States referred to in article 13 of the Convention a list showing the States whose laws provide for letters of request.

CONVENTION SUR LE RECOUVREMENT DES ALIMENTS À L'ÉTRANGER DU 25 MAI 1957

48 ÉTATS MEMBRES AU 30 JUILLET 1993[1]	RATIFICATION, ADHÉSION[a], SUCCESSION[d]
Algérie	10 Septembre 1969[a]
Allemagne	20 Juillet 1959
Argentine	29 Novembre 1972[a]
Australie	12 Février 1985[a]
Autriche	16 Juillet 1969
Barbade	18 Juin 1970[a]
Belgique	1 Juillet 1966[a]
Brésil	14 Novembre 1960
Burkina Faso	27 Août 1962[a]
Cap-Vert	13 Septembre 1985[a]
Chili	9 Janvier 1961[a]
Chypre	8 Mai 1986[a]
Danemark	22 Juin 1959
Équateur	4 Juin 1974
Espagne	6 Octobre 1966[a]
Finlande	13 Septembre 1962[a]
France	24 Juin 1960
Grèce	1 Novembre 1965
Guatemala	25 Avril 1957
Haïti	12 Février 1958
Hongrie	23 Juillet 1957[a]
Israël	4 Avril 1957
Italie	28 Juillet 1958
Luxembourg	1 Novembre 1971[a]
Maroc	18 Mars 1957[a]
Mexique	23 Juillet 1992
Monaco	28 Juin 1961
Niger	15 Février 1965[a]
Norvège	25 Octobre 1957[a]
Nouvelle-Zélande	26 Février 1986[a]
Pakistan	14 Juin 1959[a]
Pays-Bas	31 Juillet 1962
Philippines	21 Mars 1968
Pologne	13 Octobre 1960[a]
Portugal	25 Janvier 1965[a]
République Centrafricaine	15 Octobre 1962[a]
Roumanie	10 Avril 1991[a]
Royaume-Uni	13 Mars 1975[a]
Saint-Siège	5 Octobre 1964
Slovénie	6 Juillet 1992[d]
Sri Lanka	7 Août 1958

1. Sous réserve des instruments éventuellement en cours de dépôt.

CONVENTION ON THE RECOVERY ABROAD OF MAINTENANCE OF 25 MAY 1957

48 PARTICIPANTS AT 30 JULY 1993[1]	RATIFICATION, ACCESSION[a], SUCCESSION[d]
Algeria	10 September 1969[a]
Argentina	29 November 1972[a]
Australia	12 February 1985[a]
Austria	16 July 1969
Barbados	18 June 1970[a]
Belgium	1 July 1966[a]
Brazil	14 November 1960
Burkina Faso	27 August 1962[a]
Cape Verde	13 September 1985[a]
Republic of Centrafrica	15 October 1962[a]
Chile	9 January 1961[a]
Cyprus	8 May 1986[a]
Czechoslovakia	3 October 1958[a]
Denmark	22 June 1959
Ecuador	4 June 1974
Finland	13 September 1962[a]
France	24 June 1960
Germany	20 July 1959
Greece	1 November 1965
Guatemala	25 April 1957
Haiti	12 February 1958
Holy See	5 October 1964
Hungary	23 July 1957[a]
Israel	4 April 1957
Italy	28 July 1958
Luxembourg	1 November 1971[a]
Mexico	23 July 1992
Monaco	28 June 1961
Morocco	18 March 1957 [a]
Netherlands	31 July 1962
New Zealand	26 February 1986[a]
Niger	15 February 1965[a]
Norway	25 October 1957[a]
Pakistan	14 June 1959[a]
Philippines	21 March 1968
Poland	13 October 1960[a]
Portugal	25 January 1965[a]
Romania	10 April 1991[a]
Slovenia	6 July 1992[d]
Spain	6 October 1966[a]
Sri Lanka	7 August 1958
Suriname	12 October 1979[a]

1. Subject to the deposit of outstanding instruments.

SECTION III — TRAITÉ / TREATY XXVII

Suède	1 Octobre 1958	Sweden	1 October 1958
Suisse	5 Octobre 1977[a]	Switzerland	5 October 1977[a]
Suriname	12 Octobre 1979[a]	Tunisia	16 October 1968[a]
Tchécoslovaquie	3 Octobre 1958[a]	Turkey	2 June 1971[a]
Tunisie	16 Octobre 1968[a]	United Kingdom	13 March 1975[a]
Turquie	2 Juin 1971[a]	Yugoslavia	29 May 1959
Yougoslavie	29 Mai 1959		

RÉSERVES À LA CONVENTION SUR LE RECOUVREMENT DES ALIMENTS À L'ÉTRANGER DU 20 JUIN 1956[1]	RESERVATIONS TO THE CONVENTION ON THE RECOVERY ABROAD OF MAINTENANCE OF 20 JUNE 1956[1]

PAYS — STATES	ARTICLES
Algérie/Algeria	16
Argentine/Argentina	10, 16
Australie/Australia	12
Israël/Israel	10
Pays-Bas/Netherlands	1
Suède/Sweden	1, 9(1)

[1] Voir les textes des réserves, Nations Unies, Traités Multilatéraux déposés auprès du Secrétariat Général, État au 31 Décembre 1991, p. 785.

[1] See the Texts of Reservations, United Nations, Multilateral Treaties deposited with the Secretary General, Status as at 31 December 1991, p.769.

XXVIII

CONVENTION INTERNATIONALE CONTRE LA PRISE D'OTAGES DU 17 DÉCEMBRE 1979

Commentaires

Extrait de la page 1140 de l'*Annuaire des Nations Unies*, vol. 33, publié par les Nations Unies en 1973 :

« Le sixième comité de l'Assemblée générale a examiné l'avant-projet de la convention pendant les douze rencontres qui se sont tenues entre le 26 septembre et 7 décembre 1979.

L'avant-projet de la convention préparé par le comité *ad hoc* a été renvoyé à un groupe de travail pour être révisé article par article, après une prise en considération initiale du sixième comité.

Le groupe de travail était composé des États qui avaient été membres du comité *ad hoc* sous réserve que tous les membres pouvaient participer à ses travaux. Le groupe de travail s'est réuni dix fois entre le 8 octobre et le 13 novembre. Après avoir achevé la première lecture de l'avant-projet, le groupe de travail a désigné un sous-groupe de membres restreint qui avait pour objectif de réviser les articles à la lumière des discussions précédentes et de préparer les textes de ces articles et le préambule de cet avant-projet. Le rapport de ce sous-groupe fut examiné au cours de cinq rencontres du groupe de travail qui, à son tour, a retransmis les résultats des discussions au sixième comité le 27 novembre.

En présentant le rapport du groupe de travail au sixième comité, le président a expliqué la nature et l'intention des différents changements apportés. La majorité de ces changements revê-

INTERNATIONAL CONVENTION AGAINST THE TAKING OF HOSTAGES OF 17 DECEMBER 1979

Commentaries

Extracted from page 1140 of the Y*earbook of the United Nations*, vol. 33, published by the United Nations in 1973:

"The General Assembly's Sixth Committee examined the draft convention at 12 meetings held between 26 September and 7 December 1979.

The draft convention prepared by the *Ad Hoc* Committee was, after initial consideration in the Sixth Committee, referred to a working group for review on an article-by-article basis.

The working group was composed of the States which had been members of the *Ad Hoc* Committee, with the understanding that all Members could participate in its work. The group met 10 times between 8 October and 13 November. After completing a first reading of the draft, it entrusted a drafting group of limited membership with the task of reviewing the articles in the light of preceding discussions and preparing texts of those articles and a draft preamble. The report of the drafting group was considered at five meetings of the working group, which in turn reported to the Sixth Committee on 27 November.

In introducing the report of the working group to the Sixth Committee, its Chairman explained the nature and intent of the various changes made. While the majority of these were of a

taient un caractère formel ou linguistique pour introduire plus de clarté, de concision, de compréhension et de logique par rapport aux conventions existantes et aux normes juridiques internationales, alors que d'autres changements étaient plus substantiels. Il fut expliqué, notamment, que le nouvel article proposé par la Jordanie (art. 9) a été reformulé pour enlever les objections que disposait l'avant-projet sous la forme d'une stricte obligation qui avait été augmentée d'un paragraphe qui devait souligner l'incompatibilité éventuelle entre ses dispositions et les traités et les arrangements relatifs à l'extradition.»

formal or linguistic character, introduced to ensure clarity, conciseness, inclusiveness or consistency with existing conventions and international legal norms, others were substantive in nature. In particular, it was explained, the new article proposed by Jordan (article 9) had been reformulated to remove objections to its drafting in the form of a strict obligation and had further been supplemented by a paragraph intended to take care of possible incompatabilities between its provisions and existing extradition treaties and arrangements."

BIBLIOGRAPHIE SÉLECTIVE

BRETTON, Ph., « L'affaire des "otages" américains devant la Cour Internationale de Justice », (1980) 4 J.D.I., pp. 787-828.

ZOLLER, E., « L'Affaire du personnel diplomatique et consulaire des États-Unis à Téhéran (États-Unis c. Iran) — Arrêt du 24 mars 1980 », (1980) 4 R.G.D.I.P., pp. 973-1026.

SELECTED BIBLIOGRAPHY

GREEN, L. C., *The Teheran Embassy Incident—Legal Aspects*, Archiv. 19/1, 1980, pp. 1-22.

KAZIMIERZ GRZYBOWSKI, "The Regime of Diplomacy and the Teheran Hostages", (1981) I.C.L.Q., Vol. 30, part 1, pp. 42-58.

SHUBBER, S., "The International Convention Against the Taking of Hostages", (1981) B.Y.B.I.L. (L11), pp. 205-239.

VERWEY, W. D., "The International Hostages Convention and National Liberation Movements", (1981) 1 A.J.I.L., pp. 69-92.

CONVENTION INTERNATIONALE CONTRE LA PRISE D'OTAGES

Adoptée et ouverte à la signature, à la ratification et à l'adhésion par l'Assemblée générale des Nations Unies dans sa résolution 34/146 du 17 décembre 1979

Entrée en vigueur : 3 Juin 1983, conformément à l'article 18(b)

Texte : Nations Unies, Recueil des Traités n° 21931, vol. 1316, p. 205

Texte : Annexe à la résolution 34/146

INTERNATIONAL CONVENTION AGAINST THE TAKING OF HOSTAGES

Adopted by the United Nations General Assembly on December 17, 1979

Entry into force: 3 June 1983, in accordance with article 18(b)

Text: United Nations Treaty Series No. 21931, Vol. 1316, p. 205

Text: Annex to the resolution 34/146

Les États parties à la présente Convention,

Ayant présents à l'esprit les buts et principes de la Charte des Nations Unies concernant le maintien de la paix et de la sécurité internationales et le développement des relations amicales et de la coopération entre les États,

Reconnaissant en particulier que chacun a droit à la vie, à la liberté et à la sécurité de sa personne, ainsi qu'il est prévu dans la Déclaration universelle des droits de l'homme et dans le Pacte international relatif aux droits civils et politiques,

Réaffirmant le principe de l'égalité des droits des peuples et de leur droit à disposer d'eux-mêmes consacré dans la Charte des Nations Unies et dans la Déclaration relative aux principes du droit international touchant les relations amicales et la coopération entre les États conformément à la Charte des Nations Unies, ainsi que dans les autres résolutions pertinentes de l'Assemblée générale,

The States Parties to this Convention,

Having in mind the purposes and principles of the Charter of the United Nations concerning the maintenance of international peace and security and the promotion of friendly relations and co-operation among States,

Recognizing in particular that everyone has the right to life, liberty and security of person, as set out in the Universal Declaration of Human Rights and the International Covenant on Civil and Political Rights,

Reaffirming the principle of equal rights and self-determination of peoples as enshrined in the Charter of the United Nations and the Declaration on Principles of International Law concerning Friendly Relations and Co-operation among States in accordance with the Charter of the United Nations, as well as in other relevant resolutions of the General Assembly,

Considérant que la prise d'otages est un délit qui préoccupe gravement la communauté internationale et que, conformément aux dispositions de la présente Convention, quiconque commet un acte de prise d'otages doit être poursuivi ou extradé,

Convaincus de la nécessité urgente de développer une coopération internationale entre les États en ce qui concerne l'élaboration et l'adoption de mesures efficaces destinées à prévenir, réprimer et punir tous les actes de prise d'otages en tant que manifestations du terrorisme international.

Sont convenus de ce qui suit :

Article premier

1. Commet l'infraction de prise d'otages au sens de la présente Convention quiconque s'empare d'une personne (ci-après dénommée « otage »), ou la détient et menace de la tuer, de la blesser ou de continuer à la détenir afin de contraindre une tierce partie, à savoir un État, une organisation internationale intergouvernementale, une personne physique ou morale ou un groupe de personnes, à accomplir un acte quelconque ou à s'en abstenir en tant que condition explicite ou implicite de la libération de l'otage.

2. Commet également une infraction aux fins de la présente Convention quiconque :
a) tente de commettre un acte de prise d'otages, ou
b) se rend complice d'une personne qui commet ou tente de commettre un acte de prise d'otages.

Considering that the taking of hostages is an offence of grave concern to the international community and that, in accordance with the provisions of this Convention, any person committing an act of hostage taking shall either be prosecuted or extradited,

Being convinced that it is urgently necessary to develop international cooperation between States in devising and adopting effective measures for the prevention, prosecution and punishment of all acts of taking of hostages as manifestations of international terrorism,

Have agreed as follows:

Article 1

1. Any person who seizes or detains and threatens to kill, to injure or to continue to detain another person (hereinafter referred to as the "hostage") in order to compel a third party, namely, a State, an international intergovernmental organization, a natural or juridical person, or a group of persons, to do or abstain from doing any act as an explicit or implicit condition for the release of the hostage commits the offence of taking of hostages ("hostage-taking") within the meaning of this Convention.

2. Any person who:

(a) Attempts to commit an act of hostage-taking, or
(b) Participates as an accomplice of anyone who commits or attempts to commit an act of hostage-taking likewise commits an offence for the purposes of this Convention.

Article 2

Tout État partie réprime les infractions prévues à l'article premier de peines appropriées qui prennent en considération la nature grave de ces infractions.

Article 3

1. L'État partie sur le territoire duquel l'otage est détenu par l'auteur de l'infraction prend toutes mesures qu'il juge appropriées pour améliorer le sort de l'otage, notamment pour assurer sa libération et, au besoin, faciliter son départ après sa libération.

2. Si un objet obtenu par l'auteur de l'infraction du fait de la prise d'otages vient à être détenu par un État partie, ce dernier le restitue dès que possible à l'otage ou à la tierce partie visée à l'article premier, selon le cas, ou à leurs autorités appropriées.

Article 4

Les États parties collaborent à la prévention des infractions prévues à l'article premier, notamment :

a) en prenant toutes les mesures possibles afin de prévenir la préparation, sur leurs territoires respectifs, de ces infractions destinées à être commises à l'intérieur ou en dehors de leur territoire, y compris des mesures tendant à interdire sur leur territoire les activités illégales des individus, des groupes et des organisations qui encouragent, fomentent, organisent ou commettent des actes de prise d'otages;

b) en échangeant des renseignements et en coordonnant les mesures administratives et autres à

Article 2

Each State Party shall make the offences set forth in article 1 punishable by appropriate penalties which take into account the grave nature of those offences.

Article 3

1. The State Party in the territory of which the hostage is held by the offender shall take all measures it considers appropriate to ease the situation of the hostage, in particular, to secure his release and, after his release, to facilitate, when relevant, his departure.

2. If any object which the offender has obtained as a result of the taking of hostages comes into the custody of a State Party, that State Party shall return it as soon as possible to the hostage or the third party referred to in article 1, as the case may be, or to the appropriate authorities thereof.

Article 4

States Parties shall co-operate in the prevention of the offences set forth in article 1, particularly by:

(a) Taking all practicable measures to prevent preparations in their respective territories for the commission of those offences within or outside their territories, including measures to prohibit in their territories illegal activities of persons, groups and organizations that encourage, instigate, organize or engage in the perpetration of acts of taking of hostages;

(b) Exchanging information and co-ordinating the taking of administrative and other measures as appro-

prendre, le cas échéant, afin de prévenir la perpétration de ces infractions.

Article 5

1. Tout État partie prend les mesures nécessaires pour établir sa compétence aux fins de connaître des infractions prévues à l'article premier, qui sont commises :

a) sur son territoire ou à bord d'un navire ou d'un aéronef immatriculé dans ledit État;

b) par l'un quelconque de ses ressortissants, ou, si cet État le juge approprié, par les apatrides qui ont leur résidence habituelle sur son territoire;

c) pour le contraindre à accomplir un acte quelconque ou à s'en abstenir; ou

d) à l'encontre d'un otage qui est ressortissant de cet État lorsque ce dernier le juge approprié.

2. De même, tout État partie prend les mesures nécessaires pour établir sa compétence aux fins de connaître des infractions prévues à l'article premier dans le cas où l'auteur présumé de l'infraction se trouve sur son territoire et où l'État ne l'extrade pas vers l'un quelconque des États visés au paragraphe 1 du présent article.

3. La présente Convention n'exclut pas une compétence pénale exercée en vertu de la législation interne.

Article 6

1. S'il estime que les circonstances le justifient, tout État partie sur le territoire duquel se trouve l'auteur présumé de l'infraction assure, conformément à sa législation, la détention de cette per-

priate to prevent the commission of those offences.

Article 5

1. Each State Party shall take such measures as may be necessary to establish its jurisdiction over any of the offences set forth in article 1 which are committed:

(a) In its territory or on board a ship or aircraft registered in that State;

(b) By any of its nationals or, if that State considers it appropriate, by those stateless persons who have their habitual residence in its territory;

(c) In order to compel that State to do or abstain from doing any act; or

(d) With respect to a hostage who is a national of that State, if that State considers it appropriate.

2. Each State Party shall likewise take such measures as may be necessary to establish its jurisdiction over the offences set forth in article 1 in cases where the alleged offender is present in its territory and it does not extradite him to any of the States mentioned in paragraph 1 of this article.

3. This Convention does not exclude any criminal jurisdiction exercised in accordance with internal law.

Article 6

1. Upon being satisfied that the circumstances so warrant, any State Party in the territory of which the alleged offender is present shall, in accordance with its laws, take im into custody or

sonne ou prend toutes autres mesures nécessaires pour s'assurer de sa personne pendant le délai nécessaire à l'engagement de poursuites pénales ou d'une procédure d'extradition. Cet État partie devra procéder immédiatement à une enquête préliminaire en vue d'établir les faits.

2. La détention ou les autres mesures visées au paragraphe 1 du présent article sont notifiées sans retard directement ou par l'entremise du Secrétaire général de l'Organisation des Nations Unies :

a) à l'État où l'infraction a été commise;

b) à l'État qui a fait l'objet de la contrainte ou de la tentative de contrainte;

c) à l'État dont la personne physique ou morale qui a fait l'objet de la contrainte ou de la tentative de contrainte a la nationalité;

d) à l'État dont l'otage a la nationalité ou sur le territoire duquel il a sa résidence habituelle;

e) à l'État dont l'auteur présumé de l'infraction a la nationalité ou, si celui-ci est apatride, à l'État sur le territoire duquel il a sa résidence habituelle;

f) à l'organisation internationale intergouvernementale qui a fait l'objet de la contrainte ou de la tentative de contrainte;

g) à tous les autres États intéressés.

3. Toute personne à l'égard de laquelle sont prises les mesures visées au paragraphe 1 du présent article est en droit :

a) de communiquer sans retard avec le représentant compétent le plus proche de l'État dont elle a la nationalité ou qui est autrement habilité à

take other measures to ensure his presence for such time as is necessary to enable any criminal or extradition proceedings to be instituted. That State Party shall immediately make a preliminary inquiry into the facts.

2. The custody or other measures referred to in paragraph 1 of this article shall be notified without delay directly or through the Secretary-General of the United Nations to:

(a) The State where the offence was committed;

(b) The State against which compulsion has been directed or attempted;

(c) The State of which the natural or juridical person against whom compulsion has been directed or attempted is a national;

(d) The State of which the hostage is a national or in the territory of which he has his habitual residence;

(e) The State of which the alleged offender is a national or, if he is a stateless person, in the territory of which he has his habitual residence;

(f) The international intergovernmental organization against which compulsion has been directed or attempted;

(g) All other States concerned.

3. Any person regarding whom the measures referred to in paragraph 1 of this article are being taken shall be entitled:

(a) To communicate without delay with the nearest appropriate representative of the State of which he is a national or which is otherwise en-

établir cette communication ou, s'il s'agit d'une personne apatride, de l'État sur le territoire duquel elle a sa résidence habituelle;

b) de recevoir la visite d'un représentant de cet État.

4. Les droits visés au paragraphe 3 du présent article doivent s'exercer dans le cadre des lois et règlements de l'État sur le territoire duquel se trouve l'auteur présumé de l'infraction, étant entendu toutefois que ces lois et règlements doivent permettre la pleine réalisation des fins pour lesquelles les droits sont accordés en vertu du paragraphe 3 du présent article.

5. Les dispositions des paragraphes 3 et 4 du présent article sont sans préjudice du droit de tout État partie, ayant établi sa compétence conformément au paragraphe 1 *b)* de l'article 5, d'inviter le Comité International de la Croix-Rouge à communiquer avec l'auteur présumé de l'infraction et à lui rendre visite.

6. L'État qui procède à l'enquête préliminaire visée au paragraphe 1 du présent article en communique rapidement les conclusions aux États ou à l'organisation mentionnée au paragraphe 2 du présent article et leur indique s'il entend exercer sa compétence.

Article 7

L'État partie dans lequel une action pénale a été engagée contre l'auteur présumé de l'infraction en communique conformément à ses lois le résultat définitif au Secrétaire général de l'Organisation des Nations Unies, qui en informe les autres États intéressés et les organisations internationales intergouvernementales intéressées.

titled to establish such communication or, if he is a stateless person, the State in the territory of which he has his habitual residence;

(b) To be visited by a representative of that State.

4. The rights referred to in paragraph 3 of this article shall be exercised in conformity with the laws and regulations of the State in the territory of which the alleged offender is present, subject to the proviso, however, that the said laws and regulations must enable full effect to be given to the purposes for which the rights accorded under paragraph 3 of this article are intended.

5. The provisions of paragraphs 3 and 4 of this article shall be without prejudice to the right of any State Party having a claim to jurisdiction in accordance with paragraph 1*(b)* of article 5 to invite the International Committee of the Red Cross to communicate with and visit the alleged offender;

6. The State which makes the preliminary inquiry contemplated in paragraph 1 of this article shall promptly report its findings to the States or organization referred to in paragraph 2 of this article and indicate whether it intends to exercise jurisdiction.

Article 7

The State Party where the alleged offender is prosecuted shall in accordance with its laws communicate the final outcome of the proceedings to the Secretary-General of the United Nations, who shall transmit the information to the other States concerned and the international intergovernmental organizations concerned.

Article 8

1. L'État partie sur le territoire duquel l'auteur présumé de l'infraction est découvert, s'il n'extrade pas ce dernier, soumet l'affaire, sans aucune exception, et que l'infraction ait été ou non commise sur son territoire, à ses autorités compétentes pour l'exercice de l'action pénale selon une procédure conforme à la législation de cet État. Ces autorités prennent leur décision dans les mêmes conditions que pour toute infraction de droit commun de nature grave conformément aux lois de cet État.

2. Toute personne contre laquelle une procédure est engagée en raison d'une des infractions prévues à l'article premier jouit de la garantie d'un traitement équitable à tous les stades de la procédure, y compris la jouissance de tous les droits et garanties prévus par la loi de l'État sur le territoire duquel elle se trouve.

Article 9

1. Il ne sera pas fait droit à une demande d'extradition soumise en vertu de la présente Convention au sujet d'un auteur présumé de l'infraction si l'État partie requis a des raisons substantielles de croire :

a) que la demande d'extradition relative à une infraction prévue à l'article premier a été présentée aux fins de poursuivre ou de punir une personne en considération de sa race, de sa religion, de sa nationalité, de son origine ethnique ou de ses opinions politiques, ou

b) que la position de cette personne risque de subir un préjudice :

Article 8

1. The State Party in the territory of which the alleged offender is found shall, if it does not extradite him, be obliged, without exception whatsoever and whether or not the offence was committed in its territory, to submit the case to its competent authorities for the purpose of prosecution, through proceedings in accordance with the laws of that State. Those authorities shall take their decision in the same manner as in the case of any ordinary offence of a grave nature under the law of that State.

2. Any person regarding whom proceedings are being carried out in connexion with any of the offences set forth in article 1 shall be guaranteed fair treatment at all stages of the proceedings, including enjoyment of all the rights and guarantees provided by the law of the State in the territory of which he is present.

Article 9

1. A request for the extradition of an alleged offender, pursuant to this Convention, shall not be granted if the requested State Party has substantial grounds for believing:

(a) That the request for extradition for an offence set forth in article 1 has been made for the purpose of prosecuting or punishing a person on account of his race, religion, nationality, ethnic origin or political opinion; or

(b) That the person's position may be prejudiced:

i) pour l'une quelconque des raisons visées à l'alinéa *a)* du présent paragraphe, ou

ii) pour la raison que les autorités compétentes de l'État ayant qualité pour exercer les droits de protection ne peuvent communiquer avec elle.

2. Relativement aux infractions définies dans la présente Convention, les dispositions de tous les traités et arrangements d'extradition applicables entre États parties sont modifiées entre ces États parties dans la mesure où elles sont incompatibles avec la présente Convention.

Article 10

1. Les infractions prévues à l'article premier sont de plein droit comprises comme cas d'extradition dans tout traité d'extradition conclu entre États parties. Les États parties s'engagent à comprendre ces infractions comme cas d'extradition dans tout traité d'extradition à conclure entre eux.

2. Si un État partie qui subordonne l'extradition à l'existence d'un traité est saisi d'une demande d'extradition par un autre État partie avec lequel il n'est pas lié par un traité d'extradition, l'État requis a la latitude de considérer la présente Convention comme constituant la base juridique de l'extradition en ce qui concerne les infractions prévues à l'article premier. L'extradition est subordonnée aux autres conditions prévues par le droit de l'État requis.

3. Les États parties qui ne subordonnent pas l'extradition à l'existence d'un traité reconnaissent les infractions prévues à l'article premier comme cas

(i) For any of the reasons mentioned in subparagraph *(a)* of this paragraph, or

(ii) For the reason that communication with him by the appropriate authorities of the State entitled to exercise rights of protection cannot be effected.

2. With respect to the offences as defined in this Convention, the provisions of all extradition treaties and arrangements applicable between States Parties are modified as between States Parties to the extent that they are incompatible with this Convention.

Article 10

1. The offences set forth in article 1 shall be deemed to be included as extraditable offences in any extradition treaty existing between States parties. States Parties undertake to include such offences as extraditable offences in every extradition treaty to be concluded between them.

2. If a State Party which makes extradition conditional on the existence of a treaty receives a request for extradition from another State Party with which it has no extradition treaty, the requested State may at its option consider this Convention as the legal basis for extradition in respect of the offences set forth in article 1. Extradition shall be subject to the other conditions provided by the law of the requested State.

3. States Parties which do not make extradition conditional on the existence of a treaty shall recognize the offences set forth in article 1 as extraditable of-

d'extradition entre eux dans les conditions prévues par le droit de l'État requis.

4. Entre États parties, les infractions prévues à l'article premier sont considérées aux fins d'extradition comme ayant été commises tant au lieu de leur perpétration que sur le territoire des États tenus d'établir leur compétence en vertu du paragraphe 1 de l'article 5.

Article 11

1. Les États parties s'accordent l'entraide judiciaire la plus large possible dans toute procédure pénale relative aux infractions prévues à l'article premier, y compris en ce qui concerne la communication de tous les éléments de preuve dont ils disposent et qui sont nécessaires aux fins de la procédure.

2. Les dispositions du paragraphe 1 du présent article n'affectent pas les obligations relatives à l'entraide judiciaire stipulées dans tout autre traité.

Article 12

Dans la mesure où les Conventions de Genève de 1949 pour la protection des victimes de la guerre[1] ou les Protocoles additionnels à ces conventions sont applicables à un acte de prise d'otages particulier, et dans la mesure où les États parties à la présente Convention sont tenus, en vertu desdites conventions, de poursuivre ou de livrer l'auteur de la prise d'otages, la présente Convention ne s'applique pas à un acte de prise d'otages commis au cours de conflits armés au sens des

fence between themselves, subject to the conditions provided by the law of the requested State.

4. The offences set forth in article 1 shall be treated, for the purpose of extradition between States Parties, as if they had been committed not only in the place in which they occurred but also in the territories of the States required to establish their jurisdiction in accordance with paragraph 1 of article 5.

Article 11

1. States Parties shall afford one another the greatest measure of assistance in connexion with criminal proceedings brought in respect of the offences set forth in article 1, including the supply of all evidence at their disposal necessary for the proceedings.

2. The provisions of paragraph 1 of this article shall not affect obligations concerning mutual judicial assistance embodied in any other treaty.

Article 12

In so far as the Geneva Conventions of 1949 for the protection of war victims[1] or the Protocols Additional to those Conventions[2] are applicable to a particular act of hostage-taking, and in so far as States Parties to this Convention are bound under those conventions to prosecute or hand over the hostage-taker, the present Convention shall not apply to an act of hostage-taking committed in the course of armed conflicts as defined in the Geneva Conventions of 1949 and the Protocols thereto, in-

---

1. Nations Unies, *Recueil des Traités*, vol. 75, nos 970 à 973.

1. United Nations, Treaty Series, Vol. 75, p. 31, 85, 135 and 287.
2. Ibid., Vol. 1125, pp. 3 and 609.

Conventions de Genève de 1949 et des Protocoles y relatifs, y compris les conflits armés visés au paragraphe 4 de l'article premier du Protocole I de 1977[2] dans lesquels les peuples luttent contre la domination coloniale et l'occupation étrangère et contre les régimes racistes, dans l'exercice du droit des peuples à disposer d'eux-mêmes, consacré dans la Charte des Nations Unies et dans la Déclaration relative aux principes du droit international touchant les relations amicales et la coopération entre les États conformément à la Charte des Nations Unies.

cluding armed conflicts mentioned in article 1, paragraph 4, of Additional Protocol 1 of 1977, in which peoples are fighting against colonial domination and alien occupation and against racist regimes in the exercise of their right of self-determination, as enshrined in the Charter of the United Nations and the Declaration of Principles of International Law concerning Friendly Relations and Co-operation among States in accordance with the Charter of the United Nations.

Article 13

La présente Convention n'est pas applicable lorsque l'infraction est commise sur le territoire d'un seul État, que l'otage et l'auteur présumé de l'infraction ont la nationalité de cet État et que l'auteur présumé de l'infraction est découvert sur le territoire de cet État.

Article 13

This Convention shall not apply where the offence is committed within a single State, the hostage and the alleged offender are nationals of that State and the alleged offender is found in the territory of that State.

Article 14

Rien dans la présente Convention ne peut être interprété comme justifiant la violation de l'intégrité territoriale ou de l'indépendance politique d'un État en contravention de la Charte des Nations Unies.

Article 14

Nothing in this Convention shall be construed as justifying the violation of the territorial integrity or political independence of a State in contravention of the Charter of the United Nations.

Article 15

Les dispositions de la présente Convention n'affecteront pas l'application des traités sur l'asile, en vigueur à la date d'adoption de ladite Convention, en ce qui concerne les États qui sont parties à ces traités, mais un État partie à la présente Convention ne pourra invoquer ces traités à l'égard d'un autre

Article 15

The provisions of this Convention shall not affect the application of the Treaties on Asylum, in force at the date of the adoption of this Convention, as between the States which are parties to those Treaties; but a State Party to this Convention may not invoke those Treaties with respect to another State Party

---

2. A/32/144, annexe I.

État partie à la présente Convention qui n'est pas partie à ces traités.

to this Convention which is not a party to those Treaties.

Article 16

1. Tout différend entre deux ou plusieurs États parties concernant l'interprétation ou l'application de la présente Convention qui n'est pas réglé par voie de négociation est soumis à l'arbitrage, à la demande de l'un d'entre eux. Si, dans les six mois qui suivent la date de la demande d'arbitrage, les parties ne parviennent pas à se mettre d'accord sur l'organisation de l'arbitrage, l'une quelconque d'entre elles peut soumettre le différend à la Cour Internationale de Justice, en déposant une requête conformément au Statut de la Cour.

2. Tout État pourra, au moment où il signera la présente Convention, la ratifiera ou y adhérera, déclarer qu'il ne se considère pas lié par les dispositions du paragraphe 1 du présent article. Les autres États parties ne seront pas liés par lesdites dispositions envers un État partie qui aura formulé une telle réserve.

3. Tout État partie qui aura formulé une réserve conformément aux dispositions du paragraphe 2 du présent article pourra à tout moment lever cette réserve par une notification adressée au Secrétaire général de l'Organisation des Nations Unies.

Article 17

1. La présente Convention est ouverte à la signature de tous les États, jusqu'au 31 décembre 1980, au Siège de l'Organisation des Nations Unies, à New York.

Article 16

1. Any dispute between two or more States Parties concerning the interpretation or application of this Convention which is not settled by negotiation shall, at the request of one of them, be submitted to arbitration. If within six months from the date of the request for arbitration the parties are unable to agree on the organization of the arbitration, any one of those parties may refer the dispute to the International Court of Justice by request in conformity with the Statute of the Court.

2. Each State may at the time of signature or ratification of this Convention or accession thereto declare that it does not consider itself bound by paragraph 1 of this article. The other States Parties shall not be bound by paragraph 1 of this article with respect to any State Party which has made such a reservation.

3. Any State Party which has made a reservation in accordance with paragraph 2 of this article may at any time withdraw that reservation by notification to the Secretary-General of the United Nations.

Article 17

1. This Convention is open for signature by all States until 31 December 1980 at United Nations Headquarters in New York.

2. La présente Convention sera ratifiée. Les instruments de ratification seront déposés auprès du Secrétaire général de l'Organisation des Nations Unies.

3. La présente Convention est ouverte à l'adhésion de tout État. Les instruments d'adhésion seront déposés auprès du Secrétaire général de l'Organisation des Nations Unies.

Article 18

1. La présente Convention entrera en vigueur le trentième jour qui suivra la date de dépôt auprès du Secrétaire général de l'Organisation des Nations Unies du vingt-deuxième instrument de ratification ou d'adhésion.

2. Pour chacun des États qui ratifieront la Convention ou y adhéreront après le dépôt du vingt-deuxième instrument de ratification ou d'adhésion, la Convention entrera en vigueur le trentième jour après le dépôt par cet État de son instrument de ratification ou d'adhésion.

Article 19

1. Tout État partie peut dénoncer la présente Convention par voie de notification écrite adressée au Secrétaire général de l'Organisation des Nations Unies.

2. La dénonciation prendra effet un an après la date à laquelle la notification aura été reçue par le Secrétaire général de l'Organisation des Nations Unies.

Article 20

L'original de la présente Convention, dont les textes anglais, arabe, chinois, espagnol, français et russe font

2. This Convention is subject to ratification. The instruments of ratification shall be deposited with the Secretary-General of the United Nations.

3. This Convention is open for accession by any State. The instruments of accession shall be deposited with the Secretary-General of the United Nations.

Article 18

1. This Convention shall enter into force on the thirtieth day following the date of deposit of the twenty-second instrument of ratification or accession with the Secretary-General of the United Nations.

2. For each State ratifying or acceding to the Convention after the deposit of the twenty-second instrument of ratification or accession, the Convention shall enter into force on the thirtieth day after deposit by such State of its instrument of ratification or accession.

Article 19

1. Any State Party may denounce this Convention by written notification to the Secretary-General of the United Nations.

2. Denunciation shall take effect one year following the date on which notification is received by the Secretary-General of the United Nations.

Article 20

The original of this Convention, of which the Arabic, Chinese, English, French, Russian and Spanish texts are

également foi, sera déposé auprès du Secrétaire général de l'Organisation des Nations Unies, qui en fera tenir copie certifiée conforme à tous les États.

EN FOI DE QUOI, les soussignés, dûment autorisés à cet effet par leurs gouvernements respectifs, ont signé la présente Convention, qui a été ouverte à la signature à New York le 18 décembre 1979.

equally authentic, shall be deposited with the Secretary-General of the United Nations, who shall send certified copies thereof to all States.

IN WITNESS WHEREOF the undersigned, being duly authorized thereto by their respective Governments, have signed this Convention, opened for signature at New York on 18 December 1979.

CONVENTION INTERNATIONALE SUR LA PRISE D'OTAGES DU 17 DÉCEMBRE 1979

73 ÉTATS MEMBRES AU 30 JUILLET 1993[1]	RATIFICATION, ADHÉSION[a], SUCCESSION[d]
Allemagne	15 Décembre 1980
Antigua-et-Barbuda	6 Août 1986[a]
Arabie Saoudite	8 Janvier 1991[a]
Argentine	18 Septembre 1991[a]
Australie	21 Mai 1990[a]
Autriche	22 Août 1986
Bahamas	4 Juin 1981[a]
Barbade	9 Mars 1981[a]
Bélarus	1 Juillet 1987[a]
Bhoutan	31 Août 1981[a]
Brunei Darussalam	18 Octobre 1988[a]
Bulgarie	10 Mars 1988[a]
Cameroun	10 Mars 1988[a]
Canada	4 Décembre 1985
Chili	12 Novembre 1981
Chine	26 Janvier 1993[a]
Côte d'Ivoire	12 Août 1989[a]
Chypre	13 Septembre 1991[a]
Danemark	11 Août 1987[a]
Dominique	9 Septembre 1986[a]
Égypte	2 Octobre 1981
Équateur	2 Mai 1988[a]
El Salvador	12 Février 1981
Espagne	26 Mars 1984[a]
États-Unis d'Amérique	7 Décembre 1984
Finlande	14 Avril 1983
Ghana	10 Novembre 1987[a]
Grèce	18 Juin 1987
Grenade	10 Décembre 1990[a]
Guatemala	11 Mars 1983
Haïti	17 Mai 1989
Honduras	1 Juin 1981
Hongrie	2 Septembre 1987[a]
Islande	6 Juillet 1981[a]
Italie	20 Mars 1986
Japon	8 Juin 1987
Jordanie	19 Février 1986[a]
Kenya	8 Décembre 1981[a]
Koweït	6 Février 1989[a]
Lesotho	5 Novembre 1980
Luxembourg	29 Avril 1991
Malawi	17 Mars 1986[a]

1. Sous réserve des instruments éventuellement en cours de dépôt.

INTERNATIONAL CONVENTION AGAINST THE TAKING OF HOSTAGES OF 17 DECEMBER 1979

73 PARTICIPANTS AT 30 JULY 1993[1]	RATIFICATION, ACCESSION[a], SUCCESSION[d]
Antigua and Barbuda	6 August 1986[a]
Argentina	18 September 1991[a]
Australia	21 May 1990[a]
Austria	22 August 1986
Bahamas	4 June 1981[a]
Barbados	9 March 1981[a]
Belarus	1 July 1987[a]
Brunei Darussalam	18 October 1988[a]
Bulgaria	10 March 1988[a]
Bhutan	31 August 1981[a]
Cameroon	10 March 1988[a]
Canada	4 December 1985
Chile	12 November 1981
China	26 January 1993[a]
Côte d'Ivoire	12 August 1989[a]
Cyprus	13 September 1991[a]
Czech Republic	22 February 1993[d]
Czechoslovakia	27 January 1988[a]
Denmark	11 August 1987[a]
Dominica	9 September 1986[a]
Ecuador	2 May 1988[a]
Egypt	2 October 1981
El Salvador	12 February 1981
Finland	14 April 1983
Germany	15 December 1980
Ghana	10 November 1987[a]
Greece	18 June 1987
Grenada	10 December 1990[a]
Guatemala	11 March 1983
Haiti	17 May 1989
Honduras	1 June 1981
Hungary	2 September 1987[a]
Iceland	6 July 1981[a]
Italy	20 March 1986
Japan	8 June 1987
Jordan	19 February 1986[a]
Kenya	8 December 1981[a]
Kuwait	6 February 1989[a]
Lesotho	5 November 1980
Luxembourg	29 April 1991
Malawi	17 March 1986[a]
Mali	7 February 1990[a]

1. Subject to the deposit of outstanding instruments.

SECTION III — TRAITÉ / TREATY XXVIII

Mali	7 Février 1990[a]	Mauritius	17 October 1980
Maurice	17 Octobre 1980	Mexico	28 April 1987[a]
Mexique	28 Avril 1987[a]	Mongolia	9 June 1992[a]
Mongolie	9 Juin 1992[a]	Nepal	9 March 1990[a]
Népal	9 Mars 1990[a]	Netherlands	6 December 1988
Nouvelle-Zélande	12 Novembre 1985	New Zealand	12 November 1985
Norvège	2 Juillet 1981	Norway	2 July 1981
Oman	22 Juillet 1988[a]	Oman	22 July 1988[a]
Panama	19 Août 1982	Panama	19 August 1982
Pays-Bas	6 Décembre 1988	Philippines	14 October 1980
Philippines	14 Octobre 1980	Portugal	6 July 1984
Portugal	6 Juillet 1984	Republic of Korea	4 May 1983[a]
République de Corée	4 Mai 1983[a]	Romania	17 May 1990[a]
République Tchèque	22 Février 1993[d]	Saint Kitts and Nevis	17 January 1991[a]
Roumanie	17 Mai 1990[a]	Saudi Arabia	8 January 1991[a]
Royaume-Uni	22 Décembre 1982	Senegal	10 March 1987
Saint Kitts et Nevis	17 Janvier 1991[a]	Slovenia	6 July 1992[d]
Sénégal	10 Mars 1987	Spain	26 March 1984[a]
Slovénie	6 Juillet 1992[d]	Sudan	19 July 1990[a]
Soudan	19 Juin 1990[a]	Suriname	5 November 1981
Suriname	5 Novembre 1981	Sweden	15 January 1981
Suède	15 Janvier 1981	Switzerland	5 March 1985
Suisse	5 Mars 1985	Togo	25 July 1986
Tchécoslovaquie	27 Janvier 1988[a]	Trinidad and Tobago	1 April 1981[a]
Togo	25 Juillet 1986	Turkey	15 August 1989[a]
Trinité-et-Tobago	1 Avril 1981[a]	U.S.A.	7 December 1984
Turquie	15 Août 1989[a]	Ukraine	19 June 1987[a]
Ukraine	19 Juin 1987[a]	United Kingdom	22 December 1982
URSS	11 Juin 1987[a]	USSR	11 June 1987[a]
Venezuela	13 Décembre 1988[a]	Venezuela	13 December 1988[a]
Yougoslavie	19 Avril 1985	Yugoslavia	19 April 1985

RÉSERVES À LA CONVENTION INTERNATIONALE SUR LA PRISE D'OTAGES DU 17 DÉCEMBRE 1979[1]	RESERVATIONS TO THE INTERNATIONAL CONVENTION AGAINST THE TAKING OF HOSTAGES OF 17 DECEMBER 1979[1]

PAYS — STATES	ARTICLES
Arabie Saoudite/Saudi Arabia	16(1)
Bélarus/Belarus	16(1)
Bulgarie/Bulgaria	16(1)
El Salvador/El Salvador	16(1), 16(2)
Kenya/Kenya	16(1)
Pays-Bas/Netherlands	15
Turquie/Turkey	16(1)
Ukraine/Ukraine	16(1)
URSS/USSR	16(1)
Venezuela/Venezuela	16(1)
Yougoslavie/Yugoslavia	9

---

1. Voir les textes des réserves, Nations Unies, Traités Multilatéraux déposés auprès du Secrétariat Général, État au 31 Décembre 1991, p. 670.

1. See the Texts of Reservations, United Nations, Multilateral Treaties deposited with the Secretary General, Status as at 31 December 1991, p.656.

XXIX

| CONVENTION SUR LA PRÉVENTION ET LA RÉPRESSION DES INFRACTIONS CONTRE LES PERSONNES JOUISSANT D'UNE PROTECTION INTERNATIONALE Y COMPRIS LES AGENTS DIPLOMATIQUES DU 14 DÉCEMBRE 1973 | CONVENTION ON THE PREVENTION AND PUNISHMENT OF CRIMES AGAINST INTERNATIONALLY PROTECTED PERSONS, INCLUDING DIPLOMATIC AGENTS OF 14 DECEMBER 1973 |

Commentaires

Extrait des pages 770 et 771 de l'*Annuaire des Nations Unies*, vol. 27, publié en 1973 :

« Le 14 décembre 1973, l'Assemblée générale a adopté à l'unanimité la Convention sur la prévention et la répression des infractions contre les personnes jouissant d'une protection internationale, y compris les agents diplomatiques.

Ceci a été fait en adoptant un projet de résolution auquel le texte de la Convention a été annexé — une recommandation juridique du sixième Comité — qui l'a aussi approuvé le 6 décembre à l'unanimité.

En vertu du préambule de cette résolution (3166 XXVIII), l'Assemblée a mentionné entre autres, qu'il est important d'assurer un accord international sur les mesures appropriées et effectives pour la prévention et la répression des infractions contre les agents diplomatiques et d'autres personnes jouissant d'une protection internationale. Il a été convaincu de cette importance en considération de la menace grave au maintien et à la promotion des relations amicales et à la coopération entre les États à cause de la perpétration de telles infractions. »

Commentaries

Extracted from pages 770 and 771 of the *Yearbook of the United Nations*, Vol. 27, published in 1973:

"On 14 December 1973, the General Assembly adopted by consensus the Convention on the Prevention and Punishment of Crimes against Internationally Protected Persons, including Diplomatic Agents.

It did so by adopting a draft resolution—to which the text of the Convention was annexed—recommended by its Sixth (Legal) Committee, which had approved it, also by consensus, on 6 December.

By the preambular part of this resolution (3166 (XXVIII), the Assembly among other things said it was convinced of the importance of securing international agreement on appropriate and effective measures for the prevention and punishment of crimes against diplomatic agents and other internationally protected persons, in view of the serious threat to the maintenance and promotion of friendly relations and co-operation among States created by the commission of such crimes."

BIBLIOGRAPHIE SÉLECTIVE

AL-KATIFI, A. H., « Le problème des immunités diplomatiques du personnel de service des ambassades », (1960) Revue critique du droit international privé, pp. 485-531.

CAHIER, P., *Le droit diplomatique contemporain*, Genève, Publications de l'Institut universitaire de Hautes Études Internationales, 1964.

VILLAGRAN KRAMER, F., *L'asile diplomatique d'après la pratique des États latino-américains*, Genève, 1958.

SELECTED BIBLIOGRAPHY

BUTLER, E. W. (ed). *The non-use of force in International Law*. Dordrecht: Martinus Nijhoff Publishers, 1989.

CASSESE, A. *Terrorism, politics and Law, The Achille Lauro affair*. Cambridge: Policy Press, 1989.

GREEN, L. C., "The Teheran embassy incident and international Law" (1980) 38 Behind the headlines.

LAMBERT, J. J., *Terrorism and hostages in international Law. A Commentary on the hostages convention 1979*. Cambridge: Grotius Publications Ltd., 1990.

SECTION III — TRAITÉ / TREATY XXIX

CONVENTION SUR LA PRÉVENTION ET LA RÉPRESSION DES INFRACTIONS CONTRE LES PERSONNES JOUISSANT D'UNE PROTECTION INTERNATIONALE Y COMPRIS LES AGENTS DIPLOMATIQUES

Adoptée et ouverte à l'adhésion des États par l'Assemblée générale des Nations Unies dans sa résolution 3166 (XXVIII) du 14 décembre 1973

Entrée en vigueur : 20 février 1977, conformément à l'article 17
Texte : Annexe à la résolution 3166 (XXVIII)

Les États parties à la présente Convention,

Ayant présents à l'esprit les buts et principes de la Charte des Nations Unies concernant le maintien de la paix internationale et la promotion des relations amicales et de la coopération entre les États,

Considérant que les infractions commises contre les agents diplomatiques et autres personnes jouissant d'une protection internationale, en compromettant la sécurité de ces personnes, créent une menace sérieuse au maintien des relations internationales normales qui sont nécessaires pour la coopération entre les États,

Estimant que la perpétration de ces infractions est un motif de grave inquiétude pour la communauté internationale,

Convaincus de la nécessité d'adopter d'urgence des mesures appropriées et efficaces pour la prévention et la répression de ces infractions,

CONVENTION ON THE PREVENTION AND PUNISHMENT OF CRIMES AGAINST INTERNATIONALLY PROTECTED PERSONS, INCLUDING DIPLOMATIC AGENTS

Adopted on 14 December 1973 by the General Assembly of the United Nations, at New York

Entry into force: 20 February 1977, in accordance with Article 17
Text: Annex to the resolution 3166 (XXVIII)

The States Parties to this Convention,

Having in mind the purposes and principles of the Charter of the United Nations concerning the maintenance of international peace and the promotion of friendly relations and co-operation among States,

Considering that crimes against diplomatic agents and other internationally protected persons jeopardizing the safety of these persons create a serious threat to the maintenance of normal international relations which are necessary for co-operation among States,

Believing that the commission of such crimes is a matter of grave concern to the international community,

Convinced that there is an urgent need to adopt appropriate and effective measures for the prevention and punishment of such crimes,

Sont convenus de ce qui suit :	*Have agreed* as follows:

Article premier	Article 1 |有

Aux fins de la présente Convention : | For the purposes of this Convention:

1. L'expression « personne jouissant d'une protection internationale » s'entend : | 1. "Internationally protected person" means:

a) de tout chef d'État, y compris chaque membre d'un organe collégial remplissant en vertu de la constitution de l'État considéré les fonctions de chef d'État; de tout chef de gouvernement ou de tout ministre des affaires étrangères, lorsqu'une telle personne se trouve dans un État étranger, ainsi que des membres de sa famille qui l'accompagnent; | *(a)* A Head of State, including any member of a collegial body performing the functions of a Head of State under the constitution of the State concerned, a Head of Government or a Minister for Foreign Affairs, whenever any such person is in a foreign State, as well as members of his family who accompany him;

b) de tout représentant, fonctionnaire ou personnalité officielle d'un État et de tout fonctionnaire, personnalité officielle ou autre agent d'une organisation intergouvernementale, qui, à la date et au lieu où une infraction est commise contre sa personne, ses locaux officiels, son domicile privé ou ses moyens de transport, a droit conformément au droit international à une protection spéciale contre toute atteinte à sa personne, sa liberté ou sa dignité, ainsi que des membres de sa famille qui font partie de son ménage; | *(b)* Any representative or official of a State or any official or other agent of an international organization of an intergovernmental character who, at the time when and in the place where a crime against him, his official premises, his private accommodation or his means of transport is committed, is entitled pursuant to international law to special protection from any attack on his person, freedom or dignity, as well as members of his family forming part of his household;

2. L'expression « auteur présumé de l'infraction » s'entend de toute personne contre qui il y a des éléments de preuve suffisants pour établir de prime abord qu'elle a commis une ou plusieurs des infractions prévues à l'article 2 ou qu'elle y a participé. | 2. "Alleged offender" means a person as to whom there is sufficient evidence to determine *prima facie* that he has committed or participated in one or more of the crimes set forth in article 2.

Article 2

1. Le fait intentionnel :

a) de commettre un meurtre, un enlèvement ou une autre attaque contre la personne ou la liberté d'une personne jouissant d'une protection internationale;
b) de commettre, en recourant à la violence, contre les locaux officiels, le domicile privé ou les moyens de transport d'une personne jouissant d'une protection internationale une attaque de nature à mettre sa personne ou sa liberté en danger;
c) de menacer de commettre une telle attaque;
d) de tenter de commettre une telle attaque; ou
e) de participer en tant que complice à une telle attaque est considéré par tout État partie comme constituant une infraction au regard de sa législation interne.

2. Tout État partie rend ces infractions passibles de peines appropriées qui prennent en considération leur gravité.

3. Les paragraphes 1 et 2 du présent article ne portent en rien atteinte aux obligations qui, en vertu du droit international, incombent aux États parties de prendre toutes mesures appropriées pour prévenir d'autres atteintes à la personne, la liberté ou la dignité d'une personne jouissant d'une protection internationale.

Article 3

1. Tout État partie prend les mesures nécessaires pour établir sa compétence aux fins de connaître des infractions prévues à l'article 2 dans les cas ci-après :

Article 2

1. The intentional commission of:

(a) A murder, kidnapping or other attack upon the person or liberty of an internationally protected person;

(b) A violent attack upon the official premises, the private accomodation or the means of transport of an internationally protected person likely to endanger his person or liberty;

(c) A threat to commit any such attack;
(d) An attempt to commit any such attack; and
(e) An act constituting participation as an accomplice in any such attack; shall be made by each State Party a crime under its internal law.

2. Each State Party shall make these crimes punishable by appropriate penalties which take into account their grave nature.

3. Paragraphs 1 and 2 of this article in no way derogate from the obligations of States Parties under international law to take all appropriate measures to prevent other attacks on the person, freedom or dignity of an internationally protected person.

Article 3

1. Each State Party shall take such measures as may be necessary to establish its jurisdiction over the crimes set forth in article 2 in the following cases:

a) lorsque l'infraction est commise sur le territoire dudit État ou à bord d'un navire ou d'un aéronef immatriculé dans ledit État;

b) lorsque l'auteur présumé de l'infraction a la nationalité dudit État;

c) lorsque l'infraction est commise contre une personne jouissant d'une protection internationale au sens de l'article premier, qui jouit de ce statut en vertu même des fonctions qu'elle exerce au nom dudit État.

2. Tout État partie prend également les mesures nécessaires pour établir sa compétence aux fins de connaître de ces infractions dans le cas où l'auteur présumé de l'infraction se trouve sur son territoire et où il ne l'extrade pas, conformément à l'article 8, vers l'un quelconque des États visés au paragraphe 1 du présent article.

3. La présente Convention n'exclut pas une compétence pénale exercée en vertu de la législation interne.

Article 4

Les États parties collaborent à la prévention des infractions prévues à l'article 2, notamment :

a) en prenant toutes les mesures possibles afin de prévenir la préparation, sur leurs territoires respectifs, de ces infractions destinées à être commises à l'intérieur ou en dehors de leur territoire;

b) en échangeant des renseignements et en coordonnant les mesures administratives et autres à prendre, le cas échéant, afin de prévenir la perpétration de ces infractions.

(a) When the crime is committed in the territory of that State or on board a ship or aircraft registered in that State;

(b) When the alleged offender is national of that State;

(c) When the crime is committed against an internationally protected person as defined in article 1 who enjoys his status as such by virtue of functions which he exercices on behalf of that State.

2. Each State Party shall likewise take such measures as may be necessary to establish its jurisdiction over these crimes in cases where the alleged offender is present in its territory and it does not extradite him pursuant to article 8 to any of the States mentioned in paragraph 1 of this article.

3. This Convention does not exclude any criminal jurisdiction exercised in accordance with internal law.

Article 4

States Parties shall co-operate in the prevention of the crimes set forth in article 2, particularly by:

(a) Taking all practicable measures to prevent preparations in their respective territories for the commission of those crimes within or outside their territories;

(b) Exchanging information and co-ordinating the taking of administrative and other measures as appropriate to prevent the commission of those crimes.

Article 5

1. L'État partie sur le territoire duquel ont été commises une ou plusieurs des infractions prévues à l'article 2, s'il a des raisons de croire qu'un auteur présumé de l'infraction s'est enfui de son territoire, communique à tous les autres États intéressés, directement ou par l'entremise du Secrétaire général de l'Organisation des Nations Unies tous les faits pertinents concernant l'infraction commise et tous les renseignements dont il dispose touchant l'identité de l'auteur présumé de l'infraction.

2. Lorsqu'une ou plusieurs des infractions prévues à l'article 2 ont été commises contre une personne jouissant d'une protection internationale, tout État partie qui dispose de renseignements concernant tant la victime que les circonstances de l'infraction s'efforce de les communiquer, dans les conditions prévues par sa législation interne, en temps utile et sous forme complète, à l'État partie au nom duquel ladite personne exerçait ses fonctions.

Article 6

1. S'il estime que les circonstances le justifient, l'État partie sur le territoire duquel se trouve l'auteur présumé de l'infraction prend les mesures appropriées conformément à sa législation interne pour assurer la présence dudit auteur présumé de l'infraction aux fins de la poursuite ou de l'extradition. Ces mesures sont notifiées sans retard directement ou par l'entremise du Secrétaire général de l'Organisation des Nations Unies :

a) à l'État où l'infraction a été commise;

Article 5

1. The State Party in which any of the crimes set forth in article 2 has been committed shall, if it has reason to believe that an alleged offender has fled from its territory, communicate to all other States concerned, directly or through the Secretary-General of the United Nations, all the pertinent facts regarding the crime committed and all available information regarding the identity of the alleged offender.

2. Whenever any of the crimes set forth in article 2 has been committed against an internationally protected person, any State Party which has information concerning the victim and the circumstances of the crime shall endeavour to transmit it, under the conditions provided for in its internal law, fully and promptly to the State Party on whose behalf he was exercising his functions.

Article 6

1. Upon being satisfied that the circumstances so warrant, the State Party in whose territory the alleged offender is present shall take the appropriate measures under its internal law so as to ensure his presence for the purpose of prosecution or extradition. Such measures shall be notified without delay directly or through the Secretary-General of the United Nations to:

(a) The State where the crime was committed;

b) à l'État ou aux États dont l'auteur présumé de l'infraction a la nationalité ou, si celui-ci est apatride, à l'État sur le territoire duquel il réside en permanence;

c) à l'État ou aux États dont la personne jouissant d'une protection internationale a la nationalité ou au nom duquel ou desquels elle exerçait ses fonctions;

d) à tous les autres États intéressés; et

e) à l'organisation intergouvernementale dont la personne jouissant d'une protection internationale est un fonctionnaire, une personnalité officielle ou un agent.

2. Toute personne à l'égard de laquelle sont prises les mesures visées au paragraphe 1 du présent article est en droit :

a) de communiquer sans retard avec le représentant compétent le plus proche de l'État dont elle a la nationalité ou qui est autrement habilité à protéger ses droits ou, s'il s'agit d'une personne apatride, qui est disposé, sur sa demande, à protéger ses droits; et

b) de recevoir la visite d'un représentant de cet État.

Article 7

L'État partie sur le territoire duquel se trouve l'auteur présumé de l'infraction, s'il n'extrade pas ce dernier, soumet l'affaire, sans aucune exception et sans retard injustifié, à ses autorités compétentes pour l'exercice de l'action pénale, selon une procédure conforme à la législation de cet État.

(b) The State or States of which the alleged offender is a national or, if he is a stateless person, in whose territory he permanently resides;

(c) The State or States of which the internationally protected person concerned is a national or on whose behalf he was exercising his functions;

(d) All other States concerned; and

(e) The international organization of which the internationally protected person concerned is an official or an agent.

2. Any person regarding whom the measures referred to in paragraph 1 of this article are being taken shall be entitled:

(a) To communicate without delay with the nearest appropriate representative of the State of which he is a national or which is otherwise entitled to protect his rights or, if he is a stateless person, which he requests and which is willing to protect his rights; and

(b) To be visited by a representative of that State.

Article 7

The State Party in whose territory the alleged offender is present shall, if it does not extradite him, submit, without exception whatsoever and without undue delay, the case to its competent authorities for the purpose of prosecution, through proceedings in accordance with the laws of that State.

Article 8

1. Pour autant que les infractions prévues à l'article 2 ne figurent pas sur la liste de cas d'extradition dans un traité d'extradition en vigueur entre les États parties, elles sont considérées comme y étant comprises. Les États parties s'engagent à comprendre ces infractions comme cas d'extradition dans tout traité d'extradition à conclure entre eux.

2. Si un État partie qui subordonne l'extradition à l'existence d'un traité est saisi d'une demande d'extradition par un autre État partie avec lequel il n'est pas lié par un traité d'extradition, il peut s'il décide d'extrader, considérer la présente Convention comme constituant la base juridique de l'extradition à l'égard de ces infractions. L'extradition est soumise aux règles de procédure et aux autres conditions prévues par le droit de l'État requis.

3. Les États parties qui ne subordonnent pas l'extradition à l'existence d'un traité reconnaissent ces infractions comme constituant entre eux des cas d'extradition soumis aux règles de procédure et aux autres conditions prévues par le droit de l'État requis.

4. Entre États parties, ces infractions sont considérées aux fins d'extradition comme ayant été commises tant au lieu de leur perpétration que sur le territoire des États tenus d'établir leur compétence en vertu du paragraphe 1 de l'article 3.

Article 9

Toute personne contre laquelle une procédure est engagée en raison d'une

Article 8

1. To the extent that the crimes set forth in article 2 are not listed as extraditable offences in any extradition treaty existing between States Parties, they shall be deemed to be included as such therein. States Parties undertake to include those crimes as extraditable offences in every future extradition treaty to be concluded between them.

2. If a State Party which makes extradition conditional on the existence of a treaty receives a request for extradition from another State Party with which it has no extradition treaty, it may, if it decides to extradite, consider this Convention as the legal basis for extradition in respect of those crimes. Extradition shall be subject to the procedural provisions and the other conditions of the law of the requested State.

3. States Parties which do not make extradition conditional on the existence of a treaty shall recognize those crimes as extraditable offences between themselves subject to the procedural provisions and the other conditions of the law of the requested State.

4. Each of the crimes shall be treated, for the purpose of extradition between States Parties, as if it had been committed not only in the place in which it occurred but also in the territories of the States required to establish their jurisdiction in accordance with paragraph 1 of article 3.

Article 9

Any person regarding whom proceedings are being carried out in con-

des infractions prévues à l'article 2 jouit de la garantie d'un traitement équitable à tous les stades de la procédure.

Article 10

1. Les États parties s'accordent l'entraide judiciaire la plus large possible dans toute procédure pénale relative aux infractions prévues à l'article 2, y compris en ce qui concerne la communication de tous les éléments de preuve dont ils disposent et qui sont nécessaires aux fins de la procédure.

2. Les dispositions du paragraphe 1 du présent article n'affectent pas les obligations relatives à l'entraide judiciaire stipulées dans toute autre traité.

Article 11

L'État partie dans lequel une action pénale a été engagée contre l'auteur présumé de l'infraction en communique le résultat définitif au Secrétaire général de l'Organisation des Nations Unies, qui en informe les autres États parties.

Article 12

Les dispositions de la présente Convention n'affecteront pas l'application des traités sur l'asile, en vigueur à la date d'adoption de ladite Convention, en ce qui concerne les États qui sont parties à ces traités; mais un État partie à la présente Convention ne pourra invoquer ces traités à l'égard d'un autre État partie à la présente Convention qui n'est pas partie à ces traités.

Article 13

1. Tout différend entre deux ou plusieurs États parties concernant l'inter-

nexion with any of the crimes set forth in article 2 shall be guaranteed fair treatment at all stages of the proceedings.

Article 10

1. States Parties shall afford one another the greatest measure of assistance in connexion with criminal proceedings brought in respect of the crimes set forth in article 2, including the supply of all evidence at their disposal necessary for the proceedings.

2. The provisions of paragraph 1 of this article shall not affect obligations concerning mutual judicial assistance embodied in any other treaty.

Article 11

The State Party where an alleged offender is prosecuted shall communicate the final outcome of the proceedings to the Secretary-General of the United Nations, who shall transmit the information to the other States Parties.

Article 12

The provisions of this Convention shall not affect the application of the Treaties on Asylum, in force at the date of the adoption of this Convention, as between the States which are parties to those Treaties; but a State Party to this Convention may not invoke those Treaties with respect to another State Party to this Convention which is not a party to those Treaties.

Article 13

1. Any dispute between two or more States Parties concerning the interpreta-

prétation ou l'application de la présente Convention qui n'est pas réglé par voie de négociation est soumis à l'arbitrage, à la demande de l'un d'entre eux. Si, dans les six mois qui suivent la date de la demande d'arbitrage, les parties ne parviennent pas à se mettre d'accord sur l'organisation de l'arbitrage, l'une quelconque d'entre elles peut soumettre le différend à la Cour internationale de Justice, en déposant une requête conformément au Statut de la Cour.

2. Tout État partie pourra, au moment où il signera la présente Convention, la ratifiera ou y adhérera, déclarer qu'il ne se considère pas lié par les dispositions du paragraphe 1 du présent article. Les autres États parties ne seront pas liés par lesdites dispositions envers un État partie qui aura formulé une telle réserve.

3. Tout État partie qui aura formulé une réserve conformément aux dispositions du paragraphe 2 du présent article pourra à tout moment lever cette réserve par une notification adressée au Secrétaire général de l'Organisation des Nations Unies.

Article 14

La présente Convention sera ouverte à la signature à tous les États, jusqu'au 31 décembre 1974, au Siège de l'Organisation des Nations Unies, à New York.

Article 15

La présente Convention sera ratifiée. Les instruments de ratification seront déposés au près du Secrétaire général de l'Organisation des Nations Unies.

tion or application of this Convention which is not settled by negotiation shall, at the request of one of them, be submitted to arbitration. If within six months from the date of the request for arbitration the Parties are unable to agree on the organization of the arbitration, any one of those Parties may refer the dispute to the International Court of Justice by request in conformity with the Statute of the Court.

2. Each State Party may at the time of signature or ratification of this Convention or accession thereto declare that it does not consider itself bound by paragraph 1 of this article. The other States Parties shall not be bound by paragraph 1 of this article with respect to any State Party which has made such a reservation.

3. Any State Party which has made a reservation in accordance with paragraph 2 of this article may at any time withdraw that reservation by notification to the Secretary-General of the United Nations.

Article 14

This Convention shall be opened for signature by all States, until 31 December 1974, at United Nations Headquarters in New York.

Article 15

This Convention is subject to ratification. The instruments of ratification shall be deposited with the Secretary-General of the United Nations.

Article 16

La présente Convention restera ouverte à l'adhésion de tout État. Les instruments d'adhésion seront déposés auprès du Secrétaire général de l'Organisation des Nations Unies.

Article 17

1. La présente Convention entrera en vigueur le trentième jour qui suivra la date de dépôt auprès du Secrétaire général de l'Organisation des Nations Unies du vingt-deuxième instrument de ratification ou d'adhésion.

2. Pour chacun des États qui ratifieront la Convention ou y adhéreront après le dépôt du vingt-deuxième instrument de ratification ou d'adhésion, la Convention entrera en vigueur le trentième jour après le dépôt par cet État de son instrument de ratification ou d'adhésion.

Article 18

1. Tout État partie peut dénoncer la présente Convention par voie de notification écrite adressée au Secrétaire général de l'Organisation des Nations Unies.

2. La dénonciation prendra effet six mois après la date à laquelle la notification aura été reçue par le Secrétaire général de l'Organisation des Nations Unies.

Article 19

Le Secrétaire général de l'Organisation des Nations Unies notifie à tous les États, entre autres :

a) les signatures apposées à la présente Convention et le dépôt des instruments de ratification ou d'adhésion

Article 16

This Convention shall remain open for accession by any State. The instruments of accession shall be deposited with the Secretary-General of the United Nations.

Article 17

1. This Convention shall enter into force on the thirtieth day following the date of deposit of the twenty-second instrument of ratification or accession with the Secretary-General of the United Nations.

2. For each State ratifying or acceding to the Convention after the deposit of the twenty-second instrument of ratification or accession, the Convention shall enter into force on the thirtieth day after deposit by such State of its instrument of ratification or accession.

Article 18

1. Any State Party may denounce this Convention by written notification to the Secretary-General of the United Nations.

2. Denunciation shall take effect six months following the date on which notification is received by the Secretary-General of the United Nations.

Article 19

The Secretary-General of the United Nations shall inform all States, *inter alia*:

(a) Of signatures to this Convention, of the deposit of instruments of ratification or accession in accordance

conformément aux articles 14, 15 et 16, ainsi que les notifications faites en vertu de l'article 18;

b) la date à laquelle la présente Convention entrera en vigueur, conformément à l'article 17.

Article 20

L'original de la présente Convention, dont les textes anglais, chinois, espagnol, français et russe font également foi, sera déposé auprès du Secrétaire général de l'Organisation des Nations Unies, qui en fera tenir copie certifiée conforme à tous les États.

EN FOI DE QUOI, les soussignés dûment autorisés par leurs Gouvernements respectifs, ont signé la présente Convention, ouverte à la signature à New York le 14 décembre 1973.

with articles 14, 15 and 16 and of notifications made under article 18;

(b) Of the date on which this Convention will enter into force in accordance with article 17.

Article 20

The original of this Convention, of which the Chinese, English, French, Russian and Spanish texts are equally authentic, shall be deposited with the Secretary-General of the United Nations, who shall send certified copies thereof to all States.

IN WITNESS WHEREOF the undersigned, being duly authorized thereto by their respective Governments, have signed this Convention, opened for signature at New York on 14 December 1973.

CONVENTION SUR LA PRÉVENTION ET LA RÉPRESSION DES INFRACTIONS CONTRE LES PERSONNES JOUISSANT D'UNE PROTECTION INTERNATIONALE Y COMPRIS LES AGENTS DIPLOMATIQUES EN DATE DU 14 DÉCEMBRE 1973

CONVENTION ON THE PREVENTION AND PUNISHMENT OF CRIMES AGAINST INTERNATIONALLY PROTECTED PERSONS, INCLUDING DIPLOMATICS AGENTS OF 14 DECEMBER 1977

82 ÉTATS MEMBRES AU 30 JUILLET 1993[1]	RATIFICATION, ADHÉSION[a], SUCCESSION[d]
Allemagne	25 Janvier 1977
Argentine	18 Mars 1982[a]
Australie	20 Juin 1977
Autriche	3 Août 1977[a]
Bahamas	22 Juillet 1986[a]
Barbade	26 Octobre 1979[a]
Bélarus	5 Février 1976
Bhoutan	16 Janvier 1989[a]
Bulgarie	18 Juillet 1974
Burundi	17 Décembre 1980[a]
Canada	4 Août 1976
Chili	21 Janvier 1977[a]
Chine	5 Août 1987[a]
Chypre	24 Décembre 1975[a]
Costa Rica	2 Novembre 1977[a]
Croatie	12 Octobre 1992[d]
Danemark	1 Juillet 1975
Égypte	25 Juin 1986[a]
El Salvador	8 Août 1980[a]
Équateur	12 Mars 1975
Espagne	8 Août 1985[a]
Estonie	21 Octobre 1991[a]
États-Unis d'Amérique	26 Octobre 1976
Finlande	31 Octobre 1978
Gabon	14 Octobre 1981[a]
Ghana	25 Avril 1975[a]
Grèce	3 Juillet 1984[a]
Guatemala	18 Janvier 1983
Haïti	25 Août 1980[a]
Hongrie	26 Mars 1975
Inde	11 Avril 1978[a]
Iran	12 Juillet 1978[a]
Iraq	28 Février 1978[a]
Islande	2 Août 1977
Israël	31 Juillet 1980[a]

82 PARTICIPANTS AT 30 JULY 1993[1]	RATIFICATION, ACCESSION[a], SUCCESSION[d]
Argentina	18 March 1982[a]
Australia	20 June 1977
Austria	3 August 1977[a]
Bahamas	22 July 1986[a]
Barbados	26 October 1979[a]
Belarus	5 February 1976
Bhutan	16 January 1989[a]
Bulgaria	18 July 1974
Burundi	17 December 1980[a]
Canada	4 August 1976
Chile	21 January 1977[a]
China	5 August 1987[a]
Costa Rica	2 November 1977[a]
Croatia	12 October 1992[d]
Cyprus	24 December 1975[a]
Czechoslovakia	30 June 1975
Democratic People's Republic of Korea	1 December 1982[a]
Denmark	1 July 1975
Dominican Republic	8 July 1977[a]
Ecuador	12 March 1975
Egypt	25 June 1986[a]
El Salvador	8 August 1980[a]
Estonia	21 October 1991[a]
Finland	31 October 1978
Gabon	14 October 1981[a]
Germany	25 January 1977
Ghana	25 April 1975[a]
Greece	3 July 1984[a]
Guatemala	18 January 1983
Haiti	25 August 1980[a]
Hungary	26 March 1975
Iceland	2 August 1977
India	11 April 1978[a]
Irak	28 February 1978[a]

---

1. Sous réserve des instruments éventuellement en cours de dépôt.

1. Subject to the deposit of outstanding instruments.

Italie	30 Août 1985	Iran	12 July 1978[a]
Jamaïque	21 Septembre 1978[a]	Israel	31 July 1980[a]
Japon	8 Juin 1987[a]	Italy	30 August 1985
Jordanie	18 Décembre 1984[a]	Jamaica	21 September 1978[a]
Koweït	1 Mars 1989[a]	Japan	8 June 1987[a]
Lettonie	14 Avril 1992[a]	Jordania	18 December 1984[a]
Libéria	30 Septembre 1975[a]	Kuwait	1 March 1989[a]
Malawi	14 Mars 1977[a]	Latvia	14 April 1992[a]
Maldives	21 Août 1990[a]	Liberia	30 September 1975[a]
Mexique	22 Avril 1980[a]	Malawi	14 March 1977[a]
Mongolie	8 Août 1975	Maldives	21 August 1990[a]
Népal	9 Mars 1990[a]	Mexico	22 April 1980[a]
Nicaragua	10 Mars 1975	Mongolia	8 August 1975
Niger	17 Juin 1985[a]	Nepal	9 March 1990[a]
Norvège	28 Avril 1980	Netherlands	6 December 1988
Nouvelle-Zélande	12 Novembre 1985[a]	New Zealand	12 November 1985[a]
Oman	22 Mars 1988[a]	Nicaragua	10 March 1975
Pakistan	29 Mars 1976[a]	Niger	17 June 1985[a]
Panama	17 Juin 1980[a]	Norway	28 April 1980
Paraguay	24 Novembre 1975	Oman	22 March 1988[a]
Pays-Bas	6 Décembre 1988	Pakistan	29 March 1976[a]
Pérou	25 Avril 1978[a]	Panama	17 June 1980[a]
Philippines	26 Novembre 1976[a]	Paraguay	24 November 1975
Pologne	14 Décembre 1982	Peru	25 April 1978[a]
République Arabe Syrienne	25 Avril 1988[a]	Philippines	26 November 1976[a]
République de Corée	25 Mai 1983[a]	Poland	14 December 1982
République Dominicaine	8 Juillet 1977[a]	Republic of Korea	25 May 1983[a]
République Populaire Démocratique de Corée	1 Décembre 1982[a]	Romania	15 August 1978
Roumanie	15 Août 1978	Rwanda	29 November 1977
Royaume-Uni	2 Mai 1979	Seychelles	29 May 1980[a]
Rwanda	29 Novembre 1977	Slovenia	6 July 1992[d]
Seychelles	29 Mai 1980[a]	Spain	8 August 1985[a]
Slovénie	6 Juillet 1992[d]	Sri Lanka	27 February 1991[a]
Sri Lanka	27 Février 1991[a]	Sweden	1 July 1975
Suède	1 Juillet 1975	Switzerland	5 March 1985[a]
Suisse	5 Mars 1985[a]	Syrian Arab Republic	25 April 1988[a]
Tchécoslovaquie	30 Juin 1975	Togo	30 December 1980[a]
Togo	30 Décembre 1980[a]	Trinidad and Tobago	15 June 1979[a]
Trinité-et-Tobago	15 Juin 1979[a]	Tunisia	21 January 1977
Tunisie	21 Janvier 1977	Turkey	11 June 1981[a]
Turquie	11 Juin 1981[a]	U.S.A.	26 October 1976
Ukraine	20 Janvier 1976	Ukraine	20 January 1976
URSS	15 Janvier 1976	United Kingdom	2 May 1979
Uruguay	13 Juin 1978[a]	Uruguay	13 June 1978[a]
Yémen	9 Février 1987[a]	USSR	15 January 1976
Yougoslavie	29 Décembre 1976	Yemen	9 February 1987[a]
Zaïre	25 Juillet 1977[a]	Yugoslavia	29 December 1976
		Zaire	25 July 1977[a]

RÉSERVES À LA CONVENTION SUR LA PRÉVENTION ET LA RÉPRESSION DES INFRACTIONS CONTRE LES PERSONNES JOUISSANT D'UNE PROTECTION INTERNATIONALE Y COMPRIS LES AGENTS DIPLOMATIQUES EN DATE DU 14 DÉCEMBRE 1973[1]

RESERVATIONS TO THE CONVENTION ON THE PREVENTION AND PUNISHMENT OF CRIMES AGAINST INTERNATIONALLY PROTECTED PERSONS, INCLUDING DIPLOMATIC AGENTS OF 14 DECEMBER 1973[1]

PAYS — STATES	ARTICLES
Argentine/Argentina	13(1)
Bélarus/Belarus	13(1)
Bulgarie/Bulgaria	13(1)
Burundi/Burundi	2(2), 6(1)
Chine/China	13(1)
El Salvador/El Salvador	13(1)
Équateur/Ecuador	13(1)
Finlande/Finland	8(3)
Ghana/Ghana	13(1)
Inde/India	13(1)
Irak/Iraq	13(1)
Israël/Israel	13(1)
Jamaïque/Jamaica	13(1)
Koweït/Kuwait	13(1)
Malawi/Malawi	13(1)
Mongolie/Mongolia	13(1)
Pakistan/Pakistan	13(1)

1. Voir les textes des réserves, Nations Unies, Traités Multilatéraux déposés auprès du Secrétariat Général, État au 31 décembre 1991, p. 87.

1. See the Texts of Reservations, United Nations, Multilateral Treaties deposited with the Secretary General, Status as at 31 December 1991, p. 85.

Pays-Bas/Netherlands	13(1)
Pérou/Peru	13(1)
Pologne/Poland	13(1)
République Arabe Syrienne/ Syrian Arab Republic	13(1)
République Démocratique de Corée/ Democratic People's of Korea	13(1)
Roumanie/Romania	13(1)
Trinité-et-Tobago/ Trinidad and Tobago	13(1)
Tunisie/Tunisia	13(1)
Ukraine/Ukraine	13(1)
URSS/USSR	13(1)
Yémen/Yemen	13(1)
Zaïre/Zaire	13(1)

XXX

CONVENTION N° 118 CONCERNANT L'ÉGALITÉ DE TRAITEMENT DES NATIONAUX ET DES NON-NATIONAUX EN MATIÈRE DE SÉCURITÉ SOCIALE DU 28 JUIN 1962 (EXTRAITS)	CONVENTION No. 118 CONCERNING EQUALITY OF TREATMENT OF NATIONALS AND NON-NATIONALS IN SOCIAL SECURITY OF 28 JUNE 1962 (EXCERPTS)

Commentaires — *Commentaries*

À la fin du mois de juillet 1993, 36 États étaient parties à cette Convention.

Certains États signent une Convention sans la ratifier. En effet, lorsqu'un État ratifie la Convention n° 118 concernant l'égalité de traitement des nationaux et des non-nationaux en matière de sécurité sociale du 28 juin 1962, ou qu'il y adhère, il doit passer en revue sa législation nationale pour s'assurer qu'elle est bien conforme aux dispositions de la Convention. Il se déclare tenu d'observer les dispositions en question et doit répondre devant la communauté internationale de tout manquement à cet engagement.

Même s'ils adhèrent à cette Convention, plusieurs États souhaitent malgré tout accorder un statut différent aux nationaux et aux non-nationaux.

At the end of July 1993, 36 States were parties to this Convention.

Some States sign a Convention without ratifying it. When a State ratifies Convention No. 118 concerning equality of treatment of nationals and non-nationals in social security of 28 June 1962, or accedes to it, it must then review national law to make sure it is in line with the Convention. It declares itself bound to observe these provisions, and becomes answerable to the international community if it fails to comply with them.

By acceding to this Convention, many States wish nonetheless to give different status to nationals and non-nationals.

BIBLIOGRAPHIE SÉLECTIVE

BUDINER, M., *Le droit de la femme à l'égalité de salaire et la convention No. 100 de l'O.I.T.*, Paris, L.G.D.J., 1975.

DUPEYROUX, J. J. (Sous la dir. de), *La sécurité de l'emploi et du salaire*, Paris, Librairie sociale et économique, 1925.

POUGNAUD, P., *La rémunération des fonctionnaires*, Paris, P.U.F., 1985.

SELECTED BIBLIOGRAPHY

CALVERT, H. G. *Social Security Law*. London: Sweet and Maxwell, 1978.

REJDA, G. E. *Social insurance and economic security*, Englewood Cliffs: Prentice-Hall, 1976.

TURNBULL, J. G. and A. WILLIAMS. *Economic and Social Security*. New York: Ronald Press Co., 1973.

CONVENTION N° 118 CONCERNANT L'ÉGALITÉ DE TRAITEMENT DES NATIONAUX ET DES NON-NATIONAUX EN MATIÈRE DE SÉCURITÉ SOCIALE (EXTRAITS)

Adoptée le 28 juin 1962 par
l'Assemblée générale de
l'Organisation Internationale du Travail

Entrée en vigueur : 25 avril 1964

La Conférence générale de l'Organisation Internationale du Travail,

Convoquée à Genève par le Conseil d'administration du Bureau International du Travail, et s'y étant réunie le 6 juin 1962, en sa quarante-sixième session;

Après avoir décidé d'adopter diverses propositions relatives à l'égalité de traitement des nationaux et des non-nationaux en matière de sécurité sociale, question qui constitue le cinquième point à l'ordre du jour de la session;

Après avoir décidé que ces propositions prendraient la forme d'une convention internationale;

Adopte, ce vingt-huitième jour de juin mil neuf cent soixante-deux, la convention ci-après, qui sera dénommée Convention sur l'égalité de traitement (sécurité sociale), 1962 :

Article 1

Aux fins de la présente Convention :

a) le terme « législation » comprend les lois et règlements, aussi bien que les dispositions statutaires en matière de sécurité sociale;

CONVENTION No. 118 CONCERNING EQUALITY OF TREATMENT OF NATIONALS AND NON-NATIONALS IN SOCIAL SECURITY (EXCERPTS)

Adopted on 28 June 1962 by the
General Assembly of
the International Labour Office

Entry into force: 25 April 1964

The General Conference of the International Labour Organisation,

Having been convened at Geneva by the Governing Body of the International Labour Office, and having met in its Forty-sixth Session on 6 June 1962, and

Having decided upon the adoption of certain proposals with regard to equality of treatment of nationals and non-nationals in social security, which is the fifth item on the agenda of the session, and

Having determined that these proposals shall take the form of an international Convention,

Adopts this twenty-eighth day of June of the year one thousand nine hundred and sixty-two the following Convention, which may be cited as the Equality of Treatment (Social Security) Convention, 1962:

Article 1

In this Convention:

(a) The term "legislation" includes any social security rules as well as laws and regulations;

b) le terme « prestations » vise toutes prestations, pensions, rentes et allocations, y compris tous suppléments ou majorations éventuels;

c) les termes « prestations accordées au titre de régimes transitoires » désignent, soit les prestations accordées aux personnes ayant dépassé un certain âge au moment de l'entrée en vigueur de la législation applicable, soit les prestations accordées, à titre transitoire, en considération d'événements survenus ou de périodes accomplies hors des limites actuelles du territoire d'un Membre;

d) les termes « allocation au décès » désignent toute somme versée en une seule fois en cas de décès;

e) le terme « résidence » désigne la résidence habituelle;

f) le terme « prescrit » signifie déterminé par ou en vertu de la législation nationale, au sens de l'alinéa *a)* ci-dessus;

g) le terme « réfugié » a la signification qui lui est attribuée à l'article premier de la Convention du 28 juillet 1951 relative au statut des réfugiés;

h) le terme « apatride » a la signification qui lui est attribuée à l'article premier de la Convention du 28 septembre 1954 relative au statut des apatrides.

Article 10

1. Les dispositions de la présente Convention sont applicables aux réfugiés et aux apatrides sans condition de réciprocité.

2. La présente Convention ne s'applique pas aux régimes spéciaux des fonctionnaires, ni aux régimes spéciaux des victimes de guerre, ni à l'assistance publique.

(b) The term "benefits" refers to all benefits, grants and pensions, including any supplements or increments;

(c) The term "benefits granted under transitional schemes" means either benefits granted to persons who have exceeded a prescribed age at the date when the legislation applicable came into force, or benefits granted as a transitional measure in consideration of events occurring or periods completed outside the present boundaries of the territory of a Member;

(d) The term "death grant" means any lump sum payable in the event of death;

(e) The term "residence" means ordinary residence;

(f) The term "prescribed" means determined by or in virtue of national legislation as defined in subparagraph *(a)* above;

(g) The term "refugee" has the meaning assigned to it in Article 1 of the Convention relating to the Status of Refugees of 28 July 1951;

(h) The term "stateless person" has the meaning assigned to it in Article 1 of the Convention relating to the Status of Stateless Persons of 28 September 1954.

Article 10

1. The provisions of this Convention apply to refugees and stateless persons without any conditions of reciprocity.

2. This Convention does not apply to special schemes for civil servants, special schemes for war victims, or public assistance.

3. La présente Convention n'oblige aucun Membre à appliquer ses dispositions aux personnes qui, en vertu d'instruments internationaux, sont exemptées de l'application des dispositions de sa législation nationale de sécurité sociale.

3. This Convention does not require any Member to apply the provisions thereof to persons who, in accordance with the provisions of international instruments, are exempted from its national social security legislation.

CONVENTION N° 118 CONCERNANT L'ÉGALITÉ DE TRAITEMENT DES NATIONAUX ET DES NON-NATIONAUX EN MATIÈRE DE SÉCURITÉ SOCIALE DU 28 JUIN 1962 (EXTRAITS)

36 ÉTATS MEMBRES AU 30 JUILLET 1993[1]	RATIFICATION, ADHÉSION[a], SUCCESSION[d]
Bangladesh	22 Juin 1972
Barbade	14 Octobre 1974
Bolivie	31 Janvier 1977
Brésil	24 Mars 1969
Cap-Vert	8 Juillet 1987
Danemark	17 Juin 1969
Équateur	9 Mars 1970
Finlande	15 Août 1969
France	13 Mai 1974
Guatemala	4 Novembre 1963
Guinée	11 Août 1967
Inde	19 Août 1964
Iraq	28 Avril 1978
Irlande	26 Novembre 1964
Israël	9 Juin 1965
Italie	5 Mai 1967
Kenya	9 Février 1971
Madagascar	22 Juin 1964
Maurice	15 Juillet 1968
Mexique	6 janvier 1978
Norvège	28 Août 1963
Pakistan	27 Mars 1969
Pays-Bas[2]	3 Juillet 1964
République Arabe Libyenne	19 Juin 1975
République Arabe Syrienne	18 Novembre 1963
République de Chine	4 Janvier 1965
République Fédérale d'Allemagne	19 Mars 1971
République du Viet-Nam	7 Décembre 1970

1. Sous réserve des instruments éventuellement en cours de dépôt.
2. Application à l'égard des Antilles Néerlandaises du 3 juillet 1964 et à l'égard du Suriname du 30 mars 1965.

CONVENTION No. 118 CONCERNING EQUALITY OF TREATMENT OF NATIONALS AND NON-NATIONALS IN SOCIAL SECURITY OF 28 JUNE 1962 (EXCERPTS)

36 PARTICIPANTS AT 30 JULY 1993[1]	RATIFICATION, ACCESSION[a], SUCCESSION[d]
Bangladesh	22 June 1972
Barbados	14 October 1974
Bolivia	31 January 1977
Brazil	24 March 1969
Cap Verde	8 July 1987
Democratic Republic of Congo	1 November 1967
Denmark	17 June 1969
Ecuador	9 March 1970
Federal Republic of Germany	19 March 1971
Finland	15 August 1969
France	13 May 1974
Guatemala	4 November 1963
Guinea	11 August 1967
India	19 August 1964
Iraq	28 April 1978
Ireland	26 November 1964
Israel	9 June 1965
Italy	5 May 1967
Kenya	9 February 1971
Libyan Arab Republic	19 June 1975
Madagascar	22 June 1964
Mauritius	15 July 1968
Mexico	6 January 1978
Netherlands[2]	3 July 1964
Norway	28 August 1963
Pakistan	27 March 1969
Republic of Centrafrica	8 October 1964
Republic of China	4 January 1965
Republic of Viet-Nam	7 December 1970
Rwanda	21 September 1989
Suriname	15 June 1976
Syrian Arab Republic	18 November 1963

1. Subject to the deposit of outstanding instruments.
2. Application in respect of the Netherlands Antilles of 3 July 1964 and in respect of Suriname of 30 March 1965.

République Démocratique du Congo	1 Novembre 1967	Tunisia	20 September 1965
		Turkey	25 June 1974
		Uruguay	22 February 1983
République Centrafricaine	8 Octobre 1964	Venezuela	5 November 1982
Rwanda	21 Septembre 1989		
Suriname	15 Juin 1976		
Tunisie	20 Septembre 1965		
Turquie	25 Juin 1974		
Uruguay	22 Février 1983		
Venezuela	5 Novembre 1982		

LES ÉVÉNEMENTS MARQUANTS DE L'HISTOIRE DU HCR

MAIN EVENTS IN THE HISTORY OF UNHCR

LES ÉVÉNEMENTS MARQUANTS DE L'HISTOIRE DU HCR[1]	MAIN EVENTS IN THE HISTORY OF UNHCR[1]
1950	**1950**
Le 14 décembre, la Résolution 428(V) de l'Assemblée Générale de l'ONU institue le HCR. La Résolution 429 (V) convoque une Conférence de Plénipotentiaires pour rédiger une Convention sur les réfugiés.	On December 14, Resolution 428(V) of the UN General Assembly provides for creation of UNHCR. Resolution 429(V) calls for a Conference of Plenipotentiaries to draw up a Convention on refugees.
1951	**1951**
Le 1er janvier, le HCR commence ses activités. À ce moment, il y a près de 1,5 millions de réfugiés non intégrés dans le monde : ils se trouvent surtout en Europe mais aussi en Asie (Hong Kong et Macao) et en Amérique latine.	On January 1, UNHCR starts operations. At that moment, there are roughly 1,5 million non-integrated refugees in the world: they are mainly in Europe, but also in Asia (Hong Kong and Macau) and in Latin America.
Le 28 juillet, la Convention relative au Statut des réfugiés est adoptée à Genève.	On July 28, the Convention relating to the Status of Refugees is adopted in Geneva.
1954	**1954**
Le HCR reçoit le Prix Nobel de la paix.	UNHCR is awarded the Nobel Peace Prize.
1956	**1956**
Crise de Hongrie : 200 000 personnes se réfugient en Autriche et en Yougoslavie.	Hungarian crisis: 200 000 refugees arrive in Austria and Yugoslavia.
1956-57	**1956-57**
La guerre d'indépendance en Algérie provoque un exode vers la Tunisie et le Maroc. Le HCR intervient en 1957 avec ses « bons offices ». En 1962, 260 000 Algériens reçoivent de l'aide pour retourner dans leur pays.	Independence war in Algeria triggers an outward flow into Tunisia and Morocco. UNHCR intervenes in 1957, through its "good offices". In 1962, 260 000 Algerians will be helped to repatriate.

---

1. HCNUR, *Un instrument de paix*, publié par la délégation du HCR en Italie, 1991, pp. 168-177.

1. UNHCR, *An instrument for peace*, publication edited by the UNHCR Branch Office in Italy, 1991, pp. 169-177.

1958

D'autres exodes en Afrique : l'Ouganda reçoit des réfugiés du Soudan et du Rwanda.

1959

L'Année Internationale du réfugié est célébrée dans le monde entier.

1960

Le gouvernement de la République fédérale d'Allemagne institue un fond d'indemnisation pour les victimes du nazisme, dont la gestion revient au HCR.

1962

Des Rwandais d'ethnie tutsie affluent en masse au Burundi.

1965

Afflux de Burundais d'ethnie hutue au Rwanda. (Et, plus tard, en 1972.)

1966

Exode du Mozambique, qui lutte pour son indépendance, vers les pays voisins. Beaucoup de réfugiés retournent dans leur pays en 1975, au moment de l'indépendance du Mozambique.

1967

Le 31 janvier, le Protocole à la Convention de 1951 relative au Statut des réfugiés est adopté à New York.

1968

Après la répression du « Printemps de Prague », 42 000 Tchécoslovaques qui se trouvaient à l'étranger, ne rentrent pas dans leur pays.

1958

Other refugee movements in Africa: Uganda receives people from Sudan and Rwanda.

1959

World Refugee Year is celebrated throughout the world.

1960

The Government of the Federal Republic of Germany institutes an indemnification fund for victims of Nazism and entrusts its administration to UNHCR.

1962

Mass influx in Burundi of ethnic Tutsi from Rwanda.

1965

Influx in Rwanda of ethnic Hutu from Burundi (and again in 1972).

1966

Outward flow from Mozambique, fighting for independence, into neighbouring countries. Many refugees will repatriate in 1975, when Mozambique becomes independent.

1967

On January 31, the Protocol to the 1951 Convention relating to the Status of Refugees is adopted in New York.

1968

After repression of the "Prague Spring," 42 000 Czechoslovaks abroad do not return to their country.

1969

Le 10 septembre, la Convention de l'OUA régissant les aspects propres aux problèmes des réfugiés en Afrique est adoptée à Addis-Abeba.

1971

Environ 10 millions de Bengalis se réfugient en Inde du Pakistan oriental. Ils retourneront l'année suivante dans leur pays devenu indépendant, le Bangladesh.

1972

Le HCR lance une opération spéciale pour rapatrier et réinsérer plus de 200 000 réfugiés du Soudan méridional, ainsi que pour assister des centaines de milliers de personnes déplacées.

Des milliers d'Asiatiques expulsés de l'Ouganda sont réinstallés à l'étranger dans un temps très bref.

1974

Chypre : lancement d'un programme humanitaire en faveur de ceux qui se sont réfugiés au-delà de la ligne de démarcation : 164 000 Grecs-Chypriotes venant du nord et 34 000 Turcs-Chypriotes venant du sud.

1974-76

L'indépendance de la Guinée-Bissau, du Mozambique et de l'Angola permet le rapatriement de centaines de milliers de réfugiés de différents pays de la région.

1975

Amérique latine : la situation politique instable dans le Cône Sud dans la première moitié des années 70, et surtout les événements du Chili en 1973,

1969

On September 10, the OAU Convention governing the specific aspects of refugee problems in Africa is adopted in Addis Ababa.

1971

Nearly 10 million Bengalis take refuge in India from Eastern Pakistan. They will repatriate the following year to their newly-independent state, Bangladesh.

1972

UNHCR launches a special operation to repatriate and reintegrate over 200 000 refugees to Southern Sudan as well as to assist hundreds of thousands of displaced persons.

Thousands of Asians expelled from Uganda are resettled abroad within a very short time.

1974

Cyprus: launching of a humanitarian program in favour of those who have sought refuge on the other side of the demarcation line: 164 000 Greek Cypriots from the north and 34 000 Turkish Cypriots from the south.

1974-76

Independence in Guinea-Bissau, Mozambique and Angola allows repatriation of hundreds of thousands of refugees from neighbouring countries.

1975

Latin America: due to the instable political situation in Southern Cone in the first half of the 1970s, and especially the 1973 events in Chile, a num-

forcent des Chiliens, Boliviens, Uruguayens, Paraguayens et Argentins à chercher asile dans d'autres pays de la région ou d'Europe. Avec la restauration de la démocratie dans leurs pays, la plupart des réfugiés du Cône Sud pourront rentrer chez eux avant la fin de 1990.

160 000 Biharis quittent le Bangladesh pour le Pakistan. De 1977 à 1982, 37 000 autres suivront le même chemin.

Exode de dizaines de milliers de Sharaouis du Sahara occidental vers l'Algérie.

200 000 réfugiés ont été accueillis en Tanzanie des pays voisins, à partir de 1961. À beaucoup d'entre eux, la Tanzanie accorde la possibilité d'acquérir la nationalité et une intégration permanente, sur de vastes installations agricoles.

La chute du Vietnam et du Laos provoque l'exode de réfugiés indochinois dans d'autres pays du sud-est asiatique. À la fin de 1990, environ 1,5 millions de personnes étaient arrivées dans les pays de premier asile, dont 1,3 millions ont été réinstallées en Amérique du Nord, en Europe et en Océanie.

1975-80

Environ 350 000 Cambodgiens cherchent asile en Thaïlande; 310 000 sont réinstallés dans des pays tiers. La plupart des Cambodgiens qui, de leur côté, se sont réfugiés au Laos et au Vietnam retourneront au début des années 80. À partir de 1989, en tant qu'Agence chef de file, le HCR participe à un plan complexe de rapatriement de 300 000 Khmers depuis des zones frontalières et de réfugiés Cambodgiens depuis la Thaïlande, dans le contexte de perspectives améliorées d'une solution politique.

ber of Chileans, Bolivians, Uruguayans, Paraguayans and Argentines seek asylum in various countries of the region and European countries. With the restoration of democracy in these countries, the majority of Southern Cone refugees have returned home by the end of 1990.

160 000 Biharis are transferred from Bangladesh to Pakistan. Between 1977 and 1982 another 37 000 are moved.

Influx of tens of thousands of Saharawi from Western Sahara into Algeria.

Refugees from neighbouring countries, admitted to Tanzania since 1961, now number 200 000. To many thousands of them Tanzania offers the possibility to acquire nationality and permanent integration in large agricultural settlements.

The fall of Viet Nam and Laos provokes the flight of Indochinese refugees into other countries in South-East Asia. Until the end of 1990, arrivals in countries of fir st asylum numbered about 1.5 million people, of whom more than 1.3 million have been resettled in North America, Europe and South Sea Islands.

1975-80

About 350 000 Cambodians seek asylum in Thailand, of which 310 000 are resettled in third countries. Most of the Cambodians that seek asylum in Laos and Viet Nam will return in the early '80s. Since 1989, as designated lead Agency, UNHCR is involved in extensive planning for the repatriation of 300 000 border Khmers and Cambodian refugees from Thailand, in the context of improved prospects for a political settlement in their country.

1977

90 000 Philippins musulmans se réfugient en Malaysia.

L'Angola accueille 200 000 Zaïrois de la province de Katanga (maintenant Shaba).

Exode de la Guinée-Équatoriale vers le Cameroun et le Gabon. Les réfugiés retournent après un changement de régime dans leur pays.

200 000 Birmans d'origine bengali se réfugient au Bangladesh. Ils pourront être rapatriés l'année suivante.

1978

Commence l'afflux des Afghans au Pakistan et en Iran. Après 12 ans, il y aura près de 5 millions d'Afghans hors de leur pays natal. À la fin de 1990, environ 300 000 étaient rentrés dans leur pays venant du Pakistan et d'Iran, sous les auspices du HCR.

130 000 Vietnamiens d'origine chinoise se réfugient en Chine. En 1990, ils seront 286 000 au total.

Les Zaïrois, qui dans les années précédentes s'étaient réfugiés dans les pays voisins, commencent à rentrer chez eux.

Les immigrés rejetés aux frontières européennes commencent à devenir des demandeurs d'asile, et vont s'ajouter à ceux qui arrivent en Europe à cause des crises politiques en Afrique, au Moyen-Orient et en Amérique latine.

En Amérique centrale des exodes commencent à se produire du Nicaragua, El Salvador et Guatemala. Très nombreuses sont aussi les populations déplacées à l'intérieur de ces pays. Dans les Caraïbes, beaucoup de Haïtiens ont

1977

90 000 Muslim Filipinos seek refuge in Malaysia.

Angola receives 200 000 Zairians from the province of Katanga (now Shaba).

Outward flow from Equatorial Guinea into Cameroon and Gabon. Refugees will repatriate after a change of regime in their country.

200 000 Burmese of Bengali origin take refuge in Bangladesh. They will be able to repatriate the following year.

1978

Afghan refugees begin to arrive in Pakistan and Iran. After 12 years there are five million Afghans outside their home country. By the end of 1990, about 300 000 had returned from Pakistan and Iran under UNHCR auspices.

130 000 Vietnamese of Chinese origin take refuge in China. In 1990, they will total 286 000.

Zairians, who in previous years sought refuge in neighbouring countries, start returning to their home country.

Immigrants rejected at european borders begin to ask for asylum, in addition to those arriving in Europe because of the political crises prevailing in Africa, in the Middle East and in Latin America.

Central America begins to register outflows of population from Nicaragua, El Salvador and Guatemala. There are many displaced persons too within the countries themselves. In the Caribbean, many Haitians have already sought asy-

déjà cherché asile à Saint-Domingue, au Venezuela et dans différentes îles de la région.

Le HCR met en marche un programme dans la Corne de l'Afrique, en faveur de centaines de milliers de réfugiés éthiopiens au Soudan, en Somalie et à Djibouti, et en faveur de 500 000 personnes déplacées en Ogaden.

1978-79

L'exode du Laos vers la Thaïlande devient massif. Un certain nombre de Laotiens se réfugient, d'autre part, au Vietnam.

L'exode des « boat people » qui quittent le Vietnam par la mer, commencé en 1975, assume des dimensions dramatiques au cours de ces années. Beaucoup d'entre eux meurent en mer ou sont victimes d'actes de piraterie.

1979

Rapatriement de 100 000 Nicaraguayens après le changement de régime dans leur pays.

Des milliers de Tchadiens se réfugient au Soudan, au Cameroun et dans les pays voisins. La plupart seront rapatriés en 1981.

Exode d'Ougandais au Soudan.

Après la Révolution islamique en Iran, un grand nombre d'Iraniens se réfugient dans les pays voisins. Environ 25 000 demandeurs d'asile s'adressent au HCR au Pakistan et en Turquie. La plupart de ceux qui ont été acceptés auront trouvé une solution de réinstallation à la fin de 1990.

lum in Santo Domingo and Venezuela as well as in islands of the region.

UNHCR launches an assistance programme in the Horn of Africa for hundreds of thousands of Ethiopian refugees in the Sudan, Somalia, Djibouti and 500 000 internally displaced in Ogaden.

1978-79

Movement from Laos to Thailand becomes mass exodus. A number of Laotians seek refuge in Viet Nam also.

The exodus of the so-called "boat people," who leave Viet Nam by sea, which started in 1975, assumes dramatic dimensions in these years. Many drown or fall victims to acts of piracy.

1979

Repatriation of 100 000 Nicaraguans following the change of regime in their country.

Thousands of Chadians flee to the Sudan, Cameroon and other neighbouring countries. The majority will repatriate in 1981.

Exodus of Ugandans to the Sudan.

Following the Iranian Islamic Revolution, large numbers of Iranian asylum seekers cross into neighbouring countries. About 25 000 approach UNHCR in Pakistan and Turkey, requesting asylum. The majority of those accepted by the end of 1990 had found solutions through resettlement.

1980

En Afrique, 200 000 personnes retournent au Zimbabwe devenu indépendant, 190 000 au Zaïre et 50 000 en Angola.

La guerre civile au Tchad oblige à nouveau des centaines de milliers de personnes à se réfugier dans les pays voisins. Elles seront rapatriées en 1981-82.

1981

Le HCR reçoit pour la deuxième fois le Prix Nobel de la Paix.

1982

Augmentation sensible du nombre de réfugiés en Amérique centrale, au Mexique et au Panama.

1983

La guerre civile au Sri Lanka provoque l'exode de 200 000 personnes vers l'Inde et d'autres pays. Entre 1987 et 1989, quelques milliers de personnes rentreront mais, par la suite, l'aggravation de la situation causera de nouveaux exodes.

Un exode de proportions importantes commence du Soudan méridional vers l'Éthiopie. En 1990, il atteindra les 400 000 personnes.

Une opération de rapatriement, de dimensions limitées commence de la Somalie vers l'Éthiopie : 12 000 rapatriés jusqu'à 1990. La crise en Somalie, en 1990, obligera toutefois beaucoup d'Éthiopiens à rentrer chez eux ou à se réfugier au Kenya.

1984

(Et années suivantes.) La Papouasie-Nouvelle-Guinée reçoit des réfugiés de la province indonésienne d'Irian Jaya.

1980

Repatriation in Africa: 200 000 refugees return to Zimbabwe following independence, 190 000 to Zaire and 50 000 to Angola.

Civil war in Chad again forces hundreds of thousands of people to take refuge in neighbouring countries. They will repatriate in 1981-82.

1981

UNHCR is awarded the Nobel Peace Prize for the second time.

1982

The number of refugees in Central America, Mexico and Panama increases considerably.

1983

Civil war in Sri Lanka causes the exodus of 200 000 people into India and other countries. Between 1987 and 1989 several thousand will repatriate but later the worsening situation in the country provokes new exodus.

A mass influx from Southern Sudan into Ethiopia begins. By 1990, 400 000 Sudanese will have arrived in Ethiopia.

A repatriation operation starts from Somalia to Ethiopia, in limited numbers: 12 000 returnees up to 1990. A crisis in Somalia in 1990 will however force many Ethiopian refugees to repatriate or to take refuge into Kenya.

1984

(And following years.) Papua-New Guinea receives refugees from the Indonesian Province of Irian Jaya.

Les réfugiés salvadoriens commencent à rentrer, en nombre limité, surtout à partir du Honduras. En 1990, la presque totalité retourne à son pays sous les auspices du HCR.

Le 22 novembre, la Déclaration de Carthagène sur la protection internationale des réfugiés d'Amérique centrale, du Mexique et de Panama est adoptée.

1985

Crise au Soudan : le pays reçoit un afflux de dizaines de milliers d'Éthiopiens, dont la vie est menacée par la guerre et la famine.

1986

Europe : augmentation du nombre de demandeurs d'asile, et du pourcentage d'entre eux provenant de pays non-européens.

Entre 1986 et 1989, 320 000 Ougandais rentrent dans leur pays à partir du Soudan et du Zaïre.

Commence l'exode en masse du Mozambique vers les pays voisins. Sur plus d'un million de réfugiés, plus de 900 000 sont accueillis au Malawi.

1987

Des dizaines de milliers de Polonais se réfugient dans les pays d'Europe occidentale.

Le plan de paix pour l'Amérique centrale (Esquipulas II) ouvre de nouvelles possibilités de rapatriement dans la région.

1988

60 000 Burundais se réfugient au Rwanda. Ils pourront rentrer quelques mois après.

Salvadorian refugees—in limited numbers—begin to return home, mainly from Honduras. In 1990, almost all of them will have repatriated under the auspices of UNHCR.

On November 22, the Cartagena Declaration on International Protection of Refugees in Central America, Mexico and Panama is adopted.

1985

Crisis in the Sudan: the country receives an influx of tens of thousands of Ethiopians whose life is threatened by war and famine.

1986

Europe registers a considerable increase in number of asylum seekers, with a growing percentage of non-Europeans.

Between 1986 and 1989, 320 000 Ugandans repatriate from the Sudan and Zaire.

Mass exodus from Mozambique into neighbouring countries beings. Of over one million refugees, more than 900 000 seek asylum in Malawi.

1987

Tens of thousands of Poles arrive in countries of Western Europe.

A Peace Plan for Central America (Esquipulas II) offers new opportunities for repatriation in the region.

1988

60 000 Burundese take refuge in Rwanda. They will be able to repatriate a few months later.

Le conflit armé du nord-ouest de la Somalie produit un afflux massif de réfugiés Somaliens en Éthiopie. Leur nombre, à la suite de ce conflit et de la guerre civile de 1990, atteindra 375 000 personnes en décembre 1990.

1989

La Hongrie, qui accueille des réfugiés roumains, adhère à la Convention de 1951 sur les réfugiés. D'autres pays de l'Est européen, tels que la Pologne, commencent à recevoir des réfugiés et à envisager la possibilité d'adhérer à la Convention.

À la suite d'incidents aux frontières, 75 000 réfugiés et personnes déplacées arrivent au Sénégal et en Mauritanie.

Une conférence sur l'Asie du Sud-Est, réunie à Genève, adopte un plan d'action global pour fournir des solutions — y compris la détermination du statut de réfugié et le rapatriement volontaire — aux réfugiés vietnamiens et laotiens.

La Conférence internationale sur les réfugiés d'Amérique centrale (CIREFCA) adopte au Guatemala un plan d'action pour les réfugiés, les rapatriés et les personnes déplacées de la région. À la fin de 1990, un total d'environ 300 000 Salvadoriens du Honduras et 50 000 Nicaraguyens du Honduras et du Costa Rica seront retournés dans leurs pays sous les auspices du HCR.

Rapatriement en Namibie de 43 000 réfugiés à partir de l'Angola et d'autres pays d'Afrique australe ou d'autres continents, après de longues années en exil.

Mass influx of Somalia refugees in Ethiopia, following the armed conflict in North-Western Somalia. As a consequence of this conflict and of the civil war in 1990, their number will reach 375 000 by December 1990.

1989

Hungary, which has received refugees from Romania, signs the 1951 Convention on the status of refugees. Other East-European countries, such as Poland, begin to receive asylum seekers and to consider adhesion to the Convention.

Following incidents in the border areas, 75 000 refugees and displaced persons arrive in Senegal and Mauritania.

A Conference on South-East Asia held in Geneva adopts a Comprehensive Plan of Action to provide solutions—including refugee status determination and voluntary repatriation—for Vietnamese and Laotian refugees.

The International Conference on Central American Refugees (CIREFCA) held in Guatemala adopts a Plan of Action for Central American refugees, returnees and displaced persons. By the end of 1990, a total of some 30 000 Salvadorians from Honduras and 50 000 Nicaraguans from Honduras and Costa Rica will have returned to their countries under UNHCR auspices.

43 000 Namibians return to their home country from Angola and other countries in Southern Africa or elsewhere, after many years in exile.

1990

Pour fuir la guerre civile, 750 000 Libériens (32 % de la population) trouvent asile en Guinée, en Côte d'Ivoire et au Sierra Leone.

Début des opérations de protection d'éventuels réfugiés et personnes déplacées comme conséquence de la crise du Golfe.

1993

Publication du premier rapport du HCR sur la condition des 18,2 millions de réfugiés dans le monde, dans lequel sont proposées des solutions pour l'avenir.

HCNUR, *Les réfugiés dans le monde, le défi de la protection*, La Découverte, Hors collection, 1993, 208 p.

1990

As a consequence of civil war, 750 000 Liberians (32% of the population) take refuge in Guinea, Côte d'Ivoire and Sierra Leone.

Protection operations start in favour of possible refugees and displaced persons as a consequence of the Gulf crisis.

1993

The UNHCR publishes its first report on the plight of the world's 18.2 million refugees, and offers strategies for the future.

UNHCR, *The State of the World's Refugees 1993, the Challenge of Protection*. New York: Penguin Books, 1993.

BIBLIOGRAPHIE GÉNÉRALE

GENERAL BIBLIOGRAPHY

SECTION I

RÉFUGIÉS ET APATRIDES

REFUGEES AND STATELESS PERSONS

ABI-SAAB, G., "Wars of national liberation in the Geneva Conventions and Protocols", (1979) RCADI, Vol. IV, pp. 353-446.

ADDISON, Smith, "The right of asylum", (1911) Law Quarterly Review, pp. 199 ff.

ADELMAN, Howard, "Refugee or Asylum: A Philosophical Perspective", (1988) 1 J. Refugee Studies, p. 7.

AGA KHAN, Sadruddin, "Legal Problems Relating to Refugees and Displaced Persons", (1976) Recueil des cours, p. 287.

ALAUX, J. P., « Un droit en voie de disparition? Plus d'asile pour ceux qui fuient guerre et misère », *Monde diplomatique*, Août 1991, p. 23.

ALCINDOR, L., *Asile (droit d')*, Répertoire de droit international, de Lapradelle et Niboyet.

ALDO, L. A., « La perte du statut de réfugié en droit international public », (1991) 2 R.G.D.I.P., pp. 371-404.

ANKER, Deborah, "Discretionary Asylum: A Protection Remedy for Refugees Under the Refugee Act of 1980", (1987) 28(1), Virginia J. Intl. Law., p. 1.

ANKER, Deborah and Carolyn BLUM, "New Trends in Asylum Jurisprudence", (1989) 1 Intl. J. Refugee L., p. 67.

ANKER, Deborah and Michael POSNER, "The Forty Year Crisis: A Legislative History of the Refugee Act of 1980", (1981) 82 San Diego L. Rev., p. 1.

BACCINO-ASTRADA, A., *Manuel des droits et devoirs du personnel sanitaire lors des conflits armés*, Genève, Éd. CICR/Ligue, 1982.

BAHRAMY, Abdollah, *Le droit d'asile*, Paris, A. Rousseau, 1938 (thèse).

BALOCH, Elener, *World peace and refugee problem*, (1949), Recueil, Paris, II, pp. 363-507.

BASSIOUNI, M. Ch. *International extradition and world public order.* Leyden: A.W. Sijthoff, 1974.

BENTWICH, N. *The International problem of Refugees.* New York: 1936.

BETTATI, Mario, *L'asile politique en question*, Paris, P.U.F., 1985, 205 p.

BEYER, Gunther, "The Political Refugee: 35 Years Later", (1981) 15 Intl. Migration Rev., p. 26.

B.I.T., *Les réfugiés et les conditions de travail en Bulgarie*, Genève, B.I.T., 1926.

BLED du S., CARLIER J.-Y., NEVEN J.-F. et RYCK de S., *Réfugiés demandeurs d'asile*, Bruxelles, Labor, 1986.

BLUM, Carolyn, "Who is a Refugee? Canadian Interpretation of the Refugee Definition", (1986) 1 Imm. J., p. 8.

BODART, S., *Les autres réfugiés : le statut des réfugiés de facto en Europe*, Louvain-La-Neuve, Academia, 1990.

BOLESTA-KOZIEBROTZKI, L., *Le droit d'asile*, Leyde, A.W. Sijthoff, 1962.

BOSSUYT M. et Ali, *La reconnaissance de la qualité de réfugié et l'octroi de l'asile*, Bruxelles, Université Libre de Bruxelles, Bruylant, 1990.

BOTHE, M., PARTSCH, K. J and W. SOLF. *New rules for victims of armed conflicts, Commentary on the two Protocols additional to the Geneva Conventions of 1949.* The Hague: Nijhoff, 1982.

BRILL, Kenneth D., "The Endless Debate: refugee Law and Policy and the 1980 Refugee Act", (1983) 32 Cleveland State L. Rev., p. 117.

BUXTON, D. F. *The Economics of the Refugee Problem.* London: 1939.

CALOZ-TSCHOPP, Marie-Claire, « À propos des "nouveaux réfugiés", le pari de l'ouverture », (1984) Ligue suisse des droits de l'homme, 37 p.

——————— *Le tamis helvétique : Des réfugiés politiques aux nouveaux réfugiés*, Lausanne, Éditions d'En-Bas, 1982, 172 p.

CANTIN, Roger, "Redetermination of a Claim to be a Convention Refugee: A Review of the Jurisprudence", (1984) Revue générale de droit 15, pp. 609-643.

CARLIER, Jean-Yves, *Droits des réfugiés*, Bruxelles, E. Story-Scientia, 1989.

——————— « Réfugiés, refugés, à propos du Projet de loi no. 689/1 apportant des modifications en ce qui concerne notamment les réfugiés, à la loi du 15 décembre 1980 sur l'accès au territoire, le séjour et l'éloignement des étrangers », (1984) Revue du droit des étrangers, n° 4, pp. 133-199.

——————— « Référés, réfugiés et pauvretés », (1987) Journal des Procès, n° 102, p. 29.

CAYLEY CHUNG, Daniel, "Immigration Law: Political asyliens for Deportable aliens", (1985) Harvard International Law Journal, p. 225.

CHAMBERLAIN, J. P. *The Fate of Refugees and Displaced Persons, An Address.* New York: 1947.

CHAMBERLAIN, Margaret D., "The Mass Migration of Refugees and International Law", (1983) 7 Fletcher Forum, p. 93.

CHANDELIER, Pierre, *Le droit d'asile. Essai sur l'évolution du droit international en matière d'asile à l'époque contemporaine*, Paris, 1947 (thèse).

CHEMILLE-GENDREAU, Monique, « Le concept de réfugié en droit international et ses limites », (1981) 28 Pluriel, p. 3.

─────────── « Droit des peuples à disposer d'eux-mêmes et réfugiés », (1984) in : Mélanges Chaumont, Paris, Pedone, pp. 161-178.

CHILDS, S. L. *Refugees: a Permanent Problem in International Organization.* London: Geneva Institute of International Relations, Problems of Peace, 13th Series, 1938.

COLAS, D., EMERI, C. et J. ZYLBERGERG (Sous la dir. de), *Citoyenneté et nationalité : Perspective en France et au Québec*, Paris, P.U.F., 1991.

COLELLA, A., « Les réserves à la Convention de Genève (28 juillet 1951) et au Protocole de New York (31 janvier 1967) sur le statut des réfugiés » (1989), Annuaire français de droit international, vol. XXXV.

COLES, G. J. L., "Some Reflections in the Protection of Refugees from Armed Conflict Situations", (1984) 7 In Defense of the Alien, p. 78.

─────────. "Temporary refugee and the large scale influx of refugees", (1983) 8 Aust. L.Y.B. Int., l, p. 189.

COX, Theodore N., "Well-Founded Fear of Being Persecuted: The Sources and Application of a Criterion of Refugee Status", (1984) 10 Brooklyn J. Intl. L., p. 333.

DEL CARRIL, « Quelques réflexions à propos des réfugiés », (1987) J.T., p. 81.

De MOFFARTS, « Réfugiés indésirables. Quelques observations sur le projet de loi sur les réfugiés », (1987) R.D.E., p. 40.

DE RHAM, Gérard, GRANDMOUDIN, Christiane, et Marie BERNASCONI, « L'asile dans notre quotidien, discours populaire sur les réfugiés », (1986) Préface d'André JACQUES, Public. Cetim, Genève, n° 14, 98 p.

DeVECCHI, Robert P., "Determining Refugee Status: Towards a Coherent Policy", (1983) World Refugee Survey, p. 10.

DOMINICE, G. et J. PATRNOGIC, « Les Protocoles additionnels aux Conventions de Genève et le système des puissances protectrices », (1979) Annales de Droit international médical, pp. 24-50.

DRAPER, G.I.A.D., "The implementation and enforcement of the Geneva Conventions and the two additinal Protocols of 1977", (1979) RCADI, Vol. III, pp. 5-64.

D'SOUSA, F., "The refugee dilemna, International recognition and acceptance", (1980) London.

EARL, P. *The Convention relating to the Status of Refugees and United Nations Office of the High Commissioner for Refugees.* Montreal: Canadian Human Rights Fondation, 1978.

FELICIANO, "The principle of Non-Refoulement: A note on international legal protection of refugees and displaced persons", (1982) 57 Phil. Law Journal, pp. 598-599.

FISH, Hamilton Jr., "A Congressional Perspective on Refugee Policy", (1983) World Refugee Survey, p. 48.

FOWLER, Dulcey, "The Developing Jurisdiction of the United Nations High commissioner for Refugees", (1974) 7 Human Rts. J., p. 119.

FRAGOMEN, A.T. Jr., "The Refugee: A Problem of Definition", (1970) 3 Case Western Reserve J. Intl. L., p. 45.

FRANCESCHI, P., *L'exode vietnamien : les réfugiés de Pulan Bidong*, Paris, Arthand, 1979.

FRELICK, Bill, "Conscientious Objectors as Refugees", in: V. Hamilton, ed., World Refugee Survey: 1986 in Review, (1987) U.S. Committee for Refugees.

FU-YUNG, H., *La protection des réfugiés par la Société des Nations*, Lyon, 1935.

GAGLIARDI, Donald P., "The Inadequacy of Cognizable Grounds of Persecution as a Criterion for According Refugee Status", (1987-88) 24 Stanford J. Intl. L., p. 259.

GAMMELTOFT-HANSEN, « Le premier pays d'accueil, problème humanitaire, politique et juridique », (1979) in: Nordisk Tidskrift for international ret., p. 173.

GANJU, M. *International Protection of Human Rights*. Geneva: Droz, 1962.

GARCIA-MORA, Manuel, *International Law and Asyliens as a Human Right.* Washington, D.C.: Public Affair Press, 1956, 171 p.

GARVEY, Jack, "Toward a Reformulation of International Refugee Law", (1985) 26 Harvard Intl. L. J., p. 483.

GENEVOIS, Bruno, « La reconnaissance de la qualité de réfugié politique aux personnes persécutées dans leur pays par des particuliers », (1983) Conclusions sous C. E., in : L'Actualité juridique, Droit Administratif, p. 481.

——————— « La liberté individuelle, le droit d'asile et les conventions internationales », (1987) Rev. Fr. de drt. adm., p. 120.

GFELLER, Urs, CHEVALLAZ, G. A., HOCKE, J. P. et E. KOPP, *Le temps des réfugiés*, Lausanne, Éditions de l'Aire, 1987.

GHOSHAL, A. and T. CROWLEY, "Refugees and Immigrants: A Human Rights Dilemma", (1983) 5 Human Rts. Q., p. 327.

GILBERT, Geoffrey S., "Right of Asyliens: A Change of Direction", (1983) in: International and Comparative Law Quaterly (I.C.L.Q.), p. 633.

GONIDEC, P. F., « L'affaire du droit d'asile », (1951) Rev. général de droit international public, n⁰ 4.

GONSET, Y., *La nationalité de l'enfant en droit comparé : Études des législations européennes*, Genève, Droz, 1977.

GOODWIN-GILL, Guy. *International Law and the Movement of Persons Between States*. Oxford: Clarendon Press, 1978, 324 p.

——————. "Entry and Exclusion of Refugees: The Obligations of States and the Protection Function of the Office of the UNHCR", (1980) Michigan Y.B. Intl. L. Studies, p. 291.

——————. *The Refugee in International Law*. Oxford: Clarendon Press, 1983, 318 p.; New York: Colombia University Press, 1987.

——————. "Non-Refoulement and the New Asylien Seeker", (1985-86) Virginia J. Intl. L., p. 897.

——————. "Refugees: The Functions and Limits of the Existing Protection System", in A. Nash, ed., *Human Rights and the Protection of Refugees under International Law*. Montreal: Canadian Human Rights Foundation, 1988, p. 149.

GRAHL-MADSEN, Atle, "Further Development of International Refugee Law", (1964) 34 Nordisk Tidsskrift for Intl. Ret., p. 159.

——————. *The Status of Refugee in International Law*, Vol. I, II. Leyden: A.W. Sijthoff, 1972.

——————. *Territorial Asylum*. Stockholm: Almqvist & Wiksell International, 1980.

——————. "International refugee Law Today and Tomorrow", (1981-82) in: Archiv des Völkerrechts, p. 411.

——————. "The League of Nations and the Refugees", (1982) 20 A.W.R., Bull. 86.

——————. "Identifying the World's Refugees", (1983) 467 Annals A.A.P.S.S. 11.

——————. "Protection of Refugees by Their Country of Origin", (1986) 11(2) Yale J. Intl. L., p. 362.

——————. "Refugees and displaced persons: meeting the challenge", (1985) Nordisk Tidskrift for int. ret., pp. 3-10.

GREATBATCH, Jacqueline, "The Gender Difference: Feminist Critiques of Refugee Discourse", (1989) 1(4) Intl. J. Refugee L., p. 518.

GREEN, Mendel M., "Just What is the Procedure for New Refugee Claim", (1986) 6 Lawyers Weekly 4, No. 4.

GREIG, D.W., "The Protection of Refugees and Customary International Law", (1983) 8 Australian Y.B. Intl. L., p. 108.

HAILBRONNER, Kay, "Non-Refoulement and 'Humanitarian' Refugees: Customary International Law or Wishful Legal Thinking?", (1985-86) Virginia J. Intl. L., 26, p. 857.

HAINES, W. D. *Refugees in the United States: A reference handbook.* Westport: Greenwood Press, 1985.

HANSSON, M. *The Refugee Problem and the League of Nations.* Oslo: 1938.

HARTLING, Paul, "Concept and definition of 'refugee'—legal and humanitarian aspects", (1979) in: Nordisk Tidskrift for international ret., p. 125.

HATHAWAY, James C., "The Evolution of Refugee Status in International Law: 1920-1950", (1984) I.C.L.Q., 33, 2, p. 348.

———. "'Irregular' Asylum Seekers: What's All the Fuss?", (1988) 8(2) Refuge 1.

———. "A Reconsideration of the Underlying Premise of Refugee Law", (1980) 31(1) Harvard Intl. L.J., p. 129.

———. "Approaching the Refugee Problem Today", in: G. Loescher and L. Monahan, eds., *Refugees and International Relations.* Oxford: Oxford University Press, 1989, p. 373.

———. *The Law of Refugee Status.* Toronto: Butterworths, 1991.

HATHAWAY, James C. and Michael SCHELEW, "Persecution by Economic Proscription: A New Refugee Dilemma", (1980) 28 Chitty's L.J., p. 190.

HELBRONNER, H., *Jurisprudence de la Commission de recours des réfugiés*, Paris, Dalloz, 1961.

——— « La Commission de recours des réfugiés », (1978-79) in : Études et Documents du Conseil d'État, n° 30, p. 109.

HELTON, Arthur C., "Persecution on Account of Membership in a Social Group as a Basis for Refugee Status", (1983) 15 Columbia Human Rts. L. Rev., p. 39.

HEYMAN, M., "Redefining Refugee: A Proposal for Relief for the Victims of Civil Strife", (1987) 24 San Diego L. Rev., p. 449.

HOFMANN, Rainer, "Refugee-Generating Policies and the Law of State Responsibility", (1985) Zeitschrift Auslandisches Offentliches, pp. 694-713.

HOLBORN, Louise W., *The International Refugee Organization: A Specialized Agency of the United Nations: Its History and Work, 1946-1952.* Oxford, Oxford University Press, 1956.

———. *Refugees: a problem of our time, the work of the United Nations High Commissioner for Refugees, 1951-1972*, Vol. I. Metuchen, N.J.: the serorecrow Press, 1975.

HULL, David, "Displaced Persons: 'The New Refugees'", (1983) 13 Georgia J. Intl. Comp. L., p. 755.

HUYCK, Earl E. and Leon F. BOUVIER, "The Demography of Refugees", (1983) 467 The Annals Am. Academy, p. 39.

HYNDMAN, Patricia, "Refugees Under International Law with a Reference to the Concept of Asylum", (1986) 60 Australian L.J., p. 148.

JAEGER, Gilbert, "The Definition of 'Refugee': Restrictive versus Expanding Trends", (1983) World Refugee Survey, p. 5.

——————— « Statut et protection internationale des réfugiés », (1978) Institut International des Droits de l'Homme, 9e session, p. 1 et s.

———————. "The protection of refugees in recent events", (1980) International Institute of Human Rights, II, 64 p.

JENNINGS, R. Y., "Some International Law Aspects of the Refugee Question", (1939) 20 British Y. Intl. L., p. 98.

JOLY, D. *Refugees in Europe.* London: Minority Rights Group, 1990.

JULIEN-LAFERRIÈRE, François, « Réflexions sur la notion de réfugié en 1978 », (1978) 17 A.W.R. Bull., p. 30.

JULY, Laurent, « L'asile diplomatique devant la Cour Internationale de Justice », (1951) in : Die Friendenswarts, p. 20.

KAWAHARA, Kenichi, "Analysis of Results of the First Session of the International Conference on Territorial Asylum", in: *International Institute of Humanitarian Law*, ed., Round Table on Some Current Problems of Refugee Law. San Remo: International Institute of Humanitarian Law, 1978.

KEELY, Charles B. and Patricia J. ELWELL. *Global Refugee Policy: The Case for a Development-Oriented Strategy.* New York: Population Council, 1981.

KOZIEBRODSKI, Léopold, *Le droit d'asile*, Leyde, Sijthoff, 1962, 374 p.

KRENZ, Frank E., "The Refugee as a Subject of International Law", (1966) 15 I.C.L.Q., p. 90.

LAMM V. et A. BRAGYOVA, « L'affaire du passage des ressortissants est-allemands à travers la Hongrie : commencement de la fin du droit international socialiste » (1990) A.F.D.I., pp. 125-145.

LANGROD, Georges, « Les problèmes des réfugiés et apatrides », (1953-54) Cours polycopié, Institut des Hautes Études internationales de l'Université de Paris.

LEDUC, François, « L'Asile territorial et Conférence des Nations Unies de Genève, Janvier 1977 », (1977) 23 Ann. française de droit int., p. 221.

LEE, Luke T., "The right to compensation: refugees and countries of asylien", (1986) American J. of Intl. Law, 80, 3, p. 532.

───────────. "Toward a world without refugees: The United Nations Group of Governmental experts on International Cooperation to avert New Flows of Refugees", (1986) The British Yearbook of International Law, p. 317.

───────────. "The U.N. Group of Governmental experts on International cooperation to avert New Flows of Refugees", (1987) American Journal of International Law, Part I, p. 480, Part II, pp. 442-444.

LENTINI, Elizabeth H., "The Definition of Refugee in International Law: Proposals for the Future", (1985) 5 Boston College Third World L.J., p. 183.

LOESCHER, LAILA MONAHAN. *Refugees and International Relations*. Oxford: Clarendon Press, 1990.

LUCA, Donatella, « La notion de "solution" au problème des réfugiés, un essai de définition », (1987) Rev. de droit international, de sciences diplomatiques et politiques, p. 1.

MACALISTER-SMITH, Peter, "International humanitarian assistance for refugees: Law and practice", (1985) Indian Journal of International Law, pp. 365-385.

MARRUS, Michael. *The Unwanted: European Refugees in the Twentieth Century*. New York: Oxford University Press, 1985.

MARTIN, David A., *The New Asylum seekers: Refugee Law in 1980*. Dordrecht: Martinus Nijhoff Publishers, 1988.

───────────. in: C. Sumpter, "Mass Migration of Refugees—Law and Policy", (1982) 76 A.S.I.L.P., p. 13.

───────────. "Large-scale migrations of asylum seekers", (1982) American Journal of International Law, p. 598.

───────────. "The refugee act of 1980: its past and its future in Transnational legal problems of refugees", (1982) Michigan Yearbook of International Legal Studies, p. 91.

MAURICE, F. et J. de COURTEN, « L'action du C.I.C.R. en faveur des réfugiés et des populations civiles déplacées », (1991) 787 Revue de la Croix-Rouge, pp. 9-22.

MAYNARD, P., "The Legal Competence of the United Nations High Commissioner for Refugees", (1982) 31 I.C.L.Q., p. 415.

MELANDER, Goran, "The Protection of Refugees", (1974) Jean Studies in International Law, 18, pp. 151-179.

───────────. "Refugees in Orbit", (1978) 16 A.W.R. Bull., p. 59.

NATHAN-CHAPOTOT, R., *La qualification internationale des réfugiés et personnes déplacées dans le cadre des Nations Unies*, 1949.

———————. *Les Nations Unies et les réfugiés*, Paris, Pedone, 1949.

NGUYEN, Hoang, « Sur le problème des réfugiés », (1985) Revue Internationale de droit contemporain, 2, pp. 109-116.

NIBOYET, J.-P., *Traité de droit international français*, Paris, Sircy, 1947.

PARRY, C. L. *Nationality and citizenship laws of the Commonwealth.* London: Stevens and Sons, 1957.

PATRNOGIC, J., "Refugees—A Continuing Challenge", (1982) 30 Annuaire de droit international médical, p. 73.

PERLUSS, Deborah and Johan F. HARTMAN, "Temporary Refugee: Emergence of a Customary Norm", (1986) Ua. J. Int. Law, No. 26, pp. 551-626.

PETRINI, Kenneth R., "Basing Asylum Claims on a Fear of Persecution Arising from a Prior Asylum Claim", (1981) 56 Notre Dame Lawyer, p. 719.

PICTET, J., *Le droit humanitaire et la protection des victimes de la guerre*, Leyde, Sijithoff, 1973.

PLENDER, Richard, "Admission of Refugees: Draft Convention on Territorial Asylum", (1977) 15 San Diego L. Rev., p. 45.

POMPE, C.A., "The Convention of 28 July 1951 and the International Protection of Refugees", (1956) Rechtsgeleerd Magazyn Themis 425, published in English as U.N. Doc. HCR/INF/42, May 1958.

PONCET, D., *L'extradition et l'asile politique en Suisse*, Fribourg, Barblan et Saladin, 1976.

PRUJINER, A., « Nationalité, migration et relations internationales », (1993) 1 Études internationales, vol. XXIV, p. 63.

QUIGLEY, J., "The relation Between Human Rights Law and the Law of Belligerent Occupation: Does an occupied population have a Right to Freedom of Assembly and Expression?", (1989) 1 Boston coll. International and Comp. L.J., Vol. XII.

RAESTAD, A., « Le droit d'asile », (1938) Revue de droit international et de législation comparée, pp. 115-131.

——————— « Le statut juridique des apatrides et des réfugiés », (1936) Rapport et discussion I.D.I., Session de Bruxelles, 1936, 2e commission, Annuaire, vol. II, p. 91.

REALE, E., « Le droit d'asile », (1938) Recueil, I., La Haye, pp. 473-601.

REES, Elfan, "The refugee and the United Nations", (1935) International Conciliation, New York, No. 492.

RIPERT, Francis, « Le statut de réfugié », (1938) Nouvelle Revue de droit international privé, p. 64 et s.

ROBINSON, N. *Convention relating to the Status of Refugees: Its History, Contents and Interpretation.* New York: Institute of Jewish Affairs, 1953.

ROLIN, H., *Renforcement du droit d'asile en Belgique*, Mélanges Ch. Rousseau, 1975, pp. 219-228.

ROUCOUNAS, E.-J., « Les infractions graves au droit humanitaire — l'article 85 du Protocole additionnel aux Conventions de Genève », (1978) Revue hellénique de Droit international, pp. 57-153.

ROZELL, Lynda M., "Immigration asylum—The proper standard for asylum eligibility is a well-founded fear of persecution", (1985-86) Virgin J. of Int. Law, p. 1039.

SARRAUTER, A. et Paul TAGER, « Le nouveau statut international des réfugiés », (1953) R.C.D.I.P., p. 244.

SCELLE, Georges, « Le problème de l'apatridie devant la Commission du Droit international de l'O.N.U. », (1954) in : Die Friedenswarte, Bâle, vol. 52, pp. 142-143.

SCHNYDER, F., « Les aspects juridiques actuels du problème des réfugiés », (1965) in : Recueil de cours, p. 340.

SCHULTHEIS, Michael, s.j., « Les réfugiés dans le monde », (1986) Études 365, 3, pp. 149-162.

SEXTON, Robert C., "Political Refugees, Nonrefoulement and State Practice: A Comparative Study", (1985) 18 Vanderbilt J. Transntl. L., p. 731.

SHACKNOVE, Andrew E., "Who is a Refugee?", (1985) 95 Ethics, p. 274.

SHIMADA, Yukio, "The Concept of the Political Refugee in International Law", (1975) 19 Japanese Ann. Int. L., p. 24.

SIMMANCE, A. J. F., "Refugees and the Law", (1981) New Zealand L.J., p. 550.

SIMPSON, John Hope. *Refugees: Preliminary Report on a Survey.* 1938.

——————. *The Refugee Problem.* Oxford: Oxford University Press, 1939.

SINHA, Prakest, "An anthropocentric view of asylum in International Law", (1971) Colum. J. Transnat'l. L., 10, pp. 78-110.

SINHA, S. P. *Asylum and International Law.* The Hague: Nijhoff, 1971.

SMITH, Alice Jackson, "Temporary Safe Haven for De Facto Refugees from war, violence and disasters", (1988) Virgin Int. Law Journal, pp. 509-560.

SMITH, Rogers M., "Refugees, immigrants and the claims of the nation-state", (1987) Times Literary Supplement 1422 (December 25-31, 1987).

SPITZER, T. R., « International Law and Refugees » (1961) 14 Revue Hellénique de droit international, pp. 92-120.

STARKE, J. G., "Major Trans-Frontier 'Flows' of Refugee-Type Civilians", (1983) 57 Australian L.J., p. 366.

STEELE, E. D. *Irish land and British politics: tenant-right and nationality 1865-1870*. London: Cambridge University Press, 1974.

SYMONIDES, Janusz, "Territorial asylum", (1986) Polish Yearbook of International Law, pp. 217-232.

TCHIRKOVITCH, S., « La nouvelle convention internationale relative au statut des réfugiés », (1951) R.G.D.I. Publ., p. 653.

TIGERHIEN, F., *La protection des réfugiés en France*, Paris, Economica, 1984.

TIMBAL DUCLAUX De, MARTIN P., *Le droit d'asile*, Paris, Sirey, 1939.

TOBAR Y BORGONO, G. M., *L'asile interne devant le droit international*, Barcelone, 1911.

TREMEAUD, H., « Les réfugiés sous le mandat du Haut Commissaire des Nations Unies », (1959) R.G.D.I. Publ., 478 (63).

UNITED NATIONS HIGH COMMISSIONER FOR REFUGEES. *Handbook on Procedures and Criteria for Determining Refugee Status*. Geneva: Office of the United Nations High Commissioner for Refugees, 1979.

UNITED NATIONS. *Laws concerning nationality*. New York: U.N., 1954.

VAN DER VEEN, Job, "Does Persecution by Fellow-Citizens in Certain Regions of a State Fall Within the Definition of 'Persecution' in the Convention Relating to the Status of Refugees of 1951?", (1980) 11 Netherlands, Y.B. Intl. L., p. 167.

VAN HEUVEN GOEDHART, G. S., « Le problème des réfugiés », (1953) Recueil des cours de l'Académie de droit international, t. 82, pp. 265-371.

VERNANT, Jacques, *Les réfugiés d'après-guerre*, Monaco, 1953.

——————. *The Refugee in the Post-War World*. London: Allen & Unwin, 1953.

VETTER, H., « Le rôle de la C.E.E. face au problème des réfugiés dans le monde », (1987) Réfugiés, drames et espoirs, n° 23, pp. 8-10.

VICHNIAC, Marcel, « Le statut international des apatrides », (1933) Recueil des Cours de l'Académie de Droit international, t. 43.

VIERDAG, E. W., "Asylum and refugee in international law", (1977) N.I.L.R., pp. 287-303.

VILDRAC, Ch. *et al.*, « Droit d'asile », (1936) L'Homme réel, n°s 26-27.

VUKAS, Budislav, "International instruments dealing with the status of stateless persons and of refugees", (1972) R.B.D.I., p. 143.

WALLON, H., « Du droit d'asile », Paris, 1837 (thèse).

WEIS, Paul, "Legal Aspects of the Convention of 25 July 1951 relating to the Status of Refugees", (1953) 30 British Y. Intl. L., p. 478.

─────────. *Nationality and Statelessness in International Law*. London: Stevens & Sons Ltd.; repr. of 1956 ed., (1979), Westport, Conn.: Hyperion Pr., Inc.

─────────. "The Concept of the Refugee in International Law", (1960) 87 J. du droit international, p. 928.

─────────. "The Draft United Nations Convention on Territorial Asylum", (1979) 50 British Y.B. Intl. L., p. 151.

─────────. « Le statut international des réfugiés et apatrides », (1956) Journal du Droit international, n° 1.

─────────. "The Hague Agreement Relating to Refugee Seamen" (1958) 7 International and Comparative Law Quarterly, pp. 334-348.

─────────. "The international protection of refugees", (1954) Amer. Journal of international Law, Vol. 48, No. 2, pp. 193-221.

─────────. "Territorial asylum", (1966) Indian Journal of Int. L., 6, pp. 173-194.

─────────. « Convention du 28 septembre 1954 relative au statut des apatrides » (1961) R.G.D.I.P., pp. 197-211.

─────────. "Territorial Asylum", (1966) 6 Indian Journal of International Law, pp. 193-194.

─────────. "The 1967 Protocol Relating to Status of Refugees and some Questions of the Law of Treaties" (1967) British Yearbook of International Law.

─────────. "The Right of Asylum in the context of the protection of Human Rights in Regional and Municipal Law", (1966) 6 International Review of the Red Cross, p. 470.

WIERER, R., « Le problème des limites et de l'étude du droit d'asile » (1957) 4 Intégration, pp. 18-24.

WILDES, Leon, "The Dilemma of the Refugee: His Standard for Relief", (1983) 4 Cardoza L. Rev. p. 353.

WRIGHT, Q., "The Law of the Nuremberg Trial", (1947) 41 American Journal of International Law, p. 38.

WYDRZYNSKI, Christopher J., "Refugees and the Immigration Act", (1979) 25 McGill L.J., p. 154.

YOUNG, Stephen, "Who is a Refugee? A Theory of Persecution", (1982) 5 In Defense of the Alien 38.

ZATZEPINE, A., *Le droit de la nationalité des républiques francophones d'Afrique et de Madagascar*, Paris, L.G.D.J., 1963.

ZIMMER, Jana, "Political Refugees: A Study in Selective Compassion", (1978) 1 Loyola L.A. Intl. Comp. L. Ann., p. 121.

ZOLBERG, Aristide R., "The Formation of New States as a Refugee-Generating Process", (1983) 467 The Annals Am. Academy Pol. Soc. Science, p. 24.

SECTION II

DROITS DE L'HOMME

HUMAN RIGHTS

ADAM, H. *Ethnic Power Mobilized: Can South Africa Change?* New Haven: Yale University Press, 1979.

——————. *Modernizing Racial Domination*. Berkeley: University of California Press, 1971.

AGA KHAN, Sadruddin, « Les bases éthiques pour le droit et la société : Perspectives de la Commission indépendante sur les questions humanitaires internationales », (1985) 193(4) Recueil des cours, Académie de droit international de La Haye, pp. 389-403.

AGI, M., *De l'idée d'universalité comme fondatrice du concept des droits de l'homme, d'après la vie et l'oeuvre de René Cassin*, Nice, Éditions Alp'azur, 1980.

——————. *René Cassin, fantassin des droits de l'homme*, Paris, Plon, 1979.

AGRANOVSKAIA, E. V., *L'enseignement juridique et le respect des droits de la personne*, Moscou, Nauka, 1988.

ALSTON, P., "U.S. Ratification of the Covenant on Economic, Social and Cultural Rights: the Need for an Entirely New Strategy", (1990) 2 A.J.I.L., pp. 365-393.

ANCEL, M. (Sous la dir.), *La condition de la femme dans la société contemporaine*, Paris, Sirey, 1938.

ARDANT, P., *Les textes sur les droits de l'homme*, Paris, P.U.F., 1990.

ARNAUD, A. J., KINGDOM. *Women's and the rights of man*. Aberdeen: Aberdeen University Press, 1990.

AULART, A. et Boris MIRKINE-GUETZEVITCH, *Les déclarations des droits de l'homme*, Scientia Antiquariat/Verlag, 1967.

BALLALOUD, J., *Droits de l'homme et organisations internationales : vers un nouvel ordre humanitaire mondial*, Paris, Éditions Montchrestien, 1984, 243 p.

BARBER, J. and M. SPICER, "Sanctions against South Africa: options for the West", (1979) 55(3) International Affairs, pp. 385-401.

BARRET-KRIEGEL, B., *Les droits de l'homme et le droit naturel*, Paris, P.U.F., 1989.

BENSADON, N., *Les droits de la femme des origines à nos jours*, Paris, P.U.F., 1980.

BETTATI, Mario, « Un devoir d'ingérence? », (1991) 3 R.G.D.I.P., pp. 639-670.

BOCKEL, A., *De l'Apartheid à la conquête du pouvoir*, Paris, Publisud, 1986.

BOJJI, Ali, *Le Comité des droits de l'homme institué par le Pacte international relatif aux droits civils et politiques*, Genève, A. Bojji, 1985.

BOSSUYT, M. J. *Guide to the "travaux préparatoires" of the International Covenant on Civil and Political Rights*. Dordrecht, Boston: M. Nijhoff/Hingha, 1987.

BOUAMRANE, C., *Le problème de la liberté humaine dans la pensée mulsumane, Solution Mu'tazilite*.

BURDEAU, G., « Droit de l'homme. Introduction », *Encyclopaedia Universalis*, vol. 6, 1985.

CADOUX, Ch., « Apartheid », *Encyclopaedia Universalis*, Corpus 2, 1989, pp. 634-640

CANCADO TRINDADE, A. A., « La protection des droits économiques, sociaux et culturels : évolutions et tendances actuelles, particulièrement à l'échelle régionale », (1990) 4 R.G.D.I.P., pp. 913-946.

CARR, E. H. and J. MARITAIN. *Human Rights: Comments and Interpretation*. London: A. Wingate, 1949, 287 p. (angl., fr. esp., it.) (A symposium edited by Unesco with introduction by Jacques Maritain). Fr. ed., Paris: Sagittaire, 1949; Sp. ed., Barcelona: Editorial Laia, 1976.)

CASSIN, René, *La Déclaration universelle des droits de l'homme de 1948 : Discours prononcé à l'Académie des sciences morales et politiques le 8 décembre 1958*, Paris, Firmin-Didot, 1958.

——————— *La pensée et l'action*, Boulogne-sur-Seine, F. Lalou, 1972.

CHALIAND, G., MOURADIAN, C. et A. ASLANIAN-SAMUELIAN, *Le crime de silence : le génocide des Arméniens*, Paris, Flammarion, 1984.

CHAZAL, J., *Les droits de l'enfant*, Paris, P.U.F., 1982.

CHOROVER, S. L. *From Genesis to Genocide: The meaning of human nature and the power of behavior control*. Cambridge: MIT Press, 1979.

Colloque sur le développement et les droits de l'homme, Dakar, Nouvelles Éditions Africaines, 1979.

DAVIES, P. *Human Rights*. London: Routledge, 1988.

DENIS-CONSTANT, M. (Sous la dir. de), *Sortir de l'Apartheid*, Bruxelles, Complexe, 1992.

DHOMMEAUX, J., « Droit de l'homme : la jurisprudence du Comité des droits de l'homme (novembre 1987 - juillet 1991) », (1991) Annuaire français de droit international, vol. XXXVII, Paris, Éd. du CNRS, pp. 514-580.

DORMENVAL, A., *Procédures onusiennes de mise en oeuvre des droits de l'homme : limites ou défauts?*, Paris, P.U.F., 1991.

Droits de l'homme : Recueil d'instruments internationaux, New York, Nations Unies, 1988.

DROST, R. *Human rights as legal rights, the realisation of individual human rights in positive international law.* Leyden: 1951.

DUFFETT, J. *International War Crimes Tribunal.* New York: Simon and Schuster, 1970.

ERMACORA, Felix, *The Protection of Minorities before the United Nations*, Académie de droit international de La Haye, vol. 182, 1983-IV, pp. 247-370.

FRIEDMANN, J. R. et I. M. SHERMAN. *Human Rights: An International and Comparative Law Bibliography.* Syracuse: Greenwood Press, 1985, 830 p.

GAUCHET, M., *La révolution des droits de l'homme*, Paris, Gallimard, 1989.

GHANDHI, P. R., "The Human Rights Committee and Derogation in Public Emergencies", (1989) 32 G.Y.I.L., pp. 323-361.

GLENN, J., *Le pacte international relatif aux droits civils et politiques et la Convention européenne des droits de l'homme : étude comparative*, Montréal, Presse de l'Université de Montréal, 1975.

GRAVES N. et al., *Teaching for international understanding: Peace and human rights.* Paris: UNESCO, 1984.

GUITARD, O., *L'Apartheid*, Paris, P.U.F., 1983.

HAUTVAL, A., *Médecine et crime contre l'humanité*, France, Le Méjan, 1991.

HENKIN, A. H. *Human Rights: the Internationalization of Human Rights.* Alpen aan den Rijn: Sijthoff and Noordhoff, 1979, 203 p., Bibl./Aspen Institute for Humanistic Studies (USA).

HERNAN, S. C., *La discrimination raciale*, New York, Nations Unies, 1971.

——————— *Mise à jour de l'étude spéciale sur la discrimination raciale dans les domaines politique, économique, social et culturel*, New York, Nations Unies, 1976.

HERSCH, J. *Birthright of Man.* Paris: UNESCO, 1969.

HUMANA, C., *World Human Rights Guide / Guide mondial des droits de l'homme.* London: Hutchinson, 1983; Paris, Buchet-Chastel, 1985, 224 p. (cartes).

Human Right Internet Reporter (The). Human Rights Internet, Harvard Law School, Cambridge, Massachussets (USA).

Human Rights: A compilation of International Instruments. United Nations, New York, 1983.

Human Rights in International Law: Basic Texts / Droits de l'homme en droit international: textes de base, Strasbourg, Conseil de l'Europe, 1985, 261 p., angl. fr. / Council of Europe, Directorate of Human Rights.

HUMPHREY, John P. *Human Rights and the United Nations: A Great Adventure.* Dobbs Ferry, N.Y.: Transnational Publishers, 1984, 350 p.

——————— « Les conditions nécessaires de la paix », (1987) 18(3) Études internationales, le Centre québécois de relations internationales, pp. 601-608.

HUXLEY, Sir J. S. *Freedom and Culture.* Freeport, N.Y.: Books for Libraries Press, 1971, 270 p., angl., fr.

Instruments internationaux de base concernant les droits de l'homme, Malta Foundation for International Studies, 1988.

JOHNSON G. et J. SYMONIDES, *La Déclaration universelle des droits de l'homme*, Paris, L'Harmattan, 1990, 217 p.

LASKI, H. J. *Towards a Universal Declaration of Human Rights.* London: A. Wingate, 1949.

LAUTERPACHT, H. *An International Bill of Rights of the Man.* New York: Columbia University Press, 1945.

———————. *International Law and Human Rights.* New York: Garland, 1973.

LEMON, A. *Apartheid in transition.* Great Britain: Westview Press, 1987.

LEWIS, J. R. *Uncertain judgment: A bibliography of war crimes trials.* Santa Barbara, California: ABC-clio, 1979.

MALIK, Charles. *The Challenge of Human Rights.* Toronto: Canadian Association for Adult Education, 1949.

———————. *Man in the Struggle for Peace.* New York: Harper and Row, 1963.

MARIE, J. B., *La Commission des droits de l'homme de l'ONU*, Paris, Pedone, 1975, Institut international des droits de l'homme (France).

MARTCHENKO, B., *La famine-Génocide en Ukraine : 1932-1933*, Paris, Publications de l'Est Européen, 1983.

MASSARENTI, L., *Pour mieux comprendre la Déclaration universelle des droits de l'homme*, Genève, Nouvelle Édition, 1983.

McGOLDRICK. *The Human rights Committee. Its role in the development of the International Covenant on Civil and Political Rights.* Oxford: Clarendon Press, 1991.

MEEHAN, E. M. *Women's rights at work : Campaigns and policy in Britain and United States.* New York: St. Martin's Press, 1985.

MERTENS, P., *L'imprescriptibilité des crimes de guerre et contre l'humanité : étude de droit international et de droit pénal comparé*, Bruxelles, Éd. de l'Université de Bruxelles, 1974, 230 p.

MEYROWITZ, H., *La répression par les tribunaux allemands des crimes contre l'humanité et de l'appartenance à une organisation criminelle, en application de la loi No. 10 du Conseil de contrôle Allié*, Paris, Pichnon et Durand-Auzias.

MIRABEAU, V. de, *La science ou les droits et devoirs de l'homme*, Scientia-Antiquariat / Verlag, 1970, 1974, 296 p.

MOODIE, T. and DUNBAR. *The Rise of Afrikanerdom: Power, apartheid and Afrikaner civil religion.* Berkeley: University of California Press, 1975.

MORO, A. C., *L'enfant sans droit*, Paris, Fayard, 1992.

MOUGEON, J., « L'entrée en vigueur des pactes internationaux relatifs aux droits de l'homme », (1976) A.F.D.I., pp. 290-304.

MOURGEON, J., *Les droits de l'homme*, 5e éd., Paris, P.U.F., (coll. « Que sais-je ? », no 1728) 1990, 127 p.

NATIONS UNIES, *La réalisation effective des droits civils et politiques sur le plan national : études sélectionnées*, New York, N.U., 1969.

NIDDRIE, D. L. *South Africa: Nationa or nations?* Princetown: Van Nostrand, 1968.

NORDENSTRENG, N. and H. LAURI. *The mass media declaration of UNESCO.* Norwood, N.J.: Ablex Pub Corp., 1984.

NUSANPORTER, J. *Genocide and Human Rights: A global anthology.* Washington, D.C.: University Press of America, 1982.

PARTSCH, K. J., « La mise en oeuvre des droits de l'homme par l'UNESCO : Remarques sur un système particulier », (1990) A.F.D.I., pp. 482-507.

RAMCHARAN, B. G. *Human Rights: Thirty years after the Universal Declaration.* The Hague: Martinus Nijhoff, 1979, 274 p., (Commemorative volume on the occasion of the thirtieth anniversary of the Universal Declaration of Human Rights/International Forum on Human Rights).

————————— « Stratégies pour la protection des droits de l'homme au niveau international dans les années 1990 », (1990) Études int., vol. XXI-4, pp. 729-748.

—————————. *Humanitarian Good Office in International Law: The Good Office of United Nations.* The Hague, Boston: M. Nijhoff, 1983.

—————————. "Concept of Human Rights in Contemporary International Law", (1983) Canadian Human Rights Yearbook, pp. 267-281.

REGINALD, A., *Le racisme et l'Apartheid en Afrique Australe*, Paris, Presses de l'UNESCO, 1976.

ROOSEVELT, Eleanor. *On My Own*. New York: Harper's, 1958.

ROUSSEAU, Charles, « Problème du respect des droits de l'homme à Cuba », (1991) 3 R.G.D.I.P., p. 729.

RUBIN, L. *Universal Declaration of Human Rights in South Africa; the Anatomy of a Racist Society*. Lusaka: International Exchange Fund, 1978, 56 p., Bibl.

SAVARD, C., *Une charte des droits de l'enfant*, Cowansville (Qué.), Yvon Blais, 1982.

SCHREIBER, Marc, « La pratique des Nations Unies sous le domaine de la protection des droits de l'homme », (1975-II) 145 Académie de droit international de La Haye, pp. 297-398.

SHORT, J. *Modern criminals*. New York: Transaction Books, 1973.

SINGER, S., "The protection of children during armed conflict situation", (1986) 252 International Review of Red Cross, Vol. 26, p. 138.

STANEK, E. *Legal status and Rights of Women: A selected Bibliography*. Monticello: 1987.

SUNGAL, S. *Individual responsibility in international law for serious human rights violations*. Dordrecht: Martinus Nijhoff Publishers, 1992.

TARDU, M. *Human Rights: The International Petition System*. New York: Dobbs Ferry Oceana, 1979-1985.

TCHETCHOT, D. M., *Comment défendre vos droits : conseils juridiques à l'usage des citoyens*, Moscou, Iouriditcheskaïa literatura, 1988.

THEODOR, M. *Human rights in international law: Legal and policy issues*. Oxford: Clarendon Press, 1984.

TORRELLI, M., *La protection internationale des droits de l'enfant*, Paris, P.U.F., 1983.

TORRELLI, M. et R. BAUDOIN, *Les droits de l'homme et les libertés publiques par les textes*, Montréal, Presses de l'Université du Québec, 1972, 387 p.

TURP, D., « Le contrôle du respect du Pacte international relatif aux droits économiques, sociaux et culturels », Mél. Virally, pp. 465-481.

UNDERHILL, E., "The Situation of migrant and refugee children in relation to the United Nations Declaration of the Rights of the Child", (1979) 17 International Migration, pp. 122-138.

UNESCO, *L'Apartheid, ses effets sur l'éducation, la science, la culture et l'information*, Paris, UNESCO, 1972.

UNITED NATIONS. *Selected decisions under the Optional Protocol: Second to sixteenth sessions*. New York: U.N., 1985.

VASAK, K., *La Commission interaméricaine des droits de l'homme. La protection internationale des droits de l'homme sur le continent américain*, Paris, 1968.

VEERMAN, P. E. *The Rights of the Child and the Changing Image of childhood.* Dordrecht: Martinus Nijhoff Publishers, 1991.

VILLEY, M., *Le droit et les droits de l'homme*, Paris, P.U.F., 1983.

WEISBORD, R. G. *Genocide?: Birth Control and the Black American.* New York: Greenwood Press, 1978.

WIEVIORKA, A., *Déportation et génocide : entre la mémoire et l'oubli*, Paris, Plon, 1992.

SECTION III

TRAITÉS DIVERS

OTHER INSTRUMENTS

AL-KATIFI, A. H, « Le problème des immunités diplomatiques du personnel de service des ambassades », (1960) Revue critique du droit international privé, pp. 485-531.

ALSTON Ph. and G. QUINN, "The Nature and Scope of State obligations under the International Covenant on Economic and Cultural Rights", (1987) 2 Human Rights Quarterly, Vol. 9.

AMARTYA, SEN. *Poverty and Famines. An Essay on Entitlements and Deprivation.* Oxford: Clarendon Press, 1981.

BARBARA, A R. and P. GITLIN. *Copyrights.* New York: Practising Law Institute, 1965.

BRETTON, Ph., « L'affaire des "otages" américains devant la Cour Internationale de Justice », (1980) 4 J.D.I., pp. 787-828.

BUDINER, M., *Le droit de la femme à l'égalité de salaire et la convention No. 100 de l'O.I.T.*, Paris, L.G.D.J., 1975.

BUTLER, E.W. (ed), *The non-use of force in International Law.* Dordrecht: Martinus Nijhoff Publishers, 1989.

CAHIER, P., *Le droit diplomatique contemporain*, Genève, Publications de l'Institut universitaire de Hautes Études Internationales, 1964.

CALVERT, H. G. *Social Security Law.* London: Sweet and Maxwell, 1978.

CASSESE, A. *Terrorism, politics and Law, The Achille Lauro affair.* Cambridge: Policy Press, 1989.

CHEVALLIER, J. Y., *Filiation naturelle simple et filiation alimentaire en droit international privé français*, Paris, L.G.D.J., 1967.

COLOMBET, C., *Grands principes du droit d'auteur et des droits voisins dans le monde — Approche de droit comparé*, 2e éd., Paris, Unesco & Litec, 1992.

DESBOIS, H., FRANÇON A. et A. KEREVER, *Les conventions internationales du droit d'auteur et des droits voisins*, Paris, Dalloz, 1976.

DUPEYROUX, J. J. (Sous la dir. de), *La sécurité de l'emploi et du salaire*, Paris, Librairie sociale et économique, 1925.

EIDE, A., EIDE, W. B., GUSSOW, H., GOONATILAKE, and S., OMAWALE, *Food as a Human Right*, Tokyo, Université des Nations Unies, 1984.

FRANÇON, A., *La propriété littéraire et artistique en Grande-Bretagne et aux États-Unis*, Paris, Librairie Arthur Rousseau, 1955.

GENET, Raoul, *Précis de droit maritime pour le temps de guerre*, Paris, 1938.

GREEN, L. C, "The Teheran embassy incident and international Law" (1980) 38 Behind the headlines.

——————————. *The Teheran Embassy Incident—Legal Aspects*. Archiv. 19/1, 1980, pp. 1-22.

GROFFIER, E., *L'obligation alimentaire en droit international privé québécois et comparé*, Montréal, Université McGill, 1972 (thèse).

JANNER, Antonio, *La puissance protectrice en droit international d'après les expériences faites par la Suisse pendant la Seconde Guerre Mondiale*, Bâle (Suisse), Helbing & Lichtenhahn, 1972, 79 p.

KAZIMIERZ GRZYBOWSKI, "The Regime of Diplomacy and the Teheran Hostages", (1981) I.C.L.Q., Vol. 30, part 1, pp. 42-58.

LAMBERT, J. J. *Terrorism and hostages in international Law. A Commentary on the hostages convention 1979*. Cambridge: Grotius Publications Ltd., 1990.

MASOUYÉ, C., *Guide de la Convention de Berne pour la protection des oeuvres littéraires et artistiques*, Genève, OMPI, 1978.

MERTENS, Pierre, *L'imprescriptibilité des crimes de guerre et contre l'humanité : étude de droit international et de droit pénal comparé*, Bruxelles, Éd. de l'Université de Bruxelles, 1974, 230 p.

NABHAN, V., *Droit d'auteur et banques d'information dans l'administration*, Québec, ministère des Communications, 1992.

NORDEMANN, W., VINCK, K. et P. W. HERTIN, *Droit d'auteur international et droits voisins dans les pays de langue allemande et les États membres de la Communauté Européenne — Commentaire*, Bruxelles, Bruylant, 1983.

PELLETIER, R. et al., *Le droit d'auteur*, Montréal, Service de diffusion sélective de l'information de la centrale des bibliothèques, 1987.

POUGNAUD, P., *La rémunération des fonctionnaires*, Paris, P.U.F., 1985.

REJDA, G. E. *Social insurance and economic security*. Englewood Cliffs: Prentice-Hall, 1976.

RICKETSON, S. *The Berne Convention for the Protection of Literary and Artistic Works: 1886-1986*. London: Centre for Commercial Law Studies, Queen Mary College, University of London, 1987.

SHUBBER, S., "The International Convention Against the Taking of Hostages", (1981) B.Y.B.I.L. (L11), pp. 205-239.

SOMERHAUSEN, L., *Essai sur les origines et l'évolution du droit à réparation des victimes militaires des guerres*, Bruxelles, Musée royal de l'armée, 1974, 75 p.

STOYANOVITCH, C., *Le droit d'auteur dans les rapports entre la France et les pays socialistes*, Paris, LGDJ, 1959.

TURNBULL, J. G. and A. WILLIAMS. *Economic and Social Security.* New York: Ronald Press Co., 1973.

UNESCO. *Records of the diplomatic conference on the International Protection of Performers, Producers of Phonograms and Broadcasting Organizations.* Geneva: BIRPI, 1968.

VERWEY, W. D., "The International Hostages Convention and National Liberation Movements", (1981) 1 A.J.I.L., pp. 69-92.

VILLAGRAN KRAMER, F., *L'asile diplomatique d'après la pratique des États latino-américains*, Genève, 1958.

WHITE, A. G. *Copyrights: A selected bibliography.* Monticello: Council of Planning Librarians, 1974.

ZOLLER, E., « L'Affaire du personnel diplomatique et consulaire des États-Unis à Téhéran (États-Unis c. Iran) — Arrêt du 24 mars 1980 », (1980) 4 R.G.D.I.P., pp. 973-1026.

INDEX

Cet index a été réalisé avec la collaboration du juriste Jean-Pierre MPUTU KABEYA

VA = Voir aussi

ACQUISITION
D'une nouvelle nationalité, 15, 218-223, 309

ADMISSION
Des réfugiés, 11, 17
Refus d', 172
Temporaire, 33, 143, 149, 183
— VA Résidence

AIDE
Au rapatriement, 102, 381

APARTHEID
Crime d', 481, 487, 489
Définition, 485

APATRIDES
Clause d'exclusion, 178
De facto, 101
Définition du terme, 178
De jure, 101
Gens de mer, 183
Liberté de circulation accordée aux, 191
Obligations générales des, 179
Statut des, 175, 183, 239

ASILE
Droit d', 25
Droit de chercher, 171, 172, 277, 282
Premier pays d', 7
Provisoire, 173
Territorial, 167, 171, 382

ASSOCIATION
Liberté d', 35, 184, 283, 291, 308, 460, 486

AUTO-DÉTERMINATION
Droit à l', 295, 345, 348, 362

INDEX

This index has been drawn up with the help of jurist Jean-Pierre MPUTU KABEYA

RT = Related term

ACQUISITION
Of a new nationality, 5, 218-223, 309
— RT Nationality

ADMISSION
Of refugees, 11, 17
Temporary, 33, 143, 149, 183
Refusal, 172
— RT Residence

AID
For repatriation, 102, 381

APARTHEID
Crime of, 481, 487-489
Definition, 485

ASSOCIATION
Freedom of, 35, 184, 283, 291, 308, 460, 486

ASYLUM
Country of first, 7
Grant of, 25
Provisional, 173
Right to seek, 171, 172, 277, 282
Territorial, 167, 171, 382

CESSATION CLAUSES, 14, 28

CHARTER
Of the International Military Tribunal, Nürmberg, 16, 499, 515, 517
Of United Nations, 24, 103, 107, 110, 112, 125, 126, 170, 177, 278, 294, 295, 323, 327, 347, 348, 360, 362, 376, 377, 378, 379, 401, 402, 421, 443, 453, 462, 483, 485, 488, 489, 503, 564

CHILDREN
Adoption, 414
Humanitarian assistance to, 415, 425

CHARTE DES NATIONS UNIES, 24, 103, 107, 110, 112, 125, 126, 170, 177, 278, 294, 295, 323, 327, 347, 348, 360, 362, 376, 377, 378, 379, 401, 402, 421, 443, 453, 462, 483, 485, 488, 489, 503, 564

CLAUSES D'APPLICATION TERRITORIALES, 153, 161, 195, 225, 504, 543

CLAUSES DE CESSATION, 14, 28

CLAUSES D'EXCLUSION, 134, 171, 172, 456

COMPÉTENCE
— VA Mandat du Haut Commissaire

CONSCIENCE
Liberté de, 283, 291, 306, 460

CONVENTION
Adhésion, 48, 85, 152, 157, 160, 195, 223, 226, 323, 338, 362, 388, 420, 434, 472, 504, 519, 529, 536, 544, 565, 582
Application, 5, 25, 46, 79, 84, 152, 159, 194, 224, 243, 340, 381, 390, 433, 474, 503, 545, 565, 581
Clause d'application territoriale, 153, 161, 195, 225, 504, 543
Clauses d'exclusion, 134, 171, 456
Dénonciation, 51, 88, 153, 162, 198, 227, 340, 474, 493, 505, 545, 566, 582
Entrée en vigueur, 51, 87, 152, 161, 197, 227, 275, 324, 338, 359, 363, 389, 397, 435, 452, 473, 505, 507, 519, 529, 544, 566
Expiration, 505, 519
Interprétation, 47, 84, 152, 160, 194, 225, 390, 474, 492, 503, 565, 580
Ratification, 5, 48, 152, 194, 223, 225, 227, 323, 338, 362, 389, 397, 434, 472, 492, 519, 529, 536, 544, 565
Réserves, 50, 86, 156, 195, 227, 389, 436, 473, 545, 565, 581

Place of residence of, 407
Prompt access to legal assistance for, 425
Protection of, 379, 404, 406, 411, 413, 415, 423, 426, 444, 445, 446
Recovery of maintenance of, 419
Refugee, 54, 102, 415
Right from birth to a name, 406, 445
Right from birth to a nationality, 406, 445
Unaccompanied, 102
Victims of armed conflicts, 426
War orphans, 102

COMPETENCE
— RT Mandate of the High Commissioner

CONSCIENCE
Freedom of, 283, 291, 306, 460

CONVENTION
Accession, 48, 85, 152, 157, 160, 195, 223, 226, 323, 338, 362, 388, 420, 434, 472, 504, 519, 529, 536, 544, 565, 582
Application, 5, 25, 46, 79, 84, 152, 159, 194, 224, 243, 340, 381, 390, 433, 474, 503, 545, 565, 581
Coming into force, 51, 87, 152, 161, 197, 227, 275, 324, 338, 359, 363, 389, 397, 435, 452, 473, 505, 519, 529, 544, 566
Denunciation, 51, 88, 153, 162, 198, 227, 340, 474, 493, 505, 545, 566, 582
Exclusion clauses, 134, 171, 456
Expiration, 505, 519
Implementation, 84, 433
Interpretation, 47, 84, 152, 160, 194, 225, 390, 474, 492, 503, 565, 580
Ratification, 5, 48, 152, 194, 223, 225, 227, 323, 338, 362, 389, 397, 434, 472, 492, 519, 529, 536, 544, 565
Reservations, 50, 86, 156, 195, 227, 389, 436, 473, 545, 565, 581
Revision, 52, 198, 474, 493, 506, 519, 547

Révision, 52, 198, 474, 493, 506, 519, 547
Signature, 48, 338, 385, 389, 397, 434, 472, 492, 504, 544, 565, 581

CRAINTE
Bien fondée, 14
De persécution, 14, 26

CRIMES
Contre la paix, 21, 29, 172, 179, 269, 499
Contre les agents diplomatiques, 571
Contre les personnes jouissant de la protection internationale, 500, 571
Contre l'humanité, 21, 29, 179, 256, 376, 481, 499, 513, 515
D'apartheid, 481, 487
De droit commun, 29, 171, 179, 244, 282
De génocide, 298, 499, 517
De guerre, 21, 29, 172, 179, 256, 263, 269, 513
Du droit des gens, 499, 501
Politiques, 491, 503
Prévention, 516, 576

CRIMINELS
De droit commun, 135, 244
De guerre, 134, 269, 499, 514, 517

DÉFINITION
Des apatrides, 178
Des personnes déplacées, 130
Des réfugiés, 25
Du génocide, 502
Du mandat, 12

DISCRIMINATION
Du pays d'origine, 30, 179
En raison de la fortune, 349
En raison de la race, 29, 179, 296, 309, 349, 371, 376, 455
En raison de la religion, 29, 179, 296, 309, 349, 371, 377
En raison d'opinion politique, 296, 310, 349

Signature, 48, 338, 385, 389, 397, 434, 472, 492, 504, 544, 565
Territorial application clause, 153, 161, 195, 225, 504, 543

COUNTRY
Of his nationality, 14, 15, 26, 27, 107
Of his new nationality, 27, 135
Of refuge, 44

CRIMES
Against diplomatic agents, 571
Against humanity, 21, 29, 179, 256, 376, 481, 499, 513, 515
Against international law, 500, 571
Against peace, 21, 29, 172, 179, 269, 499
Non-political, 29, 171, 179, 244, 282
Of apartheid, 481, 487
Of genocide, 298, 499, 517
Under international law, 499, 501
Of war, 21, 29, 172, 179, 256, 263, 269, 513

CRIMINALS
Ordinary, 134, 269
War, 134, 269, 499, 514, 517

DEFINITION
Of displaced persons, 130
Of genocide, 502
Of mandate, 12
Of refugees, 25
Of stateless persons, 178

DISCRIMINATION
Based on language, 297, 309, 310, 349, 371
Based on political opinion, 296, 310, 349
Based on property, 349
Country of origin, 30, 179
Incitation to, 459
Protection against all forms of, 280, 404, 444, 447, 457
Racial, 29, 179, 296, 309, 349, 371, 376, 455

Fondée sur la langue, 297, 309, 310, 349, 371
Fondée sur le sexe, 297, 309, 310, 349, 371
Incitation à la, 459
Protection contre toutes formes de, 280, 404, 444, 447, 457
— VA Persécution

DROIT(S)
Acquis, 32, 188
À la propriété, 283
À la sécurité sociale, 284, 353
À la vie, 298, 406, 485
À l'autodétermination, 295, 345, 348, 362
À l'éducation, 283, 345, 355, 461, 486
À un nom après la naissance, 406, 445
À un salaire égal pour un travail égal, 284, 345, 351
À une nationalité, 175, 282, 406, 445, 460, 486
Au repos, 285, 352, 422
Au travail, 284, 345, 350, 460, 486
Communs, 29
D'accéder aux fonctions publiques de son pays, 284, 309, 376, 387, 460
D'asile, 24, 167
D'association, 35, 184, 283, 291, 460, 486
De bénéficier de l'asile, 171, 172, 277, 282
De changer de nationalité, 282
De chercher asile, 171, 172, 277, 282
De chercher sa résidence, 277
De choisir sa résidence à l'intérieur d'un État, 277, 282, 302, 460, 486
De circuler librement à l'intérieur d'un État, 277, 282, 302, 460, 486
De conscience, 283, 291, 306, 460
D'ester en justice, 35, 185
D'expression, 283, 291, 376, 460, 486

Religious, 29, 179, 296, 309, 349, 371, 377
Sexual, 297, 309, 310, 349, 371
— RT Persecution

DISPLACED PERSONS, 105, 106, 107, 109, 110, 137, 138
Bona fide, 128
Definition, 130

DURABLE SOLUTIONS
— RT Repatriation
— RT Resettlement

EDUCATION
Right to, 283, 345, 355, 461, 486

EMPLOYMENT
Right to, 284, 345, 350, 460, 486
— RT Work

EVENTS
Occuring before 1 January 1951, 14, 26, 79, 157, 159
Occuring in Europe or elsewhere, 27

EXCLUSION CLAUSES, 134, 171, 172

EXPRESSION
Freedom of, 283, 291, 376, 460, 486

EXPULSION
Forbidden, 45, 172, 302
— RT Refugees

FAMILY
Protection of the, 71, 283, 308, 353, 379
Reunion of, 252, 408, 415
Right to found a, 282, 309, 460
Unity of the, 71, 255, 408, 415

FEAR
Of being persecuted, 14, 26
Well-founded, 14

GENOCIDE
Attempt to commit, 502
Complicity in, 502
Conspiracy to commit, 502

De fonder et de s'affilier à des syndicats, 285, 308, 345, 352, 486
De fonder une famille, 282, 309, 460
De grève, 352
De l'enfant, 397, 406, 409, 417, 420, 422
De l'homme, 24, 170, 275, 276, 278, 279, 286, 291, 311, 321, 322, 333, 345, 347, 371, 374, 377, 379, 456, 459
De pensée, 283, 291, 306
De pratiquer et de changer de religion, 283, 291, 306, 310, 376, 422, 460
De quitter tout pays, 171, 277, 282, 302, 408, 460
De retourner dans son pays ou de residence, 149, 150, 171, 202, 277, 282, 302, 408, 460, 486
De se marier, 282, 309, 460
De vote, 309, 388, 460
Des réfugiés, 381
D'opinion, 283, 291, 376, 460, 486

ÉDUCATION
Droit, 283, 345, 355, 461, 486

ENFANTS
Accès rapide à l'assistance juridique, 425
Adoption, 414
Assistance humanitaire, 415, 425
Droit à un nom à la naissance, 406, 445
Droit à une nationalité dès la naissance, 406, 445
Lieu de résidence, 407
Non accompagnés, 102
Orphelins de guerre, 102
Protection, 379, 404, 406, 411, 413, 415, 423, 426, 444, 445, 446
Recouvrement alimentaire, 419
Réfugiés, 54, 102, 415
Victime de conflit armé, 426

ÉVÉNEMENTS
Survenus avant le 1er janvier 1951, 14, 26, 79, 157, 159
Survenus en Europe ou ailleurs, 27

Crime of, 299, 499, 517
Definition, 502
Incitation to commit, 502

GEOGRAPHIC LIMITATION, 3, 83, 160

HIGH COMMISSIONER
Co-operation, 4, 25, 380
Function, 4, 12, 17, 18
Task, 25
Work of, 12, 16
— RT Mandate

HOSTAGE-TAKING, 553, 555

HUMAN RIGHTS, 24, 170, 275, 276, 278, 279, 286, 291, 311, 321, 322, 333, 345, 347, 371, 374, 377, 379, 456, 459

INTEGRATION
Local, 7
— RT Durable solutions

INTERNATIONAL REFUGEES ORGANIZATION (I.R.O.)
Fonctions and powers of, 107
Immunities, 122
Mandate, 103, 107, 131
Organ, 113
Privileges of, 122
Relationship to the U.N., 110

LEAVE AND RETURN
Right to, 149, 150, 171, 202, 277, 282, 302, 408, 460, 486

LIFE
Right to, 298, 406, 485

LOSS
Of nationality, 14, 220, 221, 223
Of refugee status, 14, 28, 135, 171

MANDATE
Definition of, 13
Of I.R.O., 107
Of the High Commissioner, 4, 14-18
Refugees, 4, 16
— RT High Commissioner

EXPRESSION
Liberté, 283, 291, 376, 460, 486

EXPULSION
Défense d', 45, 172, 302
— VA Réfugiés

FAMILLE
Droit de fonder une, 282, 309, 460
Protection de la, 71, 283, 308, 353, 379
Regroupement de la, 252, 408, 415
Unité de la, 71, 255, 408, 415

GÉNOCIDE
Complicité dans le, 502
Crime de, 299, 499, 517
Définition, 502
Entente en vue de commettre le, 502
Incitation à commettre le, 502
Tentative de, 502

GROUPE SOCIAL
— VA Persécution

GUERRE
Crime de, 21, 29, 172, 179, 256, 263, 269, 513, 516, 517

HAUT COMMISSAIRE
Activités du, 12, 16
Coopération avec le, 4, 25, 380
Fonction, 4, 12, 17, 18
Tâche, 25
— VA Mandat

INTÉGRATION
Sur place, 7
— VA Solutions permanentes

LIMITATION GÉOGRAPHIQUE, 3, 83, 160

MANDAT
Définition du, 13
De l'O.I.R., 107
Du Haut commissaire, 4, 14-18
Réfugiés relevant du, 4, 16
— VA Haut Commissaire

NATIONALITY
Acquired, 15, 216, 218, 219, 220, 309
Arbitrarily deprived of, 175
Loss of, 14, 220, 221, 222
Persecution for reasons of, 14, 26, 45, 132, 147, 150, 209
Protection of the country of his nationality, 14, 15, 26, 28
— RT Persecution

NATURALIZATION
Proceedings, 46, 193

NON-DISCRIMINATION, 280, 404, 444, 447, 457

NON-REFOULEMENT, 45

PERSECUTION
Nazi, 101
Previous, 28
Reasons of, 72, 150, 243
Subjected to, 172
— RT Discrimination

POLITICAL OPINION, 14, 15, 26, 45, 132, 146, 147, 150, 209, 253, 280, 307, 375, 376
— RT Persecution

PROPERTY
Right to, 283, 460

PROTECTION
Against any discrimination, 280, 404, 444, 447
Against unemployement, 284
By the High Commissioner, 4, 16
Copyright, 527
Diplomatic, 57, 95, 202
From other organs, 16, 178
Legal, 107, 403
Of child against all forms of exploitation, 423
Of human rights, 275, 376, 398, 516
Of refugees, 240, 381
Of the country of his nationality, 14, 15, 26, 27, 135

INDEX

NATIONALITÉ
Acquisition, 15, 216, 218, 219, 220, 309
　Arbitrairement privé de, 175
　Perte de la, 14, 220, 221, 222
　Persécution en raison de sa, 14, 26, 45, 132, 147, 150, 209
　Protection du pays dont on a la, 14, 15, 26, 28
　— VA Persécution

NATIONS UNIES
Agissements contraires aux buts et aux principes des, 29, 171, 173, 179, 282, 287
Charte des, 24, 103, 107, 110, 112, 125, 126, 170, 177, 278, 294, 295, 323, 327, 347, 348, 360, 362, 376, 377, 378, 379, 401, 402, 421, 443, 453, 462, 483, 485, 488, 489, 503, 564
Coopération des autorités nationales avec les, 46, 83, 264
Privilèges et immunités des, 322

NATURALISATION
Procédure de, 46, 193

NON-REFOULEMENT, 45

ORGANISATION INTERNATIONALE POUR LES RÉFUGIÉS (O.I.R)
Fonction et pouvoir, 107
Immunités, 122
Mandat, 103, 107, 131
Organes, 113
Privilèges, 122
Relations avec l'ONU, 110

OPINIONS POLITIQUES, 14, 15, 26, 45, 132, 146, 147, 150, 209, 253, 280, 307, 375, 376
　— VA Persécution

PAYS
D'accueil, 44
Dont on a la nationalité, 14, 15, 26, 27, 107
Dont on a acquis la nationalité, 27, 135

Of the family, 283, 308, 353, 379
Of the law, 280, 282, 306, 310, 411, 453
Of the State, 175, 308
Of war victims, 517
Of women's rights, 385
Political, 107

RACE, 14, 15, 26, 45, 132, 146, 150, 170, 209, 253, 279, 375, 376
　— RT Discrimination
　— RT Persecution

RE-ESTABLISHMENT
　— RT Durable solutions

RE-ESTABLISHMENT IN COUNTRY OF ORIGIN
　— RT Cessation clauses

REFOULEMENT
Prohibition of, 45, 172
　— RT Non-refoulement

REFUGEES
Admission, 11, 17
Armenian, 97
Assyrian, 98
Austrian, 99
Children, 54, 102
Definition, 25
Exclusion clauses, 133, 171, 172
Expulsion of, 44
Freedom of movement, 42, 44
From Sudeteland, 101
German, 99
Jewish, 101
Nansen, 97
Naturalization, 11
Obligation, 29
Penalties, 44
Post-War, 100
Pre-War, 97
Providing refugees with documents, 11
Refoulement, 45
Saar, 100

PENSÉE
Liberté de, 283, 460

PERSÉCUTIONS
Antérieures, 28
Nazies, 101
Raisons de, 72, 150, 243
Victimes de, 172
— VA Discrimination

PERSONNES DÉPLACÉES, 105, 106, 107, 109, 110, 137, 138
Bona fide, 128
Définition, 130

PERTE
De la nationalité, 14, 220, 221, 223
Du statut de réfugié, 14, 28, 135, 171

PRISE D'OTAGES, 553, 555

PROPRIÉTÉ
Droit à la, 283, 460

PROTECTION
Contre le chômage, 284
Contre toutes sortes de discriminations, 280, 404, 444, 447
D'autres organismes, 16, 178
De la famille, 283, 308, 353, 379
De la loi, 280, 282, 306, 310, 411, 453
De l'enfant contre toutes les formes d'exploitations, 423
Des droits d'auteurs, 527
Des droits de la femme, 385
Des droits de l'homme, 275, 376, 398, 516
Des réfugiés, 240, 381
Des victimes de la guerre, 517
Diplomatique, 57, 95, 202
Du Haut commissaire, 4, 16
D'un État, 175, 308
Du pays dont on à la nationalité, 14, 15, 26, 27, 135
Juridique, 107, 403
Politique, 107

Seamen, 33, 143, 145-152, 157, 159, 160
Spanish, 98
Statutory, 96
Turkish, 98
Under the constitution of I.R.O., 100
Victims of Nazi, 100, 129

RELIGION, 14, 15, 26, 45, 132, 146, 147, 162, 209, 253, 279, 375, 376
Freedom of, 283, 291, 306, 307, 376, 422, 460
— RT Persecution

REPATRIATION
Assistance in, 102, 381
Voluntary, 7, 11, 12, 381
— RT Durable solutions

RESETTLEMENT
In a third country, 7, 193
Of refugee seamen, 33
Of refugees, 381

RESIDENCE
Enforced, 32, 182
Lawful (habitual), 32, 35, 54-56, 146-148, 182, 184, 185, 192, 206, 529, 560
Temporary, 33, 108
Uninterrupted, 33, 182

RIGHT(S)
Access to courts, 35, 185
Acquired, 32, 188
Human, 24, 170, 275, 276, 278, 279, 286, 291, 311, 321, 322, 333, 345, 347, 371, 374, 377, 379, 456, 459
Of association, 35, 184, 283, 291, 460, 486
Of asylum, 24, 167
Of expression, 283, 291, 376, 460, 486
Of opinion, 283, 291, 376, 460, 486
Of refugees, 381
Of self-determination, 295, 345, 348, 362

INDEX

RACE, 14, 15, 26, 45, 132, 146, 150, 170, 209, 253, 279, 375, 376
— VA Discrimination
— VA Persécution

RAPATRIEMENT
Aide au, 102, 381
Volontaire, 7, 11, 12, 381
— VA Solutions durables

REFOULEMENT
Défense de, 45, 172
— VA Protection

RÉFUGIÉS
Admission des, 11, 17
Allemands, 99
Après guerre (d'), 100
Arméniens, 97
Assistance aux, 17
Assyriens, 98
Au sens de l'O.I.R, 100
Autrichiens, 99
Avant guerre (d'), 97
Clauses de cessation, 14, 28
Clauses d'exclusion, 133, 171, 172
Définition, 25
Délivrance des pièces d'identité aux, 11
Enfants, 54, 102
Espagnols, 98
Expulsion des, 44
Israélites, 101
La Sarre (de), 100
Liberté de circulation des, 42, 44
Marins, 33, 143, 145-152, 157, 159, 160
Nansen, 97
Naturalisation, 11
Obligations des, 29
Refoulement des, 45
Sanctions pénales aux, 44
Statutaires, 96
Sudètes, 101
Turcs, 98
Victimes des Nazis, 100, 129

Of the child, 397, 406, 409, 417, 420, 422
Of thought, 283, 291, 306
To a nationality, 175, 282, 406, 445, 460, 486
To change nationality, 282
To enjoy asylum, 171, 172, 277, 282
To equal access to public service in his country, 284, 309, 376, 387, 460
To equal pay for equal work, 284, 345, 351, 460
To education, 283, 345, 355, 461, 486
To form and to join trade unions, 285, 308, 345, 352, 486
To freedom of movement within the borders, 277, 282, 302, 460, 486
To freedom of religion, 283, 291, 306, 310, 376, 422, 460
To freedom of residence within each State, 277, 282, 302, 460, 486
To leave any country, 171, 277, 282, 302, 408, 460
To life, 298, 406, 485
To marry, 282, 309, 460
To rest, 285, 352, 422
To return to country of residence, 149, 150, 171, 202, 277, 282, 302, 408, 460, 486
To seek asylum, 171, 172, 277, 282
To social security, 284, 353
To strike, 352
To vote, 309, 388, 460
To work, 284, 345, 350, 460, 486

SELF-DETERMINATION
Right to, 295, 345, 348, 362

SOCIAL GROUP
— RT Persecution

SOCIAL SECURITY
Right to, 284, 353

STATELESS
Definition, 178
De jure, 101
De facto, 101

RÉINSTALLATION
　Des réfugiés, 381
　Des réfugiés marins, 33
　En pays tiers, 7, 193

RELIGION, 14, 15, 26, 45, 132, 146, 147, 162, 209, 253, 279, 375, 376
　Droit de, 283, 291, 306, 307, 376, 422, 460
　— VA Discrimination
　— VA Persécution

RÉSIDENCE
　Forcée, 32, 182
　Ininterrompue, 33, 182
　Provisoire, 108
　Régulière (habituelle), 32, 35, 54-56, 146-148, 182, 184, 185, 192, 206, 529, 560
　Temporaire, 33, 108

RÉTABLISSEMENT
　— VA Solutions permanentes

RÉTABLISSEMENT DANS LE PAYS D'ORIGINE
　— VA Clauses de cessation

SÉCURITÉ SOCIALE
　Droit à la, 284, 353

SÉJOUR
　Forcé, 182
　Irrégulier, 44
　— VA Admission
　— VA Résidence

SOLUTIONS PERMANENTES
　— VA Intégration
　— VA Rapatriement
　— VA Réinstallation

STATUT
　Des apatrides, 72, 170
　Des réfugiés, 14, 93, 129, 170
　Détermination du, 5
　Du Haut commissariat, 4, 6, 9
　Du Tribunal militaire de Nürmberg, 16, 499, 515, 517
　O.I.R (de l'), 121

Exclusion clauses, 178
Freedom of movement accorded to, 191
　General obligations, 179
　Status of the, 175, 183, 239

STATUS
　Determination of, 5
　Of refugees, 14, 93, 129, 170
　Of stateless, 72, 170

STATUTE
　Of the Office of the High Commissioner, 4, 6, 9

STAY (SOJOURN)
　Enforced, 182
　Illegal, 44
　— RT Admission
　— RT Residence

TERRORISM, 556

THOUGHT
　Freedom of, 283, 460

TRAVEL DOCUMENT
　Delivery (issue) of, 42, 70, 143, 147, 149, 151, 183, 192, 381
　Duration of validity, 54, 55, 56, 200
　Expiration, 151
　Fees charged for, 54, 200
　Not affecting the nationality of the holder, 57, 203
　Renewal or extension, 54, 55, 201
　Valid for return, 149, 150

UNITED NATIONS
　Acts contrary to the purposes and principles of, 29, 171, 173, 179, 282, 287
　Charter of the, 24, 103, 107, 110, 112, 125, 126, 170, 177, 278, 294, 295, 323, 327, 347, 348, 360, 362, 376, 377, 378, 379, 401, 402, 421, 443, 453, 462, 483, 485, 488, 489, 503, 564
　Co-operation of the national authorities with, 46, 83, 264
　Privileges and immunities of, 322

Personnel, 30
Reconnaissance du, 5, 95

TERRORISME, 556

TITRE DE VOYAGE
Conférant le droit de retour, 149, 150
Délivrance du, 42, 70, 143, 147, 149, 151, 183, 192, 381,
Droits à percevoir pour le, 54, 200
Durée de validité du, 54, 55, 56, 200
Expiration, 151
N'affecte pas la nationalité du titulaire de, 57, 203
Reconnaissance de, 55, 70, 201
Renouvellement (prolongation) de, 54, 55, 201

TRAVAIL
Droit au, 284, 345, 350, 460, 486
— VA Droits

VICTIMES
De conflit armé, 426, 517
De persécution, 172
Des Nazis, 100, 101, 129

VIE
Droit à la, 298, 406, 485

VISAS
D'entrée, 55
De sortie, 56
De transit, 55, 202
Droits afférents à la délivrance de, 54, 202

VICTIMS
Of armed conflicts, 426, 517
Of Nazism, 100, 101, 129
Of persecution, 172

VISAS
Fees for the issue of, 55, 202
Of entry, 55
Of exit, 56
Of transit, 55, 202

VISIT TO COUNTRY OF ORIGIN
— RT Re-establishment in country of origin
— RT Exclusion clauses

WAR
Crime of, 21, 29, 172, 179, 256, 263, 269, 513, 516, 517

WELL-FOUDED FEAR
— RT Persecution

WORK
Right to, 284, 345, 350, 460, 486
— RT Rights

INDEX DES ÉTATS PARTIES*

^{a} = Adhésion
^{d} = Succession
^{r} = Réserves
* = Les chiffres romains renvoient aux numéros de traités

Afghanistan, XI, XIV, XV^a, XVII^a, XVIII, XIX^a, XXII^{a,r}, XXIII^a, XXIV^a, XXV^{a,r}

Afrique du Sud, XIX

Albanie, II^a, III^a, XI, XV^a, XVII^a, XIX^{a,r}, XXIV^{a,r}, XXV^{a,r}

Algérie, II^a, III, IX^a, XII^a, XV, XVI^a, XVII, XVIII, XXII^d, XXIII, XXIV^{a,r}, XXVII^{a,r}

Angola, II^{a,r}, III^r, XI^a, XII^a, XV^a, XVII^a, XIX^a, XX

Antigua et Barbuda, IX^{d,r}, XI^d, XII, XIX^d, XXII^d, XXIII^a, XXIV^d, XXVIII^a

Arabie Saoudite, XI^a, XII^a, XIV, XVIII, XXIV^a, XXVIII^{a,r}

Argentine, II^a, III, V, VIII, IX^a, XI, XII, XIV, XV, XVI^a, XVII, XVIII, XIX^r, XX^r, XXII, XXIII, XXIV^{a,r}, XXVII^{a,r}, XXVIII^a, XXIX^{a,r}

Australie, II^a, III, V^d, VI^a, VII^a, IX^a, X^a, XI, XII, XIV, XV^r, XVI^a, XVII, XVIII, XIX^{a,r}, XX^r, XXII, XXIV, XXVI^a, XXVII^a, XXVIII^a, XXIX

Autriche, II, III, X^a, XI, XII, XV, XVI^r, XVII, XVIII, XIX^r, XXII, XXIV^a, XXVI^a, XXVII, XXVIII, XXIX^a

Azerbaïdjan, II^a, III^a, XI^a, XV^a, XVII^a

Bahamas, XI^d, XII, XIX^a, XX^r, XXII^d, XXIII, XXIV^d, XXVIII^a, XXIX^a

Bahreïn, XI^a, XII, XXII^{a,r}, XXIII^a, XXIV^{a,r}

INDEX OF THE STATES PARTIES*

^{a} = Accession
^{d} = Succession
^{r} = Reservations
* = the roman numerals refer to the treaty numbers

Afghanistan, XI, XIV, XV^a, XVII^a, XVIII, XIX^a, XXII^{a,r}, XXIII^a, XXIV^a, XXV^{a,r}

Albania, II^a, III^a, XI, XV^a, XVII^a, XIX^{a,r}, XXIV^{a,r}, XXV^{a,r}

Algeria, II^a, III, IX^a, XII^a, XV, XVI^a, XVII, XVIII, XXII^d, XXIII, XXIV^{a,r}, XXVII^{a,r}

Angola, II^{a,r}, III^r, XI^a, XII^a, XV^a, XVII^a, XIX^a, XX

Antigua and Barbuda, IX^{d,r}, XI^d, XII, XIX^d, XXII^d, XXIII^a, XXIV^d, XXVIII^a

Argentina, II^a, III, V, VIII, IX^a, XI, XII, XIV, XV, XVI^a, XVII, XVIII, XIX^r, XX^r, XXII, XXIII, XXIV^{a,r}, XXVII^{a,r}, XXVIII^a, XXIX^{a,r}

Australia, II^a, III, V^d, VI^a, VII^a, IX^a, X^a, XI, XII, XIV, XV^r, XVI^a, XVII, XVIII, XIX^{a,r}, XX^r, XXII, XXIV, XXVI^a, XXVII^a, XXVIII^a, XXIX

Austria, II, III, X^a, XI, XII, XV, XVI^r, XVII, XVIII, XIX^r, XXII, XXIV^a, XXVI^a, XXVII, XXVIII, XXIX^a

Azerbaidjan, II^a, III^a, XI^a, XV^a, XVII^a

Bahamas, XI^d, XII, XIX^a, XX^r, XXII^d, XXIII, XXIV^d, XXVIII^a, XXIX^a

Bahrain, XI^a, XII, XXII^{a,r}, XXIII^a, XXIV^{a,r}

Bangladesh, XI^d, XII, XX^r, XXII^a, XXIII^a, XXVI^a, XXX

649

Bangladesh, XI[d], XII, XX[r], XXII[a], XXIII[a], XXVI[a], XXX

Barbade, VIII, IX[d,r], XI[d], XII[a], XV[a], XVI[a], XVII[a,r], XIX[a], XX, XXII[a], XXIII[a], XXIV[a], XXVII[a], XXVIII[a], XXIX[a], XXX

Bélarus, XV, XVII, XIX, XX, XXII, XXIII, XXIV[r], XXV[r], XXVIII[a,r], XXIX[r]

Belgique, II, III, V, VI, VII[a], IX, XI, XII, XIV, XV[r], XVII, XVIII, XIX[a,r], XX, XXII, XXIV, XXVII[a]

Belize, II[a], III, XI[a], XII[a], XX

Bénin, II[a], III, XII, XV[a], XVII[a], XX, XXIII

Bermudes, XVII

Bhoutan, XI[a], XX, XXVIII[a], XXIX[a]

Biélorussie, XI, XII, XIV, XVIII, XIX[r], XXV

Birmanie, XIV

Bolivie, II[a], III, V, VIII, IX[a], X[a], XI, XII, XIV, XV[a], XVI[a], XVII, XIX, XX, XXII, XXIII[a], XXV[a], XXX

Bosnie-Herzégovine, XI[d], XXIV[d]

Botswana, II[a,r], III[r], IX[d,r], XI[a], XII, XXII

Brésil, II, III, V, VIII, XI, XIV, XV[a], XVII[a], XVIII, XIX, XX, XXII, XXIV, XXVI[d], XXVII, XXX

Brunei Darussalam, XI[a], XII[a], XXVIII[a]

Bulgarie, XI, XII, XV, XVII, XVIII, XIX[a,r], XX, XXII, XXIII, XXIV[a,r], XXV[r], XXVIII[a,r], XXIX[r]

Burkina Faso, II[a], III, XI[a], XII, XX, XXII[a], XXIII, XXIV[a], XXVII[a]

Burundi, II[a,r], III, XI[d], XV[a], XIX[a], XX, XXII, XXIII[a], XXIX[a,r]

Barbados, VIII, IX[d,r], XI[d], XII[a], XV[a], XVI[a], XVII[a,r], XIX[a], XX, XXII[a], XXIII[a], XXIV[a], XXVII[a], XXVIII[a], XXIX[a], XXX

Belarus, XV, XVII, XIX, XX, XXII, XXIII, XXIV[r], XXV[r], XXVIII[a,r], XXIX[r]

Belgium, II, III, V, VI, VII[a], IX, XI, XII, XIV, XV[r], XVII, XVIII, XIX[a,r], XX, XXII, XXIV, XXVII[a]

Belize, II[a], III, XI[a], XII[a], XX

Benin, II[a], III, XII, XV[a], XVII[a], XX, XXIII

Bermuda, XVII

Bhutan, XI[a], XX, XXVIII[a], XXIX[a]

Bolivia, II[a], III, V, VIII, IX[a], X[a], XI, XII, XIV, XV[a], XVI[a], XVII, XIX, XX, XXII, XXIII[a], XXV[a], XXX

Bosnia-Herzegovina, XI[d], XXIV[d]

Botswana, II[a,r], III[r], IX[d,r], XI[a], XII, XXII

Brazil, II, III, V, VIII, XI, XIV, XV[a], XVII[a], XVIII, XIX, XX, XXII, XXIV, XXVI[d], XXVII, XXX

Brunei Darussalam, XI[a], XII[a], XXVIII[a]

Bulgaria, XI, XII, XV, XVII, XVIII, XIX[a,r], XX, XXII, XXIII, XXIV[a,r], XXV[r], XXVIII[a,r], XXIX[r]

Burkina Faso, II[a], III, XI[a], XII, XX, XXII[a], XXIII, XXIV[a], XXVII[a]

Burma, XIV

Burundi, II[a,r], III, XI[d], XV[a], XIX[a], XX, XXII, XXIII[a], XXIX[a,r]

Byelorussia, XI, XII, XIV, XVIII, XIX[r], XXV

Cambodia, II[a], III[a], IX, XI[a], XV[a], XVII[a], XVIII, XXII, XXIII[a], XXIV

INDEX DES ÉTATS PARTIES / INDEX OF THE STATES PARTIES

Cambodge, II^a, III^a, IX, XI^a, XV^a, XVII^a, XVIII, XXII, XXIII^a, XXIV

Cameroun, II^a, III, XI^d, XII, XV^a, XVI^a, XVII^a, XXII, XXIII^a, XV^a, XXVIII^a

Canada, II^{a,r}, III, V, VI^a, VII^a, X^a, XI, XII, XIV, XV^a, XVI^a, XVII^a, XVIII, XIX^a, XX^r, XXII, XXIV, XXVIII, XXIX

Cap Vert, III, XI^a, XXII^a, XXIII^a, XXVII^a, XXX

Ceylan, XI^a, XVIII

Chili, II^{a,r}, III, VIII, XI, XII, XIV, XV, XVII, XVIII, XIX, XX, XXII, XXIV, XXVII^a, XXVIII, XXIX

Chypre, II^d, III, XI^a, XII, XV, XVI, XVII, XVIII, XIX, XX, XII, XXIV^a, XXVI^a, XXVII^a, XXVIII^a, XXIX

Colombie, II, III, VIII, XI, XIV, XV, XVI, XVII, XVIII, XIX^a, XX^r, XXII, XXIII^a, XXIV

Comores, XI^a, XII^a, XX

Congo, II^d, III^r, XI^d, XII, XV^{a,r}, XVI, XVII^{a,r}, XIX^a, XXII^a, XXIII^a

Congo (Léopoldville)^1, XI^d

Costa Rica, II^a, III, VIII, IX, X^a, XI^a, XII, XIV, XV, XVI, XVII, XVIII, XIX, XX, XXII, XXIII^a, XXIV, XXIX^a

Côte d'Ivoire, II^a, III, XI^d, XII, XV^a, XVII^a, XVIII, XX, XXII^a, XXVIII^a

Croatie, II^a, III^d, IX^d, XI^d, XV^d, XVII^d, XIX^d, XXII^d, XXIII^d, XXIV^d, XXIX^d

Cuba, XI, XII, XIV, XVIII, XIX, XX, XXII^r, XXIII, XXIV, XXV^{a,r}

Dahomey, XI^d

Cameroon, II^a, III, XI^d, XII, XV^a, XVI^a, XVII^a, XXII, XXIII^a, XV^a, XXVIII^a

Canada, II^{a,r}, III, V, VI^a, VII^a, X^a, XI, XII, XIV, XV^a, XVI^a, XVII^a, XVIII, XIX^a, XX^r, XXII, XXIV, XXVIII, XXIX

Cape Verde, III, XI^a, XXII^a, XXIII^a, XXVII^a, XXX

Central African Republic, II^a, III, XI^d, XII, XV^a, XVI^a, XVII^a, XIX^d, XXII^a, XXIII^a, XXVII^a, XXX

Ceylon, XI^a, XVIII

Chad, II^a, III, XI^a, XX, XXII^a, XXIII

Chile, II^{a,r}, III, VIII, XI, XII, XIV, XV, XVII, XVIII, XIX, XX, XXII, XXIV, XXVII^a, XXVIII, XXIX

Colombia, II, III, VIII, XI, XIV, XV, XVI, XVII, XVIII, XIX^a, XX^r, XXII, XXIII^a, XXIV

Comoros, XI^a, XII^a, XX

Congo, II^d, III^r, XI^d, XII, XV^{a,r}, XVI, XVII^{a,r}, XIX^a, XXII^a, XXIII^a

Congo (Leopoldville)^1, XI^d

Costa Rica, II^a, III, VIII, IX, X^a, XI^a, XII, XIV, XV, XVI, XVII, XVIII, XIX, XX, XXII, XXIII^a, XXIV, XXIX^a

Côte d'Ivoire, II^a, III, XI^d, XII, XV^a, XVII^a, XVIII, XX, XXII^a, XXVIII^a

Croatia, II^a, III^d, IX^d, XI^d, XV^d, XVII^d, XIX^d, XXII^d, XXIII^d, XXIV^d, XXIX^d

Cuba, XI, XII, XIV, XVIII, XIX, XX, XXII^r, XXIII, XXIV, XXV^{a,r}

Cyprus, II^d, III, XI^a, XII, XV, XVI, XVII, XVIII, XIX, XX, XII, XXIV^a, XXVI^a, XXVII^a, XXVIII^a, XXIX

---

1. Actuellement République du Zaïre.

1. Now Republic of Zaire.

Danemark, II, III, V[d], VI, VII, IX[r], X[a], XI, XII, XIV, XV, XVI[r], XVII[r], XVIII, XIX[r], XX[r], XXII, XXIV, XXVI[d], XXVII, XXVIII[a], XXIX, XXX

Djibouti, II[d], III[d], XI[d], XII[a], XX

Dominique, XI[d], XX, XXVIII[a]

Égypte, II[a,r], III, XI, XIV, XV, XVII, XIX[a], XX[r], XXIII[a], XXIV, XXVIII, XXIX[a]

El Salvador, II[a], III[r], VIII, XI, XII, XIV, XV, XVI, XVII, XX, XXII[a], XXIII[a], XXIV, XXVI[a], XXVIII[r], XXIX[a,r]

Émirats Arabes Unis, XI[a], XII, XXII[a], XXIII

Équateur, II[a], III, VIII, IX, XI, XII, XIV, XV, XVI, XVII, XIX[r], XX, XXII[a], XXIII, XXIV, XXVII, XXVIII[a], XXIX[r], XXX

Espagne, II[a], III, XI, XII, XV, XVI[a,r], XVII, XVIII, XIX[a], XX, XXII[a,r], XXIV[a,r], XXVI[d], XXVII[a], XXVIII[a], XXIX

Estonie, XI[a], XV[a], XVI[a], XVII[a], XX[a], XXII[a], XXIII[a], XXIV[a], XXV[a], XXIX[a]

États-Unis d'Amérique, III, V[r], XI, XIV, XV, XVIII, XIX[a], XXIV[r], XXVI[d], XXVIII, XXIX

Éthiopie, II[a,r], III, XI[a], XIV, XVIII, XIX, XX[a], XXII[a], XXIII[a], XXIV

Fédération de Malaysia, XI[a]

Fédération de Russie, II[a], III[a], XI[a]

Fidji, II[d], III[d], IX[d,r], XI[d], XIX[a,r], XXII[d], XXIV[d]

Finlande, II[a,r], III, IX[r], XI, XII XV[a,r], XVI, XVII, XVIII, XIX[a], XX[a], XXII[a], XXIV[a], XXVII, XXVIII, XXIX[r], XXX

France, II, III, V[r], VI, VII[d], IX, X[r], XI, XIV, XV[a,r], XVI[a,r], XVII[a], XVIII, XIX,

Czechoslovakia, II[a], III[a], XI, XII, XIV, XV, XVI[a], XVII, XVIII, XIX[r], XX, XXII, XXIII, XXIV[r], XXV[r], XXVII[a], XXVIII, XXIX

Czech Republic, XI[d], XV[d], XVII[d], XIX[d], XXII[d], XXIII[d], XXIV[d], XXVIII[d]

Dahomey, XI[d]

Democratic People's Republic of Korea, XI[a], XII, XV[a], XVII[a], XX, XXV[a], XXIX[a]

Democratic Republic of Congo, XXX

Democratic Republic of Viet-Nam, XI[a]

Democratic Yemen, XI[a]

Denmark, II, III, V[d], VI, VII, IX[r], X[a], XI, XII, XIV, XV, XVI[r], XVII[r], XVIII, XIX[r], XX[r], XXII, XXIV, XXVI[d], XXVII, XXVIII[a], XXIX, XXX

Djibouti, II[d], III[d], XI[d], XII[a], XX

Dominica, XI[d], XX, XXVIII[a]

Dominican Republic, II[a], III, V, VIII, X, XI[a], XIV, XV[a], XVI[a], XVII[a], XIX, XX, XXII[a], XXIX[a]

Ecuador, II[a], III, VIII, IX, XI, XII, XIV, XV, XVI, XVII, XIX[r], XX, XXII[a], XXIII, XXIV, XXVII, XXVIII[a], XXIX[r], XXX

Egypt, II[a,r], III, XI, XIV, XV, XVII, XIX[a], XX[r], XXIII[a], XXIV, XXVIII, XXIX[a]

El Salvador, II[a], III[r], VIII, XI, XII, XIV, XV, XVI, XVII, XX, XXII[a], XXIII[a], XXIV, XXVI[a], XXVIII[r], XXIX[a,r]

Equatorial Guinea, III, XI[a], XII[a], XVI[a], XVII[a]

Estonia, XI[a], XV[a], XVI[a], XVII[a], XX[a], XXII[a], XXIII[a], XXIV[a], XXV[a], XXIX[a]

INDEX DES ÉTATS PARTIES / INDEX OF THE STATES PARTIES

XX^r, XXII^a, XXIV, XXVI^d, XXVII, XXX

Gabon, II^a, III, XI^d, XII, XV^a, XVII^a, XIX, XXII, XXIII^a, XXIV^a, XXIX

Gambie, II^d, III, XI^d, XII, XV^a, XVI^a, XVII^a, XX, XXII^a, XXIII^a, XXIV^a, XXV^a

Ghana, II^a, III^r, XI^a, XII, XVIII, XIX^a, XX, XXII, XXIII^a, XXIV^a, XXVIII^a, XXIX^{a,r}

Grèce, II, III, IX^a, XI, XII, XIV, XVII^a, XVIII, XIX, XXII, XXIV, XXVII, XXVIII, XXIX^a

Grenade, XI^d, XV^a, XVII^a, XX, XXVIII^a

Guatemala, II^a, III, V^r, VIII, XI, XII, XIV, XV^a, XVII^a, XIX, XX, XXII, XXIV, XXVII, XXVIII, XXIX, XXX

Guinée, II^d, III, IX, XI^a, XII^a, XV, XVI, XVII, XIX, XX^a, XXII, XXIII, XXV^{a,r}, XXVI^a, XXX

Guinée-Bissau, II^a, III, XI^a, XII, XV^a, XVII^a, XX

Guinée Équatoriale, III, XI^a, XII^a, XVI^a, XVII^a

Guyane, VIII, XI^d, XII, XV, XVII, XX, XXIII^a

Haïti, II^a, III, XI^a, XIV, XVIII, XIX, XXII, XXIII^a, XXIV, XXVIII, XXIX^a

Haute-Volta, XI^d

Honduras, II^{a,r}, III^d, V, VIII, XI^a, XIV, XVI, XVII, XX, XXVIII

Hongrie, II^a, III, XI, XII, XV, XVI, XVII, XVIII, XIX, XX, XXII, XXIII, XXIV^{a,r}, XXV^r, XXVII^a, XXVIII^a, XXIX

Îles Salomon, XI^d, XII, XVII^d, XIX^{d,r}, XXII

Ethiopia, II^{a,r}, III, XI^a, XIV, XVIII, XIX, XX^a, XXII^a, XXIII^a, XXIV

Federation of Malaysia, XI^a

Fiji, II^d, III^d, IX^{d,r}, XI^d, XIX^{a,r}, XXII^d, XXIV^d

Finland, II^{a,r}, III, IX^r, XI, XII XV^{a,r}, XVI, XVII, XVIII, XIX^a, XX^a, XXII^a, XXIV^a, XXVII, XXVIII, XXIX^r, XXX

France, II, III, V^r, VI, VII^d, IX, X^r, XI, XIV, XV^{a,r}, XVI^{a,r}, XVII^a, XVIII, XIX, XX^r, XXII^a, XXIV, XXVI^d, XXVII, XXX

Gabon, II^a, III, XI^d, XII, XV^a, XVII^a, XIX, XXII, XXIII^a, XXIV^a, XXIX

Gambia, II^d, III, XI^d, XII, XV^a, XVI^a, XVII^a, XX, XXII^a, XXIII^a, XXIV^a, XXV^a

German Democratic Republic, VI, XI^a, XXV

Germany, Federal Republic of, II, III, VI, IX^r, X^a, XI^a, XII, XV, XVII, XVIII, XIX^{a,r}, XXII, XXIV^a, XXVI^d, XXVII, XXVIII, XXIX, XXX

Ghana, II^a, III^r, XI^a, XII, XVIII, XIX^a, XX, XXII, XXIII^a, XXIV^a, XXVIII^a, XXIX^{a,r}

Greece, II, III, IX^a, XI, XII, XIV, XVII^a, XVIII, XIX, XXII, XXIV, XXVII, XXVIII, XXIX^a

Grenada, XI^d, XV^a, XVII^a, XX, XXVIII^a

Guatemala, II^a, III, V^r, VIII, XI, XII, XIV, XV^a, XVII^a, XIX, XX, XXII, XXIV, XXVII, XXVIII, XXIX, XXX

Guinea, II^d, III, IX, XI^a, XII^a, XV, XVI, XVII, XIX, XX^a, XXII, XXIII, XXV^{a,r}, XXVI^a, XXX

Inde, XI, XIV, XV, XVII^a, XVIII, XIX^r, XXII, XXIII^a, XXIV, XXV^a, XXVI^d, XXIX^{a,r}, XXX

Indonésie, XI^a, XVIII, XIX^r, XX^r

Iran, II^a, III, XI, XIV, XV, XVII, XVIII, XXII, XXIII^a, XXIV, XXIX^a

Iraq, XI^a, XIV, XV, XVII, XVIII, XXII^r, XXIII, XXIV^a, XXIX^{a,r}, XXX

Irlande, II^a, III, IX^{a,r}, X^{a,r}, XI, XV, XVI^{a,r}, XVII^r, XVIII, XIX^{a,r}, XXIV^a, XXX

Islande, II^a, III, V^d, VI^a, XI^a, XII, XIV, XV^r, XVI^{a,r}, XVII, XIX, XXIV, XXVIII^a, XXIX

Israël, II^r, III, IX, X, XI, XV, XX, XVII, XVIII, XIX, XXII^r, XXIV, XXVII^r, XXIX^{a,r}, XXX

Italie, II, III, V^d, VI, VII^a, IX^r, XI, XII, XV, XVI^r, XVIII, XIX^{a,r}, XX, XXII, XXIV^a, XXVI^d, XXVII, XXVIII, XXIX, XXX

Jamaïque, II^d, III^r, VIII, XI^d, XII^a, XV, XVI, XVII, XVIII, XIX^a, XX, XXII, XXIII^a, XXIX^{a,r}

Japon, II^a, III, XI^a, XV, XVII^r, XVIII, XIX, XXVI^d, XXVIII, XXIX^a

Jordanie, XI^a, XII, XV, XVII, XVIII, XIX^a, XX^r, XXII, XXIII, XXIV^a, XXVIII^a, XXIX^a

Kazakhstan, XI^d

Kenya, II^a, III, XI^a, XV^a, XVII^{a,r}, XX, XXV^a, XXVI^d, XXVIII^{a,r}, XXX

Kiribati, IX^{d,r}, X^d, XI^d

Koweït, XI^a, XII, XVIII, XX^r, XXII^{a,r}, XXIII^a, XXIX^{a,r}

Kyrgystan, XI^d

Laos, XI^d

Guinea-Bissau, II^a, III, XI^a, XII, XV^a, XVII^a, XX

Guyana, VIII, XI^d, XII, XV, XVII, XX, XXIII

Haiti, II^a, III, XI^a, XIV, XVIII, XIX, XXII, XXIII^a, XXIV, XXVIII, XXIX^a

Holy See, II^r, III, XI, XII, XVIII, XX, XXII, XXVI^a, XXVII

Honduras, II^{a,r}, III^d, V, VIII, XI^a, XIV, XVI, XVII, XX, XXVIII

Hungary, II^a, III, XI, XII, XV, XVI, XVII, XVIII, XIX, XX, XXII, XXIII, XXIV^{a,r}, XXV^r, XXVII^a, XXVIII^a, XXIX

Iceland, II^a, III, V^d, VI^a, XI^a, XII, XIV, XV^r, XVI^{a,r}, XVII, XIX, XXIV, XXVIII^a, XXIX

India, XI, XIV, XV, XVII^a, XVIII, XIX^r, XXII, XXIII^a, XXIV, XXV^a, XVI^d, XXIX^{a,r}, XXX

Indonesia, XI^a, XVIII, XIX^r, XX^r

Irak, XI^a, XIV, XV, XVII, XVIII, XXII^r, XXIII, XXIV^a, XXIX^{a,r}, XXX

Iran, II^a, III, XI, XIV, XV, XVII, XVIII, XXII, XXIII^a, XXIV, XXIX^a

Ireland, II^a, III, IX^{a,r}, X^{a,r}, XI, XV, XVI^{a,r}, XVII^r, XVIII, XIX^{a,r}, XXIV^a, XXX

Israel, II^r, III, IX, X, XI, XV, XX, XVII, XVIII, XIX, XXII^r, XXIV, XXVII^r, XXIX^{a,r}, XXX

Italy, II, III, V^d, VI, VII^a, IX^r, XI, XII, XV, XVI^r, XVIII, XIX^{a,r}, XX, XXII, XXIV^a, XXVI^d, XXVII, XXVIII, XXIX, XXX

Jamaica, II^d, III^r, VIII, XI^d, XII^a, XV, XVI, XVII, XVIII, XIX^a, XX, XXII, XXIII^a, XXIX^{a,r}

INDEX DES ÉTATS PARTIES / INDEX OF THE STATES PARTIES

Lesotho, II^a, III, IX^{d,r}, XI^d, XV^a, XVII^a, XIX^{a,r}, XXII^a, XXIII^a, XXIV^a, XXVIII

Lettonie, XI^a, XII^a, XV^a, XVII^a, XIX^a, XXIII^a, XXIV^a, XXV^a, XXIX^a

Liban, XI, XIV, XV^a, XVII^a, XVIII, XIX, XX, XXII^{a,r}, XXIV

Libéria, II^a, III, V, IX^a, XI^a, XII, XIV, XVIII, XXII^a, XXIII^a, XXIV, XXIX

Libye, IX^a, X^a, XI^a, XII, XV^a, XVI^a, XVII^a, XVIII, XIX^a, XXII^{a,r}, XXIII^a, XXIV^a, XXV^a, XXX

Liechtenstein, II, III, XI, XII

Lithuanie, XV^a, XVI^a, XVII^a

Luxembourg, II, III, V, IX, XI, XII, XIV, XV, XVI^{a,r}, XVII, XIX, XXII^a, XXIV^a, XXVII^a, XXVIII

Madagascar, II^a, IX, XI^d, XV, XVI, XVII^r, XVIII, XIX^a, XX, XXII^r, XXIII^a, XXX

Malawi, II^{a,r}, III, XI^d, XII, XIX^a, XXVIII^a, XXIX^{a,r}

Malaysia, XVIII

Maldives, XI^a, XII, XX^r, XXII^a, XXIII^a, XXIV^a, XXIX^a

Mali, II^d, III, XI^a, XII, XV^a, XVII^a, XVIII, XIX^a, XX^r, XXII^a, XXIII^a, XXIV^a, XXVIII^a

Malte, II^{a,r}, III, XI^d, XII^a, XV^{a,r}, XVI^{a,r}, XIX^{a,r}, XX^r, XXII

Maroc, II^d, III, VII^r, XI^a, XV, XVII, XVIII, XIX^a, XXII^r, XXIV^{a,r}, XXVI^d, XXVII^a

Maurice, VI^d, XI^d, XII, XV^a, XVI^a, XVII^a, XIX^{d,r}, XX^{a,r}, XXII^a, XXVIII, XXX

Mauritanie, II^a, III, XI^d, XII, XVIII, XIX^a, XX, XXII, XXIII^a

Japan, II^a, III, XI^a, XV, XVII^r, XVIII, XIX, XXVI^d, XXVIII, XXIX^a

Jordan, XI^a, XII, XV, XVII, XVIII, XIX^a, XX^r, XXII, XXIII, XXIV^a, XXVIII^a, XXIX^a

Kazakhstan, XI^d

Kenya, II^a, III, XI^a, XV^a, XVII^{a,r}, XX, XXV^a, XXVI^d, XXVIII^{a,r}, XXX

Kiribati, IX^{d,r}, X^d, XI^d

Kuwait, XI^a, XII, XVIII, XX^r, XXII^{a,r}, XXIII^a, XXIX^{a,r}

Kyrgyztan, XI^d

Lao People's Democratic Republic, XII, XIX^a, XX^a, XXII^a, XXIII^a, XXIV^a, XXV^{a,r}

Laos, XI^d

Latvia, XI^a, XII^a, XV^a, XVII^a, XIX^a, XXIII^a, XXIV^a, XXV^a, XXIX^a

Lebanon, XI, XIV, XV^a, XVII^a, XVIII, XIX, XX, XXII^{a,r}, XXIV

Lesotho, II^a, III, IX^{d,r}, XI^d, XV^a, XVII^a, XIX^{a,r}, XXII^a, XXIII^a, XXIV^a, XXVIII

Liberia, II^a, III, V, IX^a, XI^a, XII, XIV, XVIII, XXII^a, XXIII^a, XXIV, XXIX

Libya, IX^a, X^a, XI^a, XII, XV^a, XVI^a, XVII^a, XVIII, XIX^a, XXII^{a,r}, XXIII^a, XXIV^a, XXV^a, XXX

Liechtenstein, II, III, XI, XII

Lithuania, XV^a, XVI^a, XVII^a

Luxembourg, II, III, V, IX, XI, XII, XIV, XV, XVI^{a,r}, XVII, XIX, XXII^a, XXIV^a, XXVII^a, XXVIII

Madagascar, II^a, IX, XI^d, XV, XVI, XVII^r, XVIII, XIX^a, XX, XXII^r, XXIII^a, XXX

Mexique, VIII, XI, XII, XIV, XV[a,r], XVII, XVIII, XIX, XX, XXII, XXIII[a], XXIV, XXVII, XXVIII[a], XXIX[a], XXX

Monaco, II[a,r], VI[a], XI, XXIV, XXVII

Mongolie, XV, XVI[a], XVII, XVIII, XIX[a], XX, XXII, XXIII, XXIV[a,r], XXV[r], XXVIII[a], XXIX[r]

Mozambique, II[a], III, XI[a], XII, XX[a,r], XXIII[a], XXIV[a]

Myanmar, XI[d], XX[a,r], XXIV[r]

Namibie, XI[a], XII, XX, XXII[a], XXIII[a]

Népal, XI[a], XV[a], XVI[a], XVII[a], XVIII, XIX[a], XX[a], XXII[a,r], XXIII[a,r], XXIV, XXVII[a], XXIX[a]

Nicaragua, II[a], III, VIII, XI, XIV, XV[a], XVI[a], XVII[a], XIX[a], XX, XXII[a], XXIII[a], XXIV[a], XXV[a]

Niger, II[d], III, X[a,r], XI[d], XII, XV[a], XVI[a], XVII[a], XIX[d], XX, XXII, XXIII[a], XXVII[a], XXIX[a]

Nigeria, II[a], III, VIII, XI[d], XII, XVII, XVIII, XIX, XX, XXII[a], XXIII

Norvège, II, III, V, VI, VII, VIII, IX, X[a], XI, XII, XIV, XV[r], XVI[r], XVII[r], XVIII, XIX, XX[r], XXII, XXIV, XXVI[d], XXVII[a], XXVIII, XXIX, XXX

Nouvelle-Zélande, II[a], III, V[d], VI[a], XI, XII, XIV, XV[r], XVII[r], XVIII, XIX[a,r], XXII, XXIV, XVII[a], XXVIII[a], XXIX[a]

Oman, XI[a], XII, XVI[a], XXIII, XXVIII[a], XXIX[a]

Ouganda, II[a], III, IX[a], XI[a], XII[a], XVII[a], XVIII, XX, XXII[a], XXIII

Pakistan, XI, XIV, XVIII, XIX[r], XX, XXII, XXIII[a], XXIV, XXVII[a], XXIX[a,r], XXX

Malawi, II[a,r], III, XI[d], XII, XIX[a], XXVIII[a], XXIX[a,r]

Malaysia, XVIII

Maldives, XI[a], XII, XX[r], XXII[a], XXII[a], XXIV[a], XXIX[a]

Mali, II[d], III, XI[a], XII, XV[a], XVII[a], XVIII, XIX[a], XX[r], XXII[a], XXIII[a], XXIV[a], XXVIII[a]

Malta, II[a,r], III, XI[d], XII[a], XV[a,r], XVI[a,r], XIX[a,r], XX[r], XXII

Mauritania, II[a], III, XI[d], XII, XVIII, XIX[a], XX, XXII, XXIII[a]

Mauritius, VI[d], XI[d], XII, XV[a], XVI[a], XVII[a], XIX[d,r], XX[a,r], XXII[a], XXVIII, XXX

Mexico, VIII, XI, XII, XIV, XV[a,r], XVII, XVIII, XIX, XX, XXII, XXIII[a], XXIV, XXVII, XXVIII[a], XXIX[a], XXX

Monaco, II[a,r], VI[a], XI, XXIV, XXVII

Mongolia, XV, XVI[a], XVII, XVIII, XIX[a], XX, XXII, XXIII, XXIV[a,r], XXV[r], XXVIII[a], XXIX[r]

Mongolian People's Republic, XI[a]

Morocco, II[d], III, VII[r], XI[a], XV, XVII, XVIII, XIX[a], XXII[r], XXIV[a,r], XXVI[d], XXVII[a]

Mozambique, II[a], III, XI[a], XII, XX[a,r], XXIII[a], XXIV[a]

Myanmar, XI[d], XX[a,r], XXIV[r]

Namibia, XI[a], XII, XX, XXII[a], XXIII[a]

Nepal, XI[a], XV[a], XVI[a], XVII[a], XVIII, XIX[a], XX[a], XXII[a,r], XXIII[a,r], XXIV, XXVII[a], XXIX[a]

Netherlands, II[r], III, V, VI, VII[a], IX[r], X, XI, XII, XIV, XV[r], XVI, XVII[r], XVIII, XIX, XXII, XXIV[a], XXVI[d], XXVII[r], XXVIII[r], XXIX[r], XXX

INDEX DES ÉTATS PARTIES / INDEX OF THE STATES PARTIES

Panama, II^a, III, V, VIII, XI^a, XIV, XV, XVI, XVII, XX, XXII, XXIII, XXIV, XXVIII, XXIX^a

Papouasie Nouvelle-Guinée, II^{a,r}, III, XI^d, XIX^a, XXII^{a,r}, XXIV^a

Paraguay, II^a, III, VIII, XI, XII^a, XIV, XV^a, XVII^a, XIX, XX, XXIX

Pays-Bas, II^r, III, V, VI, VII^a, IX^r, X, XI, XII, XIV, XV^r, XVI, XVII^r, XVIII, XIX, XXII, XXIV^a, XXVI^d, XXVII^r, XXVIII^r, XXIX^r, XXX

Pérou, II^a, III, V, VIII, XI, XII, XIV, XV, XVI, XVII, XIX^a, XX, XXII, XXIII^a, XXIV, XXVI^a, XXIX^{a,r}

Philippines, II^a, III, V, IX^r, XI, XIV, XV, XVI, XVII, XVIII, XIX, XX, XXII, XXIII, XXIV^r, XXV^a, XXVII, XXVIII, XXIX^a

Pologne, II^{a,r}, III, XI, XII, XIV, XV, XVI^{a,r}, XVII, XVIII, XIX^r, XX^r, XXII^r, XXIII, XXIV^{a,r}, XXV^r, XXVI^a, XXVII^a, XXIX^r

Portugal, II^a, III, VI^a, XI, XV, XVI, XVII, XX, XXII^a, XXVI^a, XXVII^a, XXVIII

Qatar, XI^a, XII, XXII^a, XXIII

République Arabe Syrienne, XII, XV^a, XVII^a, XXII^{a,r}, XXIII, XXIV^a, XXIX^{a,r}, XXX

République Arabe Unie, XVIII

République Centrafricaine, II^a, III, XI^d, XII, XV^a, XVI^a, XVII^a, XIX^d, XXII^a, XXIII^a, XXVII^a, XXX

République de Corée, II^{a,r}, III^a, X^a, XI^a, XII, XV^{a,r}, XVI, XVII^a, XVIII, XIX^a, XX^r, XXII, XXIV^a, XXVI^a, XXVIII^a, XXIX^a

République Démocratique Allemande, VI, XI^a, XXV

New Zealand, II^a, III, V^d, VI^a, XI, XII, XIV, XV^r, XVII^r, XVIII, XIX^{a,r}, XXII, XXIV, XVII^a, XXVIII^a, XXIX^a

Nicaragua, II^a, III, VIII, XI, XIV, XV^a, XVI^a, XVII^a, XIX^a, XX, XXII^a, XXIII^a, XXIV^a, XXV^a

Niger, II^d, III, X^{a,r}, XI^d, XII, XV^a, XVI^a, XVII^a, XIX^d, XX, XXII, XXIII^a, XXVII^a, XXIX^a

Nigeria, II^a, III, VIII, XI^d, XII, XVII, XVIII, XIX, XX, XXII^a, XXIII

Norway, II, III, V, VI, VII, VIII, IX, X^a, XI, XII, XIV, XV^r, XVI^r, XVII^r, XVIII, XIX, XX^r, XXII, XXIV, XXVI^d, XXVII^a, XXVIII, XXIX, XXX

Oman, XI^a, XII, XVI^a, XXIII, XXVIII^a, XXIX^a

Pakistan, XI, XIV, XVIII, XIX^r, XX, XXII, XXIII^a, XXIV, XXVII^a, XXIX^{a,r}, XXX

Panama, II^a, III, V, VIII, XI^a, XIV, XV, XVI, XVII, XX, XXII, XXIII, XXIV, XXVIII, XXIX^a

Papua New Guinea, II^{a,r}, III, XI^d, XIX^a, XXII^{a,r}, XXIV^a

Paraguay, II^a, III, VIII, XI, XII^a, XIV, XV^a, XVII^a, XIX, XX, XXIX

People's Republic of China, II^{a,r}, III^r, V^d, XI, XII, XIV, XVIII, XXII^{a,r}, XXIII^a, XXIV^r, XXVIII^a, XXIX^{a,r}, XXX

Peru, II^a, III, V, VIII, XI, XII, XIV, XV, XVI, XVII, XIX^a, XX, XXII, XXIII^a, XXIV, XXVI^a, XXIX^{a,r}

Philippines, II^a, III, V, IX^r, XI, XIV, XV, XVI, XVII, XVIII, XIX, XX, XXII, XXIII, XXIV^r, XXV^a, XXVII, XXVIII, XXIX^a

République Démocratique du Congo, XXX

République Démocratique du Viet-Nam, XI[a]

République Dominicaine, II[a], III, V, VIII, X, XI[a], XIV, XV[a], XVI[a], XVII[a], XIX, XX, XXII[a], XXIX[a]

République Fédérale d'Allemagne, II, III, VI, IX[r], X[a], XI[a], XII, XV, XVII, XVIII, XIX[a,r], XXII, XXIV[a], XXVI[d], XXVII, XXVIII, XXIX, XXX

République Populaire Démocratique de Corée, XI[a], XII, XV[a], XVII[a], XX, XXV[a], XXIX[a]

République Populaire Démocratique de Lao, XII, XIX[a], XX[a], XXII[a], XXIII[a], XXIV[a], XXV[a,r]

République Populaire de Chine, II[a,r], III[r], V[d], XI, XII, XIV, XVIII, XXII[a,r], XXIII[a], XXIV[r], XXVIII[a], XXIX[a,r], XXX

République Populaire Mongole, XI[a]

République de Moldova, XV[a], XVII[a], XIX[a], XXII[a], XXIV[a]

République du Sud Viet-Nam, XI[a]

République Slovaque, II[d], III[a]

République Tchèque, XI[d], XV[d], XVII[d], XIX[d], XXII[d], XXIII[d], XXIV[d], XXVIII[d]

République Unie de Tanzanie, II[a], III[r], XII, XV[a], XVII[a], XVIII, XIX[a], XX, XXII[a], XXIII[a], XXIV[a]

République du Viet-Nam, XVIII, XXX

Roumanie, II[a], XI, XII, XV, XVII, XVIII, XIX[r], XX, XXII[r], XXIII, XXIV[a,r], XXV[r], XXVII[a], XXVIII[a], XXIX[r]

Poland, II[a,r], III, XI, XII, XIV, XV, XVI[a,r], XVII, XVIII, XIX[r], XX[r], XXII[r], XXIII, XXIV[a,r], XXV[r], XXVI[a], XXVII[a], XXIX[r]

Portugal, II[a], III, VI[a], XI, XV, XVI, XVII, XX, XXII[a], XXVI[a], XXVII[a], XXVIII

Qatar, XI[a], XII, XXII[a], XXIII

Republic of Korea, II[a,r], III[a], X[a], XI[a], XII, XV[a,r], XVI, XVII[a], XVIII, XIX[a], XX[r], XXII, XXIV[a], XXVI[a], XXVIII[a], XXIX[a]

Republic of Moldova, XV[a], XVII[a], XIX[a], XXII[a], XXIV[a]

Republic of South Viet Nam, XI[a]

Republic of Viet Nam, XVIII, XXX

Romania, II[a], XI, XII, XV, XVII, XVIII, XIX[r], XX, XXII[r], XXIII, XXIV[a,r], XXV[r], XXVII[a], XXVIII[a], XXIX[r]

Russian Federation, II[a], III[a], XI[a]

Rwanda, II[r], III[r], XI[d], XII, XV[a], XVII, XX, XXII[a,r], XXIII, XXIV[a,r], XXV[a], XXVI[a], XIX, XXX

Saint Christopher and Nevis, XI[a], XII

Saint Vincent and Grenadines, XI[d], XII, XV[a], XVI[a], XVII[a], XXII[a], XXIV[a], XXV[a], XXVI[d]

Samoa, II[a], XI[d], XII[a]

San Marino, XI[a], XV[a], XVI[a], XVII[a], XX[a]

Santa Lucia, XI[d], XII, XXII[d]

Sao Tome and Principe, II[a], III, XI[a], XX[a], XXIII[a]

Saudi Arabia, XI[a], XII[a], XIV, XVIII, XXIV[a], XXVIII[a,r]

INDEX DES ÉTATS PARTIES / INDEX OF THE STATES PARTIES

Royaume-Uni, II^r, III, V^d, IX, X^r, XI, XIV, XV, XVII, XIX^a, XX^r, XXVI^d, XXVII^a, XXVIII, XXIX

Royaume-Uni de Grande-Bretagne et d'Irlande du Nord, VI, VII, IX^r, XI, XV^r, XVII^r, XVIII, XIX^r, XXIV

Rwanda, II^r, III^r, XI^d, XII, XV^a, XVII, XX, XXII^{a,r}, XXIII, XXIV^{a,r}, XXV^a, XXVI^a, XIX, XXX

Saint-Kitts-et-Nevis, XX, XXVIII^a

Saint-Marin, XI^a, XV^a, XVI^a, XVII^a, XX^a

Saint-Siège, II^r, III, XI, XII, XVIII, XX, XXII, XXVI^a, XXVII

Sainte-Lucie, XI^d, XII, XXII^d

Samoa, II^a, XI^d, XII^a

Sao Tome et Principe, II^a, III, XI^a, XX^a, XXIII^a

Sénégal, II^d, III, XI^d, XII, XV, XVI^a, XVII, XIX^d, XX, XXII, XXIII^a, XXIV^a, XXVI^a, XXVIII

Seychelles, II^a, III, XI^a, XII, XV^a, XVII^a, XX^a, XXII^a, XXIII^a, XXIV^a, XXIX^a

Siam, XIV

Sierra Leone, II^a, III, XI^d, XII, XIX^{a,r}, XX, XXII

Singapour, XI^a

Slovénie, II, III^d, IX^d, XI, XV^d, XVII^d, XIX^d, XXII^d, XXIII^d, XXIV^d, XXV^d, XXVII^d, XXVIII^a, XXIX^d

Somalie, II^a, III, VIII, XI^a, XV^a, XVI^a, XVII^a, XXII, XXIII

Soudan, II^{a,r}, III, XI^a, XV^a, XVII^a, XVIII, XX, XXII^a, XXIII, XXVIII^a

Senegal, II^d, III, XI^d, XII, XV, XVI^a, XVII, XIX^d, XX, XXII, XXIII^a, XXIV^a, XXVI^a, XXVIII

Seychelles, II^a, III, XI^a, XII, XV^a, XVII^a, XX^a, XXII^a, XXIII^a, XXIV^a, XXIX^a

Siam, XIV

Sierra Leone, II^a, III, XI^d, XII, XIX^{a,r}, XX, XXII

Singapore, XI^a

Slovak Republic, II^d, III^a

Slovenia, II, III^d, IX^d, XI, XV^d, XVII^d, XIX^d, XXII^d, XXIII^d, XXIV^d, XXV^d, XXVII^d, XXVIII^a, XXIX^d

Solomon Islands, XI^d, XII, XVII^d, XIX^{d,r}, XXII

Somalia, II^a, III, VIII, XI^a, XV^a, XVI^a, XVII^a, XXII, XXIII

South Africa, XIX

Spain, II^a, III, XI, XII, XV, XVI^{a,r}, XVII, XVIII, XIX^a, XX, XXII^{a,r}, XXIV^{a,r}, XXVI^d, XXVII^a, XXVIII^a, XXIX

Sri Lanka, XV^a, XVII^a, XX, XXII^a, XXIII^a, XXIV^a, XXVI^a, XXVII, XXIX^a

St. Kitts and Nevis, XX, XXVIII^a

Sudan, II^{a,r}, III, XI^a, XV^a, XVII^a, XVIII, XX, XXII^a, XXIII, XXVIII^a

Suriname, II^d, III^d, XI^d, XII^a, XV^a, XVI^a, XXII^d, XXIII^a, XXVII^a, XXVIII, XXX

Swaziland, III, XI^a, XIX^{a,r}, XXII^a

Sweden, II^r, III, VI, VII^a, VIII, IX^r, X^a, XI, XII, XIV, XV^r, XVI^r, XVII, XVIII, XIX, XX, XXII, XXIV, XXVI^d, XXVII^r, XXIX

Sri Lanka, XV[a], XVII[a], XX, XXII[a], XXIII[a], XXIV[a], XXVI[a], XXVII, XXIX[a]

St-Christophe-et-Nevis, XI[a], XII

St-Vincent-et-Grenadine, XI[d], XII, XV[a], XVI[a], XVII[a], XXII[a], XXIV[a], XXV[a], XXVI[d]

Suède, II[r], III, VI, VII[a], VIII, IX[r], X[a], XI, XII, XIV, XV[r], XVI[r], XVII, XVIII, XIX, XX, XXII, XXIV, XXVI[d], XXVII[r], XXIX

Suisse, II, III, V, VI[a], VII[a], IX, XI, XII, XV[a], XVII[a], XVIII, XXVII[a], XXVIII, XXIX[a]

Suriname, II[d], III[d], XI[d], XII[a], XV[a], XVI[a], XXII[d], XXIII[a], XXVII[a], XXVIII, XXX

Swaziland, III, XI[a], XIX[a,r], XXII[a]

Syrie, XI, XIV, XVIII

Tajikistan, XI[d]

Tanganyika, XI[d]

Tchad, II[a], III, XI[a], XX, XXII[a], XXIII

Tchécoslovaquie, II[a], III[a], XI, XII, XIV, XV, XVI[a], XVII, XVIII, XIX[r], XX, XXII, XXIII, XXIV[r], XXV[r], XXVII[a], XXVIII, XXIX

Thaïlande, XI[a], XVIII, XIX

Togo, II[d], III, XI[d], XII, XV[a], XVI[a], XVII[a], XX, XXII[a], XXIII[a], XXIV[a], XXVIII, XXIX[a]

Tonga, XI[d], XXII[a,r], XXIV[a]

Trinité-et-Tobago, IX[d], XI[a], XV[a,r], XVI[a], XVII[a,r], XVIII, XIX[a], XX, XXII, XXIII[a], XXVIII[a], XXIX[a,r]

Tunisie, II[d], III, IX[a], XI[a], XII, XV, XVII, XVIII, XIX[a,r], XXII, XXIII[a], XXV[a], XXVI[d], XXVII[a], XXIX[r], XXX

Switzerland, II, III, V, VI[a], VII[a], IX, XI, XII, XV[a], XVII[a], XVIII, XXVII[a], XXVIII, XXIX[a]

Syria, XI, XIV, XVIII

Syrian Arab Republic, XII, XV[a], XVII[a], XXII[a,r], XXIII, XXIV[a], XXIX[a,r], XXX

Tajikistan, XI[d]

Tanganyika, XI[d]

Thailand, XI[a], XVIII, XIX

Togo, II[d], III, XI[d], XII, XV[a], XVI[a], XVII[a], XX, XXII[a], XXIII[a], XXIV[a], XXVIII, XXIX[a]

Tonga, XI[d], XXII[a,r], XXIV[a]

Trinidad and Tobago, IX[d], XI[a], XV[a,r], XVI[a], XVII[a,r], XVIII, XIX[a], XX, XXII, XXIII[a], XXVIII[a], XXIX[a,r]

Tunisia, II[d], III, IX[a], XI[a], XII, XV, XVII, XVIII, XIX[a,r], XXII, XXIII[a], XXV[a], XXVI[d], XXVII[a], XXIX[r], XXX

Turkey, II, III, XI, XIV, XVIII, XIX, XX[r], XXIV[a], XXVII[a], XXVIII[a,r], XXIX[a], XXX

Turkmenistan, XI[d]

Tuvalu, II[d], III[d], XI[d]

Uganda, II[a], III, IX[a], XI[a], XII[a], XVII[a], XVIII, XX, XXII[a], XXIII

Ukraine, XI, XII, XIV, XV, XVI[a], XVII, XVIII, XIX[r], XX, XXII[r], XXIII, XXIV[r], XXV[r], XXVIII[a,r], XXIX[r]

Union of South Africa, XI, XIV

United Arab Emirates, XI[a], XII, XXII[a], XXIII

United Arab Republic, XVIII

United Kingdom, II[r], III, V[d], IX, X[r], XI, XIV, XV, XVII, XIX[a], XX[r], XXVI[d], XXVII[a], XXVIII, XXIX

INDEX DES ÉTATS PARTIES / INDEX OF THE STATES PARTIES

Turkménistan, XI[d]

Turquie, II, III, XI, XIV, XVIII, XIX, XX[r], XXIV[a], XXVII[a], XXVIII[a,r], XXIX[a], XXX

Tuvalu, II[d], III[d], XI[d]

Ukraine, XI, XII, XIV, XV, XVI[a], XVII, XVIII, XIX[r], XX, XXII[r], XXIII, XXIV[r], XXV[r], XXVIII[a,r], XXIX[r]

Union Sud Africaine, XI, XIV

URSS, XI, XII, XIV, XV, XVI[a,r], XVII, XVIII, XIX[r], XX, XXII, XXIII, XXIV[r], XXV[r], XXVIII[a,r], XXIX[r]

Uruguay, II[a], III, VIII, XI, XII[a], XIV, XV, XVI, XVII, XVIII, XX[r], XXII, XXIV, XXIX[a], XXX

Vanuatu, XI[a], XII

Venezuela, III[r], V, VIII, XI, XIV, XV[r], XVI[r], XVII, XVIII, XIX[a,r], XX, XXII, XXIII[a,r], XXIV[r], XXVIII[a,r], XXX

Viet-Nam, XI, XII, XV[a], XVII, XX, XXII[a,r], XXIII[a], XXIV[a,r], XXV[a,r]

Yémen, II[a], III, XI[a], XII, XIV, XV[a], XVII[a], XVIII, XIX[a,r], XX, XXII[a,r], XXIII[a], XXIV[a,r], XXV[a], XXIX[a,r]

Yémen Démocratique, XI[a]

Yougoslavie, II, III, VI[a], VII[a], IX[a], XI, XII, XIV, XV, XVI, XVII, XVIII, XIX, XX[r], XXII[a], XXIII, XXV, XXVII, XXVIII[r], XXIX

Zaïre, II[a], III, XII, XV[a], XVI[a], XVII[a], XIX[a], XX, XXII[a], XXIII[a], XXIX[a,r]

Zambie, II[d,r], III, IX[d,r], XI[a], XV[a], XVI[a], XVII[a,r], XVIII, XIX[a], XX, XXII, XXIII[a,r]

Zimbabwe, II[a], III, XI[a], XV[a], XVII[a], XX, XXII, XXIII[a]

United Kingdom of Great Britain and Northern Ireland, VI, VII, IX[r], XI, XV[r], XVII[r], XVIII, XIX[r], XXIV

United Republic of Tanzania, II[a], III[r], XII, XV[a], XVII[a], XVIII, XIX[a], XX, XXII[a], XXIII[a], XXIV[a]

United States of America, III, V[r], XI, XIV, XV, XVIII, XIX[a], XXIV[r], XXVI[d], XXVIII, XXIX

Upper Volta, XI[d]

Uruguay, II[a], III, VIII, XI, XII[a], XIV, XV, XVI, XVII, XVIII, XX[r], XXII, XXIV, XXIX[a], XXX

USSR, XI, XII, XIV, XV, XVI[a,r], XVII, XVIII, XIX[r], XX, XXII, XXIII, XXIV[r], XXV[r], XXVIII[a,r], XXIX[r]

Vanuatu, XI[a], XII

Venezuela, III[r], V, VIII, XI, XIV, XV[r], XVI[r], XVII, XVIII, XIX[a,r], XX, XXII, XXIII[a,r], XXIV[r], XXVIII[a,r], XXX

Viet Nam, XI, XII, XV[a], XVII, XX, XXII[a,r], XXIII[a], XXIV[a,r], XXV[a,r]

Yemen, II[a], III, XI[a], XII, XIV, XV[a], XVII[a], XVIII, XIX[a,r], XX, XXII[a,r], XXIII[a], XXIV[a,r], XXV[a], XXIX[a,r]

Yugoslavia, II, III, VI[a], VII[a], IX[a], XI, XII, XIV, XV, XVI, XVII, XVIII, XIX, XX[r], XXII[a], XXIII, XXV, XXVII, XXVIII[r], XXIX

Zaire, II[a], III, XII, XV[a], XVI[a], XVII[a], XIX[a], XX, XXII[a], XXIII[a], XXIX[a,r]

Zambia, II[d,r], III, IX[d,r], XI[a], XV[a], XVI[a], XVII[a,r], XVIII, XIX[a], XX, XXII, XXIII[a,r]

Zimbabwe, II[a], III, XI[a], XV[a], XVII[a], XX, XXII, XXIII[a]

LEXIQUE

Notre lexique a été élaboré à l'aide du *Thesaurus International de la terminologie relative aux réfugiés*, publié sous les auspices du Réseau international de documentation sur les réfugiés, préparé par Jean AITCHISON en 1990, publié par la Documentation francaise, Paris, 1992.

LÉGENDE

ÉQ — Équivalent.
TG — Terme générique.
TS — Terme spécifique.

A

ACCUEIL
　　Ensemble des méthodes, des moyens et des règles gouvernant l'accueil des réfugiés dans un pays sur une base temporaire ou permanente.
voir — Réinstallation.

ACTES JURIDIQUES RELATIFS AUX RÉFUGIÉS
voir — Normes de traitement.
　　— Pactes relatifs aux droits de l'homme de 1966.

ADAPTATION
　　Processus consistant à modifier tout ou une partie de son système de valeur et/ou de ses attitudes en vue de se conformer à des nouvelles conditions de vie.
ÉQ　Ajustement.
TS　Adaptation scolaire.

ADMISSION
　　Ensemble des procédures juridiques gouvernant l'accès des réfugiés ou des étrangers du territoire d'un État. Les règles relèvent du

LEXICON

Our lexicon was elaborated with the help of the *International Thesaurus of Refugee terminology*, published under the auspices of the International Refugee Documentation Network prepared by Jean AITCHISON, published by Martinus Nijhoff Publishers, in 1989.

KEY

BT — Broader term.
EQ — Equivalent.
NT — Narrower term.

A

ADAPTATION
　　Process of modifying some or all of one's beliefs and/or attitudes so as to suit new conditions of life.
EQ　Adjustment

ADMISSIBILITY
　　Fulfilment of the legal preconditions to applying for refugee status, or being granted a hearing on the merits.

ADMISSION
　　Admitting refugees and/or other non-nationals according to the legal procedure in force in the receiving country, i.e. immigration law or refugee law.
see　— Asylum.

AGENTS OF PERSECUTION
　　Persons or groups of persons directly responsible for threats or infliction of harm, who may be operating with the express or tacit approval of the authorities of the State.
EQ　Persecution by third party.

droit de l'immigration ou du droit des réfugiés.

voir — Asile.

AGENTS DE PERSÉCUTION
Personnes qui, isolément ou en groupes, sont directement responsables de menaces ou de violence et agissent avec l'accord formel ou tacite des autorités de l'État.

ÉQ Persécution par des tiers.

AIDE AUX RÉFUGIÉS ET DÉVELOPPEMENT
Approche consistant à mettre en oeuvre des projets amenant les réfugiés à devenir des «producteurs» autonomes, en harmonie avec le développement des structures économiques et sociales de la communauté locale afin d'alléger la charge provoquée par la présence d'un grand nombre de réfugiés dans les pays à faibles revenus.

ASILE
Protection accordée à une personne par un État sur son territoire, le soustrayant ainsi à la juridiction de son pays d'origine. L'asile est basé sur le principe de non-refoulement, est caractérisé par le respect des droits internationalement reconnus aux réfugiés, et est généralement accordé sans limite de temps.

voir — Admission.
— Asilés.
— Demandeurs d'asile.
— Protection internationale.

ASILÉS
Personnes se plaçant sous la juridiction territoriale d'un État en vue d'en obtenir la protection parce qu'elles estiment être persécutées sur un autre territoire en

ASSISTED SELF-SETTLEMENT
Settlement organized by the refugees themselves but which is assisted at its beginning so that the project can start off.

ASYLEES
Persons entering the territorial jurisdiction of a State in search of protection, because they consider themselves persecuted in another territory due to their political opinions or affiliation or by acts which could be considered as political crimes. The term "asilados" (Asylees) is more common in the Latin-American context and should be used sparingly; when in doubt, preference should be given to the term refugee possibly combined with a specific ground for persecution.

see — Asylum.

ASYLUM
Protection granted by a State on its territory against the exercise of jurisdiction by the State of origin, based on the principle of non-refoulement and characterized by the enjoyment of internationally recognized refugee rights, and generally accorded without limit of time.

see — Admission.
— Asylees.
— Asylum seekers.
— International protection.

ASYLUM SEEKERS
see — Asylum.

B

BASIC HUMAN STANDARDS
This term usually refers to the minimum treatment due to any person within the territory and ju-

raison de leur opinion ou de leur appartenance politique, ou encore d'actes qui pourraient être considérés comme des crimes politiques. Le terme «Asilados», plus courant dans le contexte latino-américain, doit être parcimonieusement employé; en cas de doute, utiliser plutôt le terme «réfugié», combiné à un motif de persécution.

voir — Asile.

ASILE TERRITORIAL

Protection accordée par un État, dans l'exercise normal de sa souveraineté territoriale, aux personnes se trouvant sur son territoire, contre la juridiction du pays d'origine.

ASSISTANCE HUMANITAIRE

Assistance dispensée par la communauté internationale pour faire face aux souffrances et aux besoins immédiats des réfugiés ou des nationaux dans une situation d'urgence.

ASSISTANCE INTERNATIONALE

Soutien accordé par la Communauté internationale sous forme d'assistance matérielle, de contributions financières et d'envoi de personnel spécialisé, en vue d'apporter des remèdes au problème des réfugiés.

TG   Coopération internationale.

C

CENTRES DE REGROUPEMENT

Centres dans lesquels les réfugiés sont regroupés dès leur arrivée dans un pays d'accueil. Leur statut doit être déterminé avant qu'ils soient envoyés dans des risdiction of a State on the basis of general international law. However, in the refugee context, this concept refers in addition to particular standards to which asylum seekers are entitled, who are temporarily admitted pending the arrangement of a durable solution.

see   — Irregular refugee mouvements.
       — Protection elsewhere.
       — Temporary refuge.

BOAT PEOPLE

Term which first referred to people leaving the Indochina peninsula in small boats, and now applies to persons fleeing any country in such vessels.

BURDEN OF PROOF

In refugee status procedures, the applicant must establish his or her case, i.e. show evidence that he or she has well-founded fear of persecution.

C

CONVENTION REFUGEES

Refugees who meet the criteria of article 1 of the CSR51.

BT   Refugees.

D

DE FACTO REFUGEES

Refugees who are unable or unwilling to obtain recognition of convention status, or who are unable or unwilling for valid reasons to return to their country of origin.

DIPLOMATIC PROTECTION

The entitlement in international law of a State to protect its nationals who have suffered injuries

camps de réfugiés ou renvoyés dans leur pays.

CENTRES POUR RÉFUGIÉS
Lieux où sont regroupés les réfugiés afin de recevoir une aide matérielle répondant à leurs besoins.
TS   Centres de premier accueil.
Centres de transit pour les réfugiés.

CHARGE DE LA PREUVE
Au cours de la procédure de reconnaissance de la qualité de réfugiés, l'authenticité des faits allégués doit être démontrée par le requérant, notamment en ce qui concerne le bien-fondé de la crainte d'une persécution.

CLAUSES D'EXCLUSION
Dispositions excluant du bénéfice du statut de réfugié toute personne dont on a des raisons sérieuses de penser qu'elle a commis un crime de guerre, un crime contre la paix ou un crime contre l'humanité, un crime grave de droit commun ou encore qu'elle s'est rendue coupable d'agissements contraires aux buts et aux principes des Nations Unies.

CRITÈRES DE SÉLECTION POUR LA RÉINSTALLATION
Processus de sélection des réfugiés établi en fonction de leur statut personnel ou familial afin de les inclure dans le programme de réinstallation d'un pays particulier.

D

DÉCLARATIONS RELATIVES AUX RÉFUGIÉS
Adoptés au sein d'une conférence internationale ou sous les auspices d'une institution intergou-

from another State from which they have been unable to obtain satisfaction.

DISPLACED PERSONS
Large group of displaced people who may not all conform to the conventional definition but who are in a situation analogous to that of refugees.

DURABLE SOLUTIONS
Satisfactory situation which enables the refugee to integrate into a society; traditionally three durable solutions are promoted: repatriation, local settlement and resettlement.
see   — Refugee participation.
— Temporary response.

E

EXCLUSION CLAUSES
Exclusion from refugee status of those persons for whom there are good reasons to believe that they have committed a war crime or a crime against humanity, a serious non-political crime, or acts contrary to the purposes and principles of the United Nations.

EXTRADITION
The formal surrender, generally based on treaty or other reciprocating arrangements, by one State to another of an individual accused or convicted of an offence outside its own territory and within the jurisdiction of the other, for the purpose of trial and punishment.
see   — Non-extradition.

EXTRATERRITORIAL EFFECT
The extent to which refugee status determined by a State party to the CSR51 or to the other con-

vernementale, ces déclarations portent sur l'interprétation ou sur l'application du droit des réfugiés. La Déclaration de Cartagène ou les Principes de Bangkok en sont des exemples.

DÉFINITIONS DE RÉFUGIÉ
Définitions du statut de réfugié contenues dans le droit international des réfugiés.

DEMANDEURS D'ASILE
ÉQ   Personnes en quête d'asile. Requérants d'asile.
voir — Asile.

DEVOIRS DES RÉFUGIÉS
Un réfugié est tenu de se conformer aux lois et règlements du pays d'accueil, et de ne pas mener d'actions susceptibles de menacer la sécurité interne de ce pays.
ÉQ   Obligations des réfugiés.

DISSUASION À L'ARRIVÉE
Politique menée par le pays d'accueil relative au traitement des réfugiés déjà présents sur son territoire ou tentant d'y pénétrer.

DROIT D'ASILE
Droit discrétionnaire d'un État, en vertu de sa souveraineté territoriale, de permettre à un non-national d'entrer et de résider sur son territoire, le soustrayant ainsi à la juridiction de tout autre État.
ÉQ   Droit d'octroyer l'asile.
voir — Droit international des réfugiés.

DROIT INTERNATIONAL DES RÉFUGIÉS
voir — Principe de non-refoulement.
— Protection.

tracting States, so that refugees resident in one contracting State may exercise rights in another.

F

FLAG STATE
State where a ship is registered.

FLIGHT
Used to cover departure (from country of right) and movement of refugees, either as individuals or in groups up to the time of their arrival in the receiving country.

G

GEOGRAPHICAL LIMITATION
Provision of article 1B of CSR51 which gives to contracting States the possibility of limiting their obligations under the convention to persons who have become refugees as a result of events occuring in Europe.
EQ   Geographical scope.

H

HOLDING CENTRES
Centres gathering refugees as soon as they arrive in a receiving country. Their status is to be determined before they are sent to refugee camps or back to their country.

HUMANITARIAN ASSISTANCE
Assistance provided by the international community to cope with the sufferings and immediate needs of refugees and nationals in an emergency situation.

I

INFLUX DETERRENCE
Policy by the receiving country concerning the treatment of refu-

E

EFFETS D'EXTRATERRITORIALITÉ
Processus conduisant un État partie à la «CSR51» à appliquer en faveur d'un réfugié reconnu par un autre État partie les droits inhérents au statut de réfugié.

ÉLIGIBILITÉ
Le fait de remplir les conditions légalement établies pour obtenir le statut de réfugié ou avoir la possibilité d'être entendu sur le fond.

ÉTAT DU PAVILLON
État dans lequel un navire est enregistré.

EXTRADITION
Action menée par un État, en principe sur la base d'un traité ou d'accords réciproques, de remettre un individu aux autorités d'un autre État. Accusé ou reconnu coupable d'un crime commis hors du territoire de l'État requis et sous la juridiction de l'État requérant, cet individu sera alors jugé et puni.
voir — Non-extradition.

F

FUITE
Désigne la période couvrant la fuite des réfugiés, individuellement ou en groupe, c'est-à-dire, leur départ du pays d'origine, et leurs mouvements jusqu'à leur arrivée dans le pays d'accueil.

G

GARANTIES DE RÉINSTALLATION
Garanties données au pays de refuge que, tôt ou tard, les réfugiés seront installés ailleurs.
voir — État du pavillon.

gees on, or intending to enter its territory.

INTERNATIONAL ASSISTANCE
Support provided by the international community such as assistance in kind, financial contributions and services of trained personnel in order to bring solutions to the refugee problem.
BT   International cooperation.

INTERNATIONAL PROTECTION
Protection which is UNHCR's duty to provide to refugees individually or as a group in substitution for the denial or lack of protection from the country of origin, it aims to ensure that refugee's rights are respected and that a solution is found to their problem.
BT   International refugee law.
see — Standards of treatment.
       — Non-refoulement principle.
       — Asylum.

INTERNATIONAL REFUGEE LAW
see — Non-refoulement principle.
       — Protection elsewhere.

INVOLUNTARY REPATRIATION
Repatriation to the country of origin induced by the receiving country by creating circumstances which do not leave any alternative but the return.

IRREGULAR REFUGEE MOVEMENTS
Phenomenon of refugees or asylum seekers who move from countries in which they have already found protection, in order to seek asylum or permanent resettlement in another country without the prior consent of the

I

IMPACT DES RÉFUGIÉS
Ensemble des effets produits par les réfugiés sur le pays d'accueil.

INSTALLATION SPONTANÉE ASSISTÉE
Installation organisée par les réfugiés eux-mêmes, mais qui est assistée à son origine afin que le projet puisse démarrer.

L

LIMITATION GÉOGRAPHIQUE
Clause de l'article 1B de «CSR51» qui permet aux États contractants de limiter leurs obligations selon la Convention, aux personnes qui sont devenues réfugiées à la suite d'événements survenus en Europe.
ÉQ Portée géographique.

LOCALISATION DES CAMPS
Les camps de réfugiés devraient être situés loin de la frontière et dans un environnement qui assure la sécurité et le bien-être matériel de la population réfugiée.

M

MINEURS
Personnes qui, aux termes de la législation de leur pays, n'ont pas atteint l'âge de la majorité légale, et qui, pour cette raison, ne sont pas habilitées à exercer certains droits politiques ou civils.

MINEURS NON ACCOMPAGNÉS
Personnes n'ayant pas atteint l'âge de la majorité, qui ne sont pas accompagnées par un parent, par un tuteur ou par tout autre adulte dont la loi, la pratique ou la coutume en ferait le responsable.

national authorities or without an entry visa, or with no or insufficient documentation normally required for travel purposes.
see — Protection elsewhere.

L

LEGAL PROTECTION
The use of national laws, international instruments and other legal norms to secure respect for and effective recognition of the rights of refugees.
see — International refugee law.

LOCATION OF CAMPS
Refugee camps should be located away from the border and in an environment that ensures the safety and material well-being of the refugee population.

M

MANDATE REFUGEES
Refugees within the competence of UNHCR according to its mandate as defined in its statute and specific General Assembly resolutions.

MINORS
Persons who, according to the law of their respective country, are under the age of majority, i.e. are not yet entitled to exercise specific civil and political rights.

N

NON-EXTRADITION
Principle of not-returning a person, for example one who has committed a political offence, to his or her country of origin where he or she can be prosecuted and punished for such an action.
see — Extradition.

MOTIFS DE PERSÉCUTION POSTÉRIEURS À LA FUITE
Actions du demandeur d'asile ou événements survenus après la fuite de son pays d'origine pouvant établir la crainte d'une persécution ou susceptibles d'étayer une demande de statut de réfugié préalablement dépassée.

MOUVEMENTS IRRÉGULIERS DE RÉFUGIÉS
Situation selon laquelle des réfugiés ou des demandeurs d'asile quittent un pays leur octroyant déjà une protection, dans le but de demander l'asile dans un autre pays d'accueil ou de s'y installer définitivement sans l'accord préalable des autorités nationales dudit pays, ou sans visa d'entrée, ou encore démunis des documents requis pour voyager.

voir — Protection ailleurs.

N

NIVEAU DE LA PREUVE
Ce terme désigne la conjugaison des questions de probabilité et du poids à accorder à la preuve de la crainte de persécution d'un requérant au statut de réfugié.

NON-EXTRADITION
Principe imposant de ne pas remettre une personne aux autorités d'un État dans lequel elle pourrait être persécutée ou condamnée pour avoir commis une infraction politique.

voir — Extradition.

NORMES DE TRAITEMENT
Normes applicables en vertu de la «CSR51» et d'autres instruments relatifs aux réfugiés obligeant un État partie à accorder aux réfugiés

NON-REFOULEMENT PRINCIPLE
Principle which requires that no refugee be returned to a country where his or her life or liberty may be endangered; it applies whether the refugee is already in the territory or at the border.

EQ   Non-rejection at border.
see   — International protection.
— International refugee law.
— Rejection at border.

O

ORDERLY RETURN
Voluntary repatriation to the country of origin organized by UNHCR and carried out in circumstances ensuring the safety and dignity of refugees; this, with the help of implementing partners, providing the necessary material assistance, directing the influx of returnees and ensuring their reception and reintegration in the country of origin.

EQ   Orderly repatriation.

P

PERSECUTION
Although this term could be included in the broader concept of human rights violations, it constitutes the cornerstone of the refugee definition and therefore is reserved for use in the context of refugee status determination.

EQ   Political persecution.

PERSECUTION OF FAMILY MEMBERS
The persecution of family members or relatives in order to obtain information about, or to injure or to pressurize one or more members of the group, or because of

un traitement au moins aussi favorable que celui garanti à ses nationaux dans le domaine des droits fondamentaux, et qui ne soit en aucune façon moins favorable que celui qui est accordé, dans les mêmes circonstances, aux étrangers en général.

voir — Actes juridiques relatifs aux réfugiés.
— Protection internationale.

NORMES DE TRAITEMENT MINIMUM

Expression désignant habituellement, sur la base du droit international général, le traitement minimum auquel une personne peut prétendre sur le territoire et sous la juridiction d'un État. Néanmoins, en droit des réfugiés, cette notion désigne aussi des normes particulières en faveur des demandeurs d'asile qui ont été temporairement admis en attente de la mise en oeuvre d'une solution durable.

voir — Mouvements irréguliers de réfugiés.
— Protection ailleurs.

P

PARTICIPATION DES RÉFUGIÉS

Action des réfugiés dans le processus de prise de décisions relative à la recherche et à la mise en oeuvre de solutions appropriées à leurs problèmes et besoins.

voir — Solutions durables.

PERSÉCUTION

Quoique ce terme puisse être inclus dans le concept plus large de la violation des droits de l'homme, il constitue néanmoins la clef de voûte de la définition du réfugié. Comme tel, son usage the flight abroad of one more members of the group.

PERSONS OF CONCERN TO UNHCR

Persons considered to fall within the competence of UNHCR according to international refugee law, i.e. refugee instruments, UNHCR Statute and General Assembly resolutions.

POST-FLIGHT REASONS FOR PERSECUTION

Actions of the asylum seekers or events occurring after the flight from the country of origin, which can form the basis for a claim to be in fear of persecution, or which can add to or substantiate a previously existing claim.

PROTECTION ELSEWHERE

Effective recognition of a refugee's rights, including non-refoulement, accorded in a country, usually the country of first asylum, other than the country in which the refugee is now present.

see — Basic human standards.
— Irregular refugee movements.

R

RECEPTION

Ways, means and policy of receiving refugees in the territory on a permanent or temporary basis.

see — Resettlement.

REFUGEE-AGENCY PERSONNEL

Refugee-assisting personnel, service-providers. Combine with terms under Employment, working conditions, as necessary.

BT Workers.
NT Settlement workers.

sera circonscrit au cadre de la détermination du statut de réfugié.
ÉQ Persécution politique.

PERSÉCUTION DES MEMBRES DE LA FAMILLE
Persécution exercée sur des parents proches ou éloignés, soit dans le but d'obtenir des informations, de leur causer du mal ou d'exercer une pression sur un ou plusieurs membres de la famille, soit en réaction à la fuite à l'étranger d'un seul ou de plusieurs membres du groupe familial.

PERSONNEL D'AGENCES POUR RÉFUGIÉS
Personnel des agences d'entraide, pourvoyeurs de services. Combiner avec des termes d'indexation de la section «Emploi», «Conditions de travail», si nécessaire.
TG Travailleurs.
TS Responsables de l'installation.

PERSONNES DÉPLACÉES
Groupe important de personnes déplacées qui, sans correspondre à la définition relative au statut des réfugiés, connaissent une situation analogue à celles des réfugiés.

PERSONNES DU RESSORT DU HCR
Personnes susceptibles de bénéficier de la protection du HCR aux termes du droit international des réfugiés, à savoir les actes juridiques relatifs aux réfugiés, le statut du HCR et les résolutions de l'Assemblée Générale de l'O.N.U.
ÉQ Personnes relevant de la compétence du HCR.
voir — Réfugiés.

REFUGEE AID AND DEVELOPMENT
Approach which links projects allowing refugees to become self-productive with the development of economic and social structures of the local community in order to alleviate the additional burden produced by large numbers of refugees in low-income countries.

REFUGEE CENTRES
Locations where refugees are gathered in order to receive the necessary material assistance which meets their needs.
NT Refugee processing.
Reception centres.

REFUGEE'S DEFINITIONS
Definitions of refugee status contained in international refugee law.
EQ Refugee status.
Refugee status determination.

REFUGEE'S DUTIES
A refugee is required to conform to the laws and regulations of the receiving country and not to undertake any action which may endanger the national security of this country.
EQ Refugee obligations.

REFUGEE'S IMPACT
Impact of refugees on the receiving country.

REFUGEE INSTRUMENTS
see — Standards of treatment.
— Human rights Covenants 1966.

REFUGEES IN ORBIT
Refugees who, although not returned directly to a country where they may be persecuted, are de-

PLACEMENT DES RÉFUGIÉS
Placement des réfugiés dans un communauté locale.

PRINCIPE DE NON-REFOULEMENT
Principe imposant qu'un réfugié ne soit pas renvoyé dans un pays où sa vie ou liberté serait menacée. Il s'applique aussi bien quand le réfugié a déjà pénétré sur le territoire du pays d'accueil que lorsqu'il se présente à la frontière.
ÉQ   Non renvoi à la frontière.
voir   — Droit international des réfugiés.
— Protection internationale.
— Refus d'accès au territoire.

PROTECTION AILLEURS
Reconnaissance effective des droits du réfugié, y compris le non-refoulement, accordée par un pays, habituellement par le pays de premier asile, autre que celui dans lequel se trouve le réfugié.
voir   — Mouvements irréguliers des réfugiés.
— Normes de traitement minimum.

PROTECTION DIPLOMATIQUE
Droit, consacré par le droit international, pour un État de protéger ses nationaux victimes de préjudices commis par un autre État dont ils n'ont pu obtenir réparation.

PROTECTION INTERNATIONALE
Protection que le HCR a pour mandat de mettre en oeuvre en faveur des réfugiés, considérés individuellement ou en groupe, en l'absence de toute forme de protection de leur pays d'origine. L'assurance du respect des droits nied asylum or are unable to find a state willing to examine their request, and are shuttled from one country to another in a constant search for asylum.

REFUGEES IN TRANSIT
Refugees who are temporarily admitted in the territory of a State under the condition that they are resettled elsewhere.
see   — Ressetlement.

REFUGEE PARTICIPATION
Involvement of refugees in the decision making process regarding the finding out and implementation of appropriate solutions to their problems and needs.
see   — Durable solutions.

REFUGEE PLACEMENT
Placement of refugees in a local community.

REFUGEES-RELATED DECLARATIONS
Declarations adopted at the international level either by a conference or an intergovernmental body on the interpretation or application of refugee law; the Cartagena Declaration and the Bangkok Principles are examples.

REFUGEES SUR PLACE
A person who was not a refugee when he left his country but who became a refugee at a later date.

REJECTION AT BORDER
Refusal of entry to asylum seekers when presenting themselves and seeking entry at a frontier post, port or airport, which may or may not lead to refoulement.
see   — Non-refoulement principle.

des réfugiés et la recherche d'une solution constituent les fondements de cette protection.
TG Droit international des réfugiés.
voir — Asile.
— Normes de traitement.
— Principe de non-refoulement.

PROTECTION JURIDIQUE
Utilisation des lois internes, des actes juridiques internationaux et de principes juridiques pour garantir aux réfugiés la reconnaissance et le respect de leurs droits.
voir — Droit international des réfugiés.

R

RAPATRIEMENT INVOLONTAIRE
Rapatriement des réfugiés vers leur pays d'origine provoqué par le pays d'accueil en créant des circonstances qui ne laissent d'autre choix aux réfugiés que celui du retour.

RAPATRIEMENT VOLONTAIRE
Retour du réfugié dans son pays d'origine après qu'il en aura manifesté expressément et librement la volonté.

RÉFUGIÉS AU SENS DE LA CONVENTION
Réfugiés remplissant les critères définis à l'article 1 de la «CSR51».
ÉQ Réfugiés relevant de la Convention.

RÉFUGIÉS DE FACTO
Réfugiés ne pouvant pas ou ne voulant pas bénéficier du statut défini par la Convention de 1951 ou bien ne pouvant pas ou ne voulant pas, pour de sérieuses raisons, retourner dans leur pays d'origine.

RESERVATIONS
Unilateral statement made by a state when signing, ratifying or acceding to a multilateral treaty the purpose of which is to exclude or modify the legal effect of certain provisions in their application to that state.

RESETTLEMENT
The durable settlement of refugees in a country other than the country of refuge. Generally covers that part of the process which starts with the selection of the refugees for resettlement and which ends with the placement of refugees in a community in the resettlement country.
see — Reception.
— Refugees in transit.

RESETTLEMENT GUARANTEES
Guarantees to the country of refuge that the refugees will eventually be settled elsewhere.
see — Flag State.

RESETTLEMENT SELECTION CRITERIA
Process of selecting refugees according to their personal or familial status in order to include them in the resettlement program of a specific country.

RIGHT OF ASYLUM
The right of the State in virtue of its territorial sovereignty and in the exercise of its discretion, to allow a non-national to enter and reside, and to resist the exercise of jurisdiction by any State over that individual.
EQ Right to grant asylum.
see — International refugee law.

LEXIQUE / LEXICON

RÉFUGIÉS DE LA MER
Terme qui désignait à l'origine les personnes quittant la péninsule indochinoise à bord de petits bateaux. Il désigne aujourd'hui les personnes fuyant leur pays à bord d'embarcations de fortune.
ÉQ   Boat People.

RÉFUGIÉS EN ORBITE
«Réfugiés» qui, bien que n'ayant pas été renvoyés dans un pays où ils risqueraient d'être persécutés, se sont vus refuser l'asile ou sont dans l'impossibilité de trouver un État susceptible d'examiner leur requête et sont renvoyés d'un pays à l'autre, à la recherche d'une terre d'asile.

RÉFUGIÉS EN TRANSIT
Réfugiés provisoirement admis sur le territoire d'un État sous la condition qu'ils soient réinstallés au plus tôt dans un autre État.
voir   — Réinstallation.

RÉFUGIÉS SOUS LE MANDAT
Réfugiés bénéficiant de la protection du HCR aux termes de son mandat, tel qu'il est défini par le statut du HCR et par certaines résolutions de l'Assemblée Générale de l'O.N.U.

RÉFUGIÉS STATUTAIRES
Personnes reconnues sous les dispositions des actes juridiques internationaux antérieurs à la «CSR51».

RÉFUGIÉS SUR PLACE
Personnes qui n'étaient pas des réfugiés lorsqu'elles ont quitté leur pays d'origine, mais qui le sont devenus ultérieurement.

S

SPONTANEOUS RETURN
Voluntary repatriation to the country of origin of the refugees on their own without assistance by UNHCR or the international community.
EQ   Spontaneous rapatriation.

STANDARD OF PROOF
This term refers to questions of probability, or likelihood, or weight to be accorded to evidence of the fear of persecution of an applicant to refugee status.

STANDARDS OF TREATMENT
Standards derived from the CSR51 and other refugee instruments which obliged States to accord to refugees treatment at least as favourable as that granted to nationals in the enjoyment of basic rights, and in no way less favourable than that generally accorded to aliens in similar circumstances.
see   — International protection.
— Refugee instruments.

STATUTORY REFUGEES
Persons considered to be refugees under the provisions of the international instruments preceding the CSR51.

T

TEMPORARY REFUGE
Temporary protection granted by the country of refuge, usually in situations of large-scale influx, which incorporates application of the non-refoulement principle and enjoyment of basic rights while the refugee is awaiting a durable solution.
EQ   Temporary asylum.

RÉFUGIÉS TEMPORAIRES
Protection temporaire accordée par le pays de refuge, généralement dans les situations d'arrivée massive de réfugiés, incluant le principe de non-refoulement et la garantie du respect des droits fondamentaux, en attendant la mise en oeuvre d'une solution durable.
ÉQ   Asile temporaire.

REFUS D'ACCÈS AU TERRITOIRE
Refus de l'entrée sur le territoire opposé à un demandeur d'asile se présentant de lui-même à un poste frontière, un port ou un aéroport, et qui peut conduire ou non à un refoulement.
ÉQ   Refus d'admission à la frontière.
voir   — Principe de non-refoulement.

RÉINSTALLATION
Installation durable des réfugiés dans un pays autre que le pays de refuge. Ce terme couvre tout le processus qui commence à la sélection des réfugiés en vue de leur installation jusqu'à leur placement dans une communauté du pays de réinstallation.
voir   — Accueil.
         — Réfugiés en transit.

RÉPONSE TEMPORAIRE
Situation caractérisée par le fait que les réfugiés admis sur une base temporaire ne sont pas insérés dans la société du pays d'accueil, bien qu'ils doivent être protégés et assistés afin d'obtenir une solution durable.
voir   — Assistance.
         — Solutions durables.

RÉSERVES
Déclaration unilatérale effectuée par un État lors de la signature, de la ratification ou de l'adhésion à

see   — Basic human standards.

TEMPORARY RESPONSE
Situation characterized by the fact that refugees admitted on a temporary basis are not integrated in the receiving society, though they must be protected and assisted in order to obtain a durable solution.
see   — Durable solutions.

TERRITORIAL ASYLUM
Protection granted by a State, in the normal exercise of its territorial sovereignty, to persons in its territory, against jurisdiction by their State of origin.

U

UNACCOMPANIED MINORS
Persons under the age of majority who are not accompanied by a parent, guardian or other adult who by law or custom is responsible for them.

V

VOLUNTARY REPATRIATION
Return to the country of origin on the basis of the freely expressed willingness of the refugees.

une convention multilatérale, dans le but d'exclure ou de modifier la portée juridique de certaines dispositions dans leur application envers l'État en question.

RETOUR ORGANISÉ

Retour volontaire des réfugiés dans leur pays d'origine organisé par le HCR et mené de telle sorte que la sécurité et la dignité des réfugiés soient assurées. Avec l'aide des partenaires opérationnels, il implique l'apport de l'assistance matérielle nécessaire, le contrôle de l'afflux des rapatriés et assure leur accueil ainsi que leur réintégration dans le pays d'origine.

ÉQ   Rapatriement organisé.

RETOUR SPONTANÉ

Retour volontaire des réfugiés dans leur pays d'origine sans l'assistance du HCR ou de la Communauté internationale.

ÉQ   Rapatriement spontané.

S

SOLUTIONS DURABLES

Situation satisfaisante qui permet au réfugié de s'intégrer dans une société. Les trois solutions durables traditionnellement préconisées sont : le rapatriement, l'installation sur place et la réinstallation.

voir   — Participation des réfugiés.
— Réponse temporaire.